监事会：三十年监督探索与实践

徐登峰 著

中国财经出版传媒集团
中国财政经济出版社

图书在版编目（CIP）数据

监事会：三十年监督探索与实践 / 徐登峰著. --
北京：中国财政经济出版社，2022.12
ISBN 978-7-5223-1742-7

Ⅰ.①监… Ⅱ.①徐… Ⅲ.①上市公司-监事会-研究-中国 Ⅳ.①F279.246

中国版本图书馆 CIP 数据核字（2022）第 201276 号

责任编辑：陈志伟　　责任印制：史大鹏
封面设计：卜建辰　　责任校对：胡永立

监事会：三十年监督探索与实践
JIANSHIHUI：SANSHINIAN JIANDU TANSUO YU SHIJIAN

中国财政经济出版社 出版

URL：http：//www.cfeph.cn
E-mail：cfeph@cfeph.cn

社址：北京市海淀区阜成路甲 28 号　邮政编码：100142
营销中心电话：010-88191522
天猫网店：中国财政经济出版社旗舰店
网址：https：//zgczjjcbs.tmall.com
北京时捷印刷有限公司印刷　各地新华书店经销
成品尺寸：185mm×260mm　16 开　32.5 印张　626 000 字
2022 年 12 月第 1 版　2022 年 12 月北京第 1 次印刷
定价：128.00 元
ISBN 978-7-5223-1742-7
（图书出现印装问题，本社负责调换，电话：010-88190548）
本社质量投诉电话：010-88190744
打击盗版举报热线：010-88191661　QQ：2242791300

序

国庆七十三周年前夕，徐登峰携出版社三审三校后的《监事会：三十年监督探索与实践》40余万字书稿请我作序，说我的经历横跨企业①、政府②、高校③三界，全方面、高视角见证了中国特色监事会的三十年发展之路。登峰兄弟的观点与我一向“英雄所见略同”。我仔细阅读了书稿，点赞叫好，欣然作序。

中国公司监事会从1992年开始，至2022年正好三十周年。

1992年春，邓小平“南方谈话”之后，我国首次出现监事会。中国的监事会起源于原国家经济体制改革委员会1992年发布的《股份有限公司规范意见》。该意见首次提出“公司可设监事会，对董事会及其成员和经理等管理人员行使监督职能”。

以稽察特派员制度为契机，中国特色的监事会从1998年开始探索，取得不少成就，也存在一些争议。2018年，国务院对中央企业不再外派监事会，从那时至今四年多，中央一级企业和部分地方一级国有企业（如北京）没设监事会，其他公司依然保留监事会。

监事会何去何从？1993年，新中国颁布实施首部《公司法》以来，监事会一直是公司的必设组织。近年来，《公司法》修订过程中争议较大，主要有两种意见：一种认为应做实监事会，另一种则坚持取消监事

---

① 担任公司董事长、党委书记、总经理。

② 担任市商业局、蔬菜局、审计局副局长、局长、党组书记；曾任国家审计署工交审计司、办公厅、审计指导司副司长、副主任；国务院稽察特派员局级助理；中共中央企业工作委员会监事会高级监事；国有重点大型企业正局级专职监事，国务院国资委监事会4办、17办、18办、26办事处主任。

③ 是2012—2022年中央财经大学会计学院客座研究生导师。

会，分别代表了大陆法系与英美法系的两种立法思想。

2021年12月24日，经第十三届全国人大常委会第三十二次会议审议的《中华人民共和国公司法（修订草案）》向社会公开征求意见，其中相关监事会设置，条文为：

“第六十四条　有限责任公司可以按照公司章程的规定，在董事会中设置由董事组成的审计委员会，负责对公司财务、会计进行监督，并行使公司章程规定的其他职权。在董事会中设审计委员会的有限责任公司，可以不设监事会或者监事。”

“第一百二十五条　股份有限公司可以按照公司章程的规定在董事会中设置由董事组成的审计委员会等专门委员会。审计委员会负责对公司财务、会计进行监督，并行使公司章程规定的其他职权。设审计委员会且其成员过半数为非执行董事的股份有限公司，可以不设监事会或者监事，审计委员会的成员不得担任公司经理或者财务负责人。”

这是一个折衷的做法。监事会可有可无，不彻底取消监事会，也允许不设监事会。《公司法（修订草案）》规定上述有限责任公司、股份有限公司可在董事会审计委员会和监事或监事会之间自行“二选一”，也即改变了原《公司法》将监事会作为公司必设机构的定位。

此背景之下，徐登峰的这本《监事会：三十年监督探索与实践》付梓印刷，意义何在？

作为国务院稽察特派员和国务院国有重点大型企业监事会战线上的一名老兵，我很认同作者徐登峰与张诗伟律师联合在2022年1月22日《财新》上所发文章的两个观点：董事会审计委员会监督不了董事会，有明显的公司治理制衡不足问题；审计仅可替代监事会部分职能，取消监事会后其他大部职能落实及操作成疑。我认为，在建设中国特色的大监督体系过程中，中国公司监事会的设置虽将有所调整，由于公司治理中的授权与受托方是相对独立的依存体，受托方行权若不受制约和监督，必将产生风险。公司监事制度在权力制衡方面优于董事会审计委员会制度，优就优在它相对独立性地对权力的制衡，实现了约束董事会、经理层滥权，及时评价和报告管理当局的履职行为是否合乎公司章程，在他们侵权越权造成公司损失时提起法律诉讼，能避免和抑制企业风险和问题的发生。若董事会审计委员会也能承担监事会这些职责，监督就会完善许多。做好这些，中国企业的监督工作不会取消，反而会加强。

一件事情的成败得失，往往需要用更长的历史视角来审视。中国公司治理在奔涌向前的历史长河中，需要有更长的实践和探索。

首先，从哲学上看，任何真理都具有客观性、反复性，对真理的追求不可能一蹴而就。中国的监督制度一直在探索，全球的公司治理也一直在探索。事物的发展是呈螺旋上升的，对真理的认识过程是一个曲折的、螺旋式上升过程，是“否定之否定”的自我否定来促成事物质的变化。

其次，中国从1998年探索国有企业监事会制度以来，国有大型重点企业监事会的工作报告直接报告国务院，甚至上国务院常委会。2018年春天两会以后，国有大型重点企业监事会的监督职能调整到国家审计署。但是，银行业、上市公司、民营企业等监事会，不宜调整到公司的审计部门或董事会审计委员会。因为，“再锋利的刀砍不到刀背”——公司的审计部门是由董事会、经营层所管理，而董事会、经营层本身就是权利制衡监督对象；董事会审计委员会在董事长管理之下，咨询作用大于制衡作用，不可能监督董事会自身，董事会成为没有监督的“至高无上”阶层；独立董事不能承担目前监事会的有关职能。这也是英美法系公司治理的软肋。此外，从特殊行业监管以及保护中小股东利益等方面来看，还需要监事会；从更长的时间来看，中国企业内部缺乏权力制衡仍然是主要风险，需要继续探索与实践出一条独立有效的监督制度。

其三，确实有很多监事会形同虚设，这并不是监事会制度有问题，而是监事会本身没有做到位，没有做实。徐登峰的这本书恰好在做这个方面的努力，难能可贵。本书兼顾监事会理论与实践，堪称目前为止，比较系统介绍监事会理论与工作实务的著作，具有里程碑意义。

本书思路清晰、架构严谨，逻辑性、体系性很强，而且上务虚顶天、下务实立地。本书既有学院派的系统、逻辑性强的架构，又有实战派的典型案例、工作方法与工作思路，是目前我了解到的中国监事会领域比较全面地论述和介绍监事制度原理和实务的著作。此外，本书点缀穿插了作者经历的案例、一些企业监事会关注的问题，有画面感，也从一个个活生生的截面反映了中国监事会三十年，尤其是近十年来的发展痕迹。

作为担任过国有企业“一把手”的监事会老兵，我曾在企业、政府部门长期从事财税、会计、审计、企业管理和监督工作，曾担任国有大型重点企业专职监事15年，参与过中国移动、全钢集团、招商局集团、中国华润集团等24家中央一级企业、17家海外上市公司以及29家沪深上市公司的监事会工作。这些阅历与经历，让我对中国企业公司治理建设有强烈的使命感。我衷心希望更多的专家学者、政策制定者、企业家来研究中国公司治理问题，为中国企业的公司治理建设添砖加瓦，走出一条具有中国特色的公司治理之路，走出一条引领企业健康运营的可持续发展之路。

国家审计署审计指导司原副司长
国务院稽察特派员局级助理
国有重点大型企业监事会正局级专职监事　　叶祥训
国务院国资委监事会第26办事处（驻港澳办）原主任
中企培（中国董监事培训网）首席讲师

二〇二二年十月十日

目录

第一章　监事会的国际比较 …… **1**

第一节　公司治理 …… 1

第二节　监事会的产生与两大法系 …… 7

第三节　公司的三种中心主义 …… 16

第二章　七大权利，抓实监事履职的规定动作和自选动作 …… **32**

第一节　监事的七大权利 …… 32

第二节　规定动作做到位 …… 56

第三节　自选动作做出彩 …… 67

第三章　三项基本功，充实监事的履职素养 …… **75**

第一节　监事的基本要求 …… 75

第二节　监事的三项基本功 …… 82

第三节　监事会主席的选聘之路 …… 98

第四节　外部监事的独立性与专业素养 …… 105

第五节　职工监事的潜能发挥 …… 112

第四章　组织与制度，夯实监事会的基石 …… **120**

第一节　监事会的组织结构 …… 120

第二节　监事的人数、提名任免 …… 143

第三节　监事会的制度建设 …… 152

第四节　防范公司制度建设风险 …… 184

第五章　参会发声，写好监事会会议的五个关键公文 …… **188**

第一节　召集临时股东会会议 …… 188

第二节　召集监事会会议 …… 191

第三节　写好监事会会议的五种文书 …… 193

第四节　列席会议，了解公司经营情况，重点监督会议的合规性 ………… 209

第六章　撰文留痕，善用监事会的函、意见 ………………………………… 219

第一节　监事会的工作文书 ……………………………………………… 219
第二节　监事会的函 ……………………………………………………… 228
第三节　上市公司监事会的意见 ………………………………………… 241

第七章　监督检查的流程、方法与报告 ………………………………… 261

第一节　现场检查与非现场检查制度 …………………………………… 261
第二节　现场检查的“计、案、函、查、报、督”六步流程 ………… 265
第三节　现场检查的“看、谈、抓、借”四法 ………………………… 275
第四节　定期、专项和综合检查报告 …………………………………… 292
第五节　整改通知书与整改落实情况报告 ……………………………… 309

第八章　董监高的履职评价 ……………………………………………… 315

第一节　对董事会、监事会的评价不同于对董事、监事的评价 ……… 315
第二节　董监高履职评价的时间 ………………………………………… 325
第三节　董监高履职评价的评价权 ……………………………………… 327
第四节　对董事进行履职评价 …………………………………………… 334
第五节　对监事进行履职评价 …………………………………………… 349
第六节　监事会对高管进行履职评价的探索 …………………………… 364

第九章　监事会年度工作报告 …………………………………………… 378

第一节　报告的基本知识 ………………………………………………… 378
第二节　监事会年度工作报告与监事工作总结 ………………………… 379
第三节　国有企业外派监事会的年度工作报告 ………………………… 384
第四节　上市公司的监事会年度工作报告 ……………………………… 388
第五节　其他类型的监事会年度工作报告 ……………………………… 393

第十章　做实异体监督，监事会三十年探索与实践 …………………… 403

第一节　国有企业探索监事会三十年 …………………………………… 403
第二节　做实监事会的其他实践 ………………………………………… 437
第三节　异体监督，中国公司治理的监督必由之路 …………………… 445

第十一章　建设中国特色的企业大监督体系 …………………………………… 465

第一节　联、共、合、兼，国有企业大监督体系的早期探索 ……………… 465

第二节　加法与减法，构建政治监督为主导的国有企业大监督体系 ……… 491

参考文献 ………………………………………………………………………… 503

后记 ……………………………………………………………………………… 505

第一章　监事会的国际比较

第一节　公司治理

一、什么是公司治理

一个企业以经理层①为原点，向下是公司管理问题，包括经理层的管理职能（计划、组织、管理、协调），也包括职能管理（人、财、物、产、供、销等）；向上是公司治理问题，即经理层与股东会②、董事会、监事会之间的职权边界的划分和制衡关系。

公司治理是指通过一系列的制度和措施来协调公司与利益相关者（股东、债权人、职工、潜在的投资者、供应商、顾客、政府政策管理者、环境和整个社区等）之间的利益关系，以保证公司决策的科学性、有效性，从而最终维护公司各方面的利益。公司治理的核心要义从来不是表面意义上的职权划分，而是寻找保证决策有效的途径。

狭义的公司治理，是指所有者对经营者的一种监督与制衡机制，即通过一种制度安排，合理地配置所有者和经营者之间的权利和责任关系。它是借助股东会、董事会、监事会、经理层构成的公司治理结构来实现内部治理。其目标是保证股东利益的最大化，防止经营者对所有者利益的背离。

广义的公司治理不限于股东对经营者的制衡，还涉及广泛的利益相关者，包括股东、雇员、债权人、供应商和政府等与公司有利害关系的集体或个人。即通过一套包括正式或非正式的、内部或外部的制度或机制来协调公司与所有利益相关者之间的利益关系，以保证公司决策的科学性与公正性，从而最终维护各方面的利益。公司的治理机制也不仅限于以治理结构为基础的内部治理，还在于利益相关者通过一

---

①　经理层，也称为“经营层”或“高级管理层”。

②　根据《中华人民共和国公司法》（2018 年修订）（以下简称《公司法》），有限责任公司称“股东会”，股份有限公司称“股东大会”，为了简洁，本书统称为“股东会”。

系列的内部、外部机制来实施的共同治理，治理的目标不仅是股东利益的最大化，而且是保证所有利益相关者的利益最大化。

我们通常讲的公司治理（corporate governance），就是狭义的公司治理，是关于公司所有者和管理者之间职权配置与制衡的一种制度安排，是三会一层（股东会、董事会、监事会，经理层）职权边界的划分、制衡关系与议事规则。中国特色的公司治理则是四会一层，即党委会、股东会、董事会、监事会、经理层之间的职权边界的划分、制衡关系与议事规则。

二、所有权与经营权分离，是现代企业加强治理和监督的根本原因

企业制度可以划分为古典企业制度和现代企业制度两大阶段。古典企业制度以业主制企业和合伙制企业为代表，现代企业制度以公司制企业为代表。古典企业承担无限责任，即企业所有者对企业债务承担无限责任。现代企业承担有限责任，即企业股东对企业债务以出资额为限承担有限责任。最早的企业制度是业主制，也就是说，股东就是经理，所有者与经营者为一体。

（一）现代企业理论的发展

第一次、第二次工业革命带来了生产力的高度发展，带来了生产经营规模的扩大和资本筹措的变化，带来了企业制度沿着“业主制——合伙制——公司制”发展的轨迹，也带来了现代企业理论的发展。

美国经济学家凡勃仑首开先河，其1904年出版的《企业论》专门讨论了企业问题。凡勃仑认为，企业就是要盈利，建立企业的目的就是挣钱。

1937年，科斯在美国《经济学》杂志上发表了一篇文章——《企业的性质》，其开拓性地用交易成本理论阐明了企业的性质。这与古典企业理论对企业的解释完全不同。自科斯之后，诸多经济学家对科斯的理论进行了补充和发展，从而形成了现代企业理论。

1977年，美国经济学家钱德勒所著的《看得见的手——美国企业的管理革命》提出了现代企业的概念，即“由一组支薪的中、高层经理人员所管理的多单位企业即可称为现代企业”。这里的现代企业是与出资者直接管理的企业（包括独资企业、合伙企业和一些大股东直接掌管的公司企业），即所谓的传统企业或古典企业相对而言的，特指公司的实际控制权转移到很少甚至根本不拥有公司股份的经理人员手中的企业模式。

与传统企业或古典企业相比，公司制企业具有以下三个重要特点：有限责任制、股东财产所有权与企业经营权分离、规模增长和永续生命。现代公司制度中企业以独立法人的形态存在，克服了传统合伙制退伙、散伙致使公司清算终结的潜在风险。

公司制企业初期即实现了产权与经营权的分离，使企业实现永续运行。众多的股东数量极大提高了公司筹措资金的能力，公司规模可以迅速增长，在很多领域可以实现规模经济，迅速提升运营效率和降低成本，在市场竞争中取得优势。

（二）两权分离的后果

现代企业的所有权和经营权分离，给股东和经营者带来信息不对称问题。理论上，经营者对公司更加了解、信息更加充分，有条件为了自身的不当利益，而恶意损害股东利益。

新制度经济学家威廉姆森认为，人们在经济活动中总是尽最大能力保护和增加自己的利益。例如，化工厂为了减少污水处理成本，排出的废水污染了河流。类似地，由于股东和经营者之间信息不对称，经营者可能为了自身利益最大化，“损人利己”去侵犯股东的利益。因此，为了平衡各方的利益关系，公司治理应运而生，监督机制势在必行。

所有权与经营权分离的后果及解决方法如图 1－1 所示。

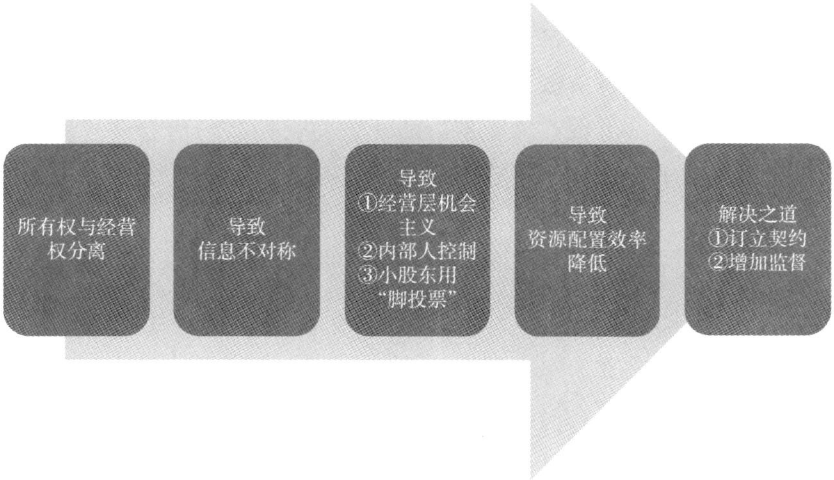

图 1－1　所有权与经营权分离的后果及解决方法

信息不对称给现代企业带来三个问题：经营层机会主义，内部人控制和小股东“用脚投票”。“用脚投票”是小股东面对信息不对称带来的“经营层机会主义”的无奈、消极的做法。

积极的做法是建立公司治理机制（合理地配置所有者和经营者之间的权利和责任关系），强化监督，从而解决内部人控制问题，防止经营者对所有者利益的背离。内部人指的是公司内部的董事、经理或重要员工。《商业银行与内部人和股东关联交易管理办法》［银监会令（2004 年第 3 号）］指出，商业银行的内部人包括商业银行的董事、总行和分行的高级管理人员、有权决定或者参与商业银行授信和资产转移的其他人员。外部人指的是公司外部的股东、债权人、主管部门等。经营权与所有权分离，导致企业的控制权实际上不再掌握在所有者（外部人）手中，而是掌握在经营者（内部人）手中，经营者比所有者拥有更加充分的经营信息，进而导致经营者侵占所有者利益的行为，即出现了内部人控制现象。

一个公司没有强有力的控股股东，“内部人控制”问题就会更加严重。2017 年 7 月 7 日，笔者与平顶山银行的一个专职监事探讨过这个问题。他是笔者最年长的学员，60 多岁，CFO 出身，曾经连续 6 年担任某公司的独立董事，企业实战经验丰富。我们讨论到，股权结构与内部人控制直接相关。股权相对集中时，内部人控制的可能性会减少；股权结构分散时，内部人控制的情况会相对严重。企业多轮融资容易导致股权高度分散。此时，小股东一般都希望其他股东花更多的精力去监管企业，自己则坐享其成，这就是“搭便车”心理。如此，股东对内部人员的监督就会变得软弱无力。

（三）信息不对称的解决措施

如前所述，所有权与经营权的分离，导致所有者和经营者之间存在信息不对称的问题。由于信息不对称可能造成信息占有优势的一方经常会作出“道德风险”行为，而信息处于劣势的一方则面临交易中的“逆向选择”行为。这两种情况的直接后果是扭曲了市场机制的作用，误导了市场信息，造成市场失灵，大大降低了资源配置的效率。

逆向选择是指在买卖双方信息不对称的情况下，差的商品总是将好的商品驱逐出市场。为什么逆向选择行为会导致市场失灵？我们来看经济学中的一个典型案例——旧车市场模型。在旧车市场中，卖方知道车的真实信息，而买方不知道。这样卖方就可能会以次充好，而买方在不了解旧车的真实信息、只知道表象信息的情况下，愿意按表象信息出中等价格。这样一来，那些高于中等价格的上等旧车就可能会退出市场。由于上等旧车退出市场，买方会继续降低估价，次上等车也会退出市场……如此推演的最后结果是：旧车市场成了破烂车的展览馆，极端的情况可能导致一辆车都无法成交。旧车交易不能完成，市场就失灵了。

因此，必须设计最优的市场体制方案来防止信息不对称问题带来的市场失灵，具体的方法有政府干预、订立合约、增加监督。

1. 政府干预

约瑟夫·斯蒂格利茨认为，自由市场中信息不对称导致了经济泡沫、高失业率等现象。既然自由市场难以通过自身的力量形成供需平衡，就必须由政府强力介入矫正市场行为，以帮助经济健康发展。

2. 订立合约

防止管理者行为偏离股东利益最大化的唯一办法是订立合同，合同规定了在各种可能情况下管理者应该采取的特别行动措施。但大公司制定有预见性的完备合约既不切实际，也得不偿失。因此，出现了所谓的代理问题和代理成本。

在非对称信息条件下，委托人只能通过合理设计一套机制来诱使代理人显示其私人信息，从而达到双方的利益协调。设计一种合理的契约是避免由于信息不对称带来的“逆向选择”和“道德风险”的重要手段。其核心是建立一种产生一致性的信息机制，使委托人与代理人的目标一致。

3. 增加监督

前面提到，旧车市场失灵，不能进行有效交易，可为什么瓜子、人人二手车交易平台运营良好？因为瓜子、人人二手车采取了一系列监督措施（如品牌保障、两次验车、后续服务等），解决了买卖双方信息不对称问题，提升了市场效率，让市场有效地运转了起来。

类似地，独立董事、监事会保护中小股东的利益也是从寻求信息对称开始的。公司股权分散带来控股股东与中小股东之间的信息不对称，进而导致控股股东侵犯中小股东利益。独立董事、监事可以通过解决信息不对称问题，来保护股东的利益，实现公司利益最大化。

2018 年 11 月 15 日，笔者与一位来自上海、保险行业的专职监事讨论，在现代公司中，一人有限责任公司的控股股东就是总经理，还需要监事吗？民营企业控股股东就是总经理，还需要设立监事会吗？我们较为一致地认为，在这种情况下，企业不存在信息不对称问题，企业的所有者就是经营者，监事会对董事会和经理层的监督是没有意义的，没有必要设立监事会。此时，公司需要的是内部管理和产权明晰。

三、公司治理的两大理论

公司治理的主要问题包括三类：第一类是所有者与经营者的代理问题，即经理人对股东的内部人控制；第二类是大股东与中小股东之间的代理问题，即，控股股东对中小股东的利益侵犯；第三类是企业与其他利益相关者（债权人、公司员工、政府税收部门等）之间的关系问题。例如，公司破产前，恶意通过关联交易将优良资产转出，导致债权人、公司员工、税收等方面应有的破产分配权益受到损害，属于公司对其他利益相关者的利益侵犯。

第一类、第二类公司治理问题都属于委托代理问题，形成委托代理理论。第三类公司治理问题形成利益相关者理论。

（一）委托代理理论——股东至上

1976 年，詹森和麦克林第一次把委托代理上升到理论高度，形成委托代理理论。该理论认为，代理成本有以下两个来源：

（1）委托人的监控成本。委托人给代理人以适当的激励（给权利、高薪、职位消费）来约束这种偏离其利益的行为，外加付出监控（如监督董事会）成本来限制代理人的越轨行为。

（2）代理人的保证成本。代理人保证不采取某种损害委托人利益的行动，或者采取了不当行为导致偏离委托人预期的行为，从而对委托人进行赔偿，或者代理人的福利减少。如国有企业对投资责任的终身追责制度。

第一类公司治理代理问题将导致内部人控制。要解决内部人控制问题可以从以下几个方面着手：

①完善公司治理体系，加大监督力度；

②强化监事会的监督职能，形成企业内部权力制衡体系；

③完善和加强公司的外部监督体系。

第二类公司治理问题将导致控股股东侵犯中小股东利益。其解决措施包括：

①累积投票制；

②建立有效的股东民事赔偿制度；

③建立表决权排除制度；

④完善小股东的代理投票权；

⑤建立股东退出机制。

为了减少公司的委托代理问题，除了防止内部人控制，防止控股股东对中小股东的利益侵犯，还需要加强公司治理的基础建设。公司治理基础建设主要包括建立健全公司信息披露制度、评价公司财务信息和治理水平的信用中介机构、建立保护投资者利益的法律法规、政府监管以及媒体和专业人士的舆论监督等。

（二）利益相关者理论——利益相关者至上

利益相关者理论是委托代理理论的延伸和发展。20 世纪 90 年代，布莱尔的利益相关者的观点为大众所接受。在更多利益相关者涉及公司经营方方面面的今天，企业与其他利益相关者之间的关系问题成了公司治理中新的问题。

利益相关者理论以企业破产将影响企业上游（供应商利益受损）、企业内部（股东利益受损、经理层失去发挥自我能力的平台、员工失业）、企业下游（消费者无法享受服务）为例，提出以下观点：

其一，股东只是公司中的一员，管理者、债权人和公司其他雇员等具有特殊资源者也同样是公司的所有者；

其二，代理人不仅要为股东服务，还要为公司所有的利益相关者服务；

其三，公司财务管理的目标由利润最大化、股东财富最大化、公司价值最大化，转移为利益相关者利益最大化。公司作为一个拟制的法人实体，其一经成立，就不仅纯粹为股东的利益而存在，而是为了实现众多的与公司有关的利益主体（至少包括股东、员工、债权人等）的综合利益而存在。公司的使命和责任应当是，在为股东实现最大利益的同时，理应考虑包括公司职工、债权人等在内的利益相关者的利益。这就是众多学者研究探讨的公司所应承担的社会责任。从公司终极所有者的角度，强调公司的“股东本位”，弘扬“股东权利”无可厚非。但是从公司的使命和社会责任的角度，似乎可以认为，从“股东会中心主义”向“董事会中心主义”过渡或转变是一种发展的必然①。

联合国经济合作与发展组织（OECD）早在1999年就出台了《OECD公司治理原则》，旨在帮助OECD成员国及非成员国政府评估和提升有关本国公司治理的法律、制度和监管水平，为股票交易所、公司和其他对良好的公司治理的发展进程发挥促进作用的机构提供指引和建议。《OECD公司治理原则》主要包括以下内容：

（1）确保有效的公司治理框架；

（2）股东权利和关键所有者功能；

（3）平等对待全体股东；

（4）利益相关者在公司治理中的作用；

（5）信息披露和透明度；

（6）董事会的义务。

《OECD公司治理原则》不仅包括了委托代理理论的思想，还有利益相关者理论的思想。例如上述第4条“利益相关者在公司治理中的作用”认为，利益相关者与董事会或监事会审计委员会、经理层、外部审计人员和内部审计人员一同参与公司治理。

委托代理理论引出股东会中心主义，利益相关者理论指向董事会中心主义。“股东会中心主义”和“董事会中心主义”是世界各国公司立法和公司治理进程中的两个发展阶段。从实际效果和实际操作性上说，后者较前者是一种进步和发展。但是，从美国不少巨型公司披露的严重问题可以看出，“董事会中心主义”的运作模式也暴露出越来越多的问题，学者也开始对“董事会中心主义”进行检讨和批判。本章第三节将详细讨论。

第二节　监事会的产生与两大法系

2013年，一家中资公司计划在苏丹设立合资公司，就以笔者于十年前在埃塞俄

---

① 李记华．公司治理之“股东会中心主义”与“董事会中心主义”［EB/OL］．(2021－02－16)［2022－05－31］．https：//mp. weixin. qq. com/s/9okry68qKEAEH6v8qoaKgQ.

比亚起草的一份合资公司的公司章程为蓝本，照葫芦画瓢。笔者认为这显然不合适。因为，苏丹和埃塞俄比亚不属于同一法系，公司章程的要求是不一样的。

什么是法系？凡是在内容上和形式上具有某些共同特征，形成一种传统或派系的各国法律，就属于同一个法系。西方法学家在法系的划分上很不一致，不少法学著作在论述法系问题时，多举英美法系、大陆法系、中华法系、印度法系、伊斯兰法系这五大法系的案例。这五大法系除大陆法系和英美法系外，其余的基本上已经成为法制史上的概念。因此，我们只谈论大陆法系和英美法系。

大陆法系是指欧洲大陆上源于《罗马法》、以1804年《法国民法典》为代表的各国法律，所以大陆法系也称罗马法系或民法法系。使用大陆法系的国家和地区包括法国、德国、意大利、西班牙等欧洲国家，也包括曾是法国、西班牙、荷兰、葡萄牙四国殖民地的国家和地区，如阿尔及利亚、埃塞俄比亚等以及中美洲的一些国家，民国时期的法律也属于这一法系。

英美法系，又称普通法法系、英国法系，是以英国自中世纪以来的法律，特别是以它的普通法为基础发展起来的法律的总称。英美法系首先起源于11世纪诺曼人入侵英国后逐步形成的以判例形式出现的普通法。使用英美法系的国家和地区除包括英国（不包括苏格兰）、美国（路易斯安那州除外）以外，还包括曾是英国殖民地、附属国的国家和地区，如印度、巴基斯坦、新加坡、缅甸、加拿大（魁北克省除外）、澳大利亚、新西兰、马来西亚等。中国香港地区也属于英美法系。

英美法系和大陆法系有以下五点区别。

第一，法的渊源不同。大陆法系是成文法系，其法律以成文法即制定法的方式存在。它的法律渊源包括立法机构制定的各种规范性法律文件、行政机关颁布的各种行政法规以及本国参加的国际条约，但不包括判例。英美法系的法律渊源既包括各种制定法，也包括判例，并且判例法在整个法律体系中占有重要的地位。

第二，法的分类不同。大陆法系一般划分为公法和私法；英美法系划分为普通法和衡平法。

第三，法典编纂的不同。大陆法系一般采用法典形式；英美法系往往是单行法律、法规。

第四，诉讼程序和判决程式不同。大陆法系的诉讼程序以法官为重心，突出法官职能，具有纠问程序的特点。而且，多由法官和陪审员共同组成法庭来审判案件。英美法系的诉讼程序以原告、被告及其辩护人和代理人为重心，法官只是双方争论的“仲裁人”而不能参与争论，与这种抗辩式程序同时存在的是陪审团制度。

第五，在法律术语、概念上也有许多差别。

在公司治理领域，英美法系和大陆法系有以下区别：

大陆法系设监事会，为二元制公司治理结构，有股东会、董事会和监事会。

英美法系不设监事会，为一元制公司治理结构，只有股东会和董事会，董事会集执行职能与监督职能于一身。为了弥补对董事会和控股股东的监督的不足，一元制公司治理结构创设了独立董事制度，或者增强董事会审计委员会履行监督的职责。

由于历史原因，中国国民党政府的法律在很大程度上参照日、德等国的法律，因此也被认为属于大陆法系。中国香港被英国殖民则属于英美法系。我国于2001年在上市公司引入了独立董事制度，导致上市公司形成了独立董事和监事会并存的格局。

一、监事会的诞生

早年的手工业作坊时期，所有者就是经营者，没有必要设立董事会、监事会。18世纪60年代，英国首先开启第一次工业革命，以蒸汽机为代表的大机器生产开始取代工厂手工业，生产力得到突飞猛进的发展。19世纪60年代后期，开始第二次工业革命，欧洲国家和美国、日本的资产阶级革命或改革的完成，促进了经济的发展，人类进入了电气时代。

第一次、第二次工业革命推进了生产力的发展，也产生了生产要素的所有权与控制权分离。也就是说，所有者不一定是经营者。所有权和经营权逐渐分离，为监事会的诞生提供了条件。这种分离必然导致“委托—代理”问题。经理人员（代理人）能够比股东（委托人）掌握更多的信息，因而具备了更多自利行为的可能。作为公司所有者的代理人，经理人员往往有自己的追求。经理人员和股东的利益目标并不完全一致，前者有时可能会不惜损害股东的法定权益，而作出对自己有利的决策。因此经理人员滥用职权而造成的损失以及为了监督和约束经理人员的行为滥用而产生的成本被称为代理成本。面对这样的“委托—代理”问题，企业要拥有一套有效的控制机制来制衡管理者的利己行为，董事会、监事会等公司治理机制应运而生。

大隅健一郎认为，德国监事会制度的形成可以追溯到1602年荷兰东印度公司的设立。受当时政治组织中都市商业贵族专制统治的影响，荷兰东印度公司成了董事会专制的经营机构。在这个机构当中，股东的反抗就相当于主要股东对董事的监督。可是随着股东大会的成立，主要股东的权力逐渐被限制，最终转化为董事的监督机关①。类似的观点也认为，从德国监事会的产生与发展过程来看，监事会制度在德国产生的基本社会背景是，在外部环境的复杂性与不确定性不断增强的情况下，公司的经营权逐渐转移到了董事会手中。为了在经营中维护投资者的利益，监事会作为一种监督制衡机制得以产生②。

---

① 大隅健一郎.《株式会社法变迁论》[M].东京：有斐阁，2001.

② 德国监事会制度的生成与演进 [EB/OL].（2010-07-23）[2022-05-31].https://www.docin.com/p-65959923.html.

经历了30年战争的德国，在19世纪初又历经了拿破仑战争的“洗礼”，德国无论经济还是政治均位于后进国家之列。但战争不但没有摧毁德国人的意志，反而激发了其产业民族主义的情结，复兴祖国产业成为当时的共同理念。

1830年，在作为德国统一原动力的普鲁士，已有银行、保险、汽船等领域的24家股份公司。1830年以后，以铁道公司的设立为契机，相关产业部门的股份公司数量开始急剧增加，普鲁士政府在1838年制定了《铁道公司法》，1843年，又以《法国商法典》为基础制定了《德国股份公司法》。这是《德国股份公司法》最初的一般规定，其特色在于公司的设立采取许可证制度和规定公司章程的法定记载事项。但在法律上，对于股份公司内部组织却欠缺严密的规定。同时，规定理事会作为最高管理机构，由设立者或主要股东构成，其任务是监督董事会并指导公司的重大决策方针。这可以看作德国监事会制度的雏形。此时，德国尚未出现监事会这一词，还处于国家进行广泛的监督、拥有监督权和介入权的阶段。

1943年颁布的普鲁士《股份公司法》并没有解决由地方分裂导致的统一规制公司的迫切需求。为此，1846年，德国联邦会议基于拜恩州（即巴伐利亚州）提案，决定设立负责起草德国诸联邦普通商法典的委员会。该委员会自1857年以来在纽伦堡多次召开会议，审核了普鲁士商法草案。最终以1843年的普鲁士《股份公司法》以及1856年的法国立法为模板，综合自身固有的经验于1861年制定了德国《普通商法典》。

1861年制定的德国《普通商法典》被当时大多数加盟国采用。由于存在公司的设立是由国家许可还是自由设立的争论，德国《普通商法典》规定，股份公司需要国家许可设立，同时，各联邦亦可规定自由设立。根据该法典，股东大会被赋予了会计监督、利益分配以及公司章程变更等方面的权限，同时制定了必须设立董事会的条款，规定只有董事会才是代表公司的唯一机构。并且，该法第225条规定，可以任意设置监事会，监事会作为股份公司的机构在法律上被承认。至此，德国的监事会制度于1861年正式诞生①。

1870年，德国第一次修订了《普通商法典》，通常被称为《股份公司第一次修订办法》②。1884年，德国再次修订了《普通商法典》，通常被称为《股份公司第二

---

① Passow，Richard. 株式会社の監査役会の生成——ドイツの株式会社監査役会の誕生［J］. 川端保至，译《同志社商学》，1990-07-22（1）：218-236.

② 其背景是，19世纪60年代初，德国以煤、钢铁等行业为中心的产业革命推动了经济的发展，然而与之不协调的是公司设立的许可证制度大大延缓了公司设立的速度，被指为阻碍经济进一步发展的要因。《股份公司第一次修订办法》采取准则主义，认为股份公司设立时不必取得国家许可，相应国家对股份公司的监督也被要求予以放弃，而代之行使监督机能的是监事会。监事会作为监督机构的设立是一切股份公司的义务。监事不仅具有广泛的业务监督和以受托责任为目的的会计监督义务，而且还应负责对年度决算书和利润分配方案进行审查，并将审查的结果报告给股东大会（久保田音二郎，1939）。可见，修订法对于监事会的职能定位并不是参与管理，而是对一切部门的管理进行业务监督。

次修订办法》[①]。此后，由1884年《股份公司第二次修订办法》所确定的近代股份法的原则，被1897年的德国新《商法》所继承，并长时间没有变动。

因此，德国的监事会至今保留了以下三个特征：

一是，监事会在公司治理中位高权重。

德国监事会除了有监督权、临时股东会的召集权、特定交易的批准权[②]、特殊情况下的公司代表权[③]之外，还有董事任免权。监事会作为董事会的上位机关，拥有董事会的选聘、监督、薪酬决定等权利。

为什么德国的监事会位高权重？因为1861年德国《普通商法典》首次确定了股东大会、董事会、股东委员会、任意设置监事的公司治理制度。其中，股东委员会由主要股东组成，相当于股东的常务委员会，具有任免董事、监督业务执行的权利。1870年，德国《普通商法典》修改，废除了“股东委员会”直接对股份公司的业务监督，代之以“监事会”。

二是，职工通过参与监事会来参与公司治理。德国的监事会成员由职工代表和股东代表共同组成。

三是，德国从银行派遣监事会成员来审视监事会职能。

据调查，在德国最大的100家公司中，银行在75家公司的监事会中拥有席位，20家监事会的主席由银行代表担任。德国的银行具有全能银行之称，不仅能够全面经营商业银行、投资银行、保险等各种金融业务，为企业提供中长期贷款、有价证券的发行交易、资产管理、财产保险等全面的金融服务，而且还可以经营不具备金融性质的实业投资[④]。德国的银行，出于债权的保全和股权剩余索取权的考虑，在公司监事会的选举中必然采取主动，把自己的董事会成员派遣到交易对象企业监事会中任职。如此一来，银行（特别是主银行）通过信贷和大量的持股，和企业建立起了债务与资本混合的金融关系。这种多元的关系不仅使银行有监督经理层的动力，而且基于获取信息的天然优势，也让其具备了监督的能力。一方面银行通过把其掌握的信息传递给监事，使其能够很好地发挥监督作用，另一方面银行也可以撤换不

---

① 该办法通过将准则主义严格化，对股份公司各机构的职能更加明确地予以区分，特别是加强了股东大会的地位，在一定程度上强化了股份公司设立过程中的监督制度。同时禁止了实践中存在的董事会和监事会兼任的情况，实现了管理机构与监督机构在法律上的分离。但在对内方面，监事会对董事会的指令权依然存在，即在法律上监事会的业务重点是对董事会进行业务监督，而实际上监事会还拥有着管理权、审议权和业务执行权。因此，如果分析监事会的实际活动，会发现和法律上规定有所不同，在现实中更是一个管理机构。并且构成监事会成员的是大股东、银行代表或者关联公司的董事、监事。

② 对于某些特定的交易，董事会必须事先得到监事会的批准后才能进行。

③ 公司的代表权原则上属于董事会，但在特殊情况下，如董事与公司之间产生诉讼、董事有禁止的竞业行为时、董事与公司交易时，监事会代表公司。

④ 德国监事会制度的生成与演进［EB/OL］.（2010-07-23）［2022-05-31］. https://www.docin.com/p-65959923.html.

称职的监事，进而改善经营绩效。

和德国比起来，美国的监督采取的是独立董事制度。独立董事的监督是董事会内部的监督，监事会的监督是董事会外部专门监督机构的监督。美国监督制度的特点是确保董事特别是独立董事的外部性和独立身份，对经理进行事前（提名机制）、事中（薪酬机制）及事后（审计机制）的监督。德国监督的特点是股东大会选举产生监事会，监事会选任董事。监事会与董事会成员不得交叉，监事会的地位处于董事会之上。

不同内部监督模式的选择都是有其制度背景的。美国公开公司的股权结构极度分散，一般都不存在控股股东，故主要监督力量是股东和控制权市场。股东通过股东大会监督公司的董事会和经理层，或者在股票市场上“用脚投票”对公司经营管理者施加压力。美国充分竞争的经理人员市场也会对公司的经营管理者产生压力，从而起到监督与督促的作用。美国完善的股东诉讼制度也是一种有效的机制。美国公司董事会同时具有监督经理层和自我监督的职能，美国董事会自我监督，也就是通过董事会专门委员会获得独立董事来监督董事会，这是一个“伪命题”，因为“再锋利的刀永远也砍不到刀背上”。

德国公司股权集中程度很高，大公司倾向于向银行借贷资金，发行的股票则要由银行认购。德国的证券市场只能附属于垄断性的金融资本市场，在银行业的影响下发挥着资金融通作用。所以，在德国是以银行为主体的大股东对公司经营管理者实施监控，而缺乏发达的证券市场和经理人市场的监督。小股东的投票权通常是由受托管理其股票的银行来行使。根据惯例，银行向其放有贷款或持有股份的公司中派驻代表，参与公司的监事会，对董事会及经理层进行监督。

二、英美法系公司，通过独立董事制度求变

孟德斯鸠说：“一切有权力的人都容易滥用权力，这是一条万古不易的经验。”“防止权力滥用的办法，就是用权力来制约权力。权力不受制约必然产生腐败。”那么，如何行使公司治理中的监督职能？独立董事制度和监事会制度分别代表了英美法系和大陆法系对公司治理的两种不同路径选择。以是否在公司治理机关中设有监事会为标准，前者被称为单层（一元）公司治理结构，后者被称为双层（二元）公司治理结构。

在大陆法系的双层公司治理结构中，设有股东会、董事会、监事会。监事会承担监督职能，防止董事、经理滥用职权，损害公司和股东的利益。在“二元”结构中，依据监事会地位的不同，又可区分为以德国为代表的“监事会至上”模式，和以日本为代表的“监事会从属”模式。

在英美法系的单层公司治理结构中，只设股东会、董事会，不设监事会，由董

事会中的独立董事承担监督职能。董事会既是公司的决策与执行机关，也是公司的监督机关。董事会还设有全部或主要由独立董事组成的审计委员会、提名委员会、薪酬委员会等负责履行监督职责。

监督是独立董事的主要职责之一。独立董事的职责，除了必须履行董事的一般职责外，还有如下职责：（1）对公司进行财务审计监督；（2）监督董事会、执行董事会和经营管理人员的职务行为；（3）在执行董事与公司存在利益冲突时介入；（4）就公司战略、业绩、资源、主要人员任免及其行为标准等问题作出独立判断。相比之下，监事会对所有的股东负责。独立董事虽然也关注公司的整个经营情况，但相对来讲更多关注中小股东的利益。

决策是董事的主要职责，也理应是独立董事的主要职责。独立董事作为“外来的和尚”，念公司的“监督之经”是合适的，念“决策之经”并不合适。因为，当“外来的和尚”在没有足够的约束和激励的情况下，同样可能“崽花爷钱不心疼”，在重大决策之时草率表决。

以美国为代表的独立董事制度受到以下三个方面的质疑。

一是独立董事的独立性。美国公司总经理常兼任董事会主席。独立董事的当选是总经理的意图或是通过总经理对提名委员会的强烈推荐而促成。

二是独立董事的时间有限。独立董事往往能者多劳，身兼数职，难以有足够的时间来充分调研所任职企业的经营情况。

三是独立董事缺乏有效的激励与约束。由于独立董事不对股东或任何人负责，因而不被有效地监督或制约。有人批评独立董事“经常是一种虚设的闲职，为退休或下野的政要们领取车马费提供机会”。

英美法系的单层结构治理的变革措施有：强调董事长与总经理的分离；在董事会内下设各种专业委员会，强化业务执行与监督的独立性；通过增加外部独立董事的比例，力图在现有的单层制度框架内进行监督的改良，加强董事会的独立性，使董事会能够对公司经理层履行监督职责①。

单层和双层结构两者取长补短，不断完善和趋同，并具有环境变化中的权变性质。单层结构在外部市场监督强而内部监督弱的情况下，开始着手于董事会内部执行与监督的分离，如在董事会内部设置监督委员会。双层结构在外部市场监督弱而内部监督分散化的情况下，开始致力于董事会和监事会在监督职能方面的整合。

三、大陆法系公司，通过外部监事、灵活组合制度求变

日本是比较特殊的国家，不仅设有监事会，还设有独立董事。监事会主要代表

① 毛亚敏．公司法比较研究［M］．北京：中国法制出版社，2001．

全体股东对董事会和经营层进行监督。独立董事可能更多地代表中小股东的利益。

明治维新以来的近现代日本商法，是由日本政府外聘的德国法学家海尔曼·罗斯勒（Hermann Roesler）以德国《普通商法典》为模板建立起来的，不可避免地打上了德国法的烙印，监事会制度便是法制移植的典型标志之一。不同的是，德国的监事会制度是在“职工共同参与”的理念下为解决劳资矛盾而建立完善起来的，其地位高于一般的公司执行机关，拥有对董事会的选聘、监督、薪酬确定等权力。而日本监事会（日本商法称为“监察人”）与董事会均由股东大会选任，相互之间互不隶属，监事会履行对董事会和董事的监督权能。

长期以来，日本立法者对监事会的态度可用“纠结”来形容①：1899年以德国普通商法典为“母法”的日本新《商法典》颁布，此法对监事会制度较为重视，规定监事会对董事会实行全面监督，涵盖业务监察和会计监察等层面的内容；1950年，日本修订《商法》，引入美国《公司法》的规定，规范和强化了董事会的职能，相应弱化了监事会的权能，监事只履行会计监察职能；由于20世纪50年代至70年代是日本经济高速发展时期，董事会权力不断膨胀，监事会监督权趋于弱化，甚至成为“形式化的机关”。为此，1974年修订的《商法典》又重新将监事会权力扩大至业务监察，同时制定了《商事特别法》，根据公司规模细化了具体监督内容。

此后30余年，日本监事会的发展似乎步入了“黄金时期”，监事会制度不断被强化与完善：1982年，新增复数监事和常勤监事（日本称常勤监察役）制度，强化监事会与会计监察人的合作关系。1990年，扩大监事职权范围。1993年修订《商法典》，将监事任期延长为3年，修订《商事特别法》，强化监事的独立地位，并在大公司中推行外部监事和监事会，将大公司监事人数调整为3人以上，要求大公司引进外部监事制度和监事会法定化。

2001年修改《商事特别法》，要求公司董事向股东会提出监事人事议案时，须经监事会同意；进一步明确外部监事的定义，同时规定过半数的监事必须是外部监事；将监事任期延至4年；明确规定监事出席董事会和陈述意见的职权；增加外部监事的比例。

随着日本公司组织形态和公司治理结构的日趋多元化，履行内部监督权的公司机关越来越多，会计监察人、外部董事等不断被引入公司治理结构，这些机关的许多职能与监事和监事会都存在重合或交叉。如何厘清各类监督主体之间纷繁复杂的职能交错，成为日本商事立法者面临的棘手问题。与此同时，各类监督主体的重复引入，造成了日本公司在机构设置上的成本高企，尤其对一些中小型企业来说，多

① 谢靖宇、蔡奕．我国上市公司监事会制度的演变趋向——从海外实践的视角［J］．证券市场导报，2012（12）：61－66．

种监督主体的并设严重降低其竞争力。

在这样的背景下，日本启动了新一轮商法修订，其修订要义之一是允许日本公司“从多种多样的选择中进行取舍，设计适合自己的战略性能力”。2006 年，日本正式施行的新《公司法》设置了全球独一无二的灵活的公司治理机关安排。它首先将公司区分为公开公司和非公开公司（也称股份转让限制公司），再区分为大公司和中小公司，从而将公司大致为四类：非公开小公司、非公开大公司、公开小公司和公开大公司，为各类公司规定了公司治理机关的组合“菜单”，甚至同一类别的公司中也有不同的组合安排。

对于非公开的小公司，日本《公司法》提供了 9 种可供选择的公司治理机关：（1）只设董事；（2）董事 + 监事；（3）董事 + 监事 + 会计监察人；（4）董事会 + 会计参与；（5）董事会 + 监事；（6）董事会 + 监事会；（7）董事会 + 监事 + 会计监察人；（8）董事会 + 监事会 + 会计监察人；（9）董事会 + 三委员会（提名、报酬、监察）+ 会计监察人。

对于非公开的大公司，有 4 种选择：（1）董事 + 监事 + 会计监察人；（2）董事会 + 监事 + 会计监察人；（3）董事会 + 监事会 + 会计监察人；（4）董事会 + 三委员会 + 会计监察人。

对于公开的小公司（含中小上市公司），有 5 种选择：（1）董事会 + 监事；（2）董事会 + 监事会；（3）董事会 + 监事 + 会计监察人；（4）董事会 + 监事会 + 会计监察人；（5）董事会 + 三委员会 + 会计监察人。

对公开大公司（含大的上市公司）而言，日本《公司法》的要求较严格，只有两种选择：要么采取“董事会 + 监事会 + 会计监察人”的设置；要么采取“董事会 + 三委员会 + 会计监察人”的设置。

日本《公司法》提供的公司治理机关选择组合繁多，但最关键的一点是：无论何种类型、何种规模的公司，监事和监事会都不是必选之项。日本法律界对此的理解是：这正是公司治理的应有之义，公司治理是多元化且有个体特征的，与其设定整齐划一的公司治理机制，还不如将选择权交由公司，由公司根据自身的情况自由选择机关的设置，法律只提供必要的选项。

2010 年，日本《公司法》又传出了最新的修改动态，日本法务大臣成立专门的“公司法制部会”，开始审议公司法修订事宜。此次修订让监事会参与公司董事的选任和解职，从而将监事会和提名、监察委员会的权能结合起来。由于日本的三委员会主要由外部董事担任，监事会成员的权能实际上与外部董事相当接近。如果这样的修订方案得到通过，实际上将导致日本公司监事会、三委员会、外部董事的权能趋于同化，公司治理机关的设置更为简单。

值得一提的是，如何实现对公司管理机构的有效监督，是目前公司治理中最为艰难的课题。我国和日本，均采用了既有单层公司治理模式（英美法系）下的独立董事，又采用了双层公司治理模式（大陆法系）下的监事会。

为了完善监督、完善公司治理结构，国际上是否普遍允许股东在两种董事会制度中进行选择？从国际方面上看，允许股东在单层和双层董事会中进行选择已经成为一种趋势，例如，法国、荷兰、比利时、卢森堡、芬兰、丹麦，以及其他一些非欧洲国家。而其他一些国家，包括意大利和葡萄牙在内，甚至可以在两种以上的治理模式中进行选择。欧盟也允许欧洲公司在单层和双层董事会中进行选择。但德国仍选择保守做法，一直拒绝让股东在这两种制度之间作出选择，尽管这种改革的呼声一直都存在①。

笔者认为，不能因引入独立董事制度、董事会审计委员会制度而降低对监事会这一专设监督机关的关注，放弃对完善监事会制度所做的努力。我国更应该吸取独立董事制度设立中的有益经验，重点完善外部监事制度，让公司外部专业人士发挥其专业特长，有效履行监督职责，改变目前监事会监督不力的现状。

第三节　公司的三种中心主义

公司事务谁说了算？公司控制权应该由股东、经理人还是董事主导？公司采用股东会中心主义、董事会中心主义还是经理人中心主义模式？这是公司治理绕不开的话题，也直接决定了公司治理机制设计的出发点和公司治理改进的目标选择。即便是同属英美法系的英国和美国，在这个问题上仍然存在差异。美国选择董事会中心主义，英国则更倾向于股东会中心主义。

股东会中心主义与董事会中心主义的优劣与选择是我国公司法学术史上经久不衰的命题，更是每一次《中华人民共和国公司法》修法所面对的首要抉择。

一、三种中心主义的确立

1. 股东会中心主义的确立

亚当·斯密、米尔顿·弗里德曼与 F. A. 哈耶克等经济学家奠定了股东中心主义的理论基石。股东中心主义的哲学基础在于人民当家作主的人民主权思想。股东之于公司，犹如人民之于国家。

19 世纪之后，各国公司法纷纷确立公司设立的准则主义，而股东大会作为最高

① Panda君．法经治理丨德国监事会制度的发展与经验［EB/OL］．（2021－04－02）［2022－05－31］．https：//mp. weixin. qq. com/s/ztknHa－ba_wtqbyERX5HwQ.

的权力机关也随之被立法确立。1890 年以前生效的一般公司法都以股东会中心主义为原则，对公司的经营范围和自由进行了严格的限制，全面保护股东的权利①。

19 世纪末，随着公司经营专业化增强，资本规模扩大，股东会中心主义的治理模式开始动摇，美国各州在州际竞争以及规模经济发展的浪潮中开始陆续修改公司法，将控制权授予管理者，最终在全球树立了董事会中心主义的公司治理典范。

从比较法的角度来看，民法体系的公司法普遍赋予了股东会较为广泛的权力范围，其中不乏将股东会称为公司“最高机构”的立法表述。但是在公司内部权力的具体配置上，很少有现代的公司法律制度仍将股东会视为公司的“最高决策机构”。

2. 董事会中心主义的确立

董事会中心主义是指在公司权力分配上，董事会拥有法定的不受股东干涉的公司经营管理权。董事会中心主义是分散所有权体系下的产物。

20 世纪初，不断有判例和立法承认董事会中心主义的治理模式。1906 年，英国上诉法院的“自动过滤器公司案”标志着英国董事会中心主义开始确立。在美国，早在 1899 年，特拉华州就已经修订了本州的公司法，确定了董事会对公司业务的领导地位。1950 年《美国标准公司法》进一步明确了除章程和股东协议另有约定外，董事会享有对“公司所有权力”。

大陆法系比较具有代表性的立法为德国 1937 年的《股份法》，该法承认董事会在管理公司业务时的主导性和独立性，不再将股东会视为公司的运营核心②。该法废除了股东会对公司经营的决策权，明确董事会拥有不受干涉的对外代表公司、对内领导业务的权利。由于缺乏公司事务的一般决策权，德国公司法学界的主流意见认为，股东会已经不再是公司的最高权力机构。

为什么 20 世纪以后，出现了从股东会中心主义向董事会中心主义的变化？随着公司的专业化经营，以及公司所有权与经营管理权分离趋势日渐明晰，股东会权利和董事会权利之间的分野也日趋明显，而且越来越向保护董事、高级管理人员经营管理权、防止股东对其不当干涉的方向倾斜。一方面，董事会中心主义能够将公司带向专业经营的康庄大道；另一方面，公司的权力重心从股东会向董事会转移，是社会分工精细化的必然结果，也是提高商业效率的必然选择。商业判断规则的主要掌控者也应该是公司的实际经营者，而非投资者③。

---

① 刘晶．美国董事会中心主义历史溯源及其对我国《公司法》修改的启示．[EB/OL]．(2021－07－02) [2022－05－31]．https：//mp. weixin. qq. com/s/Mght8sQa7xwhkQFHZtiuAQ.

② 赵旭东．股东会中心主义抑或董事会中心主义？——公司治理模式的界定、评判与选择 [J]．法学评论，2021 (3)．

③ 何巍．刍议公司控制权视角下的公司机关权利配置 [EB/OL]．(2021－02－20) [2022－05－31]．https：//mp. weixin. qq. com/s/rKIfoLFfDhQ1rBkJLsYvvg.

3. 经理人中心主义的确立与发展

经理人中心主义是指企业应以最具企业家精神的管理者为核心，并且使其拥有公司的控制权。

阿道夫·A. 伯利和加德纳·C. 米恩斯1932年合著的《现代公司和私人财产》剖析了公众公司股权高度分散导致的经理人事实上掌握控制权而引发的公司治理问题。“所有权和控制权的分离”问题一直是美国公众公司治理的主要问题。经理人中心模式自20世纪30年代被学术界追捧，经50年代和60年代演变持续至80年代。其缺陷在于经营低效和对低价值项目的过度投资。随着20世纪80年代公司集团化运动的夭折和90年代积极维权的机构投资者群体的崛起，经理人中心模式悄悄被股东中心主义模式取代①。

历史是螺旋向上发展的。那么为什么今天要重提经理人中心主义?

其一，不管是在发达国家还是在新兴国家，每一个企业背后都有一个灵魂人物，正如乔布斯之于苹果、任正非之于华为，这些企业引领者的个人特征引起了学术界的兴趣。

其二，对创新型企业来说，其面临着高度的不确定性，企业绩效也存在较大波动性，创始人团队容易受到短期投机者影响，一旦失去公司经营权，可能会加快企业在激烈市场竞争中的消亡速度。随着机构投资者的出现，企业也面临着被资本侵入的风险，控制权的惨烈竞争也使得创始人团队难以放开手脚全身心地投入企业创新中，造成企业难以很快地在行业中崭露头角。

公司治理的发展史，就是股东会、董事会、经理人权力分配的发展史。无论采用哪一种模式，监督必不可少。

二、中国《公司法》中的股东会中心主义

在我国《公司法》中，股东会被称为公司的“权力机构”，是公司其他机构的权力来源。立法者强调，股东会体现股东的整体意志，董事会成为股东会决议下机械、消极的执行者。股东会原则上负责公司核心事项的业务决策，董事会通过日常经营决策权来执行股东会的决议。中国股东会中心主义的鲜明特色在于，所有权与控制权合一的股东会拥有法定的公司经营管理的最终决策权以及公司治理的剩余控制权。有学者形象地将这种股东会掌握经营管理权的公司治理模式称为“股东绝对主权主义”。

《公司法》第三十七条规定，股东会的权力是至高无上的。其规定公司股东会

---

① 刘俊海．股东中心主义的再认识［EB/OL］．（2021－09－09）［2022－05－31］．https：//mp. weixin. qq. com/s/DaZgr21X9ITo9Ma5ZWRP8w.

的职权如下：

（1）决定公司的经营方针和投资计划；

（2）选举和更换非由职工代表担任的董事、监事，决定有关董事、监事的报酬事项；

（3）审议批准董事会的报告；

（4）审议批准监事会或者监事的报告；

（5）审议批准公司的年度财务预算方案、决算方案；

（6）审议批准公司的利润分配方案和弥补亏损方案；

（7）对公司增加或者减少注册资本作出决议；

（8）对发行公司债券作出决议；

（9）对公司合并、分立、解散、清算或者变更公司形式作出决议；

（10）修改公司章程；

（11）公司章程规定的其他职权。

相比之下，中国《公司法》秉承股东会中心主义，董事会的话语权相对较弱。从立法背景上，我国现行《公司法》从其1993年诞生之日起就肩负着为国企改革服务的历史使命，自然有所偏向。立法中一是过多的强调股东会的民主决策，二是强制性地规定了公司股东会和经理层的权限。其后果是，过多强调股东会的民主决策，必然带来决策缓慢；强制性规定经理的权限则使得董事会无法有效地控制经理层以维护股东的利益[①]。此外，我国公司董事的独立性、独立董事制度等配套制度未能很好地发展，公司内部的制衡机制无法有效地实施；大股东、控股股东的地位牢固，《公司法》的相关规则对关联交易、实际控制人的责任等方面未能很好地加以规制[②]。这些，都使得股东会“位高权重”。

在实务上，股东会的权力呈现两极分化。

一方面，股权集中的企业，控股股东的“手太长”，存在控制权的滥用问题。控股股东可能侵犯中小股东的利益，也可能侵犯债权人的利益。例如，国企管理一直有两条线，一条是公司治理，另一条是集团管控。国企对子公司过度采用集团管控，忽略公司治理的现象司空见惯。赵旭东也认为，现行公司治理制度的重大缺陷是公司治理的法定主体与实际主体严重脱节，未将控股股东作为公司治理主体，并忽略和放弃对其相应的法律规制[③]。

---

① 刘莉霞．董事会中心主义的公司治理模式及权力制衡［EB/OL］．（2005－11－11）［2022－05－31］．https：//www. chinacourt. org/article/detail/2005/11/id/186015. shtml.

② 李诗鸿．董事会中心主义：更有制度的选择［EB/OL］．（2019－11－20）［2022－05－31］．https：//mp. weixin. qq. com/s/sda6Iou7PIUZW7dS－FmS6Q.

③ 赵旭东．公司治理中的控股股东及其法律规制［EB/OL］．（2020－08－02）［2022－05－31］．https：//mp. weixin. qq. com/s/Sn1oFTxTVs6WdkbSzOKqDA.

另一方面，股权分散的企业，股东会形同虚设，内部人控制严重。虽然在立法层面，从我国《公司法》对股东会和董事会职权的规定来看，我国实行的“股东会中心主义”，而非“董事会中心主义”。但是，在实际操作层面，由于我国规范股东会的各种制度并不完善，“股东会中心主义”的立法理念并没有很好地贯彻，多数分析人士认为，我国股份公司的股东大会更多地是“橡皮图章”的角色。董事会及其领导下的经理层实际上已经成为我国公司经营中的核心机构，并在公司治理中实际起着核心作用。更值得关注的是，由于公司机关制衡与监督机制的欠缺，内部人控制的现象与西方发达公司的情形比较，有过之而无不及①。

因此，有观点认为中国《公司法》应从“股东会中心主义”迈向“董事会中心主义”，以解决公司治理的内在痼疾、提升公司法制的规范功效。

但是，中国人民大学法学院教授，博士生导师刘俊海认为，将“股东中心主义”明确为《公司法》的基本原则有正当性和合理性，也有合宪性和合法性，更有紧迫性和可行性。鉴于美国上市公司股权高度分散，而我国多数上市公司股权结构高度集中；鉴于我国缺乏遏制和防范董事会或经理人中心主义弊端所需的配套市场条件、法治环境和诚信体系等文化和制度土壤，立法者不宜强推董事会或经理人中心模式，以免经理层成为脱缰野马，损害股东权益。作为底线思维，股东会中心、董事会中心和经理人中心的模式都不应脱离股东中心主义的约束。董事会即使享有主要经营决策权，也要坚持股东中心主义，敬畏股权，敬畏公司终极控制权。这个道理如同政治生活中的行政权集中不能撼动人民主权思想一样。例如，美国特拉华州《公司法》第一百四十一条第一款虽将公司日常商业决策权配置给董事会，但未改变股东中心主义基调。

【讨论】在股东会中心主义下，董事会如何向下要权，向上要权

公司运营中，什么事项都上股东会，太麻烦；总经理控制董事会，享有太多权利，很可怕。因此，董事会的权利约定就很重要。我国《公司法》（2018年修订）第四十六条规定了董事会的十一条职权，其中第十一条“公司章程规定的其他职权”经常被忽略。实际上，这个职权在实践中往往很有用，能体现公司的管理个性。董事会可以通过公司章程的约定来实现向股东会索要权力，并限制总经理权力。

我们来看三个例子。

例 1：笔者一位朋友曾经为一件事情苦恼，她持有一家公司 30% 的股份，

---

① 李记华．公司治理之“股东会中心主义”与“董事会中心主义”［EB/OL］.（2021-02-16）［2022-05-31］. https：//mp. weixin. qq. com/s/9okry68qKEAEH6v8qoaKgQ.

另一个大股东持股70%，大股东兼任公司总经理。公司内部每年对业务骨干发奖金的决策，从不征得她这个小股东的同意。《公司法》中也并未规定发放年终奖的权利归属问题。那么，笔者建议她提出修改公司章程的要求，把这个决策参与权约定到董事会的权限中，这样，她就有公司发放年终奖的决策话语权了。

例2：2002年9月，在北京成立的一家房地产开发公司，其《公司章程》规定“大于150万元以上的采购，必须经过董事会决议”。这是对经理层的权利限制。

例3：南玻集团的《公司章程》（2015年6月）体现了董事会向股东会的实质要权，具体条文如下所示：

第九十六条“董事可以由总经理或者其他高级管理人员兼任，但兼任总经理或者其他高级管理人员职务的董事，总计不得超过公司董事总数的1/2。公司不设立由职工代表担任的董事。”

这一条很重要，是第一个布局，即总经理和其他高级管理人员，可以兼任公司董事，但最高不能超过董事总数的1/2。2003年，笔者担任埃塞俄比亚筹建一家合资公司。起草公司章程之时，埃方律师一直强调，在埃塞俄比亚，公司总经理、副总经理等经营层不能兼任董事。笔者当时不理解，后来明白，这是为了防止董事会被经理层控制。

第一百一十条，“股东大会授权董事会在股东大会闭会期间对以下事项行使职权：

（1）决定金额占公司最近经审计净资产50%以下（不含50%，下同）的购买或出售长期资产、对外投资（含委托理财、委托贷款等）、提供财务资助、租入或租出资产、签订管理方面合同（含委托经营、受托经营等）、赠予或受赠资产、债权或债务重组、研究与开发项目的转移、签订许可协议等事项或交易，上述金额按交易事项的类型在连续12个月内分类累计计算；

……

（5）在确保公司取得贷款后实际资产负债率不超过70%的前提下，决定单笔金额占公司最近经审计净资产50%以下的银行信贷事项（包括申请信用额度、信用贷款、担保贷款和票据贴现等）；

（6）股东大会以决议形式通过的其他授权事项。

上述事项中《公司法》等有关法律法规以及上市规则规定必须由股东大会审议通过的事项除外。”

这一条，董事从股东大会获得的授权有点大，但还是被写入了公司章程。

第一百一十八条“董事会会议应有过半数的董事出席方可举行。董事会作出决议，必须经全体董事的过半数通过。董事会决议表决，实行一人一票（中金岭南、董事长一个两票）。”

半数高级管理人员进入董事会、半数董事出席可举行董事会、半数董事通过决议有效，董事会又从股东大会获得足够的授权决策事项。显然，经理层就可以控制董事会，董事会又通过授权获得重大事项的决策权。值得一提的是，“授权事项是否要求被授权人及时告知被授权者”在实践中有两种做法，一种是不需要，另一种是需要。这一条，实际上也影响了授权的力度。

三、美国上市公司实行董事会中心主义

（一）美国上市公司实行董事会中心主义的背景

美国第一部一般公司法案的《纽约州1811年法案》就已经出现了类似于董事会的公司管理机构雏形。1837年，康涅狄格州出台了第一部被誉为真正现代类型的公司法，允许为一切合法商业活动而设立公司，开各州制定一般公司法之先河，美国公司法从特许制转向一般注册制。

董事会中心主义只是美国公众公司范式的治理结构。根据美国《标准商事公司法》第三十五条的规定，公司董事会中心主义的一切权力都应由董事会行使或由董事会授权行使，公司的业务事宜亦应在董事会的领导下进行。董事会有权决定公司的方针、政策，并有权选派负责人管理公司。美国董事会中心主义的董事会获得了更高的职权配置，表现在以下三个方面①。

第一，对董事会在上市公司中的角色功能进行重新定位。将股东会中心主义下的“股东会决议执行机构”修改为“公司内部的核心决策机构”，明确董事会而不是股东大会拥有公司主要商业决策的控制权。

第二，对上市公司股东大会与董事会的法定决策权进行重新划分。股东大会仅保留对自身利益产生重大影响以及与董事会存在利益冲突的公司重要事项决策权。股东大会主要包括决定公司章程修订、公司组织形式变更（公司合并、分立、变更企业形式、解散清算等）、公司资产的重大变化（重大资产重组、上市公司卖壳等）。董事会主要包括决定董事的任免、董事的薪资报酬、与董事有关联关系的公司交易。其他的公司重要经营决策权应当交给董事会进行决策，一是分配给董事会决策事项的知识门槛较高，需要决策者拥有行业领域中专业的商业交易以及公司运营知识；二是需要大量的公司内部信息，并且这些信息无法从上市公司对外披露的文件材料中获取，如决定公司经营发展战略、公司股份发行、公司增加或减少注册

---

① 刘晶．美国董事会中心主义历史溯源及其对我国《公司法》修改的启示［EB/OL］．（2021－07－02）［2022－5－31］．https：//mp. weixin. qq. com/s/Mght8sQa7xwhkQFHZtiuAQ.

资本等。

第三，公司法对上市公司股东大会以及董事会的决策权划分属于强制性规范，股东大会不得通过章程修改的方式进行任意改变。股东大会不得就董事会决策权范围内的事项进行决策，董事会同样不得对应由股东大会进行决议的事项作出决策，股东大会及董事会越权所作决策对公司内部以及第三人均不产生效力。

（二）美国上市公司实行董事会中心主义的原因

美国上市公司实行董事会中心主义，有两个原因。

其一，美国上市公司认为公司的目标不是股东利益最大化，而是利益相关者利益最大化。

2019 年 8 月，美国商业圆桌会议发布声明称，企业的目标是为其所有的组成要素提供服务，包括雇员、客户、投资者以及整个社会。此次声明，被认为是企业家们摒弃“股东至上”理念的标志性事件。作为美国著名的非营利性机构，商业圆桌会议由全美最知名的企业家组成，多年来频繁在与公司相关的治理、就业、环境保护等领域发声。20 世纪 80 年代，商业圆桌会议对于“股东至上”的理念推崇备至，将其奉为圭臬，并将这一原则写入相关的各种治理规则中。商业圆桌会议前后 30 年立场的反转，映射出公司治理实践中的一系列重大变化。相关实践质疑甚至推翻了部分基础性理论假设，诸如公司的本质是什么、何为公司的目标、公司治理模式孰者更优。作为股东至上原则的对立面，董事会中心主义逐步走上历史的舞台①。

股东利益就是公司利益吗？传统观念认为，股东是公司利益的最佳代表，往往将公司利益等同于股东利益，这是有失偏颇的。例如，在公司并购中，被收购方决定是否要卖出公司股份的时候，应该考虑全体利益相关者的利益，而一旦决定卖出，谈一个好价格，才应仅考虑股东利益。以英国的开明股东价值为例，董事在面临各方利害关系人利益冲突而需要作出选择时，只对公司负有信义义务（公司利益在某种程度上等同于股东的长期利益），而不对其他利害关系人负信义义务。但是董事在作出决定时，必须考虑其他利害关系人的利益，这在一定程度上缓和了“股东至上”的弊端。

既然股东利益最大化不是公司的目标，那么董事会在股东会前面，代表所有利益相关者的利益，获得高于股东会的权力，就顺理成章了。

其二，美国公司大多股权高度分散，尤其是美国上市公司。在这类公司中，由于股东层面的散漫与软弱，需要更强的董事会才能提高公司效率。

---

① 李诗鸿．董事会中心主义：更有制度的选择［EB/OL］．（2019－11－20）［2022－05－31］．https：//mp. weixin. qq. com/s/sda6Iou7PIUZW7dS－FmS6Q.

在民法典和公司法体系中，以公司为典型代表的营利法人的权力机构为股东会，执行机构为董事会。这么看来逻辑关系非常清晰，股东会作为权力机构具有最高决策权，董事会在股东会之下执行股东会的决定并向股东会负责。但实践中并不这么简单。股东往往较难聚集，股东会无法成为常态，且专业性经常有限，对公司运营无法施加很大的实际影响，而这些恰恰是董事会的强项①。

美国上市公司具有所有权与控制权分离的外部环境。一是，上市公司股东大会的股东人数众多且不固定，召集成本较高。将公司重要的经营权交于商业决策能力有限的股东大会无疑徒增了公司的决策链条和治理成本。二是，实际掌握公司控制权的董事会可以利用股东大会的批准作为规避责任的“避风港”。三是，股权分散的上市公司中控股股东不受股权制衡，可以凭借资本多数表决独断公司的经营决策，同时由于股东对公司不负忠诚勤勉义务，控股股东可以以自身利益而不是公司利益最大化主导公司的决策。

美国上市公司实行董事会中心主义是与其分散的股权结构高度相关的。所有者与董事会之间是一种“委托—代理”关系。由于分散的股东在实际上不能实现对公司的控制及对经营者的监督，所以股东将公司的控制决策权及对经营者的监督权委托给董事会行使。这样便导致了美国上市公司的董事会中心主义。美国上市公司建立了较为完善的董事会制度。从董事会的成员构成看，它包括内部董事和外部董事，且独立董事在数量上超过内部董事。从董事会的设置看，它包括各种专业委员会，如由董事会中心主义内部董事主导的执行委员会，以及由外部董事组成的薪酬委员会、审计委员会、提名委员会②。美国的上市公司股权分散，使公司的实际管理权威向董事会集中，实行了董事会中心主义，同时发展出了现代公司的职业经理人和市场控制体系——发达的职业经理人市场和证券市场，一定程度上缓解了董事会自身监督不足的问题③。

（三）董事会中心主义的适用性

关于董事会中心主义的适用性，专家学者有不同的理解。

北京大学法学院刘晶（2021）指出，董事会中心主义只是美国公众公司的治理形态，美国大部分的私人企业及封闭公司的控制权仍保留在股东手中。分散式的股权结构是形成董事会中心主义的先决条件。因此，我国有限责任公司与非上市股份

---

① 李记华．公司治理之“股东会中心主义”与“董事会中心主义”［EB/OL］．（2021－02－16）［2022－05－31］．https：//mp. weixin. qq. com/s/9okry68qKEAEH6v8qoaKgQ.

② www. zdcj. net/gongsifenxi－6483. html.

③ 刘晶．美国董事会中心主义历史溯源及其对我国《公司法》修改的启示［EB/OL］．（2021－07－02）［2022－05031］．https：//mp. weixin. qq. com/s/Mght8sQa7xwhkQFHZtiuAQ.

有限公司并不具备形成董事会中心主义公司治理模式的可能性及必要性，股东会中心主义反而更契合封闭公司削减成本、保持灵活的治理需求。

新加坡管理大学张巍（2021）认为，董事会中心主义公司治理模式是一种集中式的商事组织管理模式，它特别适合上市公司的治理，也存在监督不足的问题。他将对董事会的监督寄希望于司法与市场化机制（如股东提名和选举董事的权力，敌意收购、股东积极行动和卖空交易）两个补丁，这两个补丁能解决对董事会的监督问题吗？笔者认为不可以。

中国政法大学赵旭东（2021）认为，中国公司的治理模式是由1993年的《公司法》确立，其对公司的经营者权力主要是在董事会和经理之间进行分配。董事会较之经理的综合权力优势还是比较突出的，其处于明显的主导和核心地位，中国公司法中的公司治理无疑属于董事会中心主义。但这只是对现行公司法规范条款的客观注解。因为在我国，立法与现实的背离和脱节已达到相当严重的程度，董事会作为法定的公司治理中心在许多公司中已经名不副实，许多公司的真正治理模式是经理层中心主义或者是控股股东中心主义。不同公司治理模式各有所长，各有其短，没有尽善尽美的最佳治理模式，有的只是对投资者和公司最适合、最能满足其不同投资需求、不同股东与股权结构、不同价值取向和目标追求等的治理模式。试图对股东会中心主义和董事会中心主义作出先进与落后、合理与不合理的是非或褒贬评价，或者认为股东会中心主义已时过境迁，已不再适应社会发展的需要，唯有董事会中心主义才能有效实现公司治理目标，都有违法理逻辑的科学性，都会失之于简单和偏颇。

对于董事会中心主义，笔者还有两点看法。其一，集权往往比分权更有效率。政权如此，公司也如此。公司控制结构的稳定性直接决定着公司治理和高级管理人员团队的稳定性。缺乏有效的董事会这一稳定的控制机构，大股东或者经理人成为公司“实际控制人”，董事会将会成为公司实际控制人的傀儡。

其二，无论是股东会中心主义，还是董事会中心主义，获得权力的那个组织，无论是股东会、董事会还是经理层，都需要监督，尤其是董事会或者经理层，没有出资就获得了大量的控制权，更需要监督。

董事会中心主义也存在一个理论上的“硬伤”。董事会中心主义的公司治理结构将股东会原来的部分权利转移到董事自己手中，虽然在一定程度上适应了现代社会的市场竞争环境，但是，它无法解决因所有权与控制权的分离而产生的公司代理问题①。也就是说，董事会中心主义，如果不能解决对董事会的监督问题，给他们

---

① 刘莉霞．董事会中心主义的公司治理模式及权力制衡［EB/OL］．（2005－11－11）［2022－05－31］．https：//www. chinacourt. org/article/detail/2005/11/id/186015. shtml.

更大的权力，可能给股东，甚至公司利益相关者带来更大的伤害。

【案例】董事会中心主义变革下的斗争①

1969年出生于广东汕头的黄光裕是国美电器的控股股东，是白手起家、将国美打造成中国第一家电帝国的传奇企业家。1987年1月，国美电器（GOME）在中国香港成立，2004年6月在香港成功上市。翱翔的鹰是所有国美人的精神图腾——坚忍不拔，不惧险阻；目光敏锐，行动迅猛；高瞻远瞩，志向远大；渴望创新，勇于变革。

2006年5月10日，国美电器公司控股股东黄光裕对国美电器公司章程进行了最为重大的一次修改。当天，在香港中环香格里拉大酒店召开的股东周年大会上，持有国美70%股权的黄光裕授予董事会如下权力：无须股东大会批准，董事会可以随时调整董事会结构，包括随时任免、增减董事，且不受人数限制，董事会还获得了大幅度的扩大股本的“授权”。这次董事会权限的肆意扩张，为黄光裕日后利用董事局主席的地位和国美的平台实施资本运作提供了便利。“成也萧何，败也萧何”。正是这次董事会权限肆意扩张，使得黄光裕在四年后的2010年的国美控制权之争中极为被动。

1959年出生于上海的陈晓，在创建永乐电器、加入国美之前，在人们眼中无疑也是一位叱咤风云的企业家。2006年7月，国美并购永乐，陈晓担任国美电器总裁②。携永乐加入国美的陈晓，本身也是国美的小股东。

2008年12月23日，国美集团董事局主席黄光裕因涉嫌经济犯罪，被拘留调查。2009年1月16日，黄光裕辞去董事职务，并终止董事会主席的身份，陈晓接任董事会主席的职务，并兼任行政总裁，国美电器正式进入陈晓时代。在陈晓看来，他此时的首要任务是“保住国美”，国美第一，黄光裕第二。

2009年6月，国美引入贝恩资本。引入商业资本、稀释黄光裕在国美的持股比例事件给国美带来了严重的负面影响。黄光裕在狱中显然不情愿，更是对陈晓主持的2010年在召开特别股东大会前增发股票进而继续稀释黄光裕在国美的持股比例一事暴跳如雷。

2010年8月27日，国美电器大股东Shinning Crown Holdings Inc.（黄光裕

---

① 百度百科．国美股权与控制权之争［EB/OL］．［2020－5－31］．https：//baike.baidu.com/item/国美股权与控制权之争/3786127.

② 陈晓1996年创建上海永乐家电，任董事长。2005年率永乐在香港成功上市。2006年7月，国美在香港宣布并购永乐家电，在合并正式落下帷幕的第12天，陈晓担任国美电器总裁。2009年1月，因国美控股股东黄光裕入狱，陈晓又出任国美电器董事局主席。2011年3月，陈晓辞去董事局主席一职。

全资拥有）向国美电器董事会发出《致国美电器控股有限公司关于坚决反对在召开特别股东大会前增发的函》（下称《函件》）[①]。

《函件》表示，大股东从公开信息获悉，个别董事拟在2010年9月28日召开特别股东大会前恶意增发，而增发目的不为上市公司所必需，仅为摊薄包括大股东在内的所有老股东的权益，改变特别股东大会的投票结果，大股东对此坚决反对！并将采取一切法律行动阻止别有用心的个别董事在召开特别股东大会前增发的违反股东信托义务之行为。

《函件》提出，如现董事局在特别股东大会召开前执意增发，为避免大股东的合法权益受损，增发20%股份的额度无论是一次或多次配发，大股东都同意按相同条件全部认购相关配发之股份；如果采取定向增发方式，大股东承诺认购总发行额55%—65%的股份，认购价格高于另外35%—45%股份认购投资者的实际成交均价5%，这符合全体股东及公司的利益。

《函件》还强调，此次大股东向董事会发出《致国美电器控股有限公司关于坚决反对在召开特别股东大会前增发的函》，是大股东以法律函件的方式向董事会表明大股东对增发的立场。除此目的之外，函件还是大股东对董事会的书面承诺，也构成一项法律要约。

在《函件》中，国美电器大股东就增发事宜明确表达了自己的态度。但是，国美电器2010年8月30日所发公告没有完整引述《函件》内容，没有准确表达大股东的意见，因此，就增发事宜及国美公告发表了如下声明：

1. 国美电器大股东坚决反对在目前国美资金充裕的情况下，在召开特别股东大会前进行增发。因为这必然会伤害到包括大股东在内的所有老股东的权益。这一态度大股东曾多次明确表示过。

2. 如果董事局执意增发，大股东要求参与认购，并给以承诺。

3. 国美电器8月30日公告和新闻发言人的声明断章取义，严重扭曲了大股东在函件中表达的真实意愿。大股东溢价5%认购增发股权的要求符合公司及全体股东的最佳利益。

Shinning CrownHoldings Inc. 发言人
2010年8月30日

是因为董事长陈晓能够绕开控股股东，进行定向增发，让大股东黄光裕在狱中坐立不安，还是因为2006年黄光裕对公司章程的修改，导致董事会的授权过大。如果黄光裕执掌董事会，那么，董事会中心主义有利于他作出重

---

① 国美电器增发事宜的声明［EB/OL］.［2022-5-31］. https://wenku.baidu.com/view/8e8cea9bf705cc17552709c4.html.

大决策。但是，当他从董事会的岗位上退出之后，董事会中心主义所包含的问题就表露无遗①。

是陈晓做错了吗？也许只是理念和角度不同罢了。

2011 年，陈晓黯然离去，控股股东黄光裕经过很多波折才最终取胜成功。这是一个在中国股东会中心主义立法前提下，通过公司章程获得董事会职权的典型案例。它提醒人们，董事会中心主义可能会造成董事会、经理人员对股东利益的侵犯。

四、经理人中心主义的探索

中国人民大学法学院赵旭东（2021）认为，经理层中心主义几乎是伴随着董事会中心主义的形成而一并发展的，只是随着公司规模的扩大而愈发明显。如果说前两种治理模式主要是对立法模式的讨论，而经理层中心主义则主要是对事实层面的讨论，其实质上是对既有立法模式的偏离。经理层控制的现象在大型公司中较为突出，因为公司规模的扩大势必要求高效的行政团队处理庞杂事务，但是在中小公司中，经理层中心主义也有适用的空间②。

北京大学法学院蒋大兴（2020）认为，拥有法律强权的董事会，在实践中早已“形式化”。大量公司经营决策是由经理层完成，“决策者不管理、管理者不负责”的现象普遍存在。有必要将董事会从日常经营事务中解放出来，让其致力于负责公司战略改进和经理层评价，股东会也应远离具体经营。由此，公司法应夯实经理层的经营决策职权，与其走向“董事会中心主义”，不如认可“经理人中心主义”。为保持机构弹性，还应允许以公司章程、股东会决议或董事会决议授权、股东协议等方式修正公司机构的法定职权，以此维持公司治理世界的弹性结构③。

目前，法理和实务中，经理层是没有决策权的，仅仅是执行层。《公司法》（2018 年修订版）第四十九条对有限责任公司的经理职权约定如下：有限责任公司可以设经理，由董事会决定聘任或者解聘。经理对董事会负责，行使下列职权：

（1）主持公司的生产经营管理工作，组织实施董事会决议；

（2）组织实施公司年度经营计划和投资方案；

---

① 乔新生．董事会中心主义的标志性事件［EB/OL］．(2011－06－26)［2022－05－31］．www.360doc.com/content/11/0626/06/5763310_129607989.shtml.

② 赵旭东．股东会中心主义抑或董事会中心主义？——公司治理模式的界定、评判与选择［J］．法学评论，2021（3）．

③ 蒋大兴．公司董事会的职权再造——基于“夹层代理”及现实主义的逻辑［J］．现代法学，2020（4）．

（3）拟订公司内部管理机构设置方案；

（4）拟订公司的基本管理制度；

（5）制定公司的具体规章；

（6）提请聘任或者解聘公司副经理、财务负责人；

（7）决定聘任或者解聘除应由董事会决定聘任或者解聘以外的负责管理人员；

（8）董事会授予的其他职权。

公司章程对经理职权另有规定的，从其规定。

《公司法》第四章“股份有限公司的设立和组织机构”中并没有对股份公司的经理职权进行另外的约定，因此，股份有限公司的经理层也从其以上的约定。

在公司经营中，经营计划、投资方案，公司预算，利润分配，公司制度，管理机构设置，人事权利是公司的重大事项。《公司法》（2018 年修订）对股东会、董事会、经理层在这些重大事项上的职权边界做了明确划分。

1. 经营计划、投资方案

董事会“决定公司的经营计划和投资方案”，而股东会“决定公司的经营方针和投资计划”。

2. 公司预算

董事会“制订公司的年度财务预算方案、决算方案”，股东会“审议批准公司的年度财务预算方案、决算方案”。

3. 利润分配

董事会“制订公司的利润分配方案和弥补亏损方案”，而股东会“审议批准公司的利润分配方案和弥补亏损方案”。

4. 管理机构设置

经理层“拟订公司内部管理机构设置方案”，而董事会“决定公司内部管理机构的设置”。

【知识链接】

订与定，是不同的概念。张女士签署了一份商品房买卖协议，并交纳 3 万元定金。交纳定金后才得知该房子的实际交房时间与售楼部的人说的不一致，后经核实得知，售楼部工作人员因口误将交房时间提前了一年，张女士因此不愿购买该房屋，并与开发商协商退款事宜。但开发商拿出了双方签订的协议称，协议中写的是“定金”，而非“订金”，这属于单方毁约，对方是可以不退定金的。所以依据法律规定，该 3 万元是不予退还的。

“定金”是规范的法律概念，是一种担保形式；而“订金”并非法律语言，没有明确的法律规定，在审判实践中一般被视为预付款。两者的法律效力也是完全不同的：如果买方交付的是“定金”，那么买方违约则定金将被卖方没收，卖方违约则必须向买方双倍返还定金；如果买方交付的是“订金”，那么不论哪一方反悔，卖方都只需原数退还“订金”。

在日常生活中，经常见到的“订金”和“定金”，其实是完全不同的两个概念：一个全额退，另一个一分钱要不到！很多人在签合同或协议的时候，“订金”和“定金”弄不清楚，因此导致的违约纠纷特别多。由此我们应该周知，签署购房协议时，如果你签订的是定金，则后悔时不能退，但如果你签订的是订金，则可以退。这退与不退，你可以理解为：订金是意向，而定金则是明确的意思表示，是确定下来的支出。

在《公司法》中，也有制订和决定两种表达，其意思自明。

5. 公司制度

经理层“拟订公司的基本管理制度；制定公司的具体规章”；而董事会“制定公司的基本管理制度”。

6. 人事权利

经理层“决定聘任或者解聘除应由董事会决定聘任或者解聘以外的负责管理人员”，董事会“决定聘任或者解聘公司经理及其报酬事项，并根据经理的提名决定聘任或者解聘公司副经理、财务负责人及其报酬事项”。副经理是董事会聘任的，但是总经理有权“提请聘任或者解聘公司副经理、财务负责人”。

我们再来看一个案例，说明在中国《公司法》下，经理层没有决策权。

【案例】我请你来不是让你证明我错了

星期一8点30分，会议室的气氛紧张得快要凝固了！

董事长决定股市一开盘就抛掉手里所有房地产及相关产业的股票。但遭到不动产研究部总监的坚决反对。这位总监很直接，“董事长我觉得你错了，理由是一、二、三……”

总监的话让董事长有些犹豫，毕竟总监说得有一定道理，让听得见“炮声”的人做决策是他一贯坚持的原则。难道是自己判断失误？如果坚持自己的意见，其他员工会不会觉得董事长太霸道呢？

在董事长纠结的时候，股市开盘的时间已经到了，大家赶紧各就各位开始操盘，而董事长抛售的决定没有形成最后决议得到执行。

一开盘房地产类股票就开始跳水，一泻而下，到收盘的时候，有的甚至跌幅高达20%。董事长气得直拍大腿，总监如果能够坚决执行他的决定，公司也不会一天损失几千万元。

同样的情形也发生在京东的会议室，但是结果却大不相同[①]！

这个会是京东的战略会议，决定着京东未来发展方向。会上，刘强东信心满满地宣布，京东投入巨资建立物流派送体系。这也意味着京东在很长一段时间内要负债经营，不能盈利。

一名高级管理者马上站起来反对，他的理由很充分，尤其是京东作为互联网公司不能做物流这样的重资产的观点，得到不少参会人的点头赞同，甚至有些人觉得刘强东这是在“玩火”。他讲完以后，会场上出现躁动！

刘强东依旧平静地说，京东自建物流配送体系是我的决定，我今天不是和大家商量，是通知大家，请大家依照执行。随后，他看着那名高级管理者说：“这位先生，我请你来不是让你证明我的决策是错误的，我请你来是让你把我的决策落实到位、执行到位！如果有困难，你要想办法如何完成。”

一个星期后，这名高级管理者的位置已经换成了其他人。

如今京东成为唯一一个可以与阿里巴巴抗衡的企业，凭借的就是当天晚上11点前下单第二天上午就能将货品送到客户手中的物流配送体系！如果刘强东相信了那位高级管理者的观点，也许京东已经不存在了！

笔者就此有以下思考：(1) 军令是通过公司治理规则确定的，不是董事长一个人说了算的。(2) 这个高级管理者应在其游戏规则规定的职责范围内发声，他若不是董事，就没有决策的职责和职权，就仅仅是执行层。(3) 如何对待决策中的不同声音，考验一把手的明辨能力，也考验其胸怀。(4) 当认为董事长决策错了的时候，董事和监事该怎么做？(5) 没有决策职责的高级管理人员对公司大政方针发表意见的方式值得推敲。似乎不宜会上直接提，沟通方式很重要。(6) 董事、监事具有决策发言权或纠正权，因此需要有懂行业、懂专业、懂企业，综合能力不低于经营者、专业能力高于经营者的董监事。这个要求很高，却于企业有利。(7) 董监事是股东请来管方向的。高级管理者们是董事会和CEO请来的执行者。在企业大是大非的选择上，董监事比高级管理人员具有更高的话语权。但现实情况是，董监事往往没有高级管理人员懂行，造成公司治理和董监事的设置流于形式，甚至被内部人控制。特别是，监事（外部监事、职工监事）可能是总经理指定或邀请来的。(8) 言轻莫劝人。在现实生活中，否定一件事比肯定一件事要难得多。

---

① 迟忠波．刘强东：我请你来不是让你证明我错了［EB/OL］．(2017-07-17)［2022-05-31］．http://mp.weixin.qq.com/s/GiD_DBoSWr4OWSclgv9doA.

第二章　七大权利，抓实监事履职的规定动作和自选动作

第一节　监事的七大权利

十年前，也就是2012年，证券时报网刊登了一篇题为《有的监事监点事，有的监事不监事》的文章。文章中提到，秦冰是某公司的业务骨干，可是无法晋升到高管层。当公司计划改制上市时，需要在原本一名监事的基础上增设两名监事，于是秦冰由大股东提名，经股东大会审议后当选为公司监事。然而，秦冰的监事一职更像是一种荣誉，虽然也参加股东大会和董事会，但在这些会议上，秦冰一般只带着耳朵去参加，他不太了解财务知识也不感兴趣，对于涉及重大资产投资的议题他所知也不多。不过参加这些会议倒是令他了解了不少以往只有公司高层才知道的事，他感觉自己获得了股东和高层的认可。作为监事，秦冰很有代表性。

今天，企业中仍然有很多个不称职的“秦冰”——他们不知道自己的权利也不知道自己的义务。因此，我们首先从《公司法》赋予监事的七大基本权利谈起。

监事会的七大基本权利[①]是一种法定权利（见图2-1），那么法从何来？

《公司法》（2018年修订）第五十三条规定，监事会、不设监事会的公司的监事行使下列职权[②]：（1）检查公司财务；（2）对董事、高级管理人员执行公司职务的行为进行监督，对违反法律、行政法规、公司章程或者股东会决议的董事、高级

---

① 权利，指法律上的权利，是宪法和法律赋予公民享有的某种权益。这种权益，可以表现为权利享有者有权自己作出或不作为一定的行为。财产所有人在法律允许的范围内，可以占有、使用和处分自己的财产；也可以表现为权利享有者有权要求他人作出一定的行为或抑止一定的行为。权力的含义有两种，一种是政治上的强制力量，如国家权力；另一种是职责范围内的支配力量，即职权，如行使大会主席的权力。

② 在中国现行《宪法》中，对中央国家机关使用了“职权”一词，对地方国家机关使用了“权限”一词，对公民则使用了“权利”一词。“权利”一词通常是与个人利益相联系的，但“职权”一词却只能指代表国家或公共利益，绝不意味行使职权者的任何个人利益。

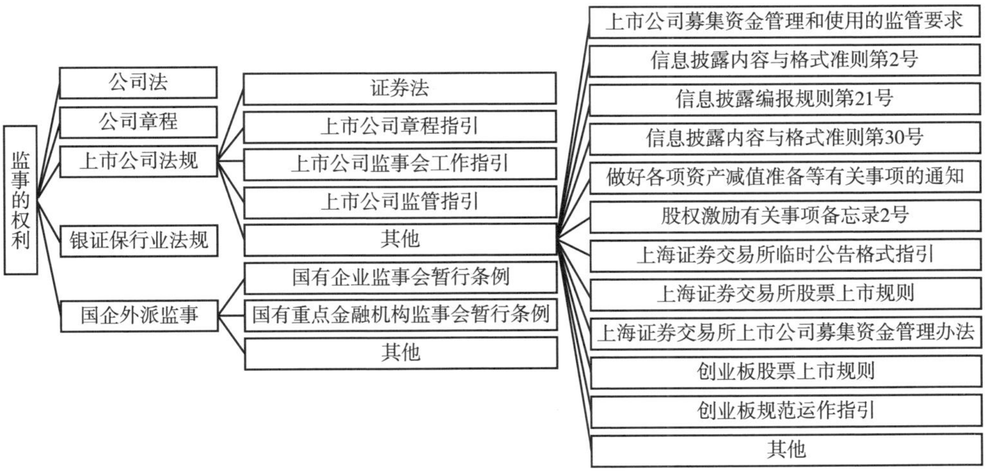

图 2－1　监事的权利

管理人员提出罢免的建议；（3）当董事、高级管理人员的行为损害公司的利益时，要求董事、高级管理人员予以纠正；（4）提议召开临时股东会会议，在董事会不履行本法规定的召集和主持股东会会议职责时召集和主持股东会会议；（5）向股东会会议提出提案；（6）依照本法第一百五十二条的规定，对董事、高级管理人员提起诉讼；（7）公司章程规定的其他职权。

从以上法条我们可以归纳出监事的七大基本职权，如图 2－2 所示。

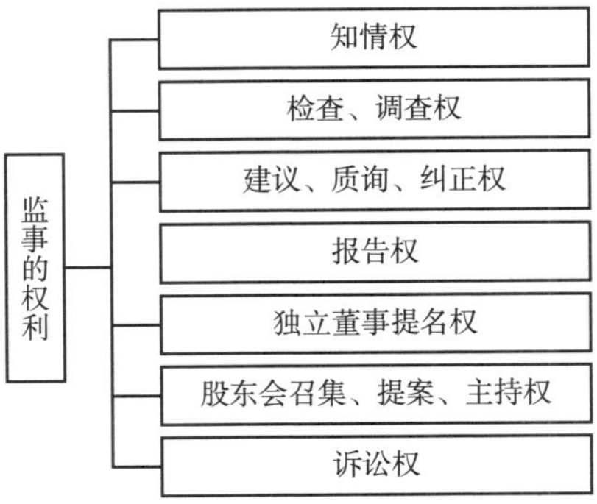

图 2－2　监事的七大基本权利

一、知情权

在《公司法》领域里，知情权一般是指法律赋予与公司相关的主体通过查阅公司的财务会计报告、会计账簿等有关公司经营、管理、决策的相关资料，实现了解公司的经营状况和监督公司高管人员活动的权利。

上市公司的监事知情权规定得更加明确、细致。《全国中小企业股份转让系统挂牌公司治理规则》第六十一条规定，“监事有权了解公司经营情况。挂牌公司应当采取措施保障监事的知情权，为监事正常履行职责提供必要的协助，任何人不得干预、阻挠”。《深圳证券交易所上市公司规范运作指引（2020 年修订）》（深证上〔2020〕125 号）规定，“上市公司应当采取有效措施保障监事的知情权，为监事正常履行职责提供必要的协助，任何人不得干预、阻挠”。“监事应当对上市公司董事、高级管理人员遵守有关法律、行政法规、部门规章、规范性文件、《股票上市规则》、本指引、本所其他相关规定和公司章程以及执行公司职务的行为进行监督。董事、高级管理人员应当如实向监事提供有关情况和资料，不得妨碍监事行使职权”。

2018 年 10 月，广西南宁的某公司监事会主席问笔者，“财务总监的监督和监事会主席的监督关系应如何把握？”笔者追问是什么意思？他讲了一个例子，某些重大决策中的财务信息，比如公司资金的使用信息往往只有总经理和财务总监两个人知道，被认为是商业秘密，大额资金的管理者总是以商业秘密等理由不让监事会参与。该主席的意思是，对于这个敏感和重要的财务信息，监事会主席是否应该知道，监事会主席否需要深入财务总监的业务黑箱子进行管控？对监事的知情权而言，有不能被知晓的商业秘密吗？

笔者让几位学员进行了讨论。学员认为该公司不存在财务监督没有被看到的情况。可采取的具体措施是：董事会审计委员会管控财务风险，监事列席所有重要的会，如总裁办公会，监事会能够看到所有的资料。江苏某银行的监事长认为，监事是过程监督，是重大事项监督，不用管细枝末节。监事会就资金某方面可能存在的风险给予提示，留下痕迹就可以了，具体的监督可以由审计和合规部负责。笔者的观点是，监事有至高无上的知情权，但在中国的公司土壤中要相机使用。

2020 年 8 月 13 日，笔者电话《监事能否起诉公司要求查账？》一文作者李慧律师，讨论监事知情权和股东知情权哪个更大？

李慧律师认为监事的知情权要低于董事和高管。理由是，《劳动法》对商业秘密保密义务约定只针对董事和高管，不针对监事。因此，监事没有至高无上的知情权。

但笔者认为监事有至高无上的知情权①。监事知情权不低于股东知情权。原因是：首先，监事没有彻底的知情权，谈何对董事高管的监督。其次，一般来说，股东知情权可以从以下渠道获得：公司章程、会议记录、会计报表、会计账簿、各类报告。监事具有参与高级管理层会议权利、内审权利、接受内审报告的权利、要求

① 笔者没有找到合适的国内外法条回答这个问题，因此，“仁者见仁，智者见智”进行分析，也建议未来的公司法修订能明确这个问题。

协助的权利、接受高级管理层报告的权利。监事会可对董事会各种议案提出书面意见，并要求董事或高管就某些事项出具书面的说明。监事还可以对公司开展工作调研，建立总经理向监事汇报制度、设立专职监事进行专项监督等。这些，小股东是无法实现的，显然监事具有比股东更加强大的知情权。

理想很丰满，现实很骨感。

有一个国有企业的学员说，作为监事，公司的重要会议不通知他参加。监事如何争取知情权？制度上，监事会具有知情权。但是从实际执行的情况看却有差距：一些企业重要的决策会议还不能够或不能按规定时间通知监事会参加；一些重要的资料还不能够提供；一些工作有推诿、回避或搪塞的现象，使得当期监督不能够与决策和经营同步有效，甚至出现一些企业屡屡侵害出资人的权利，违规担保、违规投资、变相转移资产、转移收益等。笔者建议个人要沟通争取，同时在制度和程序上设置监事会的知情权。国务院国资委《关于支持配合监事会依法开展当期监督工作有关事项的通知》（国资发监督〔2009〕337 号），其目的是满足监事的知情权，确保监事会当期监督工作有效开展。

还有一个民营企业的监事也遇到这个问题，他的做法是向法院诉讼，要求监事知情权。这个要求合理吗？

【案例】被驳回的监事知情权诉讼①

2013 年 1 月，王某、李某、张某注册南京实业公司。周某被选举为该公司监事。为了履行监事职责，周某致函南京实业公司和公司董事会要求对公司财务进行全面审计。双方发生纠纷，周某提起诉讼，请求法院判令南京实业公司提供自 2014 年 1 月至 2016 年 1 月期间的财务资料用于审计，南京实业公司承担为审计而发生的全部费用。

一审法院认定：《公司法》赋予监事的监督调查权，是建立在公司经营情况出现异常的基础上，并且审计的范围也应当是针对监事所发现的异常情况。但根据案件审理及监事周某的举证，并不能证明公司经营存在异常事实，故周某以公司经营情况异常作为权利主张无充分法律依据。即使周某依法享有出现公司经营情况异常时的调查权及聘请专业机构协助的权利，其调查权的行使也并非没有任何限制，调查的范围仍应当限于异常的经营情况，但周某却要求公司提供 2014 年 1 月至 2016 年 1 月间的财务资料进行审计，这与周某所发现的经营异常情况而进行的调查并无直接关联。故周某要求对公司进行审计缺乏事

---

① 朱卫江．公司监事可以提起知情权诉讼？［EB/OL］．（2017－06－06）［2022－06－01］．https：//mp. weixin. qq. com/s/VkXWgiNQt7Qq42j4WjXPvQ.

实和法律依据，依法不予支持，驳回周某诉讼请求。

上诉后，二审法院认定：公司监事行使检查公司财务职权，属于公司内部经营管理范畴，当公司不配合监事行使职权时，监事应当通过提议召开股东会等方式进行解决。周某不是南京实业公司股东，只是单纯的公司监事身份，却以南京实业公司妨碍其知情权为由提起诉讼，请求法院判令公司提供2014年1月至2016年1月的财务资料进行审计。基于《公司法》并未赋予公司监事通过司法途径获取知情权的权利，二审法院认为对周某提起的知情权诉讼法院依法不应受理。故二审裁定撤销一审判决，驳回周某的起诉。

通过以上案例，我们对监事知情权进行了深入讨论。

1.《公司法》中知情权的法律概念和法律依据

《公司法》中并没有对监事或监事会行使知情权的权利作出任何规定，仅赋予其检查公司财务等职权，提起诉讼的权利也限于对董事、高级管理人员损害公司利益，代表公司提出损害利益索赔之诉。故此，监事作为诉讼主体提出公司知情权之诉没有法律依据。

2.《公司法》中监事的职权限于公司经营管理的内部监督自治权，非司法可诉权。

从《公司法》第五十三及第五十四条所赋予监事或监事会在公司治理结构中的地位与职权性质的理解，可以看出监事日常检查公司财务的权利和公司出现异常经营情况所启动的调查和审计工作，都归属于公司内部自治管理范畴，并非法律意义上的狭义知情权。法院公权力不介入公司内部自治管理活动完全是正确的，故二审法院不予受理监事所提出的诉求符合法定程序。

另监事或监事会，是为了防止公司董事、高级管理人员滥用职权，损害公司和股东利益，代表股东会行使监督职权而设立的。监事本身并不享有公司资产收益或重大决策等权利，其履行的职权是基于公司股东会的任命或授权。监事履行的是职权，而非本身所享有的公司实体权利。因此，监事以自已身份向法院提起诉讼行使知情权实际已超越股东会所赋予的职权，其正当途径应当为提议召开公司股东会作出决议方式解决。

综上，司法诉讼权应当严格遵循法律规定，不但严格审查诉讼主体是否具备实体权利，也必须按照《民事诉讼法》规定的起诉和受理条件进行必要的程序性审查。人民法院司法实践中采取审慎的态度介入公司内部自治纠纷完全符合立法精神。

3.《公司法》没有规定公司监事可以提起知情权诉讼

在公司诉讼的司法实践中，可以提起知情权诉讼的主体通常是公司的股东，这是基于《公司法》第三十三条规定，股东在其知情权的行使存在障碍时，可以通过提起诉讼的方式来得到实现。然而，对于公司监事是否有权提起知情权诉讼，虽然

《公司法》第五十四条规定监事会、不设监事会的公司的监事发现公司经营情况异常，可以进行调查；必要时，还可以聘请会计师事务所等协助其工作。显然，对于公司监事实现其知情权的方式，《公司法》作出了有别于公司股东的规定。《公司法》对监事知情权的保障模式没有规定诉讼方式，在司法实践中不应作扩大解释，即司法机关不应赋予股东以外的公司主体通过诉讼途径行使知情权的权利。

从公司法理层面来讲，公司监事（会）是指依照法律规定和公司章程规定，代表股东和职工对公司董事、经理等高管履行职务情况进行监督的机构，其与公司董事会、股东会一起，共同构成了公司经营管理的内部架构。由于监事履行职务本身并无掺杂自身的利益因素，即公司监事并不享有对公司资产受益或重大决策等权利，而其履行职权系基于公司股东会的任命或授权。司法实践表明，公司股东会或者董事会均无权对公司本身提起知情权诉讼，更何况是公司的监事（会）。假如公司经营真的存在异常，公司监事想要了解具体的情况，可以通过公司内部救济的方式实现。如果同时身为公司股东的公司监事，其若要提起公司知情权诉讼，则可以以公司股东的身份提起，而不必以公司监事的身份提起诉讼。

4. 从公司的经营管理成本角度考虑，公司监事不宜提起对公司的知情权诉讼

诉讼是一个高成本的社会活动，如果不是迫不得已，作为以追求营利为目的的公司法人，通过诉讼解决公司的经营管理事宜，显然不是公司本身运作的最优选择。假如公司内部出现了经营异常而需要聘请会计师审核公司财务资料的情况，作为公司监事，可以依法通过低成本的提议召开临时股东会会议，并向股东会会议提出相关提案，而不必采用极端的诉讼方式来处理公司内部的经营管理事宜。

5. 公司监事向公司本身提起知情权诉讼不符合民事诉讼的受理要件

依据《民事诉讼法》第一百一十九条的规定，在公司监事提起的知情权诉讼中，公司监事将自己作为原告，并以公司为被告提起知情权诉讼。由于公司监事在公司经营过程中没有自身的特殊利益，因而其是否履行检查公司财务等职权，自然就不涉及具体的民事权益争议。进而表明，公司监事与其所提起的知情权诉讼没有直接的利害关系，因此，公司监事不具有作为原告的主体资格。

综上所述，监事会具有知情权，当所在公司不能提供知情实际时，不可以作为诉讼主体对所在公司进行诉讼，但可以通过股东大会的方式获得知情权。同时，只有发现所在公司异常经营时，才能聘请外部会计师事务所进行专项调查。

【知识链接】股东知情权与监事知情权的比较

1. 股东知情权的行使

知情权是公司股东所享有的一种非常重要的权利。股东可以通过行使知情权来了解公司的经营与财务状况、了解公司制订某项政策方针的妥当性，必要

时股东还能通过行使知情权来为股东代表诉讼搜集证据。需要注意的是，对于未出资和未足额出资的股东，如果公司章程或股东会决议未对其股东权利作出限制性规定，这些股东仍然可以依法行使知情权。因为知情权是股东所固有的权利，其是否实际出资、出资多少均不影响权利的行使。但是公司可以通过章程或股东会决议依法对这些股东的知情权进行限制。

股东知情权不包括以下两类人：第一，隐名股东不享有知情权。隐名股东未记载于公司章程、股东名册，也未进行工商登记，不属于公司法意义上的“公司股东”。第二，已通过股权转让退出公司的股东。原则上，通过股权转让退出公司的股东不再具有股东身份，也无权行使知情权。但须注意一个例外情形，如果已退出公司的股东有初步证据证明在其持股期间合法权益受到了损害，请求查阅或复制其持股期间的特定文件材料的，可以提起知情权诉讼[①]。

2. 股东行使知情权时可以查阅的资料

首先，有限公司的股东可以查阅并复制公司章程、股东会会议记录、董事会会议决议、监事会会议决议和财务会计报告；查阅会计账簿。股份公司的股东仅可以查阅而无权复制公司章程、股东名册、公司债券存根、股东大会会议记录、董事会会议决议、监事会会议决议、财务会计报告。

其次，关于股东能否要求查阅原始会计凭证，法律法规还没有明确规定，但从司法实践中来看，大部分法院还是会支持股东要求查阅原始会计凭证的诉讼请求。因为对于不具有专业财会知识的股东来说，只有查阅原始会计凭证才能真正实现了解公司财务状况的目的。但需要注意的是，司法实践中基本还是持“只能查阅，不能复制”的观点。

再次，对于后加入公司的股东，其不仅有权查阅入股之后公司的财务资料，还有权查阅未加入公司之前的财务资料。

最后，股东仅能要求查阅本公司的财务资料，而无权要求查阅子公司的财务资料。因为子公司与母公司分别具有各自的独立法人资格，母公司的股东不具有子公司股东的资格，故无权要求对子公司行使知情权。

3. 股东行使知情权的范围和相应程序

《公司法》第三十三条规定，“股东有权查阅、复制公司章程、股东会会议记录、董事会会议决议、监事会会议决议和财务会计报告。股东可以要求查阅公司会计账簿。股东要求查阅公司会计账簿的，应当向公司提出书面请求，说明目的。公司有合理根据认为股东查阅会计账簿有不正当目的、可能损害公司

---

① 李慧. 公司监事能否起诉公司要求查账？[EB/OL]. (2018-12-19) [2022-06-01]. https://www.163.com/dy/article/E3CFJFAO05440XO7.html.

合法利益的，可以拒绝提供查阅，并应当自股东提出书面请求之日起十五日内书面答复股东并说明理由。公司拒绝提供查阅的，股东可以请求人民法院要求公司提供查阅”。

二、检查、调查权

检查、调查是行使知情权的方式之一。公司“经营情况正常”时，叫检查。公司“经营情况异常”时，叫调查，例如，大股东存在损害小股东利益的行为，监事会可直接依据法律规定对公司财务进行审计，核查大股东是否有关联方利益输送等侵犯小股东利益的情形，而无须通过相对复杂的股东知情权程序来核查公司财务状况。

《公司法》第五十三条赋予监事“检查公司财务”的权利：监事会、不设监事会的公司的监事发现公司经营情况异常，可以进行调查；必要时，可以聘请会计师事务所等协助其工作，费用由公司承担。

检查权和调查权是监事的基本权利，也是监事履职的必要手段和措施。根据《公司法》，监事会可以在发现问题端倪后，组织相关的调查。《上市公司治理准则》（2018 年版）第四十九条规定，监事会的监督记录以及进行财务或专项检查的结果应成为对董事、经理和其他高级管理人员绩效评价的重要依据。例如，某集团对境外企业、边远投资项目管控相对薄弱，监事会尤其要本着“国有资产延伸到哪里，监督就到哪里”的原则，加强监督检查。

检查权和调查权既要敢用，又要慎用。监督检查坚持以问题为导向，做到“精准”二字、有的放矢。要防止“轮番式”的检查、“大面轰”的督导，那样只会助长形式主义和官僚主义的漂浮作风，起到干扰基层的“负作用”。督查工作必须围绕中心工作和一个时期的重大决策，结合本公司的实际，选准切入点，抓住关键环节，集中组织力量加大推进力度。例如，国家电网在监督手段上，采取综合检查、专项监督、巡视巡察、“画像”评价、谈话函询、分析政治生态、列席民主生活会、大数据监测等丰富多样的方式方法①。

监事会行使调查权要注意以下四大问题。

（一）监事（会）调查权的适度性

监事（会）的调查权不能滥用。监事（会）只要在发现公司经营情况异常时，才可行使调查权，展开调查。因为，公司的最终目的是营利，监事（会）只有在确

---

① 吴文. 党内监督要有“防未然”的格局［EB/OL］.（2019-08-27）［2022-06-01］. http://news.bjx.com.cn/html/20190827/1002682.shtml.

有必要时才能行使调查权，且应尽量不影响公司的正常经营，不能过分增加公司的运营成本。

（二）监事（会）调查权的不可诉性

监事（会）对公司具有检查财务、监督、建议、质询、调查等职权，主要通过公司内部机制与管理制度在内部履职过程中实现，法律并没有赋予监事（会）通过诉讼行使调查权的权利。如果监事（会）欲通过诉讼行使调查权，将会被法院驳回。

【案例】公司监事能否起诉公司要求查账？

A公司登记设立于2003年7月9日，公司共有股东8人。董某任公司法定代表人，林某任公司监事①。

2014年5月9日，A公司委托会计师事务所对公司财务活动进行审计。同年9月29日，该事务所出具审计报告，显示A公司在诸多方面都存在问题。林某多次向A公司提出要求行使监事检查权，检查公司财务，并在通知董某后，于2016年3月16日前往A公司查账，但遭到董某拒绝。2016年7月8日，林某再次给董某发送邮件，要求行使监事职权，亦要求A公司和董某安排查账，但A公司未予以配合。后A公司股东熊某向法院起诉，要求行使股东知情权，法院生效判决支持了熊某的诉讼请求。

2016年11月，林某也将A公司诉至法院，要求A公司提供其公司与其子公司B公司、C公司提供自2007年1月1日起至今的所有财务会计报告、报表、会计账簿（包括总账、明细账、日记账和其他辅助性账簿）及会计凭证（原始会计凭证、记账凭证和作为原始凭证附件入账备查的相关合同契约等资料）、银行账号信息及流水明细等财务资料，由林某依法行使监事检查权。本案律师费由A公司承担。

法院认为，《公司法》第三十三条之规定，股东有权查阅、复制公司章程、股东会会议记录、董事会会议决议、监事会会议决议和财务会计报告；股东可以要求查阅公司会计账簿。因此，上述股东知情权系基于股东资格，即依附于股权的一项权利。

本案中，一方面，林某并非A公司及其子公司B公司、C公司的股东，其不具备以其个人名义主张股东知情权之权利；另一方面，林某主张依据《公司

---

① 李慧．公司监事能否起诉公司要求查账？［EB/OL］.（2018－12－18）［2022－06－01］. https://www.sohu.com/a/282735878_100229492.

法》行使监事之权利，但依据《公司法》之规定，监事对于公司财务具有检查、监督、建议、质询等职权，主要通过公司内部机制与管理制度在内部履职过程中实现，并非当然地具有提起诉讼的权利或相当于股东的权利。

此外，A公司股东已以股东名义另行提起诉讼，主张股东知情权。综上所述，林某要求A公司提供其公司以及其子公司B公司、C公司自2007年1月1日起至今的所有财务会计报告、报表、会计账簿（包括总账、明细账、日记账和其他辅助性账簿）及会计凭证（原始凭证、记账凭证和作为原始凭证附件入账备查的相关合同契约等资料）、银行账号信息及流水明细等财务资料，于法无据，不予支持。

对于林某要求A公司承担本案律师费100 000元的诉讼请求，林某以监事名义提起诉讼，主张行使股东之权利，并非《公司法》第五十六条所规定的“行使职权所必需的费用”，故上述诉讼请求缺乏事实与法律依据，不予支持。法院判决驳回了林某的诉讼请求。

（三）监事检查权限于本公司，不能延伸到控股子公司

法理上，母公司监事会没有子公司的检查权利。股东仅能要求查阅本公司的财务资料，而无权要求查阅子公司的财务资料。因为子公司与母公司分别具有各自的独立法人资格，母公司的股东不具有子公司股东的资格，故无权要求对子公司行使知情权。例如，A公司下面成立了几家控股子公司，子公司只设一个监事，没设监事会，监事由对方股东派出。A公司监事会对这些子公司就没有直接监督检查的权利。类似地，国企控股股东的职能部门（如审计部）对子公司进行检查，司空见惯，但也不少被对方股东或子公司抵制的案例。

（四）公司及股东应完善章程及公司内部治理制度

既然监事（会）的调查权等许多监督职权主要通过公司内部机制与管理制度实现，那么，股东在制定公司章程及公司内部治理制度时，可细化监事（会）履职的具体程序及相关方面的配合义务，以及不予配合的后果。这样，更便于监事（会）职权的落地，更利于公司的长远发展。

【案例】取走财务账册不还，监事被诉

2015年7月20日，宋某被选举为A公司监事。2016年7月6日，宋某将A公司2011年至2015年的账册从A公司会计处拿走，并填写了“交接单”。“交接单”上载明宋某带走财务账册的目的是“用于审计”。后宋某未将财务账

册归还A公司。

2017年，A公司将宋某诉至法院，要求宋某返还A公司2011年至2015年全部财务账册，并要求宋某向A公司赔偿经济损失200万元。庭审中，宋某辩称其拿走财务账册是为进行审计，是行使法律所赋予监事的检查权。

法院认为：首先，2016年7月6日，宋某从A公司会计处将A公司的财务会计账册带走，从双方签订的“交接单”来看，宋某是将“财务资料带走审计”；“交接单”明确写明了宋某带走会计账册的目的，但到目前为止，宋某仍未提交其将账册交给审计机构审计的证据，即宋某未按照其带走会计账册时所持的占有会计账册的理由进行审计，故宋某继续占有A公司的账册，没有相应依据。

其次，宋某主张其为A公司的监事，占有账册是为行使其监理职权；从《公司法》的规定来看，监事有“检查公司财务”的法定职权，该法律规定已经明确，其法定职权是检查公司财务，而非占有公司会计账册，宋某长期占有公司会计账册，不属于行使检查公司财务的法定权利。基于以上原因，宋某应当将A公司的财务账册返还给A公司。

如果监事利用行使检查权等职权的便利侵占财务账册，且由此给公司造成损失的，公司有权要求赔偿。但公司应当就损失事实及数额承担举证责任，如举证不能的，法院不予支持公司的损失赔偿请求。本案中A公司要求宋某赔偿200万元，但未能证明宋某占有公司财务账册的行为给公司造成200万元损失的事实，故法院未予支持。法院判决宋某向A公司返还财务账册，但驳回A公司要求宋某赔偿损失的请求。

三、质询、建议和纠正权

监事会可以对董事会决议事项提出质询或者建议，但无权直接否决董事会作出的决议。《公司法》（2018年版）第五十四条规定：“监事可以列席董事会会议，并对董事会决议事项提出质询或者建议。监事会、不设监事会的公司的监事发现公司经营情况异常，可以进行调查；必要时，可以聘请会计师事务所等协助其工作，费用由公司承担。”《上市公司治理准则》（2018年）第四十八条规定，监事会可要求董事、高级管理人员、内部及外部审计人员出席监事会会议，回答所关注的问题。有限责任公司的监事会可以参考上市公司的规定，要求“董高”列席监事会，对“董高”进行质询，并对各监事关注的事项或提案发表意见。

事实上，董监高均有接受股东会质询的义务。《公司法》（2018年）第一百五十条规定：“股东会或者股东大会要求董事、监事、高级管理人员列席会议的，董事、监事、高级管理人员应当列席并接受股东的质询。董事、高级管理人员应当如实向监事会或者不设监事会的有限责任公司的监事提供有关情况和资料，不得妨碍监事会或者监事行使职权。”

若董事、高管拒绝提供有关情况和资料、拒绝回答质询，妨碍了监事会行使职权，监事会可以依据《公司法》第一百五十一条规定提起诉讼，但提起诉讼为不得已之手段。在国有控股的模式下，更为直接、有效、及时的方式应该是内部纪律处分和行政处罚。譬如，拒绝、无故拖延向监事会提供财务状况和经营管理情况等有关资料的；隐匿、篡改、伪报重要情况和有关资料的；拒绝、阻碍监事会监督检查和其他履行监督职责行为的，可对直接负责的主管人员和其他直接责任人员，依法给予纪律处分，直至撤销职务。

除了质询权，监事还具有董事、高管的罢免建议权。《公司法》（2018 年版）第五十三条规定，监事对董事、高级管理人员执行公司职务的行为进行监督，对违反法律、行政法规、公司章程或者股东会决议的董事、高级管理人员提出罢免的建议。

此外，监事还有纠正权。监事会行使纠正权可要求“董高”对具体事项作出解释或限期整改，并要求“董高”书面反馈整改意见。《公司法》（2018 年版）第五十三条规定，当董事、高级管理人员的行为损害公司的利益时，要求董事、高级管理人员予以纠正。那么错误的决算是不是损害公司利益的行为？本文认为错误的决策比腐败对公司的伤害更大。

【知识链接】股东质询、建议权

值得一提的是，股东也具有质询、建议权。《公司法》第九十七条规定：“股东有权查阅公司章程、股东名册、公司债券存根、股东大会会议记录、董事会会议决议、监事会会议决议、财务会计报告，对公司的经营提出建议或者质询。”

我们来看一个股东质询、建议权的案例。

2005 年 7 月 11 日，上海某投资研究所朱先生、陈先生，以流通股股东身份向上海茉织华股份有限公司（600555）发送了一份《股东专函》[①]。二人凭借经济学常识和经验研究发现，茉织华公司的经营、管理上存在瑕疵，治理结构亦有一定缺陷。管理层极有可能在实施经营、重大决策、关联交易等行为过程中，影响或损害到股东净资产权益和二级市场市值权益，且其中部分决策行为（如委托理财行为、资产出售行为等）已经损害了股东利益。7 月 20 日，朱、陈二人与茉织华公司董秘许鸣放先生进行了交流，并提出了公司治理的科学性

---

① 曲峰．股东有话想说，建议权、质询权更加重要！［EB/OL］．（2005－9－1）［2022－06－01］．https：//www.lawtime.cn/info/gongsi/gudongquanyi/2010121480823.html.

建议及对潜在威胁公众股东利益的行为进行纠正的有效方法，希望能够得到公司重视并尽快得到答复。两日后许先生回复，其以正在接受证监会调查、不便答复为由而拒绝。无奈之余，8 月 5 日，一纸诉状将茉织华公司及其董事会告上了法庭。

2005 年 8 月 15 日，上海市静安区人民法院出具的“通知单”称：“有关民事诉状已收悉。有关朱、陈二位当事人请求茉织华公司履行对于股东建议和质询意见的答复义务；停止对于建议、质询权利的侵害；并要求董事会履行提案、听取建议和质询及公开赔礼道歉等。根据有关法律规定，该请求不属于法院的管辖范围，特此告知，并退还诉讼状。”为此，诉讼维权再一次遭到拒绝。

对于股东建议权、质询权，在行使范围、方式，以及侵权救济、诉讼权利等规定上，存在立法不足之处，有些宽泛。理论上也产生了两种分歧意见。

一种法律学说认为，股东建议权、质询权（甚至包括提案权）的行使，应当属于表决权延伸的范畴，三者相辅相成；行使方式也只能透过表决权在股东大会上提及，建议和质询内容不能超过会议议题的范围，且限于经营上的问题；另外，这两项权利会有滥用之嫌，不能随便赋予因无法行使而提请司法救济的诉讼权利，否则会带来证券市场的不稳定。

另一种法律学说认为，股东建议权、质询权应当独立于表决权，属于并列关系的股东权利范畴；在行使方式上，股东可以随时行使该权利，而不论股东大会（包括临时会议）在开会或闭会期间。对于建议和质询的内容并不限于会议议题内容，包括经营、管理等多个层面。另外，对于诉讼权利应当与法定权利相对应，为了主张权利被侵害或不能行使，而请求司法机关调整争端和划清民事责任是完全必要的，也有利于证券市场的健康发展。

四、报告权

著名经济学家吴敬琏连续获得 2000 年、2001 年央视年度经济人物大奖。其中一篇颁奖词是“一个瘦弱的老人，一个推动市场经济的大力士，一个保持童真和率直的学者，一个心系国家、情牵百姓的经济学家”。一位曾采访他的记者评价，“他的嘴对着领袖的耳朵，但他的脚站在百姓的中间”。

能对着领袖的耳朵的报告才更有价值。作为监事，我们能站在哪里？我们的嘴又能对着谁？某种意义上，阅读报告者的分量决定了报告的分量。不被权力阶层看到的报告，写得再漂亮也没有用。

监事会的报告可以报给谁？

（一）向股东会报告

监事会为股东会服务。监事会将董事、高管及公司的情况报告给股东会，股东会自有办法采取措施应对，使公司良性发展，从而维护公司和股东利益。

（二）向行业监管部门报告

一些公司的股东会软弱。此时，可以借行业监管部门的力量，让监事会报告有用武之地，让监事会挺直腰杆。

银行、证券、保险等行业主管部门（如中国证监会、中国银保监会等）对企业的管理力度往往很强。《上市公司治理准则》（证监会公告〔2018〕29号）第六十三条规定："监事会发现董事、经理和其他高级管理人员存在违反法律、法规或公司章程的行为，可以向董事会、股东大会反映，也可以直接向证券监管机构及其他有关部门报告。"《上市公司监事会工作指引》第十九条规定："监事会发现公司或公司董事、高级管理人员存在违反法律、法规或公司章程的行为，可以向证券监管机构、证券交易所或其他有关部门报告。"

监事会的报告要向行业协会报告，由此可能被相关领导关注。一个能够为领导所看到、关注甚至批示的报告，才有价值。

【知识链接】国有保险公司监事会曾经的检查报告保送程序规定

《国有保险公司监事会检查报告保送程序规定》（保监发〔2003〕113号）已经废除，但有借鉴意义。该规定对国务院派驻国有保险公司监事会检查报告的报送程序做了如下要求。

1. 检查报告种类

（1）年度检查报告。主要是对国有保险公司上一年度执行国家有关法律法规情况、财务状况及其主要负责人的经营行为所作检查的报告，包括对其主要负责人的评价。

（2）专项检查报告。主要是对国有保险公司重大问题和有关违法违纪问题进行专项检查的报告。

2. 检查报告保送程序

（1）国有保险公司监事会应及时向保监会报送检查报告。检查报告应由监事会主席签署，篇幅较长的，应附"内容提要"。

（2）保监会严格按照国家行政机关公文处理办法，对检查报告进行审核后，作为请示件上报国务院。

3. 贯彻落实国务院领导同志批示有关程序

（1）对国务院领导同志在监事会检查报告上的批示，保监会办公厅及时印送或以其他方式通知相关保险公司及其监事会。

（2）国有保险公司要将贯彻落实国务院领导同志批示精神的情况报送保监

会，同时抄送有关监事会。

（3）保监会对国有保险公司贯彻落实国务院领导同志批示精神的报告进行审核后，转报国务院。

（4）保监会收到国务院领导同志对国有保险公司贯彻落实的情况的批示后，印送或以其他方式通知相关保险公司及其监事会。

《银行保险机构公司治理准则》（银保监发〔2021〕14号）第九十条规定："银行保险机构应当建立健全董事、监事及高级管理人员履职评价制度，对董事、监事、高级管理人员开展履职评价。"而被废止的《商业银行公司治理指引》（2013年）第九十八条约定，"监事会负责对商业银行董事和监事履职的综合评价，向银行业监督管理机构报告最终评价结果并通报股东大会。"比较之后银行监管机构不再强制要求监事会对董事和监事进行履职综合评价并报给行业监管部门。可见，监事会报告通过行业主管部门发挥作用的力度在减弱。

（三）向控股股东报告

监事会的报告如果能被各级"一把手"，尤其是上一级"一把手"看到，便能实现其价值。因此，如果控股股东是国有企业，向控股股东报告更为重要。2018年，随着中国国有企业外派监事会制度的取消，外派监事会制度下强大的报告权①的影响力也逐渐减弱。在"一把手"文化根深蒂固的中国，监事会的报告给谁看？如何发挥监事会报告的作用？是做实监事会的一个重要前提。

国有企业的控股股东往上溯源可能到国资委，也可能到财政部等中央主管单位。例如，中国BQ集团公司的监事会工作做得不错，其监事会报告最终能被中央一级企业的公司主要领导批示，值得学习。向国有企业上级单位的报告可以是口头报告，也可以是书面报告。监事会可在每年度股东会会议或临时股东会议中对"董高"工作情况出具专项的工作评价报告，不仅是监事对股东负责的表现，更是监事加强参与公司治理，真正发挥作用的重要体现。

（四）向上级党委报告

有一位来自广东的资深监事会主席，在公司中很有威望。他和上级纪委有很好的沟通渠道，所在企业的总经理、董事长自然有所"畏惧"。同时，这位监事会主席向上的报告，既讲究"面对面"让被监督者知道，也讲究"背靠背"不被监督者知道。作为监事，应该善于合理、合规地使用这一条报告路线。

报告是监事会工作的重要工具。报告的价值不仅在于报告的质量，更在于谁能

---

① 彼时，中央一级企业的监事会报告尤其受国务院关注。

看到这个报告。监事会每年辛辛苦苦、费九牛二虎之力出具的报告，其报告路径一定要通畅。否则，这一堆报告不能被管理当局看到，不能派上用场，变成了摆设。

五、独立董事提名权

某知名大学的会计学教授，研究水平很高，教学也很接地气。有一天打电话问笔者，让笔者推荐一下上市公司会计方向独立董事的人选。放下电话，笔者想，谁有中国上市公司独立董事的提名权？

上市公司监事会有独立董事的提名权。《上市公司监事会工作指引》第二十条规定，“监事会具有独立董事的提名权，可以向上市公司股东大会提名具有上市公司独立董事的候选人。董事（含独立董事）、高级管理人员违反法律、行政法规、公司章程或者股东会决议等，不适合继续担任董事（或者独立董事）、高级管理人员的，监事会可以建议予以罢免”。

《银行保险机构公司治理准则》（银保监发〔2021〕14号）第三十五条规定，单独或者合计持有银行保险机构有表决权股份总数百分之一以上股东、董事会提名委员会、监事会可以提出独立董事候选人。已经提名非独立董事的股东及其关联方不得再提名独立董事。

董事会和监事会各有提名委员会的权利，董事会提名委员会主要负责对公司董事和经理人员的资质、录用标准和遴选程序提出建议，对具体候选人提名和审议，旨在规范公司管理层的产生，优化董事会组成，完善公司治理结构。监事会提名委员会只限于股东监事的提名，不能提名职工监事。两者的区别如表2－1所示。

表2－1　　董事会提名委员会与监事会提名委员会的区别

项目	权利
董事会提名委员会	对担任董事和高级管理人员的资格条件进行说明
	对董事会下属各次级委员会的组成人员提出方案
	对空缺的董事和高级管理人员职位提出候选人名单
	对执行董事、独立董事和高级管理人员的人选进行审议
	处理股东提出的董事人选提案
	评价董事会业绩，包括评价首席执行官、董事个人以及董事会全体等
监事会提名委员会	对监事会的规模和构成向监事会提出建议
	研究监事的选择标准和程序，并向监事会提出建议
	广泛搜寻合格的监事人选
	对由股东提名监事候选人任职资格和条件进行初步审查并提出建议
	监事会授权的其他事宜

六、股东会的召集、提案、主持权

争取监事席位，一般是小股东在所投资公司持股比例较低、难以获得董事席位情况下的次优选择。公司出问题时，监事的作用就显现出来了。因为《公司法》赋予了监事提请召开、主持临时股东大会、向股东大会提出议案，对外诉讼等权利。

（一）监事有股东会的提案权和临时股东会的召集权

《公司法》第五十三条规定，监事会、不设监事会公司的监事可提议召开临时股东会会议，在董事会不履行本法规定的召集和主持股东会会议职责时召集和主持股东会会议，并向股东会会议提出提案。第三十九条规定，代表十分之一以上表决权的股东、三分之一以上的董事、监事会或者不设监事会的公司的监事提议召开临时会议的，应当召开临时会议。第一百零二条规定，单独或者合计持有公司百分之三以上股份的股东，可以在股东大会召开十日前提出临时提案并书面提交董事会；董事会应当在收到提案后两日内通知其他股东，并将该临时提案提交股东大会审议。临时提案的内容应当属于股东大会职权范围，并有明确议题和具体决议事项。股东大会不得对前两款通知中未列明的事项作出决议。《上市公司监事会工作指引》第十八条也规定，监事会在职权范围内拥有向公司股东大会提出提案的权力。

（二）临时股东会的召开

《公司法》第一百条规定，股东大会应当每年召开一次年会。有下列情形之一的，应当在两个月内召开临时股东大会：（1）董事人数不足本法规定人数或者公司章程所定人数的三分之二时；（2）公司未弥补的亏损达实收股本总额三分之一时；（3）单独或者合计持有公司百分之十以上股份的股东请求时；（4）董事会认为必要时；（5）监事会提议召开时；（6）公司章程规定的其他情形。六种临时召开股东会的情形中，监事会的作用相当于董事会，也相当于百分之十以上的持股股东，可见其重要性。

（三）股东会的主持

《公司法》第四十条规定，有限责任公司的董事会或者执行董事不能履行或者不履行召集股东会会议职责的，由监事会或者不设监事会的公司的监事召集和主持；监事会或者监事不召集和主持的，代表十分之一以上表决权的股东可以自行召集和主持。第一百零一条规定，股份公司的股东大会会议由董事会召集，董事长主持；董事长不能履行职务或者不履行职务的，由副董事长主持；副董事长不能履行职务或者不履行职务的，由半数以上董事共同推举一名董事主持。董事会不能履行或者不履行召集股东大会会议职责的，监事会应当及时召集和主持；监事会不召集和主持的，连续九十日以上单独或者合计持有公司百分之十以上股份的股东可以自行召集和主持。由此看出，股东大会的召集顺序为，董事长—副董事长—监事会—百分之十以上的持股股东。

召开监事会，审议各监事的议案，讨论公司发展中存在的问题并形成各项决议是监事会日常工作最基本的方式。召集、主持临时股东会是监事会在非常时期的重要职权。当公司发生僵局或公司出现经营异常行为时，监事作为公司经营行为的监管单位，为保护股东的利益，应当及时提议召开临时股东会，提议罢免董事或经理、修改公司管理制度或章程等议案。在股权分散的上市公司，临时股东会的召集权是非常重要的。

【案例】股东提请召集临时股东会，董事会拒绝，监事会同意

2017 年 12 月，金宇车城临时股东大会表决通过了非公开发行方案，同意向北控光伏（北控系旗下公司）和南充国投分别发行2240 万股和310 万股，募集资金 5.6 亿元用于偿还银行贷款以及补充流动资金。一年后，金宇车城股价大幅下跌近半。金宇车城公布的 2018 年三季报显示，金宇控股、北控清洁能源和南充国投分别持有公司 23.51%、17.72% 和 12.14% 的股权。若定增完成，仅北控清洁能源持股比例就高达 29.39%。明显超过金宇控股的持股比例，严重威胁金宇车城的控制权。因此，公司第一大股东提请召开临时股东大会重新审议该定增方案。

2018 年 12 月 24 日，金宇车城公告称，公司 3 位股东要求增加临时股东大会提案。其中，北控光伏以及南充国投要求延长定增方案有效期、要求授权董事会全权办理定增事宜，金宇控股则要求终止非公开发行。对这一提案，金宇车城董事会以“该议案非股东大会审议范围”为由拒绝。随后，金宇控股转而求助于金宇车城监事会，要求召集股东大会，重新表决原定增方案，并获得监事会支持。由此，金宇车城董事会和监事会就相同的事宜，形成两份几乎相反的决议。

决议一，董事会否决召集临时股东会。2018 年 11 月 27 日，公司收到金宇控股向公司董事会发来的函件，提请公司董事会召集公司 2018 年第二次临时股东大会，同时提出议案：重新审议并表决关于公司非公开发行股票的方案。12 月 5 日，董事会以“3 票赞成、5 票反对”未通过《关于股东提请公司董事会召开第二次临时股东大会的议案》。

决议二，监事会支持召集临时股东会。董事会受阻，金宇控股遂向监事会求助。2018 年 12 月 16 日，监事会收到金宇控股送达的《关于提请公司监事会召开2019年第一次临时股东大会的函》，提出重新表决公司非公开发行股票方案的议案。12月17日，监事会以“2票赞成、1票反对”通过了金宇控股提出的《关于股东提请公司监事会召开2019年第一次临时股东大会的议案》，同时以“0票赞成、3票反对”未通过北控系和南充国投提出的《关于延长非公开发行股票股东大会决议有效期的议案》。

这个案例给我们的反思是，在双方“角力”的过程中，监事会的作用不容小视。据《公司法》（2018年版）第一百零一条的规定，在提请公司董事会召开股东大会无效的情况下，可以提请公司监事会召开。如果监事会也不召集的话，连续九十日以上单独或者合计持有公司百分之十以上股份的股东可以自行召集股东大会。因此，金宇控股提议召开临时股东会这一提案，在董事会会被拒绝后，提请监事会召开股东大会是合理的。

七、诉讼权

2020年8月，哈尔滨气候宜人。一位监事会主席问了笔者一个问题：C公司是某省国有采矿企业，有两个国有股东，大股东A公司，持股60%，小股东B公司，持股40%。C公司监事会主席由小股东委派。大股东A公司单方面要求C公司与A的关联公司签订协议——A的关联公司以明显高于市场的价格向C公司供应煤炭。显然，大股东侵犯了小股东的利益。该监事会主席如何维护小股东利益？

笔者建议有四：其一，利用监事的检查、调查权，系统了解所有事实，掌握第一手资料，形成书面报告。其二，使用监事的质询、建议、纠正权，要求董事长、总经理参加监事会，专题回答问题，形成会议文件。监事会也可以发提醒函，要求其纠正。其三，使用报告权，将有关情况向本市、省国资委报告，或者将有情况向上级党委纪委报告，列为党委巡视中的问题。其四，利用监事会的诉讼权。

借此案例，我们来深入讨论监事的诉讼权。

（一）诉讼权的法律依据

监事会或不设监事会的监事有权代表公司起诉高管董事。

监事的诉讼权来自《公司法》第五十三条的规定，监事会、不设监事会的公司的监事可以依照本法第一百五十一条对董事、高级管理人员提起诉讼。

《公司法》第一百五十一条规定，董事、高级管理人员有本法第一百四十九条规定[①]的情形，给公司造成损失，有限责任公司的股东、股份有限公司连续一百八

① 公司法（2018年版）第一百四十九条规定：董事、监事、高级管理人员执行公司职务时违反法律、行政法规或者公司章程的规定，给公司造成损失的，应当承担赔偿责任。

十日以上单独或者合计持有公司百分之一以上股份的股东，可以书面请求监事会或者不设监事会的有限责任公司的监事向人民法院提起诉讼；监事有本法第一百四十九条规定的情形的，前述股东可以书面请求董事会或者不设董事会的有限责任公司的执行董事向人民法院提起诉讼。监事会、不设监事会的有限责任公司的监事，或者董事会、执行董事收到前款规定的股东书面请求后拒绝提起诉讼，或者自收到请求之日起三十日内未提起诉讼，或者情况紧急、不立即提起诉讼将会使公司利益受到难以弥补的损害的，前款规定的股东有权为了公司的利益以自己的名义直接向人民法院提起诉讼。他人侵犯公司合法权益，给公司造成损失的，本条第一款规定的股东可以依照前两款的规定向人民法院提起诉讼"。如图 2－3 所示。

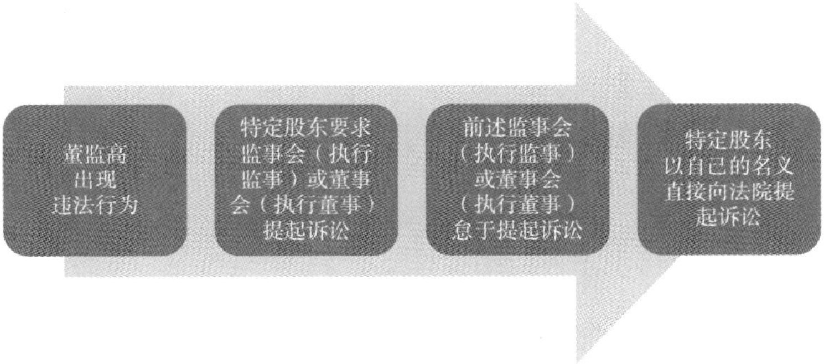

图 2－3 监事会的诉讼权与股东的代位诉讼权

因此，作为监事，针对股东质询应及时回复，如确实收到针对《公司法》第一百五十一条规定的起诉要求的，应及时回复并说明起诉或不起诉原因。[①]

【知识链接】股东诉讼权

当股东个人权利或公司的权利受到侵害时，股东享有请求法院进行保护的权利，这就是股东诉权[②]。股东诉讼包括了股东个人利益的直接诉权和为了公

---

① 杨喆. 监事等于“无事”“虚职”“无风险”？［EB/OL］.（2020－10－22）［2022－06－01］. https://mp.weixin.qq.com/s/Fa_eCSb6UCMsiptSIZ1zcw.

② 股东权行使诉讼的类型

1. 股东知情权诉讼；
2. 股东表决权诉讼；
3. 股东的股利分配请求权诉讼；
4. 公司剩余财产分配请求权诉讼；
5. 股东要求召开股东会或股东大会的诉讼；
6. 股东或者董事、监事请求确认公司股东会或股东大会决议、董事会决议无效的诉讼；
7. 股东或者监事请求撤销公司决议的诉讼；
8. 异议股东的股份收购请求权诉讼。

司利益的代位诉权。直接诉讼与代位诉讼（间接诉讼）的本质区别不在于起诉的主体，而在于诉因和目的。

股东直接诉讼是在股东自己的权益受到损害，而自己直接进行的诉讼。《公司法》第一百五十二条规定："董事、高级管理人员违反法律、行政法规或者公司章程的规定，损害股东利益的，股东可以向人民法院提起诉讼。"当股东的个人利益受到侵害时，他可以基于股东身份提起旨在保护自己利益的诉讼。此处侵犯股东利益的人包括股东所在的公司、董事或其他股东。

股东代位诉讼权也称间接诉讼权，是指当公司的合法权益受到不法侵害而公司却怠于起诉时，为了保护公司的整体利益，公司的股东以自己的名义代表公司提起诉讼的权利。

持股1%有何意义？中国的《公司法》下，股权有九条关键线：

（1）67%绝对控制线。

（2）51%相对控制线。

（3）34%重大事项一票否决线。

（4）30%上市公司要约收购线①。

（5）20%上市公司重大同业竞争警示线②。

（6）10%临时股东会议召集权。

（7）5%上市公司重大股权变动警示线。持股超过5%的股东，收购或减持上市公司超过5%股权，变动须公告。

（8）3%股东会临时提案权

（9）1%股东代位诉讼权、某些公司的董事监事提名权③。

持股1%的股东代位诉讼权的意思是，当董事、高管、监事行公司职务时违反法律、行政法规或者公司章程的规定，给公司造成损失的，持股1%以上的股东可以要求监事会（董事及高管违反法律之时）或者董事会（监事违反法律之时）代表公司向人民法院提起诉讼，当监事会（董事会）怠于起诉时，持股1%以上的股东可以以自己的名义向人民法院起诉。

---

① 通过证券交易所的证券交易，收购人持有一个上市公司的股份达到该公司已发行股份的30%时，继续增持股份的，应当采取要约方式进行，发出全面更约或者部分要约。因此，30%一般被称为要约收购线，仅针对上市公司。

② 同业竞争是指上市公司所从事的业务与其控股股东或实际控制人或控股股东所控制的其他企业所从事的业务相同或近似，双方构成或可能构成直接或间接的竞争关系。关联企业特指一个股份公司通过20%以上股权关系或重大债权关系所能控制或者对其经营决策施加重大影响的任何企业。

③ 2015年深交所修订的《中小企业板上市公司规范运作指引》，"鼓励公司在公司章程中规定单独或者合计持有公司1%以上股份的股东可以在股东大会召开前提出董事、监事候选人人选"。

（二）监事会或执行监事的提起诉讼权

监事会或者执行监事以公司名义提起诉讼，不可以监事个人名义起诉。我国《公司法》对监事代表诉讼的规定失之过简，造成监事代表诉讼案件审理过程中存在着诸多有待探讨和解决的问题。在司法实践中，监事代表诉讼究竟是以自己的名义提起诉讼抑或以公司的名义提起诉讼？不同的法院在具体操作不尽相同。

有法官认为，由监事以个人名义起诉更为适合，也比较有操作性。如果要求监事以公司名义起诉，势必需要获得公司的授权，而起诉的被告却是公司的董事或者法定代表人，这样被告肯定不愿意在授权书上签字盖章，那么监事的维权之路就会陷入“死循环”。然而，该操作模式仍存在法律障碍①。根据我国《民事诉讼法》第一百一十九条的有关规定，起诉中原告必须是与本案有直接利害关系的公民、法人和其他组织。监事（会）自身并不是与本案有直接利害关系的公民或者其他组织，且作为内部权力机构，并非依法成立的其他组织机构，不符合民事诉讼法诉讼主体资格。如以其名义提起诉讼，则在司法实践中的结果将会是，被法院告知其主体不适合而导致诉讼程序无法启动。

其次，监事个人起诉缺乏法律依据。我国《公司法》第五十三条所规定的监事代表诉讼的主体为监事会或执行监事（即不设监事会的监事），但无论是监事会或执行监事均是公司组织机构，该法定职权不属于该组织机构中的某一或者某些成员。

此外，监事会或不设监事会的公司监事作为公司内部组织机构，其职权的行使应当依据该组织机构的议事规则及程序执行，即按照公司章程或《公司法》规定的程序，形成监事会决议或监事决议，表达该组织机构之整体意志，而不能由该组织机构成员任意为之，否则，必然引起秩序混乱。

因此，应该以监事会或者不设监事会的监事（执行监事）通过公司的名义提起诉讼。不应以监事个人身份起诉。国内各地已有相关判例均属于有限责任公司只有唯一一名监事的情形，如我国首例公司监事起诉公司法定代表人案，而暂未出现多名监事作为共同被告的相关案例，仍有待于进一步研究。

值得一提的是，在我国司法实践中，法人提起诉讼，应提供企业营业执照和法定代表人身份证明，其二者均须加盖公司公章。公司公章一般由董事或者高级管理人员负责管理，显然并未给监事会或执行监事代表公司进行诉讼提供便利。

2020年初秋，一位海口监事会主席与笔者讨论了一个案例。

南方某省某小额贷款公司（以下简称“C公司”），其大股东某省供销社持股

---

① 夏家品．监事代表诉讼制度有关问题研究（下）［EB/OL］．（2016-12-12）［2022-06-01］．http：//www.tenwise.net/view991.htm.

95%，小股东持股5%。公司设有监事会4人，职工监事1人，大股东派出2名监事，小股东派出1名监事。大股东想结束经营，但《公司章程》规定，重大事项需要全体股东100%同意方才有效。僵局之下，大股东委派到C公司的法人代表和财务总监签字决定，聘请律师开展关闭公司的事务。小股东派出的监事向法院提起诉讼，认为公司支付此律师诉讼代理费侵犯了小股东权益。2020年9月，此案进入一审诉讼程序，那么这个监事有资格起诉吗？

笔者的回答如下：从法院已经受理的情况看，法院已经认可了该监事的诉讼权。一般来说，应对这种诉讼的思路有"三看"：一看，提起诉讼的监事资格是否无效。即看该监事在小股东单位的劳动合同是否已经过期，该监事在C公司的三年任期是否逾期。从本案例的内容来看，小股东的监事主体资格没有问题。二看，诉讼内容是否无效。也就是看，公司章程是否约定，董事会具有授权经营班子决策聘请律师关闭公司的事项。从本案来看，C公司章程并没有这方面的约定。三看，诉讼主体是否无效。笔者认为应该由该公司监事会或者不设监事会的监事行使代为诉讼权，而不是其中一个监事代为行使诉讼权。C公司设有监事会，其中一个监事向法院提起诉讼是不妥的。

为了详细说明监事独立诉讼资格的问题，笔者向这位监事会主席推荐了一个发生在上海的类似案例。不同的是，上海这个案例中的公司没设监事会，只有一个监事。因此，案例中的不设监事会的监事（即执行监事）可以代表公司起诉。

【案例】监事是否有权代表公司提起诉讼

上海唐城实业有限公司是1993年10月成立的有限责任公司，周毅某任公司执行董事、法定代表人，该公司未设监事会，吴利某为唯一的监事。

原告上海唐城实业有限公司诉称：周毅某作为公司高管及法定代表人私自从公司银行账户转出资金用于购买其自用的房产，该项行为构成对公司利益的侵犯，应赔偿原告3 803 720元。鉴于周毅某因突发疾病去世，被告周某、徐某系其继承人，故要求被告周某、徐某赔偿原告3 803 720元。另外，周毅某之妹，即公司财务主管被告周黎某尚有资金402 211.89元未退还公司，故应向原告承担赔偿责任。鉴于周毅某作为侵权行为人系公司法定代表人，不可能以公司名义起诉自己，况且周毅某现已身故。按照现行《公司法》的规定，吴利某作为监事有权代表公司向三名被告提起诉讼①。

---

① 上海唐城实业有限公司诉周某、徐某、周黎某损害公司利益责任纠纷案（案号（2014）黄浦民二（商）初字第1166号，上海市高级人民法院审判委员会2016年10月8日讨论通过）［EB/OL］. https://www.sohu.com/a/164767044_626878. 案例来源：上海法院网。

被告周某、徐某对周毅某及周黎某侵占公司财产的事实无异议，但辩称：吴利某虽然系公司监事，但并不掌握公司印章。现吴利某仅以个人签名即代表公司提起诉讼，尚缺乏法律依据。故本案原告提起诉讼的程序存在瑕疵。被告周黎某未作答辩。

法院经审理查明：2006年7月24日，周毅某与“亚东公司”签订商品房预售合同，约定向该公司购买位于本市碧云路×××弄×××号×××室房产。2007年1月28日，周毅某与“沪裕公司”签订的商品房预售合同，约定向该公司购买位于本市黄兴路×××号×××层×××室房产。同年7月27日，周毅某从公司银行账户中转出资金5 000元。同年8月3日，周毅某以公司支票形式汇入“沪裕公司”资金3 798 720元，用于支付其购房款。之后，周毅某因病去世，被告周某、徐某作为周毅某的子女，共同继承了上述两套房产。同时被告周某单独继承了周毅某所持“健之源公司”股权。

另查明：被告周黎某于2007年8月因涉嫌职务侵占原告公司财产被上海市公安局黄浦分局刑事拘留。该案卷宗显示，被告周黎某分别从原告公司银行账户划入其账户资金939 573.05元及962 845.97元；划入其控制的上海新兴医药股份有限公司江西办事处（以下简称“新兴公司”）银行账户1 902 178.60元；挪用公司资金800万元出借给案外人杨庆林。之后，汇入“新兴公司”的资金1 902 178.60元被黄浦分局扣押，周黎某主动退缴黄浦分局资金1 500 207.13元，800万元出借资金原告已追回。上述被黄浦分局扣押的资金，其中756 050.73元直接发还原告公司，剩余资金经原告同意直接支付给原告的债权人。被告周黎某尚有资金402 211.89元未退还。

【裁判结果】

上海市黄浦区人民法院于2015年11月28日作出（2014）黄浦民二（商）初字第1 166号民事判决：被告周某、徐某在继承周毅某遗产的范围内赔偿原告上海唐城实业有限公司经济损失人民币3 803 720元及利息；被告周黎某赔偿原告上海唐城实业有限公司经济损失人民币402 211.89元及利息；驳回原告上海唐城实业有限公司其他诉讼请求。宣判后，双方当事人均未提出上诉，判决已发生法律效力。

【裁判理由】

以本案的审判思维，无论公司监事会，还是执行监事，均是公司治理结构中的监督机构，属于内部职能部门，不能独立对外承担法律责任，不具有独立的诉讼主体资格，不符合《中华人民共和国民事诉讼法》及《最高人民法院关于适用〈中华人民共和国民事诉讼法〉若干问题的意见》关于诉讼主体的有关规定。既然法律赋予了监事会或者监事提起诉讼的权利，认可了监事的代表地位，则其有权为了维护公司的利益依法对董事或者高级管理人员的违法行为提起诉讼。但毕竟在监事代表诉讼中，诉讼结果的继受者为公司，故监事（会）应以公司的名义提起诉讼，在司法实践中，法院应认可监事（会）的代表地位，公司监事会主席或不设监事会的监事根据监事（会）决议可作为公司的有权代表人代表公司诉讼的依据。

第二节　规定动作做到位

2019 年，一个监事朋友微信问笔者，监事参加年度监事会，调取公司财务报告和外部审计报告等行为是否就可认定履行了法律规定的监事履职要求？

笔者的回答是：《公司法》赋予了监事会检查公司财务，对董事、经理和其他高级管理人员执行公司职务的行为进行监督的权利。但在监事会具体履职过程中，对如何检查财务，如何对董事、经理和其他高级管理人员执行公司职务行为进行监督等无明确的规定。笔者认为“监事参加年度监事会，调取公司财务报告和外部审计报告等行为”，只是“部分”履行了“检查公司财务行为和对董事、经理和其他高级管理人员执行公司职务的行为进行监督”的规定。其一，从法理上，股东把监督责任交给监事会是防止经营权对所有权的侵犯，是为了公司可持续发展，降低运营风险。其二，什么是“职务行为”这个问题《公司法》尚没有明确、统一的答案，各个公司的理解也不一样。笔者个人认为决策是最大的职务行为。如果这个观点成立，监事会要做的应该更多些。其三，与审计监督不同的是，监事会的工作重点由财务监督转移到决策及决策执行监督，由事后监督转移到事前和事中监督，力求预防和“治未病”，避免监督资源浪费，并与财务与审计等事后监督形成自然分工。

一、国有企业外派监事会的规定动作

2000 年颁发的《国有企业监事会暂行条例》（中华人民共和国国务院令第 283 号）是国有企业外派监事会的纲领性文件，执行 23 年未被修改，于 2022 年 5 月 1 日废止。

《国有企业监事会暂行条例》的适用范围是国有重点大型企业监事会。该条例约定，“对国务院不派出监事会的国有企业，由省、自治区、直辖市人民政府参照本条例的规定，决定派出监事会”“国务院向国有重点金融机构派出的监事会，依照《国有重点金融机构监事会暂行条例》执行”。字里行间，已经非常明确该条例的适用范围是外派监事会。

《国有企业监事会暂行条例》约定监事会的规定动作是“四检查”。该条例第五条规定，“监事会履行下列职责：（1）检查企业贯彻执行有关法律、行政法规和规章制度的情况；（2）检查企业财务，查阅企业的财务会计资料及与企业经营管理活动有关的其他资料，验证企业财务会计报告的真实性、合法性；（3）检查企业的经营效益、利润分配、国有资产保值增值、资产运营等情况；（4）检查企业负责人的经营行为，并对其经营管理业绩进行评价，提出奖惩、任免建议”。

2000年同时颁发的《国有重点金融机构监事会暂行条例》尚在执行中。该条例中的国有重点金融机构，是指国务院派出监事会的国有政策性银行、商业银行、金融资产管理公司、证券公司、保险公司等。该条例第六条规定了监事会应履行的职责：（1）检查国有金融机构贯彻执行国家有关金融、经济的法律、行政法规和规章制度的情况；（2）检查国有金融机构的财务，查阅其财务会计资料及与其经营管理活动有关的其他资料，验证其财务报告、资金营运报告的真实性、合法性；（3）检查国有金融机构的经营效益、利润分配、国有资产保值增值、资金营运等情况；（4）检查国有金融机构的董事、行长（经理）等主要负责人的经营行为，并对其经营管理业绩进行评价，提出奖惩、任免建议”。这与《国有企业监事会暂行条例》的“四检查”，如出一辙，也是外派监事会的规定动作。

2006年出台的《关于进一步加强和改进国有企业监事会工作的若干意见》（国资发监督〔2006〕174号）的适用范围也是外派监事会。该意见要求，“监事会要按照有关法律法规和出资人要求，切实履行监督职责。对出资人关注的重大事项和企业执行国有资产监管的有关政策规定情况，深入开展检查，为加强国有资产监管服务。对国资委及职能机构征求的有关意见，积极予以配合，认真发表意见和提出建议”，并提出了监事会的七项工作要求：（1）适应改革进程，拓展工作思路；（2）切实履行职责，增强监督功能；（3）加强当期监督，提高监督时效；（4）探索分类监督，突出检查重点；（5）利用审计结果，形成监督合力；（6）深入开展检查，提高报告质量；（7）加强队伍建设，提高监督能力。在这七项工作中，“检查与报告”所占的分量较大，这与《国有企业监事会暂行条例》《国有重点金融机构监事会暂行条例》中的“四检查”是一脉相承的。也就是说，外派监事的主要工作是“检查”。

二、银行保险机构的监事会规定动作

《健全银行业保险业公司治理三年行动方案》（2020—2022年）（银保监发〔2020〕40号）指出，董事会、监事会和高管层规范履职是良好公司治理结构的集中体现。近年监管发现，部分机构存在董事不敢、不能、不愿履职，高管层履职越位、缺位、错位，监事会监督功能发挥不足等问题。今后要着力加强机构董事、监事和高管人员履职行为规范，提升董事会的独立性和专业性，明确和落实高管层职责，研究做实监事会功能[①]。

除《公司法》《银行业监督管理法》《商业银行法》以外，最主要的银行公司治理法规是2021年出台的《银行保险机构公司治理准则》（银保监发〔2021〕14号）。该治理准则出台后，《商业银行公司治理指引》（银监发〔2013〕34号）[②]、《关于规范保险公司治理结构的指导意见（试行）》（保监发〔2006〕2号）同时废止。制度的兴废反映了中国银行业探索公司治理的发展脉络。

《银行保险机构公司治理准则》（银保监发〔2021〕14号）第六十五条规定，监事会应当重点关注以下事项：（1）监督董事会确立稳健的经营理念、价值准则和制定符合公司情况的发展战略；（2）对公司发展战略的科学性、合理性和稳健性进行评估，形成评估报告；（3）对公司经营决策、风险管理和内部控制等进行监督检查并督促整改；（4）对董事的选聘程序进行监督；（5）对公司薪酬管理制度实施情况及高级管理人员薪酬方案的科学性、合理性进行监督；（6）法律法规、监管规定和公司章程规定的其他事项。可见，监事会的监督职责已经明确延伸到了银行的发展战略、经营决策、内部控制、风险管理、董事选聘、公司薪酬制度等六大重点领域。

在国家和行业的制度基础上，各个银行均建立自身的公司治理和监事会管理制度。例如，《华融湘江银行股份有限公司[③]监事会议事规则》（2014年年度股东大会审议通过）该议事规则第三条规定。监事会行使下列职权[④]：

①检查本行财务；②对本行经营决策、风险管理、内部控制等进行监督检查并督促整改；③对董事、高级管理层成员执行职务的行为进行监督，对违反法律、行政法规、本行章程或者股东大会决议的董事、高级管理层成员提出罢免建议；④当董事、高级管理层成员的行为损害本行利益时，要求董事、高级管理层成员予以纠正；⑤提议召开临时股东大会会议，在董事会不履行本行章程规定的召集和主持股东大会会议职责时，召集和主持股东大会会议；⑥向股东大会会议提出提案；⑦依

---

① 佳信银行. 银行监事会职责：按监管文件整理［EB/OL］.（2020-10-15）［2022-0602］. https：//mp. weixin. qq. com/s/jDwVxv0xwJkat9Wh1FdvZw.

② 《商业银行公司治理指引》（银监发〔2013〕34号）在2013年出台之时，此前颁布的《国有商业银行公司治理及相关监管指引》（银监发〔2006〕22号）、《外资银行法人机构公司治理指引》（银监发〔2005〕21号）、《中国银监会办公厅关于进一步完善中小商业银行公司治理的指导意见》（银监办发〔2009〕15号）、《股份制商业银行公司治理指引》（中国人民银行公告〔2002〕第15号）等四项银行业公司治理制度也被废止。

③ 华融湘江银行股份有限公司成立于2010年10月，是湖南省委、省政府引入中国华融资产管理股份有限公司，在重组湖南原株洲、湘潭、衡阳、岳阳市商业银行和邵阳市城市信用社的基础上，经原中国银行业监督管理委员会（现为中国银行保险监督管理委员会）批准，依法合并新设的一家注册地位于长沙市的国有股份制商业银行，注册资本人民币77.5亿元。

④ 华融湘江银行股份有限公司. 华融湘江银行股份有限公司监事会议事规则［EB/OL］.（2015-07-07）［2022-06-02］. www. hrxjbank. com. cn/75/222/content_5019. html.

照《中华人民共和国公司法》有关规定，对董事、高级管理人员提起诉讼；⑧发现本行经营异常，可以进行调查；必要时，可以聘请会计师事务所等协助其工作，费用由本行承担；⑨对董事和高级管理层成员进行离任审计；⑩指导本行内部稽核部门独立履行审计监督职能；⑪对董事、董事长及高级管理层成员进行质询；⑫有关法律法规和本行章程规定的其他职权。

同时，该商业银行监事会议事规则还约定，监事会会议的议事范围如下：

①审议本行年度、半年度、季度报告等定期报告；②审议本行财务预算、决算方案；③审议本行利润分配方案和弥补亏损方案；④对本行董事、高级管理层履行职责情况的监督意见；⑤对本行内控制度制定情况和执行情况的监督意见；⑥相关法律、法规和章程以及按本规则第四条规定履行监事会职责需要监事会审议出具的报告和意见。

综合《公司法》、银行行业法规、各公司章程和监事会议事规则，银行监事会普遍需要进行如下规定动作。

（一）财务监督

1. 审核商业银行定期报告

《商业银行监事会工作指引》（银监发〔2012〕44 号）第三十条规定，监事会应当审议商业银行定期报告，对报告的真实性、准确性和完整性提出书面审核意见。

2. 审议银行利润分配方案

《商业银行监事会工作指引》（银监发〔2012〕44 号）第二十九条规定，监事会应当对商业银行利润分配方案进行审议，并对利润分配方案的合规性、合理性发表意见。

（二）战略、决策

（三）合规、内控、风控

1. 监督合规工作

《商业银行监事会工作指引》（银监发〔2012〕44 号）第三十六条规定，监事会应当对商业银行内控合规工作进行监督，指导有关部门对内部控制的有关岗位和各项业务实施全面的监督和评价。《关于规范银行业服务企业走出去加强风险防控的指导意见》指出，监事会应加强对董事会和高级管理层合规管理职责履行情况的监督。

2. 监督内、外部审计

《商业银行内部审计指引》（银监发〔2016〕12 号）第十条规定，监事会对本银行内部审计工作进行监督，有权要求董事会和高级管理层提供审计方面的相关信息。

《商业银行监事会工作指引》（银监发〔2012〕44 号）第三十一条规定，监事会应当监督聘用、解聘、续聘外部审计机构的合规性，聘用条款和酬金的公允性，外部审计工作的独立性和有效性。

《关于加强村镇银行公司治理的指导意见》（银监办发〔2014〕280 号）规定，监事会（监事）有权委托审计委员会或审计部门开展监督、检查与评估工作，也可以独立聘请外部机构协助开展财务审计或重大问题审计，对村镇银行公司治理、内部控制及经营管理状况进行评估。董事会任免审计委员会与审计部门主要负责人时，应事先征得监事会（监事）的同意。

3. 审阅内部控制检查报告和自我评价报告

《商业银行监事会工作指引》（银监发〔2012〕44 号）第三十七条规定，监事会应当审阅商业银行内部控制检查报告和自我评价报告。对内部控制检查和自我评价中发现的问题，应当要求董事会和高级管理层在规定的时限内及时整改，并跟踪监督整改情况。

4. 监督银监会风险监管指标

《商业银行监事会工作指引》（银监发〔2012〕44 号）第四十二条规定，监事会应当监督商业银行遵守银监会风险监管指标情况。当商业银行风险监管指标未能达到监管要求，且董事会和高级管理层未能及时采取措施进行修正时，监事会应当及时进行风险提示并提出整改要求。

5. 流动性风险管理评价

《商业银行流动性风险管理办法》（中国银监会令 2015 年第 9 号）第十二条规定，商业银行监事会（监事）应当对董事会和高级管理层在流动性风险管理中的履职情况进行监督评价，至少每年向股东大会（股东）报告一次。

6. 监督并表管理

《商业银行并表管理与监管指引》（银监发〔2014〕54 号）第二十二条规定，商业银行监事会是并表管理的内部监督机构，履行以下职责：（1）对商业银行并表管理机制建设情况和运行有效性进行监督；（2）监督董事会、高级管理层履行并表管理相关职责情况，并在履职情况综合评价中予以反映；（3）督促董事会对银行集团及各附属机构公司治理和经营管理情况进行监督，并督促整改。

7. 资本管理监督评价

《商业银行资本管理办法》第一百一十五条规定，商业银行监事会应当对董事会及高级管理层在资本管理和资本计量高级方法管理中的履职情况进行监督评价，并至少每年一次向股东大会报告董事会及高级管理层的履职情况。

8. 监督案防工作

《银行业金融机构案防工作办法》（银监办发〔2013〕257 号）第八条规定，监事会或监事应当监督董事会和高级管理层案防工作职责履行情况，监事长是案防工作监督的第一责任人。

（四）董事选聘、公司薪酬

1. 对董事高管进行年度履职评价

《商业银行监事会工作指引》（银监发〔2012〕44号）第二十六条规定，监事会应当在每个年度终了4个月内，将其对董事会和高级管理层及其成员的履职评价结果和评价依据向监管机构报告，并将评价结果向股东大会或股东会报告。

《商业银行董事履职评价办法》（中国银行业监督管理委员会令2010年第7号）第五条规定，商业银行监事会对董事履职评价工作负最终责任，银行业监督管理机构对商业银行董事履职评价工作进行监督。

《关于加强农村商业银行股东股权管理和公司治理有关事项的意见》（银监办发〔2017〕99号）指出，增强监事会监督作用。每年4月底前，监事会要向属地监管部门报送上一年度监督工作报告。监事会（监事）在董事和高级管理人员履职、财务活动、内控体系、风险管理等方面发现重大问题时，应当及时向股东大会（股东会）和属地监管机构报告，并将其纳入对董事会、高级管理层的履职考评。

2. 董事会及高管数据治理的履职尽责

《银行业金融机构数据治理指引》（银保监发〔2018〕22号）第十条规定，银行业金融机构监事会负责对董事会和高级管理层在数据治理方面的履职尽责情况进行监督评价。

3. 董事及高管消费者权益保护工作监督

《关于银行保险机构加强消费者权益保护工作体制机制建设的指导意见》（银保监〔2019〕38号）规定，监事会应对董事会、高级管理层开展消费者权益保护工作履职情况进行监督。监事会认为有必要时，可列席董事会消费者权益保护工作相关会议，可开展消费者权益保护工作落实情况的专项监督检查。

（五）其他

【讨论】下列哪些是某银行监事会的需要表决的事项？

1. 银行××年度董事会工作报告
2. 银行××年度高级管理层工作报告
3. 银行第三次增资扩股工作报告
4. 银行信息披露报告
5. 银行授信管理基本规定
6. 银行公司授信管理基本规定

7. 银行××年度反洗钱工作报告
8. 监事会年度工作报告
9. 银行××年度财务决算报告
10. 银行××年度财务预算方案
11. 银行××年度利润分配方案
12. 聘请××年度审计会计师事务所的议案
13. 银行××年度全面风险管理报告
14. 银行××年全面风险管理政策
15. 银行××年度关联交易工作开展情况报告
16. 银行××年度第四季度关联方认定的议案
17. 银行××年度内控评价报告
18. 银××年度操作风险管理报告
19. 银行××年度案防工作自评报告
20. 银行××年资本充足率管理报告
21. 银行××年度流动性风险管理报告
22. 银××年流动性风险管理政策
23. 银行××年四季度流动性压力测试报告
24. 银行资本管理办法

作者认为，第1—7项不需要监事会审核，第8—24项可由监事会审议，根据监管需要，通过公司章程或监事会议事规则具体约定。理由见“银行监事会需要进行那些规定动作”。①

有位银行专职监事继续问笔者：监事会决议对《监事会报告》《财务预算报告和决算报告》需要投票表决么？需要明确写明提交股东会审议么？笔者的回答是，《监事会报告》《财务预算报告和决算报告》均需要监事会表决并提交股东会审议，建议明确写明提交股东会审议。

公司股东会、董事会、监事会议程都有《审议财务报告》，最终审议批准的应该是股东会吗？那在监事会中，需要对财务报告进行表决吗？“经表决，监事会审议通过了财务报告，并同意提交股东会审议批准。”的表述是否正确？笔者回答：是的，可以。

三、监事是否应该对董事、高级管理人员的决策正确与否发表意见

《公司法》中的监事职权为：①检查公司财务；②对董事、高级管理人员执行

① 这个回答，读者如有不同意见，欢迎通过我的邮箱来讨论，1905001782@qq.com。

公司职务的行为进行监督，对违反法律、行政法规、公司章程或者股东会决议的董事、高级管理人员提出罢免的建议……。

什么是董事、高管的职务行为？董事和高管的决策是监事需要监督的职务吗？监事仅对董事、高管执行公司职务行为的合规合法性审核吗？

2017 年 2 月以来，关于上述问题近百个监事会主席、监事进行了热烈的讨论，每次被咨询人数不少于 3 人。结果很有意思：2/3 的监事认为是的，他们认为公司决策是监事需要监督的“职务行为”，监事有责任对董事、高级管理人员的决策实质是否正确发表意见。还有 1/3 的监事给出了否定答案，他们认为监事只需要监督决策程序，不需要深入决策本身，不对决策本身是否正确发表意见。可见，中国《公司法》对监事会职责描述含糊。各公司的做法也不统一，监事对此履职深浅不一。

本书认为，决策是最大的职务行为。理由有四点。

其一，从监事的由来、监事的定位来看。

如果把企业比作一条大船，舵手就是董事、高管，监事就是舵手边上的那个人。若航向正确，监事不说话；若航向错误，监事有责任提示舵手。也就是说，监事有“踩刹车”的提醒和监督职责。当然，舵手可以听监事的话，也可以不听。监事的“踩刹车”仅仅是建议、提醒，不能亲自去“踩刹车”，或者强行要求舵手去执行。若舵手置若罔闻，且监事认为必要时，可以报告股东会。换句话说，监事不参与、不干预董事、高管的决策，但监事认为董事、高管决策错了，监事要发言“你错了”。监事不发言，是监事的失职。董事、高管可以不听监事的建议，这是董事、高管的权力。但监事可以告诉股东会，让股东会采取直接或者间接的相应措施。

假设贵公司到欧洲投资一个 2000 万美元的医药项目，你是监事会主席，且为业内资深专家，董事、高管均没有你专业、懂行。你发自内心觉得这个项目不能投，投下去就是打水漂，就是“跌入悬崖”，将给公司带来颠覆性的风险。但是，这个项目的程序没有毛病。作为监事会主席，你对这个项目的决策需要发表意见吗？此时，监事应该发表意见，是需要对高管的这个决策的职务行为进行监督的。因为，所有权与经营权分离后，股东把经营权给董高，把监督权给监事。公司利益最大化或者股东利益最大化的标准就是企业多赚钱，少风险。不发表意见，可能投资失败，不符合股东利益和公司利益。

其二，外派监事会的有关制度要求分析。

外派监事会在 2018 年两会以后，被逐步取消。这里分析过去的实践，旨在回答监事是否需要对董事、高管的决策行为正确与否发表意见。

《国有企业监事会暂行条例》（中华人民共和国国务院令第 283 号）第三条规定：“监事会以财务监督为核心，根据有关法律、行政法规和财政部的有关规定，对企业的财务活动及企业负责人的经营管理行为进行监督，确保国有资产及其权益不受侵犯。监事会与企业是监督与被监督的关系，监事会不参与、不干预企业的经营决策和经营管理活动。”该条例要求监事对企业财务活动及企业负责人的经营管理行为进行监督，决策显然是经营管理行为。但是，是监督经营管理行为的程序，还是监督经营管理行为的实质，并没有说得很清楚。

《国有企业监事会暂行条例》（中华人民共和国国务院令第 283 号）第五条规定，监事会履行下列职责：①检查企业贯彻执行有关法律、行政法规和规章制度的情况（合法合规监督）；②检查企业财务，查阅企业的财务会计资料及与企业经营管理活动有关的其他资料，验证企业财务会计报告的真实性、合法性（财务监督）；③检查企业的经营效益、利润分配、国有资产保值增值、资产运营等情况（资产运营监督）；④检查企业负责人的经营行为，并对其经营管理业绩进行评价，提出奖惩、任免建议（履职行为监督）。这就是外派监事的“四检查”内容。既然第一条是合规合法监督，那么第四条中的经营行为监督就不应该仅仅停留在合规合法层面，而是要深入经营行为的实质。

国务院国资委外派监事会“六要六不”行为规范明确提出，外派监事会“不得参与和干预企业经营管理活动，不得直接向所监督企业发表结论性意见和提出经营管理方面的建议”。

《国有企业法人治理结构的指导意见》（国办发〔2017〕36 号）指出，“外派监事会由政府派出，负责检查企业财务，监督企业重大决策和关键环节以及董事会、经理层履职情况，不参与、不干预企业经营管理活动”。

反思现行立法关于监事不得干预企业经营的问题。监事对企业经营决策的影响达到何种程度、以何种方式进行影响才可视为“干预”？现行立法并无明确规定。笔者认为，监事只有在参与中才能行使监督权；不参与决策，不代表不对决策实质发言。

2017 年夏天，一位山东省省属某监事会主席也表达了类似的观点，董事长、总经理也可能欢迎真正懂行的监事，因为当局者迷。监事应该“一般不说话，不说一般话，说话不一般”，监事会对公司经营活动一般不要具体干涉和影响，不要过多发出声音，以免影响公司正常运转。但是，认为董事的决策不正确时，监事应该发表铿锵有力的意见。

2019 年 11 月，中国核工业集团公司总经济师黄敏刚说：总经理管“紧急而且重要”的事情，监事管“重要但不紧急”的事情。当“重要不紧急”的事情处理好了，“紧急且重要”的事情就会少了。黄敏刚反问监事“你们是否合理合法、合情合理地否决过董事会”，并要求监事“帮助一线领导把握风险，‘踩刹车’，再‘踩刹车’”。显然，总经济师黄敏刚的观点是，监事需要对董事、高管的决策职务行为是否正确发表意见。

之所以要求监事会不得干预企业内部经营，主要是因为此前的外派监事会是行政化的机构，主要以财务监督为主，此种安排可以避免对企业经营的干预，从而达到“政企分开”的机构改革目的①。

笔者还认为，《公司法》中监事会的监督需要透过对公司经营的“干预”得以实现。若监事会不能“干预”公司经营，则法律不必引入其“列席董事会”“了解经营信息”的规则。此种“列席董事会”的要求，可能旨在赋予监事会对董事/经理不合规经营行为进行干预的权利空间。同时，监事发现企业董事/经理在经营方面存在违法违规情形，直接予以制止不应构成所谓“干预”。

由于监事会事前监督不够，监事会要着力强化企业重大决策行为的过程监督，对企业投资、举债担保、产权变动、财务预决算、重大项目招标等决策过程进行监督，其中包括：要监督公司是否建立了明确的重大事项决策制度、程序和责任追溯机制；要对公司的重大事项决策进行动态监督，其中包括决策的前期准备、决策的形成过程、决策的申报审批等；要对战略决策的执行情况进行评价监督，防止有损公司和股东利益的决策行为发生，为战略发展保驾护航。这些监督活动，都是介入了企业经营决策实质的。

其三，银行业对监事的要求。

国际上因金融机构公司治理机制缺陷、风险管控失效和激励机制不科学而造成的金融机构风险时有发生。当前，新的形势和行业的不断发展对商业银行公司治理提出了更高的要求，从前期探索建立具有中国特色的银行业现代企业制度、构建“三会一层”架构和推进股份制改革，向现阶段进一步优化公司治理运行机制，着重提升决策科学性和制衡有效性转进。

《商业银行公司治理指引》（银监发〔2013〕34号）第三十二条规定，“监事会是商业银行的内部监督机构，对股东大会负责，除依据《公司法》等法律法规和商业银行章程履行职责外，还应当重点关注以下事项：

①监督董事会确立稳健的经营理念、价值准则和制定符合本行实际的发展战略；②定期对董事会制定的发展战略的科学性、合理性和有效性进行评估，形成评估报告；③对本行经营决策、风险管理和内部控制等进行监督检查并督促整改；④对董事的选聘程序进行监督；⑤对董事、监事和高级管理人员履职情况进行综合评价；⑥对全行薪酬管理制度和政策及高级管理人员薪酬方案的科学性、合理性进行监督；⑦定期与银行业监督管理机构沟通商业银行情况等”。

从以上第二点来看，监事会都要去监督“发展战略的科学性、合理性和有效

---

① 蒋大兴．国资监管职能的重组——如何应对国企外派监事会的取消？［EB/OL］．（2020－01－17）［2022－06－02］．https：//www.economiclaw.pku.edu.cn/xzzq/sf/1321431.htm.

性”了，显然已经延伸到对决策内容的监督了。

虽然上述《商业银行公司治理指引》（银监发〔2013〕34 号）已在 2021 年被《银行保险机构公司治理准则》（银保监发〔2021〕14 号）取代，但这一条被继承下来，一个字都没有修改。

其四，有为才有位，各公司对监事的决策监督要求深浅不一。

2016 年，中海油监事会进一步聚焦监督主责主业，重点围绕“三重一大”事项，加强对企业内部控制体系及其有效性的监督。具体来说，一是检查企业内部控制体系，二是检查企业财务，三是检查企业重大决策，四是检查企业运营过程中涉及国有资产流失的事项和关键环节，五是检查企业董事会和经理层依法依规履职情况。以上第三条“检查企业重大决策”，没有明确是检查重大决策的程序合规性，还是检查重大决策的内容正确性。

《河南 GA 集团监事会工作规则》明确，监事会行使下列职权：

①选举监事会主席；②检查公司的财务；③对董事、总经理和其他高级管理人员履行职责时，违反法律、法规或者本规则的行为进行监督；对违反法律、行政法规、公司章程或者股东会决议的董事、高级管理人员提出罢免的建议；④当董事、总经理和其他高级管理人员的行为损害集团公司的利益时，要求其予以纠正，必要时向股东或国家有关主管机关报告；⑤提议召开临时股东会，在董事会不履行《公司法》或公司章程规定的召集和主持股东会会议职责时召集和主持股东会会议；⑥向股东会会议提出议案；⑦审查公司重大交易事项、经济合同以及公司并购、资产重组、对外投资等重大事项；⑧有权了解和查询公司的经营情况；⑨可以列席董事会会议、总经理办公会、例会和特别会议，并对会决议事项提出质询或者建议；⑩国家法律、行政法规、公司章程规定或股东授予的其他职权。

河南 GA 集团是一家民营企业，该制度将监事的七大职责基本描述在其中，但也没有明确规定监事会是监督程序还是监督实质。

2020 年以来，笔者担任上海某股权投资管理公司监事，笔者坚持要列席公司的投资决策评审会。因为，作为基金管理公司，投资是该公司最大的决策风险，只有参与决策，才能行使监督职责。同时，笔者在投资领域有二十多年的经验，并连续担任某大型中央企业投资评审委员会 18 年。对监事列席投决会这一点，公司管理层有不同的声音，“我也担任过某公司的监事长，监事不应该参加投决会”。后来，笔者作通了时任董事长和总经理的工作。董事长说“在公司里没有监事不能看的，监事可以参加投决会”。

现实中，也有监事会仅仅监督决策程序的观点和实践。

例如，2006 年，上交所发布的《上海证券交易所上市公司监事会议事示范规则》第四条规定：“在征集提案和征求意见时，监事会办公室应当说明监事会重在对公司规范运作和董事、高级管理人员职务行为的监督而非公司经营管理的决策。”这里直接给我们明确了一个意思表示，监事会主要决策程序是否合规，而不是监督决策实质是否正确。

再如，《中国 BQ 集团有限公司监事会工作实施办法（试行）》规定，“监事会应对公司董事会的重大决策行为和公司重大经营活动进行监督。①对董事会重大决策行为进行监督：公司是否建立了明确的重大事项决策制度；重大投资事项是否在决策前进行了详细的市场调查、可行性分析和风险预测等；重大决策是否经过董事会集体讨论，并有完整的会议记录；重大决策实施前是否经过国家有关部门及集团公司审批等。②对公司执行董事会重大决策情况进行监督”。

中国 BQ 集团是一家中央企业，从该集团公司的制度来看，监事会主要监督的是决策程序，并没有要求监督检查决策内容的正确性。

监事会管公司的“跑冒滴漏”，还是管颠覆性风险？管公司的发展战略、重大决策等大是大非，还是管细枝末节？

笔者认为，监事不通过对重大决策发表意见，监督作用会大打折扣。如果监事总能在重大决策上指出错误或者提出建设性意见，监事会地位慢慢就有了。

监事需要监督决策实质，由此便对监事会的履职能力提出了很高的要求。不懂战略、不懂行业、不懂投资，怎么知道他们是错的？不知对方是错的，又怎能要求其改正呢？监事会需要具备发现决策者职务行为中所有问题的能力。否决项目需要更大的能力。监事会的工作重点应由以财务监督为重点，转移到以决策及决策执行监督为重点，从事后监督转移到事前和事中监督，力求预防和“治未病”，避免监督资源浪费，并与财务与审计等事后监督形成自然分工。

监事会不应仅仅停留在找问题、识别风险、防范风险、解决问题等监督职能上，还应当立足于公司的战略发展、管理的层面，基于对整体情况的把握，就面临的问题更积极主动地提出建设性意见和建议，在有效监督的过程中促使公司治理各个主体更和谐地运转，更集中到增强公司的价值创造能力上。也有企业指出，监事会能否不仅仅进行财务或者风险的事后监督，而是更注重将履职的着力点前移，如对战略的科学性、经营层执行战略的有效性加以把控？这样既可以有效地从事中角度去履行监督职责，同时能够有效地提升监事会在公司治理中的影响力。

第三节 自选动作做出彩

一、规定动作达标之前，不得进行自选动作

2015 年，上海市国资委已先后向近 30 户市管国有企业委派或推荐了 20 多位外

派监事会主席及外派监事①，并依法进入监事会。监事会由外派监事会主席、外派监事和企业职工监事组成，成为企业法人治理结构的重要组成部分，形成了以“外派内设、内外结合、以外为主”为主要特点的监事会工作体系。上海市国资委要求，国有企业监事会的组成、设立、职责、权限、程序、形式，都必须在《公司法》《企业国有资产法》的构架范围内实施。凡是法律、行政法规规定的监督事项，全部纳入监事会的“规定动作”；在全年各项任务中，“规定动作”没有达标之前，不得擅自进行“自选动作”。

自选动作，应列入监事会的年度工作计划。监事会的自选动作有哪些？例如，中国BQ集团公司下属某监事会，每年针对一个集团公司的管理重点，进行一项专门工作。再如，成都某公司，在审计报告中了解到，有些备件使用出现了问题，这个工程建设表明企业在出库入库等方面均存在问题，该监事会将此作为次年的一个工作重点，进行了专项检查。又如，江苏某农商行有一个专职监事，其每三个月出一份风险报告，报告的题目由自己拟定，报告呈监事会、董事会和股东会。

2015年，经中国证监会批准，中国上市公司协会发布了《上市公司监事会工作指引》设置了“倡导推荐事项”，整理提炼了一些典型上市公司的监事会运作经验和优秀实践成果，供相关上市公司结合自身情况学习借鉴。这些倡导推荐事项，就是自选动作。

完善的公司治理结构是银行业改革的重点，更是整治银行业市场乱象工作的重中之重。近年来，随着外部监管规则日渐细化，银行监事会被赋予的监督职责不断扩展，承担的责任越来越大。

2017年初秋，“中小银行监事会职责与公司治理高端研讨会”在上海成功举办。有一位城商行主管业务的副行长升任监事长在其工作的十余年间，经历了该城商行逐步规范公司治理最终完成H股上市的历程，经历了从副行长到监事会主席的晋升，经历了从门庭若市到门可罗雀。这位邹监事长认为②：

其一，当好监事长是心态与定位的调整。

其二，厘清监事会职责边界，厘清监事会、独立董事以及其他监督部门之间的权力分配问题，有效地发挥在公司治理中的制衡作用，正确处理监督与被监督的关系，做到到位不错位、不越位，这是监事会履职的重要原则。

其三，监事会应主动作为，积极参与和监督董事会重大决策活动，了解本行各项重要决策的内容及形成过程，充分发表意见和建议。随着银行公司治理的逐步完

---

① 注重发挥外派监事在国资监管和国企监督中的作用，国有资产管理，2015年第2期. https://www.doc88.com/p-5721215602707.html.

② 创新、交流、分享——融至道首创“中小银行监事会职责与公司治理高端研讨会”成功举办［EB/OL］.(2017-09-29)［2022-06-02］. https://mp.weixin.qq.com/s/U3S3x6x1XPNwus27QElTHg.

善，政策法规赋予了监事会越来越重要的作用，监事会练好内功，职能脱虚向实成为必然。

其四，在工作中，应不断提高监事会专业度，根据每一位监事的特点合理分工，促进各项检查监督评价工作扎实有效开展。她强调调研对监事会工作的重要作用，调研应围绕本行发展战略、市场定位、管理方式、风险偏好及股东关心的热点和难点问题展开，为董事会决策提供有价值的意见。

其五，在监督中，应平衡控风险与谋发展的关系，适时调整监督角度，改进监督方式，提高监督的工作效率。

笔者为邹监事长的五点体会点赞。这也是监事会自选动作的原则。

二、服务是最好的监督

监事会在做好监督工作的同时，要为企业提供力所能及的服务和帮助。例如，在监督重大事项决策、执行过程中，积极建言献策，提供解决问题和化解风险的思路和办法。再如，下基层企业检查时，将其合理诉求向集团反映，帮助基层企业解决实际需求和困难，还可促进集团管控能力的提升。

2019 年，当笔者讲到“服务是最好的监督”的监督理念之时，A 保险公司监事长非常认可，主动分享了一个案例，印证了笔者的观点。

2017 年，A 保险公司监事会密切关注“应收保费”指标。这是保险公司的重要指标。保险行业内控规定，账龄超过一年的一定规模的应收保费，每年偿付能力评级将降低 1%。而且，可能因此指标不合格而被限制业务量和业务品种。该公司有一个保险品种，每一份保险，农民缴纳 20 元，省级补助 80 元。但是，省内补助有时会延迟。该公司监事会在监督中发现，某自治区和某省子公司有数额较大的、大于一年账龄的应收保费（政策性保费应收款）。于是，该公司将清收政策性保费作为监事会这一年“自选动作”的一个专题，调动地区子公司一把手力量，促使他们做了大量工作，于 2017 年 12 月，解决了此问题。在这个案例中，监事会立足服务，最终解决了公司经营中的重大问题，从监督的角度要求相关子公司加强管理，没有越位，也赢得了尊重和威信。

如同“诗歌是一切文学的起点和终点”。监督的起点和终点，是公司、股东或者利益相关者利益最大化，而不是为了监督而监督。监事会工作的目标与企业经营的目标是一致的，都是为了企业的可持续发展和国有资产保值增值。因此，监事会应具有服务意识，寓服务于监督。

监督是有层次的，监事长、董事长、总经理都有监督责任。这些监督都应该为公司的难事、实事和大事服务。退一步说，公司经营班子也是希望监事会提出建设性的建议的。因此，监事会不应该仅仅是“天天找毛病”，要结合经营中的难事、实事和大事，这是做实监事会道路之一。

“2021 年，中国兵器装备集团有限公司监事会在防风险、补漏洞、促落实等方面的发挥着‘前哨’作用。围绕年度经营目标，进一步抓实抓细日常监督；围绕集团公司改革发展中心工作，有效实施针对性专项督导，推动集团公司持续稳定健康发展；全面贯彻落实集团公司 2021 年工作会议精神，系统性抓好监事会各项监督工作①”。这一新闻，反映了该公司监事会围绕中心工作、经营目标开展工作的服务精神，准确界定了监事会的职能，正确处理了强化监督与服务企业发展的关系。

某银行监事长提出对监事会“四个认识”的观点：“监督检查需要有审计助手、作为更需要团队的力量②、制度是有为的前提认识、服务是最好的监督”。为了体现“服务是最好的监督”，这位监事长每年深入一线进行三、四次专项调研检查，发现问题、提出意见、督促改正，“期限之内不改，启动问责制”，从而促进该银行的业务发展。

需要指出的是，监事会的服务是监督前提下的服务。监事会要坚持监督的独立性，在不干预企业正常经营决策和经营活动的前提下，应将日常履职中发现的问题和需要提请企业关注的事项及时与企业交换意见，协助、配合开展一些有利于提高风险管理水平、提升企业价值和落实出资人要求的活动。

三、防患于未然也是好的监督

“防患于未然”语出《周易既济》“君子以思患而豫防之”，以及《乐府诗集君子行》“君子防未然”。

有一家人家做了新房子，但厨房没有安排好，烧火的土灶烟囱砌得太直，土灶旁边堆着一大堆柴草。一天，这家主人请客。有位客人看到主人家厨房的这些情况，就对主人说：“你家的厨房应该整顿一下。”主人问道：“为什么呢？”客人说：“你家烟囱砌得太直，柴草放得离火太近。你应将烟囱改砌得弯曲一些，柴草也要搬远一些，不然的话，容易发生火灾。”主人听了，笑了笑，不以为然，没放在心上，不久也就把这事忘到脑后去了。

后来，这家人家果然失了火，左邻右舍立即赶来，有的浇水，有的撒土，有的搬东西，大家一起奋力扑救，大火终于被扑灭，除了将厨房里的东西烧了一小半外，总算没酿成大祸。为了酬谢大家的全力救助，主人杀牛备酒，办了酒席。席间，主人热情地请被烧伤的人坐在上席，其余的人也按功劳大小依次入座，唯独没有请那

---

① 兵小壮．兵器装备集团召开企业监事会 2020 年度述职考评会［EB/OL］．（2021－02－05）［2022－0602］．https：//mp. weixin. qq. com/s/ELDnqQEi1OpP7sdC9m－Wcg.

② 主要观点是，发挥每个成员的作用，监事不是一个人在战斗；以斗争求发展则发展存，以退让求发展则发展亡；敢于尽职，一团和气就发现不了什么问题，也没有人把你放在眼里；有作为才能树立监督的权威。

个建议改修烟囱、搬走柴草的人。大家高高兴兴地吃着喝着。忽然有人提醒主人说："要是当初您听了那位客人的劝告，改建烟囱，搬走柴草，就不会造成今天的损失，也用不着杀牛买酒来酬谢大家了。现在，您论功请客，怎么可以忘了那位事先提醒、劝告您的客人呢？难道提出防火的没有功，只有参加救火的人才算有功吗？我看呐，您应该把那位劝您的客人请来，并请他上坐才对呀！"主人听了，这才恍然大悟，赶忙把那位客人请来，不但说了许多感激的话，还真的请他坐了上席，众人也都拍手称好。事后，主人新建厨房时，就按那位客人的建议，把烟囱砌成弯曲的，柴草也放到了安全的地方。

监事会也是这个道理。事后控制不如事中控制，事中控制不如事前控制。在企业中有很多隐患，这些隐患是重要而不着急的事情。作为监事，就是要把这些问题提前找出来，防患于未然。2018 年 12 月，中国核工业集团的总会计师在开班前的讲话中说，公司里分两种事情，一种是重要且紧急的事情，是公司经营班子的工作重点。另一种是不重要但紧急的事情。监事会的工作重点应该是重要而不紧急的事情。对这类事情的工作方针就是"防患于未然"。

前期工作做得好，问题就少。为什么中央巡视或者监事会检查，有些企业问题少，而有些企业问题就很多？一个很重要的原因是，前者防患于未然的监督工作做得好。例如，某石油公司的职工监事发现石油期货交易的制度不全，建议经营班子完善，及时修补企业这条大船的跑冒滴漏，便是防患于未然，避免了后续检查可能出现的问题。

监事对董事、高管的监督也要防范未然。离任审计更多的是秋后算账，难以挽回因干部失职损失的国有资金和财产，而任中检查更多的是防患于未然，根据需要对领导干部或经济责任人经济责任的履行情况和选人用人情况进行审查和评价，提前发现领导干部在履职过程中存在的差错或舞弊行为，避免小问题酿成大错误，提高审计的预警和预防作用。

有的企业，不做好前期工作，而是希望在巡视、检查或者审计发现问题之后"大事化小""监管风险"，为时已晚。有的企业，上级来检查要材料，四处找人，人却已离职，无处要数据。笔者在工作中主动编制了《投资清理资料汇编》《固定资产投资建设项目资料汇编》《投资评审委员会项目资料汇编》《国家、集团和公司投资制度汇编》，中央巡视要资料，一秒钟就能提供。

2019 年，国家电网有限公司以"防未然"为目标①，系统总结近年来公司的典型经验和有效做法，制定了《关于加强公司各级纪检机构监督工作的指导意见》，

---

① 吴文．党内监督要有"防未然"的格局［EB/OL］.（2019－08－27）［2022－06－02］. http：//news. bjx. com. cn/html/20190827/1002682. shtml.

全方位、全过程、全覆盖地抓好各项具体监督任务，构建起科学、严密、精准、高效的监督工作格局。党的十九大以来，该公司从信访举报、监督检查、执纪审查、政治巡察和初核工作等渠道，及时搜集和掌握被监督对象的思想、工作、作风、生活情况，对问题线索认真分析研判，发现苗头性、倾向性问题，有针对性地运用函询约谈、提醒谈话、警示谈话、批评教育和诫勉谈话等方式直指问题所在。

四、防止自选动作缺位、越位和错位

2017 年，某市国资委一级企业要求加强工程招投标领域的工作，相关部门请监事会进入招投标工作小组，成为评标人员。但该公司监事会主席断然拒绝，因为她知道监事会越位，出力不讨好。

再举一个“裁判员当运动员”的例子。2019 年 6 月，一个学员问笔者，他们公司的监事会被“要求”成为董事会议案前置审议者。也就是说，董事会所有的议案由监事会通过后，再进入董事会的会议程序，这个显然不妥。监事会可以在董事会的议案产生程序出问题时提出整改要求，但不能“裁判员当运动员”，成为办事程序中的一个前置“开关”。

控股股东也可能越位。2020 年 8 月，某基金管理公司的控股股东兼总会计师，把一系列控股股东的制度交给基金管理公司，要求后者使用这些制度，基金管理公司的法务认为不妥，因为违反了公司章程，公司的基本制度需要董事会通过才能使用，控股股东不能单方面要求控股公司建立使用相关制度。

监事会是监督者而非经营者，负监督责任而非经营责任，监督经营者而非替代经营者。在监事会履职过程中，不参与、不干预决策和经营是防火墙；到位、不越位，不能缺位和错位是基本要求；既防过度，又防消极，以观者、听者为荣，以观者、听者为要。

值得注意的是，在公司决策表态时，监事可以说“不”，不要说“同意”。同意意味着参与和干预，监事会不能说、不必说，不揽决策经营之责，不越经营决策之权。

2021 年 8 月 12 日，北京，在回家的班车上，笔者接到一个来自西南某公司的微信：徐老师好，请教个小事儿。组织又让我多兼了一家参股公司的监事会主席。当我在董事会上会议题审核表上签字的时候，总觉得和董事们一样签同意好像不太妥，但又觉得不能不签内容，光写个名字。签什么内容更好呢，您有没有好建议呢？

笔者微信回答：建议写“无异议”。是因为监事会的职能主要是对经营班子和董事会的监督，只要我认为你是对的，我就不说话，我认为你错了，我就要说话。所以，“我没有认为你错了”这样的话更符合监事会主席的身份。如果说同意呢，会引发你有决策权的误解。“无异议”更符合监事会主席的身份。言下之意，我没有决策权，但是我没有否定你的意思，也没有反对的意见。

微信那头的监事会主席，很满意笔者的回答。

【案例】江苏江都农商银行监事会的“三个跟着走”与“五个监督”①

江苏江都农村商业银行前身为江都市农村信用合作联社，于1953年3月在吴桥成立。江苏江都农商银行监事会在有限的资源配置下充分发挥职能作用，加强重要信息的监测和具体分析，通过专题调研报告发送董事、监事、高管及相关部门，在做实监事会、发挥监督作用方面取得良好效果。提出了“三个跟着走”和“五个监督”的创新尝试。

“三个跟着走”指的是：监督工作跟着《公司法》和银行章程的定位走，跟着监管规定的要求走，跟着经营形势和业务发展的方向走，围绕发展大局，探索多维度监督。

“五个监督”包括：

（1）从关键业务出发，以信贷操作为着眼点实施监督

该行监事会持续跟踪经济金融发展趋势、监管新规以及本行实际情况，明确监督重点，在监督中更加体现前瞻性和独立性，从监事会角度提出建设性意见。

2018年，监事会针对信贷条线审贷分离运作情况进行了专题调研。对该行审贷分离运作情况提出了以下不足：一是授信审批主要根据个人风险识别能力和工作经验，缺少行业数据支撑、关联信息掌控和审批后反馈；二是授信审批人队伍建设有待进一步加强。监事会针对以上不足，提出了相关建议：一是尽快出台《授信业务审批管理相关制度》；二是提升授信审批人的业务技能，建设授信审批人后备梯队，提高授信审批质量；三是强化授信审批人的考核考评。

（2）从公司战略出发，调研评估公司战略的科学性、合理性和有效性

对董事会制定的《2017－2019年改革与发展三年发展战略》（以下简称《三年发展战略》）的科学性、合理性和有效性进行了调研评估。通过对比2017至2018年6月末经营发展指标，结合座谈了解和资料翻阅，具体评价《三年发展战略》中确定的发展指导思想和原则、各阶段性目标任务、转型要求、业务支持体系发展战略至2018年6月末完成情况，明确存在问题和差距，推动三年发展规划至2019年末全面完成。

---

① 李旭升（江苏江都农商银行监事长）. 做实监事会，探路农商银行监事会“多维度监督”的“江都实践”[EB/OL]. (2018－12－200)[2022－06－02]. https://mp.weixin.qq.com/s/iY9K0JaqgHUTzJygSLall Q.

（3）从当下政策出发，以“263”的落实为落脚点实施监督

该行监事会紧紧围绕国家方针政策，适时瞄准重点关注事项，在“263”专项行动①开展两年后，就“263”专项行动在江都农商银行信贷政策配套落实情况开展了专题调研。同时，监事会就“263”专项行动在该行更好地落实提出了如下建议：一是加强与政府部门的信息沟通；二是持续跟踪名单内客户；三是加大新准入企业的风险核查；四是加强对排查企业的专项管理。

（4）从财务这个“牛鼻子”出发，以财务评价为结合点实施监督

该行监事会加强财务监督，定期听取财务运行情况报告，列席财务审查委员会，督促完善财务管理制度，进一步规范费用管理。

2018年，聘请会计师事务所对该行2017年年度财务管理情况进行评价。提出了如下意见：一是加强对汇率浮动的监控，加强对市场风险的关注、预测，加强对不良贷款的管理，减少市场风险等不利情形造成的损失，努力完成董事会下达的指标。二是提高股金红利的分配比例，实现股东价值最大化。三是进一步完善对财经纪律和财务制度的建立与管理。对工资、福利性支出在税法允许抵扣的范围给予适当增加，提升员工的劳动积极性和对企业的满意度和归属感。对于离退休人员，可以设定提存计划或设定受益计划。

（5）从会议监督出发，以列席会议与访谈座谈为切入点履行监督

在日常工作中，该行监事会重点做好三项工作。

一是列席会议，即监事会成员通过列席股东大会、董事会、管理层的重要会议，对重大事项的决策程序、议事内容的依法合规性，以及董事、高管参与决策的行为进行现场监督。

二是工作访谈与座谈，即分别对董事、高管、总行部门负责人、支行行长进行工作访谈，听取不同层面对董事会、管理层和监事会履职尽职情况，以及全行经营管理情况的意见。

显然，“五个监督”体现了其监事会选择履职的规定和自选动作的方向和原则。作为小银行，其“三个跟着走”“五个监督”的思想值得借鉴。

① 2016年年底，一场代号为“263”的专项行动（两减六治三提升，计划用三年时间，解决突出的环境问题）在江苏打响，这是坚持贯彻习近平总书记生态文明思想，主动落实中央环保督察组整改要求的有力举措。

第三章　三项基本功，充实监事的履职素养

青岛啤酒获评2016年年度“上市公司监事会最佳实践20强”，并入选《上市公司监事会最佳实践优秀案例》。青岛啤酒以“建设一个独立高效的监事会”为目标，在国内上市公司中率先建立了外部监事占半数以上的监事会组织架构。此外，青岛啤酒独立董事与独立监事形成“专家决策 + 专家监督”的科学模式，在保障公司科学决策的同时兼具独立性，对董事会和管理层形成专业又独立的制衡。公司监事会的三位职工代表监事积极发挥职工民主监督作用，维护公司和职工的合法权益，保证了监事会工作的有效性。

实务中，很多监事会并没有发挥应有的作用，其主要原因是不被重视、独立性差、能力不行。提高监事会的履职效率和效果，除了一把手重视、监事独立性提高之外，还要把真正合适的人放到监事岗位，不断提高监事的履职能力。

第一节　监事的基本要求

监事检查公司财务情况、监督董事会和高管层的履职行为，需要较强的专业知识和专业能力。例如，监督董事、高管在履职过程中是否存在营私舞弊、违规交易、谋取不正当利益等情况，需要监事自己懂行，有“火眼金睛”；再如，监督财务负责人能否严格执行财务、会计和公司财务管理制度，需要监事从复杂的事务中、繁杂的材料和数据中发现蛛丝马迹，从问题的苗头追寻问题的源头。

光有专业知识和专业能力还不够，一个优秀的监事还应全方位、不断地提升自己的能力（见图3－1）。

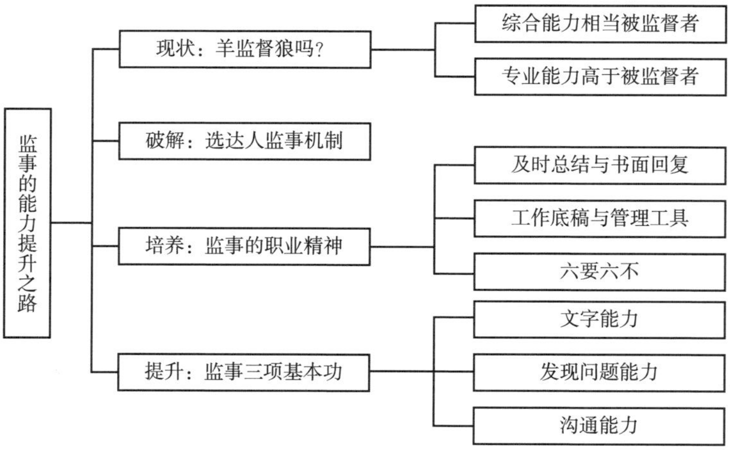

图 3－1　监事的能力提升之路

一、监事的资格禁止

（一）《公司法》中的监事资格禁止

根据《公司法》（2018 年修订）第一百四十六条规定，有下列情形之一的，不得担任公司的董事、监事、高级管理人员：（1）无民事行为能力或者限制民事行为能力；（2）因贪污、贿赂、侵占财产、挪用财产或者破坏社会主义市场经济秩序，被判处刑罚，执行期满未逾五年，或者因犯罪被剥夺政治权利，执行期满未逾五年；（3）担任破产清算的公司、企业的董事或者厂长、经理，对该公司、企业的破产负有个人责任的，自该公司、企业破产清算完结之日起未逾三年；（4）担任因违法被吊销营业执照、责令关闭的公司、企业的法定代表人，并负有个人责任的，自该公司、企业被吊销营业执照之日起未逾三年；（5）个人所负数额较大的债务到期未清偿。

公司违反前款规定选举、委派董事、监事或者聘任高级管理人员的，该选举、委派或者聘任无效。董事、监事、高级管理人员在任职期间出现本条第一款所列情形的，公司应当解除其职务。出现本条第三款所列情形的，三年之内不得担任公司的董事、监事、高级管理人员。例如，一位上海的朋友兼任了一家企业的法人代表。后来，被认定要对这家企业的破产负有个人责任。最终，他在解除该破产企业法人代表三年内，不能担任其他公司的董监高，短暂影响了他的前程。

1. 监事不能兼任本公司董事、高管、法人代表

《公司法》第五十一条第四款和一百一十七条第四款规定，董事、高级管理人员不得兼任监事。《公司法》（2018 年版）第十三条规定，公司法定代表人依照公司章程的规定，由董事长、执行董事或者经理担任。

公司的高管不能担任本级公司的监事，且不可以担任下级公司的职工监事，但可担任下级公司股东监事。其逻辑是该高管不可能同时具有本级公司和下级公司的职工身份。

此外，中国某装备集团有限公司要求，战略、运营、财务部领导不得兼任职工监事。其逻辑是，战略、运营、财务部本身就是监事会监督的对象。

2. 提名监事的回避要求

中小板上市公司关于董事、监事的提名有4个“二分之一”的回避要求。其中，针对监事提名的有两个：（1）单一股东提名的监事不得超过公司监事总数的二分之一。（2）最近3年内曾担任过公司董事或者高级管理人员的监事人数不得超过公司监事总数的二分之一。针对董事提名的也有两个：（1）由单一股东或者具有关联关系的股东提名的董事人数不超过二分之一①。（2）上市公司董事会中兼任公司高级管理人员以及由职工代表担任的董事人数总计不得超过公司董事总数的二分之一②。

值得一提的是，《银行保险机构公司治理准则》（银保监发〔2021〕14号）规定，同一股东及其关联方提名的董事原则上不得超过董事会成员总数的三分之一，鉴于董事会决议一般规定为过半数通过。这样一来，大股东将难以单方面控制董事会决议。

另外，《上市公司监事会工作指引》倡导推荐事项有：（1）建议公司董事、高级管理人员的配偶、直系亲属及密切关系人不担任公司监事；（2）建议公司财务、资产、投资管理部门的工作人员不兼任职工监事。这是公司治理中制衡机制的体现，这种回避对防止一股独大、“一言堂”有重要意义，在公司章程中都可以参考约定。

3. 监事不能成为股权激励对象

《上市公司股权激励管理办法》（中国证券监督管理委员会令第148号）第八条规定，激励对象可以包括上市公司的董事、高级管理人员、核心技术人员或者核心业务人员，以及公司认为应当激励的对公司经营业绩和未来发展有直接影响的其他员工，但不应当包括独立董事和监事。

---

① 《中小板上市公司规范运作指引》第2.2.12条规定，上市公司可以在章程中规定，在董事会成员中由单一股东或者具有关联关系的股东提名的董事人数不超过半数。《中小板上市公司规范运作指引》第3.2.4条规定，上市公司董事会中兼任公司高级管理人员以及由职工代表担任的董事人数总计不得超过公司董事总数的二分之一。最近二年内曾担任过公司董事或者高级管理人员的监事人数不得超过公司监事总数的二分之一。单一股东提名的监事不得超过公司监事总数的二分之一。

② 《创业板上市公司规范运作指引》（2020年修订）第3.2.4条规定，上市公司董事会中兼任公司高级管理人员以及由职工代表担任的董事人数总计不得超过公司董事总数的二分之一。最近两年内曾担任过公司董事或者高级管理人员的监事人数不得超过公司监事总数的二分之一。公司董事、高级管理人员在任期间及其配偶和直系亲属不得担任公司监事。

4. 监事可以担任子公司高管，但并不提倡

法无禁止即可为。《公司法》只规定了公司的董高与监事的“不相容”，而子公司的董高未被限制。但是，图 3－2 中兼任子公司总经理的监事，既监督母公司董事（作为母公司监事），又被母公司董事监督（作为子公司总经理），略有不妥。

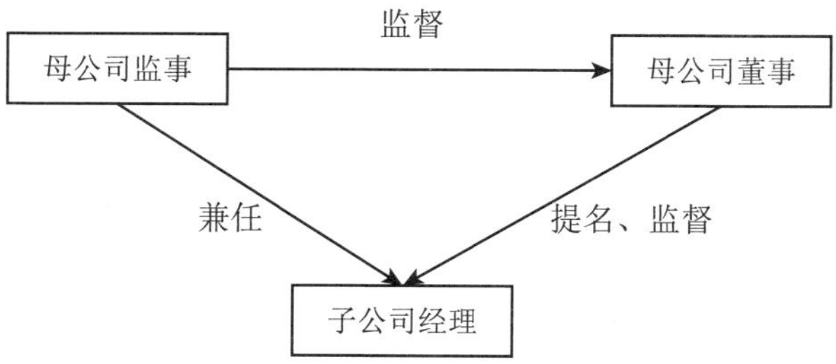

图 3－2　母子公司董事、监事关系

5. 商业银行、保险公司的同一股东及其关联人不得同时提名董事和监事人选

《商业银行公司治理指引》（银监发〔2014〕34 号）第十五条规定，股东应当严格按照法律法规及商业银行章程规定的程序提名董事、监事候选人。商业银行应当在章程中规定，同一股东及其关联人不得同时提名董事和监事人选；同一股东及其关联人提名的董事（监事）人选已担任董事（监事）职务，在其任职期届满或更换前，该股东不得再提名监事（董事）候选人；同一股东及其关联人提名的董事原则上不得超过董事会成员总数的三分之一。国家另有规定的除外。

2021 年，《商业银行公司治理指引》被《银行保险机构公司治理准则》（银保监发〔2021〕14 号）取代。《银行保险机构公司治理准则》第六十一条延续了《商业银行公司治理指引》的要求，规定已经提名董事的股东及其关联方不得再提名监事，国家另有规定的从其规定。在此之前，保险公司往往按照股东持股比例分配董事席位和监事席位，持股比例较高的股东往往可以同时获得董事席位和监事席位，《银行保险机构公司治理准则》实施后，股东将无法同时提名董事和监事。

为保障监事符合任职资格，建议公司要求监事候选人被提名后，自查是否符合任职资格；建议公司监事会对被提名的候选人的任职资格进行核查，发现不符合任职资格的，告知提名人，并要求其撤销对该候选人的提名。

【案例】没有和公司签订劳动合同关系的“职工”不可以担任职工监事

有些公司在任命职工代表监事时较为随意，将一些非公司或已退休职工作为职工代表监事予以任命，或不符合比例要求、不按照法定程序进行职工民主选举。

上海保翔冷藏有限公司诉上海长翔冷藏物流有限公司公司决议效力确认案

（〔2017〕沪02民终891号）便是如此。具体案情如下：

上诉人上海江阳水产品批发交易市场经营管理有限公司（以下简称“江阳公司”）、魏仁礼因与被上诉人上海保翔冷藏有限公司（以下简称“保翔公司”）、原审被告上海长翔冷藏物流有限公司（以下简称“长翔公司”）及第三人魏满鸿、徐根福、孔凌志公司决议效力确认纠纷一案，不服上海市宝山区人民法院（以下简称“一审法院”）“（2015）宝民二（商）初字第1817号”一审民事判决，向上海市人民法院（以下简称“二审法院”）提起二审上诉①。

二审法院于2017年2月3日立案后，依法组成合议庭进行了审理：

上诉人江阳公司、魏仁礼共同上诉请求：撤销一审判决，依法改判为驳回被上诉人的诉讼请求。事实和理由为：一审法院认定事实和适用法律均有误，系争股东会决议程序合法，内容真实有效，已经各股东确认并办理工商登记。选举魏仁礼作为长翔公司职工代表监事程序亦合法有效，与会职工均有表决资格。其中，朱建庭正常缴纳社保，杨吉华、凌诚鑫有工资发放证据予以佐证。魏仁礼具备担任长翔公司职工监事资格，《公司法》中的职工并没有限定为劳动关系，应包括事实劳务关系、兼职人员等。二上诉人请求二审法院在查明事实的基础上，依法将本案改判。

被上诉人保翔公司辩称，上诉人的上诉请求没有事实和法律依据，应予驳回。魏仁礼并非长翔公司职工，从未在长翔公司领取薪水，没有作为职工代表的资格，且与会职工多数不是长翔公司职工，选举程序不合法，故系争股东会决议无效。一审法院认定的事实正确无误，适用法律准确，上诉人的上诉理由不能成立，请求二审驳回上诉，维持原判。

一审法院认为，《公司法》（2018年修订）第五十一条规定，有限责任公司设监事会，其成员不得少于三人。监事会应当包括股东代表和适当比例的公司职工代表，其中职工代表的比例不得低于三分之一，具体比例由公司章程规定。监事会中的职工代表由公司职工通过职工代表大会、职工大会或者其他形式民主选举产生。长翔公司的《公司章程》第二十一条规定，公司设监事会，成员三人，监事会中有职工代表一人，由公司职工通过职工代表大会、职工大会或者其他形式民主选举产生。

保翔公司认为，系争股东会决议第二项任命魏仁礼为职工代表监事违反《公司法》第五十一条的相关规定，一者魏仁礼应属长翔公司高级管理人员（退休前是长翔公司执行董事），依法不得担任公司监事；二者魏仁礼并非长翔

---

① 最高院公报案例：职工代表监事非本公司职工或任命程序等违反《公司法》第五十一条规定的，该部分决议内容无效．［EB/OL］．（2019－12－07）［2022－06－05］．https：//mp.weixin.qq.com/s/Pzv_eb5fpKiVZeWoGQwmhw.

公司职工（劳动合同过期），没有资格出任职工代表监事，且相关的选举程序不合法。

一审法院还认为，魏仁礼曾经担任长翔公司执行董事，于2008年退休，魏仁礼自称从2009年起与其他公司签订返聘合同，未与长翔公司签订过返聘合同，2014年1月也已不再担任长翔公司执行董事。从目前证据来看，自2008年退休后魏仁礼与长翔公司并无劳动关系，也无法证明魏仁礼在2014年4月时担任长翔公司的董事或高级管理人员，而在长翔公司职工代表大会决议的与会职工签名栏中出现的朱建庭、范燕、杨吉华、凌诚鑫、张燕五人中只有范燕与张燕二人可被认定为长翔公司的职工。

鉴于形成前述职工代表大会决议的程序不符合相关法律规定，且魏仁礼并非长翔公司职工，不具备担任职工代表监事的资格，故此，系争股东会决议中任命魏仁礼为长翔公司职工代表监事的内容违反《公司法》关于职工代表监事的规定，应属无效，保翔公司的相关主张成立；监事会是一个整体，同期组成以魏仁礼为职工代表监事的监事会的决议内容也应归于无效。另从查明可知，长翔公司提交公司登记机关备案的2014年4月30日股东会决议与系争股东会决议属同一份决议，故其上关于组成监事会的决议内容同样无效。根据法律规定，长翔公司应重新按照《公司法》及公司章程的规定组成监事会，向公司登记机关进行备案。

一审法院据此作出判决：一是，上海长翔冷藏物流有限公司于2014年4月30日作出的股东会决议第二项（即设立公司监事会，聘请徐根福、孔凌志为股东代表监事，免去魏满鸿的监事职务，另一名职工代表监事由魏仁礼担任）无效；二是，对上海保翔冷藏有限公司的其余诉讼请求不予支持。

二审查明事实同一审查明。二审法院认为，本案的主要争议焦点在于魏仁礼是否具备职工代表监事资格。二上诉人称，《公司法》中的职工并没有限定为劳动关系，应包括事实劳务关系、兼职人员等，故魏仁礼具备担任长翔公司职工监事的资格。

二审法院还认为，与公司签订劳动合同或者存在事实劳动关系是成为职工代表监事的必要条件，魏仁礼并不具备担任长翔公司职工代表监事的资格，理由如下：

第一，本案中魏仁礼于股东会决议作出时已不再担任长翔公司执行董事，且未在长翔公司领取薪水，即与长翔公司不存在劳动关系，故魏仁礼不具备作为职工代表的资格。职工代表大会是协调劳动关系的重要制度，职工代表须与公司存在劳动关系。我国《公司法》（2018年修订）未明确担任职工代表的条件，宜通过相关行政规章的规定对职工代表资格进行解释。《企业民主管理规定》第二十三条，“与企业签订劳动合同建立劳动关系以及与企业存在事实劳动关系的职工，有选举和被选举为职工代表大会代表的权利。依法终止或者解除劳动关系的职工代表，其代表资格自行终止”。

第二，职工代表监事应通过职工代表大会、职工大会等形式，从职工代表中民主选举产生。《公司法》（2018年修订）第五十一条第二款规定了监事会应包括公司职工代表，说明职工代表资格是成为职工代表监事的前提，本案中魏仁礼并非职工代表，因此不具备担任长翔公司职工代表监事的资格。另外，此款亦规定职工代表的比例不得低于三分之一，该比例系《公司法》效力上的强制性规定，本案中魏仁礼不具备职工代表资格，另外两名监事系股东代表，职工代表比例为零，违反前款规定，故一审法院认定系争股东会决议中任命魏仁礼为长翔公司职工代表监事的条款无效，并无不当，本院予以支持。至于二上诉人认为选举职工代表监事程序合法、与会职工均有表决资格一节，因魏仁礼不具备职工代表资格，无论与会职工是否具有表决资格，均无法改变监事会中无职工代表的事实，亦无法补正系争股东会决议相关条款的效力，故对于二上诉人的前述主张，本院不再处理。

综上所述，上诉人上海江阳水产品批发交易市场经营管理有限公司、魏仁礼的上诉请求不能成立，应予驳回；一审判决认定事实清楚，判决并无不当，应予维持。依照《中华人民共和国民事诉讼法》第一百七十条第一款第（1）项之规定，判决驳回上诉，维持原判。

可见，有限责任公司监事会中的职工代表监事应具有该公司职工的身份，职工代表监事的产生方式应符合《公司法》（2018年修订）第五十一条规定的职工民主选举产生的程序，并符合该条规定的代表比例。公司股东会作出任命职工代表监事的决议，如果该被任命监事并非本公司职工（标志是签订劳动合同），或该被任命监事的产生程序、代表比例违反《公司法》（2018年修订）第五十一条，该部分决议内容应属无效。

二、国资委外派监事的“六要六不”行为规范

国资委外派监事“六要六不”规范的前身是人事部1998年发布的《稽察工作“六要”“六不”的行为规范》（人发〔1998〕60号）。为确保树立清正廉洁、公道正派、忠于职守的形象，国有重点大型企业外派监事会成员要遵循“六要”“六不”的行为规范。

“六要”指的是：（1）要认真学习邓小平理论和“三个代表”重要思想，深入贯彻落实科学发展观，与党中央保持一致；（2）要坚持原则，清正廉洁，严于律己，公道正派，光明磊落；（3）要依法办事，敢于讲真话，不怕得罪人，勇于同违

反国家政策、财经纪律、弄虚作假行为作斗争，自觉维护国家利益；（4）要努力学习，不断提高政治素养、政策水平、业务能力；（5）要正确行使监督权力，实事求是，全面准确地评价和反映企业的经营、财务状况和领导人员工作业绩；（6）要严格履行公务员义务，恪尽职守，埋头苦干，深入群众，注意听取各方面意见，提高工作质量和工作效率。

“六不”指的是：（1）不得泄露检查结果和企业商业秘密；（2）不得参与和干预企业生产经营管理活动；（3）不得直接向所监督企业发表结论性意见和提出经营管理方面的建议；（4）不得让企业承担检查费用和接受企业的任何馈赠、报酬、福利待遇；（5）不得吃请受礼、借机游山玩水和参加可能影响公正履行公务的活动；（6）不得在企业兼职、购买股票和为自己、亲友及他人谋取利益。

2006—2017 年，国资委每一年都举办监事会贯彻“六要六不”行为规范专题培训班（见图 3 - 3），国资委领导亲自出席并讲话；2018 年中央一级企业取消监事会后，这个专题培训班停止，但外派监事会的这个优良传统和行为规范对监事仍有借鉴意义。

图 3 - 3　监事会贯彻“六要六不”行为规范专题培训班

第二节　监事的三项基本功

监事需要有发现问题、善于沟通、高超的文字表达三大能力。

一、火眼金睛，善于发现问题

企业就像大海航行中的一条船，舵手就是董事、高管，监事就是他们身边的人，当监事认为这条船的航向没有问题，也没有“跑冒滴漏”，监事就不用说话，如果发现航行有问题，监事就需要发言、提示。船长和大副，可以不听监事的发言，这是他们的权力。但监事不发言，就是失职。

监事会工作的目标与企业经营的目标是一致的，都是为了企业的可持续发展和公司（股东）利益最大化。监事会工作的价值在于及时提醒，促使企业提前防范经营风险。为了切实提高监督成效，监事更需要拉长耳朵、瞪大眼睛、警惕鼻子、使用脑子去发现问题，监事会要致力于按照监督检查、发现问题、报告问题、督促整改的全过程打造监督闭环，尤其对监督检查过程中发现的企业重大问题和风险紧盯不放，直至问题得到整改、风险得到控制。

因此，监事要有迅速发现问题实质的能力，有擅于发现问题、追踪问题的敏锐的观察能力。一个不能发现公司问题的监事，一定不是好监事。监事会要成为企业问题判断的行家里手，具备懂企业、知行业、晓产业，能够对企业生产经营造成的各种影响作出准确、迅速的判断，并及时与相关方进行沟通照会。既要了解企业的经营管理实际，了解企业的历史与现状和未来发展规划；也要对企业所在行业、产业的发展局面、发展特点、发展规律有所认识和熟悉；同时对企业所处的阶段、所在的地域、所面临的挑战和考验，做到心中有数、胸有成竹，这样才能在关键时刻找准出血点、查出病患因、开出好药方。

监事发现问题，能积极查找漏洞，战略上把握力度，战术上讲究方法，狠抓关键环节，在重点领域要花大力气。例如，对审计报告和其他有关审计资料作综合分析，捕捉违纪违法的“蛛丝马迹”，快速锁定重点核查对象，深挖其背后存在的问题。公司监事会对工作有成效的监事应给予嘉奖，发现问题及时上报有专项奖励；反之，没有看出问题、及时反映问题的也会给予处罚。不坚持原则以及不反映问题怕得罪人的监事要被淘汰。

迅速抓住问题核心、一眼看透本质，一语中的、能说到点子上是一种能力。花半秒钟就看透事物本质的人，和花一辈子都看不清事物本质的人，注定是截然不同的命运。我们在工作中给高层领导写情况报告，之所以要控制在一到两页，是因为越高层的人，他们要应对的局面越复杂，时间越宝贵，就越需要尽快了解和抓住事物的本质与关键。越大的领导，这方面的能力就越强。一眼就洞穿事物本质的人能够抢得先机。在别人还在苦苦思索，不得其解的时候，他们已经在分析和解决问题。久而久之，在职场中自然就成长得比别人快了。

有两种人，具有一眼看透实质、一语中的的能力。

其一是高级领导者。笔者特别尊敬的一位老领导，后来成为某省省委书记。他总能迅速抓住问题的核心，哪怕是他不熟悉的领域，经过短暂的发问，总能把这个领域最关键的视角、重点、难点迅速搞清楚。这是大领导的一种特征，他们能迅速抓住主要矛盾或者矛盾的主要方面，有全局观、大局观，又有高度和深度。所以，这些领导人才能驾驭更复杂的局面，处理更大的矛盾，指引更远的方向。

其二是知名中介机构从业者。麦肯锡、北大纵横这样的咨询公司，他们可能开始还不了解一个行业，特别虔诚、特别谦虚，过了几天，就能说出行话，过了一周就俨然像一个行家了。因为他们有管理工具，有结构化的思维方式。中介机构能迅速发现问题核心的能力是他们的立身之本，他们靠的是方法论和工具。

笔者已连续 18 年担任某大型中央企业投资评审委员会委员，经常评审各种投资项目。上评审会时，一个投资项目的资料很多，例如，可行性研究报告、法律尽职调查报告、财务尽职调查报告、审计报告、估值报告、项目请示报告等。出于保密考虑，有些外部的评审项目，到现场才让看资料，厚达半尺之多。如何在这些资料之中，迅速找到关键信息，找到关键问题，发表的评审意见掷地有声、一语中的、刀刀见血呢？这就需要有迅速发现问题的能力。2021 年 10 月，笔者被评为国资委第三届中央企业创新创意大赛杰出导师。同年 4 月是本次大赛的延安复赛，比赛要求参赛的投资项目团队用 8 分钟介绍项目，项目辅导老师总结 2 分钟。从西安回北京时，巧遇复赛评委——一位基金公司的副总经理。该评委说，我听你的 2 分钟比他们讲 8 分钟还要清楚、还要明白、还有深度。

如何发现问题，抓住问题的核心？监事需要有“发现问题端倪的能力”和“顺藤摸瓜”的能力。

（一）发现问题端倪的能力

监事会可以从他人的报告（如审计报告）中发现蛛丝马迹。例如，四川一家工程企业的审计报告指出该公司库存管理不规范。该公司监事会据此将该公司库存管理作为监事会工作重点，经过系统的检查，发现该公司库存管理存在较大隐患，要求经营班子整改，从而提高了公司的管理水平和经济效益。

监事也可以从比较中发现问题端倪。例如，财务报表的比率研究。同一问题问不同的人、同一问题在不同时间问同一人。答案的异常差异，往往就是问题端倪所在。

在司法领域中的审讯也往往能够发现问题端倪。例如，与被审者开展心理战，引导被审者自己交代，此时被审者会先交代看似微不足道的问题，这个小问题可能就是一个端倪，沿着这个端倪查下去，可能有大收获。

2021 年 11 月 26 日，新时代政法英模先进事迹报告会在北京举行，陈昕茹等六位政法英模的事迹感人肺腑、催人奋进。2004 年，国家安全机关就注意到王某的异常。2014 年的一天，被有关部门高度关注的王某回国了。为了这个王某的案件，在枯燥琐碎的数据中寻找蛛丝马迹，在线索中断时执着坚守，陈昕茹和侦察小组等待了十年。王某的回国，无疑是将他一举拿下的最好机会。但海外工作的磨炼让王某比十年前行事更加老练谨慎，侦察工作遇到了前所未有的瓶颈。陈昕茹又重新梳理了近十年的案件资料，终于从一个隐秘的细节发现端倪：根据王某的生活习惯，他从来不干家务，而这天清晨，竟然罕见地出门倒了一次垃圾。“这个举动太反常了，绝对有问题!”果然，陈昕茹在垃圾中找到了一张字条，上面一串模糊的电话号码属于一个曾与王某见面的某国在华人员。沿着这一线索，陈昕茹带领团队顺藤摸瓜，成功固定了王某的犯罪证据。面对如山的铁证，王某的心理防线彻底崩溃①。

（二）顺藤摸瓜、由此及彼、水落石出的能力

我们来看一个西汉时期，蜀枸酱与南越国的故事。

公元前135年（汉武帝建元六年），番阳令唐蒙奉汉武帝之命，出使南越国，南越国王赵胡非常热情地招待了他。

南越国的首都即今天的广州番禺。赵胡即南越国开创者赵佗的孙子。

南越国包括中国广东、广西（大部分地区）、福建（一小部分地区）、海南、香港、澳门和越南（北部、中部的大部分地区）。赵佗原为秦朝末年征南五十万大军的副帅，河北真定府（今石家庄正定区）人，年轻有为，作战勇敢。有力地配合了主帅任嚣平定收复了岭南。秦始皇设立南海、桂林和象郡三郡，命任嚣和赵佗留守百越之地。任嚣为郡尉，赵佗为龙川县令。转眼到了秦二世时期，横征暴敛，民不聊生，爆发了陈胜吴广起义，各地贵族也开始复辟，任嚣去世后，赵佗封关绝道，于公元前204年正式建立南越国，自称为王。赵陀在中原地区楚汉相争、无暇顾及岭南之际休养生息，发展了经济，改善了民生。

汉高祖刘邦建立汉朝后，对南越王进行招抚，赵佗向西汉称臣。到吕后掌权时，因限制南越经济发展，赵佗与之交恶并取得胜利，从而正式称帝，与西汉形成对立。到“文景之治”时，南越国与西汉又重归于好。就这样，南越国与西汉分分合合地维持了几十年。不是西汉不想收复南越国，是时机不成熟、条件不具备，滚滚的历史车轮到了汉武帝刘彻的时代。

汉武帝的使臣唐蒙到访时，赵佗已去世，继位的是他的孙子赵胡。

南越国王赵胡在招待唐蒙的过程中，一碗琥珀色、香气扑鼻的枸酱吸引了唐蒙的目光，他不露声色地故意问左右：“这是何物，为何如此香甜?”南越作陪的官员说，这是枸酱。枸酱为蜀之珍味，也叫作蜀枸酱。汉时的枸树现名枳椇，民间叫拐枣，其果实卷曲扭拐，长两三寸，味甘如蜜②。

---

① 胡洪江、石磊．国安女警拿下潜伏10年的间谍人员！细节首次披露．[OB/EL]．(2021－12－02)[2022－06－04]．https：//mp. weixin. qq. com/s/gQtUyS4dIWMhN2PfP8r5wQ.

② 莫榆霞满天．一碗蜀枸酱南征南越国［EB/OL］．(2020－10－06)［2022－06－04］．https：//www. sohu. com/a/422853655_120866920.

唐蒙问枸酱从哪里得来的。南越人回答说：“经过西北方的牂柯江（今天的北盘江，北盘江流经贵州六盘水市附近）运来。”牂柯江宽有几里，流经番禺城下。唐蒙在朝庭的宴会应该早已见过此物，南越离蜀地上千里，当时不通道路，蜀地的枸酱怎么会在番禺出现呢?

唐蒙回到长安找来蜀商核实详情。商人说：“只有蜀地出产枸酱，蜀地人都拿着枸酱偷偷地到夜郎去卖。夜郎靠近牂柯江，江宽一百多步，足够使船行走。南越靠着财物使夜郎归附。”夜郎是中国在西南地区由少数民族的先民建立的第一个国家，根据地理经济划分属于珠江流域，对外交流主要依附于牂牁江。

对于这个重大发现，唐蒙急忙向汉武帝奏明，并上书汉武帝建议借道夜郎国攻打南越国：“南越王乘坐黄车，车左挂着大旗，像天子一样，土地东西有一万多里，名义是朝廷外的大臣，实际是一州之主。现在从长沙、豫章前往，水路很多，非常难走。臣私下听说夜郎所有的精兵，可以招到十几万，乘船渡过牂柯江，出乎越人预料之外，这是攻击越人的奇计。如果能够利用汉军的强大，巴、蜀的富饶，要打通通往夜郎的道路，为夜郎设置官吏，是很容易办到的事。”

汉武帝奏准了唐蒙的建议，拜唐蒙为郎中将，带领将士从巴蜀筰关进入夜郎，开始修筑从僰道到牂牁河[①]的路，这一修就是20多年，此时的南越国的国王已从赵婴齐传到赵兴手里。

公元前113年，赵婴齐去世，赵兴继位，此时的汉武帝初平匈奴后，意气风发，加速了对南越的管控。南越国樛太后意愿归顺汉武帝，这与当朝宰相吕嘉发生了矛盾，因为南越国始祖赵佗曾留下国训，不得入朝拜见天子。随后吕嘉发动政变，杀死赵兴、樛太后和汉朝使者，立赵建德为帝。这一事件惹得汉武帝龙颜震怒，于是兵分五路，围攻南越国，这场激烈的战争持续了整整一年。

公元前111年，汉武帝平定了南越国。一碗蜀枸酱“灭掉”南越国。从唐蒙公元前135年出使南越国，到南越国被灭经历了24年。唐蒙“从蜀枸酱发现夜郎国通往南越国的水路，到上书汉武帝”这一连串的顺藤摸瓜、由此及彼、水落石出的能力功不可没。

这种由此及彼的能力，就是高手与常人的区别。同样的一个细节出现，也只有福尔摩斯这样的高手能联想到问题的发展方向。

2017年，一位监事朋友问笔者：“徐老师，监事需要有迅速发现问题的能力。我们都很认同，有没有一本书，能够提高我们这方面的能力?”

笔者说，目前还没有看到！并且简要提到三点：

---

① 今贵州濛江，一说都江，另说北盘江．来源：百度百科．牂柯郡．［2022－06－04］．https：//baike. baidu. com/item/%E7%89%82%E6%9F%AF%E9%83%A1/3738453? fr = aladdin.

（1）每个人都是在其擅长的领域里洞察本质。例如，在擅长的产业投资和战略领域，笔者能迅速发现问题所在。审计、内部控制、法务能够在他们擅长的领域内发现问题所在。监事会要会借力。

（2）如何锻炼一眼看透本质的本领？这样的过程并不轻松，首先要阅人无数，阅事无数，同时要有方法，善于总结并推广应用。

（3）监事要成为企业问题判断的行家里手，应具备懂企业、知行业、晓产业的能力，能够对企业生产经营造成的各种影响作出准确、迅速的判断，并及时与相关方进行沟通照会。既要了解企业的经营管理实际，了解企业的历史与现状，以及未来发展规划；也要对企业所在行业、产业的发展局面、发展特点、发展规律有所认识和熟悉，同时对企业所处的阶段、所在的地域、所面临的挑战和考验，都要做到心中有数、胸有成竹，这样才能迅速发现问题，在需要的时刻找准出血点、查出病患因、开出好药方。

【专题】如何才能成为一眼看透的专家

（一）有经历，才有底气

相声演员郭德纲曾说：活得明白，与时间无关，跟经历有关。

笔者 27 岁开始担任车间副主任，担任过公司董事长、副总经理。2011 年，笔者获得博士学位的第二年，笔者 43 岁，卸任中国某公司办公室主任转向专家岗位，没有职务光环，若有所失。反而更加自信了。因为有经历，才有底气。笔者在跨国并购、创新创业、公司治理领域内有自己的著作、有自己的见解、有自己的圈层、有自己的行业地位。

专家有两种，一种是在万千案例的实践中积累总结出来的；另一种是科班出身，到工作单位就带着该专业的知识体系。一个做过企业家的商学院老师，和一个纯粹的商学院老师对商业的理解会有很大的差异。这个差异，就是经历。自信来自你见过的人、见过的场面、经历的风浪。当你亲身经历了人生的跌宕起伏之后，自然就会把事情看得更明白一些，把投资、把企业中的风险看得更透彻一些。当你把问题、行业、事情看得更加明白的时候，自信就有了。

“世界那么大，我想去看看”。2020 年秋天，笔者的一位朋友让她闺女去欧洲留学，一个很重要的目的是让孩子行万里路，扩展视野。笔者说，去旅游和去学习，能够看到的仅仅是表面现象。要积累自己，必须是亲身经历大事件、见识过大人物、运作过大资金、参与过大项目。这种经历，才能让你俯视人生。而这种经历，与是在国内还是国外没有关系。

（二）在经历中主动总结，积极培养专业精神

留意处处皆学问，在工作中，系统、有意识地积累会让你走得更快一些。这

个积累就是总结。为什么有人同样的事情做了一辈子，也没有成为专家，在高手眼里还是新手或者入门级？他们虽然经历了，但是欠缺了总结、提炼抽象的过程。

高手做的事情可能并不是最多的，但他一定是长进最快的，因为他不仅仅是干完活、完成任务，而是比大部分人往前走了一小步：抽取、抽象任务和项目的规律性。不仅会做，还知道为什么要做、为什么要这样做、还可以如何做、这些做事的方法可以提炼成模板、模型、框架，甚至可以做成相应的工具和产品。

笔者最早认知的“专业精神”来自中瑞华恒信的资产评估专家赵强。赵强，1998 年从北京航空航天大学硕士研究生毕业，曾在美国工作过一年，英语很好。2003 年 9 月，笔者时任北方国际资本运营部主任，在埃塞俄比亚首都亚的斯亚贝巴主持一个并购项目资产评估的协调会。赵强是我们聘请的外部评估师。那一天，中埃双方开了一个中埃双方资产评估的第一次协调会，确定如何对双方的“有形资产”进行评估。笔者是那次谈判的中方负责人。会后，笔者疏忽没有及时安排写会议纪要。第二天早上，赵强主动给了笔者一个很漂亮的中、英文版会议纪要，确认了双方的评估原则。那一刻，笔者第一次见识了中国一流中介机构的职业精神——及时回复、书面总结、流程清晰。那次任务，来自中瑞华恒信的另一个评估师叫詹寿土，他专业的工作习惯，也给笔者留下了深刻的印象。(笔者与专家们的合影如图 3－4 所示。)

图 3－4　笔者与专家们的合影

后来，笔者也在工作中不断总结，慢慢养成了自己的职业习惯，培养了自己的专业精神。表现在四个方面：

1. 融资租赁公司调研访谈纪要。2015年，公司投资5亿元参股了一个融资租赁公司，笔者参与了筹建，并担任了这家公司的风控委员会委员。筹建之初，笔者对融资租赁并不了解，就与筹备小组成员一起访谈了四家有代表性的融资租赁公司。每次访谈后，笔者都主动地写了访谈纪要，时间、地点、人物（并在人物处备注了手机联系方式），所谈内容，并总结对方的业务模式，甚至主要经验教训。一年后，一个学生贾某电话问笔者融资租赁方面的事情。笔者正好在出差途中，到酒店后就把四个访谈纪要发给了她。没想到，半年后再次见面，她说，徐老师，你的那四个访谈纪要太好了！受益匪浅，大大帮助了她参与的融资租赁公司的筹建工作。

2. 主动首推《国家、集团公司和公司三个层面的投资制度汇编》。2014年开始，笔者具体负责某中央企业的制度建设工作约两年。后来，笔者主动以投资为题，将国家、集团公司和公司三个层面的投资制度汇编成册，便于领导、同事，尤其是新同事开展投资工作。他们都很喜欢。

3. 主动首推《××固定资产投资建设项目综合验收汇编》。2013年开始，笔者开始负责固定资产投资建设项目的综合验收工作。每次验收后，笔者都给被验收单位一个目录，要求被验收单位据此将所有的验收前置文件收集，印刷成册。这个及时的书面系统总结，为每次巡视、检查、审计提供了方便，也让新来者对固定资产验收的相关程序一目了然。

4. 主动首推《××公司投资清理汇编》。2012年，笔者开始具体负责某中央企业的投资清理工作。关于公司的流程、关键节点是什么？前人都没有留下完善的资料。笔者主动要求每一个项目完成后，把投资清理中的关键节点的支持文件，有序整理成一个文件汇编，打印成册。利于新人学习、迅速上手，也能为各种巡视、检查，提供最迅速、最体系化的资料。此前，每次巡视、检查需要提供早期项目资料的时候，大家经常打电话四处询问，甚至问退休员工，都不知关键资料的去向。

5. 会借鉴是一种能力。只有借鉴别人，才能站在前人的肩膀上，做得又快又好！借鉴同岗位、同工作类型的前辈们的方法论，了解他们的错误并避免自己重蹈覆辙。

总结提炼的能力是每个专家必须训练的基本能力。随着总结能力的提升，总结的结果就会成为下次做类似事情的指导，也会成为带团队、教会别人的经验，你的个人能力也随着提升！华为创始人任正非说：人生就是通过不断地总结，形成一个一个的网点，进而结成一个大网。大家平时要多记笔记、写总结，不想进步的人肯定就不会这么做。如果你不善于归纳总结，每次做完项目就结束了，进入循环，那永远都是士兵。不要总是讲一些大口号，喊口号的人可以当主持人，但是不能当将军。人是一步步前进的，你只要一小步、一小步地前进，过几年当你回头总结时，就会发现你前进了一大步。

高手一定不是突然牛起来的，在成为真正高手的过程中，他们无非把借鉴与总结做到了极致。作为监事，当你经历足够，当你勤于、善于总结和借鉴，当你逐渐培养自己的专业精神，你发现问题的能力就会不知不觉地提升了。

（三）善用三种思维工具

1. 结构化逻辑思维方法（MECE）

工作中，有一个高效的、结构化逻辑思维能力无比重要。它能化繁为简，剔除无用信息，立刻让你找到问题的关键，让问题迎刃而解。如何形成这种结构化逻辑思维能力呢？

MECE 取自“Mutually Exclusive Collectively Exhaustive”，中文意思是相互独立，完全穷尽，发音读作“Me See”，是战略咨询行业的重要原则之一，由麦肯锡的一位资深咨询顾问巴巴拉·明托在《金字塔原理》中首次提出。相互独立，意味着将能够影响问题的原因拆分成有明确区分、互不重叠的各个因素。完全穷尽，意味着全面周密、毫无遗漏。

运用 MECE，通常都是从一个顶层问题开始，逐层向下分解。首先列出亟待解决的问题，然后将问题拆分成子问题，并保证它们之间互不重叠和干扰，保证把能够想到的子问题全部列了出来。实际运用中，我们通常要问自己两个问题：(1) 我是不是把所有的可能因素都考虑到了，有没有遗漏的？如果有，再找。(2) 这些因素之间有没有互相重叠的部分？如果有，去重。

2. 学会归纳和演绎

归纳和演绎，是两条基本的认知事物和思考的逻辑法则。归纳，是指从特殊到一般，在具备某种相同属性的事物中寻找共通点。演绎，是指由一般原理推出关于个别事物、现象的结论的推理方法。

工作中所有的问题，你都可以把它用演绎或者归纳的形式进行拆分。归纳演绎和前面提到的 MECE 经常会搭配使用，在归纳演绎的过程中，坚持 MECE 的原则，能把复杂的问题分解成多种单一的因素，这个过程犹如抽丝剥茧，将一团乱麻理地条条顺顺。

今天，泛滥的信息导致我们逻辑能力越来越差，大部分人拥有的都只是一种获取信息的能力，而不是思考的能力，结果不能形成自己的东西。下面是一个思维提纲①，介绍了一个结构化的逻辑思维方法。

1. 核心问题是什么？

---

① 张良计．顶级投资人的逻辑思维：半秒钟看透事物本质［EB/OL］．（2020－10－16）［2022－06－04］．http：//www.360doc.com/content/20/1016/06/446339_940699217.shtml.

2. 这个问题的背景是什么？

3. 和现在这个问题有关的人物和因素有哪些？（记住 MECE 法则，用归纳法，一一列出）

4. 哪些是导致这个问题的关键原因？

5. 哪些是次要原因？

6. 解决这个问题有哪些方法？（用归纳法，写出所有可能。用演绎法，找到每种方法实施的具体步骤）

7. 解决这个问题，你现在欠缺哪些条件或者资源？

8. 如何去弥补这些条件上的欠缺？

9. 你的时间规划是怎样的，先做什么，再做什么，然后做什么？

10. 立刻去做。

显然，当你的经历够了，思考够了，归纳和演绎的够了，那么智慧也就足够了。于是，人情练达皆文章，世事洞明皆学问。在行使监事的监督职责之时，一眼看透本质就更不在话下。

3. 培养先说结论的思维和表达习惯

MECE 和演绎归纳是分析思考过程；“先讲结论”是思考完以后的表述方法。在监事会工作中，不仅要迅速发现问题的核心，而且要一针见血、一语中的，迅速反映问题的核心。记住按照总分总的表达原则，首先抛出核心观点，先讲结论是什么，一开始就把你要阐述的观点抛出来。接下来需要进行解释，即“为什么这么做”。就像写论文一样，首先是核心论点，接下来是支持核心论点的分论点，然后是二级分论点，依次向下排列。

先讲结论的人，能够在一开始就抓住别人的注意力，接下来通过层层递进的方式论证结论的正确性，听众就不会迷失方向。无论是谁，都会喜欢这样的陈述方法。这也是为什么当你给领导汇报工作的时候，他们绝不可能听你长篇累牍的解释分析，而只会听你的结论，或者解决方法。当他们有兴趣的时候，会追问细节，当他们很忙的时候，只需要听到最重要的东西。

二、善于沟通

“一句话说得人笑，一句话说得人跳。”职场、官场、情场、生活中，会说话的人，懂得别人的意思，办事效率才会高。监事会的工作也是这样。

良好的沟通不仅能够及时获得真实、准确、完整的重要信息，保证正确的监督方向，有利于监督关口前移，而且能够为专项检查确定重点范围和领域。日常工作中，监事会要主动与董事会、企业领导班子成员保持密切沟通，经常倾听企业中层管理人员、基层企业员工的意见等。当对事物有准确的判断和客观公正的态度时，企业干部职工愿意道出真话、实话，促使工作少走许多弯路，大大提高监督效率。

2018 年，国资委的国有重点大型企业监事会被划入审计署之前，中央和地方国资委都设有监事会工作部门，形成了一套对国有企业监事会的工作机制。例如，上海国资委要求国有企业董事会拟审议的议案，要与监事会事先沟通；企业重大决策，要与外派监事会主席事先沟通；企业财务状况等重要资料要及时传递给监事会；监事会在监督检查和调研中发现的重要情况要适时与董事会、经营管理层沟通；监事会对董事会年度（任期）监督评价报告、专项检查报告、专项督查报告等，在正式上报之前要听取董事长、总经理的意见；企业董事长、总经理遇有重要情况及时与外派监事会主席沟通；外派监事会主席遇有重要情况及时与董事长、总经理沟通。

再如，笔者的好友，中国长城工业集团有限公司原监事会主席崔明林就特别注重沟通协调，尤其注重“董事会、股东会、高管、审计、党的巡视、纪检”等六个方面的协调。此外，崔主席注重完善监事会组织建设，将监事会办公室设在审计部，加强监事会制度建设和预算管理，改善职工监事待遇并加强考核。

监事会的沟通重点和沟通对象如图 3 –5 所示。

图 3 –5　监事会的沟通重点和沟通对象

（一）监管部门的沟通，保证向上的渠道畅通

每个企业所在的行业一般都有行业监管部门。例如，上市银行就有两个监管部门，一个是银行业的监管部门，即中国银保监会；另一个是证券行业管理部门，即中国证监会。监事会与监管部门保持密切联系，了解监管趋势，重大事项应向监管机构进行汇报沟通。

例如，《银行保险机构董事监事履职评价办法（试行）》（中国银行保险监督管理委员会令 2021 年第 5 号）第三十六条规定，董事监事发现银行保险机构履职评价工作违反监管规定的，应当向监管部门反映情况。两名以上董事、监事对履职评价程序或结果存在异议并向银行保险机构提出书面意见的，银行保险机构应当在收到书面意见后五个工作日以内向监管部门报告并作出详细解释。

再如，山东省农村信用联社指导辖内农商银行监事会在用好用活工作建议、风险提示、约谈和质询等履职方式基础上，创新工作方式方法，解决了“如何监督”的问题。建立监事会按规定向监管部门报告的工作机制，要求农商银行监事长代表监事会每季度至少一次与属地监管部门汇报沟通，及时收集监管部门的监管意见和各类检查意见，对监管部门提示的问题，专门建立台账，销号管理、督促整改；建立监事长向省联社报告机制，制作农商银行监事长工作报告模板，监事长按季向省联社报告工作，内容包括但不限于列席会议、听取报告、提示风险、质询、约谈以及报告重大违规事项等；根据工作需要及时调整报告模板，突出阶段性重点工作，提升报告质量[①]。

党建引领是新时代中国特色公司治理结构中的重要内容，国有企业上级党委的力量是强大的。中国的监事会普遍缺少独立性，力量较弱，更要借助上级组织的力量。如果条件允许，应关注这条向上沟通的渠道。因为，被监督者级别可能高于监事会主席，但被监督者的政治前途决定于上级党组织。

（二）“四会一层”之间的沟通，关注“三重一大”决策制度

监事一般必须与所代表股东沟通，并接受其考核。在公司内部，监事会则应该加强与股东会、董事会（甚至董事会审计委员会、独立董事）、党委会的沟通，互通情报，定期联系，交换信息，相互协作。例如，某银行监事会提供上级监事会的专题报告，可抄送被监督的总经理和董事会。

又如，山东省农村信用联社开展“直通监事会，监督无禁区”活动，主动征询基层支行、业务部门的意见建议和问题线索；建立独立董事与监事交流沟通机制，按季举行独立董事与监事交流沟通会；建立监事会与高级管理层之间的联席会议机制，高级管理层及有关部门就监事会重点关注事项向监事长进行专题汇报等，强化监事会办公室作用；所有涉及“三会一层”运行、股东股权管理的相关信息，均由农商银行监事会办公室审核把关后录入；系统推送的各类预警信息，由监事会办公室牵头负责落实，增强监事会对农商银行公司治理情况的全流程监督。

监事会主席与董事长之间的相互沟通也很关键。监事会主席可以主动与董事长沟通，包括监事会主席列席董事会，派代表列席董事会常务委员会和审计委员会的会议，以及董事长与监事会主席之间的非正式沟通。山东某企业的监事会主席，早年曾担任公司总经理。2017 年初，该公司监事会就公司管理中的一个专题调查研究

---

① 孙开连：做实监事会监督职责，提升公司治理水平［J］. 中国农村金融，2021（19）.

后形成了一个报告，这个报告该如何传递出去呢？监事会主席可以直接给董事会，也可以先与董事长沟通。该主席选择了后者。一天，监事会主席敲开了董事长办公室的门，相谈甚欢。恰到好处之时，主席说："董事长，最近监事会就公司存在的某个问题进行了调查，得出了一些结论，你看是口头跟你报告，还是书面呢？"董事长说："形成一个报告吧"。董事长的话正合主席的心意。监事会主席乘胜追击，说："董事长，你看这个报告是给经营班子，还是通过董事会给经营班子呢？"董事长沉吟片刻，答："给我吧，我给经营班子提要求。"再合监事会主席之意。这个案例中，若监事会主席事先没有这个沟通环节，将监事会报告直接递交给董事会或者经营班子，也是没有问题的。但效果不如以上这个对话之后再提交的效果好。

"四会一层"之间的沟通还需要讲原则。《江苏省属国有企业监事会与企业交换意见暂行办法》（苏国资〔2004〕46号）就规定，监事会不得就下列事项与企业交换意见：一是对企业领导班子和主要负责人行为的评价意见；二是企业负责人和其他人员违法违纪案件的线索；三是不属于企业自行纠正范围的问题及建议①。虽然这个规定，是针对外派监事会的，那个时代的做法，也有一定的借鉴意义。

"四会一层"之间的沟通中，监事会还应关注企业的"三重一大"决策是否履行了必要的沟通要求。此制度适用于国有和国有控股企业（含国有和国有控股金融机构），对其他类型的企业也有很强的借鉴意义。

2010年6月，由中共中央办公厅、国务院办公厅印发的《关于进一步推进国有企业贯彻落实"三重一大"决策制度的意见》中提到，"三重一大"是指国有企业重大决策②、重要人事任免③、重大项目安排④和大额度资金运作⑤，这些事项应由集体决策。

---

① 苏州市人民政府国有资产监督管理委员关于印发《省属国有企业监事会与企业交换意见暂行办法》的通知［EB/OL］.（2005－10－17）［2022－06－05］. http：//guozw. suzhou. gov. cn/gzw/gzjgdcc/200510/36af65999f184c6cb9bafe3ff09d1909. shtml.

② 重大决策事项，是指依照《公司法》《全民所有制工业企业法》《企业国有资产法》《商业银行法》《证券法》《保险法》以及其他有关法律法规和党内法规规定的应当由股东大会（股东会）、董事会、未设董事会的经理班子、职工代表大会和党委（党组）决定的事项。主要包括企业贯彻执行党和国家的路线方针政策、法律法规和上级重要决定的重大措施，企业发展战略、破产、改制、兼并重组、资产调整、产权转让、对外投资、利益调配、机构调整等方面的重大决策，企业党的建设和安全稳定的重大决策，以及其他重大决策事项。

③ 重要人事任免事项，是指企业直接管理的领导人员以及其他经营管理人员的职务调整事项。主要包括企业中层以上经营管理人员和下属企业、单位领导班子成员的任免、聘用、解除聘用和后备人选的确定，向控股和参股企业委派股东代表，推荐董事会、监事会成员和经理、财务负责人，以及其他重要人事任免事项。

④ 重大项目安排事项，是指对企业资产规模、资本结构、盈利能力以及生产装备、技术状况等产生重要影响的项目的设立和安排。主要包括年度投资计划，融资、担保项目，期权、期货等金融衍生业务，重要设备和技术引进，采购大宗物资和购买服务，重大工程建设项目，以及其他重大项目安排事项。

⑤ 大额度资金运作事项，是指超过由企业或者履行国有资产出资人职责的机构所规定的企业领导人员有权调动、使用的资金限额的资金调动和使用。主要包括年度预算内大额度资金调动和使用，超预算的资金调动和使用，对外大额捐赠、赞助，以及其他大额度资金运作事项。

该《意见》还要求“三重一大”事项提交会议集体决策前，应充分与专家、纪检监察机构和工会进行沟通。主要表现为：（1）重大投资和工程建设项目，应当事先充分听取有关专家的意见。（2）重要人事任免，应当事先征求国有企业和履行国有资产出资人职责机构的纪检监察机构的意见。（3）研究决定企业改制以及经营管理方面的重大问题、涉及职工切身利益的重大事项、制定重要的规章制度，应当听取企业工会的意见，并通过职工代表大会或者其他形式听取职工群众的意见和建议。要注意与职工沟通的重要性。例如，有一个公司决策关停并转属于“三重一大”事项，职工安置没有得到职工群众认可，最后形成僵局，无法继续下去。

某国有企业的两个博士来自浙江的同一个城市，两人在公司“三重一大”事项决策中的不同沟通风格，带来了截然不同的结果。

A 博士，年长一点，是某子公司董事长、爆破专家。这位博士董事长“胆大妄为”，自己带公章出去，谈完合同就直接盖章；数额巨大的贸易融资打水漂；违规任用自己的亲戚做会计主管。在重大合同签订、重大投资、重要人员任用上，没有履行“三重一大”事项的集体决策要求，也没有做好“三重一大”决策事项的沟通要求，最后被入重刑。

B 博士，年轻一些，是另一家子公司总经理。这位博士总经理与该公司的董事长日常沟通就不错，“三重一大”决策事项更有很好的工作沟通。后来，由这位总经理发起的、“有瑕疵”的投资失败了。但关键时候，董事长说“这个投资是集体决策，是走了程序的，没有董事长的签字是投不出去的，也有上级集团公司决策的痕迹”。董事长主动承担了投资责任，减轻了对这位博士总经理的处罚。

（三）关注内外审计的沟通，关注审计事项

公司的审计有内部审计和外部审计两类。内审是本公司内部专职审计人员进行的审计，外部审计是由审计机关派去的审计人员或社会审计机构进行的审计。与内外部审计的良好沟通，充分利用他们的“火眼金睛”和专业能力，站在“巨人”的肩膀上，可以降低监督成本，提高监督效能。

建立畅通的沟通渠道，加强外部审计机构和监事会、独立董事、董事会审计委员会的联系，是缓解公司治理矛盾的重要途径。与内外部审计的沟通，要注意以下问题：（1）审前沟通。除了计划的审计范围和时间安排的总体情况等常规内容之外，进场前，监事会可建议将日常检查疑点视为抽查重点。这样既可以帮助审计迅速发现关键监督点，又能进一步验证监事会发现的疑点。（2）审中沟通。可建立定期沟通协调的机制，听取对有争议审计事项的解释说明，深入查清审计涉及的事实真相；要重点关注审计中发现的重大问题、值得关注的内部控制缺陷；对于审计中遇到的可能导致发表非无保留意见的审计报告的重大困难，需要尽快沟通；形成关

键审计事项的初步看法时、出现重大审计发现时，需要进行积极有效的探讨和交流，以保证审计效果与效率。（3）审后检查。审计离场后，监事会可以将审计报告中揭示的问题作为监事会深入的方向和督促公司整改的重点。

对于外审聘任权，不同公司的权利归属不同。有的公司是股东会说了算，有的公司是董事会说了算，有的是经营班子说了算，还有的是监事会说了算。如果监事会具有外审聘任权，监事会与外部审计的沟通会更加深入直接。值得注意的是，银行机构已经非常明确了外审聘任权的实施、决策和监督分别由不同的层级执行。《银行保险机构公司治理准则》（银保监发〔2021〕14 号）第十八条规定，银行保险机构股东大会对聘用或解聘为公司财务报告进行定期法定审计的会计师事务所作出决议；第四十四条规定，银行保险机构董事会职权至少应当包括，提请股东大会聘用或者解聘为公司财务报告进行定期法定审计的会计师事务所。《商业银行监事会工作指引》（银监发〔2012〕44 号）第三十一条规定，监事会应当监督聘用、解聘、续聘外部审计机构的合规性，聘用条款和酬金的公允性，外部审计工作的独立性和有效性。

（四）企业员工的沟通，关注沟通技巧

监事沟通的方式有很多，可以正式沟通，也可以非正式沟通；可以口头，也可以书面沟通；可以一对一，也可以一对多沟通。

非正式沟通有时比正式沟通更重要。笔者所在的公司有食堂，早中晚都供应餐食。开始的时候，笔者吃完饭就马上离开着急去工作了。后来，笔者认识到同事间非正式沟通的重要性，便不再着急吃完就走了。必要时笔者即使吃完也不着急先走，而是陪同桌吃饭的同事多聊会天。如果善于提出所沟通的话题，并善于展开话题，那十几分钟得到的信息，可能就是写报告时需要的素材或者线索，也可能就是写报告所忽视的一个视角或维度。沟通事情，可以掌握各个板块的一手信息；沟通情感，可以为工作配合打好基础。因此，会聊天是生产力，这种不经意的聊天往往可能比埋头工作还重要。

八小时以外沟通有时比八小时以内的沟通更重要。2020 年 12 月，冬天的广西南宁也不那么冷，笔者参加国资委第三届中央企业创新创意大赛选拔赛，担任大赛评审专家。某天，晚上十点以后，无意相邀，笔者和其他几位评审专家出酒店、打车到一家小餐馆喝了几瓶啤酒。这几位评审专家都是投资等各行各业的翘楚。那一刻笔者感慨这个“微醺”的沟通效果，打开了一些话题，是心与心的沟通，在特殊的时间、空间下的“闲暇”沟通，不仅拉近了彼此的距离，而且获得了专业上的思想碰撞。这种八小时以外的沟通，甚至是更重要的沟通。

加强友好的沟通。友好的沟通要体现真情、充满热情，防止居高临下、盛气凌人、一味专挑毛病、小题大作等“左”的倾向。董监高的最终目标一致，以理服人、以情动人，监事通过有效的沟通来帮助企业发现问题、纠正偏差、减少损失、

加强管理，实现公司和股东利益最大化。

在交流过程中，不清楚的要追问（如，这项资金后来的具体去向）。监事在追问的过程中能加深理解，甚至发现问题的端倪所在。但不要轻易否定，要有充分的研究和思考才能否定。我们知道，监事会是需要发表意见的，即使监事会的意见并不是决策的意见。此外，还要注意追问要温和，态度要坚决。有时，最好的沟通是“绵里藏针”。

三、超强的文字能力

文字能力是监事履行职能的重要能力之一。监事在日常履职过程中发现疑点和潜在问题，可向企业相关人员提出质询，根据需要可自行开展专项调查，并提请企业负责人予以关注，必要时可建议内审机构组织专项审计或建议纳入监事会年度集中检查项目；对发现的重大事项和敏感性问题，及时向出资企业主要负责人和监事会，直至向股东会、国资管理部门报告。在以上发现问题、报告问题、解决问题、督促整改问题以及问责的完整工作闭环中，文字能力必不可少。

监事会履职要“发声留痕”。四川绵阳国资委称为“痕迹管理”。监事会需要形成文字材料的工作有两个：其一，是会议相关文件。监事会要形成真实、完整的会议记录，包括监事在监事会的发言记录、免责声明、监事会列席董事会会议，或根据公司章程参加股东会、列席总办会的出席情况等。会议记录将作为监事会日后尽职免责的依据。其二，是各种工作报告和工作函件。在履职过程中监事会应通过监督检查报告、整改意见书、评估报告、审核意见等文书记载履职情况，以备查询。

监事会的文字能力有三个方面的要求。

首先，言之有物，有灵魂。

好的报告要有灵魂、有内容、能反映和解决实际问题。监事会的监督检查报告就是要真正解决问题，要建立在对本公司知晓、调查、洞察的基础上，保证实现监事的岗位价值，保证公司股东和公司的利益最大化。只有在深入、系统、全面地实地监督检查工作的基础上撰写的监督检查报告才有价值和意义。只有提高实地监督检查工作质量、提高监督检查报告的撰写水平，才能真正写出言之有理、有灵魂的监督检查报告。

其次，文字简约，语言得体。

没有废话的文章就是好文章。文字简约的原则是：删掉一个字不影响原意。如“的”“了”。如何做得语言得体？主要关注以下两点。

（1）善于恰当使用副词。如“积极/认真/严格执行董事会决议”“积极/主动沟通、积极/认真/坚决贯彻”。恰当使用副词，还能使得文章由静态描述上升为动态描述，如“持续、不断、进一步”。

（2）注意主语一致性的问题。例如，“2021 年，高级管理层依据公司章程的规定，认真执行董事会决议，卓有成效地组织开展经营管理活动，完成了董事会确定的年度经营计划，利润大幅增长，综合竞争力和盈利能力继续增强”。这一句的主语是有问题的，其中的“利润大幅增长，综合竞争力和盈利能力继续增强”的主语不应该是高级管理层，应该是公司。所以改为“……，公司利润大幅增长，综合竞争力和盈利能力继续增强”。

最后，文体规范，清晰结构。

新上任的监事往往关心监事会文件的文体规范。2018 年，某银行的一位新监事微信笔者：“我行刚刚召开完监事会，涉及十多个议案。监事会审议全部通过，之后我们是否应该以监事会正式文件形成决议？是每个议案形成一个决议，还是可以统一形成一个决议？如果有个别决议需要提请股东大会审议，我们应使用什么文体提请股东大会?”我的微信回复如下：（1）应该形成决议，所有议案放到一个决议里。建议另外形成会议记录。（2）个别事项以《监事会关于提请股东大会审议〈××〉的议案》行文。

文章又如同一棵大树，有高度、有深度才好看。实地检查工作是根，报告框架和规范的文体是主干，果实是结论性内容，树叶是分析性的内容。好的监事会工作文件应该是格式规范、及时准确、客观公正、事实清楚、数据确凿、依据充分、定性准确、建议可行的。

清晰的架构，有两点要求：（1）监事会工作报告多用结论性、评价性语言作标题，概括、提炼本段内容，能将相关情况材料很好地组织起来，做到层次清晰、观点鲜明，也方便不同层次的报告使用者阅研。（2）正反评价相结合、定量与定性相结合。同时从“正面”（积极、良好的一面）和“反面”（消极、不足的一面）来考察、评价企业，有利于较全面地把握企业的客观实际，提高评价的准确性。定量与定性相结合，有分析数据，也有定性的评价建议，更有说服力。

监事会会议纪要和各种报告的一般规范第五章将详述，这里简要讲一讲会议纪要。会议纪要是管理工具、指挥棒，是权力。起草会议纪要要注意：

（1）多个领导讲话，只记录一把手，也就是会议主持人的讲话内容。

（2）可以把领导讲话的语言和意境拔高。

（3）任务分配一定要有责任人和完成时间。

（4）不用模糊语言和歧义的表达。

第三节　监事会主席的选聘之路

一、国有重点大型企业外派监事会主席的高配历史

1998 年，国务院决定向国有大型企业派出稽察特派员，对企业的资产运营和财

务状况实施有效监督。包括原国内贸易部部长、国家体改委党组书记张皓若在内的21名副部级以上干部成为首批稽察特派员。

2000年，根据党的十五届四中全会的决议和修改后的《公司法》，国务院通过了《国有企业监事会暂行条例》，决定在稽察特派员工作的基础上成立国有重点大型企业监事会，监事会主席由副部级国家工作人员专职担任，由国务院任命。每位监事会主席分管一个办事处（一位正局级专职监事任主任），负责对3—5家央企履行监督职责。

2000年8月，首批36位国有重点大型企业监事会主席由国务院任命通过，被派往中央管理的100家国有企业。2001年9月，监事会主席达50多人，主要是由原来的稽察特派员转任。

2003年，国务院国资委正式组建，国资委下设监事会工作局（国有企业监事会工作办公室），国有重点大型企业的监事会工作也交由国资委负责，纳入国资委监管体系。其后，除了2004年增补季晓南、李盛林为监事会主席，2007年年底刘学良复任监事会主席，直到2009年年初，监事会主席阵容一直相对稳定，没有增加更多的新人。

2009年以后，随着原有监事会主席陆续达到退休年龄，监事会主席的更换频率加快。与最初多为副部级以上干部转任不同，2009至2015年以来新任的32位监事会主席，除10人为副部级调任外，其他主要是由厅局级干部提拔担任。从具体构成看，这32人有以下几种情况：来自中央和国家机关各部门①、地方政府、国务院国资委内部以及中央企业。

2015年年底，国有重点大型企业监事会主席共有28位，分别进驻国务院国资委直管的100余家中央企业，开展监事工作②。

2018年的两会，国有重点大型企业监事会主席的监督职能转移到审计署。此后，高配的国有重点大型企业监事会主席制度不再实行；地方政府的派出监事会制度有的随中央的做法直接取消，如北京市；有的实行“外派内设”监事会的做法，如上海市。

---

① 来自中央和国家机关各部门的监事会主席有18人，占总数的近60%。按照调任监事会主席之前的任职看，包括原任最高人民法院党组成员、政治部主任的李克，原任国务院法制办副主任的郜风涛，原任国家食品药品监管总局副局长（副部级）的刘怡，原任国家国防科工局副局长（副部级）的孙来燕，原任国务院食安办副主任的李继平等副部级干部；原任国家税务总局党组成员、总经济师的董树奎，原任铁道部党组成员、铁路工会主席的国一民，原任国家外专局副局长的李兵（女），原任国务院机关事务局副局长的寻寰中，原任国家烟草专卖局副局长的李克明等原来的中管正厅级干部；以及原任中央办公厅特别会计室主任的张玉斌，原任国务院办公厅秘书二局局长的潘良，原任国家发展改革委副秘书长的马力强，原任农业部总经济师的杨坚，原任住房城乡建设部办公厅主任的李东序，原任财政部预算司司长的李萍（女），原任商务部对外投资和经济合作司司长的李志群，原任环保部规划财务司司长的赵华林等部门管理的正厅级干部。他们大多来自财政经济管理部门和党政综合性管理部门，李克和郜风涛还有深厚的法律背景。

② 单学刚．国有重点大型企业监事会主席一览［EB/OL］．（2015－12－15）［2022－06－05］．http：//mp. weixin. qq. com/s/iQWm6o－IDlqW_gWWNTjpcg.

【案例】广州市国资委外派监事会主席的工作日记[①]

2017 年 7 月 12 日“融合”与“独立”

在到三家企业宣布任职时的发言中，在谈到“四个于”（忠于职责、勤于学习、善于监督、严于律己）的基础上，又补充了个人认为非常重要和十分关键的“一个于”，那就是融于企业。因为在此前的培训中，广州市国有资产监督管理委员会主任陈浩钿主任强调：监事会与监管企业的关系，既要超脱，不能形成任何利益往来，保持客观、公正、独立；又要融入，培养共同语言和感情，不能做“钦差大臣”。几位老主席也谆谆教诲：“要发自心底地融入”“要把我们变成企业的人，把企业中层当成自己的人”“不和谐很难开展工作，太和谐没有工作效果”。可以说，到位之初，还是带着对融合的思考进入工作状态的。

履职伊始，我也发觉到自己和其他监事会同志有时会担心工作独立性受到影响的问题。例如，担心企业只是把监事会当作中层的部门，对监事会工作不重视；其他部门会“指挥”监事会干活；开头开坏了，以后工作会很麻烦……

经过一段时间的工作感受和思考，以及与其他监事的交流，我逐渐明晰了一些对于融合与独立的思考：融合与独立也是辩证统一的关系，不可能有绝对的融合，也不可能做到绝对的独立；从这段时间的实际工作来看，外派到企业的监事会容易被“敬而远之”，与担心“被矮化”“独立性受影响”相比，我们更应该关注和担心在融合方面存在的困难和障碍。例如，“面上被尊重，实质被孤立”“找别人易，别人找上门的少”“聊天开玩笑可以，谈到工作实质问题就比较敏感”等。所以工作中要主动出击，善于整合和利用各种资源，坦诚与企业交换意见，竭诚为企业搞好服务，努力在融合方面多下功夫。

2017 年 8 月 3 日既要“监”，也要“督”

对于监事会职责和作用的理解，过去想得比较多的是“监”，即代表出资人行使监督职责。我曾经在发言中说过，“监事会为监督而生，就要为监督尽责”“监事会的监，应该是监督的监，而不是太监的监，更不是汉奸的奸。”这次市国资委部署开展土地物业管理自查和监事会专项监督检查，我在督促企业开展自查和布置专项监督检查过程中，深深体会到监事会另一项重要的职责和作用——那就是“督”，即督办，督促，督导——成为市国资委重要工作的督办力量，对监管企业落实市国资委重要工作部署进行督促，对监管企业推进开

---

① 张灿华．一位监事会主席的日记［EB/OL］．（2017－08－07）［2022－06－05］．http：//mp. weixin. qq. com/s/Vk9B2CizA－JsjQWJR5blpQ.

展工作进行督导。一位领导同志曾经说过，“从领导工作来讲，作出决策和制定决策，事情只做了一半，另一半而且更重要的一半，就是努力贯彻实施，真正把决策和政策变成群众的自觉行动”。“如果不落实，再好的决策和政策也是一纸空文”。“督”的作用可见一斑！在这次土地物业管理自查工作中，监事会小组第一时间向各企业的主要领导、分管领导和主要负责部门宣讲市国资委工作要求，了解工作布置情况，尽可能参加各企业的动员部署会及各个环节工作安排，和企业具体经办人员一起分析查摆问题，督导推动企业做好自查工作。我相信，有人督与没人督，督的力度的大与小，反映出来的工作效果肯定是不一样的！我们会为之而努力！

二、深圳探索由纪委书记兼任监事会主席的模式

国有企业监事会主席由人民政府、国资委外派，同时，深圳探索由党的纪委书记兼任监事会主席。2016 年下半年以来，深圳市纪委启动市属国企纪检监察体制改革试点，在市国资委直管企业推行由纪委书记兼监事会主席模式。彼时，深圳市国资委直接监管企业 25 家，市属国资国企就业总人数 19.9 万人，总资产 2.56 万亿元，净资产 9 440.1 亿元。

“以往企业的纪委书记，从参加工作，直到退休都在企业，别说一把手，就连同事和下级可能都不好意思得罪。一个单位的同事，成天抬头不见低头见。如果纪委书记真的查出一个案子，以后可能在单位都混不下去了。”深圳市委常委、纪委书记张子兴表示，这次改革是深圳在纪检监察体制改革中的一次有益探索，纪委书记兼监事会主席，不仅有效破解了国企同级监督难的问题，也为深圳下一步国企改革提供了安全保障。

2017 年 12 月 12 日，对市纪委原第二纪检监察室副主任左雄来说，是一个值得纪念的日子。一年前，经深圳市纪委和市委组织部提名、市国资委任命，他从市纪委的工作岗位“空降”至水务集团，担任深圳市水务集团纪委书记、监事会主席。作为一名老“纪检”，左雄此前从未想过自己的生活会发生如此大的变化。2016 年，深圳启动市属国企纪检监察体制改革试点，他也成为深圳国企纪委书记兼监事会主席的“第一人”。

2016 年，深圳某直管国有企业的副总因收受回扣 600 余万元被立案调查。此前，尽管企业监事会主席对该高管在经营中的异常行为早有察觉，但因为纪委书记对公司经营并不了解，对监事会主席提交的线索也未引起重视。监督与问责的分离，让企业监督成了一句空谈。过去纪委书记并不参与企业经营活动，对企业经营中存在的问题难以察觉；虽然监事会主席监督内容涵盖方方面面，但问责力度偏弱，常常是发现了问题却没办法解决。

“新模式破解了监事会监督和纪检监督的难题”。深圳市能源集团纪委书记、监事会主席龙庆祥介绍，改革后，他能以党委委员、纪委书记身份参加党委会议；也可以以监事会主席身份列席董事会、经营工作会议。这种双向进入、交叉任职，将问责和监督融为一体。

时任广东省委常委、深圳市委书记王伟中强调，推行纪委书记兼监事会主席模式，就是坚持党的建设与国企改革同步谋划、党的组织及工作机构同步设置的重要举措，有利于将党的领导和完善公司法人治理统一起来，实现党内监督和法人治理监督有机融合。纪委书记兼监事会主席，可监督企业生产经营决策全程①。

三、市场化选聘的监事会主席需要具备的条件

2021 年以来，国有企业探索公开选聘监事会主席，由两则招聘启事可以看出市场需要的监事会主席应该具备哪些条件。

2021 年 6 月，四川泸州市国有资产监督管理委员会公开选聘专职外部董事、监事会主席，委派或推荐到监管企业任职②。招聘的基本条件如下：

（1）具有较高的政治素质、品行端正，坚持党的路线、方针和政策，严守党的政治纪律和政治规矩；

（2）具有较高的职业素质、坚持原则、勤勉尽责、廉洁自律，能够忠实履行出资人赋予的职责；

（3）具有履行岗位职责所必需的专业知识，熟悉国家宏观经济政策、国资监管、国企改革等相关法律法规，熟悉市场和行业情况；

（4）履行岗位职责所必需的专业能力、协调沟通能力、决策判断能力，能够独立地履行职责；

（5）具有良好的心理素质和正常履行职责的身体条件；

（6）符合《公司法》和有关行业监管机构规定的其他条件。

有以下情形的，不得参与报名：

（1）无民事行为能力或限制民事行为能力的；

（2）因违规违纪违法或者受到责任追究被免职或解聘的；

（3）对企业违反财经纪律负有个人责任，被有关部门给予警告以上处分的；

（4）按照有关职位禁入规定、失信联合惩戒规定不得担任的；

（5）个人所负数额较大的债务到期未清偿的；

---

① 姚文胜，陈义波，陶绫良，邹志威．深圳市属国企全面推行纪委书记兼监事会主席模式，让国企同级监督不再难［N］．中国纪检监察报，2018－01－22.

② 年薪 40 万元，泸州市国资委关于公开选聘专职外部董事、监事会主席的公告［EB/OL］．（2021－06－25）［2022－06－05］．https：//mp. weixin. qq. com/s/xps－jYWz－NbrVycvj_twYA.

（6）曾被判处刑罚或者因犯罪被剥夺政治权利的；

（7）配偶已移居国（境）外，或者没有配偶但子女均已移居国（境）外的；

（8）不具有中华人民共和国国籍的；

（9）按照《公司法》等法律、法规规定，不宜担任专职外部董事和监事的。

2021 年 3 月，广东佛山市财政局公开选聘佛山市金融投资控股有限公司监事会主席①。其招聘信息中的要求如下：

基本条件包括六项：

（1）具有中华人民共和国国籍；

（2）遵守中华人民共和国宪法和法律法规；

（3）拥护中国共产党领导和社会主义制度；

（4）具有适应岗位要求的身体条件、心理素质；

（5）应聘监事会主席年龄在男 55 周岁以下、女 50 周岁以下；

（6）国有单位正式员工应聘须征得工作单位同意，并出具书面证明。港澳学习、国外留学归来人员须取得教育部中国留学服务中心境外学历、学位认证书。

学历及专业条件包括：

一般应具有大学本科以上文化程度并具有专业中级以上专业技术职称；熟悉经济工作，具备较强的组织领导能力、管理能力和沟通协调能力；具备财务、会计、审计、金融、法律或者企业管理、宏观经济等专业知识；熟悉金融行业及风险投资；一般应有 3 年以上企业高管工作经历，有国有企业管理经验者优先考虑。

以上两个例子，对监事会主席有一个共同的要求——沟通协调能力。沟通能力不仅是监事的三项基本功，也是监事会主席需要的重要品质。

除了这些硬性条件，笔者认为监事会主席还需要具备以下品质。

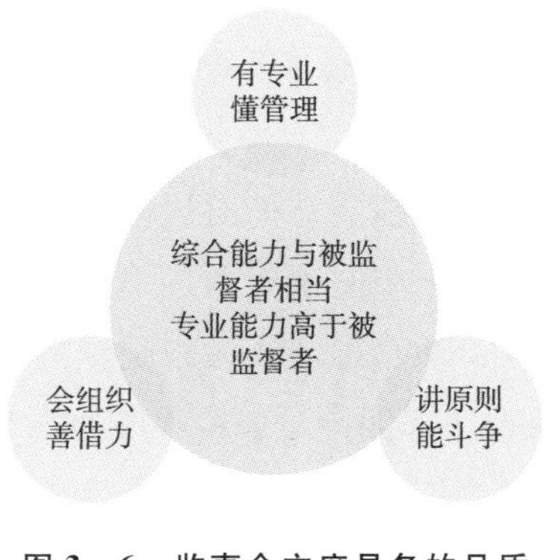

图 3－6　监事会主席具备的品质

① 佛山市财政局公开选聘佛山市金融投资控股有限公司监事会主席［EB/OL］.（2021－02－08）［2022－06－05］. https：//mp. weixin. qq. com/s/tuw3SnM1oYlMbnScHC0CEg.

（一）有专业、懂管理

监事会主席应具备经营管理经验丰富、专业水平高等基本能力。大体上有两类人可以走向监事会主席，其一，是财务总监、审计部经理、法律部主任、公司治理专家，他们往往有强大的专业能力。其二，是具备多年经验的总经理、董事长，管理过千军万马，面对过各种复杂问题，善于迅速发现问题实质，沟通能力强，善于管理人员，领导力强。实践中，既有专业能力，又很懂管理的人才“一将难求”。

（二）会组织、善借力

监事会工作人手少、责任大，各种监督力量多且散，监事会主席要善于借力，才能事半功倍，四两拨千斤。监事会借谁的力量？借党的“巡视纪委”的力量，借上级组织“令行禁止”的力量，借董事会、经理层的“向下监督”的力量，借职工监事的力量，借内外审计的力量，借内控合规的力量等。

（三）讲原则、能斗争

不是谁都能当好监事会主席。如果专业能力强，但性格有点懦弱，在强势的董事长和总经理面前，不自信、不敢发言，容易被和谐、妥协，显然不适合做监督工作。

习近平主席在《之江新语》中引用毛泽东语录，“什么叫工作，工作就是斗争。那些地方有困难、有问题，需要我们去解决。我们是为着解决困难去工作、去斗争的”，并还突出强调“干工作就是同矛盾和困难作斗争”。

“保持斗争精神”是党的十九大以来习近平主席反复强调的一个重要思想，党的十九大报告指出“实现伟大梦想，必须进行伟大斗争”，需要我们认真领悟其时代内涵和明确要求。

监事会保持斗争精神就要敢于亮剑。面对风险危机要敢于挺身而出，面对矛盾困难要敢于迎难而上，在解决一个个突出矛盾问题中，把事业不断推向前进。面对歪风邪气要敢于坚决抵制，强化动真碰硬、敢于交锋的精神，做挡风驱邪的“泰山石”，不做八面玲珑的“老好人”。保持斗争精神既要敢于斗争，还要善于斗争。我们倡导斗争精神，要胸怀大局、把握大势、顺势而为。要在斗争中争取团结，在斗争中谋求合作，在斗争中争取共赢。

在公司治理领域，斗争也是获得尊重的方式之一。无数事例显示，以斗争求团结则团结存，以退让求团结则团结亡。监事会主席要在实践中培养斗争精神，提升斗争的本领，锻炼铁骨铮铮、敢于碰硬、敢于攻坚的勇气。

（四）综合能力与被监督者相当，专业能力高于被监督者

“综合能力不低于被监督者，专业能力高于监督者”，这个要求很高，但如果能达到这个要求，监事会主席的工作就好干了。2015 年 6 月，袁长清出任农业银行监事长。两年后的 2017 年，56 岁的袁长清任期提前一年辞去中国农业银行监事长、监事会履职尽职监督委员会主席及财务与内部控制监督委员会主席职务，赴任中国人寿保险（集团）公司总裁。笔者认为，袁长清就具有“综合能力与被监督者相当，专业能力高于被监督者”的水平。

袁长清从监事会主席到公司总裁，这个发展路径引人思考：如何才能把优秀的人才吸引到监事会主席的队伍中来？

从工作属性来说，高管是前台，董事为中台，监事会是后台。打开监事会这支队伍的职业发展通道，一方面，需要监事会主席能够在未来的事业发展中再次发展为董事长、总经理，能够在公司治理的前中后台自由转换；另一方面，应明确监事会工作人员的职级和薪酬晋升渠道，使企业监事会工作人员实质上与业务人员面临同样的竞争机遇和发展平台，探索建立监事会负责人与平级管理层职务轮换的机制，减少对“监督者”的误解，从而吸引更多优秀人才加入监督队伍，真正做强、做优监事会。

监事会需要综合素质高、专业能力强的人员。但现实是，大多监事会人员在企业的晋升渠道并不明朗，尤其是许多企业监事会人员的配备来自即将退二线的领导，让人更易认为监事会只是领导退休的过渡岗位，从而很难吸引优秀人才进来，也就限制了监督工作的开展和职能发挥①。

完善公司治理，首先需要打造政治忠诚可靠、知识结构合理、专业配置优化、履职技能精良的职业化监事会主席队伍，将监事会主席岗位作为公司后备干部的岗位历练基地和“蓄水池”。以职业素养、职业技能、知识结构和行为规范为标准，通过公开竞聘，选拔既有理论功底，又有实践经验的优秀人才，并强化考核与评价，使监事成为一种能上能下的职业岗位，让“真正有能力，想干事、能干事、能干成事”的优秀人才走上监事会主席的工作岗位。

第四节　外部监事的独立性与专业素养

很多监事会主席反映，困扰监事会最大的问题是实监事履职能力不足。为了这个问题，监事会主席会选择招募外部专家监事，给主席出谋划策，重大事项听取外

① 郭华. 中央企业监事会改革与审计监督［J］. 商业会计，2019（1）.

部监事的意见。因为，外部监事往往从事审计等专业工作很长时间，对发现漏洞和问题很有经验，而且很多话外部监事更方便讲。

一、外部监事增加监事会的独立性

做实监事会有两个前提，一个是股东会的重视。监事服务于股东和公司，如果股东不需要监事去监督董事和高管，那么监事会再活跃，再能够发挥作用，也如同虚设。另一个是监事会的独立性。引入外部监事制度的根本目的是确保监事独立。

监事会为什么没有独立性？

其一，提名和身份不独立。监事包括股东监事、职工监事、外部监事三类。由股东选出的监事代表股东的利益；由职工选举的监事主要代表职工的利益。职工监事由职工大会或职工代表大会任免，股东会无权直接罢免职工监事。外部监事来自外部，不是职工监事，也不是股东监事，即不在公司或所代表公司的股东单位任职。监事的构成如图 3－7 所示。

《银行保险机构公司治理准则》（银保监发〔2021〕14 号）第六十六条规定，银行保险机构监事会由股东监事、外部监事和职工监事组成。外部监事是指在银行保险机构不担任除监事以外的其他职务，并且与银行保险机构及其股东、实际控制人不存在可能影响其独立客观判断关系的监事。

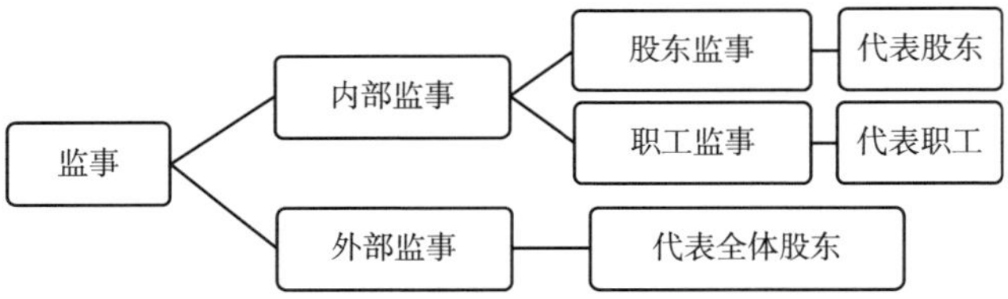

图 3－7　监事的构成

股东监事往往由股东提名，代表公司股东的利益。职工监事虽经职工代表大会选举产生，但提名一般仍由董事会或经营层决定。有些单位，监事会主席可能是公司章程中约定某一个股东提名，也可能是国有企业党委副书记、纪委书记、工会主席，或是由集团公司派出的总会计师出任监事会主席，代表的仍然是股东的利益，缺少独立性。例如，2018 年，长江电力监事会有 3 名股东监事、2 名职工监事。杨亚任长江电力监事会主席，此外他还是长江电力的控股股东中国长江三峡工程开发总公司总会计师[①]。

其二，专业背景不独立。“没有金刚钻，不揽瓷器活”，监事会没有监督所需要

---

① 陈捷．一个引发思考的监事会主席四人谈：模式、履职与困惑［EB/OL］．（2018－01－18）［2022－06－05］．http：//mp. weixin. qq. com/s/6ELjjOP1Oqx7GGuft5oYnw.

的财务、审计、法律、投资、管理等专业背景，监督工作全靠他人，是难以搞好监督工作的。

其三，经费和利益不独立。要真正体现监事会的独立性，监事会的财务、预算应该独立于上市公司。此外，监事与企业应没有任何的经济利益关系，即独立于企业，不应该作为股权激励的对象。

因此，改变监事会的结构势在必行。监事会要依托外部监事来保证监事会的独立性，来保证那些在公司治理中没有董监高席位的股东，来保证公司股东以外的利益相关者的利益。

监事会的独立性是监事会建设中最核心的问题，没有独立性，也就失去了监督的意义。在监事会中引进外部监事，可以加强公司监事会的独立性。股东代表监事倾向于代表股东利益，职工代表监事倾向于代表职工利益。引进外部监事的目的在于对抗股东在监事会的控制性影响，同时弥补职工代表监事的软弱性。提高专职监事的比例，不仅强化了监事履职的独立性，提高了履职能力，而且也为实现日常监督变为可能。

独立监事制度的产生可以追溯到 1993 年的日本，2002 年的德国[①②]。德国股份公司的监事会之所以能发挥较好的作用，不仅在于其推行独立监事制度，更在于在其公司治理模式的顶层设计中，监事会直接对股东大会负责，而董事会又对监事会负责。由于监事会是董事会的上级机构，且拥有任免董事权、决定董事报酬权、业务监督权、财务监督权，所以真正发挥了监督作用。中国法律并未引入独立监事制度。然而，1999 年，一些上市公司如中国石化仪征化纤股份有限公司开始设立独立监事，到 2008 年底，中国石化、中国石油、中海集运、中国远洋等多家上市公司聘请了独立监事。无论是设立独立监事的公司数量还是其占当年 IPO 公司的比例，都呈逐年上升态势，说明独立监事制度受到越来越多公司的关注，独立监事的重要性得到越来越多的认同。

在推荐外派监事人选的具体工作中，既要选择有事业心、责任心和组织协调能力的人选，还要充分关注这些人选依法进入监事会任职的法定程序，从制度上保障外派监事的任职、更迭、免职均符合国家法律法规的各项规定。

银行保险机构外部监事的比例不得低于三分之一。《银行保险机构公司治理准则》（银保监发〔2021〕14 号）第六十七条规定，银行保险机构监事会成员不得少于三人，其中职工监事的比例不得低于三分之一，外部监事的比例不得低于三分之一。银行保险机构应当在公司章程中明确规定监事会构成，包括股权监事、外部监事、职工监事的人数。监事会人数应当具体确定。

---

① 蔡奕（东北大学工商管理学院副教授）．监事会制度：国企必答题非国企选择题［EB/OL］．［2022－06－05］．https：//www．docin．com/p－851767868．html．

② 独立监事又称为独立的外部监事，是指不在公司担任除监事以外的其他职务，并与其所受聘的公司及其股东不存在可能妨碍其进行独立客观判断关系的监事。

国资委也曾致力于发展外部监事。2015至2017年，国务院连续颁发的三个文件①，均提出要提高专职监事比例，提高监事会的独立性与权威性。同时，加强和改进外派监事会监督。

“外派监事的相对不足”导致在对国资监管中容易监督不到位。国有企业整体改制上市后，由于上市公司股权多元化、资产规模扩大化，国资委派出的监事代表面临着全新的企业运作模式和监督环境，客观上要求外派监事会不仅具有与工作难度对等的规模和工作能力，而且能够对国资监管工作投入最大限度的精力和耐心。此时，对国资委派出的监事会主席和专职监事的业务水平、工作能力、独立性和选任提出了很高的要求。

【讨论】外部监事的独立性理应高于独立董事

在现代公司治理意义中，独立董事制度确实具有监督公司内部董事或管理董事的功能。尤其是在公司财务、关联交易等方面发挥着特别作用。此外，独立董事还被寄希望于承担起维护中小股东和社会公众利益的责任。在这一点上，它确实与监事会的功能具有同质性。

但是，独立董事的身份是董事，其参加董事会会议，并享有表决权。即独立董事可以董事的身份直接参与公司的经营管理决策，并对其商业决策行为承担责任。独立董事的监督是决策中的监督，比较而言，监事仅能列席董事会会议，虽有质询权和建议权，但无表决权，监事会的监督体现为事后监督。在这一点上，它又与监事会的功能具有异质性②。

外部监事的独立性高于独立董事，独立董事不能取代监事会。原因很简单，独立董事自身也是监事会监督的对象，独立董事作为董事会下的成员，去监督董事长，逻辑上不太成立。

独立董事和外部监事的设置，目前还在探索过程中，各方观点也不一致。有认为二选一比较好，也有认为保持现状好。长江电力监事会主席杨亚提出，如果是国有控制上市公司，监事会比较适合。如果是股权非常分散、市场化的行业，选择独立董事、审计委员会可能会更好一些③。

---

① 《关于加强和改进企业国有资产监督防止国有资产流失的意见》（国办发〔2015〕79号）、《关于建立国有企业违规投资经营责任追究制度的意见》（国办发〔2016〕63号）、《关于进一步完善国有企业法人治理结构的指导意见》（国发〔2017〕36号）。

② 施天涛．让监事会的腰杆硬起来——关于强化我国监事会制度功能的随想（《公司法》草案第三次公开征求意见）［EB/OL］．（2021－12－25）［2022－06－05］．https：//mp. weixin. qq. com/s/1ZOMvy2kUAbbSEqgmvCosw.

③ 陈捷．一个引发思考的监事会主席四人谈：模式、履职与困惑［EB/OL］．（2018－01－18）［2022－06－05］．https：//mp. weixin. qq. com/s/6ELjjOP1Oqx7GGuft5oYnw?.

董事的分类如图3－8所示。

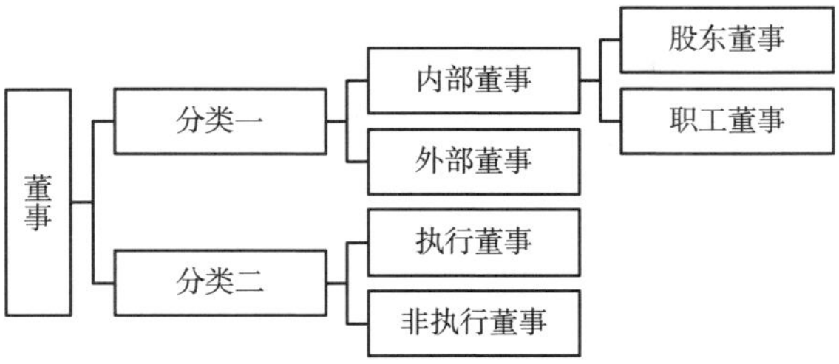

图3－8　董事的分类

借此机会，比较一下内部董事和外部董事、独立董事与外部董事以及执行董事的区别。

内部董事与外部董事目前还没有法律法规的定义。我国《公司法》以及上市公司监管规定等并没有明确的定义。目前较为权威的文件为2006年印发的《国有控股上市公司（境内）实施股权激励试行办法》中的定义，“外部董事是指由股东依法提名推荐，由任职公司或控股公司以外的人员（非本公司或控股公司员工的外部人员）担任的董事”。

外部董事是指不在公司或公司股东单位任职的董事。内部董事是指在公司或公司股东单位任职的董事，包括股东董事和职工董事。设立职工董事是加强职工民主管理与监督，维护职工合法权益一种重要形式。《国务院办公厅关于进一步完善国有企业法人治理结构的指导意见》（国办发〔2017〕36号）指出“国有独资、全资公司的董事会、监事会中须有职工董事和职工监事”。《公司法》（2018年修订）规定国有独资公司“董事会成员中应当有公司职工代表”。“董事会成员中的职工代表由公司职工代表大会选举产生”。职工董事一般是内部董事。《银行保险机构公司治理准则》（银保监发〔2021〕14号）第二十五条规定，银行保险机构董事为自然人，由股东大会选举产生、罢免。鼓励银行保险机构设立职工董事，职工董事由职工民主选举产生、罢免。

外部董事和独立董事有什么区别？独立董事有两个条件：外部董事（即不在公司任职的董事）+独立于股东①。独立董事强调的是“独立”，维护的是公司整体的利益，而不是公司主要股东、实际控制人、经营管理层等主要的利益相关方的利益。其关注点在公司整体利益，特别要关注中小股东的合法利益不受损害。同时，独立董事要有专业性，往往是某一专业领域的专业人士。也正

① 中国证监会在《关于在上市公司建立独立董事制度的指导意见》中指出：“上市公司独立董事是指不在上市公司担任除董事外的其他职务，并与其所受聘的上市公司及其主要股东不存在可能妨碍其进行独立客观判断关系的董事。”从定义中可见，独立董事必须要与受聘担任独立董事的公司及其主要股东保持独立。

因为独立董事的独特作用，独立董事制度在西方非常普遍，据《财富》杂志调查，美国公司1 000强中，董事会平均规模为11人，其中独立董事9人①。

执行董事有两个意思：其一，公司的内部董事，即董事兼公司员工身份。其二，不设董事会的有限责任公司，只设执行董事一人。《公司法》（2018年修订）第五十一条规定，股东人数较少或规模较小的有限责任公司，可以设一名执行董事，不设独立董事会。执行董事可以兼任公司经营职务。《银行保险机构公司治理准则》（银保监发〔2021〕14号）第四十六条：银行保险机构董事会由执行董事、非执行董事（含独立董事）组成。执行董事是指在银行保险机构除担任董事外，还承担高级管理人员职责的董事。非执行董事是指在银行保险机构不担任除董事外的其他职务，且不承担高级管理人员职责的董事。

二、做懂行业、懂企业、懂专业的通才型外部监事，防止花瓶化

国有企业董事、监事的“外部化”是完善公司治理的一种举措，但“外部化”中若不以市场化为重，则会“前功尽弃”。国企公司治理，面临的最大困难是公司治理人才的匮乏，不少公司都把提高外部董、监事的比例作为建设董、监事会的重要举措，那么合格的外部董、监事从何而来？一种救急的方法是聘用退休不久的原国企总经理、官员、大学或会计事务所、法律事务所的专家等去担任外部董、监事。但真正能称得上职业化、专业化、有利于公司治理战略性变革的人才并不多，毕竟国企领导长期在体制内生存，他们对体制内的工作程序非常熟悉，运作起来如鱼得水。但要真正担当起职业化、专业化董事、监事还得从头学起，而且尤为致命的是缺少经营企业的经验。

国企的监事会与大型外资企业、金融系统不同的是，前者更注重经验和权威，用的都是从业时间长和临近退休的人领导监督工作，而后者则都以有风控专业背景的年轻人为主，依靠流程和机制监督，而不完全是经验。经验固然重要，但针对国有资产的围猎手段和技术不断向专业化、复杂化发展，任何一交易和经营行为都可以被设计成私自交易的勾当，同时还不断有新的商业模式诞生，经验储备跟不上手段与技术的变化。

一般来说，外部监事要有自己的相对优势。具有中高级管理经验，具备相应的学历或职称与合理的知识结构，具备履行职务所必需的经济、金融、财务、法律等知识技能或其他有利于履行监事职责的工作经历或经验，能够阅读、理解和分析公

---

① 内部董事、外部董事、执行董事、非执行董事、独立董事、非独立董事，你能分得清吗？［EB/OL］（2021－12－02）［2022－06－05］. https：//mp. weixin. qq. com/s/ERfPeuhpipQZ_wf0nQjJPQ.

司资产负债表等财务报表和财务凭证，具有实际从事检查监督公司经营和财务的能力，甚至是相关领域的专家，如经济、金融、财务、税务专家。

笔者主张的外部监事是懂行业、懂企业、懂专业的通才型专家。所谓通才型专家，非仅指学术专家，主要是指懂行的实务专家。

什么叫懂行？主要考量以下三个要素：

其一，懂行业的价值链，懂古今中外该行业的发展史及现状。

其二，心中有把尺。例如，从事铜相关行业，要懂吨铜生产成本、吨铜收购成本，知道剥采比、采收率等关键指标的行业平均水平；又如，从事监狱管理行业，要懂狱警与关押犯人比的平均水平，能由此指标基本上判读所在监狱的狱警配备情况。

其三，有企业家和专家资源。例如，2017 年初春，笔者赴刚果（金）进行铜矿项目的固定资产验收时，便有意识地积累了当地中资铜矿专家、企业家的人脉。又如，2018 年春节前后，笔者需要知道新能源汽车的毛利率指标如何确定？但是，笔者并不懂新能源汽车这个行业。于是，笔者电话长安汽车集团战略部的总经理和中国恒天集团的一个部门经理，这两个公司都有新能源汽车业务。他们把新能源汽车行业的两个资深业内专家推荐给笔者。笔者将这两个专家，以及笔者另一个新能源汽车行业专家的意见取平均值，作为这个项目的毛利率指标。如果没有这些专家资源，笔者就不可能圆满地回答这个问题。

外部监事为什么要懂行？懂行才能发现问题。笔者曾经和一位来自百度的朋友聊如何搜集网络上的信息。从搜索能力上看，他比笔者的技术和技巧强很多。但他却对笔者能够从浩如烟海的文献中找出优劣赞不绝口。因为那是笔者熟知懂行的领域。

外部监事为什么要是通才？监事不仅要学习监事会的知识，还要学习行业知识。例如，德国企业往往从退役董事长中挑选监事会主席，因为他们懂行业，更能在一定的高度看懂管理者的职务行为，能胸怀全局看待监督。在我所熟知的跨国并购领域，主并方往往花大价钱请中介结构做各类报告——可行性研究报告、估值报告、尽职调查报告……然而主并方中真正能读懂、看透这些报告的又有几人？看不透所有的资料，又没有亲身调查研究，又怎能看清项目全局？外部监事也一样，通才往往站得高，看得深远。

在不少企业里，外部监事成了一顶“高帽子”。学者担任外部监事的比例不宜太高，要搭配好行业专家、行业内企业家担当外部监事的比例，防止外部监事的花瓶化。例如，某银行同时聘请了两个大学老师担任外部监事，就不太合适。

在近年来的公司权力争夺之中，不乏董事、独立董事发力之举，却甚少见到外部监事身影，这种失声间接体现了外部监事无权从而甚少成为争夺主体、发声主体的现实。

当外部监事的能力和作为达不到被寄予的期望之时，或者提升外部监事的能力，或者另请高明。因此，笔者主张外部监事由监事会主席推荐、股东会批准，而不是由董事长或者总经理推荐。因为，董事长和总经理是被监督者。这个道理对于具有监督职责的独立董事的举荐也是一样的。

第五节　职工监事的潜能发挥

一、职工监事的强制设置与岗位职责

职工董事、监事制度是职工参与企业高层次决策和民主管理的形式。职工作为劳动者参加董事会和监事会，参与企业的决策和管理，这在许多发达国家的企业已经实行多年。

《公司法》（2018 年修订）规定，国有独资公司以及有两个以上公有制股东的有限责任公司的董事会应当有本公司的职工代表①。股份有限公司可以设职工董事。言下之意，股份有限公司可以设，也可以不设职工董事②。

对监事会而言，公司若不设监事会或只设一个监事，则可以不设职工监事。只要设了监事会，不管是什么形式的公司，不管是否有国有股东，都必须有不低于三分之一数量的职工监事③。

公司法对职工监事给予了很高的期望。《公司法》（2018 年修订）出现了 42 次

---

① 《公司法》（2018 年修订）第四十四条规定：……两个以上的国有企业或者两个以上的其他国有投资主体投资设立的有限责任公司，其董事会成员中应当有公司职工代表；其他有限责任公司董事会成员中可以有公司职工代表。董事会中的职工代表由公司职工通过职工代表大会、职工大会或者其他形式民主选举产生。《公司法》（2018 年修订）第六十七条：国有独资公司设董事会，……董事会成员中应当有公司职工代表。董事会成员由国有资产监督管理机构委派；但是，董事会成员中的职工代表由公司职工代表大会选举产生。

② 《公司法》（2018 年修订）第一百零八条规定，股份有限公司设董事会，其成员为五人至十九人。董事会成员中可以有公司职工代表。董事会中的职工代表由公司职工通过职工代表大会、职工大会或者其他形式民主选举产生。

③ 《公司法》（2018 年修订）第五十一条规定，有限责任公司设监事会，其成员不得少于三人。股东人数较少或者规模较小的有限责任公司，可以设一至二名监事，不设监事会。监事会应当包括股东代表和适当比例的公司职工代表，其中职工代表的比例不得低于三分之一，具体比例由公司章程规定。监事会中的职工代表由公司职工通过职工代表大会、职工大会或者其他形式民主选举产生。《公司法》（2018 年修订）第七十条规定，国有独资公司监事会成员不得少于五人，其中职工代表的比例不得低于三分之一，具体比例由公司章程规定。监事会成员由国有资产监督管理机构委派；但是，监事会成员中的职工代表由公司职工代表大会选举产生。监事会主席由国有资产监督管理机构从监事会成员中指定。《公司法》（2018 年修订）第一百一十七条规定，股份有限公司设监事会，其成员不得少于三人。监事会应当包括股东代表和适当比例的公司职工代表，其中职工代表的比例不得低于三分之一，具体比例由公司章程规定。监事会中的职工代表由公司职工通过职工代表大会、职工大会或者其他形式民主选举产生。

"职工"。《公司法》对董事会中职工代表的数量没有约定，对监事会的职工代表的数量约定为不低于三分之一。

实务中，职工董事和职工监事管理参差不齐。2020 年 11 月 6 日，河北港口集团职工董事、职工监事培训班在该集团教育中心举办（见图 3 - 9），43 名职工董事、职工监事参加培训。河北港口集团有 28 家全资、控股子公司设立了董事会和监事会，其中设立职工董事 9 家、职工董事 9 人，设立职工监事 23 家、职工监事 36 人①。该集团职工代表进入董事会和监事会，全过程参与企业决策、企业管理和民主监督，有利于完善企业法人治理结构，强化企业党风廉政建设，维护职工群众合法权益，引导职工以主人翁姿态积极投入公司经营和合理化建议等活动中，促进企业健康发展。

虽然，以河北港口集团为代表的职工董事、职工监事做得不错，但是，更多的公司未能真正发挥职工监事的作用。

图 3 - 9　河北港口集团有限公司职工董事、职工监事培训班

《公司法》（2018 年修订）中强调了"职工"的权益保护。其第十七条规定，公司必须保护职工的合法权益，依法与职工签订劳动合同，参加社会保险，加强劳动保护，实现安全生产。公司应当采用多种形式，加强公司职工的职业教育和岗位培训，提高职工素质。第十八条规定，公司职工依照《中华人民共和国工会法》组织工会，开展工会活动，维护职工合法权益。公司应当为本公司工会提供必要的活动条件。公司工会代表职工就职工的劳动报酬、工作时间、福利、保险和劳动安全

① 郭思源. 河北港口集团职工董事、职工监事培训班开班 [EB/OL]. (2020 - 11 - 06) [2022 - 06 - 05]. https://mp.weixin.qq.com/s/ptyxRxyeCipv67efU7LtBQ.

卫生等事项依法与公司签订集体合同。公司依照宪法和有关法律的规定，通过职工代表大会或者其他形式，实行民主管理。公司研究决定改制以及经营方面的重大问题、制定重要的规章制度时，应当听取公司工会的意见，并通过职工代表大会或者其他形式听取职工的意见和建议。

以上两条内容显然是职工履职的底线。除此之外，职工监事的职责还包括：

（1）职工董事、职工监事享有与公司董事、监事同等的权利，承担相应的义务。

（2）职工董事、职工监事应当经常或者定期深入职工中听取意见和建议；在董事会、监事会研究决定公司重大问题时，应当认真履行职责，代表职工行使权利，充分发表意见。

（3）职工董事在董事会讨论决定涉及有关工资、奖金、福利、劳动安全卫生、社会保险、变更劳动关系、裁员等职工切身利益的重大问题和事项时，要如实反映职工的合理要求，代表和维护职工的合法权益；在董事会研究确定公司高级管理人员的聘任、解聘时，要如实反映职工（代表）大会民主评议公司管理人员的情况。

（4）职工监事要定期监督检查职工各项保险基金、工会经费的提取，缴纳情况和职工工资，劳动保护，社会保险，福利等制度的执行情况；应当参与检查公司对涉及职工切身利益的法律法规和公司规章制度的贯彻执行情况。

（5）职工监事应以维护公司和职工利益为根本出发点，对企业经营中损害公司和职工利益的情况有权向董事会（股东会）或向有关部门反映，要求作出处理。

2022 年 6 月 21 日，北京夏天的雨，哗啦哗啦湿润了大地，充满激情活力。笔者和某国有企业工会主席喝茶，聊“小升初”，聊职工监事、职工董事，一致认为，如果说企业“党委前置研究”“党委书记和董事长双向进入，交叉任职”是党组织领导融入公司治理的重要措施，那么，职工董监事制度就是将民主管理融入公司治理结构，推进公司民主决策、科学决策的重要内容。

听说笔者的《监事会：三十年监督探索与实践》一书即将付梓印刷，工会主席问笔者“审计部主任担任职工监事是否合规”，笔者认为，不违反我国《公司法》的规定。

工会主席支持笔者在监事会领域深根细作研究，提醒笔者关注《关于加强公司制企业职工董事制度、职工监事制度建设的意见》（总工发〔2016〕33 号）中的两点，“公司工会主席、副主席一般应作为职工董事、职工监事候选人人选”；“坚持公司高级管理人员和监事不得兼任职工董事，公司高级管理人员和董事不得兼任职工监事。公司高管的近亲属，不宜担（兼）任职工董事、职工监事”。

笔者认为，在现实之中，在很多企业，这两点并没有全部落实到位。工会主席、副主席是最能代表职工全体利益的人员，因而他们是成为职工董监事的首选人员，更能体现民主监督，但法律、审计部主任或骨干担任职工董事、职工监事更有专业能力、各有千秋。

二、如何充分发挥职工监事的作用

尽职调查流传一个说法：用钱买通被调查公司的关键员工，往往是获得标的公司最真实情况的杀手锏。这种“买通”不合规，但也反映出内部人员的“知情”价值。职工监事情况明、信息多、知道早，最容易发现公司的问题。

但是，在日常履职中，职工监事存在诸多不足。要发挥职工监事的积极性，需注意以下几点。

（一）加强监事会对职工监事的提名权，把优秀的职工选为职工监事

尽管《公司法》规定职工监事由职代会、工会推荐。但现实是职工监事可能是总经理请来的。在不少企业里，监事成了一顶“高帽子”，用来派发给老板认为应该嘉奖的员工。能成为监事的员工，在不少老板心目中都有着“听话”的标签。但“听话”与监事“监督老板”的设置之本意可谓南辕北辙。

《银行保险机构公司治理准则》（银保监发〔2021〕14号）第六十一条规定，“非职工监事由股东或监事会提名，职工监事由监事会、银行保险机构工会提名”。这种监事会具有非职工监事和职工监事提名权的探索值得肯定。

（二）监事会主席要加大职工监事的参与度，也要保护好职工监事

职工监事在公司重大投资决策或并购重组中无法真正参与其中，形成“事前不知情，事中不能参与，事后没必要参与”的尴尬情形。

某机场监事会主席兼任纪委书记，曾担任过该公司的副总裁，业务水平很高。该公司的法律部主任是职工监事，监事会主席列席公司的重要会议，都有法律部主任陪同，让其作为主席的眼睛和耳朵。该监事会主席这样做是为了所监督的问题能第一时间得到专业的反馈，同时法律部主任也乐此不疲，毕竟不是所有的监事都可以列席公司重要会议。

此外，职工监事和监事会秘书情况明、信息多、知道早，专项报告的案例线索可由职工监事、秘书提供并参加调查。

职工代表监事监督公司董事、高管的行为，是一件非常艰难的事情。职工代表监事与企业之间是一种劳动雇佣关系，是否雇佣他、薪水几何、晋级如何均取决于公司的经营班子。职工代表监事如欲真正对公司董事、高管进行监督，恐怕首先要考虑会否因此而失业。当职工监事向他的上级主管提出某种财务或经营方面的问题

并要求其予以纠正时，他的上级主管很可能会态度谦和地表示接受，而随后编个简单的理由将其解雇。

因此，有些令职工监事、监事会秘书为难且影响奖惩升降的工作、报告、谈话，一般由监事会出面处理；与派驻公司领导班子及中层干部的谈话，一般由监事会主席出面处理。

（三）理解职工监事要为职工利益发声

监事会为股东会服务的同时，也要考虑职工监事代表职工利益的使命。《银行保险机构董事监事履职评价办法（试行）》（中国银行保险监督管理委员会令2021年第5号）第二十三条规定，职工董事、职工监事应当积极发挥自身对经营管理较为熟悉的优势，从银行保险机构的长远利益出发，推动董事会、监事会更好地开展工作。职工董事、职工监事应当就涉及职工切身利益的规章制度或者重大事项，听取职工的意见和建议，在董事会、监事会上真实、准确、全面地反映，切实维护职工合法权益。职工董事、职工监事应当定期向职工（代表）大会述职和报告工作，主动接受广大职工的监督，在董事会、监事会会议上，对职工（代表）大会作出决议的事项，应当按照职工（代表）大会的相关决议发表意见，并行使表决权。

（四）要考虑职工监事的职业发展能力培养，也可考虑发放岗位津贴

担任监事是否意味着管理职级的提升？是否能为下一步的职级发展奠定基础？企业普遍没有这个规定。因此，监事履职能力的提升是要务。职场发展的规律是：功到自然成，有为才有位。当你的能力到达一定水平，机会来了，就能晋升。因此，在目前的职业发展环境下，职工监事应当在参与公司重大事项中谋求自身能力的提升。

监事的学习培训首先应该“走出去”，通过调研对标企业、参加培训班等方式，带着问题去学习、听课，便能吸收其他公司监事会的经验，开阔工作思路，增长知识，提高能力。例如，某矿业公司监事会主席参加培训，主要解决“小股东监事如何避免被大股东侵犯”的问题；某招标公司监事会主席参加培训，主要解决“不履职会有何风险，该如何履职”的问题；笔者在2013年夏天，去银川参加由李南山老师主讲的监事会培训课程，主要解决境外投资中的监督问题。

监事的学习培训还可以“引进来”，邀请同行来公司进行交流，找出自身存在的不足，学习好的经验和做法。聘请外部专家来公司授课，加强对公司治理、财务会计、风险审计、新业务和新知识培训，拓宽监督视野，提高监事履职能力和工作水平，实现高效履职。如某省供销系统每年都组织这样的一次授课。

2017年4月，西北某监事会女主席谈到监事会的四大问题，其中第四条指出了职工监事存在的问题：（1）领导对监事会工作重视不够，监事对自身责任认识不足。（2）监事和主席的提名选择机制不合理，外派监事是对企业大股东（国资委）负责，还是对标的企业负责。（3）监事会的专业化水平和学习不够。（4）企业效益不好，职工监事的激励机制也不足。职工监事的本职工作本身就很忙，没有激励，没有考核，也没有制度要求。职工监事增加了责任，未增加收入。这位令人尊敬的监事会主席，给笔者留下的深刻的印象，快人快语、干练实干，是彼时他们系统唯一一个使用监事会提醒函的监事会主席。职工监事是否可以成为股权激励对象？证监会曾发布备忘录明确表示：上市公司监事不能成为股权激励对象①。由此，职工监事无法享受到自己参与辛勤工作带来的公司业绩成果，即使这些职工监事是公司主要业务部门的重要职位、公司骨干。

那么职工监事可有岗位津贴吗？这个答案是肯定的，但必须事先制定相关规定。职工监事多数是个摆设，不多干活也不多拿津贴。有些企业出台制度激励职工监事的工作热情，又在考核后给予适当的津贴，十分值得借鉴。中国BQ公司《职工监事管理办法》中规定，经考核合格的职工监事，年终根据考核可获得总收入10%的激励。有激励必须“有言在先”“程序合理”。另外，也要把握好领导干部不允许有双薪的要求。

【案例】创业型民营企业职工监事的作用

2018年1月，笔者的一个MBA学生（本案例以下简称“我”），跟笔者讨论以下创业公司中的问题：2017年1月，我离开了一家工作近10年的外企，加入了一家本土创业公司。该公司创始人股东共有两人，经过A轮融资后有五大股东，实际控制人是投资机构T公司，两个创始人股东的股份下降到各1%。我是按公司首席技术官的身份加盟公司，面试的时候我要求一个相对高的薪水，公司创始人兼CEO（以下简称“创始CEO”）没有同意，他认为我的工资不能超过他，当时并没有觉得有什么不对的地方。

加入公司后不久，我发现了几个问题。

1. 公司对出差没有任何限制。2017年下半年，公司现金流吃紧，很多公司报销都被延期，甚至连员工工资都无法正常发放。然而，公司另一位创始人特别喜欢出差，仍然坚持坐飞机出差，即使是3个小时高铁车程就能到的地方，机票价格差不多是高铁票价的两倍。

---

① 上海上市公司协会举行完善职工监事制度座谈会［EB/OL］.（2014-11-18）［2022-06-05］. https://mp.weixin.qq.com/s/A_eTvuqBDoaHNuuT3ltW4w.

2. 公司对销售人员的考核形同虚设。公司好几个销售1年没有1单生意，仍然在公司拿着工资舒服地活着。例如，有一个销售，2016年就说好几个客户有意向，2017年却没有谈成一单，到了年底告诉CEO，由于客户部门审批的原因，2018年肯定可以成单，这样2017年就顺利度过。

3. 公司创始CEO 2017年的预算在当年10月就全部花完了。这个预算是在公司2016年底刚刚融资成功时做得，应该说非常充裕。可是刚刚10个月就花完了，他发现我所在的部门还有经费剩余，于是就从我的部门预算中划了一部分到他名下。

这些只是我表面看到的一些问题，还有很多的问题，我可能都看不到。

为什么会出现这些问题？现象背后的逻辑又是什么呢？通过一系列的调查分析，结合公司治理的理论学习，我似乎发现了公司一个深层次的无法解决的问题——公司的创始人其实只是职业经理人，他们所占股份太少，没有真正的主人翁意识。

公司两位创始人每人只投入了50万元人民币购买原始股。A轮以后，每位创始人才占1%的股份，控股股东仍然是投资机构T公司。由于缺少有效而且足够的股权激励，公司两位创始人股东其实只是高级职业经理人。

由于持有股份太少，两位创始人就是高工资，而不是像大部分创业公司那样，创始人工资很低，主要是持有股份的分红。由于两位创始人股东占比只有1%，公司每花费1元钱，创始人股东每人其实只付出1分钱，且绝大部分不是自己的钱。类似地，公司每赚1元钱，创始人股东每人只能分红1分钱。所以，他们没有意识控制成本，个人的利益有时会凌驾于公司利益之上。

销售人员的不作为直接导致公司业绩下滑。公司有一部分销售人员是创始CEO从原来公司带来的。销售人员有一份不错的底薪，没有KPI考核，还不存在完不成任务就裁员的压力，虽然每年都承诺销售业绩，但不会全效投入工作。这导致有的销售人员一年一单合同也没有，却活得好好的。这个深层次的问题也是公司治理问题，创始人股东并没有真正将这个公司作为自己的事业，自然也不愿意裁掉自己的老部下。

创始CEO热衷于出席各种公开活动并发言，还特别喜欢跑客户，甚至一些中小客户，他都会和销售人员、售前人员一起去接洽，但对公司投融资、公司管理却很少过问。公司决策缓慢，人员懒散，销售业绩不佳，很多员工离职，剩下的人工作热情也不高。创始CEO这种表现的根本原因还是股份太少，并不真正把公司当作自己的事业在做。

公司实际控制人T公司，正忙着其他更重要的事情，并不重视我们公司。T公司的一个高级副总是我们公司的董事长，但他基本不来。

这个案例是创业公司引入融资、失去控制权之后的普遍现象。即使引入融资后，创始股东依然保持控制权，也存在“崽花爷钱不心痛”的可能。因为，创业公司大部分的资金是机构投资人投的真金白银，而创业可能失败，如果缺乏有效的监督，创始股东可能加大成本，考虑先“落袋为安”。

我的另一个 MBA 学生所在的公司，2019 年成立后不到三年，成功融资 20 亿元，创始股东依然保持了控制权，并实际运营公司，就似乎没有这个问题。因为，投资人重金投入，非常重视，公司治理工作也做得好。

笔者认为，职工监事对防止经营者对所有者的侵犯，对维护公司利益或者股东利益最大化有一定的作用。要解决这个问题，除了投资人重视以及完善合理的公司治理结构，一个比较好的办法是，控股股东物色一个职工监事，职工监事可以直接向控股股东汇报。通过监事，控股股东能及时了解公司的实际运营情况，采取必要措施，就能扭转这个现象。

值得一提的是，创始 CEO 自主决策的“花钱”权限，往往是投资人关注的、需要在公司章程中约定的地方。200 万元、100 万元还是 20 万元以上要上董事会决策取决于各方的谈判和妥协。

第四章　组织与制度，夯实监事会的基石

任何一个公司、一个项目甚至一项任务，组织和制度都是基础。把这两个基础抓好，基本架构就会清晰起来。开展监事会工作亦是如此。

实务中，有的监事会信息收集、分析、交流、反馈等渠道单一，座谈、调研、检查、评测等手段运用不足，对被监督单位的信息掌握不充分，监事会很难第一时间对公司经营决策、风险隐患作出有效的评估和提示。此时，加强监事会制度和组织结构建设，把监事用好至关重要。

第一节　监事会的组织结构

一、国有企业的外派监事会与《公司法》下的内设监事会

监事会可以分为外派外设监事会、外派内设监事会和内派内设（内部型）监事会三种。

外派外设监事会的设立依据是《国有企业监事会暂行条例》（国务院令第 283 号，2000 年）、《国有重点金融机构监事会暂行条例》（国务院令第 282 号，2000 年），政府向企业既派员又派会，现已取消。内派内设监事会的设立依据是《公司法》。外派内设监事会是两者的结合，即政府向企业“派员不派会”。

（一）外派外设监事会

外派外设监事会是具有中国特色的国有企业监事会探索过程中的产物。外派外设监事会主要特点如下：

（1）级别高配。外派监事由国务院或国资委委派和选聘，一级中央企业的外派监事会主席由副部级官员担任，有着“高配”特色。“高配”是指外派到企业的监事会主席有相当级别，至少不亚于董事长或总经理，外派的专职监事也有级别。外派监事的“高配”是保障监事会工作权威性和有效性的重要条件，也是二十一世纪初国资管理的一条重要经验。但这也从一个侧面反映出在国企内部还存在着比较严

重的“官本位”思想。

（2）身份独立。外派监事对政府或国资委负责，由政府或国资委给付薪酬，最大限度地保证了其独立性。外派监事会由国务院派出，费用管理与人员管理均与被监管机构无直接关联，检查报告由监事会主席签署，经银保监会审定后报国务院，从而保证了工作的独立性。

（3）言路通畅。外派监事有向上反映问题的渠道，需定期向国务院或地方政府报告检查结果，提交监督检查报告，对企业经营业绩、企业管理、改革发展以及企业主要负责人的业绩进行评价，并提出奖惩、任免的建议。

（4）专业性较强。外派监事多来自相关部委，熟悉国家经济、金融相关法律法规，具备较丰富的财务、金融、审计或宏观经济等方面的专业知识。

在国企设立外派监事会最早可以追溯到1994年的《国有企业财产监督管理条例》。此前一年，中国刚刚推出《公司法》。按照《国有企业财产监督管理条例》的规定，国务院有关部门对国务院指定由其监督的企业和企业集团履行监督职责时，可向企业派出监事会；国务院授权的全国性总公司对其所属企业财产履行监督职责时，也可向企业派出监事会。外派监事会可谓与中国国企市场化发展道路相伴而生，是对“未公司化”的国企实行“政企分开”的产物，也是对未改制的重点大型国企实行“类公司化管理”的结果。

1998至2000年，外派监事会制度与稽察特派员制度“并行推进”“竞争共存”①。虽然在制度上，外派监事会很早就存在，甚至早于稽察特派员，但外派监事会的规模化、有序化的发展，与稽察特派员制度的运用密不可分，甚至可以说，逐渐流行的外派监事会制度实际上是从稽察特派员制度演绎而来，基本继承了稽察特派员制度的衣钵。

什么是稽察特派员制度？1998年，国有企业改革进入了一个新的阶段。1998年3月，九届人大一次会议审议通过《国务院机构改革方案》，其中明确国务院向国有重点大型企业派出稽察特派员，负责监督企业资产运营和盈亏状况。1998年6月，国务院九届人大五次会议通过《国务院稽察特派员条例》，我国开始试行国务院稽察特派员制度。国务院设稽察特派员总署，工作机构设在人事部。稽察特派员由国务院派出，对国务院负责，代表国家对国有重点大型企业行使监督权力。设稽察特派员办事处，由一名稽察特派员和若干名稽察特派员助理组成，任期3年，可以连任，但是对同一企业不得连任。一名稽察特派员一般负责5个企业的稽察工作，一般每年到被稽察企业稽察两次。

---

① 蒋大兴：国资监管职能的重组——如何应对国企外派监事会的取消，微信公众号“昆仑策研究院”2019-10-25，https：//mp. weixin. qq. com/s/wwXB7xR9FPfiiXUwlYJIog.

1998 年，也是我在清华大学经济管理学院学习的第三个年头，我将硕士论文定为《国有企业经营者监督机制——稽察特派员与职工代表大会监督职能的完善》。

1998 至 2000 年，外派监事会事实上被稽察特派员所取代。为进一步将稽察特派员制度规范化，在世纪之交的 2000 年，中国的监事会制度进行了重大改革。2000 年 3 月 15 日，国务院发布《国有企业监事会暂行条例》《国有重点金融机构监事会暂行条例》，取代了《国务院稽察特派员条例》，标志着国家向国有企业外派监事会制度的正式启动。稽察特派员改称监事会主席。国有重点大型企业监事会由国务院派出，对国务院负责，代表国家对国有重点大型企业的国有资产保值增值状况实施监督。监事会设主席 1 人、成员不少于 3 人。

2000 年 3 月 16 日，国务院国资委成立。此后国有重点大型企业监事会由国务院国资委代管。2000 年 8 月，由国务院任命的第一批 36 位国有重点大型企业监事会主席开始派向中央管理的 100 家国有企业。之后，国务院向 16 家国有重点金融机构正式派出 15 位监事会主席。

至此，由国务院稽察特派员制度过渡、回归到外派监事会制度，外派监事会对国有重点大型企业的监督检查工作全面展开，不断修正。

2006 年，国资委制定《关于加强和改进国有企业监事会工作的若干意见》（国资发监督〔2006〕174 号），标志着外派监事会转变工作方式，开始转向当期监督以增强监督有效性。此后，外派监事会制度逐步完善。

2015 年 9 月，中共中央下发了《中共中央 国务院关于深化国有企业改革的指导意见》（中发〔2015〕22 号）。2016 年 10 月，又召开了全国国有企业党的建设工作会议。这为新时期加强国有企业党的建设、深化国有企业改革进一步指明了方向，同时也对加强国有企业监督工作提出了新的更高要求，包括要坚持和完善党组织、董事会、监事会、经理层领导人员双向进入、交叉任职的领导体制，充分发挥内设监事会监督作用等。此后，国资委对外派监事会制度又进行了一次改革。例如，2017 年四川省政府办公厅发布《关于进一步加强和改进省属国有企业外派监事会工作的意见》（川办发〔2017〕12 号），进一步明确监事会由省政府派出，代表国有资产所有者对省属企业国有资产保值增值状况实施监督，还明确由省国资委代表省政府对监事会进行管理，研究决定监事会的重大问题和重大事项，形成领导决策、协调处置、监督报告 3 个平台，实现出资人管理与监督的有机统一。

2018 年 3 月，根据第十三届全国人民代表大会第一次会议批准的国务院机构改革方案，不再设立国有重点大型企业监事会，相关职责划入审计署。此后，国资委下属的外派外设监事会戛然而止①。就在外派外设监事会被取消的 2018 年，《关于

① 从 2018 年 3 月以来，国资委下属的中央一级企业没有监事会，中央二级及以下企业依然保留监事会。

国务院机构改革涉及行政法规规定的行政机关职责调整问题的决定》（国发〔2018〕17号）废止了以下制度：

（1）关于印发《关于加强和改进国有企业监事会工作的若干意见》的通知（国资发监督〔2006〕174号）。此制度曾经是中国监事会改革的重要制度。

（2）关于印发《监事会监督检查成果运用暂行办法》的通知（国资厅发监督〔2007〕61号）。

（3）关于印发《中央企业支持配合监事会依法开展当期监督工作规则（试行）》的通知（国资发监督〔2009〕337号）[①]。

（4）关于印发《关于建设规范董事会的中央企业董事会和监事会工作关系的意见（试行）》的通知（国资发监督〔2010〕82号）。

（5）关于进一步支持配合监事会开展监督检查工作有关事项的通知（国资发监督〔2012〕120号）。

（6）关于印发《国有企业监事会兼职监事管理暂行办法》的通知（国资发监督〔2017〕161号）。

2018年3月以后，中国国资委下属的“外派外设”监事会完成了历史使命。地方国资委的随之做法也不相同，如北京市国资委完全按照国务院的做法，其一级国有企业不再设监事会，相关外派外设的监事会的职能转移到北京审计局。上海国资委，则探索出外派内设监事会。

2022年5月1日，国资委下属的国有重点大型企业监事会适用的《国有企业监事会暂行条例》（国务院令第283号，2000年）废止。国有重点金融机构（如中国农业发展银行、中国进出口银行）外派监事会不归国资委管理，适用的是《国有重点金融机构监事会暂行条例》，此条例仍在执行之中。

2022年6月，中国农业发展银行官网显示，“农发行监事会由国务院根据《国有重点金融机构监事会暂行条例》（国务院令第282号，2000年）等法律法规委任派出，并对国务院负责，代表国家对农发行资产质量及国有资产保值增值情况实施监督，对董事和高管人员履职行为和尽责情况进行监督和评价，对农发行经营决策、

---

① 当时为什么要出台以上“支持配合监事会开展监督检查工作”这类制度？依靠行政制度的力量，让被监督企业支持监事会的各项检查工作。与此类似，《浙江省省属企业外派监事会工作指引》中明确，企业支持配合监事会工作“四个必须”：①企业召开董事会会议、党委会、总经理办公会议和其他重要会议，必须及时通知监事会，并提供相关材料，监事会认为有必要列席的其他会议可派员参加。②企业发生的重大事项，必须及时向监事会通报，特别是对企业生产经营中关键节点和关键环节存在的风险隐患，以及已经发生的重大风险事项，要在第一时间主动、及时地向监事会通报，以便监事会更好地帮助企业做好风险防范和控制工作。③企业有关文件资料，必须及时向监事会提供，监事会成员在财务、经营、投融资、办公等管理信息上享有公司董事长同等权限。④对监事会提出的意见和建议，企业必须及时研究并作出答复。

风险管理和内部控制等进行检查监督”[①]。但是，从该行的组织机构图[②]以及领导团队[③]显示，包括“董事会、中央纪委监委驻行纪检监察组、高级管理层”，并没有显示有监事会成员。

2022 年 6 月，中国进出口银行官网也显示“进出口银行监事会由国务院根据《国有重点金融机构监事会暂行条例》（国务院令第 282 号，2000 年）等法律、法规委任派出并对国务院负责”[④]。同时，该官网还附有中国进出口银行监事会主席于学军在该行 2020 年年度报告中的致辞[⑤]：

> 过去的一年，监事会面对突如其来的疫情形势，克服困难，积极探索，主动作为，大力加强非现场检查和调查研究工作，不断改进监事会的工作思路和工作流程，强化与行内外有关监督部门的协作机制，圆满完成了年度各项工作任务。
>
> 过去的一年，监事会关注全行发展战略，以提升进出口银行公司治理水平为突破口，以定期审查董事和高管的述职报告和参加董事会高管层会议为抓手，将董事会、高管层和分行领导班子的履职尽职情况作为监督重点，关注高管层对董事会决议的执行力度和分支机构执行总行制度的规范性，严格履行了履职监督的职责。
>
> 过去的一年，监事会以审查总行及部分分支机构的财务收支与明细为抓手，重点跟踪影响全行财务状况的重大风险项目，把财务收支与损益的真实性、集团客户存在的潜在重大风险作为监督检查的重点，关注财务收支的可持续性和重大风险的识别及化解，扎实履行子财务监督和风险监督的职责。
>
> 过去的一年，监事会以绩效考核、信贷业务管理及多轮整改核查为抓手，通过主题调研和汇报访谈等形式，重点关注总行对分支机构的管控力度和内控管理体制机制中存在的问题，强化各级单位对整改工作的重视以及对内外部检查发现问题整改问责的全面性和有效性，有效履行了内控监督和整改监督的职责。

---

① 中国农业发展银行公司治理［OB/OL］.［2022－06－06］. http：//www. adbc. com. cn/n1296/n1297/index. html.

② 中国农业发展银行组织机构［OB/OL］.［2022－06－06］. http：//www. adbc. com. cn/n4/n11/index. html.

③ 中国农业发展银行领导团队［OB/OL］.［2022－06－06］. http：//www. adbc. com. cn/n4/n10/n1280/index. html.

④ 中国进出口银行监事会［EB/OL］.［2022－06－06］. http：//www. eximbank. gov. cn/aboutExim/organization/supervisors/.

⑤ 中国进出口银行［EB/OL］.［2022－06－06］. http：//www. eximbank. gov. cn/aboutExim/annals/2020/202106/P020210608353819326097. pdf.

2020年既是“十四五”规划开局之年，也是全面建设社会主义现代化国家新征程开启之年。新的一年，监事会将继续围绕履职监督、内控监督、风险监督、财务监督、整改监督这五大监督重点，继续强化与行内外有关监督部门的信息交流与协作机制，提高监督工作的指导性和有效性，为进出口银行的可持续健康发展和国有金融资本的保值增值做出新的贡献。

2020年9月，于学军转任中国银行保险监督委员会副部长级干部。2022年6月，中国进出口银行官网不再有监事会主席的照片和人员介绍。该行官网也没再有关于该行监事会主席在2021年年度报告中致辞的报道。

可见，外派外设监事会主席，以及银监会派驻的监事已经撤离，但外派外设监事会名义上还保留着。这两个政策性银行的这些细节也说明，中国的监事会、中国的公司治理在不断探索之中，不断积极创新之中。

中国工商银行、中国建设银行、中国银行没有采用外派外设监事会。因为已经改制上市，在公司治理上依据的《公司法》，是第三类监事会，也就是“内派内设”监事会。

显然，中国外派外设监事会制度大势已去。

（二）外派内设监事会

什么是外派内设监事会？“外派内设”主要特点是“派员不派会”，监事会主席由国资机关委派，进驻监管企业，与企业职工监事共同组成监事会监事。即政府只派出监事（一般包括监事会主席和专职监事，他们是官员身份，由政府任命），但不派出监事会。这些由政府“外派”的监事会主席和专职监事到位后，要与企业内部监事、职工监事共同完成组建监事会的任务。其监事会（包括办公地点）“内”设在所监督的企业。可见，外派的“外”指的是，所监督企业之外的政府指派，体现的官员身份，超脱于企业之外的独立身份。2000年，国务院发布《国有企业监事会暂行条例》《国有重点金融机构监事会暂行条例》以后，参照国务院国资委，地方国资委也出台了一系列配套制度，在省一级国有企业实行外派外设的监事会。例如，2001年，四川建立省属国企外派监事会制度，对首批16户省属国企外派了6个监事会，监管资产800亿元[①]。

此后，国务院国资委不断推出新的改革措施，地方国资委也逐步探索出“外派内设”的监事会模式。如国有独资的贵州高速公路集团有限公司，采用的是“外派内设”的监事会模式[②]。又如，上海的国企监事会采用的也是“外派内设”监事会

---

① 四川省完善省属国企外派监事会制度［EB/OL］.（2017-02-27）［2022-06-06］. http://mp.weixin.qq.com/s/dpDsTk1TGFqeHZQefD3H4A.

② 施虹．贵州高速集团召开监事会工作联席会［EB/OL］.（2021-04-25）［2022-06-06］. https://mp.weixin.qq.com/s/PQRpB8MzAddQaHYYQ3xmiA.

模式。该模式至今还有很强的生命力，依然被很多地方国资委系统所采用，且仍在积极探索之中。

2021年1月7日举行的新闻通气会上，上海市国资委介绍了本市推进实施《国企改革三年行动方案（2020—2022年）》有关情况。会议指出，上海市国资委所辖企业要发挥“外派内设”监事会制度优势，用好相关专业力量，建立健全监事会监督评价报告和成果运用机制。健全外派监事选聘和管理制度，拓宽来源渠道，选聘市场化专业人才担任外派监事。积极探索公司各类监督资源有效整合协同的长效机制①。

2021年7月，浙江在线记者专访了浙江省国资委党委书记、主任冯波声。冯波声说，完成省属企业监事会体制机制改革，成立4个监事工作小组有序运行，全面推动国有企业党的领导融入公司治理，选取符合条件的企业探索建立董事会向经理层授权的管理制度，探索建立选聘专职外部董事制度，增强“外派内设”监事会效能，使公司治理更加完善②。

地方国资委是如何探索出“外派内设”这种监事会的发展的呢？我们从山东省的前后两版制度可以看出外派监事的变化。

《山东省省管企业监事会管理暂行办法》（鲁政办发〔2011〕26号）第五条规定，监事会成员中的股东代表、监事长由省国资委委派，监事会主席由省国资委从监事会成员中指定。监事会成员中的职工代表，由公司职工代表大会选举产生。职工监事符合条件的一般应兼任公司监察或审计部门负责人。此时，省属企业监事会还有很深的外派痕迹。

《山东省省属企业监事会管理暂行办法》（鲁政办发〔2015〕49号）取代了以上2011年的制度。新制度第四条规定，监事会成员一般为5—7人，由股东代表监事、专职监事和职工代表监事组成，其中职工代表监事比例不低于三分之一。股东代表监事由股东派出。职工代表监事由公司职工通过职工代表大会、职工大会或者其他形式民主选举产生。专职监事是指按照规定程序从社会公开选聘、在公司专门担任监事的人员。任期内不在任职企业担任其他职务，不在任职企业之外的其他单位任职。专职监事由股东协商提名，股东会决定聘任和解聘。

山东兖矿集团是山东省开展监事会“外派内设”模式试点的第一批单位。兖矿集团监事会隶属山东省省管企业第二监事处，该监事会共有5名成员，包括公务员监事、专职监事和企业职工监事。公务员监事与专职监事合称外派监事。其中，公

---

① 上海如何推进国企改革？三年行动方案详解来了！［EB/OL］.（2021-01-07）［2022-06-06］. https://mp.weixin.qq.com/s/b2bSPhGLcavPI6JkNeEOCQ.

② 方卫英，王春红．守好“红色根脉”下好全省国资国企“一盘棋”［EB/OL］.（2021-07-13）［2022-06-06］. https://mp.weixin.qq.com/s/d9AGtp9epbbwy4PotYshGw.

务员监事包括监事会主席和一名体制内监事；专职监事由省国资委按照规定程序通过社会公开选聘；企业职工监事由企业自己选举，属于兼职。例如，王笃平原为山东能源临矿集团财务部长，2016 年 2 月成为山东省省管企业专职监事，对兖矿集团和华鲁集团履行监督职责①。

2018 年，有一个朋友问笔者：银行的第一大国有股东持股 20%，监事会可以外派内设吗？回答是可以的。监事会是一样的，不一样的是外派监事的身份，其有一定的行政色彩，更加体现国有资产股东的身份。

（三）内派内设监事会

内派内设监事会，就是《公司法》下的监事会，其意自明。

外派内设、内派内设监事会的设立依据是《公司法》，适用于所有公司。在国有独资公司子企业层面、国有控股公司和国有参股公司只能实行内派内设、外派内设监事会，不能实行外派外设监事会。

二、监事会的专业委员会②

监事会可根据需要下设不同的专业委员会，以更加科学、专业地履行监督职责。在监事会内部设立各种专业委员会来履行各种职责，可以使监事会分工明确，职能得到充分发挥。同时监事会专业委员会的设立和良好运行可以帮助监事会形成议案并在监事会闭会期间发挥监事会的作用。

监事会设立各类专业委员会作为常设机构可弥补监事会自身专业性的不足，还可以更好地发挥外部监事的作用。监事会的监督评价工作，仅仅靠每年屈指可数的监事会会议是力所不能及的，而在大型的上市公司中经常性地召开监事会的全体会议又不现实。由此，设立监事会下属的各专业委员会，有利于提高监事会的工作效率，有效发挥其功能，推进监事会建设，使监事会职能得到更好的落实，进一步完善公司治理结构，规范公司运作。

《银行保险机构公司治理准则》（银保监发〔2021〕14 号）第六十九条规定：银行保险机构可以根据本公司情况，在监事会设立提名委员会、监督委员会等专门委员会。交通银行监事会很早就下设了三个专门委员会，包括履职尽职监督委员会、提名委员会、财务与内控监督委员会。据交通银行 2014 年股东大会资料，2014 年，监事会履职尽职监督委员会通过了《监事会关于董事会高级管理层 2013 年度履职情况的意见》《监事会及成员 2013 年度履职自我评价报告》。监事会提名委员会通过

---

① 吴玉华．好奇！兖矿监事会如何开展工作？［EB/OL］．（2017－05－29）［2022－06－06］．http：//mp. weixin. qq. com/s/MevI_5BOSA8b4BOS4yJncA.

② 监事会专业委员会也被称为监事会专门委员会。

了《2014 年年度监事会工作计划》《关于调整监事会专门委员会委员的议案》等 7 项议案。监事会财务与内控监督委员会通过了《2013 年年度报告》《2013 年年度财务决算报告》《2013 年年度利润分配方案》等 6 项议案。兴业银行也有类似的制度。

监事会的专业委员会不一定要求其身份是监事。2021 年 1 月，经重庆市律师行业党委同意，重庆市律协监事会设立了律工委监督委员会、财务监督委员会、专门委监督委员会、专业委监督委员会，专门负责开展对区县律工委、专门委员会、专业委员会和市律协财务工作的监督[①]。该协会下设的专门监督委员会由监事和非监事的律师委员组成。成员构成如下所示：

主　任：莫新耀（副监事长）

副主任：张幸（监事）

委　员：许杰（监事）、陈静（监事）、柯振强（监事）、侯睿敏（监事），刘鹏（非监事委员）、李欣（非监事委员）、李政（非监事委员）、张世刚（非监事委员）、张有超（非监事委员）、胡军（非监事委员）、程永昌（非监事委员）。

【知识链接】董事会专门委员会成员一定需要董事身份吗？

上市公司、银行保险机构董事会专门委员会成员必须是董事。

在上市公司董事会下设立由独立董事主持的审计、薪酬、提名等委员会是公司治理的重要构架。《上市公司治理准则》（中国证券监督管理委员会公告〔2018〕29 号）第三十八条规定：上市公司董事会应当设立审计委员会，并可以根据需要设立战略、审计、提名、薪酬与考核等专门委员会。专门委员会成员全部由董事组成，其中审计委员会、提名委员会、薪酬与考核委员会中独立董事应占多数并担任召集人，审计委员会中至少应有一名独立董事是会计专业人士。

银行保险机构董事会专门委员会成员也必须是董事。《银行保险机构公司治理准则》（银保监发〔2021〕14 号）第五十六条规定：专门委员会成员由董事组成，应当具备与专门委员会职责相适应的专业知识或工作经验。审计、提名、薪酬、风险管理、关联交易控制委员会中独立董事占比原则上不低于三分之一，审计、提名、薪酬、关联交易控制委员会应由独立董事担任主任委员或负责人。审计委员会成员应当具备财务、审计、会计或法律等某一方面的专业知识和工作经验。形成鲜明对比的是，《银行保险机构公司治理准则》（银保监发〔2021〕14 号）并没有对监事会下设委员会委员需要监事身份提出具体要求。

---

① 重庆市律协监事会设立四个专门监督委员会［EB/OL］．（2021－01－19）［2022－06－06］．https：//mp. weixin. qq. com/s/HrxsS－QyFVU14F3o4hiFzw.

上市公司、银行保险机构要求董事会专门委员会成员必须是董事，其目的是保证委员会成员的身份纯粹与权威，不足之处是资源不够。华为的董事会专门委员会，以董事为主体引入，包括高级业务主管、相关专家甚至监事，其好处是资源丰富、便于开展工作，值得借鉴。

2021年11月17日晚上，笔者从华为的官网上看到，华为的董事会下设人力资源委员会、财经委员会、战略与发展委员会和审计委员会，根据董事会的授权进行运作①。董事会成员共17名，由持股员工代表会选举产生并经股东会表决通过。

华为董事会成员包括②：

董事长：梁华

副董事长：郭平、徐直军、胡厚崑、孟晚舟

常务董事：丁耘、余承东、汪涛

董事：徐文伟、陈黎芳、彭中阳、何庭波、李英涛、任正非、姚福海、陶景文、阎力大

候补董事：李建国、彭博

董事缺位时，由候补董事依次递补。2020年11月赵明辞任候补董事职务。

华为董事会人力资源委员会成员共15名，由董事、高级业务主管和资深人力资源专家组成，主任为胡厚崑，成员为郭平、徐直军、徐文伟、李杰、丁耘、孟晚舟、梁华、李英涛、李今歌、邹志磊、阎力大、易翔、汪涛、马箐箐。我们注意到，其中李英涛、李今歌、邹志磊、阎力大、易翔、汪涛、马箐箐都不是公司董事。

华为董事会财经委员会由15名成员组成，采用“董事+专家”的结构任命，主任为郭平，成员为徐直军、胡厚崑、徐文伟、李杰、丁耘、孟晚舟、梁华、易翔、邹志磊、阎力大、姚福海、宋柳平、彭求恩、江西生。

华为董事会战略与发展委员会共15名，由董事、高级业务主管和相关领域资深专家组成，主任为徐直军，成员为郭平、胡厚崑、徐文伟、李杰、丁耘、孟晚舟、余承东、李英涛、梁华、邹志磊、阎力大、汪涛、王盛青、张顺茂。

华为董事会审计委员会成员共10名，由监事、董事和相关专家组成，主任为梁华，成员为周代琪、任树录、李建国、尹绪全、田峰、宋柳平、易翔、李

---

① 华为公司治理［EB/OL］.［2021-11-07］. http://www.huawei.com/cn/about-huawei/corporate-governance/board-committees? from=groupmessage&isappinstalled=0.

② 华为董事会［EB/OL］.［2021-11-07］. https://www.huawei.com/cn/corporate-governance? from=groupmessage&isappinstalled=0#board-of-directors.

今歌、惠椿。

总之，董事会专业委员会一般包括提名委员会、薪酬委员会、审计委员会、战略委员会①等。各公司根据发展需要有的还设置了公共政策委员会、投资委员会、技术委员会、环境、健康和安全委员会等。但是，这并不是意味着所有公司的董事会都需要下设一应俱全的专业委员会。各家公司完全可以从己而发，因地制宜。

监事会下设专业委员会也是同样的逻辑：不为设而设。

三、监事会办公室的“三办五管”

1999 年 10 月，中国石油天然气股份有限公司发起设立的同时成立监事会，4 个月后成立监事会办公室。此后，该公司建立了监事巡视制度：不定期对项目进行专项审计和审查，做好监事工作常态化管理；制定了公司监事履职管理办法，编制《工作手册》，实现标准化、规范化和程序化；开展了财务抽样调查、监事巡视、专项调查、专题工作研究、审阅公司财务报告、召开听证会、召开监事会会议、列席董事会会议和列席总裁班子会议等九种工作方式。在这个过程中，监事会办公室起到了较为重要的作用。

整体来看，单独成立监事会办公室还不普遍，监事会办公室设在哪个部门也五花八门。以 21 世纪 10 年代上海国资委下属企业为例，上海汽车监事办与党办合署办公，党办主任兼任监事办主任；上海电气监事办与审计室合署办公，审计室主任兼任监事办主任；上海机场监事办与法务审计部合署办公，主任由法务审计部兼任，设副主任一名。

2021 年，山东省农村信用社联社指导各农商银行按照“机构独立、人员独立、经费独立、考核独立”的原则，设立监事会办公室。设立条件为：工作人员至少 3 人，择优从信贷、财务、风险、审计等部门选拔，人员调整须事先征得监事会同意；

---

① 这些委员会的职责一般是由公司章程规定的，主要职能定位如下：

（1）审计委员会。审计委员会作为最重要的专业委员会，负责检查公司会计制度及财务状况、考核公司内部控制制度的执行、评估并提名注册会计师、并与会计师讨论公司财务问题。为贯彻审计委员会的专业性及独立性，审计委员会通常由具备财务或会计背景的外部董事参加。

（2）提名委员会。提名委员会研究董事、经理人员的选择标准和程序并负责建立提名过程程序；负责提交有关董事会的规模和构成方案；负责向董事会推荐候选董事和高级管理人员。

（3）薪酬委员会。薪酬委员会研究董事与经理人员考核的标准；研究公司高级管理人员的薪酬事项和制定一揽子特定薪酬政策，以能够吸引、留住和激励公司高水平的董事。同时薪酬委员会应就公司有关董事报酬的政策及发给董事的股份选择权的相关信息予以揭露，做成报告书，并作为公司年报的一部分，提交股东大会。

（4）战略委员会。战略委员会对公司长期发展战略、重大投资决策、重大投融资项目及决策、年度预算和决算进行研究并提出建议，强化董事会的战略决策功能。对其他影响公司发展的重大事项进行研究并提出建议。

设置专项经费，用于监事会及其办公室履职；由监事会制定监事会办公室考核办法并组织实施，考核不与业务指标挂钩，不与其他部门一同开展履职评价。这一年，全省监事会办公室共有专职人员 340 名，整体素质相对较高①。

上市公司必须设董事会秘书，非上市公司设董事会秘书也司空见惯。在监事会办公室中，设监事会秘书岗位目前还不多见，但也得到一些企业的重视。某汽车制造公司与外资企业在北京设立合资公司，外资股东持股 51%，该汽车制造公司持股 49%。外资大股东坚持专职的董事会秘书兼任监事会秘书，中方小股东则希望委派兼职的监事会秘书。显然，董事会秘书兼任监事会秘书是不合适的。是否设立专职的监事会秘书取决于监事会在公司中的价值、地位和工作量。

监事会办公室的职责有：（1）拟定监事会各项工作制度、管理办法、议事规则、监事会各专业委员会实施细则；（2）负责监事会各项会议的筹备组织；（3）负责起草监事会及各专门委员会会议的文件报告及资料，拟定监事会的会议记录及纪要；（4）负责与有关业务部门的沟通联系，及时传达监事会的意见与建议；（5）负责与监事会成员保持联系，及时向监事会成员传达、提交本行重大事项、董事会决议、业务运行情况及有关报表等信息资料；（6）负责监督董事会各项决议的落实情况；（7）完成及协助监事长交办的其他工作。

简单来说，监事会办公室负责具体落实公司监事会的规范化、体系化建设，工作职责提炼为三办、五管（见图 4－1）。

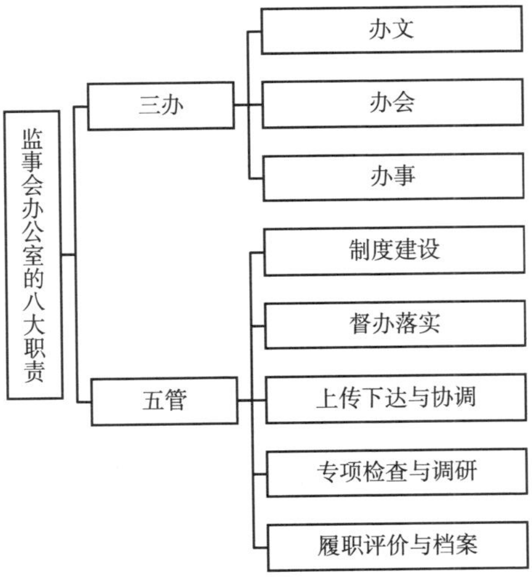

图 4－1　监事会办公室的“三办五管”

---

① 山东省联社．监事长全部担任党委副书记，独立设置监事会办公室，人员至少 3 人．中国农村金融，2021（19）．

（一）办文

监事会办公室负责起草监事会及各专门委员会会议的文件报告及资料，拟定监事会的会议记录及纪要。此外，还可能包括：根据监事会的要求，编制工作简报，起草工作函、监事会的年度工作计划、监事会实施现场检查的计划和方案，并根据工作需要，对公司的相关状况进行分析。

文稿起草是个良心活，用没用心、有没有水平一眼就能看出来，第三章讲述了监事的三大基本功之一就是文字能力，第六章我们还将专题讨论如何写好监事的工作文件。

身在兵位、胸为帅谋。某些高水平的领导会亲自写重要的文件稿，但毕竟不多。况且，领导的时间有限，不可能所有的文件都由自己起草。因此，监事会办公室工作人员要有写好各种文件的能力，要善于站在领导的角度去思考问题、谋划工作。文稿起草工作，要着重于出思路、出观点、出真招，力求与领导思路产生共鸣，合拍共振，使文稿成为服务领导决策的“直通车”。

（二）办会

负责监事会各项会议的筹备组织。例如，监事会办公室为监事会列席公司会议进行必要的沟通；根据监事会的要求，负责提出监事会会议议题，并报监事会主席确定；根据监事会主席确定的会议议题，安排会议议程，通知全体监事及相关人员，准备会议文件，组织安排会议程序，负责会议记录及会议决议、纪要的起草工作。某公司监事会建立每周一次的企业监事会主席例会制度，监事会办公室还负责组织监事会主席例会。第五章将详细讨论监事会的会议组织，此不再赘述。

（三）办事

监事会办公室要完成及协助监事会主席（监事长）交办的其他工作。无论是办文、办会，还是办事，都要先考虑符合监事会主席的精神、领导的意图，如果做不到这一点，即使花再大力气，做了再多的工作，也是徒劳无益。

话能说到对方心坎上，事也能办到对方心坎上的人，无论在职场、官场、情场都受赏识，并且有良好的人际关系和前途。要想办好事情，就要做到常想大事盯要事、乐做小事勤记事、协调难事不误事。

1. 常想大事盯要事

为领导出谋划策，就要站在领导的角度，通盘考虑全局，想领导之所想，思领导之未思。多读、多走、多看、多听，才有可能想出好思路、好点子、好主意。注意把一些切实可行的思路、主意引入领导视野，写入领导的讲稿，进而转换成为领导决策的成果。

此外，还要注重把握政策变化的大趋势。从新闻联播、每年两会的总理工作报告、国资管理政策、上级指示精神、重要会议以及政策文件中捕捉具有时代气息的关键词；对监事会工作中带倾向性、苗头性的问题敏锐反应，不断增强工作的预见性；注重长计划短安排，每年、每个阶段要做的工作、开的会议、搞的活动，都要提前通盘考虑和统筹安排，不断提高应对水平。

2. 乐做小事勤记事

作为监事会办公室人员，既要能为监事会主席出谋划策，又要善于做小事、乐于做小事。只有把一件一件的小事做好了，才会具备做大事的基础和条件。办公室的工作头绪多、不好做，也非常考验、锻炼人。每天要处理的大事很多、小事量大、杂事应接不暇，多主题、多头绪、多任务穿插进行，人来人往、文来文往、电话不断。因此，要分清轻重缓急，明确时限要求，快事快办、急事急办，对重要事项应在第一时间抓好落实，即使自己当时没有时间，也应安排办公室其他工作人员落实好相关工作。

切忌工作中粗心大意、丢三落四，有时细节上的一个疏忽，就有可能酿成工作上的大错。马虎大意、容易忘事，就很容易误事。例如，文稿出来不及时，延误了时机；文稿质量较差，错字、漏字及词不达意，体现不出领导的水平；语义表达不准确，出现方向性错误；数据不真实，日期不相符等，这些问题一旦出现，轻则受到批评，重则酿成大错，造成不可估量的损失。2007 年初冬，笔者在中国某工程公司担任办公室主任，恰逢上一级中央企业新上任的总裁需要物色一位秘书。笔者的下属小张进入上一级中央企业总裁办公室主任的候选视野。这位总裁办主任对秘书的挑选非常严格，专门来问笔者“小张人品如何，表现如何”。笔者记忆最深的一个细节是，这位总裁办主任反复问笔者，小张是否有爱忘事的毛病。笔者回答，小张表现不错，也没有爱忘事的毛病。后来，小张成功入选。十余年以后，小张已成为一位营业收入达 500 亿元的公司副总经理了。如果，小张有爱忘事的毛病，他就可能与这个人生中的重大机会失之交臂。

3. 协调难事不误事

在职场上、生活中，我们不怕出现难事，怕的是难事出现后没有正确的方法去应对。难事是照妖镜，也是成功的阶梯和垫脚石。

大事难事看担当，逆境顺境看襟度。2013 年 6 月，习近平总书记在《在全国组织工作会议上的讲话》中指示，干部成长是有规律的，年轻干部从参加工作到走向成熟，成长为党和国家的中高级领导干部，需要经过必要的台阶、递进式的历练和培养。对那些看得准、有潜力、有发展前途的年轻干部，要敢于给他们压担子，有计划安排他们去经受锻炼。这种锻炼不是做样子的，而应该是多岗位、长时间的、没有预设晋升路线图的，是要让年轻干部在实践中“大事难事看担当，逆境顺境看襟度”。

要形成一种风气，年轻干部都争先恐后到艰苦岗位、到基层去，并以此为荣。

解决难办的事情，往往需要群策群力、需要动用相关资源甚至上层资源才能解决，这就需要监事会办公室人员有很强的协调能力。在难事的协调过程中，力求在最短的时间内把有价值的信息提供给领导，多下“及时雨”，不放“马后炮”。

（四）制度建设

根据监事会的安排，监事会办公室应草拟监事会各项工作制度，包括监事会的各种管理办法、议事规则、实施细则等。本章第四节将详细讨论。

（五）督办落实

工作成果闭环运行是监事的重要工作，跟踪督办落实是监事会完成任期责任目标、保证监事制度连续发挥作用必不可少的重要工作方式。某中央企业总裁办公室有一项很好的工作内容：每半年将在各种会议上布置的工作和没有及时完成的工作梳理一遍，形成简明扼要的表格，用公司内部电子邮箱非正式地发到各个关键部门及公司各级领导。这项工作大大推动了一把手的权威和公司的办事效率。

监事会办公室每一个年度开始都要对上年度本监事会或者上一届监事会提出的重大揭示问题安排后续跟踪检查，直至问题得到彻底解决。

监事会办公室负责监事会决议、计划的落实和督办工作，并将监事会决议的落实情况报告监事会主席；对整改细节作实质性、复核性测试，掌握实施效果；负责监事会提出的监督和整改建议的后续跟踪反馈情况。

监事会办公室还可以汇总梳理集团董事会提出的要求、党内巡视巡查发现的问题、各种审计提出的问题，要求经营班子及时整改。这些工作的意义在于，对公司各方关注的重点有一个问题地图，做到胸有成竹。

监事会办公室梳理需要落实问题的方法可以是一个表格，也可以是一个正式的函件。形式多样，不拘于形式。

【案例】××公司督办函

督办函

××监办〔2022〕×号　签发人：

关于×××的督办函

××公司/部门：

按照监事会关于加强对重大决策和重要工作部署贯彻落实情况进行督查督

办的要求，现对某年某月某日公司监事会联席会议议定事项（详见附件一）的落实情况进行重点督办。

请按照会议议定事项的时间节点，采取强有力措施，确保按期完成任务，将议定事项落实进展情况形成书面材料（对照附件内容逐条回复，主要包括完成情况、存在的主要问题和下一步工作打算，注明联系方式）。

务必于××年××月××日前将工作进度（含电子稿）报送监事会办公室。联系人：×××　邮箱：××××

监事会办公室

年　月　日

（六）上传下达与协调

1. 公司内部的交流

监事会办公室负责与监事会成员保持联系，及时向监事会成员传达、提交本公司重大事项、董事会决议、业务运行情况及有关报表等信息资料，在监事和公司之间建立信息沟通渠道，包括监事会与公司各部门、各分支机构的交流，监事会办公室与公司董事会办公室、党委办公室、总裁办公室保持沟通情况；负责对监事会的来信来访工作，会同有关部门研究并提出处理意见和建议；了解并反映董事会对公司章程、股东代表大会和临时股东代表会议决议和国家有关法律、法规、政策的执行情况。

2. 公司外部的交流

监事会办公室负责监事会与各股东单位、相关政府机构、其他单位，以及相关行业主管机构的交流，如与证券业、金融业及上市公司监事会的交流，定期或不定期组织相关活动，促进监事会的工作；按照相关部门要求及时、准确提报各类报表、报告、数据等信息；负责协助监事会做好公司审计、合规等内控部门各项报告和检查专项工作信息采集。

协调能力的重要性人所共知，这里用一个案例来阐述如何做好跨部门协调。

【案例】跨部门协调

2018年7月，因为跨部门沟通不顺畅，笔者火冒三丈，另两位当事人也内心不爽。发生了什么？

七月的北京骄阳似火。这一天下午，A集团公司（一级央企）的处长找到B公司（二级央企）战略部，要求一天之内提供“B公司全资所属大连子公司

（三级央企，以下简称大连子公司）的退休人员社会化的情况说明”。B公司战略部×主任接到电话，把任务交给笔者，说此事归人力资源部管，让笔者找B公司人资部经办员工郭女士。

笔者当时的感觉是，战略部×主任应该第一时间推辞不属于自己部门的事项。如果是笔者首接集团公司处长的电话，笔者会让集团公司处长直接找B公司人力资源部领导。因为这样对集团公司处长而言，更有效率。

但是，事已至此，恭敬不如从命。笔者随后电话B公司人力资源部郭女士。郭女士干事向来很痛快、很麻利，马上找到了大连子公司的经办会计。经办会计是个女同志，在公司资历很深，还有一年就要退休了。经办会计说忙，没有时间及时准备这个资料。郭女士跟笔者反映后，笔者立刻向集体公司的处长争取了时间，约定“交稿期”推迟到第三天。

时间过得很快。第三天，笔者按照约定的时间，找郭女士要结果，郭女士说大连子公司的经办会计没有按时完成任务。不仅如此，这个经办会计还一通说忙，并埋怨给他们添麻烦了。笔者当时就火了，马上与大连子公司领导、B公司人力资源管理部领导打电话：大连子公司会计可以推辞任务，但不能言而无信。大连子公司领导、B公司人力资源部领导介入这个事情以后，经办会计很快完成了这个报告，上交集团公司处长了。

事后反思，这里的沟通方式是有问题的。首先，笔者不应越过其他部门领导，向其他部门员工布置非日常工作任务，应该先找人力资源部领导，由人力资源部的领导向郭女士布置任务。其次，郭女士也不应该越过大连子公司领导直接找大连公司会计要材料，而应该找大连子公司领导要材料，由大连子公司领导再布置给经办会计。

值得注意的是，如果是布置日常的工作任务，如跨部门索要每个月的统计数据，可以越过其他部门领导，向其他部门的一般员工直接布置。因为，这样可以提高效率，也不会导致相关领导信息不充分。

（七）专项检查与调研

根据公司的工作需要和总体安排，协助公司监事进行公司系统实地调研。草拟监事会现场检查的计划和方案，配合组织监事会日常监督检查工作。

监事会办公室可根据监事会委派，对监事会提出的相关专题（如内控、合规）进行调研，并提交相应的调研报告，供监事会和公司领导决策参考。该项工作也可由公司统一协调，与其他相关部门合作完成。

（八）履职评价与档案

监事会办公室负责组织监事出席、列席有关会议，对董事、高级管理人员日常履职行为进行监督；建立监管资料数据库，完善履职档案。以公司信息管理系统为基础，建立监事会办公室的信息档案管理系统。

监事会办公室负责实施履职评价，制订年度董事、高级管理人员履职评价方案并按照相关法律及内部制度要求，履行履职评价程序。例如，江苏张家港农商银行监事会办公室完善监事履职机制，建立健全履职档案，对监事日常参会、驻行时间、调研成果、所提意见建议等及时做好记录，作为监事年度履职情况评价的依据。又如，某公司监事会建立起监管资料数据库，专人负责、分类归集、及时分析、动态跟踪、不断补充、准确有效。重点关注董事会会议、经营班子或经理办公会等会议记录和决议，企业半年、年度工作计划、总结各类重大决策的资料；企业财务状况和经营成果的有关资料信息，三张报表以及对主要财务指标异常的说明；专业监督部门以及政府监督部门如财政、审计、检查、税务、工商、国资部门提供的问题信息；监事会各项报告及集团领导的批示。

四、从内审管理权和外审聘任权看监督的层次性

著名管理学家郑海航曾到某央企调研，以完成《国有独资公司和国有控股公司董事会与监事会关系研究》。

座谈时，该公司董事长说：“你们搞管理理论研究的，能否回答我一个问题，决策与监督是怎样的关系？监督是含在决策职能当中，还是独立的职能？”

因为该公司总经理认为：董事会就是做决策的，决策完以后看结果和效果就行了，不要总是在执行过程当中问这问那，一会儿检查、一会儿监督、一会儿听取汇报、一会儿审计。要监督，监事会不就是在履行监督职能吗？郑海航事后谈及此事说，说实话，当时实在无法回答这个问题。笔者认为，监督是有层次的，监事不是一个人在战斗。一个公司中，很多部门和岗位都有监督职能。从股东会、董事会到经营层、审计与风险管理部、党委、工会都有监督职能。而董事会与监事会的监督职能又何有区别呢？

其一，监事会的监督和董事会的监督在很多情况下是一致的，如对经理层的监督就是一致的。也就是说，董事会需要监督经理层，监事会也要监督经理层。不同的是，监事会另外还有监督董事会的职责。

其二，监事会对经理层的监督是全面的监督，包括：检查企业贯彻执行有关法律、行政法规和规章制度的情况；检查企业财务，查阅企业的财务会计资料及与企业经营管理活动有关的其他资料，验证企业财务会计报告的真实性、合法性；检查企业的经营效益、利润分配、公司资产保值增值、资产运营等情况；检查企业执行者的经营行为，并对其经营管理业绩进行评价，提出奖惩、任免建议。而董事会对经理层的监督权来源于董事会的决策权，所以，董事会对经理层的监督只限于执行

情况的监督，主要包括：经理层是否认真执行董事会决策；对决策执行进度和深度的监督；对决策执行过程中的资源使用情况的监督，如资金使用、公司资产的保值增值，以及劳动合同法的执行等。

当然，可能有人不同意这个观点，而是认为董事会审计委员会甚至可以取代监事会对经理层进行全面的监督。

监督的层次性，从“内部审计的管理权”“外部审计单位聘任权”中可见一斑。例如，公司审计的管理、聘任权就五花八门，有的公司由高管决定，有的则是董事会、董事会专门委员会或者股东大会决定。总而言之，不同的决策体现了不同的监督管理理念，即该部门为谁服务。

（一）公司内部审计的管理权

公司的内部审计一般由经营层管理、董事会管理和监事会管理三种情况。

1. 经营层领导公司内部审计

在我国，一般由公司管理层领导和组织内部审计工作，内部审计从事的工作是为经营管理服务，是管理层的耳目。

内部审计部由经营班子管理或由副总裁管理是普遍现象，体现的管理理念是，监督部门为总经理服务。内部审计部门隶属管理层，但又要对管理层进行监督，使内部审计难以保持独立性。就需要一个独立于管理层的机构来对管理层工作进行监督和控制。

这种监督的最大问题是，谁来监督总经理？解决之道是外加控股股东的审计来约束总经理，即可以通过上一级公司的内审部门的审计以及上一级人力资源管理部门的履职评价来解决对本级的董事长、总经理监督不足的问题。这也是中国公司治理、集团管控的一个特色。

例如，北京有一家公司的内部审计部由财务总监管理。这个公司的上级单位（一级央企）对此提出了质疑，也多次对此提出整改意见，并影响了该公司的年终考核。如果从“监督是为总经理服务”这个理念出发，财务部和审计部由一个领导主管的设置是成立的。但是，如果监督是为董事会服务的，这样设置就有问题，毕竟财务部是审计部重点监督的领域。

更有意思的是，有一家公司的审计部是由经营班子管理，但内审部的年度工作计划需要由董事会来审定。

2. 董事会领导公司内部审计

《上市公司章程指引》（中国证券监督管理委员会〔2019〕10号）的制度思想是，董事会管理内部审计部门，但外部的会计师事务所的聘任权属于股东会，监事会对董事会出具的报告进行审核。该制度第一百五十七条规定，公司内部审计制度和审计人员的职责，应当经董事会批准后实施。审计负责人向董事会负责并报告工作。第一百四十四条规定，监事会应当对董事会编制的公司定期报告进行审核并提出书面审核意见。

银河证券、中国国际金融股份有限公司（以下简称“中金公司”）、哈尔滨银行都是这种类型。银河证券公司组织结构如图 4 -2 所示。

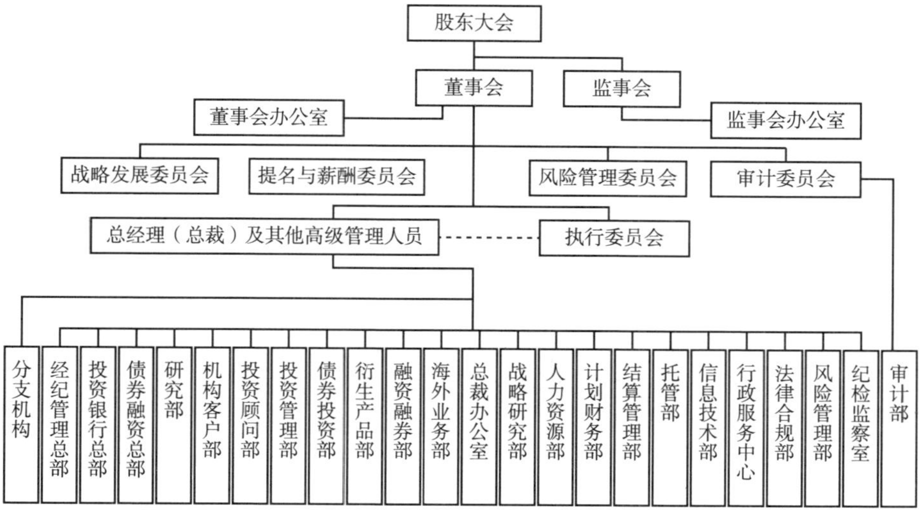

图 4 -2　银河证券公司组织结构

2015 年，中金公司在香港联交所主板成功挂牌上市。作为上市公司，中金公司的《公司章程》和各委员会的工作规则的制度原文，可以从该公司官网（https：//www. cicc. com/column/653/）查阅。

中金公司董事会不仅有战略、薪酬、提名与公司治理、审计、风险控制、五个专业委员会，还直接管理董事会办公室、合规管理部和内部审计部等三个部门，有着更高的话语权。

尽管中金董事会直接管理着内部审计部，但是中金公司的《公司章程》约定，“中金公司监事会包括三名监事，职责包括审阅董事会编制的财务报告及利润分配方案及监察本公司的财务并监督董事及高级管理层成员的表现。必要时，彼等亦有权聘请注册会计师及执业审计师对本公司的财务数据进行再次审计”①。这也是《公司法》赋予监事会的权利。

哈尔滨银行董事会不仅管理了四个委员会，还管理了内审部、“村镇银行管理总部”“投资管理办公室”等部门。需要说明的是，董事会的“提名及薪酬考核委员会”与监事会的“提名委员会”不同，监事会的提名委员会负责监事的提名资格

① 中金公司监事会．［2022 -06 -06］．https：//www. cicc. com/column/263/.

管理。哈尔滨银行的组织结构如图 4－3 所示。

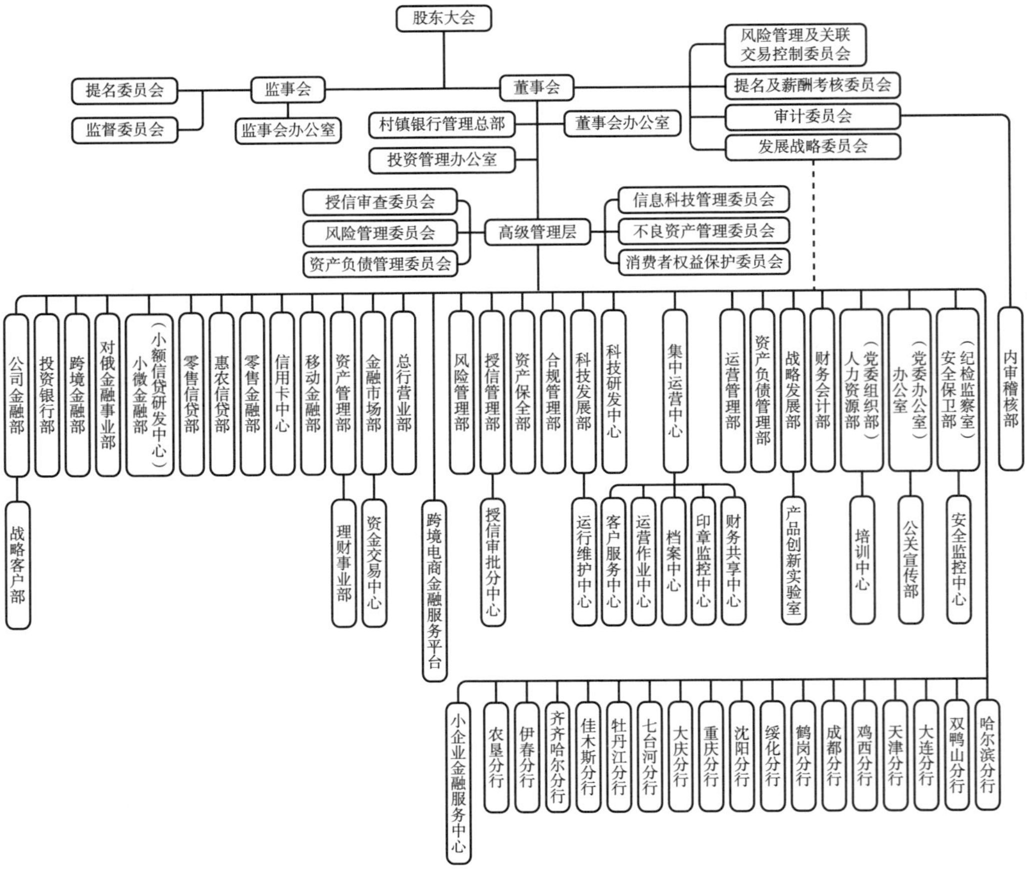

图 4－3 哈尔滨银行组织结构

目前，由董事会审计委员会管理公司的内外部审计及内部控制是比较常见的。董事会审计委员会是董事会下属的一个专门委员会，一般由 3—5 名非执行董事组成。审计委员会主要在财务报告和内外部审计、内部控制三个方面履行其职责。

（1）财务报告。主要职责包括：复核年度已审计财务报告；先行检查中期财务报告，对上市公司的季报编制进行监督；复核其他财务报告和董事会报告；检查公司所有重要的会计政策，对重大的变动和疑问之处加以报告，并随同年度报告向外界披露他们对财务报告公允性的看法。

（2）内外部审计。主要职责包括：聘请或更换外部审计机构，讨论外部审计的范围、程序和计划，核查审计结果；领导内部审计，具体工作为：任命及撤换内部审计负责人，核准内部审计章程，复核内部审计部门的组织形式，审查内部审计部门的工作计划及执行情况，复核内部审计人员的素质及训练情况，复核审计结果等。

传统上，企业内部审计职能可以分为监督、评价、控制和咨询四项。

（3）内部控制。通过内部审计职能，监察关键的财务风险及经营风险领域，审查内部控制制度的公允性与有效性；对重大关联交易进行审计，监督外部审计和内部审计关于内部控制方面建议的执行，评价员工和管理当局欺诈的可能性，评价公司的行为守则遵守情况等。

3. 监事会领导公司内部审计

《上市公司治理准则》规定，监事会有权向股东大会提议公司外部审计机构。

中信建投公司监事会建立各种专门委员会，同时监事会管理稽核审计部（见图4－4）。这种监事会直接管理内审部门的现象并还不多，却是笔者主张的方向。

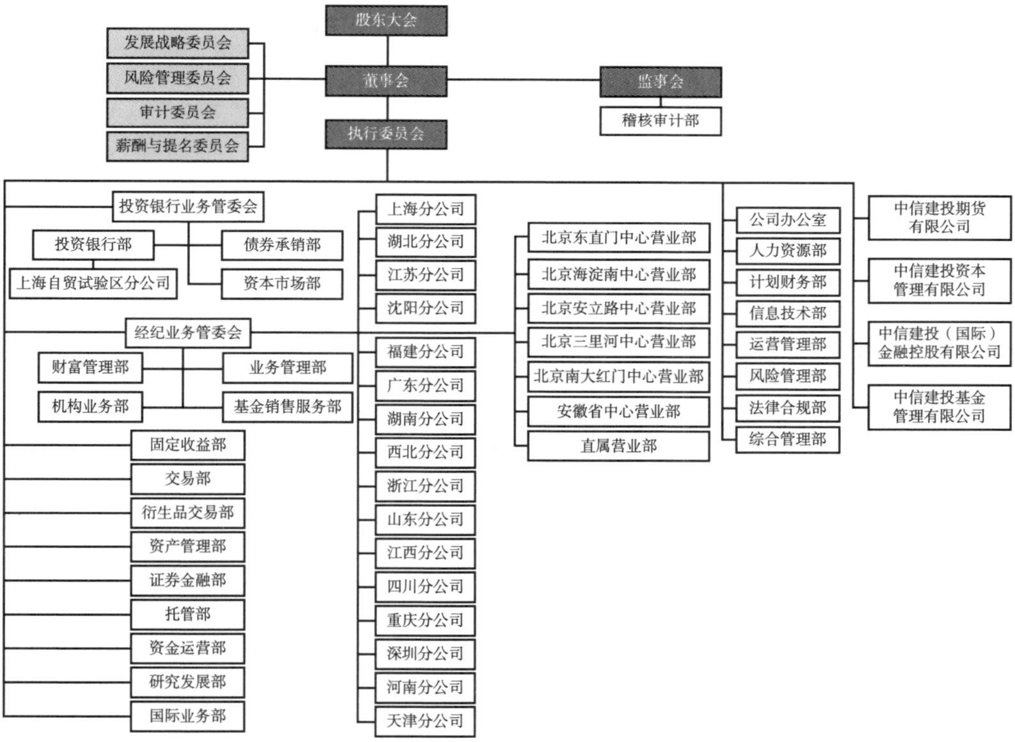

图4－4　中信建投公司组织结构

兖州煤业是一家上市公司，坚持强化监事会对内外部审计的管理权，并一直探索将上市公司外部审计机构的提名权单独授予上市公司监事会，建立内审部向监事会负责的制度和公司管理层向监事会重大事项报告的制度。

在此探索中，兖州煤业监事会也有两大困惑：一是经费不足。董事会有强大的委员会、董秘办，有执行机构——经营班子，而监事会虽然有外部审计的聘任权，却缺乏固定的经费预算，且预算审批需要一定的程序，导致监事会开展这类工作的主动性和积极性不够。其二，人手不够。兖州煤业6名监事中，4名是股东监事，另外2名是职工监事，基本由控股股东党务、纪检、工会等相关领导或者中层干部担任，全部为兼职，精力不够，还有些监事对公司情况缺乏了解。最后，他们建议设一名执行监事兼任监事会秘书①。

值得一提的是，公司的内部审计部主任，如果由两个上级领导同时管辖，就容易引发矛盾。例如，湖南有一家公司，其纪委书记主管法务审计部、监察室，并把监事会办公室设在党委办公室。但是，法务审计部主任是职工监事，必然也接受监事会主席的领导。一天，监事会主席制订年度工作计划，要求法务审计部进行某项工作时，纪委书记以其为该部门主管领导为由阻挠。这个监事会主席很困惑，向笔者诉苦。笔者建议，从根本上解决这个问题，应该由监事会主席兼纪委书记，主管法务审计部，法务审计部主任担任职工监事；临时性解决这个问题，可以召开公司监督部门联系会议或者由更大的领导来协调。

（二）外部审计聘任权在股东会、监事会还是董事会

2003年12月，笔者在埃塞俄比亚首都亚的斯亚贝巴与埃方律师葛他秋草拟一个新设合资公司的公司章程（这件事情上了当地重要报纸）。该公司是当时埃塞俄比亚最大合资公司。葛他秋是法学博士，比笔者年长几岁，时任埃塞俄比亚某部委法律部主任，后为埃塞俄比亚亚的斯亚贝巴大学法学教授。笔者与葛他秋一直保持友谊至今。当时，葛他秋根据埃塞俄比亚法律要求，坚持外部审计由公司股东会来聘任，不同意授权给董事会，笔者对此并不是很理解。

根据我国《公司法》（2018年修订）第三十七条、第四十六条规定，有限责任公司的股东会、董事会职权均不包括外部审计机构的聘任权。同时，《公司法》（2018年修订）第一百六十九条规定，公司聘用、解聘承办公司审计业务的会计师事务所，依照公司章程的规定，由股东会、股东大会或者董事会决定。

在《公司法》的基础上，我国上市公司、银行领域的法律法规将外部审计机构的聘任权直接赋予了股东会。《上市公司章程指引》（中国证券监督管理委员会公告〔2019〕10号）第一百五十九条规定，公司聘用会计师事务所必须由股东大会决定，董事会不得在股东大会决定前委任会计师事务所。《银行保险机构公司治理准则》（银保监发〔2021〕14号）第四十四条规定，银行保险机构董事会职权至少应当包括提请股东大会聘用或者解聘为公司财务报告进行定期法定审计的会计师事务所。可见，在我国银行保险机构中，股东会拥有公司法定审计会计师事务所的聘任决定权，董事会只是有相关的提议权。

① 中国上市公司协会．上市公司监事会最佳实践案例［M］．北京：中国财政经济出版社，2017.

笔者认为，根据我国实际情况，将“提议聘请和更换承办公司审计业务的会计师事务所”的职权赋予监事会更具现实性。因为，与英美制度不同，我国监事会与董事会并行，董事会本身就是重要的被监督对象，而且监事会对公司决策过程完全超脱，这使得监事会聘请的外部审计师能更好地保持独立性。

值得一提的是，《公司法》（2018 年修订）第五十四条赋予了监事一个权利——“监事会、不设监事会的公司监事发现公司经营情况异常，可以进行调查；必要时，监事会可以聘请会计师事务所等协助其工作，费用由本公司承担”。也就是说，即使监事会没有外部审计单位的聘任决定权，外部监事也有权在必要时，直接聘请外部审计机构进行审计监督。笔者注意到，一些法院的判例表明，监事会这个权利的使用是有前提条件的。也就是说，监事会发现了公司经营情况异常，才有权直接聘请会计师事务所等协助其工作。

第二节　监事的人数、提名任免

监事有股东监事、外部监事和职工监事。对于国有企业大型重点企业，股东监事由政府机构委派，也称为外派监事。以下重点分析外派监事和职工监事。

一、监事会的人数

在做好监事会组织与制度建设的同时，必须切实把监事会队伍建设作为重中之重。形式上的组织和制度是非常不够的，只有建设一支懂业务、善于实务，有素质、有能力、有担当、有作为，勇于直面和揭示问题的监事会工作队伍，才能不负出资人和股东（实控人）的重托，更好地履责。为此，要从“选好、培育、用好、稳定”这四个环节入手，持续关注并抓好监事会队伍建设。

《公司法》（2018）未规定监事会的上限人数，但对监事会下限人数和结构做了限制：有限责任公司设监事会，其成员不得少于 3 人；股东人数较少或者规模较小的有限责任公司，可以设 1—2 名监事，不设监事会；股份有限公司设监事会，其成员不得少于 3 人；国有独资公司监事会成员不得少于 5 人。有限责任公司、股份有限公司、国有独资公司监事会中职工代表的比例不得低于三分之一，具体比例由公司章程规定。

《公司法》（2018）还规定，有限责任公司监事会设主席 1 人，由全体监事过半数选举产生。股份有限公司监事会设主席 1 人，可以设副主席。监事会主席和副主席由全体监事过半数选举产生。

中山大学管理学院舒伟博士 2016 年曾做过一个调查，对中国 13348 个上市公司样本进行统计，发现监事人数最少的是 1 人，最多的是 21 人，中位数是 5 人。2016 年，上市公司监事人数排名如表 4－1 所示①。

表 4－1　　2016 年中国上市公司监事会人数排名

序号	证券代码	公司简称	监事总人数	非职工监事	职工监事
1	000046	泛海控股	17	12	5
2	002500	山西证券	13	9	4
3	600837	海通证券	12	7	5
4	601328	交通银行	12	8	4
5	601818	光大银行	11	7	4
6	600936	广西广电	11	7	4
7	601000	唐山港	11	7	4
8	600015	华夏银行	11	7	4
9	600016	民生银行	11	8	3
10	000792	盐湖股份	10	7	3
11	601375	中原证券	10	6	4
12	600549	厦门钨业	10	7	3
13	600881	亚泰集团	10	7	3

泛海控股的监事会实力很强。从专业上看，监事学历高、经历丰富，超过半数监事拥有金融、财务、风控等方面专业背景或工作经验。从职能上看，监事会承担了风险控制、审计监察等职能；定期发布《泛海控股简讯》《泛海控股信息发布（微信企业号）》《上市公司监管信息月报》；走访重点业务平台企业，动态掌握公司旗下各产业和业务的运作结构和经营态势，着重对公司核心产业布局、管理运营情况和市场格局进行调查研究；对公司制度优化工作提出建设性意见等。

在中山大学管理学院舒伟博士 2016 年的调查中，上市公司董事会人数排名如表 4－2 所示。

表 4－2　　2016 年中国上市公司董事会人数排名

序号	证券代码	公司简称	董事总人数	独立董事	董事
1	002142	宁波银行	18	12	6
2	600015	华夏银行	18	12	6
3	600260	凯乐科技	17	11	6

① 金祥慧．董事会、监事会里那些有趣的数字［EB/L］．（2017－08－02）［2022－06－08］．http：//mp. weixin. qq. com/s/8tkd9wRVZwOd__ijkAmUkg.

续表

序号	证券代码	公司简称	董事总人数	独立董事	董事
4	600166	福田汽车	17	11	6
5	601699	潞安环能	17	11	6
6	601169	北京银行	17	11	6
7	000046	泛海控股	17	11	6
8	601777	力帆股份	16	10	6
9	601211	国泰君安	16	10	6
10	600936	广西广电	16	10	6
11	000099	中信海直	15	10	5
12	000729	燕京啤酒	15	10	5
13	000839	中信国安	15	10	5

从表 4－2 可以看出，董事人数最多的是 18 人，且上市公司董事会的人数可以是偶数，不一定必须是奇数。此外，独立董事占比大，超过 50%。

表 4－1 显示，监事会人数最多的是 21 人。如果一个公司的董事会达到 21 人，会有问题吗，答案是肯定的，因为董事会的人数是有上限规定的。我国《公司法》规定，有限责任公司设董事会，其成员为 3—13 人。股东人数较少或者规模较小的有限责任公司，可以设 1 名执行董事，不设董事会，执行董事可以兼任公司经理。股份有限公司设董事会，其成员为 5—19 人。

《公司法》（2018）中对监事会人数、董事会人数的规定如图 4－5 所示。

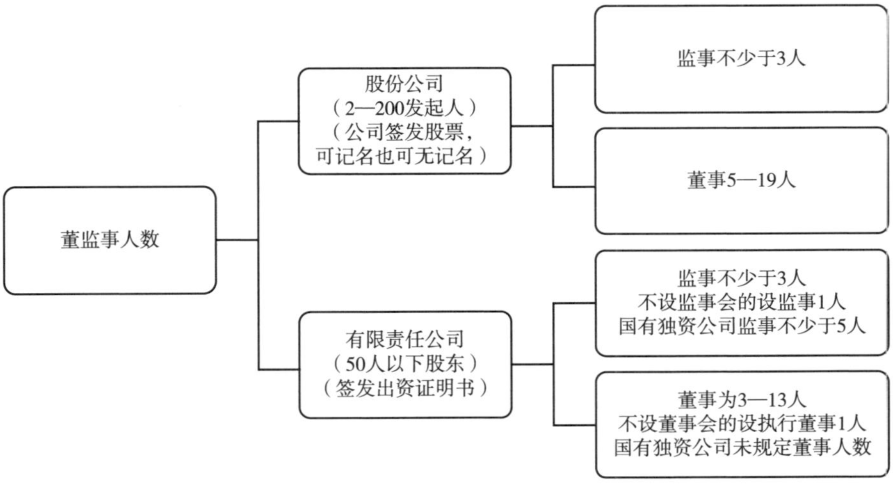

图 4－5 《公司法》（2018）中对监事会、董事会人数的规定

2020 年 2 月 12 日，山东滨州某民营公司监事会主席微信问笔者，集团公司的监事会成员日常是否需要分工，如果分，一般怎么分工？笔者的回答是：监事会成员日常工作一般不分工，但是分工也是可以的。分工的原则是根据各个监事的专业能力，具体由监事会主席来定。例如，某一个职工监事是法务部主任，他就可以侧重于法律相关的监督工作。监事会下设各专业委员会体现的就是分工的思想。

二、股东监事、外部监事的提名任免

理论上，股东具有股东监事的提名权。监事的提名权，是公司章程中各股东关注的重要内容。一般来说，大股东会关注监事会主席的提名，小股东在不能争取到董事席位时，会争取监事席位。

2015 年，《深圳证券交易所中小企业板上市公司规范运作指引》（2015 年修订）规定，鼓励公司在公司章程中规定单独或者合计持有公司 1% 以上股份的股东可以在股东大会召开前提出董事、监事候选人人选。

对于国有控股股东推荐的股东监事往往有相关的程序，例如，上海汽车集团的监事会主席的产生要经过出资人委派、向市政府推荐，股东大会选举、监事会选举等流程。类似地，卸任也需要走同样的流程。

《公司法》并不约定外部监事的提名权。2012 年，银监会《商业银行监事会工作指引》（银监发〔2012〕44 号）第六条规定，股东监事由监事会、单独或合计持有商业银行有表决权股份 3% 以上的股东提名。外部监事由监事会、单独或合计持有商业银行有表决权股份 1% 以上的股东提名。

笔者建议，在公司章程中约定，外部监事的提名权为监事会主席。这样更有利于外派监事和监事会开展工作。

2022 年初春，位于重庆的某上市公司拟邀请笔者担任该公司外部监事，其动因就是该公司监事会主席对笔者的认可，该公司董事长也认为公司需要笔者这样的外部监事①。

三、职工监事的提名任免

（一）职工监事的提名权

2020 年 7 月，某上市公司并购某外资公司，拟更换一批董监事。其中，对于职工监事的产生，有两个意见，其一，直接由职工大会、或者职工代表大会或者工会选举产生；其二，职工代表大会选举后，再由股东会通过认定。如同股东推荐的董

① 因为笔者所在公司对监事兼职的限制，未能实现。

事需要股东会最终确定一样。前者流程正确，后者流程错误。

因为股东会只能选举更换非职工监事，不能选举职工代表的董事、监事。《公司法》（2018）第三十七条规定，股东会行使下列职权：（1）决定公司的经营方针和投资计划；（2）选举和更换非由职工代表担任的董事、监事，决定有关董事、监事的报酬事项。

那么，职工监事如何选举产生呢?《公司法》（2018 年修订）第五十一条规定，有限责任公司设监事会，监事会中的职工代表由公司职工通过职工代表大会、职工大会或者其他形式民主选举产生；第七十条规定，国有独资公司监事会成员不得少于五人，监事会成员中的职工代表由公司职工代表大会选举产生。第一百一十七条规定，股份有限公司设监事会，其成员不得少于三人，监事会中的职工代表由公司职工通过职工代表大会、职工大会或者其他形式民主选举产生。

监事会的提名委员会也不对职工监事的资格进行审议。《招商银行股份有限公司监事会专门委员会实施细则》（经 2014 年 10 月 24 日第九届监事会第十五次会议审议通过）中，招商银行监事会提名委员会的主要职责权限有:① （1）对监事会的规模和构成向监事会提出建议；（2）研究监事的选择标准和程序，并向监事会提出建议；（3）广泛搜寻合格的监事人选；（4）对由股东提名的监事候选人的任职资格和条件进行初步审查并提出建议；（5）监事会授权的其他事宜。可见，招商银行提名委员会只能对非职工监事进行管理，不能对职工监事进行审查。

笔者认为，由监事会推荐职工监事是符合未来发展方向的。职工监事完全由职代会、工会选举，更易代表职工利益。监事会提名职工监事有利于监事会开展工作。2021 年《银行保险机构公司治理准则》（银保监发〔2021〕14 号）规定，职工监事既可以由工会提名，也可以由监事会提名。该准则第六十一条规定，非职工监事由股东或监事会提名，职工监事由监事会、银行保险机构工会提名。已经提名董事的股东及其关联方不得再提名监事，国家另有规定的从其规定。

笔者认为，银行保险机构“职工监事既可以由工会提名，也可以由监事会提名”是一个不错的尝试。

（二）职工董监事的选举程序

职工董监事的选举流程如下。

1. 职工董事、职工监事的候选人应当由公司工会提名，公司党委审核确定。
2. 职工董事、职工监事必须依照《公司法》规定，由本公司职工（代表）大

① 招商银行股份有限公司监事会专门委员会实施细则［EB/OL］.［2022 - 06 - 07］. http://quotes.money.163.com/f10/ggmx_600036_1531923.html.

会以无记名投票方式，获得应当参加会议人员的过半数同意选举产生。

3. 职工董事、职工监事选举产生后，应当报上级工会、有关部门和机构备案。

职工董监事的补选与罢免如下。

1. 职工董事、职工监事因辞职等原因出缺应当及时进行补选，从出缺至完成补选的时间不得超过三个月。在新补选职工董事、职工监事就任前，原职工董事、职工监事在情况允许的情况下，仍应当依照法律、法规和公司章程的规定，履行其职务。

2. 职工董事、职工监事不履行职责或者有严重过错的，经三分之一以上的职工（代表）提议，可以依法通过职工（代表）大会或者其他形式进行罢免。职工董事、职工监事的补选和罢免要经应当参加会议人员的过半数通过。

【知识链接】职工监事的聘任流程

有学员问，聘任职工监事的流程是什么，我给他推荐了以下文件：中安网脉公司职工监事的选举通知（中网工会〔2019〕第0013号）。监事的产生流程，一目了然[①]。

全体职工代表：

根据《公司法》《企业民主管理规定（总工发〔2012〕12号）》《企业工会工作条例》中华全国总工会《关于加强公司制企业职工董事制度、职工监事制度建设的意见》（总工发〔2016〕33号）等相关法律及文件的规定，为了使2019年第四届第一次董事会如期召开，经公司工会提名，公司党组织审核，决定提名鞠现堂、杨会敏两人作为公司第四届监事会职工监事候选人，通过职工代表投票表决的方式确定最终的职工监事。现就职工监事投票表决相关事宜通知如下。

一、职工监事的选举方式与程序

1. 职工监事的选举工作由工会委员会负责组织。

2. 职工监事由全体职工代表从职工监事候选人中选举产生。

3. 职工监事选举采取“投票帮”投票工具、职工代表微信群网络投票的方式进行。

4. 职工监事选举采取差额无记名投票方式产生，参选职工代表能且只能选择一人进行投票。

5. 本次选举采用可行的技术手段对投票过程进行控制，无须监票人。

6. 获得公司全体职工代表过半数选票时，候选人始得当选为职工监事。

---

① 中安网脉工会．关于选举职工监事的通知［EB/OL］．（2019－09－24）［2022－06－07］．https：//mp. weixin. qq. com/s/isIMgR04o－nRLhVDLLCeYQ.

7. 职工监事的选举结果由工会委员会进行公示。

8. 如职工代表对选举结果有异议，应向工会委员会反映，由工会委员会进行回复与处理。

二、工会会员代表的选举时间安排

1. 拟订选举方案。本项工作计划于2019年9月23前完成；

2. 选举投票。本项工作计划于2019年9月25日完成；

3. 职工监事名单公示。本项工作计划于2019年9月26日完成；

4. 向园区工会汇报。本项工作计划于2019年9月29日完成。

三、职工监事任期

本届职工监事任期三年，与公司第四届监事会任期一致。

四、职工监事的权利与义务

见《公司章程》。

中安网脉（北京）技术股份有限公司工会

2019年9月24日

（三）职工监事的辞职罢免

2019年12月，贵州某公司的罗监事问笔者：徐老师，我们一名职工监事现在要辞职，需要履行哪些程序？我查了一下相关资料，如果仅作为普通职工代表被选任为监事，辞职了就丧失职工身份，自然不是监事了。单位需要另外选举监事，但不知是否需要向公司董事会提交辞职报告。

笔者的回答是，职工监事辞职，不必向董事会递交辞呈。该职工监事应向职工代表大会递交监事辞呈解除职工监事聘任关系，同时向公司管理层递交职工辞呈解除劳动关系。职工代表大会在收到该职工监事辞呈后，向公司股东会推荐新职工监事。若该职工监事，只是按照普通职工履行了向管理层递交的辞呈，没有向职工代表大会递交辞呈，职工代表大会依据该监事职工离职为由，推荐新的职工监事，也是可以的。

一般而言，新监事通过选举产生，则未当选的上届监事自动解任[①]。在实践中，监事主动辞职或因工作调动比较常见，《公司法》和公司章程都较少对此进行专门规定。有些公司章程中规定了撤换监事的其他原因，例如，监事连续两次不能亲自出席，也不委托其他监事出席监事会会议的，视为不能履行职责，股东大会或职工

① 张志坡，王果．我国上市公司监事会治理的实践［EB/OL］．（2018－03－14）［2022－06－08］．https：//mp. weixin. qq. com/s/ZyvOdLPMMy27ULBmyLZ32w.

代表大会应当予以撤换。又如，监事连续三次不能亲自出席监事会会议或在全年的监事会议中未能亲自出席一次监事会会议的，视为不能履行职责，股东大会或职工代表大会应当予以撤换。虽然允许监事兼职，但监事至少应当保证其兼职不会影响到其监事职责的履行。

股东会与股东监事的关系、职工大会（或职工代表大会）与职工监事的关系都是委托合同关系。凡是合同就存在着成立和解除的问题。股东会罢免监事，职工代表大会罢免职工监事，实质就是合同的一方当事人解除合同。董事、监事辞职也是与对方解除合同。因此，罢免决定和辞职报告具有解除合同通知书的作用。

根据我国《合同法》第九十六条规定，解除合同应当以通知的方式作出，合同自通知到达对方时解除。因此，只需要解除权人单方的意思表示就可以把合同解除，该意思表示到达相对人时发生合同解除的效力。董事、监事等辞职时，只需要将辞职报告送达相对人，即可以辞去相应的职务。

股东监事和职工监事应当分别向股东会和职工代表大会提出辞职，辞职报告到达股东大会或职工代表大会时监事的职务解除。根据《公司法》，一般情况下，召集股东大会的权力属于董事会，如果股东监事的辞职报告交给监事会，监事会作出决议后再向董事会提出召集股东大会的要求，增加了监事会召集会议的程序，降低了效率。由于监事会并没有权利对监事辞职发表同意与否的意见，因此，监事的辞职报告完全可以直接交给董事会①，由董事会召集股东大会会议，将监事的辞职报告作为股东大会会议的一项议案。

职工监事应当向职工代表大会提出。辞职监事应当将辞职报告交给职工代表大会的召集机构，由该机构召集职工代表大会，将该辞职报告作为一项大会议案。

实务中，职工监事的辞职报告除如上面分析应向职代会提交之外，还应向监事会提交，有例为证：2016年8月19日，江苏银行股份有限公司监事会发布《关于职工监事辞职的公告》，公告的主要内容为“公司监事会近日收到职工监事吴典军先生的辞职申请，因工作安排原因，吴典军先生申请辞去公司职工监事及监事会提名委员会委员职务，公司监事会对吴典军先生任职工监事期间做出的贡献表示衷心感谢”。

【案例】职工监事正当履职被恶意罢免

“我只是履行自己的职责，维护公司的利益，结果反而遭到罢免。”日前，

① 史迎春．中国公司董事、监事的辞职程序［EB/OL］．（2014-05-03）［2022-06-08］．http://mp.weixin.qq.com/s/QHjjN_52E-p1YBMVHaQD9Q.

在厦门某合资企业任职工监事的台湾省籍李先生，向厦门律师讲述了自己无端遭公司股东会罢免的经历。他想知道，该如何维护自己的权利？

李先生表示，事情起源于自己得罪了公司经理黄先生。

厦门某公司是大陆与台湾地区合资的公司，来自台北市的李先生在该公司任职主管，专门负责员工培训；同样来自台湾省的黄先生，是该公司的经理。“我还是公司6名监事之一，是职工选出来的职工监事。”李先生介绍，自己是那种凡事要做就要做好的人，自从任监事以来，工作认真负责，无愧于心。

2010年3月，李先生听说公司经理黄先生要与朋友另外合办一间工厂，与合资公司经营同类业务。李先生立即对黄先生指出，这样的行为是非法的，并劝其打消该念头。黄先生置若罔闻，甚至恶言相向，他称这是个人私事，警告李先生不要多管闲事。

见黄先生不听劝言，李先生便向董事会通报了这一事情，制止了黄先生的行为。

从此，黄先生对李先生怀恨在心，不仅经常凭借自己在公司的权力对李先生的工作横加干涉，还利用自己在公司的人际关系四处拉拢，多次向公司股东会造谣李先生滥用职权。股东们听信了这些流言，便在3个月后通过股东会决议，罢免了李先生的监事职务，停止发放津贴。

“黄经理作为公司高管私自到外面办厂、抢公司生意，是违法行为；我纠正他是履行我的监事职责，难道做错了？”李先生认为自己并不是多管闲事，因此表示“因为履行职责却被免职，无法接受”。

此外，李先生还表示自己是职工选出来的职工监事，股东们能通过股东会罢免他的职务吗，于是，他以此为由向法院起诉，要求确认公司的决定无效。

根据《公司法》及相关法律规定，李先生的行为是正确履行监事职责的表现，股东会无权罢免职工监事李先生。

1. 根据《公司法》的规定，监事及监事会是公司的监督机构，监事是公司的专门监督人员，监事在执行职务时对外可以代表公司。监事和监事会的职责就是为了维护公司利益，对有关违法事项进行纠正。

2. 根据《公司法》的规定，监事会或监事行使职权包含“对董事、高级管理人员执行公司职务的行为进行监督，对违反法律、行政法规、公司章程或者股东会决议的董事、高级管理人员提出罢免的建议”“当董事、高级管理人员的行为损害公司的利益时，要求董事、高级管理人员予以纠正”等。公司监事依法对董事、经理的行为进行监督，正是为了保护包括股东和职工在内的整个公司的利益。本案中，合资公司的经理黄先生与他人合办工厂违反了《公司法》中“董事、经理不得自营或者为他人经营与其所任职公司同类的营业或者从事损害本公司利益的活动”的规定，李先生作为监事，要求黄先生纠正其违法行为是正确履行监事职责。

第三节 监事会的制度建设

监事会制度有两个作用：对内，讲明监事会自身的运作机制；对外，形成标准化的工作流程，有利于防止合谋、寻租、懈怠和选择性疏忽。

制度是防腐剂，用制度管权、管资本、管事、管人，对道德风险高发领域进行标准化和程序化的制度监督能高效防范风险。实践显示，企业中大部分舞弊和贪腐行为的形式与手段都是类似的，且规律明显，重复发生率非常高。针对实践中出现的新问题、新矛盾，要不断健全监事会制度体系，完善配套制度，深入总结监事会在实践中探索形成的有效做法，在制订方案、实施检查、提交报告、成果运用、整改落实、结果反馈、问题公开等各个环节，形成一套符合实际、有效有用、便于操作的制度办法、指南指引和工作模板。

以下两种情况有利于加强监事会制度。

其一，主要领导高度重视监事会建设。例如，中国兵器装备集团公司时任总经理徐斌，1949 年出生，1999 年任吉林市委常委、常务副市长，2003 年 12 月开始担任中国兵器装备集团公司党组书记、总经理。在其担任中国兵器装备集团公司总经理十余年内，建立并完善了国内先进的监事会工作体系，形成了国内有特色、有实务、较系统、可借鉴的监事会工作制度，对我国各类经济组织的监事会工作具有重要的指导作用。

中国兵器装备集团公司的创新在于选聘专职董事、专职监事组成 9 个董事会工作组、15 个片区监事会工作组①。首先，根据功能分类、资产规模、经营规模以及班子职数等情况，一企一策优化子公司董事会结构，选派 22 名专职董事，按照“业务相近、地域相邻”原则形成 9 个董事会工作组，建立“分组管理、协调交流、季度报告、年度考核”的工作机制。其次，选派 41 名专职外部监事，组建 15 个片区监事会工作组，健全周、月、季度、半年、全年工作报告制度，监督制衡作用有效发挥。

中国兵器装备集团公司的联合检查工作也可圈可点。例如，根据《关于中国兵

---

① 兵小壮．兵器装备集团：聚焦三个明显成效 打造世界一流科技企业集团［EB/OL］．（2021 -10 -09）［2022 -06 -08］．https：//mp. weixin. qq. com/s/Pu4vIcw_ -9h10EAJB5J0Xg.

器装备集团公司片区监事会第五工作组2021年一季度集中检查的通知》精神，片区监事会第五工作组组长张伦刚一行4人，于2021年3月24日开始对公司贯彻落实兵器装备集团2021年工作会议精神、疫情防控和复工复产、安全保卫及危化品管理、生产经营、“三重一大”决策事项、公司“十四五”规划编制等情况进行检查。片区工作组将采取查阅资料、实地检查、访谈询问等方式开展工作①。

其二，上级检查指出监事会有问题，倒逼监事会制度建设。2021年，河南洛阳市委第三巡察组常规巡察向集团党委反馈巡察意见，指出“监事会履职不到位”。针对该问题，集团公司监事会高度重视，虚心接受，自查自纠自身问题，认真研究整改措施，制订具体整改方案，进一步提升监事会履职监督能力。在这个背景下，洛阳轨道监事会办公室收集印发《监事会工作相关法律法规汇编》②（见图4-6），包括《公司法》《企业国有资产法》《国有企业监事会暂行条例》《关于加强和改进国有企业监事会工作的若干意见》《河南省省管国有企业监事会职工监事管理暂行办法》《关于进一步加强和改进省管国有企业外派监事会工作的意见》《省派监事会对省管企业“三重一大”决策事项监督实施办法（试行）》等内容。

图4-6 《监事会工作相关法律法规汇编》

① 李庆，陈江．片区监事会开展集中办公检查工作［EB/OL］．(2021-03-26)［2022-06-08］．https：//mp. weixin. qq. com/s/nTWuOL-0Bb0WC9wC9ZyOwg.

② 张莹莹，孟宪升．集团监事会组织开展监事履职能力提升专题培训会［EB/OL］．(2021-05-08)［2022-06-08］．https：//mp. weixin. qq. com/s/O6Skr3x_IZ5hmthCIEMSMQ.

一、四个公司的监事会制度建设

（一）中国 B 集团公司的片区管理制度创新

中国 B 集团公司在监事会机制建设和审计监督方面进行了有益的探索和尝试，开创性地构建三层独立监督体系。第一层是集团层面的监事事务监督和内部审计监督，宏观掌控各层级企业的审计与监督工作开展；第二层是划分片区组，将下属三四家企业划为一个片区组，由各企业专职监事组成，建立独立的考核机制和经费管理，负责指导片区内各企业的监事会工作，这样既充实专职监事的工作内容，也使企业监事会横向得到更多借鉴和提高；第三层是各企业监事会与内部审计部门，企业监事会主要依靠内部审计部门开展工作，审计部门的领导通常也是企业监事会成员，而片区组的工作更多地依靠企业内部审计部门的支撑。这三个层次的独立监督体系，逐层递进，构成了集团公司的一张监督之网，更加有效地促进各级单位规避风险，整改问题，不断增强自身免疫力，保障集团公司整体健康发展①。

在此基础上，该集团公司逐步形成了具有特色的监事会片区管理制度。此制度适用于该集团公司全资的企业，不适用与该集团公司控股和参股企业。B 集团公司将 52 家全资企业划为若干监事片区工作组，2021 年为 15 个监事片区工作组，2020 年为 14 个监事片区工作组。每个监事会片区工作组包括三个企业。例如，××公司的监事会主席，同时又是另外两家企业的监事。片区监事会工作组组长，一般由企业监事会主席兼任，薪酬提升，地位也有提升。通过《职工代表监事管理办法》加强职工监事的管理和考核，考核合格者可获得一定比例的津贴。

该集团公司成立集团监事事务办公室，并配备专人负责监事事务的日常管理，有力地促进了各层级日常监事事务的开展，做到了及时下情上达，为集团公司的集中管控提供了更为全面的信息和决策依据。集团层面的监事事务办公室与审计风险部合署办公，避免上层交叉监督重复检查，整合监督力量，共享监督资源和监督信息，将内部审计发现问题的整改作为监事会工作督办之事，既发挥了审计监督中专职专责的工作成效，又发挥了监事会“督办”的权威性，更有效地促成企业切实完成整改。

该集团公司还形成了一套监事会工作制度体系，将监事会的创新性成果固化下来，浓缩了该公司监事会片区管理的思想精华，为监事会工作开展提供了保障。该集团公司监事会相关制度包括且不限于以下 8 大项。

---

① 郭华．中央企业监事会改革与审计监督［EB/OL］．（2019－07－16）［2022－06－08］．https：//mp. weixin. qq. com/s/3zKBqWCJ_7EKAhyUSyo3mg. 原载于《商业会计》2019 年第 1 期。

1.《监事会管理办法（试行）》

2.《监事会工作实施办法（试行）》

（1）《片区监事会工作组工作实施细则（试行）》

（2）《关于配合监事会工作的规定》①

（3）《监事会工作准则（手册）》

3.《监事会报告编制办法》（试行）

4.《监事会监督工作联席会议制度》

5.《监事会督办工作制度》

6.《董事、监事管理办法》

（1）《专职董事、专职监事管理办法》

（2）《专职董事、专职监事业务管理细则》

（3）《子公司外部专职董事、监事管理办法》

（4）《职工代表监事管理办法》②

（5）《监事考核办法》

（6）《上市公司外部监事内部指导意见》

（7）《监事行为规范》

（8）《专职监事薪酬管理办法》

该集团公司《专职董事、专职监事管理办法（试行）》与《专职董事、专职监事业务管理细则》，一个是评价办法，另一个是实施细则，内容虽有重合的地方，但出文主体不一样：一个出文主体是集团人力资源部，讲的是原则；一个出文主体是集团公司具体承办部门某运营部，讲的是细则。《集团公司专职董事、专职监事管理办法（试行）》对专职董监事的管理进行了全面的梳理，共九章三十七条，由集团公司人力资源部负责解释。主要内容有：

---

① 本办法适用于集团公司全资子公司（以下简称“公司”），集团公司控股和参股的子公司参照执行。公司应确保监事会的知情权，及时主动向监事会提供公司资料。政府部门和集团公司下发的有关文件等资料要经监事会传阅。公司上报和下发的有关文件应抄送监事会；公司的重大事项、重要经营活动情况应及时向监事会进行通报。公司董事会、经理办公会及重要业务会议应及时通知监事会列席，并将会议有关资料及时送达监事会。在监事会了解有关情况时，公司董事、高级管理人员和有关部门人员要积极给予配合，主动解释说明有关情况和提供有关资料。这是在用集团管控的力量，促使监事会更好地开展工作。其前提是中央出台了一系列政策法规，包括《国务院关于国务院机构改革涉及行政法规规定的行政机关职责调整问题的决定》（国发〔2018〕17号），废止《中央企业支持配合监事会依法开展当期监督工作规则（试行）》（国资发监督〔2009〕337号）《关于进一步支持配合监事会开展监督检查工作有关事项的通知》（国资发监督〔2012〕120号）。因此，这项制度有时代的痕迹。

② 职工代表监事以前管得不好，职工代表如何履职，如何管理，是否有薪酬，都没有在《公司法》和公司章程中约定，该公司监事会出台职工监事管理办法后，把职工监事的积极性充分发挥出来。

第一章　总则
第二章　职责、权利与义务
第三章　资格与条件
第四章　选拔与任用
第五章　履职
第六章　考评与薪酬
第七章　责任追究
第八章　其他
第九章　附则

在《集团公司专职董监事管理办法（试行）》的基础上，集团公司出台《集团公司专职董监事业务管理细则》，共八章八十条，由集团公司资本运营部负责解释，主要内容包括：

第一章　总则
第二章　管理机构、职责与委派范围
　　第一节　管理机构与职责
　　第二节　专职董监事委派范围
第三章　专职董监事任职资格及职责
　　第一节　专职董监事任职资格
　　第二节　专职董监事职责
第四章　专职董监事业务
　　第一节　股东行权管理及授权
　　第二节　股东代表委派与授权
　　第三节　董监事委派
　　第四节　三会议案及决议管理
　　第五节　股东代表业务
　　第六节　董事业务
　　第七节　监事业务
第五章　述职与考核
　　第一节　年度述职
　　第二节　评价考核
第六章　业务培训
第七章　责任追究
第八章　附则

7.《监事会监督检查成果运用管理办法》[①]

8.《监事会报告编制办法》（试行）

《监事会报告编制办法》（试行）约定，监事会报告包括四种：《监督检查报告（分为月度、季度以及年度三种）》《专项报告》[②]《述职报告》[③]以及《高级经营管理人员履职情况报告》。该办法详细地规定了这四种报告的内容，报送程序等内容。例如，《监督检查报告（年度）》要求在年度终了三个月内报送给集团公司监事事务办公室，其基本结构如下：

引言

（一）企业概况

（二）企业财务及经营成果评价

（三）企业管理与改革发展评价

（四）重大事项揭示及处理建议

（五）企业主要负责人业绩评价及奖惩任免建议

（六）集团公司交办事项的完成情况

（七）保留意见说明

其中，第（五）条包括对企业董事会的总体评价、对企业经营班子的总体评价和对企业主要负责人（总经理、党委书记、总会计师）的个别评价三部分。个别评价应提出明确的任免建议。第（五）条与该制度中《高级经营管理人员履职情况报告》有重合。《高级经营管理人员履职情况报告》的基本结构是，引言（一）企业董事会的总体评价；（二）企业经营班子的总体评价；（三）企业董事、经营班子成员的个体评价及奖惩、任免建议。这些内容的确有重合，这是必要的重合。因为《高级经营管理人员履职情况报告》是工作组报送给集团公司人力资源部的。而《监督检查报告（年度）》是报给集团公司监事事务办公室的。

通过这些制度，该集团公司监事会片区管理形成“两个一”“五个独立”的特点。

“两个一”是指“每月一周集中办公”和“每年关注一个重点事项”。

---

① 监事会制度建设可多可少，可繁可简，适用就好。监督成果应用办法，可以写在监事会管理办法中，但这个公司对监事会成果的应用有更细的规程，所以单独出了一个制度。

② 出现以下情况时，工作组应当及时向集团公司报告，并出具专项报告（一）企业的经营行为有可能危及公司资产安全、造成资产流失；（二）企业重大决策不合规；（三）企业生产经营中存在重大风险；（四）企业高级管理人员有违纪违法行为；（五）工作组认为应该让集团公司及时了解的其他重大事项。专项报告基本结构如下：（一）重大事项情况说明及分析（二）重大事项的处理建议。

③ 述职报告以年度为周期报送，监事应于年度终了 3 个月内向集团公司监事事务办公室报送年度述职报告。

“每月一周集中办公”探索建立片区组联动工作机制。片区组定期开展集中办公，组织片区内各企业审计、纪检等工作人员组成检查组，交叉对企业开展专项检查，有效促进各企业积极落实整改，持续强化风险管理。片区组定期组织的交叉检查和底稿讨论，都成为每一位参与者取长补短、业务学习和提升能力的良好机会。片区内的3—4家企业，要求每个月有一周集中办公的时间。片区组在集团公司整个监督网络中承上启下，至关重要，对上接受集团公司审计部和监事事务办公室的指导，对下协调各企业监事会和内部审计机构开展监督检查。集团总部通过片区组长对下属企业的管理，使监事会工作开展地更加顺畅，工作更有力度，整合资源的优势更加集中。例如，重点检查时，能在片区组整合，片区内交叉检查，资产监督资源能有效利用。

“每年关注一个重点事项”是指监事会每年确立一个重点关注事项，年初立项，半年检查，年终总结。

该集团公司监事会的“五个独立”包括：

第一，工作独立。

第二，人员独立。专职监事的队伍建立，解决了监事能力不足与公司“退居二线”、具有丰富管理经验和专业水平“高手”闲置的矛盾。专职监事是集团公司管理层，不用看所任职子公司领导的脸色，更加具有独立性。一个专职监事大约管理三个企业。监事会秘书有专职，也有兼职的。

第三，经费独立。集团拨预算，在企业列支，二级公司平摊。

第四，考核独立。集团考核监事会主席，职工监事由监事会考核，监事年度监事会报告中考核董事会和经营层。

第五，汇报独立。形成周、月、季度、半年、全年工作报告制度报告。周报、月报、季报、年报、专报报给集团公司监事会办公室，由其转给相关部门。

相比较未成立片区组之前，企业一方面意识到集团公司的监督就在身边；另一方面也感受到监事会的监督不再是“事后监督”“被动监督”“形式监督”，而是定期开展现场检查，直接揭示问题和风险，从而促使企业更加注重问题整改和风险防范，甚至带动企业先行开展更多频次的检查体检，有效地促进企业自觉提高免疫力①。

（二）四川某集团有限公司

2018年前后，四川某集团有限公司出台了《委派董事监事管理办法》和《持股

---

① 郭华．中央企业监事会改革与审计监督［EB/OL］．（2019－07－16）［2022－06－08］．https：//mp. weixin. qq. com/s/3zKBqWCJ_7EKAhyUSyo3mg．原载于《商业会计》2019年第1期。

公司三会运作管理办法（试行）》，这两个制度作为集团公司对下属监事会管理的顶层制度，言简意赅，有创新，值得学习借鉴。

在董事、监事的管理实践中，董事和监事是代表自己发言，还是代表公司发言，形形色色，各执己见。有人认为代表董监事自己，由自己决定。另一种认为，是代表公司的声音，需要公司决定了才能进行表决。四川某集团公司对于集团所属二级全资及控股公司应报集团公司批准的三会议案内容进行了分类表决的制度规定。

1. 持股公司三会议案表决的归口管理部门

该集团公司董事会办公室是各持股公司股东会、董事会的归口管理部门，集团公司监事会办公室是各持股公司监事会的归口管理部门。

在集团公司层面设立董事会办公室已经是一个趋势。中国兵器装备集团有限公司（见图4－7）就设有董事会办公室。类似，监事会也需要有一个归口管理部门。2018年3月至今，中央一级企业未设监事会，但是二级及以下中央企业依然有监事会。明确中央一级企业管理对下属监事会的归口管理部门，是集团公司层面加强投资管理，尤其是加强参股子公司管理需要完善的问题。

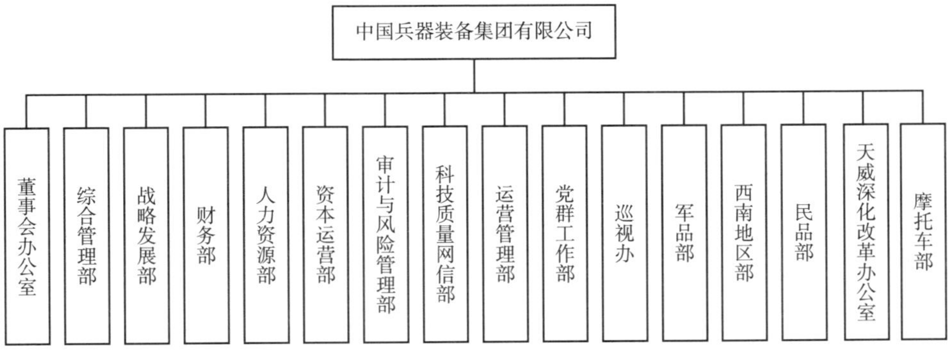

图4－7　中国兵器装备集团有限公司组织结构[①]

2. 三会议案管理的原则——内部程序＋法定程序

三会议案管理的原则是先由集团公司通过内部程序形成意见，再由委派股东代表、董事、监事根据集团公司决策意见，通过法定程序在持股公司三会会议上表决，委派人员应发表统一意见且不得有与集团公司决策意见相违背的议案。

3. 集团所属二级全资及控股公司应报集团公司批准的三会议案内容（见图4－8）

三会议案分别为股东会议案、董事会议案和监事会议案。

① 资料来自：https：//www. csgc. com. cn/1076. html.

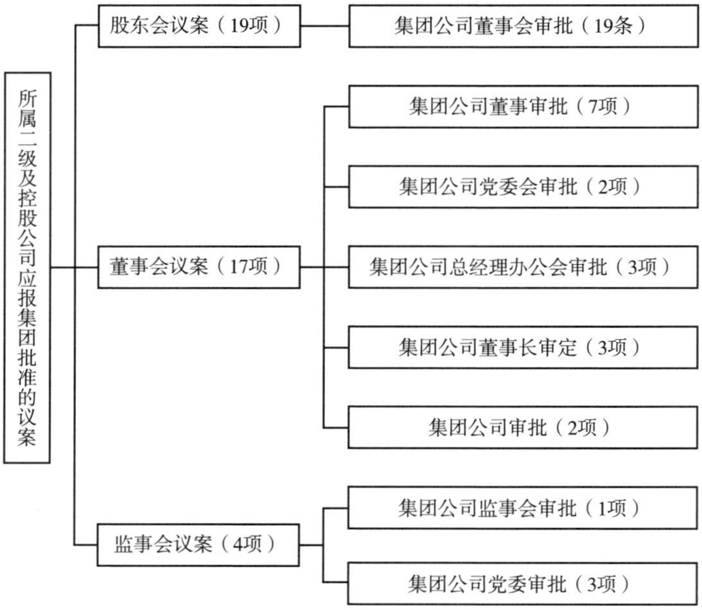

图 4－8　集团所属二级全资及控股公司应报集团公司批准的三会议案

（1）股东会议案（19 项）

基本囊括了公司章程及“三重一大”决策，需要股东会审议的事项。此不再赘述。

（2）监事会议案（4 项）

需要集团公司监事会审批的 1 项，指的是集团全资及控股公司及以下的“监事会议事规则”。需要经过公司党委审批的 3 项是指，集团全资及控股公司及以下“选举和更换监事会主席”“监事会对董事、高级管理人员提出罢免的建议”“依照《公司法》第一百五十一条的规定，对董事、高级管理人员提起诉讼的提议”。

（3）董事会议案（17 项）

全资及控股公司董事会议案分五种情况：

其一，须报请集团公司董事会审批的事件有 7 项，分别为：选举和更换董事长、副董事长；投资方案、经营计划；年度资金计划；以市场化方式自主对外承揽的战略性项目、投融资项目的承揽方案；关联交易事项；标的金额重大、集体诉讼、涉外诉讼及其他对集团有重大影响的法律纠纷事项；涉及公司全局性的体制、机制和制度改革方面的重大事项。

其二，须报请集团公司党委会审批的事件有 2 项，分别为：聘任或解聘下属公司总经理、副总经理、财务负责人（含总会计师）的方案；下属公司《“三重一大”事项决策制度》。

其三，须报请集团公司总经理办公会审批的事件有 3 项，分别为：年度经营计划、经营目标的确定与变更；以市场化方式自主对外承揽的毛利率低于行业平均水平项目的承揽方案；重要、重大的会计核算规则变更。

其四，须报请集团公司董事长审定的事件有 3 项，分别为：贷款等融资方案；下属公司为法人主体签署的战略合作协议；下属公司营业地址变更（非住所工商登记变更）。

其五，按集团公司相关制度要求报送集团公司批准的有 2 项，分别为：其他需集团公司批准的基本管理制度。其他由下属公司董事会审议且需集团公司批准的事项。

需要说明的是，一个公司的股东会、董事会、监事会议案之中，哪些议案需要派出单位的有关部门或领导审批后，股东代表、董事、监事才能根据审批结果在相关会议上发表意见，取决于派出单位的管理需要，没有固定的模式。

4. 对参股公司的议案管理

对于参股公司，集团所属二级参股公司应报集团公司批准的三会议案，按照参股公司章程，并参照上述“集团所属二级全资及控股公司应报集团公司批准的三会议案内容”执行。

【讨论】董事、监事是表达个人意见，还是公司意见？

这个问题，笔者从 2002 年 9 月 19 日第一次担任北京北方华宸房地产开发有限责任公司的董事兼董秘的时候，就与人探讨过。实践中，各个公司的做法不一。很多董监事采取表达个人意见、重大事项与各股东单位相关领导沟通的做法。后来，一些公司就这个事项形成制度规范。

2014 年，甘肃酒钢集团出台《外派董事监事及高级管理人员管理办法》，规定建立子公司议案预审制，外派人员应在召开子公司董事会、监事会、股东会会议前向酒钢产权管理部门报告议案内容。非重大事项实行备案制，重大事项实行预案制，在派驻公司董事会、监事会召开前，由酒钢产权管理部门召开预审会，根据议案内容，分别由酒钢职能部门提出主导意见。预审会形成的结论性意见，由酒钢产权管理部门根据议案的重要程度和酒钢董事会决策内容，分别予以反馈。

2019 年，财政部颁布的《金融机构国有股权董事议案审议操作指引》（财金〔2019〕6 号，财金〔2020〕110 号修订）第六条规定：“按照议案审议事项对国有出资人权益的影响程度和风险状况，股权董事的议案表决权限分为以下两类：（1）涉及重大事项的议案，严格按照派出机构的投票指示和要求，发表意见并投票；（2）一般性议案，由股权董事根据个人判断进行投票，派出机构认为必要时，可对股权董事给予风险提示。”

董事是股东委派或提名的，就是一种委托关系，董事是作为受托人履行股东赋予的职务，从而应当听从股东指示，实践中是普遍存在的。但有观点认为，把董事、监事当作外派履行公司职务，认为其必须听股东指示履职的做法是缺乏法律依据的①。

首先，《公司法》第一百四十七条规定，董事、监事、高级管理人员应当遵守法律、行政法规和公司章程，对公司负有忠实义务和勤勉义务。《企业国有资产法》第二十六条也规定，国家出资企业的董事、监事、高级管理人员，应当遵守法律、行政法规以及企业章程，对企业负有忠实义务和勤勉义务。并没有说董事要对股东负责。

其次，董事在对公司负责的同时，又对股东负责，似乎也不矛盾。但在很多情况下，对公司负责可能会与对股东负责存在利益冲突，如果让董事既对公司负责，又对特定股东负责，就可能把董事至于尴尬境地。

其三，如果董事把股东利益置于公司利益之上，就会直接导致董事违反《公司法》第一百四十七条规定的信义义务。

其四，即便是国有独资公司，考虑到除了股东利益，还有债权人等其他利益相关方存在，一定让董事听从股东意志履职，也可能造成法律上的困境。股东的权利，应当在股东会上行使，对董事会而言，就是发挥其作用，一方面按规则推荐合适人选，另一方面利用自己的权利选出合适的董事，然后就由董事会在其职权范围内独立决策。公司整体好了，才是最符合股东整体利益的。

以上法理分析没有什么问题，但在实务中，派出董事、监事应该分级和所派出单位有书面的沟通。小事派出董事说了算，大事要报股东单位。什么是大事，什么是小事，各单位可以自行约定。

笔者还认为，董事、监事履职原则为公司利益最大化，而不是股东利益最大化。因为，很多董、监事在精算股东的“小算盘”的同时，把公司的“大算盘”算砸了，短期利益和长期利益不能协调。这个例子很多，也有不少相关诉讼。

（三）张家港商业银行监事会制度建设

2001 年 11 月，江苏张家港农商银行成立，是全国首家由农信社改制组建的地方性股份制商业银行。2017 年 1 月挂牌上市，成为全国首批上市农商行，这一年也

---

① 国有企业公司治理的基本框架及关键问题［EB/OL］.（2021 - 12 - 10）［2022 - 06 - 08］. https：//mp. weixin. qq. com/s/1ADTDd2kztnmlLt7UxdOXg.

是张家港农商银行监事会加强监事会制度建设的一年。

江苏张家港农商银行监事会坚持“注重监督、加强配合、当好参谋、推动发展”的原则，不断完善相关机制，紧紧围绕董事会决策和行长室业务经营开展合规性监督，把监督工作贯穿于经营管理的全过程。

张家港农商银行监事会把制度建设作为监事会监督工作的重点工作，根据《商业银行监事会工作指引》等文件要求，制定和完善 20 多个规章制度，如《监事会对内审部门工作的评价办法》《内部监督工作联席会议制度》《关于向监事会报告经营管理信息的工作制度》《监事会办公室年度工作考核办法》等①。

该银行《内部监督工作联席会议制度》明确会议组成成员部门，由监事会办公室负责与风险管理部、合规管理部、审计稽核部、信贷管理部等成员部门对接。根据联席会议主要任务，制定联席会议成员部门工作职责，由监事长提议召集，监事会办公室牵头，每半年召开一次联席会议。会议主要内容包括各职能部门通报近期内部监督工作情况，聚焦当前全行在经营管理、内部控制、风险管理等方面存在的问题，并剖析典型案例；针对存在问题，联席会议研究部署下一阶段内部监督工作重点，各职能部门有针对性地开展联动监督。显然，联席会议是张家港农商银行监事会的另一个抓手。

为全面提升监事会履职意识和履职水平，该行完善监事履职机制，张家港农商银行建立健全履职档案，具体由监事会办公室负责，对监事日常参会、驻行时间、调研成果、所提意见建议等及时做好记录，作为监事年度履职情况评价的依据。

张家港农商银行实施负面清单管理，在履职负面清单上依据监事日常履职义务和职责，列出负面评价内容共 13 项，于次年首次监事会会议时由监事自评和互评，根据综合得分评价出“称职”“基本称职”“不称职”三个等级，等级结果与监事的全年薪酬挂钩，从而促进全体监事认真履行职责和勤勉义务。

该银行《关于向监事会报告经营管理信息的工作制度》旨在建立起监事会与董事会和经营管理层相关职能部门的信息联系机制，进一步加强部门支持配合监事会开展监督工作。

该银行《监事会对内审部门工作的评价办法》值得点赞。监事会对公司内审制度、年度工作目标等情况进行评价，有利于监事会借力开展工作。如某集团公司的内审工作制度非常完善，值得借鉴，其内审制度的主要内容有：（1）《内部控制审计实施办法》；（2）《内部审计档案管理办法》；（3）《内部审计质量控制

① 朱建新，王长江．张家港农商银行监事会三项机制提升监督实效［EB/OL］．（2017－01－10）［2022－06－08］．https：//mp. weixin. qq. com/s/jYO－2gr5QXzYBXaoLzYd2. 原载于《农村金融时报》。

及评价实施办法》；（4）《经济责任审计实施办法》；（5）《经济责任审计联席会议制度》；（5）《委托会计师事务所审计管理办法》；（6）《项目监督检查办法》；（7）《固定资产投资建设项目预算、结算、决算审计实施办法》；（8）《审计整改管理办法》。

监事会若能督促公司完善内部审计工作制度，对监事会工作本身就是一种借力。

【讨论】不设监事会如何制定监事会制度？

上海某股权投资管理有限公司成立于2018年，最初不设监事会，只有笔者一个监事，没有出台公司监事会管理制度，根据公司章程就可以开展工作。彼时，需要出台《监事会工作规则》等制度，笔者尤其希望解决以下问题：

（1）监事会议事规则。最关心的是监事会议案如何产生？什么事情需要监事审议？

（2）监事会代表要必须全程列席公司投决会。基金管理公司，投资是最核心的，也是最大的风险所在。这个提法，有两种不同的观点。

第一种观点是支持。基金董事长、王董事两人都有这个理念，董事长说监事可以参加投决会，甚至可以写到公司投决会议事规则中。

第二种观点是反对。时任副总经理不同意监事全程列席投决会。该公司第二大股东所在单位的人力资源部副主任，也不理解监事全程列席投决会这一举措。后来，这个人力资源部副主任也逐步认识到监事在该基金公司中列席监事会的必要性。

“监事列席基金公司投资决策评审会”这个观点，思想统一以后，需要落到纸面上，如落在该公司相关会议纪要、监事工作制度或投资决策评审会制度之中。

随着更多的股东陆续进来，公司的业务规模提升，公司监事会逐步完善，由“一个不设监事会的监事”发展到“监事会”，该公司监事会陆续出台了监事会新的制度。可见，监事会不是为制度而出台制度，要根据公司所处的阶段和实际问题，规划好制度。

（四）河南某民营企业的监事会制度建设

河南某民营企业，注册资金30亿元，2005年成立。该公司《监事会工作规则》有十四章共七十条，言简意赅，实用有效。

具体章节内容如下：

第一章　总则

第二章　监事会的组成和职责

第三章　监事会的监督方式

第四章　监事成员的行为规范

第五章　监事会会议制度

第六章　监事会议案

第七章　监事会决议

第八章　监事会议事制度

第九章　监事会议记录和会议决议

第十章　监事会决议执行

第十一章　档案管理

第十二章　监事会经费

第十三章　考核

第十四章　附则

该制度中有以下四个方面可圈可点。

1. 约定了监督方式和公司需要提交的材料

第二十条　监事会的监督主要通过日常运行监督和重大事项监督的方式进行。

（1）日常运行监督。主要监督检查公司（含控股公司）当年情况，并在次年上半年提交年度监督检查报告。通过列席公司有关会议、分析公司月度财要快报，查阅公司生产经营相关资料和访谈座谈等多种方式，随时了解、掌握和跟踪公司重要经营管理活动，对公司内控制度及执行情况作出评估，从而对公司资产运行的总体情况作出监督评价意见。

（2）重大事项监督。对公司重大决策及其程序的合法性、合规性作出评判，对资产质量、会计核算、财务管理等方面进行真实性和合法合规性的监督，对监督检查中发现的有可能危及公司资产安全的经营行为、重大决策的不合规行为、生产经营中的重大风险，以及监事会认为应当立即报告的其他情况进行重点监督，并及时提交专项报告。

第二十一条　为确保监事会工作职责的履行，公司相关职能部门需主动向监事会提交下列资料：

（1）工作类材料：年度（或半年度）工作总结、计划、工作会议纪要、重大经营活动的法律文本等；

（2）财务类材料：年度及半年度财务预、决算报告，审计报告，月度财务报表及相关资料和说明；

（3）决策类材料：形成决策的决议、决定及相关的可行性报告，决策依据等；

（4）统计类材料：企业经营活动的月度、季度、年度统计资料及有关汇报、分析材料；

（5）监事会需要的其他有关材料。

以上两条值得学习。公司各相关部门要知道提交什么材料给监事会，监事会能及时取得公司相关资料，为监事会日常工作打下了很好的基础。

2. 约定监事会沟通方式，便于新任监事开展工作

第二十三条　监事会可以采取以下形式与公司交换意见，就有关问题和事项对公司进行提示、建议：

（1）座谈会。监事会主席代表监事会与公司董事、总经理或其他高级管理人员座谈沟通，交换意见并形成书面材料；

（2）监事会专用函。监事会主席按规定向公司签发监事会《意见函》《提示函》《警示函》《纠正函》；

（3）口头提示。监事会主席向公司董事、总经理成其他高级管理人员以及相关部门负责人进行口头提示。

3. 确定了需要监事会审议的事项，确定了议案产生方式

第四十二条　监事会定期会议和监事会主席提议召开的监事会临时会议，议案由监事会主席或由监事会主席指定监事会秘书提出。由三分之一以上监事联名提议时，议案由监事会主席指定其中 1 名监事提出。董事会提议时，议案由董事长或其指定的董事提出。监事要求提出新议案须经监事会主席同意并列入会议议程，监事会主席未将该议案列入会议议程应予以说明，并进行会议记录。

如前所述，《公司法》对临时股东会的召集、提案权进行了详细约定。但《公司法》对于临时监事会的召集权并没有详细约定，只是在第五十五条和第一百一十九条指出“监事可以提议召开临时监事会会议”。各公司章程可以对临时监事会的召集、提案权进行详细约定。笔者认为，该公司约定董事会也有临时监事会的召集和提案权，似乎不妥。

4. 确定了监事会经费的用途与来源，使津贴、奖励合法化

第六十六条　监事会经费用于下列事项：

（1）监事会会议费用；

（2）非在职监事报酬及监事的津贴；

（3）聘请咨询机构、专家和调研的费用；

（4）对监事的奖励；

（5）监事会其他工作费用。

第六十七条 监事会经费由监事会每年向公司提出预算，在公司管理费用中列支。

笔者认为，监事会经费向经营班子提出预算，并由经营班子决定，使得监事会缺少独立性，建议监事会的经费由股东大会决定。一方面，股东大会拨给监事经费，另一方面，股东大会每年审议监事会的年度工作报告。

一个民营企业为什么要建立如此完善的监事制度？因为股权结构分散，河南某民营集团旗下目标C公司的股权结构如图4－9所示。

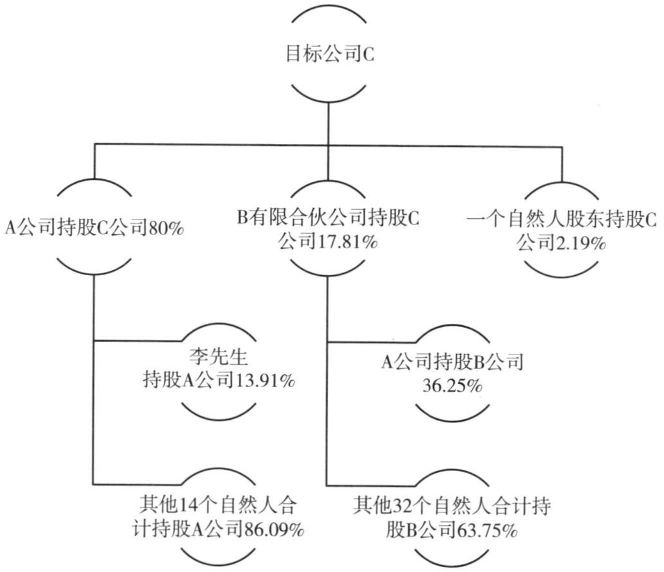

图4－9 C公司的股权结构

目标公司的股权结构为A公司持股80%，B公司（有限合伙）持股17.81%，一个自然人股东持股2.19%。

A公司由15个自然人股东组成，其中第一大股东李先生持股13.91%，卫某持股11.3%，罗某持股8.7%，6个自然人各持股7.83%，2个自然人各持股4.35%，2个自然人各持股3.48%，2个自然人各持股1.74%。

B公司（有限合伙）由33个合伙人组成，A公司持股36.25%，一个自然人持股7.5%，2个自然人各持股3.75%，10个自然人各持股2.5%，19个自然人各持股1.25%。

如此看来，河南某民营集团有限公司背后是49个自然人股东。

公司董事会5人，公司董事长卫某是公司最大股东A公司中的第二大股东，其他4名董事均为公司最大股东A公司中的并列第4大股东。

公司监事会3人，监事会主席罗某是公司最大股东A公司中的第三大股东，另两人为公司第二大股东 B 企业（有限合伙）的小股东，代表的是 B 企业（有限合伙）33 个股东中小股东的利益。

在股权分散的公司，小股东可能派不出董事，但可以派出监事，监事履职仅仅依靠公司章程和《公司法》，内容和方式还不完善。就需要制度制定，在这个过程中，可以提出很多个性化的监事会管理。

二、三个城市、一个省的国有企业监事会管理制度

对于国有企业监事会，监事会应该收集国家有关监事会的法律法规、国务院国资委和省市国资委监事会工作现行有效的文件规则制度，整理形成《国有企业监事会文件规则制度汇编》。

（一）上海市国资委监事会制度的层次性

从国务院国资委到地方国资委、到一级国有企业（一级国企制度到一级国企监事工作制度）、再到二级及以下国有企业，纵向层次递进构成了地方监事会制度的制度体系。

以 2005—2020 年以来，上海市三大集团公司的监事会制度建设为例，其监事会制度的更新换代如图 4 – 10 所示。

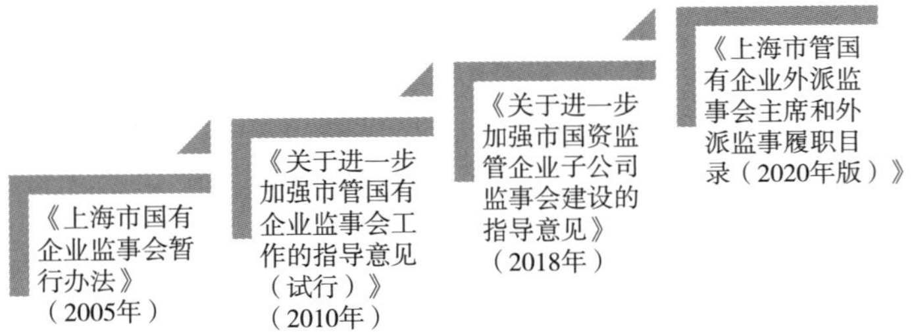

图 4 – 10 上海市三大集团监事会制度的更新换代（2005—2020 年）

在《上海市国有企业监事会暂行办法》（沪国资委监事〔2005〕293 号）的基础上，2010 年，上海市出台了《关于进一步加强市管国有企业监事会工作的指导意见（试行）》。随后，上海机场、上海电气、上海汽车集团等上海市一级国有企业制定《关于进一步加强国有企业监事会工作的指导意见的实施意见》。

紧接着，三大集团监事会出台了适合各个企业本身的监事会配套制度（见图 4 – 11）。例如，上海电气监事会会同集团纪委出台了《监管工作联席会议制度》，上海汽车监事会办公室制定了《监事会办公室工作规程》，上海市二级及以下国有企业根据自身情况制定监事会的配套制度。

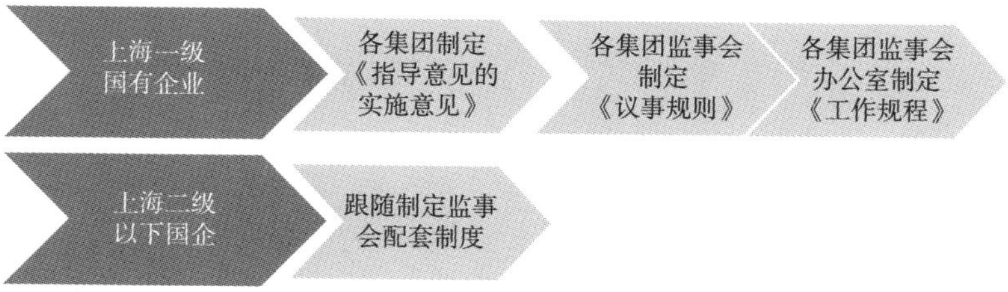

图 4－11　监事会配套制度

上海具有海派文化、规矩意识，契约精神很强。在上海市国资《关于进一步加强市管国有企业监事会工作的指导意见（试行）》（2010）中，以下三个方面可见一斑。

其一，上海市国资委要求，国有企业监事会工作必须在《公司法》《企业国有资产法》的构架范围内实施。凡是法律、行政法规规定的监督事项，全部纳入监事会的“规定动作”；在全年各项任务中，“规定动作”没有达标之前，不得擅自进行“自选动作”。

其二，根据监督需要，监事调取、查阅有关文件、资料的，须严格按照企业规定程序办理；涉及国家机密、商业秘密的，均依法签字承诺履行保密义务。

其三，在上市公司任职的外派监事要严格按照监管部门的要求履行监督职责，遵守信息披露制度等相关规定。

2018 年 3 月，国务院国资委外派监事会制度取消，但上海市探索外派内设监事会制度建设的步伐没有停止。2018 年 10 月 26 日，上海市国资委召开监管企业“进一步加强子公司监事会建设”工作会议，布置落实《关于进一步加强市国资监管企业子公司监事会建设的指导意见》①。2020 年，《市管国有企业外派监事会主席和外派监事履职目录（2020 版）》将监事会履职标准化、制度化、流程化。该目录具体有十二项内容，其中党建工作有 3 项，监事会工作有 9 项（见表 4－3）。

《市管国有企业外派监事会主席和外派监事履职目录（2020 版）》还规定“监事会年度监督评价报告提纲”，适用于上海市国资委监管企业集团，对于国有控股整体上市公司在遵循《公司法》《证券法》及证监会相关制度指引，以及公司章程等相关要求的前提下适用，市国资委委派的监事会主席和外派监事以个人名义提交监督评价报告。

① 上海市国资委召开监管企业“进一步加强子公司监事会建设”工作会议［EB/OL］.（2018－11－03）［2022－06－08］. https：//www.gzw.sh.gov.cn/shgzw_ldzc_ldhd/20181102/0054－90866.html.

表 4－3　　市管国有企业外派监事会主席和外派监事履职目录（2020 版）

党建工作				
履职内容			履职要点	范围
1. 学习党的理论、法规和文件			认真学习习近平新时代中国特色社会主义思想、《党章》等文件，不忘初心，牢记使命	党员主席和外派监事
2. 加强党支部建设			按照《党支部工作条例》要求，建设标准化、规范化的高质量党支部	
3. 积极支持企业党建工作			落实《国有企业基层组织工作条例（试行）》要求，支持企业党建工作	
监事会工作				
事中监督	专项检查	1. 企业发展战略、重大投资项目、内控、风险的管理及制度执行情况	对综合改革方案、“十四五”规划、“三年行动”计划以及投资、内控和风险管理情况等进行专项检查，并形成专项报告	主席和外派监事
		2. 企业法定代表人任期目标完成情况	对任期目标分解实施推进情况进行专项检查，并形成专项报告	
		3. 企业子公司监事（会）履职情况	指导企业子公司监事（会）工作，围绕子公司监事作用发挥情况形成专项报告	
事后监督	专项督查	1. 对巡视和审计报告发现问题整改情况进行督查	对巡视、审计相关整改事项进行督查，形成专项督查报告	
		2. 对企业财务情况进行督查	对年度财务决算批复建议书整改方案落实情况、预警指标的异常情况进行督查，形成专项督查报告	
工作报告		1. 监事会年度监督评价报告（提纲见附件）	监督评价报告于次年 5 月底前报市国资委，抄送市委组织部	主席和外派监事
		2. 监事会年度工作报告	本年度工作总结与下年度工作计划于次年 1 月底前报市国资委	
		3. 监事会主席及外派监事的述职报告	述职报告于次年 1 月底前报市国资委	
		4. 监事会主席专报（书面或口头）	及时上报企业重大经营风险、重大资产损失、重大违规经营行为	主席

续表

监事会工作				
工作交流		1. 与国务院国资委（央企）、省市国资委（企业）交流	根据要求参加各类交流活动	主席和外派监事
		2. 主席同领导班子成员沟通交流	定期与班子领导沟通交流	主席
		3. 主席（外派监事）季度工作例会	按时参加会议	主席（外派监事）
		4. 主席年度工作会议	按时参加会议	主席
专项工作		完成市委、市政府和市国资委交办的专项任务	及时有效完成各类专项任务	主席或外派监事
参加或列席相关会议	企业相关会议	1. 党委会会议	按时列席或参加会议	主席
		2. 领导班子民主生活会		
		3. 董事会	按时列席或参加会议	主席和外派监事
		4. 董事会专门委员会会议	按时列席或参加会议	主席或外派监事
		5. 总裁（行政）办公会		
		6. 企业分管领导召集的专题会议		
		7. 年度财务决算审计会议		
		8. 企业监督工作联席会议		
	与履职相关的其他会议	1. 市委、市政府召开的相关会议	按时列席或参加会议	主席或外派监事
		2. 市委组织部对企业领导班子考核会		
		3. 市审计局对企业进行经济责任审计相关会议		
		4. 市国资委召开的相关会议		

续表

监事会工作				
主席和监事履职需要的材料	市国资委提供	1. 市委、市政府和市国资委相关文件	通过市国资委提供的各类文件资料，及时了解有关工作要求 （注：市国资委提供材料由公司治理处送至主席与外派监事）	主席和外派监事
		2. 市国资委与法定代表人签订的任期契约		
		3. 法定代表人及领导班子任期业绩考核结果		
		4. 市国资委年度财务决算批复，包括决算审计报告、内控测评报告及财务评价书		
	企业提供	1. 经济责任审计报告和整改方案	通过企业提供的各类文件资料，及时了解企业有关情况	
		2. 企业财务决算审计报告		
		3. 董事会会议材料		
		4. 总裁（行政）办公会会议材料		
		5. 企业相关制度检查情况		
		6. 信用等级及行政处罚等情况		

【模板】上海市监事会年度监督评价报告提纲

第一部分　总体监督评价意见

（1 000 字以内，简要概述）

（一）企业运行总体情况（所有类型）

企业实现任期战略规划、年度预算和计划的总体情况，企业与国资委签订的任期目标责任书所提出的经营目标完成情况，对照实际完成情况分析与年度目标的主要差距和原因。

（二）功能任务完成情况（功能保障类）

承担的政府重大项目是否按节点完成，未按计划完成的主要原因，承担社会责任的履行情况，社会满意度情况。

（三）合法合规情况（所有类型）

包括董事会组成情况，会议召开频次情况，董事履职情况（参加会议与发表意见等），董事会制度建设情况等。

（四）主要问题及风险（所有类型）

结合各类审计、市委巡视及企业自身相关资料，分析经营管理中存在的主要问题、主要风险或管理的薄弱环节，以及发生这些问题和风险隐患的主观原因、客观原因以及责任主体。

第二部分　主要监督评价内容

（一）法人治理及其规范运作情况（所有类型）

1. 企业法人治理结构现状和变化情况。包括董监高人员变化，议事规则变动及执行情况。

2. 董事会和经营班子履职尽责情况。包括董事会与经理层职责划分和履职情况，董事会对经理层的任用、考核、激励和约束机制情况，董事、高管人员报酬的确定依据及实际支付情况，董事会、经理层完成国资任期目标情况。

3. 董事会向市国资委报告会议和年度工作的情况。主要包括：一是总结年度工作中的成绩和特色，二是发现年度工作中的问题和短板，三是提出今后工作的努力方向和改进措施。

4. 集团所属子公司法人治理建设情况。包括集团所属子公司的法人治理结构现状，涉及子公司董事会、监事会建设，母子公司董事会、监事会工作体系运行情况，董事、监事派出及其作用发挥情况。

（二）内部控制建设及执行情况（所有类型）

1. 内部控制制度建设情况。包括内控制度变化情况，年度内控测评实施情况，及对内控风险的整顿情况。

2. 重要业务领域风险控制情况。包括是否针对产权登记、改制审计、资产评估、境外资产、重大投资、资金管理、不良资产核销等重点事项制定明确的风险控制措施及执行情况。

3. 对投资企业的管控情况，包括投资执行完成情况较预期目标是否存在偏差，以及对存在较大经营风险、亏损子公司采取的具体措施。

4. 境外投资情况。包括境外投资规模、分布和效益情况，制定相应的管理制度规范情况，针对境外重大项目实施投资全过程管理情况等。

5. 容错机制建设及实施情况。

6. 安全生产情况。报告安全生产重大事故发生情况以及整改情况。

（三）企业发展战略情况（所有类型）

1. 企业发展战略实施情况。评价集团发展战略是否经国资委核准，产业方向是否进入国资委主业目录，综合改革实施方案、三年行动计划和“十四五”规划编制的推进实施情况。

2. 公司科技创新情况（市场竞争类、金融服务类）。评价集团推进科技创新的主要举措及执行情况。

3. 公司资本运作情况。评价集团推进资本运作、重大资产重组、资产证券化的举措和执行情况。

4. 功能任务完成情况（功能保障类）。报告集团根据功能定位，承担的主要服务保障任务或重大功能项目及其具体实施情况。

（四）企业财务和资产状况（所有类型）

1. 全面预算管理情况。包括董事会全面预算管理制度建设及执行情况，预算指标与决算指标的偏离情况，经理层针对全面预算管理工作存在的主要问题采取的整改措施。

2. 财务情况。包括国资委 14 项财务运行预警指标情况；集团下属子公司年度亏损企业名录及亏损额。

（五）其他情况（如有）（所有类型）

1. 重大关联交易情况；

2. 重大经济纠纷或诉讼案件情况；

3. 对外捐赠情况；

4. 领导人员违法违纪情况；

5. 监事会对董事会工作的建议情况，及董事会采纳情况；

6. 其他需要特别说明的事项。

（六）对审计、巡视所发现问题的整改情况（所有类型）

针对市委巡视整改事项，市国资委、中介机构年报审计整改事项，监事会等提出问题整改事项，推进整改的力度、效果评价。若未启动整改或未完成整改的原因阐述。

第三部分　问题与建议

（一）问题（所有类型）

结合各类审计、内控测评、市委巡视及企业自身相关资料，董事会、经理层查找问题、主要风险或管理的薄弱环节，以及发生这些问题和风险隐患的主观原因、客观原因，分析制约或影响企业健康稳定发展的瓶颈问题。

（二）建议（所有类型）

在对主要问题和风险分析的基础上，对企业经营管理和改革发展提出建设性意见，对市国资委日常监督管理工作的意见和建议。

第四部分　主要辅佐资料

1. 上年度财务报告、审计报告；
2. 上年度内控测试报告；
3. 上年度董事会年度报告、经理班子工作总结；
4. 上年度董事会决策事项目录（包括未通过的）；
5. 上年度监事会监督检查报告目录（包括主席专报、外派监事报告）；
6. 企业信用等级评估报告；
7. 受税务、工商等行业监管部门的奖惩情况；
8. 其他资料。

2021 年，上海市国资委公司官网显示，上海国资委公司治理处负责研究提出完善本市国有企业公司治理的政策建议；负责制度完善并组织实施；负责市国资委委派董事、监事日常履职管理、评价和工作支持；负责股东事务等出资人职责的相关工作①。

在具有中国特色国有企业监事会管理之路上，上海市进行了极具价值的制度探索和模式实践，为国有企业监事会实践提供了有益的借鉴。

（二）福建龙岩市国资委监事会制度建设

2010 年，福建龙岩市政府从市国资委、财政局、审计局各抽调一名科长兼职担任原“三大集团”外派监事，由外派监事组成监事会工作组对外开展工作。之后，福建龙岩市监事会工作制度体系陆续建立。

2010—2011 年，福建龙岩市政府、市国资委先后出台了《龙岩市国有企业监事

① 丁利剑，塔西甫拉提·托连．上海市国资委公司治理处［EB/OL］．（2022－02－15）［2022－06－08］．https：//www. gzw. sh. gov. cn/shgzw_jgzn_nscszn/20200227/0054－94581. html.

会暂行办法》《龙岩市国有企业监事会工作细则》《龙岩市国资委出资监管企业支持配合监事会依法开展监督工作规则的通知》；2013—2015 年，市国资委、监事会工作组先后出台了《关于进一步加强和规范所出资企业监事会工作的意见》《监事会年度集中检查工作规程》《监事会日常监督工作要点》《监事会工作会议制度》《关于报送监事履职报告表的通知》《龙岩市国资委监管企业监事会年度考核评价暂行办法》。

组织监事会集中检查和专项检查是福建龙岩市外派监事会的一大特点。2013 年以来，龙岩市国资委和监事会工作组每年组织一次监事会集中检查，2016 年起增加一次专项检查，2013—2016 年共组织检查 5 次，向市国资委报送《监事会检查报告》16 份，得到了市国资委和多数企业的高度重视，并为近年来国有企业案件的查办提供了线索。

福建龙岩市属企业监事会工作在起步阶段借鉴了厦门市模式。外派监事会的厦门模式与国务院国资委模式差异较大，福建省国资委外派监事会工作迟至 2015 年才全面启动[①]。

2016 年、2017 年，国资委加强了监事会的管理。国务院办公厅于 2015 年 11 月印发《关于加强和改进企业国有资产监督防止国有资产流失的意见》和 2016 年 8 月印发《国有企业违规投资经营责任追究制度》后，围绕着深化国有企业改革、强化国有资产监督这一主题，国有企业监督工作大大提速。在这一背景下，2017 年福建龙岩市国资委监事会工作风生水起。

1. 任用一批监事

2017 年 8 月 4 日，龙岩市国资委任免了几位监事。从对童秋华等同志的任命通知上看，外派监事会主席和监事会主席，在国资委任命书上的表达都不一样。这里的外派监事会就是本书的外派外设监事会。

龙岩市国资委关于童秋华等同志职务任免的通知

龙岩水务发展集团有限公司：

经研究决定：

童秋华同志任龙岩水务发展集团有限公司外派监事会专职监事、主席（兼），任期 3 年；

黄衍裕同志任龙岩水务发展集团有限公司外派监事会专职监事，任期 3 年。

免去张翔华同志龙岩水务发展集团有限公司监事会监事、主席职务；

免去郑希权同志龙岩水务发展集团有限公司监事会监事职务；

---

① 张翔华，一位国资委主任对监事会改革的思考［EB/OL］.（2017－07－23）［2022－06－08］https：//mp. weixin. qq. com/s/3AX8JN9l_N0K1C058jOolQ.

免去章瑞乾同志龙岩水务发展集团有限公司监事会监事职务。

请按有关规定办理。

龙岩市国资委

2017 年 8 月 4 日

2. 组织监事会联席会议

2017 年 9 月 29 日，龙岩市国资委在金融中心城发集团 2629 会议室召开了 2017 年下半年市属国有企业监事会主席联席会议。会议听取了 13 家市属国有一级企业协管监事会工作领导、监事会主席，以及 15 家重点国有二级企业监事会主席，关于 2017 年以来监事会工作开展情况的汇报以及对监事会工作的意见和建议①。

3. 组织监事会集中检查

2017 年 11 月 13—14 日，龙岩市国资委分别在工发集团、交发集团、城发集团、水发集团、龙盛担保公司等 5 家企业召开了 2017 年监事会集中检查进点会，标志着 2017 年监事会集中检查全面启动。此次检查分五个检查组，重点检查企业从 2016 年 10 月至 2017 年 9 月资产负债损益、“三重一大”决策、经营投资、融资担保、有关经济指标、企业负责人履职和有关风险隐患等方面的风险防控，必要时将追溯相关年度或延伸检查相关企业②。

4. 制定监督事项清单

清单管理是 2017 年国有资产管理的热词。同年 12 月制定出台了《龙岩市国资委监事会监督事项清单》（试行）。

（三）山东省监事会制度建设

2017 年也是山东省监事会发展的一年。

2017 年 11 月 7 日，山东省印发“1 + 3”系列文件：《关于进一步加强省属企业监事队伍建设的意见》和《山东省省属企业监事任职资格测试实施办法（试行）》《山东省省属企业监事学习培训实施办法（试行）》《山东省省属企业监事履职评价实施办法（试行）》3 个配套办法，既是推进新一轮国企国资改革的具体举措，也是完善公司法人治理结构、建立现代企业制度的探索实践，有利于促进监事会监督能力提升。

山东省新出台的“1 + 3”系列文件在监事任职资格、学习培训、履职评价、激

---

① 龙岩市人民政府国有资产监督管理委员会．龙岩市国资委组织召开 2017 年下半年市属国有企业监事会主席联席会议（longyan. gov. cn）．http：//lygzw. longyan. gov. cn/zwgk/gzdt/201710/t20171009_772141. htm.

② 福建龙岩市国资委监审科．2017 年监事会集中检查全面启动［EB/OL］．（2017 - 11 - 20）［2022 - 06 - 08］．http：//lygzw. longyan. gov. cn/zwgk/gzdt/201711/t20171120_782578. htm.

励约束等重要方面有所创新：一是提出推行监事初次任职资格测试和监事在职测试制度，对原来符合《省属国有企业外部监事人才库管理办法》候选人人才库加入人员，增设监事初次任职资格测试环节，确保选出的人才符合监事岗位要求；增加在职监事测试环节，确保在职监事及时更新专业知识，持续优化监事岗位的匹配度和胜任力。二是提出建立监事履职纪实制度，通过信息化手段对监事工作绩效进行履职纪实，实行痕迹管理，既可以反映工作成果、为履职评价提供基础依据，也可以为追究责任提供证据，实现可追溯、可量化、可考核、可问责。

就在各地如火如荼地探索国有企业监事会如何深入的第二年春天，也就是 2018 年“两会”之后，国务院一级中央企业监事会戛然而止，监事会的职能转移到审计署。自此，有的城市完全跟着国资委走，如北京。还有的地方国资委继续进行了探索，如前所述的上海国资委。

三、监事会法律法规效力的层次性

2003 年，笔者作为中方首席谈判代表在埃塞俄比亚首都亚的斯亚贝巴第一次进行跨国并购时，和埃方首席谈判代表、法学博士葛他秋先生讨论一个问题，“当公司章程和股东合作协议约定不一致时，到底以哪个为准”？葛他秋博士认为合资协议是双方合资的最早的协议，是公司设立根本中的根本。回国后，我写了一篇文章发表在 BF 公司内部刊物《学习与探索》中。笔者则认为：如果涉及股东之外的问题，则往往以公司章程为准。因为公司章程是在公司登记部门备案的，具有对外公示效力。而股东内部合作协议，是协议主体之间签署的文件，只在签署协议的主体之间有效，不具有对外对抗效力。如果涉及股东内部的问题，要看公司章程和股东内部合作协议哪一份文件签署的时间更晚，以更晚的那份文件为准。

在监事会领域，也有这样的情况。

2015 年，一个学员问笔者的画面，笔者至今记忆深刻。这位学员说，《公司法》和《国有企业监事会暂行条例》关于监事任期、费用报销问题表述不一样，以哪个为准？

《公司法》第五十六条规定，“监事会、不设监事会的公司的监事行使职权所必需的费用，由公司承担”。《国有企业监事会暂行条例》第二十条规定，“监事会开展监督检查工作所需费用由国家财政拨付，由监事会管理机构统一列支”。第二十一条规定，“监事会主席和专职监事、派出监事不得接受企业的任何报酬、福利待遇，不得在企业报销任何费用”。显然，两者对承担监事会费用的规定是不一致的。

《公司法》第五十二条规定，“监事的任期每届为三年。监事任期届满，连选可以连任”。《国有企业监事会暂行条例》第十六条规定，“监事会成员每届任期三年，其中监事会主席和专职监事、派出监事不得在同一企业连任”。在监事是否可以连任问题上，两者的规定也是不一样的。

谁是上位法？笔者认为，首先，看适用范围。《国有企业监事会暂行条例》的适用范围是国有重点大型企业。这些国有重点大型企业在公司制改革之前是适用《全民所有制工业企业法》（1988 年）的全民所有制企业，还不是《公司法》下的国有独资公司。其次，毋庸置疑，法律大于法规。中国法律层次如图 4－12 所示。

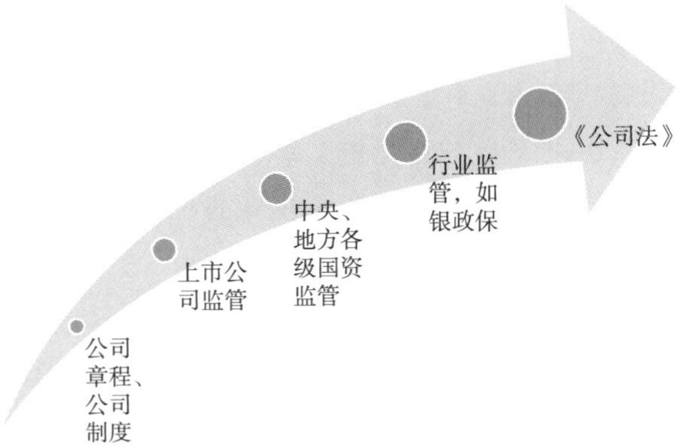

图 4－12　中国法律层次

在法规与法规之间也是有层次的。《上市公司监事会工作指引》第七十三条中的五个“从其规定”就表示出这种制度的层次性。其原文是：（1）国务院对国务院派出监事会的国有大型重点企业和国有金融机构监事会及其成员另有规定的，如有抵触、冲突之处，从其规定。（2）作为上市公司的国有资本控股公司，国家国有资产管理部门对其监事会及成员另有规定的，如有抵触、冲突之处，从其规定。（3）作为上市公司的商业银行、保险公司、证券公司、期货公司、信托公司、资产管理公司等金融机构，相关监管机构对其监事会及成员另有规定的，如有抵触、冲突之处，从其规定。（4）深圳证券交易所对中小板、创业板上市公司监事会有特别规定的，如有抵触、冲突之处，从其规定。（5）境内外同时上市的上市公司，境外上市地有特别规定的，如有抵触、冲突之处，从其规定。言下之意，如果《上市公司监事会工作指引》与上述五个规定有冲突，听对方的。

2021 年 11 月 19 日晚十点半，笔者正要休息，一个四川的徐女士（某公司法律部主任、职工监事）来微信：徐老师你好，目前我们公司进行国有企业经理层契约化改革，涉及对公司制度的修订。《公司法》规定总经理有“决定聘任或解聘除董事会决定聘任或解聘之外的人员权利”，我们公司的制度就赋予了总经理一定的聘任或解聘权。但是，今天集团公司党群部的女领导说，《公司法》的这一条对国有企业不适用。依据《中国共产党组织工作条例》《中国共产党国有企业基层组织工作条例》《国务院办公厅关于进一步完善国有企业法人治理结构的指导意见》（国办发〔2017〕36号》)，这位党群部的女领导坚持认为《公司法》的规定是针对普通企业，而国有企业比较特殊，人事权不能放给总经理；既然坚持党管干部、管人才，就不能将中层（即部门负责人的聘任、解聘的权利）放给总经理。最后，公司总经理退步了，放弃争取中层的人事决定权，现在公司制度上变成“提名公司中层管理人员，决定中层以下员工的岗位变动”。那么，如何理解党管干部、党管人才与董事会、总经理的人事聘任与解聘权利？

笔者的回答有三点：

(1) 如果贵公司的《公司章程》此前已经明确规定总经理的权利为“提名公司中层管理人员，决定中层以下员工的岗位变动”，言下之意，总经理没有公司中层管理人员的决定权。那么，贵公司党群部女领导的说法是没有问题的。如果没有，她的说法似乎就不正确。

(2)《党政领导干部选拔任用工作条例》《党政领导干部选拔任用工作监督检查办法（试行)》《中国共产党国有企业基层组织工作条例》(2019) 规定，国有企业党组织应该按照干部管理权限，规范动议提名、组织考察、讨论决定等程序……保证党对干部人事工作的领导权和对重要干部的管理权。为此，某二级中央企业曾出台一项制度要求，国有企业干部任用事先要经过党委相关部门的资格审核，审核后的后备干部才能被总经理聘用。笔者认为，这个二级中央企业的做法是规范的。但贵公司集团党群部女领导认为的“《公司法》的规定是针对普通企业，国有企业比较特殊，人事权不能放给总经理”，说法不妥。

(3)《中国共产党国有企业基层组织工作条例》《关于进一步推进国有企业贯彻落实“三重一大”决策制度的意见》是行政法规依据，在公司领域，法律效率要低于《公司法》。这些规范不能剥夺《公司法》赋予公司总经理的基本权利。“三重一大”事项决策必须经过党委前置决策等要求写入公司章程，才能在法理上得以确认。而且，党委前置决策是在最终决策前多了一个具有否决功能的决策开关，并不是最终取消《公司法》赋予总经理的“副总以下人员聘任权”。

微信发出之后，我意犹未尽，感觉说得不透彻，为了进一步印证我的观点，我又给她发出下面这个案例。

【案例】党委前置和股东决议谁说了算①？

要授权

金昌水泥（集团）有限责任公司（以下称“金泥公司”）有两名股东，一

① 党委前置和股东决议谁说了算？[EB/OL].(2021-08-25)[2022-06-08]. https://mp.weixin.qq.com/s/0rCqUP54QlMl0RTY6f544w. 另见最高人民法院民事裁定书（2019）最高法民再152号。

是甘肃农垦金昌农场有限公司（原名甘肃省国营八一农场，以下统称“八一农场”）持股59.43%，二是金昌市国资委，持股40.57%。

2014年10月22日，金泥公司股东会作出决议：按照国家国有企业改革的有关规定，国有划拨土地依照基准价重新评估，依照重新评估的土地价值进行增资，金泥公司的注册资本由6 943.4万元变更为10 997.4万元，股东的出资额作相应变动。其中：金昌市国资委出资6 870.86万元，持股62.48%；八一农场出资4 126.54万元，持股37.52%。八一农场和金昌市国资委在金泥公司股东会决议上签字盖章。

根据本次股东会决议，八一农场突然就从大股东变成了小股东。2014年11月21日，金泥公司依照股东会决议内容办理了工商登记变更手续。相安无事四年后，事情发生了变化。

一审——金昌市中院

2019年，八一农场向金昌市中院起诉了金泥公司，并将金昌市国资委列为第三人，认为金泥公司的股东会决议不合法，并陈列了多条理由，其中最关键的一条，就是金泥公司在作出此次股东会决议过程中未进行决策前的研究并听取意见，也未就相关事宜与党委（党组）沟通，听取党委（党组）的意见，违反了国家《关于进一步推进国有企业贯彻落实“三重一大”决策制度的意见》中“三重一大”的相关强制性规定。

金泥公司辩称，“三重一大”并非法律、法规，不能作为涉案股东会决议是否有效的依据，八一农场提出的涉案股东会决议作出过程中违反“三重一大”的相关强制性规定，不能成立。金昌市中院认为，对公司股东会决议效力进行认定，应以法律、行政法规为依据。公司股东会的决议内容违反法律、行政法规的规定，才导致决议无效。

2014年10月22日，金泥公司依照《公司法》和公司章程召开股东会形成股东会决议，对金泥公司新增注册资本，金昌市国资委以国有土地使用权作价出资，决议内容系股东的真实意思表示，不违反法律、行政法规强制性规定。因此，八一农场主张股东会决议内容无效的理由不能成立。

《关于进一步推进国有企业贯彻落实“三重一大”决策制度的意见》是中共中央办公厅、国务院办公厅下发的意见，按范畴属于其他规范性文件，并不处于法律和行政法规的位阶之中，因此金昌市中院支持了金泥公司的意见，判决八一农场败诉，原股东会决议有效！

二审——甘肃省高院

2020年，八一农场对一审判决不服，向甘肃省高院提起了上诉，并重新表述了自己的诉讼请求，其中再次强调了“未能履行‘三重一大’程序”这一事由。

省高院认为，根据当事人的诉辨及庭审情况，本案的争议焦点为：(1) 股东会决议表决程序是否符合法律规定；(2) 股东会决议的内容是否违反法律、行政法规规定。

但无论是对决议程序和内容的合法性判定中，依然沿用了一审对于法律和行政法规的位阶理解，对“未能履行‘三重一大’程序”只字不提，只是强调了如下三点：

事实层面——金泥公司的股东八一农场和金昌市国资委均出席了该股东会，八一农场在股东会决议上加盖了公章且股东代表石怀仁签字确认，金昌市国资委也在股东会决议上加盖了公章且股东代表董某签字确认。

法律层面——根据《公司法》第四十三条规定，“股东会的议事方式和表决程序，除本法有规定的外，由公司章程规定。股东会会议作出修改公司章程、增加或者减少注册资本的决议，以及公司合并、分立、解散或者减少注册资本的决议，必须经代表三分之二以上有表决权的股东通过”。

公司章程层面——2011 年 8 月 18 日，金泥公司《公司章程》第十五条规定了公司股东会的议事方式和表决程序：股东会对公司增加或减少注册资本、分立、合并、解散或者变更公司形成作出决议，必须经三分之二以上有表决权的股东通过。2014 年 10 月 22 日，金泥公司股东会的召开方式和表决程序均符合《公司法》和公司章程的规定。

因此，省高院驳回了八一农场关于认定股东会决议无效的请求，只是对其中的细节瑕疵进行了纠正，并正式确认股东会决议有效！

申请再审——最高院

二审默认了从法律位阶上，“三重一大”有关制度不属于法规，因此在判决书中并未提及。

八一农场当然不服，于 2021 年向最高院申请再审，依然在申请理由中列明了金泥公司股东会未履行“三重一大”程序的事由。

但本次最高院没有回避，而是在最终裁定中给出了明确的说法，事情到这一步终于迎来了终局。最高院民事裁定书（2021）最高法民申 3524 号中明确表示了裁定的依据，首先示明了《公司法》第四十三条的规定，其次又提到了公司章程的规定，并指明金泥公司股东会的召开方式和表决程序均未违反《公司法》和公司章程的规定。

而八一农场提出的“三重一大”决策制度是党中央、国务院规范国有企业决策管理的制度，不能得出八一农场所主张的金泥公司股东会决议效力的结果。

最终裁定结果是——驳回八一农场的再审申请。

事件分析

这一来自最高院的驳回裁定，将公司的各项规则的效力位阶说得非常清楚，可以说是为“三重一大”程序做了最终的定性。

即在法律认定上，《关于进一步推进国有企业贯彻落实“三重一大”决策制度的意见》不作为行政法规依据。其作为决策效力依据的层次，是要低于《公司法》和公司章程的。换句话说，在效力位阶的顶层，《公司法》作为公司运行的基本规范，只要按照《公司法》规定履行合法的表决程序，就一定具备法定效力。

而《公司法》没有说到的针对各个公司自身的细节问题，就需要由公司章程进行规定，这是由《公司法》第四十三条授予公司章程的效力，存在绝对的法理支撑。

如果有处在法律位阶序列中的地方行政法规，公司固然要遵守，但一定要注意必须具有法律、行政法规性质，而一般的“其他规范性文件”虽然需要遵守，但不具备法定效力，哪怕是“三重一大”的有关规定也一样。

那么，是不是一切都只能以法律为基础，我们只能接受“三重一大”党委议事仅有内部效力的事实呢？绝对不是！

“三重一大”制度从建立之初就是为了规范和完善国有企业决策机制的，国企党委（组）的决议一定具备其现实意义。只是从法律上，要让这一机制合法化，需要更为完善和科学地设定有关机制和程序，才能让它具备法律效力。

首先，党委决策要写进章程。仅凭《关于进一步推进国有企业贯彻落实“三重一大”决策制度的意见》是不足以保证“三重一大”前置其在法律意义上有效的，企业还必须要将有关规定落实在公司章程里面。具体来说，就是在章程中示明，如果公司各治理和经营主体的“三重一大”事项决策未经过党委党组前置，则决议无效。此时，党委党组前置决策就被打上了法定的烙印，这也正是党建写进章程的关键所在。

其次，企业需要具体界定“三重一大”，并以此为基础建立健全内部制度体系。对于每一家企业，其重大决策事项、重要人事任免、重大项目和大额资金的标准都不一样。或许对于超大型一级央企，1 亿元的资金、厅局级中层干部任免才算是重大事项，但对于一般国有企业，可能 100 万元的资金就算大额，反而自身县处级班子成员才算的上是重要人事任免。因此，企业必须匹配“‘三重一大’事项清单”，根据公司管控治理的原则和公司实际情况，将各类事项列明。此外，及时制定《党委会研究讨论企业重大经营管理事项实施办法》也是不错的选择。只有两个办法加一个事项清单齐备，才能确保党组织融入公司治理的无缝衔接。

最后，要注意法律程序。即使把“三重一大”制度、前置程序写进了国有企业的公司章程，也不能以此默认未经党委会前置的决议就直接丧失效力，而是应当先按照有效执行，但可以向法院及时申请撤销。此时就可以运用《公司法》第二十二条有关规定，决议违反公司章程（前提是公司章程规定了“三重一大”程序）的，股东可以自决议作出之日起60日内，请求人民法院撤销。需注意请求人应当是公司股东方及其代表，而时限也一定要在决议作出起60日（自然日）内，过了这个时间点，未履行“三重一大”或未经党委党组同意的事由，也就失去了法律效力。

第四节　防范公司制度建设风险

监事会不仅要关注监事会自身的制度建设，还需要对所在公司的制度进行分析，对公司重大风险和重要业务进行监督。例如，2018 年，北京某上市公司监事会就建立了该公司重大风险和重要业务的监督制度。

一、防止公司制度缺失风险

某石油公司职工监事（会计学博士，控股公司审计与风险管理部主任）上任伊始，发现所在的石油公司石油期货业务数额很大，却没有相应的操作制度，向公司反映之后，很快就被采纳。

制度建设有谋则立、不谋则废。

首先，做好制度建设的年度工作计划。只有一把手重视的制度建设，工作才更容易有成效。2010 年，时任中国某集团有限公司张总经理，非常注重制度建设。他认为，企业文化和制度建设是公司的两大重要力量，制度解决不了所有的问题，当制度不能解决的时候，就需要文化的力量来解决。该集团公司每年有一定数量的制度修订、废止或出台，其制度建设在中国企业中出类拔萃，大大了促进公司业务，降低了公司运营风险。

其次，做好制度汇编工作。一种是公司所有制度的汇编，即全景图。另一种是专项制度汇编，即截面图。如投资制度汇编（把国家、集团公司以及公司的所有投资方面的制度汇编成册）、监事会工作制度汇编等。

最后，制度建设要紧跟政策要求。中国国有企业的制度建设要紧跟时代，及时落实国资委及上级部门出台制度后的相关要求。如果懈怠，可能为一把手离任审计时留下隐患。

2010 年，国资委加强境外投资管控，密集出台了《国有企业境外投资财务管理办法》《中央企业境外国有资产监督管理暂行办法》《中央企业境外投资监督管理暂行办法》《中央企业资产损失责任追究暂行办法》《境外中资企业机构和人员安全管理规定》《关于做好境外投资项目下放核准权限权限的通知》，这些制度对中央企业都提出了明确的细化要求。

1.《国有企业境外投资财务管理办法》

该办法要求国有企业建立健全符合本集团实际的境外投资财务管理制度体系。

2.《中央企业境外国有资产监督管理暂行办法》（国务院国有资产监督管理委员会令第 26 号）

该办法第四条规定，建立健全境外企业监管的规章制度及内部控制和风险防范机制；建立健全境外国有资产经营责任体系。第六条规定，建立健全境外出资管理制度。第十一条规定，健立健全离岸公司管理制度。第十三条规定，建立境外大额资金调度管控制度。第十五条规定，中央企业应当建立外派人员管理制度，建立外派境外企业经营管理人员的定期述职和履职评估制度，中央企业应当按照属地化管理原则，统筹境内外薪酬管理制度，不具备属地化管理条件的，中央企业应当按照法律法规有关规定，结合属地的实际情况，制定统一的外派人员薪酬管理办法，报国资委备案。第十八条规定，境外企业应当依据有关规定建立健全境外国有产权管理制度。第二十七条规定，中央企业应当依法建立健全境外企业重大事项管理制度和报告制度。第三十三条规定，中央企业应当建立境外企业生产经营和财务状况信息报告制度。

3.《中央企业境外投资监督管理暂行办法》（国务院国有资产监督管理委员会令第 28 号）

该办法第四条规定，中央企业应当根据企业国际化经营战略制定境外投资规划，建立健全企业境外投资管理制度，加强对各级子公司企业境外投资活动的监督和指导。第六条规定，中央企业境外投资管理制度应当包括（4）境外投资风险管理制度；（5）境外投资评价、考核、审计及责任追究制度；（6）对所属企业境外投资的监督管理制度。第七条规定，中央企业应当根据境外投资规划编制年度境外投资计划，并按照有关要求按时报送国资委。第十四条规定，中央企业应当加强境外投资风险管理，制订相应的防范和规避方案，制定突发事件的应急预案和风险发生后的退出机制，做好风险处置。

中央企业应当建立更为严格、具体的境外投资项目负面清单。

其中，《中央企业资产损失责任追究暂行办法》要求中央企业研究制定本企业资产损失责任追究工作制度；《境外中资企业机构和人员安全管理规定》要求对外投资合作企业要制定境外安全管理制度，建立境外安全突发事件应急处置机制；《关于做好境外投资项目下放核准权限权限的通知》要求中央企业应结合实际，进一步完善境外投资项目管理办法，建立健全境外投资项目协调机制和责任追究制度。

2018 年 12 月，在对某中央一级企业一把手离任审计时，对该集团公司所属二级中央企业进行了延伸审计。某天，审计人员需要二级企业提供公司是否及时响应上述国家制度、及时推出了公司层面相应的制度等方面的相关资料。这个要求非常细，细到对应上述每一个国资委制度的条款要求，细到对应二级央企相应制定的每一个具体的制度名称。

笔者在收到指令后，当晚就作出表格，一一回复，这得益于公司制度建设紧跟国资委的相关要求，相关制度建设非常及时、规范、完善。同时，由于笔者主动编制了公司投资制度汇编这项工作，回答审计机构的问题便非常快捷准确。从这次检查中，笔者也认识到，中央企业应当建立更为严格具体的境外投资项目负面清单。

二、监督公司制度审批权合规

埃塞俄比亚首都亚的斯亚贝巴某合资公司于 2004 年成立以后，总经理将事无巨细的制度均提交到董事会审核。笔者指出，《公司法》和公司章程一般规定，基本制度由董事会决定，具体管理制度由经理层决定。一般制度经营班子就可以定了，不需要上报董事会。时任总经理肖勇问我，基本制度和一般制度的边界在哪里？我回答，我们往往一眼就能分辨基本制度和一般制度，但有一些制度属于中间地带。这时候，由公司一把手决定，各公司可有所差异。

类似公司层面的法律，国家层面的法律分为基本法律和普通法律两类。基本法律是由全国人民代表大会制定的调整国家和社会生活中带有普遍性的社会关系的规范性法律文件的统称，如《刑法》《民法》《诉讼法》以及有关国家机构的组织法等法律。普通法律是由全国人民代表大会常务委员会制定的调整国家和社会生活中某种具体社会关系或其中某一方面内容的规范性文件的统称，其调整范围较基本法律小，内容较具体，如《商标法》《文物保护法》等。基本法律和普通法律的区别在于制定法律的机关不同：基本法律由全国人民代表大会制定和修改，普通法律由全国人民代表大会常务委员会制定和修改。

制度最终审批权是有层次的。无论是政府、国资委还是公司，一个制度的出台要经过立项、起草、论证、协调、审议等流程。其中最重要的一个环节就是制度的最终审批权。

公司制度审批权的层次性，背后往往就是制度体系的层次性。公司治理层面的制度，如公司章程、合资协议，由股东会审批。公司管理层层面的制度，基本制度由董事会审批，一般制度由经营层审批。同时，董事会可授权某些制度由经营层来决定。经营层决定的制度也可以授权主管领导，如有些制度由主管领导审批。

值得一提的是，部门制度一般不作为公司正式制度体系的内容，由部门经理审批，报公司备案。其优点是，审批方便，修改方便，进一步丰富了公司制的层次性。2017 年前后，BF 公司投资经营部出台的《投资项目风险手册》（把相关流程方法均梳理成手册）、审计与风险管理部的《风险管理手册》均作为部门制度。

三、关注公司制度建设中的“三配一防”

“一配”，是指制度的适用范围匹配。

制度的适用范围是首要关注的事项。例如，制度适用范围是全资、控股子公司，对于参股公司参照执行。一般来说，制度的第一章倒数第二条用于规定制度的解释权限，最后一条用于规定制度的生效时间。表述格式为“本办法（或其他制度种类）自印发之日（或 20 × × 年 × 月 × 日）起执行（或试行，暂行制度按执行表述）”。不使用“发布”“颁发”“施行”“实行”等词语。制度生效须同步废止既有制度的，应包括拟废止制度的印发年月、名称和文号。

“二配”，是指制度的时效匹配。

计划性的制度要关注是否陈旧、是否存在漏洞和缺陷。及时清理淘汰时间上已经不适用的制度，建立规章、规范性文件清理的长效机制。实行规章、规范性文件目录和文本动态化、信息化管理。完成对现行规章、规范性文件的清理工作。此外，试行制度要及时转正，或则废除，试行制度一般为 2 年。

“三配”，是指制度建设要与公司发展阶段“匹配”。

制度是用来解决问题的，不是花架子。制度建设为公司业务、战略服务。当公司业务还处于初创阶段，追求大而全的制度建设显然不合适。例如，华为公司发展到一定阶段，每天的资金大进大出，制定庞大的制度管控风险才是必要的。

审核防止空而虚。2014 年前后，某公司为加强战略管理，拟制定战略管理办法，因没有实质用处就取消了。2021 年，该公司成立了战略管理委员会，战略管理成为重要的抓手，此时，出台战略管理办法又成为必要，有不少落地的内容。

“一防”是防止上下重复、左右矛盾。

公司的制度建设，要防止制度上下重复。如避免集团公司的投资管理制度与子公司、孙公司的投资管理制度重复，还要防止制度左右交叉。包括内容上的交叉或逻辑冲突。例如，某公司拟建专家库，是设战略部还是科技委员会，两个部门的制度都说自己才是该专家库的负责单位，这就是“制度打架”的左右交叉。

总之，系统、及时、层次分明、实用性强的制度才是好制度。做到这些，公司的制度管理工作才能有计划性、层次性、实用性。

监督公司制度，也是监事会工作的一个重要方面。

第五章　参会发声，写好监事会会议的五个关键公文

规范监事会会议是改进监事会工作成效的重要途径。监事主要通过列席企业会议、检查调研、阅读文件等方式履职。因为监事普遍兼职、不按时列席企业会议、深入了解企业的时间少、与任职企业的沟通不及时，加之其自身能力和专业水平参差不齐，监事会工作容易出现监督盲区。

第一节　召集临时股东会会议

《公司法》规定了监事会具有临时股东会的召集权。

《公司法》第三十九条规定，“股东会会议分为定期会议和临时会议。定期会议应当依照《公司章程》的规定按时召开。代表十分之一以上表决权的股东、三分之一以上的董事、监事会或者不设监事会的公司的监事提议召开临时会议的，应当召开临时会议”。

需要注意监事对临时股东大会的提议和召集权的顺序。股东会召集的优先顺序是董事会（执行董事）、监事会（不设监事会的监事）、代表十分之一以上表决权的股东。公司法第四十条规定，“有限责任公司设立董事会的，股东会会议由董事会召集，董事长主持；董事长不能履行职务或者不履行职务的，由副董事长主持；副董事长不能履行职务或者不履行职务的，由半数以上董事共同推举一名董事主持。有限责任公司不设董事会的，股东会会议由执行董事召集和主持。董事会或者执行董事不能履行或者不履行召集股东会会议职责的，由监事会或者不设监事会的公司的监事召集和主持；监事会或者监事不召集和主持的，代表十分之一以上表决权的股东可以自行召集和主持”。

也就是说，根据《公司法》第四十条的规定，在股东会会议的召集权方面，是存在一个顺位的：首先，由董事会召集或者执行董事召集；其次，如董事会或执行董事不能或不履行召集职责的，由监事会或不设监事会的监事召集。最后，假如监

事也不能召集，那么代表十分之一以上表决权的股东可以召集和主持。

在实务中，要防止因程序问题导致公司股东会、董事会、监事会决议可能无效。《公司法》第二十二条第二款规定，“股东会或者股东大会、董事会的会议召集程序、表决方式违反法律、行政法规或者公司章程，或者决议内容违反公司章程的，股东可以自决议作出之日起六十日内，请求人民法院撤销”。《最高人民法院关于适用〈中华人民共和国公司法〉若干问题的规定（四）》第四条规定：“股东请求撤销股东会或者股东大会、董事会决议，符合《公司法》第二十二条第二款规定的，人民法院应当予以支持，但会议召集程序或者表决方式仅有轻微瑕疵，且对决议未产生实质影响的，人民法院不予支持。”

值得一提的是，监事会向股东会会议提出提案，是直接向股东会提出还是通过董事会提出？《公司法》第一百零二条第二款规定，股东的提案须向董事会提交，且董事会有权审查股东提案的合理性。依此推理，监事会的股东会提案同样须向董事会提交，且同样须经过董事会审查①。

如果监事会对董事会拒绝罢免和拒绝纠正的理由不满意，监事会如何应对？此时有两个方案可选择：一是提请股东临时会议裁决，如果错误行为已经发生或正在发生，可以提议召开股东临时会议予以制止；二是依照《公司法》第一百五十一条的规定对董事或高级管理人员提起诉讼，请求法院作出罢免或纠正裁决。

【案例】监事会召集临时股东会议的有效性

A公司创立时，是一人有限责任公司，只有一名股东王某。2015年1月，增加了6个股东（包括某公司），共7名股东，创始股东王某的持股比例降到了35%，公司监事为陈某。

2019年初春，公司监事陈某自行召集了临时股东会会议，以邮寄等方式提前通知了股东，并于3月17日召开了临时股东会会议，应到会股东7人，实际到会股东5人，占总股数55%，形成了股东会决议，决议内容主要是：(1) 罢免任某的本公司执行董事职务、选举赵某为本公司的执行董事；(2) 罢免任某的本公司法定代表人职务、选举赵某为本公司的法定代表人；(3) 要求任某向本公司法定代表人、执行董事赵某移交本公司的全部印章、证照、财务资料和经营资料；(4) 要求本公司在股东会决议作出的30日内办理完毕股东会决议事项的相应行政变更备案登记手续。会后，股东会决议文件，通过邮寄方式送到任某和未到会的股东手中。

---

① 施天涛．让监事会的腰杆硬起来——关于强化我国监事会制度功能的随想．［EB/OL］．（2020-07-01）［2022-06-09］．https：//mp.weixin.qq.com/s/nC6MluU5eMECfu5aGRrm5g.

2019 年 5 月，公司创始股东王某向法院起诉，以公司为被告、以其他股东为第三人。诉讼请求是：撤销被告于 2019 年 3 月 17 日作出的《股东会决议》；本案诉讼费用由被告承担。

王某认为，此次股东会由监事直接召集主持，未履行提请执行董事召集及主持的在先程序，违反了《公司法》第四十条、《公司章程》第九条关于股东会应由执行董事召集和主持的规定。

法庭上，其他 6 名股东都同意和认可 2019 年 3 月 17 日作出的《股东会决议》。对此议案，除了创始股东王某之外，后面进入公司的段东几乎全部表示同意和支持。创始股东王某是被孤立了。

一审法院和二审法院，均认为此次股东会会议召集的程序确实有瑕疵，但是属于轻微瑕疵，没有实质性影响决议结果。所以，驳回了王某的诉讼请求。

一审法院认为[①]：首先，关于召集权瑕疵是否影响决议效力的问题，据《公司章程》的约定，陈某、某公司作为 A 公司监事、股东，是享有召集权的，只不过召集权的行使存在顺位上的次序。考虑到涉案股东会讨论的是罢免任某职务等事项，未提请任某召集股东会并无严重不当，符合一般人的认知，该程序瑕疵不会导致各个股东无法公平地参与多数意思的形成以及获取对此所需的信息。因此，涉案召集权的行使争议仅是召集程序上的轻微瑕疵，且对决议未产生实质影响。

其次，另考虑到涉案决议若被撤销，因公司半数以上拥有表决权的股东同意涉案决议，且除王某以外的公司股东（合计持股比例为 65%）审理中进一步表示认可，故由任某重新召集的股东会，不仅不会改变决议的原定结果，反而会增加公司及其他各股东的相应成本，不利于公司的正常经营并降低公司运营效率。况且，王某与其他股东之间的矛盾以及涉案议题对任某不利，任某接受请求并召集股东会的可能性也并不大。

二审法院认为：根据我国《公司法》的规定，董事会在不能履行或者不履行召集股东大会会议职责时，监事会应当及时召集和主持。陈某、某公司作为公司监事、股东，在股东会议题为罢免执行董事任某的特殊情况下，可以作为第二顺位主体进行股东会的召集，更何况股东会议题对任某不利，按照常理任某也不会主动召集罢免其执行董事职务的股东会，因此该部分程序并无严重不当。另外，王某主张股东会召集时未通知任某，股东会议题为罢免其执行董事

---

① 李立监．监事跳过执行董事，自行召集股东会罢免执行董事，有效吗？［EB/OL］．（2021-05-14）［2022-06-09］．https：//mp. weixin. qq. com/s/stQ3o_qYtvLJ6MRsLWTYOQ.

职务，针对未通知任某参加股东会不会对其余股东公平参与股东会并形成多数意思造成影响的问题，一审法院认为股东会召集程序存在轻微瑕疵，未对《股东会决议》的形成产生实质影响并无不妥。

这个案件中，公司监事虽违反《公司法》和《公司章程》的程序性规定，但是所通过的《股东会决议》的有效性却得到了法院的认可，这主要是基于本案事实的特殊性。

特殊性一：召集的股东会会议的议程就是要罢免执行董事。

特殊性二：除了股东王某之外，其他的股东对于罢免现任执行董事都明确表示同意。

在这两个特殊性里，在笔者看来第 2 个因素更为重要，因为其他 6 名股东的意愿已经确保了在实体上《股东会决议》一定会通过。在这样的情况下，法院假如仅因为程序上的瑕疵就撤销《股东会决议》，没有任何实际的法律利益。

对于这类具有召集权的高管，建议可以考虑在公司章程里约定对其罢免的股东会会议由第二顺位的召集人直接召集，避免将这类问题留给法院自由裁量，以减少规则方面的法律不确定性。因为，不同的法院和法官的理解未必是完全一致的。

由此案例，我们继续讨论一个现象：当董事、高级管理人员的行为损害公司的利益时，监事会可要求董事、高级管理人员予以纠正。但监事会无法或者不应直接要求董事、高管对其错误行为进行纠正，此时，监事会通过董事会要求董事、高管纠正其错误行为较为适宜。因为董事会的职责就是负责公司的经营管理，是高级管理人员的领导机关，通过董事会要求高管纠正其错误行为，既不会直接介入公司经管层的商业决策，也便于纠正要求被执行。

第二节 召集监事会会议

监事会会议类型分为定期会议和临时会议。

我国《公司法》规定，有限责任公司监事会每年度至少召开一次会议，股份有限公司监事每半年度至少召开一次会议。《银行保险机构公司治理准则》（银保监发〔2021〕14 号）规定，银行保险机构的监事会会议每年度至少召开 4 次。

我国《公司法》规定，监事可以提议召开监事会临时会议。对于何时应该召集监事会临时会议，《公司法》没有进一步明晰和细化。笔者也认同，发生如下情形时，监事会应当及时召开临时监事会议[①]：

（1）监事提议时。当监事在执行具体监督工作时，如发现公司经营异常或财务可疑情况，监事应当及时提议召开监事会临时会议研究对策和应对办法。

（2）监事会应当对公司股东大会、董事会会议进行审查，如发现存在违法、违规、违章或违反其他内部合规性要求时，监事会应当召开临时会议研究对策和应对办法。

（3）董事和高级管理人员的不当行为可能给公司造成损害或者严重影响公司的声誉时，包括前述需要建议罢免或要求纠正的情形。

（4）董事、高级管理人员被股东提起诉讼时，监事会应及时研究是否代表公司提起诉讼。

（5）授权公司章程规定的其他情形。

《上海证券交易所上市公司监事会议事示范规则》第五条规定，监事提议召开监事会临时会议的，应当通过监事会办公室或者直接向监事会主席提交经提议监事签字的书面提议。书面提议中应当载明下列事项：

（1）提议监事的姓名；

（2）提议理由或者提议所基于的客观事由；

（3）提议会议召开的时间或者时限、地点和方式；

（4）明确和具体的提案；

（5）提议监事的联系方式和提议日期等。

在监事会办公室或者监事会主席收到监事的书面提议后三日内，监事会办公室应当发出召开监事会临时会议的通知。监事会办公室怠于发出会议通知的，提议监事应当及时向监管部门报告。

无论是监事会定期会议还是临时会议，监事会会议一般由监事会主席召集，监事会副主席对监事会召集权优先于“由半数以上监事共同推举一名监事”。《公司法》规定，有限公司的监事会会议由监事会主席召集和主持监事会会议；监事会主席不能履行职务或者不履行职务的，由半数以上监事共同推举一名监事召集和主持监事会会议。而股份有限公司的监事会会议由监事会主席召集和主持监事会会议；监事会主席不能履行职务或者不履行职务的，由监事会副主席召集和主持监事会会议；监事会副主席不能履行职务或者不履行职务的，由半数以上监事共同推举一名监事召集和主持监事会会议。

由此可见，有限责任公司不可设监事会副主席，股份有限公司可设副主席。

---

① 施天涛．让监事会的腰杆硬起来——关于强化我国监事会制度功能的随想．[EB/OL]．(2020-07-01)[2022-06-09]．https：//mp.weixin.qq.com/s/nC6MluU5eMECfu5aGRrm5g.

第三节 写好监事会会议的五种文书

按照形成的时间顺序，监事会会议涉及的五种文书如图 5－1 所示。

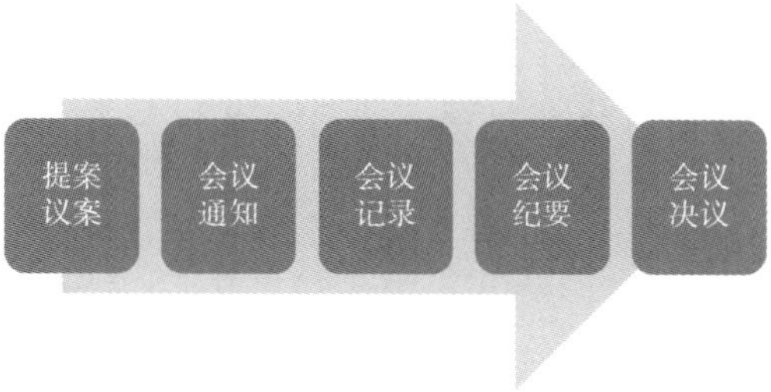

图 5－1 监事会会议的五种文书

一、监事会议案

（一）需要监事会讨论的事项

法理上，必须要由监事会审议的事项包括以下 6 项：

（1）监事会换届选举；

（2）监事会年度工作报告；

（3）公司财务决算报告、年度报告；

（4）利润分配预案；

（5）董事、监事、高管人员薪酬管理、薪酬考核。

（6）聘用（续聘）公司审计机构。前章已讨论，公司审计机构的聘用权可以由股东会决定，可以由董事会决定，也可以由监事会决定，要根据公司的具体情况而定。

实务中，出于行业监管、降低公司经营风险等要求，多数公司选择将部分由董事会决定的公司重大事项的议案交由监事会审议，以更好地体现并发挥监事会的监督职责。上市公司则干脆将这些事项写入公司章程。其逻辑是，监事会要对这些重大事项发表意见，由此起到审核和监督作用，这有利于通过完善监事会以提高上市公司质量，保护投资者特别是中小投资者的合法权益，促进我国资本市场健康稳定发展意义重要。

例如，2018 年，巨潮资讯网上 40 家上市公司监事会的主要议案[①]除上文提到的

① 李迎亚．上市公司监事会审议议案小结［EB/OL］．（2018－06－25）［2022－06－09］．https：//mp.weixin.qq.com/s/xB4GXVqwjhxT78st1ZRV7w.

六项内容外，还包括：（1）计提资产减值准备；（2）发行股份募集资金、募集资金存放与使用情况；（3）内部控制评价报告；（4）关联交易，包括非经营性资金占用及其他关联资金往来情况、为子公司提供担保；（5）公司对外担保额度；（6）公司会计政策变更；（7）回购股份；（8）对外投资（包括全资子公司的对外投资）；（9）交易摊薄即期回报及其填补回报措施；（10）增加注册资本；（11）修改公司章程；（12）非公开发行股票相关议案；（13）重大资产重组相关议案；（14）股权激励计划；（15）董事、监事和高级管理人员持有及买卖本公司证券管理制度；（16）全资子公司股权转让协议的议案；（17）关于向银行申请综合授信的议案；（18）其他参考公司章程的具体约定。

根据《公司法》《证券法》《上市公司治理准则》①《上市公司章程指引》②《上市公司监事会工作指引》《上市公司监管指引第4号》《公开发行证券的公司信息披露内容与格式准则第2号》等规定，本书第六章将详细讨论需要上市公司监事会发表意见的具体事项③。

值得一提的是，2015年，中国上市公司协会发布的《上市公司监事会工作指引》（以下简称《指引》）涉及监事会及监事责任、义务的内容，严格限定于《公司法》、监管部门和证券交易所明确规定的范围。在不与现行法律法规以及证券交易所相关规定发生冲突的情况下，该指引借鉴国外相关自律机构的做法，将一些上市公司监事会在实践中形成地好的、行之有效的经验做法，提炼、设置为“倡导推荐事项”，以供上市公司结合自身情况学习、借鉴。此外，为了方便公司使用《指引》，针对现行法律法规中一些重要的、较为细节的规定和事项，《指引》设置了“提醒关注事项”，提醒上市公司监事会和监事在履职过程中重点关注。

（二）从提案到会议正式议案

提案和议案在提出主体范围、立案方式、办理方式、办理时限等方面有严格的区别。

首先，提出主体要求不同。

《中华人民共和国地方各级人民代表大会和地方各级人民政府组织法》第十八条规定，县级以上人大代表要十人以上联名、乡镇的人大代表要五人以上联名才有提议案权。关于提案，依据《中国人民政治协商会议全国委员会提案工作条例》（2018年修订）第十三条规定，提案的提出方式：（1）政协全国委员会委员，可以

---

① 2002年发布的《上市公司治理准则》，2018年进行了第一次修订。

② 1997年发布的《上市公司章程指引》，2022年1月进行了第五次修订。

③ 邹翠蓉．上市公司监事会意见合集（2021年版）［EB/OL］．（2021-10-08）［2022-06-09］．https：//mp. weixin. qq. com/s/c7qbxEVkBl0T8hY87W_Ekw.

个人名义或者联名方式提出提案，联名提案者须出于自愿。（2）政协全体会议期间，可以界别、委员小组或者联组名义提出提案。（3）参加政协全国委员会的各党派、人民团体，可以本党派、团体名义提出提案。（4）政协全国委员会各专门委员会，可以本专门委员会名义提出提案。

其次，要求范围不同。

议案内容相对较窄。《中华人民共和国全国人民代表大会和地方各级人民代表大会代表法》第九条规定："代表有权依照法律规定的程序向本级人民代表大会提出属于本级人民代表大会职权范围内的议案。议案应当有案由、案据和方案。""代表依法提出的议案，由本级人民代表大会主席团决定是否列入会议议程，或者先交有关的专门委员会审议，提出是否列入会议议程的意见，再决定是否列入会议议程。"

提案涉及的内容相对较宽。《中国人民政治协商会议全国委员会提案工作条例》（2018 年修订）第十四条规定，提案应当围绕党和国家大政方针、中心工作，坚持问题导向，聚焦社会主义经济建设、政治建设、文化建设、社会建设、生态文明建设中的重要问题，人民群众普遍关心的问题以及爱国统一战线的其他重要问题，在深入调查研究基础上提出。

最后，立案方法不同。

根据《中华人民共和国地方各级人民代表大会和地方各级人民政府组织法》第十八条规定，议案只有获得大会主席团或人民代表大会表决通过才能成为大会议案。根据《中国人民政治协商会议全国委员会提案工作条例》第十七条规定，提案只要经过提案委员会审查，符合本条例第三章规定的，便予以立案①。

通过比较可见，议案主要应用于全国人大和各级人民政府，提案主要应用于人民政协领域。以"议案""提案"为关键词检索《公司法》全文，"议案"未有记录，"提案"有两条记录。

（1）《公司法》第五十五条，监事会、不设监事会的公司的监事行使下列职权："……⑤向股东会会议提出提案；"

（2）《公司法》第一百零二条，单独或者合计持有公司百分之三以上股份的股东，可以在股东大会召开十日前提出临时提案并书面提交董事会；董事会应当在收到提案后两日内通知其他股东，并将该临时提案提交股东大会审议。临时提案的内容应当属于股东大会职权范围，并有明确议题和具体决议事项。

《上海证券交易所上市公司监事会议事示范规则》第四条规定，在发出召开监

---

① 李丹阳．你知道"议案"和"提案"的区别吗［EB/OL］．（2020－05－24）［2022－06－09］．https：//news.gmw.cn/2020－05/24/content_33853546.htm.

事会定期会议的通知之前，监事会办公室应当向全体监事征集会议提案，并至少用两天的时间向公司员工征求意见。在征集提案和征求意见时，监事会办公室应当说明监事会重在对公司规范运作和董事、高级管理人员职务行为的监督而非公司经营管理的决策。

可见，提案应该包括议题和具体决议事项。

因此，本书使用的概念是：监事会收集提案，经监事会主席审定之后，形成会议正式议案。

（三）监事会议案管理流程

一般来说，监事会办公室负责提案的征集工作。公司员工、部门、监事均可向监事会提出提案，由监事会主席审定后形成监事会议案。监事提出的议案，经监事长办公会议定，列入会议议程。对未列入会议议程的议案，监事会办公室应在监事会召开前通知提出议案的监事，并作出合理解释。

《北方国际合作股份有限公司监事会议事规则》（2022 年 4 月 28 日经公司第八届六次监事会审议通过）第五条规定，定期会议的提案在发出召开监事会定期会议的通知之前，监事会办公室应当向全体监事征集会议提案，并至少用两天的时间向公司员工征求意见。在征集提案和征求意见时，监事会办公室应当说明监事会重在对公司规范运作和董事、高级管理人员职务行为的监督而非公司经营管理的决策。第六条规定，监事提议召开监事会临时会议的，应当通过监事会办公室或者直接向监事会召集人提交经提议监事签字的书面提议。书面提议中应当载明下列事项：（1）提议监事的姓名；（2）提议理由或者提议所基于的客观事由；（3）提议会议召开的时间或者时限、地点和方式；（4）明确和具体的提案；（5）提议监事的联系方式和提议日期等。

《中国××公司协会监事会会议议事规则》中监事会会议议案与议题的相关流程如图 5－2 所示。

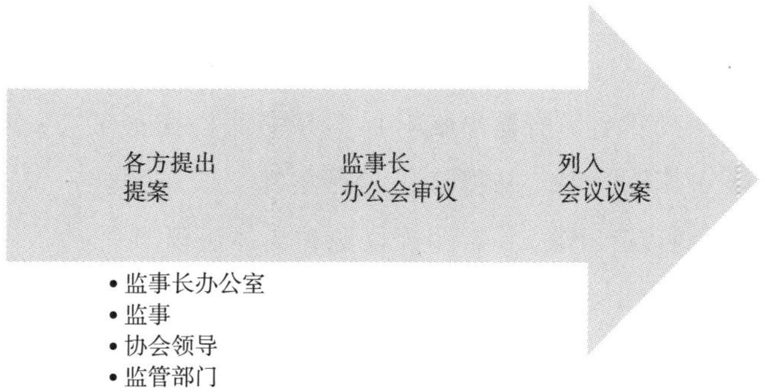

图 5－2　中国××公司协会监事会议案流程

《中国××公司协会监事会会议议事规则》中关于监事会会议提案和议案的规定如下：

第一节 提案

第九条 监事会会议议案均应有相应的提案，提案必须符合协会章程，且在监事会的职责权限之内。

第十条 监事长办公会有权针对协会工作需要提出提案。

第十一条 监事会办公室负责提出审查协会财务报告和会员代表大会各项决议等实施情况报告的提案。

第十二条 监事有权提出提案。

第十三条 有关监管部门可以提出委托协会讨论或表决的提案。

第十四条 协会领导机构或部门、委员会可以依据工作需要提出提案。

第十五条 监事提出的提案，可以单独署名，也可以联合署名。

第十六条 提案必须以书面或其他适当的形式在会议召开前五个工作日，送达监事会办公室。

第十七条 所有议案经监事会办公室提案人完善后，在监事会会议召开前三个工作日，提交监事长办公会。

第二节 议案

第十八条 审查协会财务报告和会员代表大会各项决议的实施情况等提案，经监事长办公会审议，列入会议议案。

第十九条 监事提出的提案，经监事长办公会议定，列入会议议案。对未列入会议议案的提案，监事长办公室应在监事会召开前通知提出提案的监事并作出合理解释。

第二十条 协会其他领导机构或部门、委员会提出的提案，经监事长办公会同意，列入会议议案。

第二十一条 有关监管部门委托协会进行讨论和表决的提案，经监事长办公会提交，列入会议议案。

第二十二条 监事会办公室根据监事长办公会确定的议案，安排监事会会议议程，并适时提交监事长办公会审定。

《山西省国新能源股份有限公司[①]董事会提案管理制度》第二章中，提到了提案的申请及审核流程。虽然这里的主体是董事会，不是监事会，但

① 山西省国新能源股份有限公司是一家上市公司，是山西省人民政府国有资产监督管理委员会监管的33户企业之一，也是省政府扶持发展的21户重点企业之一。2012年位列中国企业500强第409位。

也值得借鉴，其具体内容如下①：

第四条　公司所有拟提交董事会讨论的提案应先提交证券事务部登记备案。

第五条　公司董事会提案由公司提案申请部门编制，在申请部门进行业务审核，公司证券事务部、董事会秘书进行合规性审核后，按照公司相关程序提交公司董事会审议。

第六条　公司提案申请部门应填报“公司董事会提案审批表”，详细列明提案部门、申请时间、议案名称及内容等基本情况，经申请部门负责人、部门主管领导签字确认后，与提案相关材料一同报公司证券事务部备案。

第七条　涉及各全资或控股子、孙公司拟提交公司董事会讨论的事项，由各全资及控股子、孙公司相关单位填写后附的“公司董事会提案审批表”，按规定程序报公司相关业务部门审核并签署明确意见后，报公司证券事务部备案。

第八条　所有提交给证券事务部的提案应同时提交书面版本和电子版本，提案部门对书面版本和电子版本内容的一致性负责。当书面版本与电子版本不一致时，以正式书面版本为准。

第九条　证券事务部在收到提案的书面和电子材料后，负责对相关提案进行合规性审核，如认为提案内容不符合本制度规范及相关法律法规及规范性文件的要求，有权要求申请部门进行修改或者补充。修改后的提案须由原提案申请部门重新填写“公司董事会提案审批表”，并履行相关审批程序后报送公司证券事务部。证券事务部在收到完整的提案资料后，对相关提案内容进行备案。

第十条　证券事务部在审核和备案工作完成后，根据中国证监会和上海证券交易所信息披露的相关格式指引要求，草拟董事会议案（含议案所需要的相关材料），材料备齐后，填写后附的《公司董事会议案审批表》，由证券事务部、董事会秘书、总经理逐级进行审核并签字确认，经董事长最终审核同意后形成正式议案。

第十一条　公司董事会会议应严格按照规定的程序进行。会议正式议案（含议案所需要的相关材料）确定后，经董事长签字同意，方可发出会议通知。会议通知、议案及相关材料应按规定时间送交各位董事，并抄送

---

①　国新能源．董事会提案管理制度［EB/OL］．（2014－10－27）［2022－06－08］．http：//www. cfi. net. cn/p20141027003339. html? from = singlemessage&isappinstalled = 0.

公司监事及高级管理人员，确保董事、监事、高级管理人员有足够的时间熟悉议案及相关材料。

第十二条 证券事务部具体负责董事会会议的召开和记录工作，并根据各位董事、监事、高级管理人员的意见和建议对相关议案进行修改和补充。

第十三条 董事会形成决议后，证券事务部应根据中国证监会和上海证券交易所信息披露的相关格式指引要求，草拟相关公告，由证券事务部初审，报董事会秘书审核同意后，提交上海证券交易所进行审核，并根据上海证券交易所的要求进行补充和修改。相关议案尚需提交股东大会审议的，由证券事务部负责安排股东大会的召开时间，并报总经理、董事长确认。

二、监事会会议通知

《上海证券交易所上市公司监事会议事示范规则》第八条规定了会议通知至少应当包括的内容：

（1）会议的时间、地点；

（2）拟审议的事项（会议提案）；

（3）会议召集人和主持人、临时会议的提议人及其书面提议；

（4）监事表决所必需的会议材料；

（5）监事应当亲自出席会议的要求；

（6）联系人和联系方式。

口头会议通知至少应包括上述第（1）、（2）项内容，以及情况紧急需要尽快召开监事会临时会议的说明。

《公司法》没有对监事会会议通知的发出时间提出要求。

监事会定期会议可以在公司章程中约定，本书建议提前十天通知，监事会临时会议提前五天通知。因为《上海证券交易所上市公司监事会议事示范规则》第七条规定：召开监事会定期会议和临时会议，监事会办公室应当分别提前十日和五日将盖有监事会印章的书面会议通知，通过直接送达、传真、电子邮件或者其他方式，提交全体监事。非直接送达的，还应当通过电话进行确认并作相应记录。情况紧急，需要尽快召开监事会临时会议的，可以随时通过口头或者电话等方式发出会议通知，但召集人应当在会议上作出说明。

《公司法》对股东会、董事会、监事会会议通知时间的规定如图 5－3 所示。各公司的《公司章程》《股东会议事规则》《董事会议事规则》《监事会议事规则》，可在《公司法》的基础上作更为严格的规定。监事会需要监督公司治理“四会一层”的程序合规，其中会议通知时间合规是最基本的，也是必须熟知的。

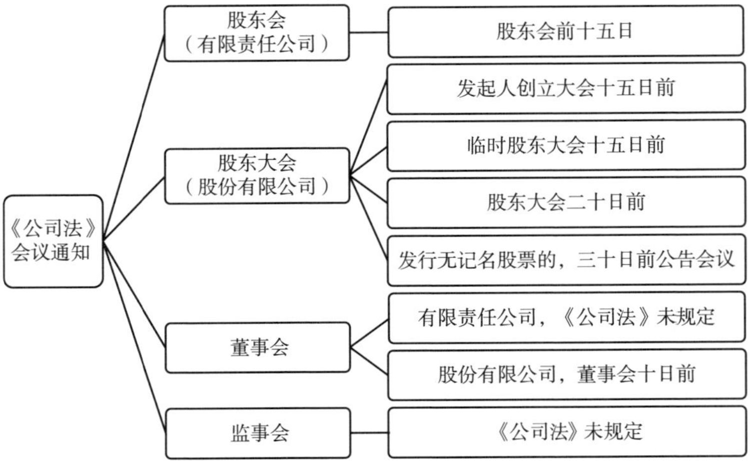

图 5－3　会议通知时间

我国《公司法》对有限公司董事会会议的召集程序没有特别规定，其中第一百一十条规定：“董事会每年度至少召开两次会议，每次会议应当于会议召开十日前通知全体董事和监事。代表十分之一以上表决权的股东、三分之一以上董事或者监事会，可以提议召开董事会临时会议。董事长应当自接到提议后十日内，召集和主持董事会会议。董事会召开临时会议，可以另定召集董事会的通知方式和通知时限。”

《公司法》对股东会的会议通知时间要求最复杂，分为五种情况。

针有限责任公司，《公司法》第四十一条规定，召开股东会会议，应当于会议召开十五日前通知全体股东。

针对股份有限公司，《公司法》第九十条规定，发起人应当在创立大会召开十五日前将会议日期通知各认股人或者予以公告；第一百零二条规定，（1）召开股东大会会议，应当将会议召开的时间、地点和审议的事项于会议召开二十日前通知各股东；（2）临时股东大会应当于会议召开十五日前通知各股东；（3）发行无记名股票的，应当于会议召开三十日前公告会议召开的时间、地点和审议事项。单独或者合计持有公司百分之三以上股份的股东，可以在股东大会召开十日前提出临时提案并书面提交董事会；董事会应当在收到提案后两日内通知其他股东，并将该临时提案提交股东大会审议。临时提案的内容应当属于股东大会职权范围，并有明确议题和具体决议事项。股东大会不得对前两款通知中未列明的事项作出决议。

【案例】从股东会通知实践诉讼，看监事会文件送达要求

在实践中，我们要关注会议通知的送达时间。《公司法》规定，临时股东大会应于会议召开前 15 日前通知各股东。那么，这个提前 15 日到底应该怎么算？这个问题看似简单，实则不然。以“临时股东大会应当于会议召开15日前通知各股东”为例，会议通知的时间计算方式，主要有以下两种方法[①]：

（1）算头不算尾。通知当天算、开会当天不算，两个日期相减的数值为15。例如，1月17日召开临时股东大会，最晚1月2日送达股东大会的通知（1月17日与1月2日日期相减的数值为15）。

（2）掐头去尾。通知当天和开会当天都不算，两个日期相减的数值为16日。例如，1月17日召开股东大会，最晚1月1日送达股东大会通知（1月17日与1月1日日期相减的数值为16）。

经检索，上市公司发出临时股东大会通知的日期较为随意，以上两种方式均有使用，相比之下“算头不算尾”的方法更为普遍。

上海市黄浦区人民法院的这则司法案例赞同“掐头去尾”的计算方法。

2007年，上海市黄浦区人民法院在“陈献新与上海国电实业有限公司与公司有关的纠纷上诉案”中认为，临时股东会（案件所涉及的公司为有限责任公司）于12月19日召开，通知于12月4日被签收，从签收次日至股东会召开仅14日，通知时限与《公司法》的规定有所不符。由此可见，上海市黄浦区人民法院认为，通知当天不计算，开会当天不计算，同意“掐头去尾”的计算方式。

确定上述通知日期不符合《公司法》的规定后，上海市黄浦区人民法院进一步认为：“但从《公司法》关于通知时限的本义分析，其目的是保障股东有足够的时间对股东会须审议事项进行相应准备，确保股东有效行使权利。在本案中，对股东会审议的相关事项，公司其他股东于2005年12月开始即不断提出，在原告拒绝召集股东会的情况下，通过监事召集临时股东会议的方式进行审议。因此，陈献新对审议的事项应属明知，通知时限短于1日并不影响其对审议事项进行准备，也不影响其股东权利的实际行使。从公司治理的效率原则以及股东行使权利应遵循诚信原则出发，《公司法》规定的通知时限，不能成为股东拒绝参加股东会议的当然理由。如陈献新认为该通知时限过短，影响到其对审议事项的准备，应当向公司明示异议，并提出合理的理由。陈献新以收到通知距股东会召开之日不满15日为由，要求撤销股东会决议，不符合诚信原则。争议所涉及的股东会的召集程序、表决方式及决议内容等并不违反公司章程及《公司法》的实质规定，原告主张撤销股东会决议的诉求缺乏依据。”

---

① Janice Gu. 股东大会提前15天通知，你到底算对了没有？［EB/OL］.（2018-05-02）［2022-06-10］. http://www.360doc.com/content/18/0502/15/54827825_750508951.shtml.

这个案例中，上海市黄浦区人民法院在会议通知时间的认定上，采取的“掐头去尾”的计算方法，认定会议通知时间仅14天，没有达到法定的通知时间要求；另外，上海市黄浦区人民法院并没有因为这个通知时间的瑕疵而支持撤销该股东会决议无效。因为，《公司法》第二十二条第二款规定，“股东会或者股东大会、董事会的会议召集程序、表决方式违反法律、行政法规或者公司章程，或者决议内容违反公司章程的，股东可以自决议作出之日起六十日内，请求人民法院撤销”。2017年9月1日生效的《最高人民法院关于适用〈中华人民共和国公司法〉若干问题的规定（四）》规定，“股东请求撤销股东会或者股东大会、董事会决议，符合公司法第二十二条第二款规定的，人民法院应当予以支持，但会议召集程序或者表决方式仅有轻微瑕疵，且对决议未产生实质影响的，人民法院不予支持”。因此，建议如下：（1）在条件允许的情况下，尽量使用“掐头去尾”的计算方式，通知日期和开会日期相减后的数值为16。（2）如通知时限有瑕疵，在未对决议产生实质性影响的情况下，不会导致股东大会、董事会决议被撤销，也不会影响决议的效力。（3）对于通知发生效力的时间，我国一般采用“到达主义”，即通知到达当事人之日为通知之日。如股份公司为非上市股份公司、非新三板公司，公司不能采取公告的方式进行通知的，为避免争议，可以考虑请当事人签署回执以明确通知日期或保留邮件寄送的相关回单，并以送达之日为通知日期。

三、监事会会议记录的要求

2018年底，H银行一个学员微信问笔者：上级部门提出，监事会对高管和董事监督不到位，缺乏记录和监督痕迹。2019年，监事会要整改，要把监督做实，您这有相关案例或先进做法吗？

笔者回答：（1）四个留痕：列席会议发声留痕（列席企业重要会议时，会前要充分准备，会上积极大胆地发表掷地有声的监督意见，让所监管企业逐渐重视监事会意见、重大决策时经常征询监事会的观点和看法，核实监事所列席董事会议和总经理办公会的会议记录及监事发言记录是否完整，是否原汁原味），及时撰文留痕（如用好提醒函等函件），监督检查报告留痕，以及监事会会议留痕（做好监事会会议的规定动作，关注监事会会议通知、会议决议、会议纪要和会议记录）。（2）山东省提出建立监事履职纪实制度，通过信息化手段对监事工作绩效进行履职纪实，实行痕迹管理，既可以反映工作成果、为履职评价提供基础依据，也可以为追究责任提供证据，实现可追溯、可量化、可考核、可问责。借鉴其履职痕迹管理的成熟经验，依托办公网络建立纪实系统，能够确保比较便捷地开展履职纪实。（3）防止片面的“痕迹主义”“责任甩锅”“过度检查”。

《公司法》第五十五条、第一百一十九条四款规定，有限公司和股份公司监事会应当将所议事项的决定作成会议记录，出席会议的监事应当在会议记录上签名。监事会会议记录包括以下内容：（1）开会的日期、地点和召集人姓名；（2）出席监事的姓名以及受他人委托出席监事会的监事（代理人）姓名；（3）会议议程；（4）监事发言要点；（5）每一决议事项的表决方式和结果（表决结果应载明赞成、反对或弃权的票数）。

《上海证券交易所上市公司监事会议事示范规则》（上证上字〔2006〕325 号）对会议记录提出了更细的要求。该规则第十四条显示，监事会办公室工作人员应当对现场会议做好记录。会议记录应当包括以下内容：（1）会议届次和召开的时间、地点、方式；（2）会议通知的发出情况；（3）会议召集人和主持人；（4）会议出席情况；（5）会议审议的提案、每位监事对有关事项的发言要点和主要意见、对提案的表决意向；（6）每项提案的表决方式和表决结果（说明具体的同意、反对、弃权票数）；（7）与会监事认为应当记载的其他事项。

此外，监事有权要求在记录上对其在会议上的发言作出某种说明性记载。《上市公司治理准则》（证监发〔2002〕1 号，该准则已于 2018 年修订废止）第六十八条曾规定，监事会会议应有记录，出席会议的监事和记录人应当在会议记录上签字。监事有权要求在记录上对其在会议上的发言作出某种说明性记载。监事会会议记录应作为公司重要档案妥善保存。

《深圳证券交易所创业板上市公司规范运作指引》（2020 年修订）第 2.4.4 款规定，监事会会议记录应当真实、准确、完整，充分反映与会人员对所审议事项提出的意见，出席会议的监事和记录人员应当在会议记录上签字。监事会会议记录应当作为上市公司重要档案妥善保存。

公司章程或监事会管理制度可以深入约定会议记录的有关要求。例如，“监事不在会议记录、纪要、决议上签字，视同不履行监事职责”“监事会会议记录作为公司档案由董事会秘书保存。保存期限为十年”“监事会会议结束后一个工作日内应将监事会决议和会议纪要交至公司秘书进行公告”。

又如，《北方国际合作股份有限公司监事会议事规则》（2022 年 4 月 28 日经公司八届六次监事会审议通过）第十六条规定，与会监事应当对会议记录进行签字确认。监事对会议记录有不同意见的，可以在签字时作出书面说明。必要时，应当及时向监管部门报告，也可以发表公开声明。监事既不按前款规定进行签字确认，又不对其不同意见作出书面说明或者向监管部门报告、发表公开声明的，视为完全同意会议记录的内容。监事对监事会决议承担责任。监事会决议违反法律、法规、规章、监管部门的各种规定或违反《公司章程》，致使公司遭受损失的，参与决议的监事对公司负赔偿责任。但经证明在表决时曾表示异议并记载于会议记录的，该监事可免除责任。

四、写好会议纪要的五个要点

笔者第一次听说、使用会议纪要是在1994年春天的阿尔及尔。那时，笔者的身份是工程师，随笔者的师傅闫宝旺赴阿尔及利亚君士坦丁安装调试中国北方工业公司出口该国的一套铅笔生产线项目。在开始现场工作之前，时任中国北方工业公司驻阿尔及利亚代表处任国民总代表带领我们与阿方公司（阿方公司有两个股东，一个是阿尔及利亚人，另一个是德国人）进行了关于安装调试进度和要求的首次会谈。任国民总代表说，我们把今天的会谈写一个会议纪要。当时，笔者觉得会议纪要这个词很新鲜，也朦胧觉得任国民总代表的工作很规范。

2011—2016年，笔者担任中国某公司综合管理部主持工作的副主任兼党办主任，审核了很多会议纪要后发现，会议纪要是公司管理中的重要指挥棒，非常重要。

无论是董事会会议纪要、监事会会议纪要、总裁办公会纪要、专题会纪要等，一般都分为两部分：第一部分应写明会议概况，包括会议时间、地点、组织者、主持人、会议议程和进行情况以及对会议的总体评价等；第二部分是会议纪要的主体部分，反映会议的主要精神、讨论意见和议定事项等。

写好会议纪要，应注意以下五点。

（一）忠于原则，善于拔高

会议记录是原汁原味地记录会议内容，一般不公开不传阅只用作存档，是会议纪要的基础。而会议纪要是对会议内容的提炼和升华，需要公开传阅并且贯彻执行。因此，将领导在会议上的讲话一五一十地记录并不是会议纪要。

会议纪要有纪实性，不能随意增减和更改内容，任何不真实的材料都不得写进会议纪要。尤其是没有取得一致意见的，一般不写入纪要。因此会议纪要必须准确如实还原会议内容，切忌凭空捏造。在会议记录过程中，要快速辨别有效信息、快速提取会议重点。对于领导表述比较含糊的观点，做会议纪要时不能一带而过，要根据领导的整体讲话内容以及会议主题进行相关补充。

会议纪要有概括性，必须精其髓、概其要，以极为简洁精练的文字高度概括会议的内容和结论。可以把领导的语言拔高吗？不仅可以升华拔高领导的语言层次，而且要善于。因为会议纪要需要参加会议的最高领导审核，且要在公文上公布，写得太差，领导也没有面子。

笔者还有一个体会是，对于同一个会议纪要，不同风格的最高领导对其偏好不一样，就会有截然不同的改法。有时候，自己起草的会议纪要被改得面目全非。听话不多说、保持自信就可以了。

（二）要素清楚，避免含糊其辞

会议纪要是管理工具，是指挥棒，是权力。任务分配一定要有责任人和完成时间。不要有模糊的语言和歧义的表达。一份有用的会议纪要，除了时间、地点、人员等基本格式，最重要的是三要素：结论、责任人和跟进点。如果有未能达成共识的事项，要明确列出未决问题。

（三）记录主要领导的讲话

多个领导讲话，会议纪要应该记谁的？有三个选择，其一，只记录主要领导的最后陈述。其二，梳理每个领导的讲话，并原汁原味地记录。其三，加工各个领导的讲话，写出会议纪要。

会议纪要应该选择第一个，即只记录主要领导，也就是会议主持人的讲话精神。与决议和记录不同，会议纪要记述会议的主要精神。一般而言，主持人对各位领导的发言自然心中有数，主持人之所以不在最后总结阶段提到其他领导的讲话，肯定有他的角度、高度和理由。

（四）注意结构，注意密级

会议纪要要有条理性，要对会议精神和议定事项分类别、分层次予以归纳、概括，使之眉目清晰、条理清楚。写法上注意以“会议”作主语，即“会议认为”“会议确定”“会议指出”“会议强调”“会议听取了”“会议讨论了”等。

在传达会议精神时，可以表述为“会议认为”＋整体情况/重大意义等；在表述会议成果时，可以表述为“会议明确”“会议指出”＋解决方案等；在表述会议要求时，可以表述为“会议要求”“会议强调”＋具体的工作要求/各部门的工作分工等。

还应该注意标明会议纪要的密级。

（五）先开门见山，再娓娓道来

西方行文多开门见山，中国行文特点多娓娓道来。建议先开门见山，再娓娓道来，最后再总结全文。同时，段落中也要有总结词。

五、监事会会议决议

2002 年 9 月 19 日，北京北方华宸房地产公司成立，该公司在北京亦庄购买 10 万平方米的土地，建设地产项目“境界”。笔者当时是某上市公司资本运营部主任，并兼任该公司董秘兼董事，也是第一次担任董秘兼董事。那时，该公司董事会召开以后，只要求写会议纪要和会议记录，不写会议决议。那时，笔者对会议决议和会议纪要的区别理解得并不透彻。

2017 年初秋，在下班回家的班车上，我收到 H 银行一位年轻监事的微信：我行刚刚召开完监事会，涉及十多个议案。监事会审议全部通过，之后我们是否应该以监事会正式文件的形式形成决议？是每个议案形成一个决议，还是可以统一形成一个决议？如果有个别决议需要提请股东大会审议，我们应使用什么文体提请股东大会？

笔者回复：（1）应该形成决议，所有议案放到一个决议里。并建议另外写一个会议记录。（2）个别事项以《监事会关于提请股东大会审议〈××××〉的议案》行文。

2019 年，有一个监事朋友问笔者：我司《章程》规定股东会审议批准董事会年度报告或监事会年度报告，且股东会、董事会、监事会议程中都有审议财务报告议案。那么监事会对《监事会年度报告》《财务预算报告和决算报告》的审议需要投票表决么？此次表决需要明确写明提交股东会审议么？笔者答：需要表决，需要明确写明提交股东会审议。审议是要有结论性的，而结论的认可，就是要付诸表决通过。可以表述为“经表决，监事会审议通过了《监事会年度报告》《财务预算报告和决算报告》，并同意提交股东会审议批准”。

会议记录、会议纪要和会议决议有以下五个不同。

（一）侧重点不同

会议记录重点在“录”，求真实，求完整。会议纪要重点在“要”，求简要，求重要。会议决议重点在“决”，求统一、求结论。

（二）使用范围不同

会议决议的指令性和约束力要强于会议纪要，会议纪要的指令性和约束性要强于会议记录。决议是对一个事情的决定意见，是针对某一个事情，与会人员参与表决的结果，比其他两种文件权威性更大。会议纪要、会议决议是一种正式的公文类型，是要通过正式公文印发后供相关的人阅读的。会议记录一般都是用于备案，给参会人或者内部人阅读、备查的。

严格来讲，行政机关只有会议纪要，没有会议决议；党的机关既有会议纪要，又有会议决议。也就是说，只有党的机关才能使用会议决议，行政机关不能使用会议决议。

（三）内容不同

会议记录会记录每一个人的意见和态度。

会议纪要是在会议记录的基础上，把会议的内容进行简化，把重要的内容提炼出来，按照一定的逻辑顺序进行编排加工而成的。因此，一些在会议当中没有说的话，如工作要求，也可能会在会议纪要中进行体现。

会议决议只呈现最后表决通过的意见，例如，董事会的某一个议题，可能有人同意，有人反对，但是最后董事会决议呈现的只有一种结果，就是根据议事规则所得出来的结论。可见，会议纪要可以写会议上的不同意见，而会议决议只能反映一致性的观点和意见。

【案例】鲁南制药集团股份有限公司监事会会议决议

鲁南制药集团股份有限公司监事会会议于2015年9月19日上午11点30分在公司会议室举行，公司新当选的监事会成员共3人，全部出席会议，符合《公司法》和公司章程关于监事会召开的有关规定。本次监事会通过决议如下。

一、一致推选朱兵峰先生担任公司监事会主席。

二、审议通过了《公司监事会议事规则》。

鲁南制药集团股份有限公司监事会

2015年9月19日

还有一种决议的写法，表达了监事会的具体观点，内容丰富。

【案例】石家庄以岭药业股份有限公司第六届监事会第五次会议决议公告

石家庄以岭药业股份有限公司（以下简称“以岭药业”或“公司”，证券代码：002603）第六届监事会第五次会议于2017年6月19日在公司会议室以现场方式召开。本次会议通知和文件于2017年6月9日以电话通知并电子邮件方式发出。会议应参加表决监事3人，实际参加表决监事3人。会议由公司监事会主席高学东先生主持。本次会议的召集程序、审议程序和表决方式均符合《公司法》、相关法律法规及本公司章程的规定。

会议以记名投票表决方式审议通过了以下议案：

（1）审议通过了《关于公司首期股票期权与限制性股票激励计划第三期行权/解锁的议案》。

监事会认为：除因离职等原因而丧失激励对象资格的人员之外，公司首期股票期权与限制性股票激励计划第三期可行权/解锁的激励对象名单，与公司股东大会批准的激励对象名单相符。公司激励对象解锁/行权资格合法、有效，满足公司首期股票期权与限制性股票激励计划第三个行权/解锁期的可行权/解锁条件，同意符合行权条件的44名激励对象在第三个行权期可行权股票期权数量为301.30万份，本次股票期权采用自主行权模式；同意符合解锁条件的117名激励对象在第三个解锁期可申请解锁并上市流通的限制性股票数量973.10万股。

表决情况：同意3票，反对0票，弃权0票。

（2）审议通过了《关于公司首期股票期权与限制性股票激励计划预留限制性股票第二期解锁的议案》。

监事会认为：除因离职等原因而丧失激励对象资格的人员之外，公司首期股票期权与限制性股票激励计划预留限制性股票第二期可解锁的8名激励对象名单，与公司董事会批准的预留限制性股票激励对象名单相符。公司预留限制性股票激励对象解锁资格合法、有效，满足公司首期股票期权与限制性股票激励计划预留限制性股票第二个解锁期的可解锁条件，同意符合解锁条件的8名激励对象在第二个解锁期可申请解锁并上市流通的预留限制性股票数量67.92万股。

表决情况：同意3票，反对0票，弃权0票。

特此公告。

石家庄以岭药业股份有限公司监事会

2017年6月19日

（四）形成过程不同

会议决议的内容一般是原则性的重大问题，需要经过法定会议表决，按照法定程序通过。会议纪要是整理会议情况，其内容可重可轻、可大可小，不一定需要会议代表表决通过，而是由领导人审核签发形成定稿。会议记录不需要表决通过，由参会人员签字后定稿。

（五）签署人不同

《上市公司章程指引》规定，股东大会会议记录由出席会议的董事、董事会秘书、监事、召集人或其代表、会议主持人签署；董事会会议记录由出席会议的董事、董事会秘书和记录人签署。

监事会会议记录的签署人要求有所不同。《深圳证券交易所上市公司规范运作指引》（2020年修订）要求出席会议的监事和记录人签署。该指引要求“监事会会议记录应当真实、准确、完整，充分反映与会人员对所审议事项提出的意见，出席会议的监事和记录人员应当在会议记录上签字。监事会会议记录应当妥善保存”。《上海证券交易所上市公司监事会议事示范规则》（上证上字〔2006〕325号）仅要求出席会议的监事签署。该规则要求，“与会监事应当对会议记录进行签字确认。监事对会议记录有不同意见的，可以在签字时作出书面说明。必要时，应当及时向监管部门报告，也可以发表公开声明。监事既不按前款规定进行签字确认，又不对其不同意见作出书面说明或者向监管部门报告、发表公开声明的，视为完全同意会议记录的内容”。

公司章程可据此自由约定公司监事会会议记录签署人权限。

【讨论】报股东会批准的监事会议案，被董事会阻挠

2019 年 6 月，某公司为了避免监事会因股东监事或外部监事辞职而导致可能影响监事会正常履职的情况发生，监事会向公司股东大会申请，授予监事会在监事人数符合法定人数前提下，可以批准股东监事和外部监事辞职的权利。即监事会接到股东监事或外部监事辞职申请后，监事辞职议案经监事会依法审议通过即生效，并报告股东大会。由此起草了《关于向股东大会申请授权监事会批准股东监事和外部监事辞职的议案》。

但是，这个经监事会审议的议案，须经公司董事会协助并提请股东大会审议（以监事会决议抄送给董事会），董事会以议案不适宜提交股东大会为由不予提交股东大会。

董事会是否有权这样处理监事会的决议？笔者认为，董事长作为股东大会的召集者，应该有这个权利，但是董事会没有。您认为呢？

第四节　列席会议，了解公司经营情况，重点监督会议的合规性

一、监事应列席的公司会议

2018 年 1 月，成都的冬天很有韵味。四川某公司监事会主席问我，他们下属子公司的董事会一般都邀请全体监事列席董事会，但某一个子公司只邀请了监事会主席列席会议，后者有问题吗？

《公司法》对此没有明确约定，所以要看市国资委、公司章程等相关制度约定。在实践中，监事列席董事会有以下三种情况：

（1）监事会人少，可以全体监事列席董事会。中国监事最多的公司有 21 名监事，每个监事都参加难免“人多嘴杂”。

（2）监事会主席或监事代表参加。其逻辑是，监事会主席或监事代表代表监事

会行使监督权。对于重大事项，监事会可对董事会所议事项召开监事会专题会议进行会前讨论，形成决议后由监事代表或监事会主席发表监事会的意见。

（3）监事会主席和部分监事参加。监事会主席可以根据所议事项，选择相关专业的监事参加。例如，某公司监事会主席每次列席公司重大会议，都要审计法务部主任（职工监事）参会。

上述集团及该市国资委没有监事会列席会议的具体约定，则该子公司董事会可以在请“全体监事列席还是监事会主席及其监事代表列席董事会”中随机选择。在实践中，董事会没有邀请任何监事参加、一些公司的监事并没有接到通知要去参加董事会，且不去争取参加董事会。这都是不对的，也是中国监事会没有做实的主要体现。

原则上，监事会可以列席公司所有的重大会议，公司章程也可以对此进行约定。上海市国资委明确规定了监事会参加进驻企业会议的规则是：外派监事会主席列席党委会、党政班子会议、领导班子民主生活会；监事列席董事会会议、董事会专门委员会会议、总裁（行政）办公会、年度财务决算审计会议。监事可以参加与履职相关的其他会议是：外派监事会主席和专职监事参加上海市委、市政府召开相关会议、市委组织部对企业领导班子考核会、市审计局对企业进行经济责任审计相关会议、市国资委召开的相关会议。

二、监事对“三会一层”会议合规性的监督

一家国有控股的有限责任投资公司计划投资一个项目，该公司董事觉得这个项目不可行，就应该明确表达自己的意见。原因如下：

有限责任公司的董事如何在董事会决议上表达自己的意见，我国法律没有过多的限制，主要依靠公司章程进行规范。可以参照我国《公司法》中关于股份有限公司的规定来表明自己的意见，即“董事应当对董事会的决议承担责任。董事会的决议违反法律、行政法规或者公司章程、股东大会决议，致使公司遭受严重损失的，参与决议的董事对公司负赔偿责任。但经证明在表决时曾表明异议并记载于会议记录的，该董事可以免除责任”。这里表明，“董事在表决时曾表明异议并记载于会议记录”就可以免除责任。为稳妥起见，如果董事不同意董事会决议的事项，最好应明确表明态度，而不能简单地采用保留意见或附条件同意的方式。因为，一旦投资项目失败，董事的保留意见或附条件同意有可能解读为同意了决议事项，这样一来，该董事将面临着被公司追责的风险。因此董事最好在董事会决议上明确表明自己的意见，不要含糊不清，以免给自己带来不必要的麻烦。一般情况下，董事会决议仅表明决议事项及投票结果。至于董事的建议，可以记录下来，作为董事会记录予以保存。

董事履职要明确表达自己的意见并留下痕迹，监事也一样。监事表达自己的意见的渠道有二：其一，会后写提示函，该内容将在本书第六章详细讨论；其二，将列席会上的发言写入会议记录。监事参加的董事会会议纪要、会议决议不需要经监事审签，可在董事会纪要、会议决议上的列席代表处签字。因为，董事长召集董事会，其对董事会会议纪要负责。但是，参加董事会会议的监事应该在董事会会议记录上审核签字。《上市公司监事会指引》要求，监事要在董事会会议记录上签字。这一点，也可以在公司章程中约定。

监事列席会议、监督“三会一层”的难点是能否及时发现其中的问题，最重要的是程序是否合规性。我们来看一个股东会程序不合规的案例①。

【案例】股东会程序不合规

原告：朱笕文，杭州华铭投资管理有限公司小股东

被告：杭州华铭投资管理有限公司，系有限责任公司，共计有股东人数 13 人（包含原告在内）。原告系被告公司股东，投资额为 16.5 万元，投资比例为 5.63%。

2008 年 9 月 9 日，被告召开 2008 年第三次股东会议，审议单项激励制度，全体股东参加会议。会议以占到会全部表决权的 94.37% 股东的赞成（原告除外），作出了通过单项激励制度的股东会决议。因原告表示反对，故未在该股东会决议上签字。单项激励制度具体内容为：(1) 激励对象，是在被告公司直接或间接投资的企业工作的在职股东干部；(2) 激励额度，在保证股东的当年现金红利分配率不低于 10% 的前提下，公司在每年的净利润中提取不超过 100 万元作为激励基金的额度，具体数额授权公司董事会根据当年的公司收益情况确定；(3) 分配办法，按在直接或间接投资的企业担任的职务确定分配系数，根据董事会确定的额度和分配系数，确定每位在职股东干部应得的激励基金。

原告原系华商公司（系被告华铭公司直接投资的企业）办公室主任，于 2008 年 1 月与华商公司解除劳动关系；除原告外，被告公司的另 12 位股东朱汉霖等分别是被告直接或间接投资的企业的法定代表人、总经理或部门经理。

原告称：被告于 2008 年 9 月 9 日召开 2008 年第三次股东会议，审议有关《杭州华铭投资管理公司单项激励制度》（以下简称“单项激励制度”），被告为鼓励股东长期服务于公司直接或间接投资的企业，将在保证股东的当年现金

① 周龙梅．大股东侵害小股东利益，该如何救济？［EB/OL］．(2010-04-10)［2022-06011］．https://mp.weixin.qq.com/s/DKgygzVZwDrGceBsSiF2Xg．朱笕文与杭州华铭投资管理有限公司股东会决议效力确认纠纷文号：(2008) 上民二初字第 1285 号。

红利分配率不低于10%的前提下，在每年的净利润中提取不超过100万元作为激励基金的额度，对每位在职股东进行奖励。因原告没有在被告直接或间接投资的企业中担任任何职务，因此，原告不可能获得单项激励制度中所规定的从净利润中提取的奖励。对于该严重侵犯原告股东分红权利的单项激励制度，原告在股东会议上明确表示反对。但是，被告在没有原告签字同意的情况下，以占到会全部表决权的94.37%股东的赞成（原告除外），作出了通过单项激励制度的股东会决议。

原告认为，原告作为被告的股东，对于被告在弥补亏损和提取公积金后所剩余的当年税后利润，依法享有按照出资比例分取红利的权利，这是原告作为被告股东所拥有的最基本权利。无论单项激励制度如何确定激励对象，被告未经原告同意，将应属于原告的那部分利润分给别人，都是侵犯原告股东分红权的行为。

被告在未经原告同意的情况下，通过的关于单项激励制度的股东会决议违反了我国法律的规定，严重侵犯了原告的股东红利分配权，是无效的。

被告答辩称：公司全体股东按规定出席了会议，并经持有94.37%出资比例的股东表决同意后在股东会决议上签字。因此，无论从形式上、程序上，该股东会决议都符合《公司法》规定和公司章程的约定。股东会决议通过的激励制度从内容上分析同样是合法、合理、合情的。当前，受金融危机的影响，出口企业面临生存危机，在这样的背景下出台鼓励管理团队长期服务于投资企业的制度显得格外重要。原告因不在被告公司工作而享受不到奖金是正常的，也是合情合理的。

本案争议的焦点是被告于2008年召开的第三次股东会关于单项激励制度的决议的效力问题。《公司法》第三十四条规定，有限责任公司的股东有权按照实缴的出资比例分取红利，同时也允许股东通过自主合意的方式来决定红利的分配，但必须经全体股东约定。因原告不同意该单项激励制度，故而未在股东会决议上签字，即全体股东并未就此达成合意。因此，该激励基金的提取方式不符合法律规定。

法院认为，原告基于股东身份，享有资产收益的权利，有权按照实缴的出资比例分取红利，也有权与其他股东享有同等的待遇。而该单项激励制度将属于股东可分配利润的一部分，未经原告同意分配给公司其余股东和除股东之外在公司直接或者间接投资的企业中任职的“在职干部”，导致公司股东之间产生“同股不同利”现象，违反了法律规定，故被告公司作出的通过单项激励制度的股东会决议应属无效。法院判决如下：确认被告杭州华铭投资管理有限公司2008年第三次股东会关于《杭州华铭投资管理公司单项激励制度》的决议无效。

三、监事对股东会、董事会和监事会回避表决制度的监督

（一）股东会的关联交易表决制度

《公司法》第十六条规定，公司为公司股东或者实际控制人提供担保的，必须经股东会或者股东大会决议。前款规定的股东或者受前款规定的实际控制人支配的股东，不得参加前款规定事项的表决。该项表决由出席会议的其他股东所持表决权的过半数通过。

《上市公司章程指引》第七十九条也规定，股东大会审议有关关联交易事项时，关联股东不应当参与投票表决，其所代表的有表决权的股份数不计入有效表决总数；股东大会决议的公告应当充分披露非关联股东的表决情况。

（二）董事会的关联交易表决回避制度

《公司法》第一百二十四条规定，上市公司董事与董事会会议决议事项所涉及的企业有关联关系的，不得对该项决议行使表决权，也不得代理其他董事行使表决权。该董事会会议由过半数的无关联关系董事出席即可举行，董事会会议所作决议须经无关联关系董事过半数通过。出席董事会的无关联关系董事人数不足三人的，应将该事项提交上市公司股东大会审议。

【案例】关联董事回避表决，对董事会决议的扭转

2015 年下半年的万科，山雨欲来风满楼。

故事的起点是 2015 年 7 月，宝能系旗下的前海人寿在万科持股比例达到 5%，首次达到举牌线，当月底持股比例达到 10%。次月，宝能系持股比例 15.04%，一举超过华润成为万科第一大股东。就在同年 8 月，王石和姚振华在老友冯仑的深圳办公室曾长谈四个多小时，明确表达了不愿意宝能系入主。可是，都没能阻止姚振华的进攻①。四个月后的 2015 年 12 月，宝能系已经收购了万科 24.26% 股权，坐稳了万科第一大股东的位置。

2016 年的万科，多事之秋、地动山摇，引发舆论和政府关注。

2016 年 6 月 17 日，万科发布资产收购预案，拟收购深圳市地铁集团持有的深圳地铁前海国际发展有限公司 100% 股权，深铁有望成为万科大股东。董事会 7 票赞成、3 票反对、1 票弃权。华润方面共 3 人投反对票。

---

① 小马哥. 宝能告别万科，四年套现 589 亿 [EB/OL]. (2019 - 12 - 21) [2022 - 06 - 11]. https://mp.weixin.qq.com/s/CeYmwsoANep98WGha9GWBw.

2016 年 6 月 26 日，宝能系提请万科董事会召开第二次临时股东大会，审议罢免王石、郁亮等 12 人。四天后，华润通过官方微信发布声明，不同意罢免议案。7 月 5 日，宝能系继续购入万科股票，购入后，宝能系合计持有万科股份 24.972%。

2016 年 7 月 19 日，万科举报宝能资管计划违法违规。7 月 21 日，深交所发函批评万科及宝能系旗下的钜盛华。

2016 年 8 月 4 日，恒大入局，宣称买入万科股票。四天后的 8 月 8 日，恒大首次举牌万科，持股比例达 5%。2016 年 11 月 11 日恒大再度增持万科 A 至 8.95%。

2016 年 11 月，宝能系把目标锁定“南玻 A”“格力电器”，二级市场举牌，如法炮制，遭到格力电器董明珠的强有力反击。南玻 A 董事长曾南、CEO 吴国斌等 8 名高管也集体辞职，“姚振华血洗南玻董事会”文章刷屏，险资掏空实业的声音鹊起。

2016 年 12 月 3 日，证监会主席刘士余发表讲话，奉劝资产管理人，不当奢淫无度的土豪、不做兴风作浪的妖精、不做坑民害民的害人精。

2016 年 12 月 18 日，万科公告称，与深圳市地铁集团已签署《发行股份购买资产协议之终止协议》，重组事项终止。

纷纷扬扬，你方唱罢我登场。2017 年 6 月底，历时两年，万科股权之争尘埃落地。

面对“门口的野蛮人”赤裸裸地进攻，万科终于请来了“白衣骑士”——深圳地铁来拯救自己。一场“英雄救美”的故事开始上演。深圳地铁与万科有合作关系，但同时不想控制万科的管理层，因此来帮助万科解决这次恶意收购的混战，驱逐那个不受欢迎的“野蛮人”。

2017 年 1 月，深铁集团已经从华润手中接过万科 16.90 亿股，占万科总股本的 15.31%，为第二大股东。

2017 年 2 月 24 日，姚振华遭撤销前海人寿董事长资格，并禁入保险业 10 年。

2017 年 3 月 16 日，恒大将合计持有万科 14.07% 股份的表决权、提案权及参加股东大会的权利不可撤销地委托给深铁集团。6 月 9 日，中国恒大公告称，恒大地产及其附属公司与深圳地铁签署协议，将持有的共计 14.07% 的万科 A 股份，以 18.8 元/股的价格转让给深圳地铁，交易总对价为 292 亿元。

经过一系列眼花缭乱的操作，“老东家”华润将股权转让给了深圳地铁，“新来者”恒大也将手中的股份转让给深圳地铁。2017 年 6 月，深圳地铁最终持有了万科 29.38% 股权，成为万科第一大股东。万科新一届董事会候选名单，王石主动退出，交棒郁亮，当时第二大股东宝能系没有董事席位。

在多方的压力下，宝能系姚振华也萌生了退意，宝能开始筹谋减持股份。2018年12月，经过近20个月连续减持，宝能在万科的股份占比已由25.4%下降至5%以下，套现589亿元，最后一次出现在万科投资者的视野里。万宝之争落幕。

这里，我们回顾这次争夺赛中“2016年6月17日”的小插曲。

2016年6月17日，万科A必须要复牌的前一天，万科召开了一场决定宝万之争走向的董事会。就是那次董事会，万科通过了与深圳地铁的重组预案。按照这个预案，重组后深圳地铁将成为万科第一大股东，“野蛮人”宝能退居第二，曾经的第一大股东华润成为第三大股东，就此实现了阻击“野蛮人”宝能的胜利。虽然这个方案后来几经波折，先后经历华润反对，恒大系半路杀出，乃至这个重组计划终止。最后，通过上述“华润、恒大股权转让”的方式，以深圳地铁接盘华润，华润出局的方式结束纷争，但纵观整个跌宕起伏的万科战，2016年6月17日那场董事会，始终是股权之争最具决定意义的一幕。

万科当时的董事会成员一共11个人，大概分为3部分：可以确定代表万科管理层的董事有4个人，独立董事有4个人，代表第一大股东华润的有3个人。按照公司章程，重大资产重组方案获得通过的标准，是三分之二以上的董事会成员赞成，也就是需要至少有8个人投出赞成票。

这次董事会讨论的内容是，万科拟以发行股份的方式购买深圳市地铁集团持有的前海国际100%股权，初步交易价格为456.13亿元。如若交易完成，万科股权结构将发生极大变化，深地铁晋升第一大股东，占总股本的20.65%。而“宝能系”则占19.27%。董事会上，3名华润董事集体投反对票。但最终董事会以超过三分之二的票数通过此次预案。

就在这场董事会的前一天，即2016年6月16日，华润召开党委会，决定在次日的万科董事会上对重组方案投反对票。手握3个董事会席位的华润，想要成功阻止方案通过，唯一的希望是争取到由华润提名的独立董事张利平的支持。

华润争取独立董事张利平的支持失败，从而对重组方案的阻击失败。最终表决时，张利平回避了投票。请注意，不是“弃权”，而是“回避投票”。两者的差别是：弃权票也是票，也是董事表达的态度，董事会表决基数仍然是11，方案获得通过的要求仍然是需要至少8票赞同，则万科达不成重组计划；而如果是回避投票，则董事会表决基数变成了10，只要有7个人赞同，则方案通过，万科手里的4票，加另外3个独立董事，正好险过。总之，由于独立董事张利平关键性的“回避投票”，万科达成所愿，通过了重组方案①。

但是，华润随后认为该重组方案决策无效。

笔者认为，2016年6月17日董事会回避表决问题的焦点有两个。

其一，独立董事是否具备能够回避表决的条件。独立董事张利平是否与重组方案的主角深圳地铁有关联关系。公说公有理，婆说婆有理。

2016年7月3日，北京市竞天公诚律师事务所会同北京大学企业与公司法研究中心邀请包括江平在内的中国13位权威法学专家召开了“万科股权争议论证会”，就董事会决议效力、一致行动人等相关法律问题进行了研讨。论证会后，专家们形成了以下四点法律意见，第一条就是“独立董事张利平提出回避表决的理由不符合法律及万科《公司章程》的相关规定，“6·17董事会决议”实际上并未有效形成，按照现行法的规定股东可请求人民法院撤销该决议②。

上述13位法律专家认为“并未看到万科公司董事会就张利平与深圳地铁是否存在关联关系，是否应该回避进行讨论表决”“即便万科公司公告了张利平回避表决的事项，该‘回避决定’之程序亦因董事会决议之过程而违规”。张利平则拿出一些尚未公开披露的、刚刚发生的、他个人相关公司与深圳地铁的关联交易合同，来证明他回避表决的合法性。这个话题，我们不展开分析。

其二，董事会通过决议，是所有董事的三分之二，还是去除回避表决董事人数之后的三分之二？

万科公告说：11名董事中1名董事因关联关系回避表决，因此只有10人投票，7票赞成，已经超过了10人的三分之二（$10\times2/3<7$），董事会决议表决获得通过。但是，华润随后宣布：万科在6月17日召开董事会，表决发行股份购买深圳地铁资产的决议，11名董事中，只有7票赞成，3票反对，未获三分之二以上多数通过。

公司法第一百零三条规定，股份有限公司股东大会作出决议，必须经出席会议的股东所持表决权过半数通过。但是，股东大会作出修改公司章程、增加或者减少注册资本的决议，以及公司合并、分立、解散或者变更公司形式的决议，必须经出席会议的股东所持表决权的三分之二以上通过。这一条是针对股东大会的，非常明确，指的是具有“表决权”股东的三分之二，而不是全体股东的三分之二。如有股东回避，回避的股东就没有表决权，这个表决制度就不

---

① 荣大一姐．回溯一场5年前的董事会［EB/OL］.（2021-06-20）［2022-06-11］. https：//mp.weixin. qq. com/s/cc6cFuIfBG0jQ8Pe2U6zyQ.

② 华润．6·17万科重组预案是否获通过？法学专家论证会形成了最权威的法律意见书［EB/OL］.（2016-07-04）［2022-06-11］. https：//mp. weixin. qq. com/s/_2GNdOR9k9P3ZIJ-gHfiBQ.

会产生歧义。

公司法第一百一十一条规定，股份有限公司董事会会议应有过半数的董事出席方可举行。董事会作出决议，必须经全体董事的过半数通过。董事会决议的表决，实行一人一票。此次董事会会议的议题是属于公司重大事项，需要经全体董事以三分之二以上绝对票数通过。但是，这个“全体董事”是董事会的全体人数，还是具有表决权的董事全体人数？《公司法》并没有明确约定。

因此，为了防止董事回避表决带来的、对“全体董事”理解上的歧义，建议公司章程明确约定，当有董事回避表决之时，董事会的决策机制——是超过全体董事人数的三分之二，还是超过具有表决权的全体董事人数的三分之二。

（三）监事会的关联交易表决回避制度

监事会对关联交易行使监督权，是对其审议和表决流程、披露和履行情况进行监督并发表意见，并不是对该项关联交易进行决策。也就是说，监事会应当对上市公司的关联交易进行监督，主要还是必要性、公平性监督，而不是决定这件事情是做还是不做。在监事会行使关联交易监督权的时候，是否需要对关联交易进行回避，《公司法》并没有明确规定，上市公司公司章程、监事会议事规则、信息披露一般对此有规定。

例如，吉林敖东的《公司章程》第四十八条规定，监事与监事会会议表决事项存在关联关系时，关联监事应当回避表决，不得参与对关联交易事项进行表决，也不得代理其他监事行使表决权。监事会会议对关联交易事项进行表决时，应当由非关联监事进行表决①。

顺丰控股的《公司章程》第二十三条规定，监事会对所有列入议事日程的议案应当进行逐项表决，其中凡涉及关联交易的议案，关联监事应当回避表决，其持有的投票数不计入有效表决票的总数内。

但是以上的两家都只规定了监事会决议需要过半数的监事同意，没有说如果回避表决后，不足过半数该怎么办。一般来说，应该要提交股东大会。

某上市公司监事会发布公告称：“监事王先生、莫先生、徐先生是公司本次员工持股计划的参与人，作为关联监事回避表决。关联监事回避表决后，监事会无法对本议案形成决议，因此监事会将本议案直接提交公司股东大会审议。”

---

①　张政．从监事会无法形成决议说起［EB/OL］．（2019－12－18）［2022－06－11］．https：//mp. weixin. qq. com/s/w8TO0hrwNYXfabhm_Dz6jw.

目前，上市公司对于关联监事需要回避的问题意见相对一致，但在回避的监事超过一半以上的情形下如何处理的问题分歧较大。建议上市公司在公司章程和监事会议事规则中明确规定对于关联监事的回避制度和表决原则，避免前后矛盾，又能有效推进。本书有如下两种推荐：（1）回避监事人数没有超过监事会总人数一半，参考董事会、股东会，由过半数非关联监事审议通过即可。（2）回避监事人数超过监事会总人数一半及以上的议案，无法在监事会上审议，直接提交到股东大会审议。

第六章　撰文留痕，善用监事会的函、意见

做实监事会，工作文书减量提质。力戒形式主义、官僚主义，不发无实质性内容、不符合发文条件的工作文书。

第一节　监事会的工作文书

一、毛泽东同志的公文是典范①②

毛泽东同志是一代伟人，为我们党和国家撰写了数以千计的公文，同时在公文方面作出了许多重要论述。他用丰富的实践和深刻的理论，指导我们如何写好公文。很多内容仍有很大的启示意义。

（一）“要以自己动手为主，别人帮助为辅”

公文，作为“一把手”的领袖很少亲为。但毛泽东与人不同，战争时期他虎帐拟电文，倚马草军书。进入建设时期，各种情况送达，案牍如山，他又批示、拟稿，甚至还亲自理稿子、写按语、编书。这确实是中外政治史和领袖丛中的一个特例。究其原因，半是他的亲政、勤政之习，半是才华横溢、文采自流。如1949年1月1日，《人民日报》发表毛泽东撰写的新华社社论《将革命进行到底》。

毛泽东一生亲自起草了大量的公文，如决议、通知、指示、决定、命令、电报等。毛泽东是把“亲自动手”作为一项指令、一种要求、一个规定，下发全党严格推行的。这也是他倡导的工作作风，并以身作责，率先垂范。他在1948年为党内起草的《关于建立报告制度》中要求：“各中央局和分局，由书记负责（自己动手，不要秘书代劳），每两个月，向中央和中央主席作一次综合报告。”1958年起草的

---

① 梁衡．毛泽东怎样写公文：逻辑清楚文字兴致勃勃［EB/OL］．（2014－10－27）［2022－06－12］．http：//www.12371.cn/2014/10/27/ARTI1414382577525198.shtml.

② 参考了苏马．毛泽东教我们写公文［EB/OL］．（2014－10－27）［2022－06－12］．http：//cpc.people.com.cn/n/2014/1027/c68742－25916274.html. 来源：人民网－中国共产党新闻网。

《工作方法六十条》第三十八条规定“不可以一切依赖秘书”“要以自己动手为主，别人帮助为辅”。

在西柏坡期间，毛泽东一年时间亲手拟电报408封，指挥了三大战役，迎来了新中国的诞生。夺取政权靠枪杆子，更靠笔杆子。笔杆子是战略、策略、思想、方法；枪杆子是实力、武器、行动。毛泽东是用笔杆子指挥着枪杆子夺取政权的。中国革命的胜利靠的是毛泽东思想，从一定程度上说，也靠的是毛泽东的一支笔。他极少带枪，却须臾不可离笔，天天写字行文。在指导公文方面毛泽东殚精竭虑，不厌其烦，经常提醒工作人员，“校对清楚，勿使有错”“打清样时校对勿错”，还经常亲自为公文改错。

如同他的政论文，毛泽东的公文也写得潇洒自如、独树一帜，没有丝毫的八股味道。毛泽东深悉公文的真谛，把准确性列为“三性”之首。公文主要用来传达要求、指导工作，必须准确无误、通俗直白。革命斗争时期，环境艰险，形势骤变；社会主义建设时期，治国安邦，百业俱兴。这一切都容不得半点含糊，说半句空话。毛泽东起草的电报、指示、决定等，全是一对一、实打实，围绕重点，直指中心。

（二）“要想一想自己的文章、演说、谈话、写字是给什么人看、给什么人听的，否则就等于下决心不要人看，不要人听”

公文属应用文，首先要求实用，陈言务去，不要套话，直指核心。如果说毛泽东的讲话文章，多偏重思想理论的务虚，公文类则是实打实、一对一的工作指导。公文不是用嘴，是用笔，它遵循的是文字写作的规律，又是指导工作的原则。所以一要准确，二要平实。准确，就是一针见血，说出你的思想，你的要求，你到底要干什么。平实，就是有什么说什么，想要解决什么问题就说什么，不要东拉西扯、穿靴戴帽。

毛泽东在1951年1月主持制定的《中共中央关于纠正电报、报告、指示、决定中的文字缺点的指示》中特别加了一段：“一切较长的文电，均应开门见山，首先提出要点，即于开端处，先用极简要文句说明全文的目的或结论（现代新闻学上称为‘导语’，亦即古人所谓‘立片言以居要，乃一篇之警策’），唤起阅者的注意，使阅者脑子里先得一个总概念，不得不继续看下去。”这就是说公文的目的是要人知道你要干什么，你想解决什么问题。他在《反对党八股》中说：“共产党员如果真想做宣传，就要看对象，就要想一想自己的文章、演说、谈话、写字是给什么人看、给什么人听的，否则就等于下决心不要人看，不要人听。”

平实最难，正如真人难做。无论一个团体、政党还是政府，当上下都已形成老一套时，这个团体、政党、政府也就老了。与这个“老”相配套的就是空话、老话、套话，写文章就拿腔拿调。韩愈、欧阳修反对的时文是这样，明清的八股文是这样，延安整风运动反对的党八股也是这样。

（三）“我们应该研究一下文章怎样写得短些，写得精粹些”

毛泽东多次要求，公文要做到短小精悍。他明确提出：“报告文字每次一千字左右为限，除特殊情况外，至多不要超过两千字。”毛泽东在《反对党八股》中说：“现在是在战争的时期，我们应该研究一下文章怎样写得短些，写得精粹些。延安虽然还没有战争，但军队天天在前方打仗，后方也唤工作忙，文章太长了，有谁来看呢？有些同志在前方也喜欢写长报告。他们辛辛苦苦地写了，送来了，其目的是要我们看的，可是怎么敢看呢？长而空不好，短而空就好吗？也不好。我们应当禁绝一切空话。但是主要的和首先的任务，是把那些又长又臭的懒婆娘的裹脚，赶快扔到垃圾桶里去。”

和平时期，个别同志喜欢喝着茶开会，摆开架子念报告，传达一个文件，动辄上万字。真正有权威的上级机关或个人是从来不须多言的。只有无权威时才拉旗扯皮、虚造声势，才要长文。而文章一长，人们既不愿读也不愿看，等于没有写。明知无用为什么还要写、要发呢？又长又空的文风是毁政之兆，魏晋的清谈、明清的八股就是例证。

有人对毛泽东起草的文件做过统计：党的第七次全国代表大会的开幕词与闭幕词，两个文件加起来 3 000 多字；有关辽沈、淮海、平津三大战役作战指挥的电文，长的《关于平津战役的作战方针》不过 2 000 字，短的《关于淮海战役的作战方针》不足 800 字；中央关于暂时放弃延安和保卫陕甘宁边区的指示与通知，两份文件加起来只有 700 多字；《关于健全党委制》的决定，仅 548 个字。

1973 年 4 月 25 日，毛泽东给反映问题的知青家长复信，“李庆霖同志：寄上三百元，聊补无米之炊。全国此类事甚多，容当统筹解决”。这仅有 34 字的复信，极大地推动了知识青年上山下乡问题的解决。

（四）“修正文件，字斟句酌，逻辑清楚，文字兴致勃勃”

公文最讲平实，亦容易陷于枯燥。现实中，有些公文形式刻板、套话连篇、缺乏生气。毛泽东所写公文则不然，在准确、鲜明的同时，还力求生动，给人以美的享受。《星星之火，可以燎原》是毛泽东 1930 年 1 月 5 日写给林彪的一封信。在信的结尾，毛泽东预示“中国革命高潮快要到来”，并满怀激情地写道：“它是站在海岸遥望海中已经看得见桅杆尖头了的一只航船，它是立于高山之巅远看东方已见光芒四射喷薄欲出的一轮朝日，它是躁动于母腹中的快要成熟了的一个婴儿。”贴切的比喻、壮观的排比和诗意的语言。谁会想到，它们出自党内的严肃通信？

一般来讲，公文写作要求明白、简洁，不一定求美，但是不能言之无物，词不达意折磨人。1958 年 9 月 2 日，毛泽东批示《对一九五九年计划调整情况的说明要点》时震怒了："我读了两遍，不大懂，读后脑中无印象。将一些观点凑合起来，聚沙成堆，缺乏逻辑，准确性、鲜明性都看不见，文字又不通顺，更无高屋建瓴、势如破竹之态……"

在毛泽东眼里，公文要起调动情绪、统一思想、指导工作的作用。怎样才起作用，除内容外还要靠语言的生动，靠美的感召。他说，"修正文件，字斟句酌，逻辑清楚，文字兴致勃勃""使人看了感觉解决问题，百倍信心，千钧干劲，行动起来"。

毛泽东十分厌恶"官样文章"，对公文有深刻的见解。在 1942 年延安整风期间、新中国建立前后和 1958 年前后，他做了一系列论述，涉及公文的文风，公文写作的原则、语言、文字、修辞等。

毛泽东强调，文章和文件都应具有准确性、鲜明性、生动性。他说："准确性属于概念、判断和推理问题，这些都是逻辑问题。鲜明性和生动性，除了逻辑问题以外，还有词章问题。"他指出，文件"要讲得入情入理，使人觉得切实可行，没有外行话""使人看了感觉解决问题，百倍信心，千钧干劲，行动起来"。他用一句话概括了好的文件标准，"使人读得下去，读过后很舒服"。公文的最高境界，莫过如此。

毛泽东像语文老师一样，认真阅读和批改党内公文，悉心进行指导。

有的文件"不扎实，轻飘一些"。毛泽东指出，这是起草人"脑子里对此问题还很不懂的缘故"。他要文件起草人"用一个星期的时间将全国各省、市、县见于报纸的经验一齐找来仔细看一遍，边看边想，形成成套思想，然后下笔成文"。

有的文件缺乏说服力。毛泽东致信有关部门领导："铁道文件，还宜作些补充，才有充分说服力。例如，每一条路非修不可的理由，它的经济价值，有些是国防价值或政治价值；八万公里需要用多少钱，有无可能，每一个五年各需用多少钱，有无可能；铁道系统如何反教条主义。这些宜一起写进去。"

有的文件写得不够精练。毛泽东批示："第五章有些话显得重复多余，宜加删节。第二、三、四章也有一些多余的话，可试删节。"

在公文指导上，毛泽东不仅高屋建瓴、切中要害，还殚精竭虑、不厌其烦。因为小公文关乎党和国家的大事业。

二、十五种公文，监事会常用七种

2012 年以前，党有党的公文规范，政有政的公文规范。

2012 年 7 月开始施行的《党政机关公文处理工作条例》（中办发〔2012〕14 号）（以下简称《工作条例》）改变了这一状况。该条例颁布以后，党政公文的指导性规范合一，但各自有各自的行文程序。此前，党的公文规范（1996 年中共中央办公厅发布的《中国共产党机关公文处理条例》）和政的公文规范（2000 年国务院发布的《国家行政机关公文处理办法》）停止执行。

根据2012年《工作条例》，党政机关公文主要文种有15个，即决议、决定、命令（令）、公报、公告、通告、意见、通知、通报、报告、请示、批复、议案、函、纪要。为了便于记忆，分为“四三五三”。

（一）决议、决定、命令、公报

1. 决议——适用于会议讨论通过的重大决策事项。

2. 决定——适用于对重要事项作出决策和部署、奖惩有关单位和人员、变更或者撤销下级机关不适当的决定事项。

3. 命令——适用于公布行政法规和规章、宣布施行重大强制性措施、批准授予和晋升衔级、嘉奖有关单位和人员。

2012年《工作条例》颁布以后，党政都可以用“命令”这个公文类型了。2012年以前，“命令”这一公文形式，政用、党不用。

4. 公报——适用于公布重要决定或者重大事项。

2012年以前，“公报”这一公文形式，党用、政不用。2012年以后，党政都可以用“公报”这个公文类型了。

（二）公告、通告、意见

5. 公告——适用于向国内外宣布重要事项或者法定事项。

2012年以后，党政机关都可以用“公告”这个公文类型。2012年以前，“公告”这一公文形式，政用、党不用。

6. 通告——适用于在一定范围内公布应当遵守或者周知的事项。

7. 意见——适用于对重要问题提出见解和处理办法。

（三）通知、通报、报告、请示、批复

8. 通知——适用于发布、传达要求下级机关执行和有关单位周知或者执行的事项，批转、转发公文。

9. 通报——适用于表彰先进、批评错误、传达重要精神和告知重要情况。

10. 报告——适用于向上级机关汇报工作、反映情况，回复上级机关的询问。

11. 请示——适用于向上级机关请求指示、批准。

12. 批复——适用于答复下级机关请示事项。

（四）议案、函、纪要

13. 议案——适用于各级人民政府按照法律程序向同级人民代表大会或者人民代表大会常务委员会提请审议事项。

这里讲的议案，特指党政机关的公文，股东会、董事会的议案不能算公文，只能算工作文件、会议文件。

14. 函——适用于不相隶属机关之间商洽工作、询问和答复问题、请求批准和答复审批事项。

15. 纪要——适用于记载会议主要情况和议定事项。

根据发文机关同收文机关之间的公文往来关系，公文还可以分为上行文、平行文和下行文。

上行文是指下级组织向上级组织所发送的公文，即下级机关向上级领导机关、下级业务部门向上级业务主管部门报送的公文，是自下而上的行文。主要有报告、请示以及上行意见。

平行文是指同级或者不相隶属（无领导或业务指导关系）的机关单位之间的行文。主要有函、议案、平行意见。需要注意的是，议案从行文性质与程序上看，带有上行特征，但因系政府向同级人大行文，故仍属平行文。此外，部分通知、纪要等，在特定情况下也可平行发送。

下行文是指上级机关、部门、单位对有隶属关系（有领导或业务指导关系）的下级机关、部门、单位的行文。主要有：决议、决定、命令、批复、通知、通报、纪要、下行意见等。

我们来看一看，两例错误的公文类型[①]

【案例一】公文正文的内容是下级拟建图书馆，向上级请求批准。标题为：××市人民政府关于拟建图书馆的报告，是否正确？

【分析】错误。报告适用于向上级机关汇报工作、反映情况、回复上级机关的询问。请示适用于向上级机关请求指示、批准。从正文内容来看，向上级请求批准，应当是××市人民政府关于拟建图书馆的请示。一般来说，请示内容单一具体，一文一事，所涉及的事项是尚未开始的，需要上级机关给出答复后才能开始。报告可以一文多事，可以事后行文，例如，年度工作报告，就是在一年工作结束时作报告，报告的内容可以涉及取得的成绩、存在的问题、改进的措施等多个方面。

【案例二】公文正文的内容是文化局向教育局借调工作人员，标题为：××市文化局关于借调工作人员的请示，是否正确？

【分析】错误。请示适用于向上级机关请求指示、批准。函适用于不相隶属机关之间商洽工作、询问和答复问题、请求批准和答复审批事项。

---

① 胡蓉．15 个法定公文种类汇总，别搞混了［EB/OL］．（2018－05－11）［2022－06－12］．https：//mp. weixin. qq. com/s/kqa－MiuSJDYbon6OpMGURg.

从公文的发文机关和主送机关看，二者不相隶属，应当用函。一般而言，请示是向上级机关发文；函是向不相隶属机关发文。不相隶属的认定原则是：(1) 同一系统之间平行机关不具有隶属关系，如山东省人民政府和陕西省人民政府不相互隶属。(2) 不同系统之间，无论级别均不具有隶属关系。例如，文化系统和财政系统，属于不同系统，因此市文化局和县财政局之间不可能具有隶属关系。

从严格意义上说，公文是专门用于党政机关的工作文件。企事业单位的公文处理，长期以来都是参照党政机关公文格式来操作执行的，久而久之走向了规范化、制度化，并根据企事业单位的实际情况和约定俗成的惯例，对个别的细节略作调整和变动，但是基本的原则和框架不会改变。

以上 15 个公文中，命令（对全国具有强制性）、通告（对地区具有强制性）不能被企事业单位使用。在监事会工作中，我们常用的是意见、函、报告、通知、议案、决议、纪要等 7 种公文类型。

三、监事会涉及的工作文书

监事会的工作文书中，既有公文中的意见、函、报告、通知、议案、决议、纪要等 7 种公文类型，还有工作文书中常见的工作计划、工作总结、工作底稿 3 种文书类型。监事会常用工作文书如图 6－1 所示。

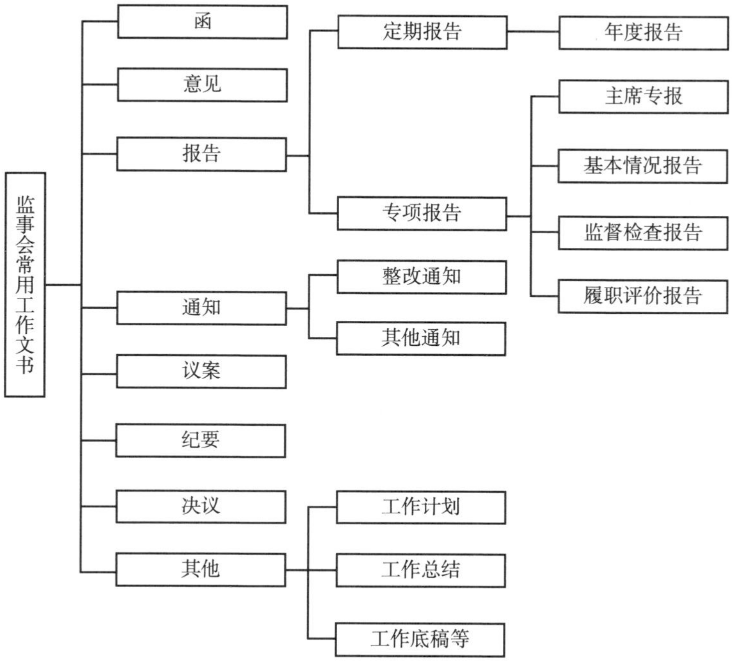

图 6－1　监事常用工作文书

需要说明的是：

(1)《主席专报》是国有企业外派外设监事会主席的一个专项报告形式。

(2)《基本情况报告》是国有企业外派外设监事会主席（三年一个任期），刚被委任到所监督企业，需要做的第一个报告（这种制度设计是合理的，相当于对企业有一个初步的了解）。

(3) 工作计划、工作总结、会议记录属于工作文书，不能叫公文。

(4) 监事会发出《整改通知》后，被监督单位要求提交《整改方案》和《整改进展情况报告》。

公司监事会可以就工作文书制定相应的制度。例如，有的国资委针对工作函的规范专门推出制度，还有的公司专门针对监事会工作报告推出制度。

【案例】某农商银行监事会及监事工作报告制度

第一章　总则

第一条　为完善监事会工作制度，规范监事会报告行为，特制定本制度。

第二条　监事会及监事要认真履行监督检查职责，对需要报告的事项及时提交监事长。工作报告要遵循实事求是、客观公正、及时准确的原则。

第三条　监事会及监事对报告事项要确保真实，按照保密工作要求，做好保密工作，预防危害单位信息泄漏。

第二章　一般规定

第四条　工作报告统一由监事会受理，将执行工作报告制度作为监事会及成员业绩考评的重要依据。

第五条　监事会及监事报告分为定期报告和专项报告。

第三章　定期报告

第六条　定期报告分为季度报告和年度报告，季度报告于每季度末10日内提交，年度报告于次年2月底前提交。

第七条　季度报告的主要内容：

(1) 监事会的工作开展情况；

(2) 当前发生重大事项及其合法、合规情况，包括投资、资产处置、对外担保、资金变化、招标及涉诉等情况；

(3) 当期的财务状况运营情况分析及其评价；

(4) 监事列席董事会、经营层重大会议情况；

(5) 重大风险提示。

第八条　年度报告的主要内容：

(1) 执行有关法律法规、总行和董事会决议或决定、决策情况；

(2) 对农商行财务和经营管理行为进行检查的情况，以及评价及建议；

(3) 从监督的角度，对董事、经营管理人员的经营管理业绩进行评价，并提出奖惩建议；

(4) 监督工作中发现其他需要报告的问题及事项。

第四章　专项报告

第九条　专项报告一般为一事一报、及时报送；对紧急、突发的重大事项，可以先口头报告，再书面报告。

第十条　专项报告的内容主要包括：

(1) 企业发生或可能发生的重大损失和违法违规行为；

(2) 开展专项调查、检查工作情况；

(3) 在监督检查工作中就某一问题形成的意见、建议；

(4) 监事会对董事会、经理层决议持不同意见的事项；

(5) 监事会认为需要报告的其他事项。

第十一条　重大损失指在单项资产损失达100万元以上的或后果严重的各类资产损失，主要包括：

(1) 农商行改制、产权转让、重换、并购重组等交易过程中造成损失；

(2) 对外投资和工程项目遭受损失；

(3) 因担保等须承担连带赔偿责任而造成的损失；

(4) 因证券、期货、金融衍生品等投资造成的重大损失；

(5) 不良资产造成的损失；

(6) 因产权纠纷经有关部门裁定后发生的损失；

(7) 因被诈骗、盗窃等原因造成的损失；

(8) 因其他原因造成的重大损失。

第十二条　违法行为主要包括：

(1) 因使单位的权益受到司法机关追究的行为；

(2) 违反财务会计规定，财务会计工作中有重大弄虚作假的行为；

(3) 违反规定实施产权转让的行为；

(4) 违规从事证券、期货，金融衍生品等高风险项目的行为；

(5) 董事、高级管理人员违反决策程序和决策权限的行为；

(6) 未按照规定建全内控制度，或虽建立了内控制度，但未按制度规定进行操作的行为；

(7) 董事会、高级管理人员隐瞒事实，阻扰监事会及其成员履行职责的行为；

(8) 其他违法行为。

第五章　结果处理

第十三条　定期报告处理。监事会收到报告后负责登记并进行审核，报领导阅示。

第十四条　专项报告处理。监事会收到报告后负责登记并进行审核，报领导阅示。相关部门根据领导的批示精神具体办理，办理结果及时反馈监事会，并由监事会负责反馈给监事会成员；需要上报上级领导部门的专项报告，按规定报送。

第六章　附则

第十五条　本办法由监事会督审委负责制定、修改、完善和解释。

第十六条　本办法自总行批准颁布之日起执行。

第二节　监事会的函

通俗地说，函就是信件。公文中的函超出了一般书信的范畴，被赋予了法定效力，是指不相隶属机关之间商洽工作、询问和答复问题，请求批准和答复审批事项时所使用的公文。

函是公文中唯一的平行文种，使用频率极高，被称为公文中的“轻武器”。函也是监事会工作的重要工具。例如，某供销社监事会要求其实行专用函制度，明确监事会专用函的格式及发文程序，要求经营、管理各职能部门，各专业委员会在收到监事会专用函的一定期限内，及时向监事会作出书面说明，并由监事会办公室进行登记、备案，加强管理。

一、函的四个特点、三种分类

函具有以下四个特点：(1) 主客体不相隶属。(2) 使用广泛性。函的使用不受级别高低、单位大小的限制，收发函件的单位均以平等身份进行联系。上至国务院下至基层组织都可广泛使用。(3) 行文多向性。函可以上行、下行，但大多数函用作平行文。(4) 用语谦敬性。不论什么类型的函，用语皆注重谦恭有礼、尊重对方，力求得到对方更多的理解和支持。函是最注重使用文言词汇的公文，也是公文中最富有文学性的文种。

函有三种分类方法。

其一，按行文方向可分为发函、复函。发函即主动发出的函；复函则是为回复对方所发出的函。

其二，按性质可以分为公函和便函两种。

公函用于机关单位正式的公务活动往来，公函是公文的正式文种，有版头、主体、版记①，须严格按公文格式撰写制作。

便函不属于正式公文，用于日常事务性工作，没有公文格式要求，格式较随意，甚至可以不要标题，不用发文字号，只需要在尾部署上机关单位名称、成文时间并加盖公章即可。

其三，按用途分为商洽函、询答函、批请函、告知函。

商洽函用于不相隶属机关之间商谈人事调动、联系参观学习、邀请讲学或指导业务等事宜。

询答函又可以分为询问函和答复函。询问函用于对处理公务中不明确的问题提出询问，有无隶属关系均可使用。答复函用于对对方来函所提问题给予答复，有无隶属关系均可使用。监事会在日常履职过程中，对于公司经营管理、财务状况、风险管控等方面存在的一些需要解释和澄清的事项，可以询问函的方式，向公司相关部门和所属企业提出。有关部门和所属企业在询问函所要求时间内，以书面方式答复。监事会利用询答函可以咨询相关情况，例如，深圳能源集团采用了询答函的形式，创新监督机制和方式，实施监事会主席工作专用函制度，落实监事对公司事务的知情权、监督权和建议权，充分发挥监事会监督职能。

批请函是用于不相隶属机关之间请求批准和答复审批事项的函。批请函实际上又可以分为请批函和审批函。请批函用于向不相隶属的主管部门请求审批事项，而审批函则用于主管部门答复不相隶属机关单位的请批事项。在公文撰写中，容易将请批函误认为请示，在与平行或不相隶属的机关行文时使用请示或报告是欠妥的。

请示与请批函的区别在于：（1）类型不同。请示是上行文；请批函是平行文。（2）主送机关不同。请示的主送机关是具有领导、指导关系的上级；请批函的主送机关是平行或不相隶属的职能单位。（3）内容范围不同。请示是请求批准、指示；请批函是请求批准某项职能事项。（4）行文语气不同。请示的用语应尊敬上级机关；请批函应互相尊重。（5）办复方式不同。请示的事项由上级机关批复下级机关；请批函的有关批准事项由受文单位复函（审批函）。

告知函是告知不相隶属机关有关事项的函。告知函和答复函十分接近。答复函是答复对方所询问的问题，而告知函则是告知对方有关情况。告知函的正文通常包括两项内容：一是告知原由，说明制发本函的原因；二是告知事项，简明扼要地叙述告知对方有关事项的具体内容及应注意的问题。

---

① 公文的版记包括三项：抄送单位、印发单位和印发日期等。抄送四号仿宋字体（前空一字，右空一字。抄送单位之间有等级排序，单位间用逗号隔开，结尾用句号）。落款单位（前空一字）日期右空一字。

二、函的结构和写法

函的类别较多，从制作格式到内容表述均有一定灵活机动性。公函由首部、正文和尾部三部分组成。

（一）首部

首部主要包括标题、发文字号、主送机关三个内容。

（1）标题。有三种写法：一是完整式标题，由发函机关、事由和文种组成，如《××部关于选择出国人员的函》；二是由发函机关、事由、受理机关和文种组成，如《国务院办公厅关于悬挂国旗等问题给湖北省人民政府办公厅的复函》；三是省略发文机关名称，由事由和文种组成，如《关于请求批准××市节约能源中心编制的函》。

（2）发文字号。公函要有正规的发文字号，写法与一般公文相同，由机关代字、年号、顺序号组成。高等机关的函，可以在发文字号中显示“函”字。如“国办函〔2022〕××号”。

（3）主送机关。即受文并办理来函事项的机关单位，于文首顶格写明全称或者规范化简称，其后用冒号。函的行文对象一般情况下是明确单一的，多数函的主送机关只有一个，但也有排列多个主送机关的情况。

（二）正文

正文结构一般由开头、主体、结尾、结语等部分组成。

（1）开头。主要说明发函的缘由。一般要求概括发函的目的、根据、原因等内容，然后用“现将有关问题说明如下”或“现将有关事项函复如下”等过渡语转入下文。复函的缘由部分，一般先引叙来文的标题、发文字号，再交代根据，以说明发文的缘由。

（2）主体。这是函的核心内容部分，主要说明致函事项。函的事项部分内容单一，一函一事，行文要直陈其事。无论是商洽工作、询问和答复问题，还是向有关主管部门请求批准事项等，都要用简洁得体的语言把需要告诉对方的问题、意见叙写清楚。如果属于复函，还要注意答复事项的针对性、明确性和时效性。

（3）结尾。向对方提出希望或请求。或希望对方给予支持、帮助和合作，或请求对方提供情况和批准等。最后，另起一行作结语。不同类型的函结语有别。如果只是告知对方事项而不必对方回复，则常用“特此函告”“特此函达”。若要求对方复函则用“请即复函”“盼复”“望函复”“请即复函”等惯用语。询问函则用“特此函商”“特此函询”等惯用语，请批函多以“请批准”“请大力协助为盼”“望能同意”等惯用语。复函的结语常用“特此复函”“特此回复”“此复”等惯用语。

也有的函不写结语。

（三）落款

落款一般包括署名和成文时间两项内容。

行文须落款，盖印章生效。公章盖在成文日期上。成文日期要写明年、月、日，用阿拉伯数字书写，位于正文下方右空四字。

综上所述，其一，一文一函，行文简洁明确。开门见山，直奔主题。不要转弯抹角，切忌空话、套话和发空泛的议论。其二，用语把握分寸，语言规范得体。发函要使用平和、礼貌、诚恳的语言，对主管机关要尊重、谦敬，对级别低的单位要平和，对平行单位和不相隶属的单位要友善。切忌使用生硬、命令性的语言。复函，则态度要明朗，语言要准确，避免含糊笼统、犹豫不定。体现函的用语特色，不倚势压人或强人所难，也不逢迎恭维、曲意客套。

【案例】改错一则征求意见的函

征求意见的函是一种询答函，不同于意见。前者意在“征求”意见，后者意在“发表”意见。下面这个征求意见的函有很多错误。

《关于加快重大改革项目实施的若干措施（征求意见稿）》意见的函①

各有关单位：

当前，本市各个领城改革深入推进，并已取得显著成效，极大地促进了各项工作的开展，增强了全市人民的信心。根据市领导要求，为进一步放大重大改革带动和溢出效应，强化改革力度，促进改革提速增效，我们牵头制定了《关于加快重大改革项目实施的若干措施（征求意见稿）》，现真诚征求各有关单位意见。

请各有关单位组织年富力强力量对相关改革措施进行研究完善，并进一步提出新的改革措施，以求表述简洁准确、创新突破力强、改革成效明显。（除非理由特别充足，原则上不接受减少改革举措或削弱改革力度的修改意见）

各有关单位形成的意见，书面请最迟于今年 9 月底前后反馈市推进办。

超过要求未反馈，视作无意见者。

（联系人：张某某。联系电话：××××）

××市推进改革办公室

××年×月

① 王永鉴，这则征求意见函为啥这样改？［EB/OL］.（2020-09-17）［2022-06-12］. https://mp.weixin.qq.com/s/BMWXVmR7G3KXKU0q_hgvSA. 来源：微信公众号“秘书工作”2020-09-17.

附件：关于加快重大改革项目实施的若干措施（征求意见稿）

上述这则意见函有以下错误：

（1）公文标题通常由发文单位、事由、文种组成。“关于”为介词，引导事由，需将“××市推进办”移至“关于”之前。因此，公文标题应改为：××市推进办关于征求《关于加快重大改革项目实施的若干措施（征求意见稿)》意见的函。

（2）缺少发文字号。

（3）正文第一段第一句，与主题结合不够紧密，可删去。公文应开门见山、直奔主题。

（4）正文第一段第二句，此句的语序为依据在前，目的在后。而通常应是目的在前，依据在后。这句应改成“为进一步放大重大改革带动和溢出效应，加大改革力度，促进改革提速增效，根据市领导要求，我们牵头制定了《关于加快重大改革项目实施的若干措施（征求意见稿)》”。

（5）正文第一段第二句中，“我们牵头制定”中的“制定”，宜用“制订”。凡未正式定下来的文件，一般用“制订”。

（6）正文第一段第二句中，“现真诚征求各有关单位意见”，其中“真诚”带有感情色彩，用在公文里不妥当，应删掉。

（7）正文第二段，“请各有关单位组织年富力强力量对相关改革措施进行研究完善”中，“年富力强力量”表述不妥，可以改为“年富力强团队”。但如果改成“请各有关单位组织年富力强团队”又讲得太具体，难免给人以插手单位内部事务之感。同时，“对相关改革措施”应改为“对征求意见稿”；“进行研究完善”改成“进行研究和修改”；“并进一步提出新的改革措施，以求表述简洁准确、创新突破力强、改革成效明显”，这样表述就成了要求各单位都必须提出新的改革措施，而有的单位可能提不出。此外，“并进一步提出新的改革措施”之后，出现“以求表述简洁准确、创新突破力强、改革成效明显”，着实令人费解。正确的表达方式应是，“新的改革措施要做到表述简洁准确、创新突破力强、改革成效明显”。

（8）正文第二段括号中的一句，“除非理由特别充足，原则上不接受减少改革举措或削弱改革力度的修改意见”显得比较生硬，函的语气应是商洽式。既然征求修改意见，就应允许人家畅所欲言，待修改意见汇总后再统筹研究哪些可以采纳，哪些不宜采纳，而不需要事先划定不接受修改意见的范围。

（9）正文第三段，“书面”应移至“反馈市推进办”之前，改成“书面反馈市推进办”。“最迟于今年9月底前后”中，应删去“后”。否则，最迟时间就有了伸缩余地。

（10）正文第三段，“超过要求未反馈，视作无意见者”中，“超过要求未反馈”可改成“逾期未反馈”；“者”字多余，应删去。

（11）成文日期应写清楚年、月、日。这里缺少了日。

（12）联系人、联系电话为附注，按照格式规范，应置于成文日期之下。

（13）附件说明按照格式规范，应置于落款之上、正文之下。

修改之后的文稿如下：

××市推进办关于征求

《关于加快重大改革项目实施的若干措施（征求意见稿）》意见的函

（推改办函〔2022〕001号）

各有关单位：

为进一步放大重大改革带动和溢出效应，加大改革力度，促进改革提速增效，根据市领导要求，我们牵头制订了《关于加快重大改革项目实施的若干措施（征求意见稿）》，现征求各有关单位意见。

请各有关单位对征求意见稿进行研究和修改，如果提出新的改革措施，要做到表述简洁准确、创新突破力强、改革成效明显。各有关单位形成的意见，请最迟于今年9月底前书面反馈市推进办。逾期未反馈，视作无意见。

附件：关于加快重大改革项目实施的若干措施（征求意见稿）

××市推进改革办公室

××年×月×日

（联系人：张某某　联系电话：××××）

三、国有企业监事会的“四函”探索

某市属国有企业一把手升迁前，召集会议突击提拔一批干部。一把手问所有与会领导的意见，与会领导表示同意，只有监事会主席认为换届之时如此提拔干部与流程不妥，除非上级组织沟通并同意且有记录。后来，该一把手东窗事发，市领导要求，国有企业监事会主席在重大问题上要发表意见，要发声留痕。

监事会与公司交换意见可以采取口头交换意见的方式，可以在有关会议上发表意见，可以由监事会主席单独与公司主要负责人进行沟通，也可以通过签署监事会工作文书交换意见。监事尤其要熟知并能娴熟运用其中的函与意见。

2016 年，江苏盐城市国资委发布《关于在市属企业监事会工作中实行专用函制度的通知》（盐国资〔2016〕160 号）。2017 年 9—10 月，江苏常州市国资委外派监事会组成检查组，聘请相关会计师事务所，对产投集团资产管理内部控制建立和执行情况进行了专项检查，发出了监事会主席意见函，对专项检查中发现的需要企业自身进行认真整改的问题和薄弱环节，列出了具体问题清单和相关建议，提出了明确整改要求。这是自 2016 年 6 月全面实施外派监事会制度以来，首次向企业发出监事会主席专用函。

2018 年，江苏省扬州市国资委也在出资企业监事会工作中实行专用函制度，推出《江苏扬州市属国有企业监事会工作中实行专用函制度的通知（试行）》（扬国资〔2018〕1 号）。

【案例】江苏省扬州市市属国有企业监事会工作中实行专用函制度（文件）

《关于在市属国有企业监事会工作中实行专用函制度的通知（试行）》（扬国资〔2018〕1 号）[①] 原文如下。

各市属国有企业：

为进一步加强国有资产监督管理工作，充分发挥监事会监督职能，促进国有资产监管工作规范化、制度化，根据《江苏省省属国有独资公司监事会工作规则》（苏国资〔2014〕124 号）、《扬州市国有企业监事会暂行办法》（扬府发〔2012〕80 号）等有关规定，经研究在市属国有企业监事会工作中实行专用函制度。现通知如下。

一、监事会专用函的种类及使用范围

监事会专用函是以监事会名义向企业发出的函件，包括提示函、意见函、警示函和纠正函。

（一）提示函。监事会通过《提示函》，对企业以下行为予以提示：财务管理和会计基础管理工作薄弱、会计政策选用不当，造成会计核算和会计处理不规范的问题；国有资本与财务管理政策、法规不落实或者执行不当的问题；管理制度不健全或者不落实，需要进一步补充完善或者落实的问题；监事会认为有必要提示企业的其他情况。

（二）意见函。监事会通过《意见函》，对以下事项提出意见和建议：企业的战略规划、重大投融资、改制重组、资产转让、股权变动、重大并购等重大

① 扬州市人民政府．关于在市属国有企业监事会工作中实行专用函制度的通知（试行）[EB/OL]（2018-10-19）[2022-06-12]．http://www.yangzhou.gov.cn/yzszxxgk/gzw/201810/9efb7f30b76c4dbcad349a55d21c79f8.shtml.

事项；企业董事会、研究经济工作的党委会、年度工作会议等会议的有关议题；监事会认为有必要发表意见的其他事项。

（三）警示函。监事会通过《警示函》，对企业以下行为予以警示：缺乏科学的决策依据或者不按照规定程序决策可能造成国有资产流失的问题；群众反映较为强烈，但尚不属于违法违纪的问题；企业不支持、不配合监事会工作的行为；监事会认为需要警示企业的其他情况。

（四）纠正函。监事会需要企业纠正在生产经营活动中违反国家有关规定或危及国有资产安全问题时，使用纠正函。

二、认真落实监事会专用函制度

在监事会工作中实行专用函制度，是规范国有资产监管行为的积极探索，是依法履行出资人职责的有效措施。市属国有企业要依法支持和配合监事会开展工作，认真办理和落实专用函提出的各项意见和建议。

扬州市国资委

2018 年 2 月 1 日

2020 年，《河南焦作市供销合作社监事会专用函工作规范》规定了八条内容，分别对专用函的种类及使用范围、发文程序、文件格式和办理要求作出了规定。专用函共分为四类，分别为工作函、意见函、提示函和纠正函[①]。

在监事会工作中实行专用函制度，是规范国有资产监管行为的积极探索。在国资委监事会工作实践中，形成了监事会四类专用函：意见函、提示函、警示函和纠正函。分别用于对某些事项提出意见和建议，对在监督检查过程中对发现的一般性问题及风险进行提醒，对某些行为予以警示以及要求纠正监事会在监督检查过程中发现的重大问题。在实践中，各地监事会明确了专用函的格式及发文程序，要求经营、管理各职能部门，各专业委员会在收到专用函的一定期限内及时向监事会作出书面说明，并由监事会办公室进行登记、备案，加强管理。

规范监事会工作函是国资委外派监事会二十年实践中的精华之一，可以促进监事会工作的规范化、制度化，增强监督的针对性、有效性，从而促进企业健康有序运行，值得民营企业借鉴。

（一）提示函

提示函也称为提醒函。即提前提醒的函。一般来说，监事会通过提示函对企业

---

① 马连华，王鸽．焦作市供销社监事会出台专用函工作规范．（2020-07-23）［2022-06-12］．https://mp.weixin.qq.com/s/ssdLCtBjQGiU4TirFhgfMA.

的以下行为予以提示：财务管理和会计基础管理工作薄弱、会计政策选用不当，造成会计核算和会计处理不规范的问题；国有资本与财务管理政策、法规不落实或者执行不当的问题；管理制度不健全或者不落实，需要进一步补充完善或者落实的问题；监事会认为有必要提示企业的其他情况。

例如，2021 年 1 月，某基金管理公司监事发出的提示函。

关于重大会计事项调整的提示函

（××监事函〔2021〕002 号）

××股权投资管理有限公司：

2021 年 1 月 29 日下午，我参加了在北京××大厦召开的、由××有限公司（以下简称“公司”）相关董监事、××公司战略部、人力资源部、财金部、法律部、投资部相关人员参加的公司专题会。专题会通报了公司向××公司提交的 2020 年财务报告中对于全年基金管理费提取进行的重大会计调整，及追溯调整公司 2019 年财务报表的有关情况。

鉴于：（1）此重大会计调整与公司基金合伙协议相违背，且没有经过公司董事会、股东会批准。（2）不合规的会计调整可能涉及税务、审计、基金业协会年度信息披露等风险，建议公司尊重已签署的基金合伙协议，按照基金业会计核算规范进行会计处理。

××有限公司监事：××

二〇二一年一月二十九日

（二）意见（函）

意见（函）是用来表达看法。前面所讲国有企业监事会探索了提示函、意见函、警示函和纠正函四种工作函制度。笔者认为其中的意见函应该改为意见。原因是，在公文文种之中，意见就是意见，函就是函，不能混在一起。行政机关选用“决定”“意见”“通知”“通报”“请示”“批复”等文种行文时大量使用信函特定格式，甚至选用“命令”文种行文时也使用信函特定格式，形成一个文种两种格式并存的局面，加剧了公文格式的乱象①。值得注意的是，意见不同于建议。意见表明的是对一个事情的判断，建议是一种倾向性的建议。

2015 年前后，一个新上任的湘妹子任某公司监事。初来乍到就被通知开一个会议。没有提前给资料，也没有告知会议目的，她便来到指定的会议室。推门一看，

① 刘文森．党政机关公文格式常见典型错误 20 例［EB/OL］．（2021－11－15）［2022－06－12］．https：//mp. weixin. qq. com/s/EgOiuZgqF57eINEUp7R1yQ.

党委、董事会、经营层、监事会的人都在，加上她一共 12 人，似乎是党政联席会的扩大会议。会议的议题是该公司要收购境外文化公司。大家都同意了这个议案，而湖南新上任的这位监事不同意，加上她共两票不同意。此后，她发现她的人际关系变得紧张，便与我交流：是不是她的工作方法不对，捅了马蜂窝？

讨论之后，总结出了两点经验教训：（1）向会议组织者要求以后所有的会议须提前告知材料和议案；会上不发言，会后以“意见”的行文方式表达意见，或者会后找高级管理层沟通，增加沟通机会。（2）若会上发言，要追踪自己的发言是否完整地记录在会议记录上；监事在表决阶段不参与举手决策，但在会议主持人让监事表达意见时，应该发言，并做到“发声留痕”；监事会的意见，不是决策的意见。董事长、总经理有权不听监事的话，但监事有权、也有义务向股东会等方面反映。

（三）警示函

警示函用于发出警示。一般而言，监事会通过警示函对企业以下行为予以警示：缺乏科学的决策依据或者不按照规定程序决策可能造成国有资产流失的问题；群众反映较为强烈，但尚不属于违法违纪的问题；企业不支持、不配合监事会工作的行为；监事会认为需要警示企业的其他情况。

北京某国有企业计划采购 180 万元的设备，总经理办公会讨论后不久，又再次开会决策将采购金额增加到 380 万元。对此次匪夷所思的总经理办公室的议事程序，监事主席只是口头不同意，并没有向上级报告，也没有会议记录、提示函或警示函。一年后，总经理被举报、处罚。监事会主席虽未被处罚，但流程确有瑕疵。

（四）纠正函

我们继续讨论前文中的一个案例。

安徽 C 公司的股权结构是，A 公司持股 60%，B 公司持股 40%，A、B 公司均为国有公司。C 公司的监事会主席由 B 公司推荐。A 公司要求 C 公司接受 A 公司的关联公司为 C 公司供货，供货价格明显高于市场行情。C 公司经营班子内心并不愿意接受此不公平交易，但迫于控股股东 A 公司的压力，无可奈何，勉强为之。那么，C 公司的监事会主席该如何处理？

大家热烈讨论之后认为，这位监事会主席应充分使用监事的质询权、报告权、纠正权和诉讼权之外，还可以使用纠正函，或要求解散公司。

（1）行使股东知情权查阅公司账册，全面掌握该事项下的所有历史数据。

（2）利用质询权，了解该事项下所有采购合同签订的程序合规性。关联交易达到一定额度，必须提交股东大会由非关联股东表决，公司章程也可以对关联交易事项的表决方式进行约定，上市公司对关联交易的表决程序有特殊的规定，如关联方回避表决。面对不正当的关联交易时，监事可以向董事会和管理层进行质询，要求其作出合理解释。同时，掌握不合规的证据才可诉讼。掌握证据也可以引而不发，形成一种威慑。

（3）行使报告权，层层向该市国资委报告。在本案例中，两个股东属于同一个城市的国资委，小股东派出的监事如果能写成一个专项报告，递送到该城市的国资委。国资委作为上级组织，共更易解决这个问题。

（4）发纠正函。一般来说，企业在生产经营活动中违反国家规定或危及国有资产安全问题时，监事会可使用纠正函。可以参考外派监事会的纠正函格式。

监事会纠正函

第×监事会［××］（第××号）

第×监事会：

××年××月××日

（5）行使诉讼权，要求判定关联交易无效、控股股东赔偿或者关闭公司。《公司法》第二十一条规定，公司的控股股东、实际控制人、董事监事、高级管理人员不得利用关联关系损害公司利益，如果因此而给公司造成损失，应当承担赔偿责任。法律并不禁止关联交易，合法有效的关联交易应当同时满足以下三个条件：交易信息披露充分、交易程序合法、交易对价公允。其中交易对价公允是关联交易合法的实质要件。在出现董事等高管利用关联交易损害公司利益或其他股东利益的情形时，股东可以代表公司或直接提起请求确认交易行为无效、撤销交易行为或损害赔偿的诉讼。该监事会主席可以从该关联交易不符合以上三个条件，给 C 公司造成损失，从而提起诉讼要求 A 公司承担赔偿责任。

如果 C 公司监事会怠于向法院提起诉讼，C 公司的小股东（B 公司）也可以向法院提起诉讼，要求 C 公司的大股东（A 公司）承担赔偿责任。依据《公司法》第一百五十一条“董事、高级管理人员有本法第一百四十九条规定的情形的，有限责任公司的股东、股份有限公司连续一百八十日以上单独或者合计持有公司百分之一以上股份的股东，可以书面请求监事会或者不设监事会的有限责任公司的监事向人民法院提起诉讼；监事有本法第一百四十九条规定的情形的，前述股东可以书面请求董事会或者不设董事会的有限责任公司的执行董事向人民法院提起诉讼。监事会、不设监事会的有限责任公司的监事，或者董事会、执行董事收到前款规定的股东书面请求后拒绝提起诉讼，或者自收到请求之日起三十日内未提起诉讼，或者情况紧急、不立即提起诉讼将会使公司利益受到难以弥补的损害的，前款规定的股东有权为了公司的利益以自己的名义直接向人民法院提起诉讼。他人侵犯公司合法权益，给公司造成损失的，本条第一款规定的股东可以依照前两款的规定向人民法院提起诉讼”。言下之意，当某股东的利益受到董事、高管侵犯之时，股东应该先请求监事向人民法院提起诉讼，如果监事怠于起诉，该股东可以自己的名义直接向人民法院起诉。

由于A、B公司都属于该市国资委的企业，不想撕破面子。最终没有走诉讼之路。

（6）解散C公司。正常情况下，关闭公司需要特殊股东大会表决（至少三分之二以上股东通过）才能决定，小股东是不可能成功要求关闭公司的。但大股东有侵犯小股东利益行为时，小股东可通过诉讼要求解散公司。

大中小股东之间的权利斗争是公司治理永恒的主题，是企业的普遍矛盾，也是作为小股东监事的重大责任。

借此案例，我们再次梳理大股东侵犯小股东利益的常见方式。

（1）虚假出资。虚假出资主要是指在设立公司或者增资配股过程中，控制股东名义上向公司投入了资本，而实际上该资本并未履行产权转移手续，仍然保留在控制股东原来的名下。或者大股东虽然名义上向公司现金转款，但出资后利用控制公司的便利，通过各种手段将资金转移的情形。

（2）滥用表决权侵害中小股东权益。大股东由于拥有较多的股份而拥有较大的表决权。按照多数决策原则，大股东的表决权极有可能被滥用而侵害中小股东权益。例如，不合理地向由董事或者控股股东担任的高管支付高额报酬和福利；任意罢免或者阻挠中小股东担任高管职务；任意决策和实施公司的重大事项等。

（3）操纵利润分配。控制股东为了自己的利益，常常操纵股东大会，作出不分配利润的决议，故意拖延或者拒发股利；对小股东隐瞒相关信息，损害其股东权益。

（4）关联交易。大股东通过关联交易从中获利，损害公司和小股东的权益。由于关联交易中，大股东滥用权力撮合交易的进行，从而有可能使交易的价格、方式等在非竞争的条件下出现不公平情况，形成对部分股东权益的侵犯。例如，高价购买大股东亲属公司的产品；以明显高于市场的价格租赁其关联公司名下不动产等。

我们再来看一个关联交易对中小股东利益侵犯的案例①。

江苏省无锡某酒店（以下简称“A酒店”）坐落于风景优美的太湖之滨。2000年酒店成立时，股东为张某、李某、王某三人，分别持有40%、30%、30%的出资额。张某为A酒店的执行董事、法定代表人，王某为监事。

---

① 云南枢环律师事务所．大股东涉嫌关联交易时小股东常用的两种维权手段［EB/OL］．（2015－08－06）［2022－06－12］．https：//mp．weixin．qq．com/s/nbOerMk7ZDgtKB1I3PL83A．

2007 年 1 月，李某发现 A 酒店与 B 公司建立了委托管理关系，由 B 公司对 A 酒店进行管理。而这家 B 公司恰恰是由 A 酒店的主要高级管理人员建立的公司，A 酒店的其余二位股东张某、王某均为 B 公司的股东，张某还任 B 公司执行董事、法定代表人。

A 酒店与 B 公司签订的《咨询管理合同》约定：B 公司根据 A 酒店 2007 年度工作意见开展工作，提出咨询管理的合理化建议，提升酒店档次。合同期限为一年，自 2007 年 1 月 1 日至 2007 年 12 月 31 日，A 酒店为 B 公司工作人员免费提供办公地点；B 公司每月按 A 酒店总营收额 1% 向 A 酒店收取咨询管理费。李某起诉至无锡市滨湖区法院，请求法院判令 A 酒店与 B 公司之间的委托管理关系无效。

法院认为：张某与王某既是 A 酒店的股东、执行董事和监事，又是 B 公司的高管，基于对 A 酒店和 B 公司的出资和商业关联，两人可以对两个法人的商业政策产生影响。所以张某和王某是 B 公司与 A 酒店的关联自然人，两个法人应认定为关联法人。董事等未经股东会同意，不得利用职务便利为自己或他人谋取属于公司的商业机会，自营或者为他人经营与所任职公司同类的业务，或者与本公司订立合同、进行交易，故 A 酒店与 B 公司所签订的咨询管理合同，实为自我交易，损害了 A 酒店的合法权益。

（5）侵吞公司和其他股东的财产。控股股东利用职务上的便利，将属于公司和其他股东的财产非法占为已有的行为，情节严重都可构成职务侵占罪。

（6）其他十大套路。恶意转移公司主营业务、恶意转移公司核心资产；恶意规避股东优先购买权；恶意增资，稀释股权；设立全资子公司，排除小股东权利；不开股东会、直接做决议；模糊表达决议议题，间接排除小股东权利；伪造签名，偷转股权；滥用表决权剥夺小股东提名权；未经决议滥用担保；滥用股东权利否认法人人格（纵向刺破、横向刺破、反向刺破）。

对于上述大股东对小股东的侵犯，小股东也有以下常用防范手段。

（1）充分利用股东知情权（注意可否查阅或复制会计凭证、可否要求外部审计、可否委托会计师或律师行权等）；

（2）设置单方审计权；

（3）约定重大事项经全体股东一致同意；

（4）约定表决权比例高于出资比例；

（5）约定按照实缴出资比例行使表决权；

（6）提起公司决议撤销之诉；

（7）提起公司决议无效之诉；

（8）设置提名权；

（9）提前设定分红方案；

（10）设置占有即冻结机制；

（11）设定大股东不得干预公司正常经营决策；

（12）设置退股权；

（13）巧设股东回购事由；

（14）提起股东代表诉讼；

（15）巧用股东除名权；

（16）将股东压制行为列为公司解散事由；

（17）调整股东会和董事会职权；

（18）要求强制分红。

大股东侵犯小股东利益的行为层出不穷、司空见惯。作为股东为了更有利地维护各方利益，最主要的是在加入公司时，一定要重视公司章程和股东合作协议，这样才能有针对性地对股东的侵犯行为进行详尽规范，并对股东侵害公司及其他股东利益的行为进行更严厉的规范和惩罚。

同时，对于部分公司，还可以采取独立董事、股权强制回购等方式避免股东利益受损。作为公司股东，并不是所有情形下都是有限责任，近年来突破股东有限责任的情形越来越多，即使作为小股东也可能对公司债务承担连带责任。因此，股东要重视自身在享有权利的同时，依法履行相应义务，避免对公司债务承担巨额连带责任。

第三节　上市公司监事会的意见

一、意见的分类、行文格式

意见是对重要问题提出见解和处理办法的公文文种，可分为上行文、平行文和下行文。也就是说，意见可以向上报意见，提出工作见解、建议和参考意见；可以平行发表意见，对平行的或者不相隶属机关的有关专门工作作出评估、鉴定和咨询；也可以向下发意见，表明主张，作出计划，阐明工作原则、方法和要求。

上行意见与请示在内容上有很大的区别。请示的内容是需上级作出指示、决定或是上级加以审批的具体事项和问题，即人们通常所说的“硬件”，不批复工作就无法进展；而上行意见的内容则多是对工作中一些重大问题提出见解和处理办法，以及对遇到的困难要求上级给以指示或支持，即“软件”。

上行意见与报告也有区别。报告重在汇报工作、反映情况。上行意见重在提出见解与主张。

意见既可用于党政领导机关，也可用于人民团体、企事业单位。在实际工作中，部分拟稿人往往将工作打算、工作安排、工作计划作为公文文种行文，如“××单位2022年××工作打算/工作安排/工作计划”，都是欠妥的。工作打算、工作安排和工作计划不是公文文种。可直接使用下行文的意见文种，规范的标题应为“××单位关于2022年××工作的意见”。

意见还可以分为以下几种类型：

（1）指导性意见。上级机关针对下级工作所出现的问题，阐明基本原则，提出解决办法和执行要求，对下级机关的工作给予指导。此类意见一经下发就产生一定的法定效力，属下行文。

（2）建议性意见。下级机关就其业务范围之内的某一问题，向上级机关提出建议性意见（如《关于依法保护××合法权益的意见》）供上级机关参考，一经上级机关批转，就作为上级机关的指导性意见，属上行文。

（3）实施性意见。为贯彻落实某一重要决定或中心工作所制订的实施方案，它重在阐发上级的有关精神，使下级单位对上级的文件精神有更深入的理解，同时提出较为具体的行动方案和工作安排，如工作目标、任务、措施、方法、步骤等。实施性意见属下行文。

（4）评估性意见。业务主管部门或专业人员就某项专门工作、业务工作，经过调查、研究后，送交有关方面的鉴定、评估结果。主要是平行文，也可以是上行文、下行文。

意见一般由标题、主送机关、正文、落款四部分组成。意见的行文格式要求如下。

1. 标题

意见的标题一般采用完全式标题，有时也可省略发行机关名称，只注明事由和文种，如《关于做好全国监事会实务培训工作的意见》。

2. 主送机关

意见的主送机关为应知照的单位或群体，如果涉及面较广的普发性意见，可以不写主送机关。

3. 正文

一般由前言、主体、结尾三部分组成。

（1）前言。写明发文原因。一般是交代提出意见的背景、依据、目的、意义等，陈述“为何提意见”或“为什么发布实施意见”等。常用“现提出如下意见”“特制定本处理方法”“现提出如下实施意见”等过渡语，再转入主体部分。

（2）主体。阐述见解办法。见解办法是意见的核心部分，主要是对有关问题阐明观点、表明态度，提出相关的见解、建议，或规范性的解决办法。

(3) 结尾。提出希望、要求。如果是报请上级批转或转发的意见，结尾要另起一行，并以“以上意见如无不妥，请批转各地区、各部门执行”作为结尾用语。

4. 落款

即写明发文机关和发文时间。

二、上市公司监事会需要发表意见的事项类型

上市公司监事会发表意见，是上市公司行业监管部门的要求，有利于股东利益最大化和保护中小股东利益，有利于降低公司风险，也有利于上市国有资产保值、增值。

我们先从下面一则案例来看一看，上市公司监事会都要对哪些事项发表意见。

【案例】青山纸业监事会关于对公司2017年年报及其他重点关注事项的独立意见

根据中国证监会《公开发行证券的公司信息披露内容与格式准则第2号〈年度报告的内容与格式〉》(2017年修订)《上海证券交易所股票上市规则》(2014年修订)及《公司章程》的有关规定，现就公司2016年年度报告及其他重点关注事项发表如下意见。

一、关于对公司2017年年度报告的独立意见

监事会认为：公司2017年年度报告编制和审议程序符合法律、法规、公司章程和公司内部管理制度的各项规定；年度报告的内容与格式符合中国证监会和证券交易所的有关规定，所包含的信息能真实地反映公司的财务状况和经营成果，福建华兴会计师事务所(特殊普通合伙)对公司2017年年度财务报告出具的审计意见及相关评价是客观的、公允的；在年度报告披露前，未发现参与年报编制和审议的人员有违反保密规定的行为。

公司2017年年度报告所披露的内容真实、准确、完整，不存在虚假记载、误导性陈述或重大遗漏，监事会对其内容的真实性、准确性和完整性承担个别及连带责任。

二、关于对公司2017年年度利润分配预案的独立意见

根据《上海证券交易所上市公司现金分红指引》及《公司章程》的有关规定，监事会对公司2017年年度利润分配预案进行了审核，并发表独立意见：

(1) 公司2017年年度的利润分配预案符合《公司章程》《公司2015—2017年股东回报规划》及有关法律法规的规定，符合公司经营现状；

(2) 鉴于报告期末，母公司累计可供股东分配的利润为负数，无利润分配来源，同意公司2017年年度不进行利润分配，也不进行资本公积金转增股本。同意将该利润分配预案提交2017年年度股东大会审议。

三、关于对2018年年度日常关联交易预计情况的独立意见

根据证监会《公开发行证券的公司信息披露内容与格式准则第2号〈年度报告的内容与格式〉》（2017年修订）《上海证券交易所股票上市规则》（2014年修订）及《公司章程》有关规定的要求，以及监事会关于对公司2017年年报及其他重点关注事项的独立意见应履行的诚信与勤勉义务，监事会对2018年年度日常关联交易预计情况进行了审查，并发表独立意见：公司2018年日常关联交易预计是为了满足公司日常生产经营的实际需求，属公司正常的日常业务往来需要。关联交易定价方式符合市场原则，尤其是通过关联方竞标方式构成的关联交易能够切合市场，符合公平、公正、公开的原则，没有损害公司和股东的合法利益，特别是中小股东的利益。该关联交易不会构成对公司独立运行的影响，也不会对公司财务状况产生影响。

四、监事会对报告期计提坏账准备等事项的独立意见

监事会对公司前一报告期（2016年）计提坏账准备意见：公司对所有存货跌价准备的计提、转销、转回，个别认定坏账准备计提，个别无法收回应收款核销及年度递延所得税资产确认等事项进行了审核，监事会认为公司前述坏账计提、存货跌价准备转销转回、坏账核销、递延所得税资产确认等事项遵循了谨慎性原则，符合《企业会计准则》《企业所得税法》和公司相关的会计政策、会计估计的规定。公司计提存货跌价准备后，能够更加公允地反映公司的资产状况，有助于提供更加真实可靠的会计信息。

监事会对本报告期（2017年）计提坏账准备意见：基于谨慎性原则，公司拟于2017年年度对判断存在重大不确定性或难以回收的应收款项分别计提坏账准备。监事会经审核，认为：①公司本次坏账准备计提事项目的是充分反映公司的资产状况。各项应收款坏账计提符合《企业会计准则》的规定，符合财务谨慎性原则，计提方法合理、比例恰当，依据充分。计提后的公司2017年年度财务报表更能真实、公允地反映公司财务状况和经营成果。②公司已公告的《2017年年度业绩预增公告》中已经考虑了上述计提坏账准备情况，不会导致公司预计的2017年度业绩发生重大变化。③上述单项计提应收账款坏账准备事项经公司第八届十六次董事会审议通过，监事会经审核无异议，决策程序符合规定。公司应按规定履行相应的信息披露义务。

五、监事会对修改《公司章程》的独立意见

公司根据《上市公司章程指引》第五十三条规定，结合实际情况，对现行《公司章程》第八十三条和一百五十一条涉及股东提名推荐公司董事、监事的条件（持股比例）作相应修改。监事会认为：上述《公司章程》相关条款修改，符合法律法规及规范性文件要求，不存在损害公司及公司中小股东

利益的情形。

六、监事会对关联方资金往来的独立意见

经检查，报告期公司及所属企业与关联方资金往来均在商业背景下发生，不存在没有商业背景的资金往来，未发现利用关联方资金往来损害公司和中小股东利益的行为。

七、监事会对报告期担保事项的独立意见

报告期，公司为全资子公司深圳市龙岗闽环实业有限公司下属惠州市闽环纸品有限公司流动资金借款提供3 500万元连带责任担保，担保事项决策程序符合《公司法》《证券法》《公司章程》《公司董事会议事规则》《公司对外担保制度》等有关规定，不存在损害股东利益特别是中小股东利益的情形。截至本报告日，不存在逾期担保，公司不存在为资产负债率超过70%的担保对象提供的担保，对外担保总额未超过公司最近一期经审计的净资产的50%，单笔担保额也未超过最近一期经审计净资产的10%。

八、监事会对董事会出具的内部控制评价报告的独立意见

公司董事会根据国家有关法规和证券监管部门的要求，结合公司实际情况，已建立健全了较为完善、合理的内部控制体系，并随着公司的发展不断修订完善，各项内部控制制度在经营管理的各个环节得到了执行。公司董事会出具的《2017年年度内部控制评价报告》客观地反映了公司的内部控制状况。监事会对公司内部控制评价报告没有异议。

福建省青山纸业股份有限公司

监事会

二〇一八年四月十三日

综合各种法规要求，上市公司监事会需要对以下事项发布意见。

（一）定期报告与财务报告

1. 对董事会编制的公司定期报告提出书面审核意见

上市公司监事会应当对董事会编制的公司定期报告（年报、半年报、季报）进行审核并提出书面审核意见，说明董事会对定期报告的编制和审核程序是否符合法律、行政法规、中国证监会和本司的规定，报告的内容是否能够真实、准确、完整地反映上市公司的实际情况。

例如，北方国际监事会对公司2017年第一季度报告作出专项审核意见如下："经审核，北方国际监事会认为董事会编制和审议2017年第一季度报告的程序符合法律、行政法规及中国证监会的规定，报告内容真实、准确、完整地反映了上市公

司的实际情况，不存在任何虚假记载、误导性陈述或者重大遗漏。（监事：倪静、李柏森、罗乐）”。

监事会对董事会的定期报告提出书面审核意见的具体的依据包括且不限于：

（1）《证券法》第八十二条：发行人的监事会应当对董事会编制的证券发行文件和定期报告进行审核并提出书面审核意见。

（2）《上市公司章程指引》第一百四十五条：监事会应当对董事会编制的公司定期报告进行审核并提出书面审核意见。

（3）《上市公司监事会工作指引》第四十五条：监事会应对董事会编制的定期报告进行审核，提出书面审核意见，并以监事会决议的形式说明定期报告编制和审核程序是否符合相关规定，内容是否真实、准确、完整。监事应依法对定期报告是否真实、准确、完整签署书面确认意见。

（4）《深圳证券交易所创业板股票上市规则》6.1.5：公司监事会应当依法对董事会编制的公司定期报告进行审核并提出书面审核意见。

（5）《深圳证券交易所创业板上市公司规范运作指引》（2020 年修订）第 3.3.20 款规定，董事会审议定期报告时，董事应当认真阅读定期报告全文，重点关注定期报告内容是否真实、准确、完整，是否存在重大编制错误或者遗漏，主要会计数据和财务指标是否发生大幅波动及波动原因的解释是否合理，是否存在异常情况，董事会报告是否全面分析了上市公司报告期财务状况与经营成果并且充分披露了可能影响公司未来财务状况与经营成果的重大事项和不确定性因素等。董事应当依法对定期报告是否真实、准确、完整签署书面确认意见，不得委托他人签署，也不得以任何理由拒绝签署。董事无法保证定期报告内容的真实性、准确性、完整性或者对定期报告内容存在异议的，应当在书面确认意见中发表意见并说明具体原因，董事会和监事会应当对所涉及事项及其对公司的影响作出说明并公告。

（6）《公开发行证券的公司信息披露内容与格式准则第 2 号〈年度报告的内容与格式〉》（2021 年修订）第十二条：监事会应当对董事会编制的年度报告进行审核并提出书面审核意见。监事应当签署书面确认意见。监事会对年度报告出具的书面审核意见，应当说明董事会的编制和审议程序是否符合法律、行政法规和中国证监会的规定，报告的内容是否能够真实、准确、完整地反映公司的实际情况。董事、监事无法保证年度报告内容的真实性、准确性、完整性或者有异议的，应当在董事会或者监事会审议、审核年度报告时投反对票或者弃权票。董事、监事和高级管理人员无法保证年度报告内容的真实性、准确性、完整性或者有异议的，应当在“书面确认意见”中确认并陈述理由，且公司应当披露。公司不予披露的，董事、监事和高级管理人员可以直接申请披露。董事、监事和高级管理人员按照前款规定发表意见，应当遵循审慎原则。其保证年度报告内容的真实性、准确性、完整性的责任不能因发表意见而当然免除。

（7）《上海证券交易所股票上市规则》6.4：监事会应当对董事会编制的定期报告进行审核，以监事会决议的形式说明定期报告编制和审核程序是否符合相关规定。

2. 会计师事务所出具非标准审计意见的财务报告时，监事会要发表意见

上市公司年度财务报告被会计师事务所出具非标准审计意见的审计报告，监事会应当对涉及事项作出说明。依据包括且不限于：

（1）《公开发行证券的公司信息披露内容与格式准则第 30 号〈创业板上市公司年度报告的内容与格式〉》第六十四条：若年度报告被会计师事务所出具有解释性说明、保留意见、无法表示意见或否定意见的审计报告，公司董事会和监事会应就所涉及事项作出说明。

（2）根据《公开发行证券的公司信息披露编报规则第 14 号——非标准审计意见及其涉及事项的处理》（2020 年修订），上市公司财务报表被注册会计师出具非标准审计意见的，公司在报送定期报告的同时应当向交易所提交下列文件：①董事会针对该审计意见涉及事项所做的符合第 14 号编报规则要求的专项说明，审议此专项说明的董事会决议以及决议所依据的材料；②独立董事对审计意见涉及事项的意见；③监事会对董事会有关说明的意见和相关的决议；④负责审计的会计师事务所及注册会计师出具的符合第 14 号编报规则要求的专项说明；⑤中国证监会和交易所要求的其他文件。

审计意见的类型如图 6－2 所示。

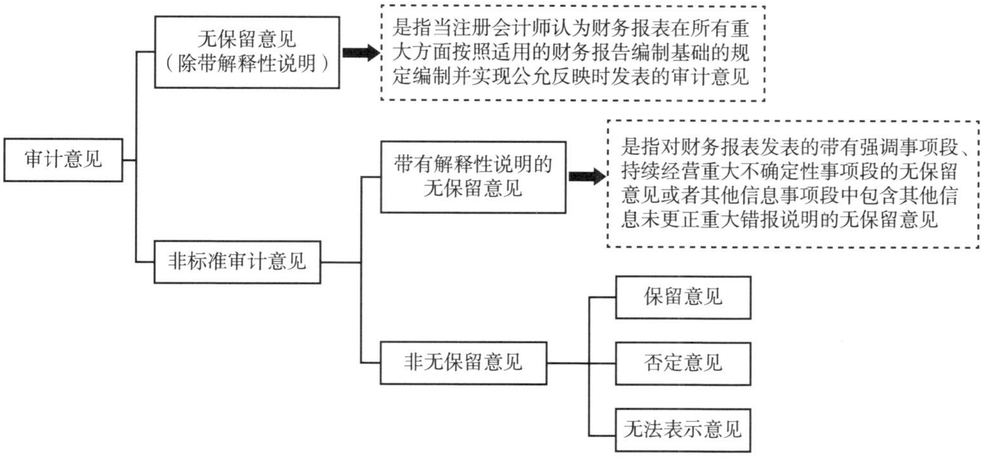

图 6－2　审计意见的类型

例如，汉能碳资产管理（北京）股份有限公司监事会 2018 年 4 月 20 日发表关于 2017 年年报审计出具“带强调事项段的无保留意见”的审核意见：“监事会对公司董事会关于 2017 年年报审计出具带强调事项段的无保留意见的专项说明予以认

可。同时，监事会提请董事会对公司被出具带强调事项段的无保留意见予以重视，克服困难，渡过难关。”

（二）会计政策变更、计提资产减值准备、资金占用与现金分红

上市公司自主变更会计政策、会计估计、资产减值准备计提方法，核销资产（如坏账），进行会计差错更正的，需要监事会发表意见。

具体依据包括且不限于以下三类。

1. 自主变更会计政策

《深圳证券交易所上市公司规范运作指引》（2020年修订）第6.8.5款规定：上市公司自主变更会计政策的，除应当在董事会审议通过后及时按照6.8.3款披露相关内容外，还应当公告以下内容：①董事会决议公告；②独立董事意见、监事会意见；③会计师事务所出具的专项审计报告（适用于需股东大会审批的情形）；④本次会计政策变更对尚未披露的最近一个报告期净利润、股东权益的影响情况；⑤本所要求的其他文件。

《上海证券交易所上市公司自律监管指南第1号——公告格式〈第33号——会计差错更正、会计政策或会计估计变更公告〉》（上证函〔2022〕751号）规定：公司应当披露独立董事、监事会及会计师事务所对上述事项的结论性意见。会计师事务所的意见应当包括：上述变更、更正的原因；具体的会计处理；会计政策或会计估计变更是趋向稳健还是激进；如涉及追溯调整的，对以往各年度财务状况、经营成果和现金流量的影响金额，对公司已披露的年度财务报告进行追溯调整，导致相关财务指标触及《股票上市规则》规定的财务类强制退市情形的说明（如有）；如涉及更换会计师事务所的，是否就相关事项与前任会计师事务所进行了必要的沟通等。

例如，2015年3月9日，岭南园林公司监事会关于第二届监事会第十一次会议监事会认为：（1）本次会计政策变更符合相关法律、法规及《企业会计准则》的规定，审议程序符合有关法律、法规及公司章程的相关规定；（2）本次会计政策变更是公司根据财政部新修订和颁布的《企业会计准则》进行的合理变更，执行变更后的会计政策能够客观、公允地反映公司的财务状况和经营成果，不会对公司及投资者的合法权益造成损害。监事会同意公司本次会计政策变更。

2. 资产减值与核销

早在1999年，《关于上市公司做好各项资产减值准备等有关事项的通知》（中国证监会1999年12月发布）第五条规定：监事会对内部控制制度制定和执行情况进行监督（必要时可聘请具有证券从业资格的注册会计师），并列席董事会审议核销和计提资产减值准备的会议。必要时还可以要求内部审计部门就内部控制制度执

行情况、核销和计提资产减值准备情况提供书面报告。监事会应对董事会有关核销和计提资产减值准备的决议程序是否合法、依据是否充分等方面提出书面意见，并形成决议向股东大会报告。

《深圳证券交易所上市公司规范运作指引》（2020 年修订）第 6. 8. 9 款规定：上市公司披露计提资产减值准备公告的，监事会应当出具关于计提资产减值准备是否符合《企业会计准则》的说明（如有）；

3. 利润分配预案与挪用资金

《上海证券交易所上市公司现金分红指引》（上证公字〔2013〕1 号）第十三条规定：上市公司监事会对董事会执行现金分红政策和股东回报规划以及是否履行相应决策程序和信息披露等情况进行监督。监事会发现董事会存在以下情形之一的，应当发表明确意见，并督促其及时改正：（1）未严格执行现金分红政策和股东回报规划；（2）未严格履行现金分红相应决策程序；（3）未能真实、准确、完整披露现金分红政策及其执行情况。

《深圳证券交易所创业板上市公司规范运作指引》（2020 年修订）第 2. 1. 6 款规定：公司董事、监事及高级管理人员应当关注公司是否存在被关联人或者潜在关联人挪用资金等侵占公司利益的情形，如发现异常情形，应当及时提请公司董事会采取相应措施并披露。

（三）内部控制与风险控制

《上市公司内部控制指引》对此提出了明确的要求之外，其他制度也提出了类似的要求，这些制度包括且不限于：

（1）中国上市公司协会《上市公司监事会工作指引》（中国上市公司协会 2015 年 12 月发布）第三十五条规定，监事会应审议公司董事会的年度内部控制自我评价报告，并发表意见。第三十六条规定，当注册会计师对公司内部控制健全性及有效性表示异议时，公司监事会应促进公司董事会对相关事项进行解释、说明，并在此基础上针对该审核意见涉及事项作出专项说明①。第三十七条规定，上市公司，特别是金融类上市公司监事会应对公司的风险管理和风险控制进行监督。监事会对公司风险管理、风险控制中发现的问题应及时提醒董事会和高级管理层关注。

（2）《深圳证券交易所上市公司规范运作指引》（2020 年修订）第 2. 5. 15 款规定：如会计师事务所对上市公司内部控制有效性出具非标准审计报告、保留结论或者否定结论的鉴证报告（如有），或者指出公司非财务报告内部控制存在重大缺陷

---

① 专项说明应至少包括以下内容：（1）异议事项的基本情况；（2）该事项对公司内部控制有效性的影响程度；（3）公司监事会对该事项的意见；（4）消除该事项及其影响的具体措施。

的，监事会应当针对所涉及事项作出专项说明。

（3）《深圳证券交易所创业板上市公司规范运作指引》（2020 年修订）第 2.5.16 款规定：如保荐机构、会计师事务所指出上市公司内部控制存在重大缺陷的，公司董事会、监事会应当针对所涉及事项作出专项说明，专项说明至少应当包括所涉及事项的基本情况，董事会、监事会对该事项的意见，以及消除该事项及其影响的具体措施。

（4）中国证监会《公开发行证券的公司信息披露编报规则第 21 号——年度内部控制评价报告的一般规定》（证监会公告〔2014〕第 1 号）第十一条规定：年度内部控制评价报告重要声明应当说明董事会、监事会及董事、监事、高级管理人员对内部控制及年度内部控制评价报告的相关责任，以及内部控制的目标和固有的局限性。

【案例】江苏××公司监事会关于公司年报问询函相关事项的核查意见

根据深圳证券交易所发布的《上市公司内部控制指引》的有关规定和要求，公司监事会对公司 2017 年年报问询函相关事项发表意见如下：

根据会计师出具的《内部控制鉴证报告》，2017 年 8 月 31 日徐州××公司偿还转入并于 9 月 20 日转出的资金 7 500 万元并未在你公司会计账簿中记录。请自查并说明公司未记录该笔资金进出事项的原因，同时结合上述事项说明相关内控制度能否有效确保公司财务独立性，请独立董事、监事会发表明确意见。

2017 年 8 月 31 日徐州××公司偿还转入并于 9 月 20 日转出的资金 7 500 万元，该账户系公司在广州新开立账户，由于与银行联系沟通不畅，同时负责办理此事的相关工作人员缺乏应有的财务知识，开户后资金进出账户都未将相关凭证及时交回财务部门，造成公司财务人员没有在相应的会计账簿中记录。

综上所述，公司内控制度没有完全得到有效执行，存在一定的缺陷，公司财务管理具有独立性，但财务人员业务水平欠缺，导致出现了严重的错误，相关经办人由于业务知识不够，错误地认为公司账户银行余额一借一贷相等，无须记账。因此，作为公司监事会，我们将积极督促公司加强财务人员业务培训，提升业务能力，严格内控管理，确保财务管理的独立性、专业性。

江苏××股份有限公司监事签字：

二〇一八年五月十四日

（四）关联交易与信息披露

2017 年 4 月，成都一位上市公司监事会主席说，该上市公司有一个该披露未披露事项被追责，打了董秘的板子，她作为监事会主席也受了牵连，觉得很委屈，问我信息披露不到位，监事会有责任吗？我说，你不委屈。监事会具有对公司信息披露的监管义务。相关制度依据包括且不限于：

（1）《上市公司信息披露管理办法》（2021 年第 182 号令）第三十一条规定：上市公司董事、监事、高级管理人员应当勤勉尽责，关注信息披露文件的编制情况，保证定期报告、临时报告在规定期限内披露。第三十二条规定：上市公司应当制定定期报告的编制、审议、披露程序。经理、财务负责人、董事会秘书等高级管理人员应当及时编制定期报告草案，提请董事会审议；董事会秘书负责送达董事审阅；董事长负责召集和主持董事会会议审议定期报告；监事会负责审核董事会编制的定期报告；董事会秘书负责组织定期报告的披露工作。第三十六条规定：监事应当对公司董事、高级管理人员履行信息披露职责的行为进行监督；关注公司信息披露情况，发现信息披露存在违法违规问题的，应当进行调查并提出处理建议。

（2）上海证券交易所《上市公司关联交易实施指引》（上证公字〔2011〕5 号）第二十八条规定：上市公司监事会应当对关联交易的审议、表决、披露、履行等情况进行监督并在年度报告中发表意见。

（3）中国上市公司协会《上市公司监事会工作指引》（2015 年 12 月发布）第四十条规定：监事应对公司的招股说明书及上市公告书签署书面确认意见，保证所披露的信息真实、准确、完整。第四十一条规定：监事应关注信息披露文件的编制情况，监督定期报告、临时报告在规定期限内及时、公平披露，配合上市公司及其他信息披露义务人履行信息披露义务。第四十二条规定：监事会负责信息披露事务管理制度的监督。应对信息披露事务管理制度的实施情况进行定期或不定期检查，对发现的重大缺陷及时督促公司董事会进行改正，并根据需要要求董事会对制度予以修订。第四十三条规定：监事应关注信息披露情况，对公司董事、高级管理人员履行信息披露职责的行为进行监督，发现信息披露违法违规问题的，应进行调查并提出处理建议。

（4）深圳证券交易所《上市公司规范运作指引》（2020 年修订）第 5.5.2 条规定：公司独立董事和监事会负责信息披露事务管理制度执行情况的监督，对公司信息披露事务管理制度的实施情况进行定期检查，发现重大缺陷应当及时提出处理建议并督促公司董事会进行改正，公司董事会不予改正的，应当立即向本所报告。独立董事、监事会应当在独立董事年度述职报告、监事会年度报告中披露对公司信息披露事务管理制度的检查情况。

值得一提的是，交易所对于董事会公告标准和监事会公告标准不一样。董事会审议的事项在符合条件的情况下可以不公告，而监事会是不管审议什么内容都需要公告①。依据是，《深圳证券交易所股票上市规则》（2022 年修订）第 4. 2. 11 条规定：上市公司应当依据法律法规、本所有关规定和公司章程召集、召开董事会，并在会议结束后及时将董事会决议报送本所。董事会决议应当经与会董事签字确认。本所要求提供董事会会议记录的，公司应当按本所要求提供。公司董事会决议涉及须经股东大会审议的事项或者法律法规、本规则所述重大事项的，公司应当披露董事会决议和相关重大事项公告，本所另有规定的除外。第 4. 2. 14 条规定：上市公司应当依据法律法规、本所有关规定和公司章程召集、召开监事会，并在会议结束后及时将监事会决议报送本所。监事会决议应当经与会监事签字确认。本所要求提供监事会会议记录的，公司应当按本所要求提供。公司依据本所有关规定披露监事会决议的，监事会决议公告应当包括会议通知发出的时间和方式、会议召开的时间、地点和方式、委托他人出席和缺席的监事情况、每项议案的表决结果以及有关监事反对或者弃权的理由、审议事项的具体内容和会议形成的决议等。

【案例】信息披露违规，凸显内控缺陷②

2013 年 1 月 4 日，SST 华塑接到四川证监局的行政监管措施决定书，揭开了公司隐藏多年的诸多问题。SST 华塑 1 月 5 日公告了决定书中指出的问题，暴露出公司在内部控制、公司治理、信息披露等方面存在重大缺陷，其中最值得注意的一个问题就是公司低价转让子公司股权且未公告。SST 华塑以 620 万元的低价转让子公司鲁宏精饰股权（账面价值高达 1 500 万元），却未对这笔交易进行披露。除此之外，SST 华塑多次未将须经董事会或股东大会审议的事项提交审议，也没有履行披露义务。

根据《深圳证券交易所创业板股票上市规则》（2009 年，该规则已于 2020 年修订废止，本案例发生在 2013 年，彼时还适用这个规定）第 9. 2 条规定，上市公司发生的交易成交金额达到上市公司最近一期经审计净资产的 10% 以上，且绝对金额超过 1 000 万元应及时披露。SST 华塑的行为，已经严重违反了证监会及其深交所的相关规定。

对于信息披露，证监会出具了一系列的文件，各上市公司也制定了较为完善的信息披露制度，制度从形式上看是完善的，但是许多上市公司还是会有意或者无意的漏掉一些披露，信息披露方面的问题已经成了我国上市公司最常发

① 金祥慧. 如果只有一项议案，董监事会公告的区别［EB/OL］.（2017 - 09 - 01）［2022 - 06 - 12］. https：//mp. weixin. qq. com/s/xZi3xHIHM7Hazri_ - nHXkg.

② SST 华塑：关于收到四川证监局行政监管措施决定书的公告［EB/OL］.（2013 - 01 - 05）［2022 - 06 - 12］. https：//stock. jrj. com. cn/share，disc，2013 - 01 - 05，000509，000000000000061pyo. shtml.

生的问题，被投资者所诟病，严重损害投资者的利益。我国上市公司信息披露存在的问题有：信息披露质量不高且带有普遍性，年报走形式，信息披露不真实、不充分、不及时、不连续、随意或者不规范。

这些问题的产生，归结起来有两方面原因，一是公司治理结构失衡滋生了不良的内部环境；二是巨大的潜在利益和低廉的违法成本诱发上市公司铤而走险。如何解决信息披露的问题，我们认为，一方面须规范公司的内部治理结构，优化内部环境，加强内部监督。另一方面须从法规层面，进一步完善相关披露制度，加强监管制度执行，提高注册会计师的作用，严惩违规者。

IPO 新股发行体制改革的六条思路之一就是进一步提高信息披露水平，逐步淡化对盈利能力判断，将审核重点转移到信息披露质量、风险提示的充分性上来。可见日后会以信息披露作为上市公司监管核心，对信息进行真实、全面、及时的披露是资本市场的要求，也是上市公司可持续健康发展的要素之一。上市公司如在信息披露方面存在违法违规等问题，将面临严厉的谴责和惩罚。公司必须对信息披露真实性、充分性、及时性引起重视，建立健全的内部控制制度。

（五）募集资金使用

《上市公司监管指引第 2 号——上市公司募集资金管理和使用的监管要求》《上海证券交易所上市公司募集资金管理办法》（上证公字〔2013〕13 号）等一系列文件①，对上市公司募集资金管理中监事会监管义务进行了详细规定。主要包括以下五项。

1. 对闲置募集资金进行现金管理，或暂时补充流动资金发表意见

《上市公司监管指引第 2 号——上市公司募集资金管理和使用的监管要求》（证监会公告〔2012〕44 号）第七条规定：使用闲置募集资金投资产品的，应当经上市公司董事会审议通过，独立董事、监事会、保荐机构发表明确同意意见。第八条规定：闲置募集资金暂时用于补充流动资金的，应当经上市公司董事会审议通过，独立董事、监事会、保荐机构发表明确同意意见并披露。

2. 对募集资产与自筹资金置换发表意见

《上市公司监管指引第 2 号——上市公司募集资金管理和使用的监管要求》（证

① 还包括《深圳证券交易所上市公司规范运作指引》《深圳证券交易所创业板上市公司规范运作指引》《上海证券交易所科创板上市公司自律监管规则适用指引第 1 号——规范运作》《上市公司信息披露监管问答（2019 年汇编版）》等。

监会公告〔2012〕44 号）第十条规定：“上市公司以自筹资金预先投入募集资金投资项目的，可以在募集资金到账后 6 个月内，以募集资金置换自筹资金。置换事项应当经董事会审议通过，会计师事务所出具鉴证报告，并由独立董事、监事会、保荐机构发表明确同意意见并披露。”

例如，北方国际监事会对使用募集资金置换预先投入自筹资金发表意见如下：“监事会认为，公司本次以募集资金置换预先投入募集资金投资项目的自筹资金，审议程序符合《上市公司监管指引第 2 号——上市公司募集资金管理和使用的监管要求》《深圳证券交易所主板上市公司规范运作指引》和公司《募集资金管理制度》的相关规定。本次置换不存在变相改变募集资金用途的情况，不影响募集资金投资项目的正常进行，且置换时间距募集资金到账时间未超过 6 个月，不存在损害公司和公司全体股东利益的情形，同意公司实施本次募集资金置换事项。监事：倪静 李柏森 罗乐。”

3. 募投项目完成节余募集资金的使用

《上海证券交易所上市公司募集资金管理办法》（2013 年修订）第十九条规定：单个募投项目完成后，上市公司将该项目节余募集资金（包括利息收入）用于其他募投项目的，应当经董事会审议通过，且经独立董事、保荐机构、监事会发表明确同意意见后方可使用。上市公司应在董事会会议后 2 个交易日内报告本所并公告。节余募集资金（包括利息收入）低于 100 万元或者低于该项目募集资金承诺投资额 5% 的，可以免于履行前款程序，其使用情况应在年度报告中披露。第二十条规定：募投项目全部完成后，节余募集资金（包括利息收入）在募集资金净额 10% 以上的，上市公司应当经董事会和股东大会审议通过，且经独立董事、保荐机构、监事会发表明确同意意见后方可使用节余募集资金。上市公司应在董事会会议后 2 个交易日内报告本所并公告。节余募集资金（包括利息收入）低于募集资金净额 10% 的，应当经董事会审议通过，且独立董事、保荐机构、监事会发表明确同意意见后方可使用。

4. 对募集资金用途变更发表意见

《上海证券交易所上市公司募集资金管理办法》（2013 年修订）第二十一条规定：上市公司募投项目发生变更的，必须经董事会、股东大会审议通过，且经独立董事、保荐机构、监事会发表明确同意意见后方可变更。

5. 审议募集资金专项报告

《上海证券交易所上市公司募集资金管理办法》（2013 年修订）第二十七条规定：《募集资金专项报告》应经董事会和监事会审议通过，并应当在提交董事会审议后 2 个交易日内报告本所并公告。

（六）股权激励及员工持股[①]

1. 对激励计划草案发表意见

《上市公司股权激励管理办法》（证监会令第148号）（2018年修订）第三十五条规定，监事会应当就股权激励计划草案是否有利于上市公司的持续发展，是否存在明显损害上市公司及全体股东利益的情形发表意见。第五十四条规定：上市公司应当在董事会审议通过股权激励计划草案后，及时公告董事会决议、股权激励计划草案、独立董事意见及监事会意见。

《上海证券交易所上市公司员工持股计划信息披露工作指引》（上证发〔2014〕58号）、《上海证券交易所科创板上市公司自律监管规则适用指引第1号——规范运作》（上证发〔2020〕67号）、《深圳证券交易所上市公司信息披露指引第4号——员工持股计划》（深证上〔2019〕699号）均规定，上市公司独立董事和监事会应当分别就员工持股计划是否有利于上市公司的持续发展，是否损害上市公司及全体股东利益，公司是否以摊派、强行分配等方式强制员工参加本公司持股计划发表意见。上市公司未按照既定安排实施员工持股计划的，应当及时披露具体原因以及独立董事和监事会的明确意见。

2. 对股权激励名单发表意见

《上市公司股权激励管理办法》（证监会令第148号）（2018年修订）第三十七条规定：监事会应当对股权激励名单进行审核，充分听取公示意见。上市公司应当在股东大会审议股权激励计划前5日，披露监事会对激励名单审核及公示情况的说明。

同时，《深圳证券交易所上市公司业务办理指南第9号——股权激励》《创业板上市公司业务办理指南第5号——股权激励》也规定，上市公司应当在股东大会召开前3至5日披露监事会对激励名单的审核意见及对公示情况的说明。存在异议情形的，监事会应当督促公司董事会就异议意见涉及的对象是否能够作为激励对象作出解释说明，并与监事会意见同时披露，监事会、律师事务所应分别对董事会解释说明的合理性、合规性进行核查并发表意见。

3. 对股权激励方案变更发表意见

《上市公司股权激励管理办法》（证监会令第148号）（2018年修订）第五十五条规定：股东大会审议股权激励计划前，上市公司拟对股权激励方案进行变更的，变更议案经董事会审议通过后，上市公司应当及时披露董事会决议公告，同时披露

① 邹翠蓉．上市公司监事会意见合集（2021版）[EB/OL]．（2021-10-08）[2022-6-12]．https://mp.weixin.qq.com/s/c7qbxEVkBl0T8hY87W_Ekw.

变更原因、变更内容及独立董事、监事会、律师事务所意见。

4. 对限制性股票解除限售条件是否满足发表意见

《深圳证券交易所上市公司业务办理指南第 9 号——股权激励》《创业板上市公司业务办理指南第 5 号——股权激励》规定，拟注销限制性股票，监事会就是否符合注销条件发表意见；监事会对拟注销股份的数量及涉及激励对象名单出具核实意见。

5. 对股权激励对象获授权益和行使权益条件是否满足发表意见

《上市公司股权激励管理办法》（证监会令第 148 号）（2018 年修订）第四十六条规定：上市公司在向激励对象授出权益前，董事会应当就股权激励计划设定的激励对象获授权益的条件是否成就进行审议，独立董事及监事会应当同时发表明确意见。律师事务所应当对激励对象获授权益的条件是否成就出具法律意见。上市公司向激励对象授出权益与股权激励计划的安排存在差异时，独立董事、监事会（当激励对象发生变化时）、律师事务所、独立财务顾问（如有）应当同时发表明确意见。第四十七条规定：激励对象在行使权益前，董事会应当就股权激励计划设定的激励对象行使权益的条件是否成就进行审议，独立董事及监事会应当同时发表明确意见。律师事务所应当对激励对象行使权益的条件是否成就出具法律意见。

《深圳证券交易所上市公司业务办理指南第 9 号——股权激励》《创业板上市公司业务办理指南第 5 号——股权激励》《科创板上市公司信息披露业务指南第 4 号——股权激励信息披露》规定，［深交所］当股份解除限售的条件成就后，监事会对解限条件是否成就发表核实意见；当股票期权行权条件成就后，监事会对股票期权行权条件是否成就发表核实意见。［创业板］上市公司授予第二类限制性股票的，股票归属条件成就后，监事会应对激励对象归属条件是否成就发表明确意见。［科创板］上市公司董事会应当在第一类限制性股票解除限售、第二类限制性股票归属、股票期权行权前，就股权激励计划设定的激励对象解除限售、归属、行权的条件是否成就进行审议，独立董事及监事会应当同时发表明确意见。

【案例】深圳高速公路股份有限公司监事会对股权激励的意见

深圳高速公路股份有限公司（以下简称“公司”）监事会依据《中华人民共和国公司法》《中华人民共和国证券法》《上市公司股权激励管理办法》《国有控股上市公司（境内）实施股权激励试行办法》《股权激励有关事项备忘录 1－3 号》等相关法律、法规及规范性文件以及公司章程的规定，对《深圳高速公路股份有限公司限制性股票激励计划（草案）》（以下简称“激励计划”）中的激励对象名单进行严格核查，核查意见如下。

1. 激励对象名单与激励计划所确定的激励对象范围相符。

2. 激励对象的基本情况属实，不存在虚假、故意隐瞒或引起重大误解之处。

3. 激励对象均在公司或公司下属控股及全资公司任职，已与公司或公司下属控股及全资公司签署劳动合同，并为对公司经营业绩和未来发展有影响的高级管理人员、中层管理人员及核心管理、技术骨干。

4. 列入激励对象名单中的人员满足以下条件：

(1) 符合《中华人民共和国公司法》及其他相关法律、法规和规范性文件及公司章程规定的任职资格；

(2) 激励对象不存在最近3年内被证券交易所公开谴责或宣布为不适当人选；

(3) 不存在最近3年内因重大违法违规行为被中国证监会予以行政处罚的情形；

(4) 不存在《中华人民共和国公司法》规定的不得担任公司董事、高级管理人员的情形；

(5) 公司持股5%以上的主要股东及实际控制人没有作为激励对象；

(6) 激励对象未参与两个或两个以上上市公司股权激励计划；

(7) 符合《上市公司股权激励管理办法（试行）》《国有控股上市公司（境内）实施股权激励试行办法》《股权激励有关事项备忘录1－3号》等规定的激励对象条件。

综上，监事会认为激励对象名单符合公司限制性股票激励计划规定的激励对象范围，激励对象作为公司限制性股票激励计划对象的主体资格合法、有效。

深圳高速公路股份有限公司监事会

2016年1月15日

（七）监事对独立董事、董事专门委员会及重大事项进行监督

不难发现，前述“（一）定期报告与财务报告”到“（六）股权激励及员工持股”需要监事会发布意见的事项，往往同时需要独立董事发布意见，似乎有些重复。

不同的是，上市公司监事会还应当监督董事会及其专门委员会是否按照有关法律法规和公司章程规范行使职权、议事规则是否健全，监督董事（包括独立董事）、高级管理人员是否忠诚履职和勤勉尽责，避免其执行职务行为违反公司章程、股东会决议、法律法规或者损害公司的利益。

关于董事履职情况的法律依据，例如，《上海证券交易所上市公司董事选任与行为指引》（上证公字〔2013〕21号）第三十一条规定：董事一年内亲自出席董事会会议次数少于当年董事会会议次数三分之二的，监事会应对其履职情况进行审议，就其是否勤勉尽责作出决议并公告。

又如，《深圳证券交易所上市公司规范运作指引》（2020年修订）（深证上〔2020〕125号）也有类似的规定：

（1）监事应当对独立董事履行职责的情况进行监督，充分关注独立董事是否持续具备应有的独立性，是否有足够的时间和精力有效履行职责，履行职责时是否受到上市公司主要股东、实际控制人或者非独立董事、监事、高级管理人员的不当影响等（第3.6.4款）。

（2）监事应当对董事会专门委员会的执行情况进行监督，检查董事会专门委员会成员是否按照董事会专门委员会议事规则履行职责（第3.6.5款）。

（3）监事审议上市公司重大事项，参照本章第三节董事对重大事项审议的相关规定执行（第3.6.6款）。

需要监事会监督的其他重大事项包括以下七项。

1. 审议并购重组、财务资助、对外担保、对外投资等重大事项

中国上市公司协会《上市公司监事会工作指引》（2015年12月发布）规定，监事会按照公司章程规定对公司重大交易事项、重大投资事项、对外担保事项、重大资产重组事项、重大融资、利润分配方案、委托理财事项、对外财务资助事项、出售或转让与上市公司核心竞争能力相关的资产、证券或风险投资事项，以及公司会计政策变更、会计估计变更、重大会计差错更正等事项进行监督。

《深圳证券交易所上市公司规范运作指引》（2020年修订）第3.6.6款规定：监事审议上市公司重大事项，参照本章第三节董事对重大事项审议的相关规定执行。

2. 监事要对承诺人的各项承诺行为发表意见

《上市公司监管指引第4号——上市公司及其相关控制方承诺》（中国证券监督管理委员会公告〔2022〕16号）规定，对于承诺人（上市公司及其实际控制人、股东、关联方、董事、监事、高级管理人员、收购人、资产交易对方、破产重整投资人等）在首次公开发行股票、再融资、并购重组、破产重整以及日常经营过程中作出解决同业竞争、资产注入、股权激励、解决产权瑕疵等各项承诺的行为，上市公司董事会应当积极督促承诺人遵守承诺。承诺人违反承诺的，上市公司董事、监事、高级管理人员应当勤勉尽责，主动、及时要求承诺人承担相应责任。除因相关法律法规、政策变化、自然灾害等自身无法控制的客观原因外，变更、豁免承诺的方案应提交股东大会审议，上市公司应向股东提供网络投票方式，承诺人及其关联

方应回避表决。独立董事、监事会应就承诺人提出的变更方案是否合法合规、是否有利于保护上市公司或其他投资者的利益发表意见。

3. 年度社会责任报告

上交所2008年发布的《关于加强上市公司社会责任承担工作暨发布〈上海证券交易所上市公司环境信息披露指引〉的通知》要求，公司申请披露年度社会责任报告的，监事会审核同意年度社会责任报告并形成决议。

4. 引入战略投资者

中国证监会《发行监管问答——关于上市公司非公开发行股票引入战略投资者有关事项的监管要求》（2020年3月）第二条指出：上市公司董事会应当将引入战略投资者的事项作为单独议案审议，并提交股东大会审议。独立董事、监事会应当对议案是否有利于保护上市公司和中小股东合法权益发表明确意见。

5. 证券发行文件审核

《中华人民共和国证券法》（2019年修订）第八十二条规定：发行人的董事、高级管理人员应当对证券发行文件和定期报告签署书面确认意见。发行人的监事会应当对董事会编制的证券发行文件和定期报告进行审核并提出书面审核意见。监事应当签署书面确认意见。发行人的董事、监事和高级管理人员应当保证发行人及时、公平地披露信息，所披露的信息真实、准确、完整。董事、监事和高级管理人员无法保证证券发行文件和定期报告内容的真实性、准确性、完整性或者有异议的，应当在书面确认意见中发表意见并陈述理由，发行人应当披露。发行人不予披露的，董事、监事和高级管理人员可以直接申请披露。

6. 向特定对象发行股票

《深圳证券交易所上市公司业务办理指南第4号——向特定对象发行股票》（深证上〔2020〕543号）第一条第（一）款规定：公司董事会对引入战略者进行决议的，应当就每名战略投资者单独表决，独立董事、监事会应当对议案是否有利于保护上市公司和中小股东合法权益发表明确意见。第一条第（四）款规定：监事会应当对董事会编制的（向特定对象发行股票的）证券发行文件进行审核并提出书面审核意见。公司董事、监事高级管理人员应当保证及时、公平地披露信息，所披露的信息真实、准确、完整。董事、监事和高级管理人员无法保证证券发行文件内容的真实性、准确性、完整性或者有异议的，应当在书面确认意见中发表意见并陈述理由，公司应当披露，公司不予披露的，董事、监事和高级管理人员可以直接申请披露。

7. 股东股份存在平仓风险或被强制过户风险

［深交所］控股股东或第一大股东及其一致行动人存在平仓风险或被强制过户风险时，监事会应当对是否可能导致上市公司实际控制权或第一大股东发生变更，

对上市公司生产经营、公司治理、业绩补偿义务履行等的影响进行核查并发表意见[①]；

［沪主板］控股股东存在股份被强制平仓或强制过户风险的，监事会应当对是否可能导致上市公司实际控制权或第一大股东发生变更，对上市公司生产经营、股权结构、公司治理、业绩补偿义务履行等的影响进行核查并发表意见[②]。

---

① 《上市公司信息披露公告格式第 36 号——上市公司股东股份质押》《创业板信息披露公告格式第 37 号——上市公司股东股份被质押（含冻结、拍卖或设定信托）的公告格式》。

② 《临时公告格式指引第 46 号——上市公司股份质押（冻结、解质、解冻）公告》。

第七章　监督检查的流程、方法与报告

第一节　现场检查与非现场检查制度

监事会的监督检查可以分为现场检查和非现场检查。现场检查是指监事会组织的实地检查或调研活动。非现场检查是指监事会通过对目标公司定期提供的各种财务报表、统计报表等有关资料依法进行全面的整理分析，以了解目标公司经营管理状况及其成果，及时发现可能存在的财务漏洞和重大经营风险。

他山之石，可以攻玉。《HXIA银行股份有限公司监事会监督检查工作办法》对现场和非现场检查做了详细的约定。

第一章　总则

第一条　依据《中华人民共和国公司法》《商业银行公司治理指引》《商业银行监事会工作指引》及本行章程赋予监事会的职责，为做好监事会监督检查工作，特制定本办法。

第二条　监事会监督检查活动的目的主要是：按照法律法规和本行章程关于监事会职责的规定，监督全行财务活动、内部控制、风险管理，监督董事会成员和高级管理人员的尽职履责行为等，以督促董事会和高级管理层依法合规经营，防范风险，保护本行、股东、职工、债权人和其他利益相关者的合法权益。

第三条　监事会监督检查采取现场检查和非现场检查两种形式，以监事会组织监事进行检查的形式为主。必要时，可以聘请会计师事务所协助检查，也可以要求本行有关部门协助检查。

第四条　监事会监督检查工作由监事会主席或其指定的监事牵头组织和领导。

第二章　监督检查的主要内容

第五条　监事会监督检查内容主要包括：

(1) 本行财务活动；

（2）总行及其分支机构遵守国家有关金融法律规章，依法合规经营情况；

（3）董事会确立稳健经营理念、价值准则和制定符合本行实际的发展战略的情况；

（4）定期对董事会制定的发展战略的科学性、合理性和有效性进行评估，形成评估报告；

（5）本行的经营决策、风险管理和内部控制；

（6）董事的选聘程序；

（7）董事、监事和高级管理人员履行职责情况；

（8）全行薪酬管理制度和政策及高级管理人员薪酬方案的科学性、合理性；

（9）本行经营管理过程的专项检查，如资产质量、利润的真实性、大额投资审批、呆坏账核销、重大案件、关联交易等；

（10）股东大会授权或董事会委托的专项调查或检查活动。

其中，监事会应当重点监督本行董事会和高级管理层及其成员的履职尽责情况、财务活动、内部控制、风险管理等。

第六条　监事会对董事会及其成员的履职监督重点包括：

（1）遵守法律、法规、规章以及其他规范性文件情况；

（2）遵循本行章程、股东大会议事规则、董事会议事规则，执行股东大会和监事会相关决议，在经营管理重大决策中依法行使职权和履行义务的情况；

（3）持续改善公司治理、发展战略、经营理念、资本管理、薪酬管理和信息披露及维护存款人和其他利益相关者利益等情况；

（4）董事会各专门委员会有效运作情况；董事参加会议、发表意见、提出建议情况；独立董事对重大关联交易、利润分配方案、可能损害存款人及中小股东权益或造成本行重大损失等有关事项发表独立意见的情况；

（5）其他需要监督的重要事项。

第七条　监事会对高级管理层及其成员的履职监督重点包括：

（1）遵守法律、法规、规章以及其他规范性文件情况；

（2）遵循本行章程和董事会授权，执行股东大会、董事会和监事会决议，在职权范围内履行经营管理职责的情况；

（3）持续改善经营管理、风险管理和内部控制的情况；

（4）其他需要监督的重要事项。

第八条　在财务监督方面，监事会重点监督董事会和高级管理层的重要财务决策和执行情况，包括：

（1）合并、分立、解散及变更公司形式等重大决策和执行情况；

（2）批准设立附属机构、收购兼并、对外投资、资产购置、资产处置、资产核销、对外担保和关联交易等重大事项；

（3）经营计划和投资方案、经济资本分配方案、年度财务预算方案及决算方案、利润分配方案及弥补亏损方案、增加或减少注册资本方案、发行公司债券或其他有价证券方案、回购股票方案等；

（4）其他监事会认为需要重点监督的事项。

第九条　在内部控制方面，监事会监督重点包括：

（1）内部控制环境；

（2）风险识别与评估；

（3）内部控制措施；

（4）信息交流与反馈；

（5）监督评价与纠正；

（6）其他监事会认为需要监督的事项。

第十条　在风险管理方面，监事会监督重点包括：

（1）董事会和高级管理层的风险管控机制；

（2）风险管理战略、风险偏好及其传导机制；

（3）风险管理政策和程序；

（4）风险识别、计量、监测和控制情况；

（5）经济资本分配机制；

（6）并表管理战略、制度、程序、定期审查和评价机制；

（7）其他监事会认为需要监督的事项。当本行风险监管指标未能达到监管要求，且董事会和高级管理层未能及时采取措施进行修正时，监事会应当及时进行风险提示并提出整改要求。

第三章　非现场检查

第十一条　非现场检查是指监事会通过对本行经营过程有关信息资料的分析，了解掌握本行经营管理状况及其成果，以便及时发现可能存在的财务漏洞和重大经营风险，督促并帮助改正。

第十二条　非现场检查的基础资料采集。总行计划对财务部、授信管理中心、审计部和其他有关部门，按照职责分工建立经常性的非现场检查报表资料向监事会报送制度。

（一）报表资料内容

1. 财务季报；

2. 信贷资产五级分类分析季报；

3. 审计工作情况季报；

4. 监事会认为需要提供的其他资料。

（二）报送时间和方式

报送时间为次季初15个工作日内。报送方式为：业务部门将填制好的报表或书面报告发送办公室，由办公室按时间要求汇总后提交监事会办公室。

第十三条　监事会办公室负责收集、保管第十二条所列资料，并按监事会主席要求将有关资料分送监事。监事对资料进行分析，如提出意见，由监事会办公室汇总并报监事会主席审定后反馈高级管理层研究落实。

第十四条　监事会主席代表监事会以适当形式向高级管理层反馈非现场检查结果，督促制定改进措施。必要时可向董事会通报。

第四章　现场检查

第十五条　现场检查是指监事会组织监事，对第五条所列内容进行的实地检查或调研活动。

第十六条　现场检查的主要方式：

（1）监事会对总行或分支机构进行巡视检查；

（2）被查单位根据监事会要求进行自查与监事会复查相结合；

（3）监事会组织有关人员进行的专项检查或调研；

（4）监事会聘请外部中介机构进行检查。

第十七条　现场检查的工作程序如下：

（1）依照监事会决议或监事会主席提议，将现场检查编入监事会年度工作计划，确定本年度现场检查的对象和内容。

（2）监事会办公室根据监事会年度工作计划编制现场检查的具体计划或方案，报监事会主席批准。

（3）以监事会名义向办公室发出检查通知，由办公室转发具体被检查单位（人）。通知中应包括检查内容、方式、日程和时间安排等。在需要抽调总行有关人员参加现场检查时，办公室应积极协调解决。

（4）办公室组织被检查单位（人）按照监事会通知做好相关准备工作，并准备必要的文字材料。

（5）检查工作结束后，参与检查人员应对检查结果进行分析总结，由办公室组织相关部门撰写检查报告。

（6）检查报告按程序提交监事会审议。属于调研类的，由监事会办公室转发参加调研的监事审阅，无意见后定稿。

（7）检查结果按程序向高级管理层反馈。遇有重大问题，除通报董事会外，依据本行章程规定，监事会可提议召开临时股东大会，向股东大会报告。

（8）对监事会现场检查中提出的整改要求，有关单位（人）应在收到监事会检查报告后一个月之内，以书面形式将整改措施向监事会报告。

第十八条　现场检查工作纪律：

（1）监事应亲自参与现场检查活动；

（2）参与检查人员应严格执行总行有关工作纪律并遵守本行保密规定；

（3）高级管理层应根据监事会要求积极配合工作；

（4）被检查单位（人）须如实向检查组反映情况，客观介绍本单位经营管理状况及存在问题。

第十九条　检查报告及监事会相关决议由监事会办公室建档保存。

第二十条　监事会依照职责开展检查活动所发生的费用，由本行负责承担。

第五章　附则

第二十一条　本办法由监事会制定、修改并负责解释。

第二十二条　本办法自监事会审议通过之日起实施。原《HXIA 银行监事会监督检查工作规定》同日废止。

第二节　现场检查的“计、案、函、查、报、督”六步流程

监事如何进行现场监督检查，真正发现问题所在？

外派监事会制度下的《国有企业监事会暂行条例》（国务院令第 283 号）提出监事会开展监督检查的四种方式：（1）听取企业负责人有关财务、资产状况和经营管理情况的汇报，在企业召开与监督检查事项有关的会议；（2）查阅企业的财务会计报告、会计凭证、会计账簿等财务会计资料以及与经营管理活动有关的其他资料；（3）核查企业的财务、资产状况，向职工了解情况、听取意见，必要时要求企业负责人作出说明；（4）向财政、工商、税务、审计、海关等有关部门和银行调查了解企业的财务状况和经营管理情况。监事会主席根据监督检查的需要，可以列席或者委派监事会其他成员列席企业有关会议。

国资委监事会第 20 办事处在充分征求意见的基础上，编制了《监督检查工作手册》（2013 年版），包括监督检查工作制度和工作模板。经监事会主席批准，自

2013 年 7 月 1 日起印发办事处全体同志①。在这个监督检查工作手册的基础上，本书认为现场检查包括以下六个步骤（见图 7－1）。

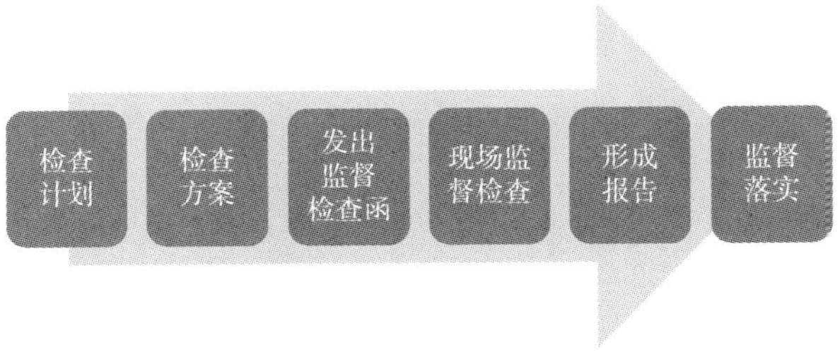

图 7－1 现场检查的六个步骤

现场检查“计、案、函、现、报、督”这六步体现了六有原则：事先有计划、事前有方案、事中有重点、人员有分工、检查有方法、事后有成果。

一、检查计划

干活不由东，累死也无功。监事会的检查，不是为检查而检查，一般是有特殊使命的，可能是国资委或控股股东的要求，可能是审计中发现了问题端倪，可能是公司近期的管理难点重点，也可能是监事会自身工作任务安排。

在了解公司章程、监事会责任、公司股东期望、国资监管部门要求的基础上，监事会制订监事会年度工作计划。年度工作计划内容包括：编制依据、工作目标、具体内容、措施手段、责任部门和责任人、工作步骤和完成时间等。监事会年度计划中应该包括检查计划。年度工作计划可在实施过程中作出调整，经监事会主席签署后执行。监事会应将编制的年度工作计划进行归档管理。

二、制订监督检查方案

监督检查方案应该明确检查的目标、范围、内容、方式、时间、参与人员等，尤其应该注意以下三点。

（一）做好方案制订前的资料搜集工作，做到心中有数

汝果欲学诗，功夫在诗外。一个好的监督检查，需要在监督检查方案准备阶段做足功课。监督检查的研究工作做得好，方案有的放矢，才能大大提供工作效率。

做好检查前摸底调查，搜集分析研究检查对象的基本情况，包括且不限于：该单位的年度工作报告、财务报表或审计报告，董事会、总经理办公会文件，重大投资

① 李玉萍．监事会主要工作流程［EB/OL］．（2014－10－16）［2022－06－14］．http：//www.doczj.com/doc/7d3084b3ee06eff9aff8077f.html.

项目及执行情况，重大合同、互联网及其他媒体资料等。同时，了解相关的宏观形势、政策走向、法律法规及其他相关文件资料。在日常监督中注意积累一些与监管企业相关的行业资料、对标资料、企业历史资料、媒体对企业的评价以及各类动态信息。

（二）围绕检查重点，列出所需资料清单和汇报提纲

借鉴会计师事务所的审计报告、审计署的审计结果、财税部门的检查结论、巡视工作发现的问题、群众来信来访的问题，运用职业判断，从相关资料中获得线索，确定重点关注的事项及具体时间安排，拟定检查方案初稿。

根据确定的检查重点，列出所需资料的清单。如需向被检查单位汇报的，同时列出所需汇报的提纲。资料清单与汇报提纲均应围绕检查重点确定。

（三）监督检查方案要有个性化，要由浅入深

最终检查方案，应包括确定检查的目的、路径（范围、内容和重点）、方法、过程（人员分工、时间安排）、工作要求等五个方面，尽可能编制比较细致的方案、汇报提纲和资料清单。

监督检查方案应具备针对性和个性化。即使在一个企业集团内，也可能存在不同的经营思路和经营风险，同一个子公司去年、今年、明年检查，也会有不同变化。监督检查方案须注意由浅入深、由简入繁。从关注企业多发、易发的问题和行业多发问题入手，有可能发现一些比较重要的问题，再综合分析揭示影响企业发展的深层次问题。

【案例】关于对××公司实施专项监督检查的工作方案①

根据市国资委的工作要求和监事会20××年工作计划，监事会拟对××公司（以下简称“公司”）开展专项监督检查工作。专项监督检查的工作方案如下所述。

一、监督检查的目的

拟通过对公司实施专项监督检查，使监事会进一步了解相关企业的资产质量、盈利能力、偿债风险和经济增长等发展情况和经营管理状况，重点了解公司近两年来的经营状况，特别是在资产管理和资产利用方面的情况，对可能存在的风险和问题及时向企业反馈和提示，促进企业进一步加强经营管理，加强内部控制，完善风险防范，提高资产管理效率，充分发挥好调整平台的作用。

---

① 中国董事监事培训网．监事会专项监督检查方案模板［EB/OL］．（2021－10－19）［2022－06－14］．https：//mp. weixin. qq. com/s/McwUUDzpjboLIGp1v5OUlQ.

同时了解近两年企业对历史遗留问题处理情况，以及一些好的做法。

二、监督检查的范围

一是资产范围，包括：公司母公司及下属××户子公司。

二是时间范围：20××年——20××年，如遇有需要追溯情况，可向前追溯，追溯时间不受限制，直至问题查清楚。

三、监督检查的内容

监事会对资产公司的专项监督检查以财务监督为核心，主要检查企业经营管理的合法性、决策的合规性、财务的真实性、资产的安全性。

监督检查的具体内容如下：

(1) 企业领导班子建设情况，职工队伍情况。

(2) 企业资产情况。包括年总资产构成、总负债构成及所有者权益情况。

(3) 企业经营管理情况。包括经营业务数量、经营收入、实现利润、上缴税金等情况。

(4) 企业历史遗留问题处理情况。

(5) 企业往来款项、库存以及不良资产情况。

(6) 企业对外借款、担保、资产抵押、投资股票、基金情况、投资银行理财产品情况、未决诉讼及或有损失风险等情况。

(7) 参股企业经营状况及分红情况。

(8) 企业经营决策和经营管理内控制度的设立及执行情况。

(9) 企业20××年主要经营指标和经营管理措施。

(10) 企业目前经营管理中存在的困难和主要问题。

四、监督检查的主要步骤、方法和时间安排

本次专项监督检查时间为20××年8月上旬至10月上旬，具体安排如下：

第一步：启动阶段（8月上旬）

制订监督检查工作方案，与集团主要领导就专项监督检查的有关事项进行情况沟通，动员布置监督检查工作。

第二步：实地监督检查阶段（8月上旬）

一是从8月上旬至9月底，聘请北京××会计师事务所实施财务审计、实物资产盘点、调查函证等，审计工作计划9月底完成。

二是从8月中旬开始，监事会听取相关企业主要领导介绍企业情况。

三是9月下旬，监事会、××会计师事务所对企业的审计工作进行汇报。

第三步：总结阶段（10月上旬）

监事会内部组织研究总结专项监督检查情况，并据此撰写监督报告，报给出资人同时向企业负责人反馈意见。

五、监督检查工作对企业的要求

1. 企业领导要重视监督检查工作，在不影响企业正常生产经营的前提下安排好监督检查工作，包括企业负责人的企业情况汇报，安排实地查看企业生产经营情况等。

2. 监事会实地听取企业负责人汇报企业情况时，企业要将汇报材料的文字稿和电子稿提交监事会。

3. 企业要积极配合监事会委派中介机构的财务审计工作，要安排企业财务、审计等相关部门向审计人员介绍企业有关情况，按要求提供有关资料，确保财务数据的真实性，并为审计人员提供必要的办公条件。

×××监事会

二〇××年×月××日

三、向被检查单位发出监督检查的函

该函的内容包括监督检查的目的、时间安排、检查内容、人员、工作要求，尤其是需要被检查单位提前配合的事项。

四、开展现场检查

根据监督检查工作联系的函，监事应深入企业生产经营第一线，结合被检查单位业务特点，采用谈话、抽查账簿记录、询问有关人员、审阅、分析性复核、实质性测试等方法，考察现场、看材料、下工地、查看生产经营现场、找基层企业领导和员工谈话，亲自掌握第一手信息，了解主要产品、工艺流程、内部控制、财务资料。

监事开展现场检查工作重点如图7－2所示，应注意以下七点。

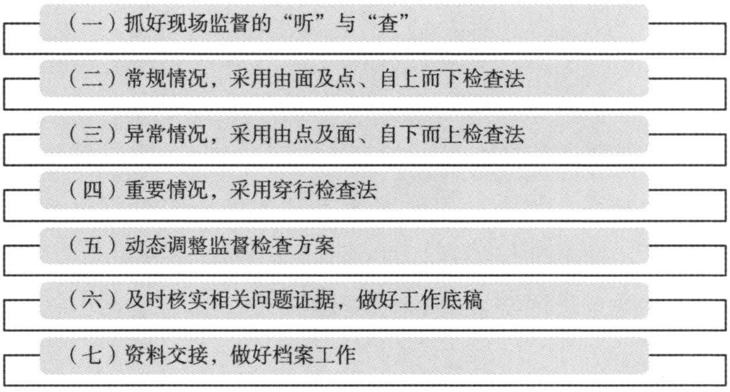

图7－2　开展现场检查工作的重点

（一）抓好现场监督检查的“听”与“查”

现场监督检查中，要注意与相关人员的沟通交流，不能只看不问。多听企业同志的声音，既要有针对性地询问，也要关注企业人员在不经意的谈话中暴露出来的问题线索。此外，要认真查阅会议记录和纪要，特别是记录中会隐藏一些问题线索。总之，现场监督检查中，要重点做好“听”与“查”两个角度。如图 7－3 所示。

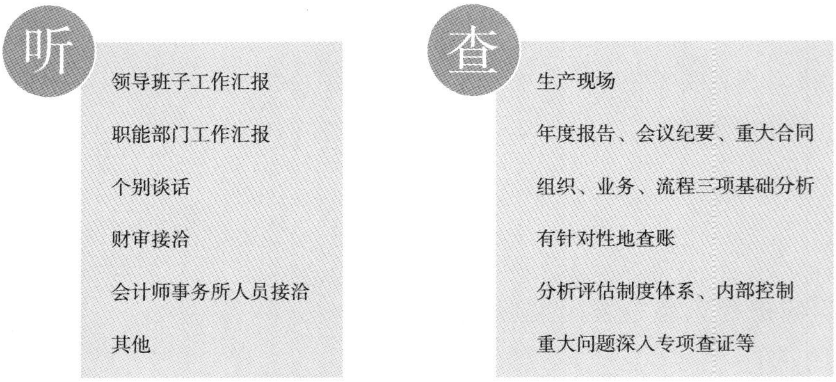

图 7－3　抓好现场检查的“听”与“查”

更细致的讨论，见本章第三节“看、谈、抓、借”。

（二）常规情况，采用由面及点、自上而下检查法[①]

对常规情况或一般问题，可以采取由面及点、自上而下检查法。常规情况主要包括落实上级制度文件、开展日常学习教育活动、整改存在问题、完成日常规定动作等；一般问题主要包括线索反映内容空泛、反映某项规定不合法不合理、反映某单位存在违规运作等较为笼统的问题。对此类情况及问题应从制度文件着手，了解单位管理的整体风险点，将关注重点放在党建或内部管理上，循着工作流程将监督检查逐步下移至问题风险点。

以反映某单位存在人事腐败，单位有领导借为他人安排工作之机谋取不当利益的问题为例。该线索反映问题指向模糊，并未具体说明哪位领导，若直接函询单位负责人，可能损害干部的工作积极性，也不利于靶向发挥警示作月。此时可以先从单位选人用人的规定入手，调取近几年招录人员名单，比对招录人员是否符合相关程序和资格规定，以筛选出疑似问题人员，为下一步作出处置意见提供依据。可见，由面及点、自上而下检查法围绕监督目标步步深入、层层聚焦，将一般的问题具体

① 徐志．派驻监督检查工作方法探析［EB/OL］．（2020－11－04）［2022－06－14］．https：//mp. weixin. qq. com/s/0YoCreeARs7C－j5lkfKycQ. 原载于中国纪检监察报。

化，在关注监督重点的同时又不遗漏监督的盲点，有利于切实保障监督全覆盖。

（三）异常情况，采用由点及面、自下而上检查法

关注财务资料。坚持对重要财务数据和指标的分析，从中发现不合理、异常的现象，向下延伸到原始凭证及合同、文件等，往往可能发现重大问题。

对异常情况或重点问题可以采取由点及面、自下而上检查法。异常情况是指在实地调研、座谈访谈、参加会议等日常监督工作中发现明显问题，或收到举报线索反映内容较为具体，且重要程度较高的问题。对于此类情况和问题，因指向明确，应以具体的情况和问题为切入口，在查明该情况问题真实性的基础上，向上溯及查清权力运行的全部环节，包括制度文件的制定过程、问题产生的过程和原因等。

以反映某协会领导甲利用给他人提供入会资格的职务便利收受好处的问题为例。该问题明确指向领导甲，对谋利事项也描述清晰，遇到此类情形应避免陷入就问题论问题的误区，而要既见“树木”又见“森林”。可以先从疑似不符合入会条件的会员入手，查找其入会材料，了解入会的审批流程，追查当期的政策依据和资格条件以及是否存在其他类似入会情况。同时回溯权力运行过程，查找是否存在制度问题，在通盘考虑后提出下一步处置意见。可见，对于反映具体的重点问题，可从人或事的原点出发，上溯至驻在单位的顶层制度设计，由一人问题入手很可能发现多人问题乃至存在的制度漏洞，有助于监督工作的全面展开。

（四）重要情况，采用穿行检查法

对重要情况或集合问题可以采取穿行检查法。重要情况主要包括落实重大制度文件、开展重要学习教育活动、整改巡视巡察问题等，属于必查事项。集合问题是指，信访举报中某项反映表述为多个问题，或者多项反映表述多个问题，但可关联为同一类别的问题。运用穿行检查法可以通过选取某几个有代表性的重要情况或典型问题进行监督检查，以判断是否存在此类问题情况。

以反映某单位领导干部借在各地参加公务活动之机，违规收取活动承办方提供的名贵特产和礼品礼金问题为例。对这种有指向但又不具体的违反中央八项规定精神的典型问题，因公务活动众多，实际上不可能对全部公务活动进行逐一监督检查，可从某项公务活动的邀请函出发，在印证该项公务活动真实性的基础上，了解参加该项活动的请示报批报备情况以及出差行程安排、有关财务费用报销的内容。同时，从承办方获得活动邀请名册以及日程、住宿交通、费用补贴等安排情况。在实践中，除了可能发现被反映人收取名贵特产和礼品礼金的问题，还可能暴露出其未实际承担出差费用却在本单位报销，收取承办方支付的评审费、劳务费等报酬，以及公款吃喝、违规超标准乘坐交通工具等问题。

（五）动态调整监督检查方案

根据现场情况变化及时对检查重点进行调整，不要机械地执行监督检查方案，在关键时刻能够把握好检查方向。如果被检查单位生产、经营发生重大变化，须调整检查方案，重新确定检查重点和资料清单，必要时补充听取专项汇报。

（六）及时核实相关问题证据，做好工作底稿

及时核实问题，落实发现问题的相关证据资料，以及法律法规、行业政策的具体规定，避免出现颠覆性的后果。对于涉及面比较广、相互关联度较强的问题，应及时研究讨论，使判断更准确、结论更经得起推敲。

每个结论都必须有数据及证据资料支撑，对检查发现的问题进行讨论，对于结论基本可以确认但依据不充分的问题，须进一步收集资料。对重要事项重点检查，必要时可以延伸到以前年度或被检查单位的分、子公司。

借鉴审计工作底稿①、律师工作底稿②的相关经验，监事会成员必须对工作底稿负责，要努力提高工作底稿的编制水平和质量。

已完成的检查工作底稿不得被擅自删减或修改，如确需修改的，必须经监事会主席批准、签字，必要时应附加说明。编制的检查工作底稿归入检查档案。检查工作底稿是监事会成员及工作人员在检查过程中形成的工作记录，应当由实施检查的监事会成员或工作人员在每一事项检查完结时，按一事一稿的原则，编制检查工作底稿。监督检查工作底稿是监事会评价企业的依据和支撑，是往后监事会工作传承的载体，是考核评价监事会工作的重要依据，还是体现监事会履职情况、规避“监督失察风险”的一种方式。

监事会在收集证据和整理工作底稿相关工作中，应注意以下事项：

（1）检查人员可通过检查、监督盘点、观察、调查询问、函证以及录音、录像、拍照、复印和分析性复核等方法收集检查证据。

---

① 审计工作底稿是指审计人员在审计工作过程中形成的全部审计工作记录和获取的资料。（1）备查类工作底稿主要包括：被审计单位的设立批准证书、营业执照、合营合同、协议、章程、组织机构及管理人员结构图、董事会会议纪要、重要经济合同、相关内部控制制度、验资报告的复印件或摘录。（2）业务类工作底稿包括：符合性测试中形成的内部控制问题调查表和流程图、实质性测试中形成的项目明细表、资产盘点表或调节表、询证函、分析性测试表、计价测试记录、截止测试记录等。（3）综合类工作底稿包括：审计业务约定书、审计计划、审计总结、未审会计报表、试算平衡表、审计差异调整汇总表、审计报告、管理建议书、被审计单位管理当局声明书以及注册会计师对整个审计工作进行组织管理的所有记录和资料。

② 律师工作底稿是法律意见书和律师工作报告的基础，由律师在工作期间积累的书面文件编制而成，是律师勤勉工作、尽职尽责的重要依据。中国证监会及其派出机构可根据工作需要调阅、检查工作底稿。律师应当及时记录与管理层、治理层和其他人员对重大事项的讨论，包括讨论的内容、时间、地点和参加人员。律师工作底稿应当至少保存十年。

（2）监事会对现金、有价证券的盘点监督，对检查对象隐瞒、截留、挪用应上缴的财政性收入、偷漏税款等违反国家规定的财政收支、财务收支行为的取证，应当指派两名以上的专门人员办理。

（3）检查现场收集的证据，专门人员应当注明来源，重要证据应由检查对象确认并签名或盖章。如有特殊情况无法确认签章的，应当由监事会作出说明。

（4）检查人员应当对收集的检查证据进行整理、归类、分析和评价，以便形成相应的检查结论。监事会检查结束后，对检查证据应按检查事项分类编制检查取证材料清单，并由编制人员签名，编入检查工作底稿，归入检查档案。

（七）资料交接，做好档案工作

到公司监督检查，收到资料时须办理交接，并与被检查单位确认是否需要归还。涉密资料应注意妥善保管。结束现场工作前，应清点归还自被检查单位借阅的资料，并请企业相关人员签字确认。作为底稿依据的资料归还前应复印。被检查单位提供资料应加盖公章。

所有监督检查事项有关决议和监事履行职责所获得的资料，以及股东会批示、批件，都应依法按照规定及时立卷和归档。特别要注意保密纪律。监事会换届时，所有人员须将从监事会工作中获得的证明材料和企业文件资料编号归档移交，不得留存。

监事工作底稿及资料应及时整理归档装订成册。归档过程中可以再次进行抽查复核。同时，按规定顺序装订，不得随意调整。此外，按规定移交档案管理部门，个人不得留存。

值得一提的是，当监事会办公室主任离职时，要做好资料移交清单。移交清单往往看出个人的专业精神和部门的管理水平。“人走资料走”是信息化水平低下年代的一个普遍现象。产业数据化、数字产业化的今天，一些中小型企业仍然没有很高的信息化渠道，这时做好交接工作就十分必要。

五、形成报告

查深、查透、查细，发现问题、提出建议、形成报告。形成监督检查报告时，要注意以下情形。

1. 抓住主要矛盾。重点揭示颠覆性风险，也要关注公司的“跑冒滴漏”问题。年度检查会发现不少问题，哪些需要在报告中反映，哪些要进行风险提示，必须有总体把握。要突出重点、避免琐碎。

2. 以反映问题为主，以问题和风险为导向，切忌写成企业工作总结。

3. 与相关企业细致沟通、反映问题，便于后续整改能够取得实际效果。一方面，这个沟通是非常必要的，互通有无，有礼有节。另一方面，起到提醒作用，及时整改迫切问题，避免问题累积变大或损失扩大。当然，这个沟通不取决于企业的态度，沟通的作用是确认报告的判断基础和分析是否扎实，通过观察企业的反映，从中发现进一步深入检查的线索。现场检查结束后，可以就检查发现的问题与被检查单位负责人进行简要沟通。

4. 将报告的起草、修改、征求意见、督促整改与监督检查的各项工作结合起来考虑，形成一个闭环，即报告不是简单的文字工作，而是监事会工作效果的集中展示。

5. 正式向企业通报提醒。近几年，国有企业监事会的检查主要是以国有企业监事会工作办公室红头文件印发监督检查情况的形式通报，同时书面作出风险提示，将年度检查的成果全面反映到企业整改工作中，达到帮助企业纠正问题、改善管理的目的。

六、监督落实

抓督查落实，下真功、动真格。通过提醒函、监督建议书、整改通知书、专项报告、年度工作报告等方式要求整改。对监事会监督检查中揭示的问题，企业必须高度重视，认真分析并制订整改方案，明确整改措施，落实责任领导、责任部门和具体责任人员，规定整改时限，确保整改到位。必要时可对有关情况进行核查，同时针对问题举一反三，避免类似问题在其他企业重复发生。

要敢于在难点、热点、焦点问题上加大督查力度。督查工作要敢于碰硬，敢于拔“钉子”，敢于一查到底。要建立问题整改清单和台账，同时问题的整改情况列为下一次检查的重点内容，对不落实问题整改的企业，监事会可约谈企业负责人和相关责任人，责令其整改。

2021 年 4 月，《杭州市国资委专项监督检查工作实施办法（试行）》（以下简称《办法》）突出了监督检查的四大特点，即注重计划统筹①、内外联动②、问题整改、结果运用③。

该《办法》注重问题整改。对检查中发现的各类问题认真分析梳理，并下发整

---

① 围绕上级部门要求和国资国企改革发展实际，聚焦重点企业、重要业务、关键环节以及共性或典型问题，年初研究提出开展监督检查工作项目，统筹制订年度检查计划。依据相关制度规范开展检查，明确工作目标、检查内容、检查依据、检查对象、时间安排。检查计划编制完成后，原则上不予调整，从而提高计划的执行刚性。

② 检查工作由监督检查处牵头组织实施，涉及处室全程参与检查工作，确保检查工作高质量、高效率完成。注重加强与市属国有企业内审部门的工作联系，必要时联合企业内审部门共同实施检查或交叉检查。根据工作实际需要，借助中介机构力量协助开展检查。

③ 杭州市国资委．市国资委出台《杭州市国资委专项监督检查工作实施办法（试行）》［EB/OL］．(2020－04－09)［2022－06－14］．http：//gzw. hangzhou. gov. cn/art/2020/4/9/art_1689494_42539307. html.

改通知书，提出整改要求。企业提交整改方案，明确整改举措、责任部门、责任人和整改期限。实行建号销号管理，对认定为已整改的事项，由监督检查处予以销号处理；对认定为部分整改或未整改的事项，由责任处室继续跟踪督查，直至整改完成；对由于历史或客观等原因整改确实存在困难的，可作为特殊事项，酌情销号处理。

该《办法》注重结果运用。对检查中发现的典型性、普遍性、倾向性问题，及时分析研究，制定或完善相关管理制度。加强检查结果在业绩考核、薪酬分配等方面的运用，将检查情况和整改情况纳入企业负责人经营业绩考核。对存在不配合检查工作、提供虚假资料、整改落实不力等情况的，根据管理权限追究相关人员责任。

第三节　现场检查的“看、谈、抓、借”四法

中医有“望闻问切”，监事会现场检查工作有“看谈抓借”（见图 7－4）。

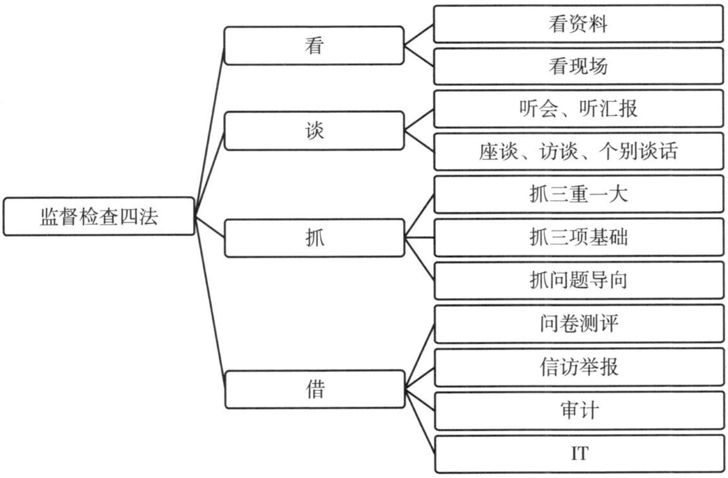

图 7－4　现场检查四法

一、看——看资料、看现场

看有两个层次：看资料和看现场。“外行看热闹，内行看门道”，高手和低手都去看了一下，结果往往是云泥之别。高手往往知道要看哪里，且往往能发现问题所在。

其一，看资料。

笔者偶尔参加外部投资项目的评审，需要在一上午的时间内看完可行性研究报告，法律、财务和专业尽职调查报告，估值报告，审计报告等一堆资料。出于保密，这些资料不能提前提供。所以作为外部专家，我必须迅速看清项目，能发表掷地有

声的建议，防范投资风险。

迅速发现问题所在，需要有专业背景，也要有丰富的阅历和方法论。例如，如何了解公司的经营业务呢？一是了解收入结构和利润结构。二是了解三项基础，即制度、流程与组织。如图 7－5 所示，研究利润结构发现，该公司 2020 年非经常性损益（卖资产、卖股权）占收入的比重过大，且公司的利润情况并不太好。通过研究利润结构为什么不好、是哪里不好，与过去三年关键指标比较有哪些异动指标，乘胜前进，顺藤摸瓜，就能找出公司经营性上的脆弱之处和风险之处。

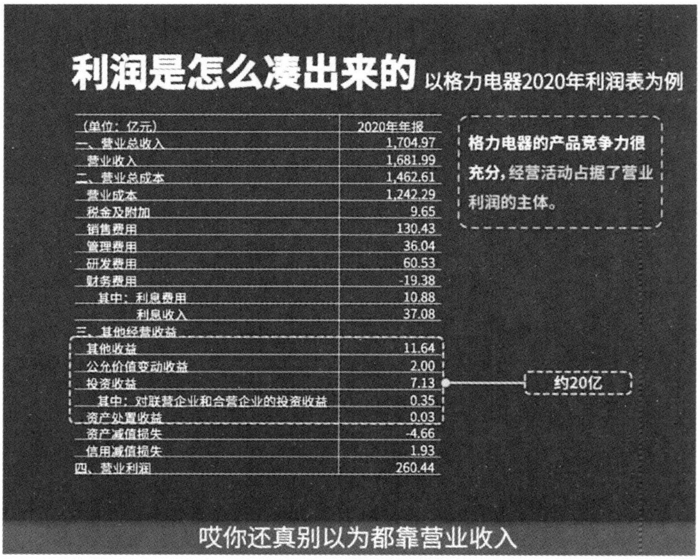

图 7－5　2020 年格力电器利润表

学员问笔者，有什么书能帮助我们迅速发现问题所在？笔者说，一个人不可能在很多领域里都能迅速发现问题所在。例如，笔者在擅长的投资、战略、公司治理等相关领域，能迅速发现问题；而审计、内部控制、法务人员，他们能够在他们擅长的领域内发现问题。因此，修炼发现问题的能力需要日积月累，也需要聚焦行业并及时总结。

其二，到现场去看一看。

“看别人看不到的地方，算别人算不清的账目”。不同的人去同一个现场勘察，效果可能是完全不一样的。2014 年春天，笔者一行去刚果（金）对某投资数亿美元的铜矿项目进行固定资产综合验收。随行有一个在赞比亚铜矿工作了二十多年的外部专家，她的名字叫常殷才，个不高，小巧玲珑，刚从江西铜业退休。笔者本科学习的是机械，大学毕业后再车间还工作了 5 年，担任成品车间副主任也有 2 年，自以为对生产现场的参观检查很有经验。但和这位专家相比，却看出了差距。笔者关注原材料、设备、看生产线、工艺流程，常专家不仅如此，还关注产品参数。

彼时，刚果（金）阳光明媚，空气清新，常专家深入了解最后一道工序的班组，驻足与现场工作人员交流。耐心看，记下产品质量和生产规模的参数，进而推断产品线投产后的实际生产能力。在与笔者一行和矿领导参观过一遍之后，这个老专家又独自邀请一个矿山上的同志再看一遍，再次核实产品具体的记录，为笔者一行提出了令领导满意的建设性的会议发言书面意见。因此，工厂现场参观，不仅关注原料、工艺、设备，也应关注最后一道工序——产品产能和质量方面的参数。

二、谈——访谈、座谈与个别谈话

（一）谈的基础是听，要善于听弦外之音

善于倾听是一种能力。通过列席被检查单位的有关会议，列席被检查党组织领导班子的民主生活会和述职述廉会，听取被检查单位的工作汇报和有关部门的专题汇报，可以获得许多基本信息。

说者无心、听者有意，要善于听弦外之音。同时听一个报告、一个会议，高手往往能听出信息背后的信息。

（二）访谈与座谈

了解一个行业，往往需要访谈专家。到被审单位，经常可以组织座谈会。以适当方式对被检查单位及相关领域进行走访谈话，召开意见座谈会。

（三）个别谈话

与被检查单位班子成员和群众个别谈话，可能获得更深层次的信息。

《中国共产党巡视工作条例》规定了巡视组的工作方式和权限，个别谈话是其中很重要的一种方式，是通过巡视发现问题的重要途径。监事会在重大问题上出现端倪时，应该借鉴这种谈话方式。组织个别谈话的步骤如图 7－6 所示。

图 7－6　组织个别谈话的步骤

首先，精心选择个别谈话对象，谈话前要尽可能掌握谈话对象的信息。选什么人作为谈话对象？一是选择重要工作的决策人，包括被检查单位领导班子成员以及

下一级单位主要负责人等；二是选择关键业务部门的关键人员；三是选择重大情况知情人（办公室主任、会议记录或纪要整理人，相关业务部门等）、重大问题线索知情人、重大问题线索实名举报人。

其次，精心构思撰写谈话提纲、精心设计谈话问句。问题导向是我们设计谈话提纲时的重要原则。谈话中，在恰当的时点，会问问题是一种重要的能力。资深记者采访行业领袖时，不仅能够侃侃而谈，而且能够在关键节点抛出有深度的问题，将谈话引向高潮，这个妙手偶得的问题，就是整个谈话的催化剂。笔者慢慢也养成了这种能力，在与专家访谈时，我能够适时总结、拔高对方观点，并迅速抛出一个问题，甚至还能引发专家更深入的思考。

最后，“因人施策”精心组织实施谈话。个别谈话要根据被谈话人的基本情况、成长经历、分管工作、岗位职责、性格特点等，因人施策进行谈话。对经历简单、性格爽快的人，可以单刀直入，按提纲逐一发问谈话。对经历复杂、性格内向的人，要从外围切入，谈成长经历、谈家庭成员、谈社会交往，顺藤摸瓜、循序渐进，动员和引导其讲真话、讲实情。对心存侥幸、左顾右盼、躲躲闪闪的人，要讲案例、讲纪律、提要求，晓以利害，督促其破除侥幸心理或思想顾虑，讲问题、讲实情。

山东省潍坊市纪委席汇东，总结了十条个人谈话的技巧①。

一是从其工作履历开始谈。谈话前，认真查阅谈话对象的干部履历表，详细了解其籍贯、家庭状况、学习简历、工作经历等基本情况，从其关心熟悉的话题谈起，进而营造宽松的谈话氛围，消除陌生感、拉近距离，打消戒备心理，引导其敞开心扉说实话、说真话、说心里话。

二是从其切身利益谈。年度考核、职级晋升、职称评定、工资待遇等事项关乎干部职工的切身利益，从被巡视单位干部职工关心的职级晋升慢、职称评定不公、年度考核出现基本称职等“不平衡”话题中寻求突破口，从情绪波动中顺藤摸瓜、窥斑见豹，发现被巡视单位党组织管党治党和队伍管理方面存在的突出问题。

三是“一对一”谈。在与被巡视对象个别谈话时，以“二对一”还是“一对一”的方式，要视具体情况而定。如果谈话任务比较重要，且“一对一”谈话能够取得谈话对象的充分信任，使谈话对象感觉更加保密，经组长同意，可进行“一对一”谈话，这种方法既容易产生良性互动，也便于打破砂锅问到底。

四是针对一人反复谈。个别谈话时，有的谈话对象思维跳跃比较快，往往东一榔头西一棒槌，反映问题支离破碎，描述问题缺乏逻辑，如果实时追问可能会引发

① 张正余．昆明东川区：用好监督执纪“第一种形态”防患于未然［EB/OL］．（2019－09－19）［2022－06－14］．http：//jw. km. gov. cn/c/2019－09－19/3135269. shtml.

其顾虑而缄口。为了精准地把问题搞清搞透，在与其谈完后，可就某个问题反复找其核实追问。采取这种方法时，可多叫几人“陪谈”，让被巡视单位摸不清真实意图，从而达到保护谈话对象的目的。

五是多人印证谈。就某一个反映比较集中的问题，找与之相关联的人员多方位来求证说明。如巡视某高校时，有人反映个别校领导在评审现场干预票选结果，但不能仅凭一面之词，要约谈所有现场评审委员会的成员，让其逐一还原当时的真实情况，出具原始票据记录，确保铁证如山。

六是延伸扩大范围谈。为了更客观、立体地反映被巡视单位党组织全貌，可有针对性地延伸扩大谈话覆盖面，可以下沉一级，向巡视对象工作过的地方延伸了解，可以与一届任期内离岗、退休的老领导谈，也可以召集部分人大代表、政协委员谈，听取他们的意见建议。

七是与一把手重点谈。在普遍谈话的基础上，就反映的重大问题、疑难问题及大家都有反映而说不清的模糊问题，坚持问题导向，区分类别，分解细化，重新拟定谈话提纲，让一把手直面问题，重点作答“画像”，从而弄清问题的真实面貌和原委。

八是党务知识问答谈。在个别谈话过程中，紧盯党的建设缺失，可以穿插提问一些党员干部应知应会的党纪条规基础知识，如党员的权利、义务，“三会一课”的内容，“两学一做”学习教育的含义，通过检验谈话对象党务知识掌握情况，来发现基层党组织建设存在的突出问题。

九是变通方式谈。针对个别谈话对象思想上不重视、有顾虑，不愿谈、不敢谈的情况，要及时调整谈话提纲，转换问询方式，谈话内容从“是否有”转变为“有什么”，在谈话对象阐述、列举具体事例的过程中发现问题线索。

十是精准运用谈话方式，闲谈中发现蛛丝马迹。加强线索分析研判，注重从问题线索源头抓起，在问题线索研判过程中，严格区分哪些情形可以谈，哪些情形不能谈，切实增强谈话、函询的针对性，将一般性、苗头性的轻微问题线索和过于笼统、不具备可查性的问题线索纳入谈话函询范围，对该类问题线索能谈尽谈，该询即询。同时精准制订谈话函询方案，综合分析谈话函询对象存在的苗头性、倾向性问题，明确谁来谈、谈什么、怎么谈等问题，确保谈话函询有的放矢、切中要害，不断提高“第一种形态”运用的精准度。每次谈话函询结束后，认真对谈话函询对象是否对全部问题进行说明、说明内容及提供的证明材料是否与反映问题相吻合等事项进行审查，提出处理意见。

【延伸】纪检监察的五类谈话

谈话，是中国共产党纪检监察机关履行职责的重要措施。例如，2020 年，安徽省省委在省纪委监委协助下制定了《开展党内政治监督谈话办法（试行）》，探索实行党内政治监督谈话制度，着力破解对一把手监督和同级监督难题①。

在实践中，纪检监察有提醒谈话、诫勉谈话、外查谈话、“谈话函询”中的谈话、廉政谈话等五类。

提醒谈话。《中国共产党党内监督条例》第二十一条规定，发现领导干部有思想、作风、纪律等方面苗头性、倾向性问题的，有关党组织负责人应当及时对其提醒谈话。

诫勉谈话，是指在党内监督中发现党员干部存在虽不构成违纪但造成不良影响，或者虽构成违纪但根据有关规定可免予党纪处分，适用失职失责、情节较轻的问题，由党组织对其进行谈话教育，促其及时改错回头，防止小毛病变成大问题。纪委（纪检组）、党的工作部门、上级党组织负责人可以进行诫勉谈话。

外查谈话，是纪检监察机关履行监督检查、审查调查职能的重要工作，既有对涉案人员就单一事项进行取证的一般核实性谈话，也有向行贿人等关键证人调查取证的突破式谈话。外查谈话工作难度大、要求高，应从“跟谁谈”“谈到哪”“谈什么”“怎么谈”四个方面做好外查谈话准备②。

“谈话函询”中的谈话，针对的是一般性违纪问题的线索反映，既可以由纪检监察机关工作人员组织，也可以委托谈话对象所在党组织主要负责人组织③。《中国共产党纪律检查机关监督执纪工作规则》将谈话函询的谈话进一步规范化、制度化。“谈话”就是纪检机关针对收到的问题线索，跟被反映人谈话，让被反映人讲清自己的问题。“函询”就是针对收到的问题线索，纪检机关给被反映人发函，请被反映人对被反映的问题给出书面解释④。

廉政谈话在党纪法规里并没有明确规定。廉政谈话可以由党组织主动发起，也可以由纪检监察机关主动发起，谈话人一般是党组织主要负责人或纪检监察机关主要负责人。

---

① 左翰嫡．安徽探索实行党内政治监督谈话制度：一对一谈话强化一把手监督．[EB/OL].（2020-12-10）[2022-06-14]. http://www.ahjjjc.gov.cn/ywbb/p/89666.html.

② 魏强．提前谋划做好外查谈话准备[EB/OL].（2021-11-24）[2022-06-14]. https://finance.sina.cn/2021-11-24/detail-iktzscyy7365071.d.html. 来源：中国纪检监察报.

③ 中央纪委国家监委第九监督检查室孙倩．谈话函询、调查谈话、提醒谈话、诫勉谈话、廉政谈话的异同及适用[EB/OL].（2021-10-05）[2022-06-14]. https://mp.weixin.qq.com/s/CRy1WyBHz5-rAIkXjrjAYw. 来源：中央纪委国家监委官网.

④ 沈叶．谈话函询怎么开展[J/OL]. 中国纪检监察，2017（6）. http://zgjjjc.ccdi.gov.cn/bqml/bqxx/201703/t20170323_96232.html.

三、抓——纲举目张

（一）抓“三重一大”

“三重一大”是公司决策管理中的牛鼻子。“三重一大”指的是：重大事项决策、重要干部任免、重要项目安排、大额资金的使用。

重大事项包括以下主要事项：（1）企业的发展方向、经营方针，中长期发展规划等重大战略管理事项；（2）资产损失核销、重大资产处置、国有产权变动、利润分配和弥补亏损、增加和减少注册资本、缴纳国家税费和国有资本收益等重大资产（产权）管理事项；（3）年度生产经营计划、企业年度工作报告，财务预算、决算，从事高风险经营，以及内部机构设置、职能调整等重大生产经营管理事项；（4）企业改制重组、兼并、破产、合并、分立、解散或者变更公司，国（境）外注册公司、投资参股、重大收购或购买上市公司股票，国有产权转让等重大资本运营管理事项；（5）企业薪酬分配，以及涉及职工重大切身利益等重大利益调配事项；（6）需要提交股东会、董事会审议决定的事项；（7）其他有关企业全局性、方向性、战略性的重大事项。

重要干部任免包括以下主要事项：（1）党管干部、党管人才在企业的实现形式；（2）对本部中层以上经营管理人员（包括重大项目负责人和重要管理岗位人员），以及所属二级子企业班子成员的选聘、任免；（3）向控股、参股企业委派或更换股东代表（包括委派高级经营管理人员），推荐董事会、监事会成员；（4）后备干部的管理；（5）涉及本部中层以上经营管理人员以及所属二级子企业班子成员的重要奖惩；（6）其他干部管理的重要事项。

重要项目安排包括以下主要事项：（1）年度投资计划和融资、担保项目；（2）计划外追加投资项目；（3）应当向国资委报告的重大投资管理事项；（4）重大、关键性的设备引进和重要物资设备购置等重大招投标管理项目；（5）重大工程承发包项目，以及其他重大项目的安排。

大额度资金的使用事项包括以下主要事项：（1）年度计划的大额度资金使用；（2）较大额度预算外资金使用；（3）较大额度的非生产性资金使用，以及重大捐赠、赞助；（4）其他大额度资金使用。

监事会应当针对各自企业的实际，紧盯企业的重大项目和经营过程的重点环节和高风险事项，及时发现异常情况，提醒董事会和经营班子及时防范。

（二）抓三项基础

横看成岭侧成峰，远近高低各不同。不同的人对管理有不同的看法。搭班子、定战略、带队伍是柳传志提出的联想“管理三要素”。客户、流程、绩效是任正非提出的华为“管理三件事”。这是两位管理专家不同的管理思想：一个是创业导向，关注自己（团队）；另一个是生意导向，关注他人（客户）。

笔者认为，纷繁复杂的管理被凝练为三个简单的关键词——组织、制度和流程。无论是企业管理，还是一个政府、一所学校、一个项目、一个监事会工作，其三项基础性工作都是如此，都可以从这三方面入手调查了解。

（三）抓问题导向

分析公司的收入结构（按照产品分类、地域分类等分析并进行三年或五年比较），可以对公司各种业务一目了然。分析支出结构（经营成本、销售费用、管理费用、财务费用，并进行三年比较），可以对公司的管理水平一目了然。但这只是公司经营情况的一个概貌，还不够全面。

监事会经常需要知道的是，重点合同支出、重大管理费支出、重大销售费用、重大财务费用支付是否合规，是否存在问题。

2012 年，上海汽车集团监事会按照市国资委“关于加强对企业内控制度进行监督检查”的要求，会同集团审计、财务、法务等职能部门，对集团所属企业内控制度中的合同管理、资金情况进行了专项检查。确定专项检查的重点是：(1) 重大合同是否经过集体决策，合同的订立是否符合企业合同管理制度的规定和上海汽车集团内控体系建设的要求。(2) 合同的履行是否依照约定，合同履行中遇到的问题是否及时采取了相应的措施，解决情况和处理结果是否记录和置备。(3) 合同履行中涉及实物交付的是否符合企业物资管理的内控制度①。

在现场监督检查中，应抓好问题导向现场检查中的四个关键环节，如图 7－7 所示。

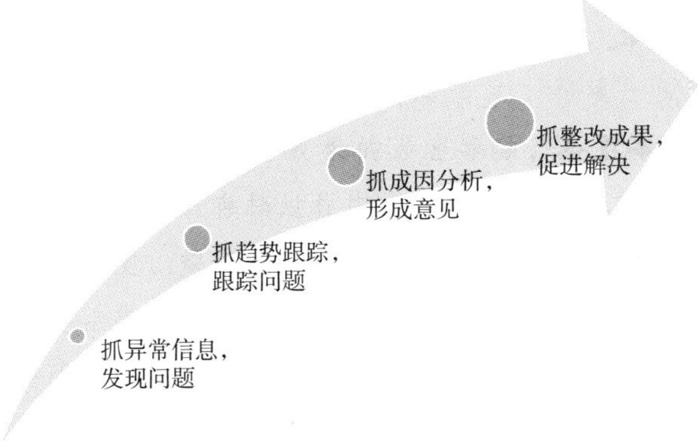

图 7－7　问题导向现场检查中的四个关键环节

---

① 蒋应时．国有企业监事会履职实录［M］．上海：上海社会科学院出版社，2013.

四、借——适应时代要求

《内蒙古自治区国有企业监事会 2017 年工作要点》要求加强监督协同：监事会应加强与企业内部监督机构的工作协同，加强与子企业监事会的工作联动，有效借助企业内部监督力量开展联合检查，形成工作合力。监事会应加强与出资人监管的工作协同，配合做好企业董事会建设，领导班子和负责人评价，经济责任审计、巡视等工作。监事会应加强与有关外部监督机构的工作协同，按要求提供监督检查情况以及问题线索[①]。这个“加强监督协同”，其实就是借力，就是要形成企业的大监督体系。

监督检查可以通过借力发现问题。

（一）借助党的巡视力量

《中国共产党章程》（中国共产党第十九次全国代表大会部分修改，2017 年 10 月 24 日通过）第二章第十四条规定，党的中央和省、自治区、直辖市委员会实行巡视制度，在一届任期内，对所管理的地方、部门、企事业单位党组织实现巡视全覆盖。中央有关部委和国家机关部门党组（党委）根据工作需要，开展巡视工作。党的市（地、州、盟）和县（市、区、旗）委员会建立巡察制度。按照《中国共产党巡视工作条例》的规定，中央和省级层面成立巡视办和巡视组、市县级成立巡察办和巡察组，对所属党组织进行全面巡视。

某中央二级企业有 20 家子公司（中央三级企业）。该公司党的巡视在 2017—2022 年十九大的一届五年的任期内，要覆盖所有的 20 家子公司，具体安排是每年 4 家，5 年形成全覆盖。在国有企业中，党的巡视巡察监督力量是强大的。监事会要善于借助党的巡视巡察的力量，发现公司问题，促进公司良性发展。

（二）借助控股股东管控的力量

国有企业管控一直有两条线，一条是集团管控，控股股东直接对下属公司进行投资、预算、审计、重要干部等管理。另一条是公司治理，由控股股东派出股东代表及董监高进行下属子公司的管理。

实务中，监事会难以对同级国有企业一把手形成有效监督，是一个难题。因为，公司的内部审计部往往由总经理负责管理，内部审计不能有效地对总经理和董事长进行监督。所以可以借用控股股东的审计力量，也就是说，通过控股股东对派出的

① 李雪微．内蒙古自治区国有企业监事会 2017 年工作要点［EB/OL］．（2017－10－13）［2022－06－14］．http：//mp. weixin. qq. com/s/blz1a7EZOtI8eEC0hpolLA.

董事长、总经理进行审计（离任审计、任期审计或专项审计）来解决此问题。

国有企业监事会的监督检查要善于利用控股股东管控的力量。必要时，公司监事会可以联合控股股东对公司进行专项监督检查。

（三）借助公司董事会、经营层的监督力量

公司董事会要对公司总经理和公司经营情况进行监督。公司经营层（总经理）也要对副总经理及以下的管理者，以及下属子公司进行监督。这时，公司监事会与董事会、经营层的监督目标一致的。监事会的监督检查工作应该善于利用这种力量。

【案例】监事会联合经营层对所并购子企业的监督检查①

W企业是某市市属大型国有企业集团，在其所属行业里处于领先地位，企业规模大、行业分布广、下属企业多、经营情况复杂。近年来，W企业抓住行业经营形势变化、很多企业经营困难的机会，实施了多起行业并购，大大提升了企业产能，进一步确立了行业领先地位。然而，由于行业经营形势持续低迷，多数并购企业经营效益未见好转。W企业发现了问题之后，陆续对并购企业委派了经理和财务人员，并适当调整了企业高管人员，这些措施的实施虽然一定程度地扭转了经营不利的现状，但如何进一步加强并购企业管理、提升企业经济效益一直是W企业领导层的一块心病。

市国资委外派W企业监事会负责对W企业经营管理情况进行监督。

考虑到并购企业的不利经营状况，外派监事会希望进一步深入各并购企业了解具体情况，分析查找存在的深层次的矛盾和问题，并向W企业提出改善管理、提升经营绩效的建议，以实现对并购企业的延伸监督。

经与W企业沟通，W企业领导层也希望进一步摸清并购企业在企业发展、资源配置、生产经营、内控体系等方面的具体情况和问题，两者在工作思路上不谋而合。因此，双方决定组建联合监督检查组，对并购企业开展联合监督检查。

联合监督检查工作历时一个半月，通过全面、深入、细致地检查找出了并购企业在经营管理方面的问题，也向W企业提出了改进集团管控的建议。

从工作组织上看，设立了以监事会主席和W企业领导为组长的领导小组，并配备了专职联系人员，所有人员在领导小组的领导下开展工作，确保两单位之间的有效沟通。从W企业财务、风险、审计等多部门抽调了10多名组员组

① 杜习奇．一个外派监事会开展国有资产延伸监督案例研究［EB/OL］（2017-12-13）［2022-06-14］．http：//mp. weixin. qq. com/s/Wj-GB0dQ_iid4mO6EDVCkQ.

成了工作小组，对组员进行了必要的培训，要求做到“监督不干预、检查不找茬、服务不应付”，并依据市国资委“六要六不”提出了严格的纪律要求，切实做到调查事实清楚，数据准确详实，反映问题真实准确，提出的意见建议具有针对性、预见性和可操作性。

从检查过程上看，对并购企业近三年以来改革发展、资产运营、财务状况、内控体系建设、重大决策以及主要领导人员履职等10个方面进行了长达1个半月的全面系统的实地监督检查，必要时进行了延伸检查。重点突出了对并购企业结构调整、降本增效、打造核心竞争力等关系W企业发展战略全局工作的监督，贯彻落实W企业董事会、经理办公会等重要会议决议执行情况的监督。

从检查成果上看，通过联合监督检查，深入掌握了并购企业的家底与真实情况，揭示了其经营的深层次矛盾与问题，同时也梳理出了W企业在技术与资金支持、投资管理等方面存在的漏洞，形成了数据可靠、内容详实的长达100多页的监督检查报告，也对W企业进一步加强管理、强化集团管控提出了可操作性的建议，圆满实现了既定的检查目标。

该联合监督检查是外派监事会与一级企业联合开展国有资产延伸监督的一次成功实践。既实现了外派监事会深入了解子企业情况、提出改进意见建议的初衷，也实现了W企业进一步摸清并购企业问题、加强并购企业管理的目的，是一次漂亮的双赢的合作实践。一般来说，跨行业、跨地域，重组、投资业务频繁的大型企业集团有较强的监督需求，联合监督检查的积极性较高；而一些集团管控水平较高或体量较小、业务比较单一的企业，对开展联合监督检查的动力就不足。

实践证明，由市国资委统一组织监事会检查在问题发现方面具有不可替代的作用。目前市国资委应当坚持并继续完善每年上半年组织专项检查、下半年组织年度集中检查的方式。专项检查应针对不同时期不同企业存在的突出问题和下级企业监事会报告的事项，确定不同的检查重点，形式可以相对灵活。年度集中检查应从一级企业入手，根据需要确定检查重点和检查项目，并根据问题线索延伸检查相关权属企业和项目，不断提升检查的质量和效果。

（四）借助公司审计、合规（风险）、法务三大管理的力量

具有一定规模的公司往往设有审计部、合规（风险）管理、法务管理部等三个职能部门（有的企业可能只设审计与风险管理部、法务部两个职能部门）。一般来说，这些职能部门是为经营班子服务的，少数的审计部归董事会或者监事会管理。此外，这些部门的领导或者专家可能是职工监事，他们非常了解公司情况。监事会在进行现场检查时，要善于利用这些力量。

合法合规是监事会监督的基本内容。这一点，公司合规（风险）管理部的部门目标与监事会是一致的。显然，监事会在年度工作计划中，在具体的监督事项之中，监事会可以借用公司合规（风险管理）部的力量。

监事会的人手毕竟有限，专业知识也有限。法务部的人员一般严谨、专业、做事有板有眼，文字水平高。一方面，监事会可以聘用法务部主任担任职工监事。另一方面，在监事具体的监督事项中，如监事行使调查权的时候，监事会要对某一个合同进行审查的时候，监事会可以通过和法务部主管领导协商，短期借用法务部相关人员的力量加入监事会开展相关工作。

这里重点提一下如何借用审计的力量。《中国注册会计师审计准则第 1301 号——审计证据》，将审计技术方法定义和规定为以下八个方面（见图 7－8）。监事可以学习借鉴这些审计专业技术，在繁杂枯燥的会计信息中，找到公司经营中的问题端倪，并进而顺藤摸瓜，最终使问题水落石出。

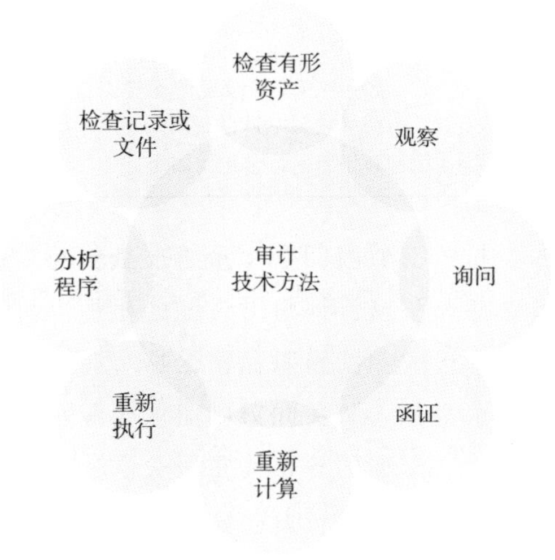

图 7－8　审计的技术方法

1. 检查记录或文件

检查记录或文件是指注册会计师对被审计单位内部或外部生成的，以纸质、电子或其他介质形式存在的记录或文件进行审查。

检查记录或文件包括注册会计师对会计记录和其他书面文件可靠程度的审阅与复核。审阅是为了发现有无不正常现象而批判性地阅读书面资料的审计技术，其目的在于确认书面文件是否真实、合法；复核是确认各种书面文件之间勾稽关系的审计技术，通过书面文件之间的对照检查，确认双方对交易或事项的记录是否一致、计算是否正确。

检查记录或者文件可以从以下六个方面入手[①]：

（1）从银行存款和现金账户入手审查。

对银行存款账户的审查，要侧重六个方面：

一是审查多头开户。看是否有在非金融机构、财务公司开户，或出租出借账户等情况。

二是核对银行对账单。看是否存在错记、漏记、串记账户，相互调账等不正常现象，以及非正常未达账项及其原因，如发现不正常情况，则要追查资金去向及其原因。

三是审查是否有将财政性资金用作储蓄存款，或存在公款私存的行为。若有，要关注利息情况。

四是审查是否将财政拨款、预算内资金、银行贷款转定期存款。

五是分析银行存款变动规律，看是否合理使用资金。

六是审查银行存款收付事项的真实、正确与合法性。重点抽查以送款单存入银行的现金和支票，检查各项业务收入是否合法。有无违法经营、违规出卖固定资产、出借账户代不法分子结算贷款或套取现金、截留销货款、私设“小金库”等行为。对银行自动拨入的款项，应查明借款的转入是否及时，托收货款业务是否合法，款项收账是否及时。

审查现金账户时，要侧重四个方面：

一是审查是否有非业务范围的大额现金收支。

二是审查现金收入是否全部存入银行，有无坐支情况。《现金管理暂行条例》及其实施细则规定，开户单位支付现金，可以从本单位的现金库存中支付或者从开户银行提取，不得从本单位的现金收入中直接支取。这种从本单位现金收入中直接支取现金的行为，就是坐支。

三是审查单位之间有无相互拆借现金的现象。

四是关注现金的进出量是否超出单位规模所拥有的正常进出量，以判断现金进出是否正常。

通过上述银行存款和现金账户审查，发现违纪违规问题和经济案件线索。

（2）从往来账户入手审查。

往来账户原本是用于调节的账户，但往往也成了有些单位违规违纪违法的温床。审计人员要从四个方面审查往来账户：

一要看往来发生和结算的单位名称是否一致；

---

① 几种常见审计切入点、审查路线图，审计必知［EB/OL］.（2020-09-27）［2022-06-16］. https：//mp. weixin. qq. com/s/qyqHO_xk9jijl4rj9HV1IQ. 来源：审计网站、审计经理人。

二要看往来款项支付的事由是否合理；

三要看往来款项支付的手续是否正常；

四要看列作呆账核销的条件是否充分。

有正常资金往来的，亦不代表存在真实业务发生，要留意流水过账的虚假情况。通过审查，发现是否存在有些财务人员将单位收入挂在“应付账款”“预收账款”“其他应付款”等科目上，日后付出此款时图谋贪污，或私设“小金库”的行为；发现是否存在有些财务人员为了挪用或侵吞公款，假借其他单位或其他个人之名，虚列“应收账款”“预付账款”“其他应收款”的行为；发现是否存在有的单位直接在往来账户中坐收坐支、套取现金、对外投资、私自借贷的行为；发现是否存在有的事业单位以上缴主管部门及补助所属单位的名义，弄虚作假、转移资金的行为；或将已收回或可收回的债权列作呆账予以核销，把资金转移到账外等行为。对上述行为，一经发现，应抓住不放，一查到底，从而发现严重违纪违规问题和经济案件线索。

（3）从收入和支出账户入手审查。

审计人员要从五个方面审查收入账户：

一要审查单位的各项收入是否全部入账。看是否存在资产出租、处置、接受捐赠、商品升溢、包装物变价、损失赔偿、对外投资收益等收入未入账的问题。

二要审查收入异常增大或减少情况，分析其原因。

三要审查其他收入账户，认真研究其他收入中每一笔收入来源的合法性。

四要关注以更正错账为由，用红字冲减收入。遇到红字冲减，要追查以前的会计分录，防止舞弊行为。

五要审查收费情况。将被查单位经物价部门批准的收费项目、标准、范围与其实际收费情况进行核对，看有无已批准的收费项目未收费或降低标准、缩小范围收费和巧立名目或提高标准、扩大范围收费的情况。

审查支出账户时：

一要对感觉有异议的细目，分笔核实其真实性，防止用假工程、假项目、假票据骗取资金。

二要关注旅游费、车辆购置及运行费、公务接待费、会议费、培训费、购置费、维修费、职工福利费等明细内容，看是否有滥发钱物、违规购置、报销应由个人负担的费用等问题。

三要关注会计科目中的“其他应收款”“其他应付款”或“其他收入”等科目，对这些科目的内容要进行分解，对开支金额较大的，要追查原因。

四要站在宏观的角度上，观察成本、费用的变化情况，防止少数人为了政治所愿、经济利益，虚增虚减成本、费用，偷逃税款、设立“小金库”、私分、贪污。

（4）从白条入手审查。

所谓白条，是指行为人为了逃避监督或偷漏税款，开具或索取不符合正规凭证要求的发货票和收付款项证据。白条往往是违纪违规问题或经济案件的高发地，审计人员在审计过程中要高度关注白条行为，严格进行审查，弄清事由、原因、结果，看是否导致单位虚列支出，导致个人虚报冒领，从而发现问题和案件线索，重点关注以下白条行为：

一是白纸上书写的条子，如领条、收条；

二是以商店收款收据代替发票；

三是不按发票规定用途使用的发票，如以零售、批发商业发票来代替饮食服务行业发票；

四是不按发票规定要求开具的发票，如不加盖发票专用章、有关人员不签字等。

（5）从票据入手审查。

这里说的票据是指符合正规凭证要求的发票和收付款项证据。票据管理不善，是导致违纪违规问题或经济案件的频发地。审查票据，一要关注票据真假，可以通过国家税务局发票查询系统查询发票的真假。二要关注“鸳鸯票据”，就是通常所说的头大尾小，即收款联上的数字大，存根联、记账联上的数字小。审查所有已开具未作废的发票，看收据的记账联是否都已入账，存根联与记账联上的数量、金额是否一致。三要保证票据连号，不能有缺号。审查未使用的发票，审查收据有无缺号的情况，看每份未使用的发票、收据是否存在；看每份发票收据联是否存在。四要关注票据存根，不能有缺页。审查已使用发票、收据的存根联是否齐全，有无缺页情况。五要关注票据登记簿，不能有缺本。如发现有整本的票据缺失，一定要追究到底。通过票据审查，弄清被审计单位是否存在收入不入账、多收少记、少付多记、重复报销、私设“小金库”等问题。

（6）从异常情况入手审查。

异常情况往往是经济案件释放出来的信号，审计人员要高度关注，严格审查。

一是审查异常数据。如对现金和银行存款账户余额出现红字；购货发票金额出现十、百、千、万元的整数；某月份的管理费突然上升；报账数字不合情理；资金进出量异常频繁或者突然增大；一些比较容易套取资金项目的收入数、支出数与相应的上期实际数、本期计划数相比较，差异较大等，要认真审查。

二是审查异常往来。如对突然收到新增往来户的汇款，或者拨付款项给新增往来户；往来户余额长期挂账不动，或者突然销账；没有原始凭证空挂往来户头；支付水费，其收款单位不是自来水公司而是其他单位等，要认真审查。

三是审查异常购销。如对在 A 单位购货而向 B 单位付款；售货给 C 单位而向 D 单位收款等，要认真审查。

四是异常凭证。如某单位会计凭证平均每个月都有一至两本，某个月突然增加到三本或四本等，要认真审查。另外，对异常时间、异常地点等，要认真审查。

2. 检查有形资产

检查有形资产是指注册会计师对资产实物进行审查。运用这种方法的目的在于确定被审计单位实物形态的资产是否真实存在并且与账面数量相符，查明有无短缺、毁损及其他舞弊行为。它主要适用于存货和现金的检查，也适用于有价证券、应收票据和固定资产等。监盘是其常用的操作技术。

3. 观察

观察是指注册会计师察看相关人员正在从事的活动或执行的程序。注册会计师按照审计具体目标的要求，前往被审计单位的工作现场，察看业务活动的方法、程序及实施情况，以掌握整个业务活动或执行程序的实际情况，获取审计证据。

4. 询问

询问是指注册会计师以书面或口头方式，向被审计单位内部或外部的知情人员获取财务信息和非财务信息，并对答复进行评价的过程。

5. 函证

函证是指注册会计师为了获取影响财务报表或相关披露认定的项目的信息，通过直接来自第三方对有关信息和现存状况的声明，获取和评价审计证据的过程。实施函证的目的是证实影响财务报表或相关披露认定的账户余额或其他信息的真实性，从外部独立来源获取强有力的审计证据。

6. 重新计算

重新计算是指注册会计师以人工方式或使用计算机辅助审计技术，对记录或文件中的数据的准确性进行核对。注册会计师往往需要对文件或记录中的数字大量地实施重新计算，以验证其是否正确，获取必要的审计证据。

7. 重新执行

重新执行是指注册会计师以人工方式或使用计算机辅助审计技术，重新独立执行作为被审计单位内部控制组成部分的程序或控制。实施重新执行可以验证被审计单位内部控制的有效性，获取内部控制是否有效的审计证据。

8. 分析程序

分析程序是指注册会计师通过研究不同财务数据之间以及财务数据与非财务数据之间的内在关系，对财务信息作出评价。分析程序还包括调查识别出的、与其他相关信息不一致或与预期数据严重偏离的波动和关系。如果不存在影响财务数据或非财务数据以及数据之间相互关系的事项（如异常业务或事项的发生、会计政策变更、重大错报等），那么数据之间的关系将会合理存在。利用这一前提，注册会计师通过研究数据之间的内在关系，就可以发现影响事项，获取审计证据，对鉴证对象信息作出评价。

充分借用审计部门或者审计机构的力量还应该注意以下三个方面。

其一，检查之前，通过调阅和分析审计报告，对尚未查处的问题进行梳理、分类，将违纪违规问题移交纪检机关和相关部门调查处理，既可以节约时间和精力，提高检查工作效率，又能够很好地起到“快速发现问题、形成有力震慑”的效果。

其二，对专业性较强或者特别重要的问题，可以商请有关职能部门或者专业机构予以协助。同时，监事会还要善于利用审计结果。利用审计结果是指监事会在对公司取得的各类审计报告进行分析复核基础上，充分参考审计结论，辅助监督检查的一种手段。

其三，在审计过程中，监事会应建立与审计的沟通机制。在审计机构对公司进行审计过程中，监事会应加强与审计机构的沟通协调、相互配合。监事会应跟踪审计过程。监事会应确定专人与审计机构保持联系，定期了解审计进度及发现的问题。对监事会关注的列入审计计划的重点事项，安排专人跟踪审计进展情况。对审计机构在审计中发现的重大问题应及时予以关注，必要时另行聘请中介机构开展专项审计。

（五）借助人民群众和外部监督的力量

监事会受理相关的来信、来电、来访等，借助对被巡视党组织领导班子及其成员进行民主测评、问卷调查资料获得相关问题线索。

外部监督成本低、效率高。在中国上市公司中，蓝田股份、银广厦、格林柯尔，以及美国的安然等众多公司舞弊案都是外部监督的成果①。外部监督的动力主要来自四个方面：一是嫉恶如仇的正义感，二是商业竞争对手的退敌手段，三是依靠做空获利，四是沽名者成名机会。外部监督更适合于上市公司，在资本市场做空机制帮助下、在做空利益的驱动下，监督的动力由内而生。对非上市公司而言，由于信息不对称，外部监督效率不高，特别是对隐蔽性强的贪腐行为，监督效果也有限。

（六）借力信息技术和大数据

监事会不仅要善于借别人的力、借平台的力、借系统的力，而且要善于借工具的力。

采用大数据分析技术提高监督水平和效率。通过信息化手段开展网络日常监测和重大事件监测，及时查找行业及对标企业信息，包括但不限于：国企改革、产业

---

① 中国董事监事培训网．监事会监督面临的几大难题［EB/OL］．（2018－05－14）［2022－06－16］．https：//mp. weixin. qq. com/s/yn－wL294RagYhW2dmqXOWQ.

政策、监管政策、领导讲话、行业动态、突发事件、刑事诉讼、合同纠纷、服务质量、员工待遇等。还可以采用爬虫技术，通过对包括国内外的一些著名网站、论坛、博客等监测网站的实时自动采集，主要对监测中发现的问题，通过汇总、归纳、分析、识别其中的关键信息，以简报、预警等形式直接公告在监事会信息系统平台上①。

此外，监事会可以通过公司财务分析信息系统（或公司投资管理信息系统），对所投资公司实施动态绩效分析和管控，建立由重点财务指标构成的“预测、预防、预控、预警”为特征的定期分析体系，实时评价监督当期绩效完成进度情况，横纵向指标对比，预警发现绩效进度落后的公司，预测下一期经营绩效，防控经营风险，提高工作效率，增强公司经营的计划性和可控性，增强监督检查的灵敏性和及时性。

第四节　定期、专项和综合检查报告

监事会开展监督检查的方式有定期检查、专项检查和综合检查，相应地有定期检查报告、专项检查报告和综合检查报告三种。相对来说，外派监事会形成了比较完整的监事监督检查及报告体系。

2011 年，《南通市国资委出资企业监事会工作规则》第五章对监事会的报告制度进行了详细的约定②，主要条款如下：

第二十条　监事会对公司年度监督检查结束后，应当及时作出书面检查报告。年度监督检查报告应对公司经营管理和财务状况、董事会和经营班子成员的经营业绩作出客观、公正的评价，对检查中发现的主要问题及其后果进行揭示分析，并提出处理意见和建议。

第二十一条　监事会开展专项监督检查结束后，应形成专项监督检查报告，报告内容应包括：被检查单位基本情况、检查时间、检查事项、检查问题情况概述、存在的问题及有关整改建议。

第二十二条　监事会在监督检查中发现公司经营行为有可能危及国有资产安全、造成国有资产流失或者侵害国有资产所有者权益的紧急情况，以及监事会认为应当立即报告的其他紧急情况，应当及时向市国资委报告。

---

① 丁泉．一个监事会老兵对国有企业控参股公司监事会建设的思考［EB/OL］．（2020-08-04）［2022-06-16］．https：//mp. weixin. qq. com/s/i5U0wBjs4V7AgXl1TamWHg.

② 南通市国资委印发《监事会工作手册》［EB/OL］．（2016-06-07）［2022-06-16］．http：//jsgzw. jiangsu. gov. cn/art/2016/6/7/art_11706_2751395. html.

第二十三条 检查报告经监事会讨论通过，由监事会主席签署，报市国资委。监事会成员对检查报告有原则性不同意见的，应当在检查报告中载明。

第二十四条 监事会与公司董事会沟通的主要内容包括：通报财务检查情况，递交整改通知书，听取情况说明和整改意见，要求出具书面说明或整改方案。

第二十五条 监事会每年 4 月底前向市国资委或股东会提交上年度监督检查报告。

2017 年，四川省成都市《关于进一步加强和改进市属国有企业监事会工作的实施意见》要求建立监事会履职报告制度。对于市属国有企业的重大事项、重要情况、重大风险和违法违纪违规行为等重要监督信息，实行“一事一报告”制度。监事会开展年度集中监督检查情况，逐户向市政府提交书面报告；监事会开展专项检查、境外资产检查等情况，向市国资委书面报告；监事会日常监督的履职情况，每季度向市国资委书面报告。无论事前、事中、事后，一旦发现企业及企业领导人有违反法律法规、侵占国有资产、造成国有资产流失或损失、损害国家及企业利益的行为，应及时向市国资委提交专项报告。情况紧急时，可先作简要报告然后作补充报告。

这些外派监事会的做法，时代虽久远，但对今天的监事会检查报告工作有借鉴意义。

一、定期检查报告

组织定期监督检查，定期提交监督检查报告，是外派监事会的规定动作。

1998 年 7 月，《国务院稽察特派员条例》颁布。稽察特派员对国务院负责，并对国有重点大型企业的财务及主要负责人员的经营管理业绩进行监督。一名稽察特派员一般负责 5 个企业的稽察工作，一般每年到被稽察企业稽察两次。

2000 年 3 月，《国有企业监事会暂行条例》颁布，取代了《国务院稽察特派员条例》。稽察特派员改称监事会主席。国有重点大型企业监事会由国务院派出，对国务院负责，代表国家对国有重点大型企业的国有资产保值增值状况实施监督。根据《国有企业监事会暂行条例》，国企的监事会每年对企业定期检查一至两次，并可以根据实际需要不定期地对企业进行专项检查。监事会每年会提交一份联系央企的监督检查报告，对央企的年度监督报告要报国资委党委会通过，副部级以上央企的监督报告还要报国务院[①]。

2018 年 3 月，国务院国资委官方网站上的“机构概况”一栏的信息仍包括“国

---

① 曹煦. 国有重点大型企业监事会撤并之后：国资监管迎变局［EB/OL］.（2018 - 04 - 03）［2022 - 06 - 16］. http：//finance. people. com. cn/n1/2018/0403/c1004 - 29903959. html. 来源：人民网 - 中国经济周刊.

有重点大型企业监事会”，包括20位监事会主席和29个办事处。每位监事会主席分管1—2个办事处，多数监事会主席通常负责3—5家央企的监督工作。2018年3月，北京两会后，根据第十三届全国人民代表大会第一次会议批准的国务院机构改革方案，不再设立国有重点大型企业监事会，相关职责划入审计署，这些人员并入审计署。

2022年5月1日，《国有企业监事会暂行条例》废止。但2000年同时发布的《国有重点金融企业监事会暂行条例》尚未废止。

国有重点大型企业监事会制度从2000年开始，2018年结束，历时十八年。三年一个任期，一共有六届。例如，国有重点大型企业监事会第六任期首个监督检查年度，监事会累计列席中央企业会议3 351次，实地检查中央企业子企业1 745户，开展各类谈话5 713人次，对9家中央企业进行了集中重点检查，对29家中央企业107个境外项目开展了实地检查，报送各类报告341份，印发监督检查情况通报、提醒函和整改通知174份，提示存在的问题和风险5 171项，充分发挥了出资人监督专门力量的应有作用①。

国有重点大型企业监事会以问题和风险为导向，扎实开展集中重点检查和境外国有资产检查，不断提升报告质量，切实督促企业整改，较好地完成了对中央企业的监督检查任务。监事会监督检查发现，部分企业还存在以下问题：

一是内部管控方面。有的企业对所属子企业内部整合不到位，经营资源分散，存在重复投入和同业竞争等问题；有的企业下属单位招投标不规范，存在未按规定公开招标、违规转包分包等问题；有的企业所属子企业存在超发薪酬、违规发放津补贴等现象。

二是经营投资方面。有的企业违规拆借资金或提供对外担保；有的企业所属子企业违规开展融资性贸易和垫资业务；有的企业存在项目可行性研究不充分、盲目投资非主业项目、市场风险估计不足、投资审查不严等问题。

三是境外管控方面。有的企业境外项目存在违规决策、管理不善、风险管控不力、违规垫付大额资金等问题。

四是财务管理方面。有的企业所属子企业通过关联交易等方式虚增收入；有的企业所属子企业存在减值准备计提不充分、跨期入账等现象；有的企业通过“明股实债”为项目融资，存在较大风险。

在国务院国资委设立国有重点大型企业监事会的同时，各省国资委也同步设置了类似的省属重点大型企业监事会。例如，贵州省国资委要求围绕财务监督、决策

---

① 国资委监事会：有企业存在盲目投资非主业项目等问题［EB/OL］．（2018－01－14）［2022－06－16］．http：//mp. weixin. qq. com/s/2SmBo9Xon7HYwlXqK3RHBQ. 来源：国资委网站。

监督、重大投资项目监督、企业负责人行为监督等监督重点，开展专项检查与年度集中检查，通过检查发现问题、提示风险、提出建议。“十二五”期间（2011—2015年），共提交年度监督检查报告85份[①]。2017年开始，年度检查的要求逐步削弱。这一年，内蒙古自治区国资委不再统一组织开展国有企业监事会年度集中检查，监事会根据一年中的日常监督和专项检查情况，按时提交年度监督检查报告，逐户向自治区政府报告年度监督检查情况，继续完善企业年度工作报告制度[②]。

在外派监事会时代，年度监督检查工作结束后，外派监事会要向国资委报送年度审计情况报告、年度监督检查报告和外派监事会年度工作报告。因此，监事会年度检查方案，往往与公司组织的会计师事务所年度财务决算审计工作结合起来，并对会计师事务所的审计过程进行监督，对审计结果作出评价，对审计发现的问题提出相关建议。

值得一提的是，2018年外派监事会制度被逐步取消的同时，国有企业开始普遍实行党的巡视巡察制度[③]。国有企业监事会可以考虑与党的巡视巡察制度相结合，建立定期对企业的巡视制度，统筹企业各项监督力量，定期对企业开展全面的监督诊断，将企业各个职能部门零散的监督行为统一起来，既节省了各部门工作协调的难度，又深化了监督的力度，同时更好地发挥了监事会统筹监督作用，避免了企业重复检查和监督盲区。

其他类型的监事会虽无此要求，但值得借鉴。

国资委、省国资委对所属重点国有企业监事会的年度监督检查报告的格式要求如下：

引言

一、企业概况

二、企业财务及经营管理评价

三、重大事项揭示及处理建议

四、企业主要负责人业绩评价及奖惩任免建议

五、监事保留意见说明

附件

---

① 贵州省积极发挥监事会作用保障国企做强做优做大［EB/OL］.（2016-10-27）［2022-06-16］. http://www.sasac.gov.cn/n2588025/n2588129/c2760388/content.html. 来源：贵州省国资委。

② 内蒙古自治区国资委监事会工作处．内蒙古自治区国有企业监事会2017年工作要点［EB/OL］.（2017-10-13）. http://mp.weixin.qq.com/s/blz1a7EZOtl8eEC0hpolLA.

③ 《中国共产党章程》（中国共产党第十九次全国代表大会部分修改，2017年10月24日通过）第二章第十四条规定：党的中央和省、自治区、直辖市委员会实行巡视制度，在一届任期内，对所管理的地方、部门、企事业单位党组织实现巡视全覆盖。

监事会工作报告附件是监督检查报告的重要组成与补充，与报告正文既相互联系又相对独立。相互联系即要求与正文数据一致，勾稽关系明晰，且不冲突；相对独立即可充分利用附件来体现监事会的工作成果，既丰富整个报告的内容，又避免正文的赘述。如充分发挥企业组织结构图的作用。

附件内容包括且不限于：

（1）企业组织结构图

（2）母、子公司情况表

（3）资产负债表、损益表、现金流量表分析

（4）对外担保、对外借款、对外投资情况表

（5）不良资产情况统计表

（6）企业主要负责人简况表

【制度】某集团公司外派监事会监督检查报告的二十一条要求

第一条：监督检查报告以深入、全面、系统的监督检查工作为基础形成，是监事会监督检查成果的主要体现。

第二条：监督检查报告按照报告时间分为月度、季度以及年度监督检查报告。

第三条：年度监督检查报告的基本结构：

引言

（一）企业概况

（二）企业财务及经营成果评价

（三）企业管理与改革发展评价

（四）重大事项揭示及处理建议

（五）企业主要负责人业绩评价及奖惩任免建议

（六）集团公司交办事项的完成情况

（七）保留意见说明

第四条：引言。简要说明检查的范围、检查时间、检查资产以及参加检查的人员，总结列出监事会开展监督检查的方式方法。参加检查人员包括工作组组长、成员以及其他检查人员等。引言部分不编序号。

第五条：企业概况。简要说明企业所属行业、主业、组织结构、法定代表人及员工情况等。所属行业一般与企业财务决算报表口径一致。主业是指集团公司审批确立的主业；组织结构主要说明企业的管理级次、二级全资及控股子公司数量、控股上市子公司数量，公司名称不必一一列示；员工情况主要说明

年末从业人员和离退休人员数量。

第六条：企业财务及经营成果评价。分析企业会计信息质量，对企业当年经营业绩进行评价，说明当年集团公司下达的考核指标完成情况，并与军工行业经营绩效评价标准作对照分析。

（一）分析企业会计信息质量。简要说明企业会计信息的真实程度，反映会计师事务所年审情况。监事会检查结果与会计师事务所审计结果存在较大差异的，予以简要说明。

（二）评价企业经营业绩。说明当年集团公司下达的考核指标完成情况，并与军工行业经营绩效评价标准作对照分析，对资产和效益的增减变动情况及原因、收入和利润的主要来源、亏损情况及亏损面、偿债压力和财务风险、资产质量和运营效率以及国有资本保值增值情况等进行概括分析。本部分应列示企业经营绩效情况表（见表7－1）。

分析企业经营业绩应有数据支持，评价应有结论性意见，避免就指标论指标。

表7－1　企业经营绩效情况表　单位：万元

考核指标	实际值	考核值	完成度（%）	经营效绩指标	本企业	本行业
产品销售收入				资本保值增值率（%）		
利润总额				净资产收益率（%）		
经营活动现金净流量				总资产报酬率（%）		
存货				成本费用利润率（%）		
应收账款				盈余现金保障倍数		
工业增加值				总资产周转率（次）		
上缴利润				存货周转率（次）		
上缴管理费				应收账款周转率（次）		
				不良资产比率（%）		
				资产现金回收率（%）		
				速动比率（%）		
				资产负债率（%）		
				现金流动负债比率（%）		
				销售增长率（%）		
				资本积累率（%）		
				利润增长率（%）		
				技术投入比率（%）		

注：表中数据采用监事会检查调整后数。“考核值”一栏根据集团公司下达的考核指标来填写，集团未下达考核指标的项目在该项“考核值”中标明“无”。

第七条：企业管理与改革发展评价。评价企业管理水平、内控制度的健全有效性，以及企业持续发展能力和潜在风险，反映企业执行国有资产监管政策及集团相关制度情况。

（一）企业经营管理与改革评价

简要概括企业当年经营管理和改革发展、内控机制建设方面的重要举措和成效，侧重揭示企业经营管理和改革发展中存在的问题和薄弱环节，反映内控制度存在的隐患及风险。

经营管理与改革评价应体现企业特点，根据实际情况确定内容和篇章布局。避免过多描述过程，不必对各项管理逐一评说。对企业经营管理方面存在的问题、薄弱环节应提出明确的建议。

（二）企业可持续发展能力评价

从企业财务效益状况及变化趋势、主导产品的市场地位及变化趋势、技术、人力资源、管理和产业政策等方面对企业可持续发展能力进行全面分析，突出评价企业的核心竞争力，着重分析潜在的重大风险和发展机遇。

（三）企业执行国有资产监管有关政策及集团相关制度情况

综合反映国有资产监管有关政策及集团公司相关制度在企业的执行情况，重点揭示企业领导人员选用、收入分配、职务消费、非主业投资、高风险业务投资、产权转让等方面的情况，对存在的问题应提出明确的处理建议。本部分内容可单独作为一部分，也可与企业经营管理评价结合反映。

第八条：重大事项揭示及处理建议。简要说明企业当年重大财务活动和重大经营决策的合法、合规性，揭示涉及国有资产安全、企业及其负责人违法违纪违规、企业发展中重大普遍性和倾向性问题、以前年度报告反映但尚未得到落实处理的重大问题，以及工作组组长和监事会主席认为需要揭示的其他问题，并提出明确的处理建议。

（一）重大事项应把握重要性原则，一是金额较大，二是性质严重。不宜作为重大事项反映的，可以作为经营管理评价的内容。企业已经反映、有关部门正在处理或已经处理且监事会无反对意见的问题，一般不作为重大事项反映。

（二）重大事项描述应做到要素齐全、定性准确，引用法规适当。处理建议应与重大事项相对应，一事一建议，建议应具体、可操作，并明确落实处理的具体部门和单位。

（三）已在专项报告中反映的重大事项应扼要概括反映。

第九条：企业主要负责人业绩评价及奖惩任免建议。包括对企业董事会的总体评价、对企业经营班子的总体评价和对企业主要负责人（总经理、党委书记、总会计师）的个别评价三部分。个别评价应提出明确的任免建议。

（一）企业董事会的总体评价

监事会对董事会运作和董事整体履职情况进行评价。重点反映董事会制度的建设及完善情况：董事会与经理层职责划分、董事会议事规则和重大事项决策机制、董事会决策落实及经理层执行董事会决策情况等。监事会可根据情况对董事会成员进行个别评价。

（二）企业经营班子的总体评价

结合企业重大决策机制和经营管理行为，评价经营班子的整体能力和水平，分析班子年龄、知识背景等结构的合理性，工作机制的科学性和有效性，经营班子整体的经营管理业绩和存在的问题。

（三）企业主要负责人个别评价

着重分析评价企业主要负责人的经营管理能力和水平，对企业取得的经营业绩和管理成绩所发挥的作用，对存在的问题应负的责任。对主要负责人的评价应与经营管理评价相照应，体现个人特点和岗位职责，避免套话。评价内容应客观、准确，一分为二。

（四）检查期间遇经营班子中主要负责人调整变化的，须说明任免情况，可以不评价，不提任免建议；监事会主席认为有必要的，可以对主要负责人以外的其他班子成员予以个别评价并提出奖惩任免建议，并在附件中列示其个人简况表。

第十条：集团公司交办事项的完成情况。简要说明国家有关部门和集团公司下达的审计决定、审计意见书的整改情况、集团公司相关部门书面要求公司对专项问题的整改情况以及集团公司各部门交办的专项监督事项的完成情况。未完成整改的事项以及未完成的监督事项应说明原因。

第十一条：保留意见说明。反映工作组组长和监事对报告事项的意见。如工作组组长和监事对报告事项有原则性不同意见，应作出简要说明；如无不同意见，可用“各监事对报告事项没有不同意见”的方式表述。

第十二条：监事会编制年度监督检查报告时，应同时编制报告摘要；报告摘要包括资产和效益评价、持续发展能力评价、存在的问题及处理建议、主要负责人业绩评价及奖惩任免建议等四部分内容。报告摘要与报告应观点统一、内容照应。重大事项部分揭示的问题和处理建议应与报告一一对应。报告摘要力求高度概括，避免从报告中整段摘录。

第十三条：年度监督检查报告附件包括资产负债表检查调整表、利润及利润分配表检查调整表、企业组织结构图、母子公司情况表、对外借款情况表、风险业务及或有事项情况表、投资情况表、不良资产情况表、企业主要负责人简况表等。

第十四条：季度监督检查报告基本结构如下：

引言

（一）工作组季度各阶段工作开展概况

（二）企业财务分析和评价

（三）企业重大经营决策事项的合法、合规性

（四）重大问题揭示及处理建议

（五）监事会认为需要报告的其他事项

（六）保留意见说明

第十五条：工作组季度各阶段工作开展概况。简要说明季度各阶段总体时间安排，季度工作计划总体完成情况，参加董事会、办公会等会议情况以及监事会会议召开情况等。

第十六条：企业财务分析和评价。简要说明企业会计信息的真实性，对企业重大财务活动的过程、结果以及合法性进行跟踪分析和评价，对财务活动的重大异常进行深入分析。

第十七条：企业重大经营决策事项的合法、合规性。简要说明企业重大事项决策制度的建立以及执行情况，对产权交易、权益变动、对外投资、大额举债、担保抵押和资产处置等重大经营决策事项的合法、合规性进行评价。

第十八条：重大问题揭示及处理建议。对涉及国有资产安全、企业及其负责人违法违纪违规、企业发展中重大普遍性和倾向性问题、上季度报告反映但尚未得到落实处理的重大问题，以及工作组组长和监事会主席认为需要揭示的其他问题，并提出明确的处理建议。

第十九条：工作组认为需要报告的其他事项。对集团公司交办事项的监督工作完成情况、监督检查中要求企业整改而且企业已经整改完毕的重大问题以及工作组认为需要报告的其他事项。

第二十条：月度监督检查报告主要对企业财务活动重大异常和重大经营决策进行分析和评价，基本结构如下。

（一）企业月度快报的真实性

（二）企业财务活动重大异常分析和评价

（三）企业重大经营决策分析

（四）监事会认为需要报告的其他事项

第二十一条：年度监督检查报告、季度监督检查报告、月度监督检查报告分别在年度终了三个月内、下季度的第一个月开始 15 日内、下一个月开始 10 日内报送给集团公司监事事务办公室，每季度最后一个月不再报送当月月度监督检查报告。

值得说明的是，年度监事会工作报告是规定动作，在某些行业，某些企业监事会还需要出季报、半年报。

二、专项检查报告

2019 年 6 月 4 日，在清华大学熙春园餐厅，笔者和来该校学习的四川某监事会主席聊监事会的规定动作[①]，纪委、审计如何联合监事会开展检查[②]等问题。我们聊到了一个专项检查的案例。

2019 年，经人举报，某集团公司的投标书上的备件数量和实际数量不符。由于该工程行业的备件数量、数额均比较大，该公司监事会主动组织内部审计，发现了该公司备件库存管理中的账实不符等问题，并出具了《专项检查报告》，发出了整改通知书。一个月之后，集团公司聘请第三方中介机构，也开始了关于工程项目备品备件管理的专项检查。巧合的是，两个月后，政府审计（审计署的审计一般不聘请外部中介机构）也就这一问题进行了专项检查。

可见，专项检查是监事会工作的重要抓手。监事会开展专项检查，落实专项报告制度，进一步掌握企业的经营和经济运行状况，掌握公司贯彻执行有关法律、法规和遵守公司章程、股东会决议、决定执行情况，可了解企业的风险点，及时采取措施防微杜渐，防范公司颠覆性风险。

监事会研究确定专项检查计划，并组织开展专项或者专项检查活动。专项检查一般需要制订方案、组织力量、实施检查、完成专项报告。同时，监事会可根据专项检查的需要把重要子公司纳入直接检查范围或者督促集团公司向重要的二、三级子公司延伸检查，以增强专项检查的深入性。检查结束后，要以专项或者专项检查报告的形式向国资委或股东作出汇报。专项检查报告对专项检查的问题，要做到事实清楚、数据确凿、依据充分、定性准确、建议可行，所写的报告要迅速、及时，一事一报。

【案例】四个典型的专项检查

一、北京市国资委 2014 年监事会专项检查

北京市国有企业监事会编制的《2014—2015 年度北京市国有企业监事会专项报告》显示，北京市国资委所属企业 2014 年的监事会专项报告包括：

（1）关于首创集团参与竞购新西兰垃圾处理项目的专项意见。

（2）关于首创集团发行可（永）续债需要研究与明确会计处理的专项报告。

---

① 1. 写好监事会年度工作报告，做好年度计划。2. 开好监事会，做好议案管理。3. 列席重要会议，有会议记录。4. 与单位、内审等部门做好联合检查，解决公司“跑冒滴漏”等问题。5. 对公司颠覆性风险事项发表意见。6. 服务是最好的监督。7. 协调好法务、内审、内控、合规、风控等方面的工作，防范经营风险。

② 检查的发起主体可以由两个变为三个，加上监事会，刻一个监事会的章。

（3）关于首钢长钢公司发生银行承兑汇票风险的专项报告。

（4）关于北控环保工程技术有限公司锅顶山垃圾焚烧发电厂污染环境情况的专项报告。

（5）关于北京汽车集团投资美国 Atieva 公司的专项报告。

（6）关于京投公司所属京投银泰股份有限公司转让股权情况的报告。

（7）关于京能集团设立鑫亿中西部投资基金项目的专项报告。

（8）关于对北京市基础设施投资有限公司所属北京京投轨道交通资产投资管理有限公司专项检查报告。

（9）关于北京国锦文化创意发展有限公司莱锦文化创意产业园项目后评价的专项报告。

（10）关于北京京城机电控股有限责任公司拟对北人股份重大资产重组置入资产 2013 年未达预期盈利的差额进行补偿的专项报告。

（11）关于北京西客站南广场公交枢纽过街天桥搁置和隐患情况的专项报告。

从这些专项报告，我们可以看出北京市国资委监事会 2014 年的工作重点，内容包括并购、股权转让、投资后评价、重大资产重组、安全隐患、会计处理等内容。

二、福建龙岩市国资委 2016 年的监事会专项检查

2013 年以来，福建龙岩市国资委和监事会工作组每年组织一次监事会集中检查，2016 年起增加一次专项检查。福建龙岩市国资委每年上半年组织专项检查、下半年组织年度集中检查。专项检查针对不同时期不同企业存在的突出问题和下级企业监事会报告的事项，确定不同的检查重点，形式可以相对灵活。年度集中检查应从一级企业入手，根据需要确定检查重点和检查项目，并根据问题线索延伸检查相关权属企业和项目。2016 年，福建龙岩某企业的专项检查包括：

一是配合市国资委开展账户清理等事项的专项检查；

二是利用内部审计力量，对国有企业的不动产进行专项检查；

三是委托中介机构对企业内部风险管控进行专项检查，特别是内控制度的建设情况以及对已建立的内控制度的有效性进行抽查；

四是必要时，配合纪检监察审计部门开展集团及所属子公司的“三公经费”等专项监督检查。

五是加大专项报告的深入研析与运用，把孤立在各个报告中的碎片信息进行深度加工，找到典型性、共性、特殊性问题，具体问题具体分析，定位“病灶”“一企一策”，提出具体、可操作的意见建议。

三、内蒙古自治区国资委2017年的监事会专项检查

内蒙古自治区国有企业监事会2017年工作要点是以专项检查为抓手[①]，突出监督效力。监事会针对企业经营薄弱环节和风险隐患，自选主题探索开展专项检查，可根据需要聘请社会专业中介机构协助开展。专项检查后，提交专项报告。监事会检查发现的企业重大决策不合规、生产经营中的重大风险、重大国有资产流失问题、企业领导人员违法违纪违规线索以及监事会主席认为应当立即报告的其他情况，要形成专项报告或情况报告，及时向国资委报告。

四、某民营企业监事会从成本出发组织的专项检查

该公司对综合管理部归口管理费用进行专项监督。监事会组织计财部门和综合管理部对综合管理部归口管理费用逐项分析，提出改进意见建议。

在固定运维费管理方面，监事会提出将各项费用管理职责明确到岗位、费用实行按月（或按季）定期结算、对合同和协议性费用采用后付方式（即见到发票再付款）而非借支形式预付等建议。

在日常营运费用管理方面，监事会提出整合供应商，采用定期结算方式、加强事前审批等意见。此外，定期查阅公司经营分析报告、财务报告、审计报告，以及公司信息统计数据，定期检查并审核公司的财务状况、经营情况和内部控制，对公司装修工程费用和业务招待费、外协费、会议费、办公用品采购等运营费用相关支出进行监控，核查费用支出审批流程的合规、合法性，有大额开支的，均向计财部或当事人了解相关情况。

一般来说，监事会进行专项检查有以下驱动：

（1）上级国资委、股东或者公司一把手关注。例如，2009年，上海汽车集团监事会按照市国资委关于加强对企业内控制度进行监督检查的要求，结合上海汽车集团2007年内控制度修订和实施以来的情况，会同集团纪检、监察、审计等职能部门，对上海汽车集团内控制度，建立和执行情况开展了专项检查[②]。

（2）监事会自驱动。例如，某公司监事会下达“一企一题”的专项检查任务要求，制订房地产销售管理情况专项监督检查方案和招投标情况专项监督检查方案。

（3）离任审计或者公司领导出事情之后。

外派监事会的工作专报的格式如下所示。

---

① 内蒙国资委监事会工作处．内蒙古自治区国有企业监事会2017年工作要点［EB/OL］．（2017-10-13）［2022-06-16］．http：//mp. weixin. qq. com/s/blz1a7EZOtI8eEC0hpolLA.

② 蒋应时．国有企业监事会履职实录［M］．上海：上海社会科学院出版社，2013年.

关于××××公司××××的专项报告

监事会主席： 年 月 日

国务院或国资委：

一、（一级标题用三号黑体）

（一）（二级标题用三号楷体）

1.（三级标题用三号仿宋体）

正文部分（正文用三号仿宋体）

【专题】监事会主席专报

在2000—2018年的外派监事会时代，政府的国资管理机构以及集团公司（中央一级或者省一级国有企业）有监事会主席专报要求。例如，2016年，贵州省国资委制定印发《贵州省国有企业监事会监督检查成果运用暂行办法》，对监事会近年来通过监督检查后提交的200余份主席专报、监督要情、工作动态等当期监督信息以及监事会年度监督检查报告中所揭示的问题和风险，省国资委逐一听取汇报，召开党委会议或专题会议集中进行研究①。对揭示的问题和风险，明确党委领导和责任处室督促企业整改，会同监事会抓好问题整改的跟踪、督促和检查。

外派监事会时代的监事会主席专报值得借鉴。监事会主席专报一般反映以下内容：违法违规行为、重大资产损失、领导班子情况、重大决策情况、监事会主席认为的需要专门报告的其他情况。

例如，山西某煤业集团公司规定，监事会主席专报由任职公司监事会主席（含集团公司指定监事报告人）个人向集团巡视督察董监事工作办公室直接报告，一般为重大的、即时的情况；监事会主席专报一事一报，并应在发现事项的两个工作日内报送，对紧急、突发的重大情况，可在口头报告后再书面报告；监事会主席专报具体内容如下。

一、违法违规行为

任职公司和公司领导人员在资产运作、财务运作及重大生产经营活动中的违法违规行为，包括：（1）公司因侵犯国家或其他公司权益的行为，受到司法机关追诉的；（2）公司高级管理人员违反党纪、政纪和触犯法律，并损害股东权益被纪检、监察、司法立案审查或结案处理的行为；（3）公司决策层超越决策权限或违反决策程序而作出的决策行为；经营层超越授权范围，擅自进行重

---

① 贵州省积极发挥监事会作用保障国企做强做优做大［EB/OL］.（2016-10-28）［2022-06-16］. https://mp.weixin.qq.com/s/cgknq9pX8j7GsQp8kktNkQ.

大经营活动的行为；(4) 公司未按规定建立健全内部管理、内部监控制度；公司虽建立了制度，但未按规定进行操作的行为；(5) 公司在财务会计工作中有重大弄虚作假的行为；(6) 公司高级管理人员隐瞒事实，阻扰和影响监事会履行职责的行为；(7) 公司未经集团公司同意，擅自在境外设立经营机构、设立集团公司三级以下（含三级）子公司的行为；(8) 公司领导人员违反经营者契约的行为；(9) 公司违反出资者意愿的行为，擅自更改集团公司战略规划和资产经营预算的行为；(10) 其他违法违规行为。

二、重大损失

任职公司已经或可能造成股东权益重大损失，单项资产损失在100万元以上，或损失额虽不足100万元，但占该公司净资产30%以上，后果严重的各类资产损失，包括：(1) 因被诈骗、盗窃等原因造成损失；(2) 发生因担保、抵押、质押等情况须承担赔偿责任，造成损失；(3) 对外投资和工程项目遭受损失；(4) 股权转让或置换中造成损失；(5) 因产权纠纷经有关部门裁决而造成公司财产、经济损失；(6) 因存有大量不实资产而造成损失；(7) 因其他原因而造成损失。

三、重大决策

企业的重大决策、经营行为，若以非会议表决或任职公司临时董事会会议决策的，或任职公司经营者行使单项经营行为的，则以专报反映，包括：(1) 任职公司董事会决策事项；(2) 贯彻晋城煤业集团意愿、战略，预算的拟定、执行和调整，契约的履行等事项；(3) 任职公司经营者执行董事会决议情况；(4) 任职公司相关重大事项，如投资、担保、融资、改制、投资分配、大额资金转移、关联交易、薪酬分配、重要人事调整等。

四、监事会主席认为需要专报的其他事项

山西某煤业集团设有集团巡视督察董监事工作办公室，做实了监事会的相关工作，使监事会主席报告有价值。民营企业的监事会主席可借鉴此做法，将有关情况向股东会报告。

三、综合检查报告

建立在综合检查基础上的报告，就是综合检查报告。综合检查报告要有分析、有综合、有新意、有重点。

外派监事会时代的基本情况报告就是一种综合检查报告。

基本情况报告是监事会开展监督检查工作的起点，通过基本情况调研和报告可以了解、掌握企业发展的趋势、特点和存在的问题，为开展对所在企业的监督工作打下基础。通过多种形式的深入调研，了解、掌握所在企业的基本经营业绩和管理状况，分析所在企业的发展特点，提出发展中存在的问题，形成了所在企业的基本情况报告。

监事会基本情况报告的编制目的是：(1) 概述监事会开展基本情况调研的过程和方法，向市国资委报告监事会开展监督检查工作的情况。(2) 分析并向市国资委报告被监管企业的总体情况、发展态势以及国资运行的基本情况和存在的主要薄弱环节。(3) 向市国资委报告监事会下一步监督检查工作的方向、重点和主要安排。

根据基本情况报告的编制目的，其内容主要包括以下三个方面①。

1. 监事会对企业开展调研、监督检查工作的主要情况

(1) 监事会对企业及其下属子公司、分公司现场调研的基本情况；

(2) 监事会与企业及其下属子、分公司领导及有关职能部门之间沟通、交换意见的情况；

(3) 监事会收集掌握企业主要信息资料、文件政策、法律文本、财务报告的情况；

(4) 监事会开展建章立制、构建工作网络、明确工作职责等自身建设的情况。

2. 监事会对企业资产运作、财务状况、企业发展前景、主要薄弱环节等方面情况的分析，一般应包括：

(1) 企业及其所属子、分公司资产分布、结构情况；

(2) 企业在进行产业结构调整、产品结构调整方面的情况；

(3) 企业及其子、分公司主要领导的精神面貌和工作状态；

(4) 企业母子公司的权责划分情况和内部资产运作监督体系和内部控制制度的建设情况；

(5) 企业的发展战略、持续发展能力情况（可从行业发展趋势、企业所处发展阶段、市场竞争环境、政府鼓励扶持政策等方面进行综合分析）；

(6) 企业及其子、分公司的资产质量、重点亏损企业和不良资产的情况；

(7) 企业近三年的经济效益、财务状况和国有资产保值增值情况；

(8) 企业重要管理制度的建立和执行情况（包括全面预算管理制度、国资收益管理制度、重大投资决策制度等）。

3. 下一步监事会工作的方向和监督工作重点

(1) 对监管企业所属子、分公司的资产运作情况作进一步的调研、了解；

(2) 督促企业所属子、分公司建立健全产权监督网络；

(3) 根据监管企业资产运作的实际，会同有关部门组织开展各项资产运作专项监督工作。如对外担保、对外投资、大额资金运作、土地置换、应收账款；

---

① 考拉君．监事会：国资委想要的基本报告应该怎么写［EB/OL］.（2017-09-08）［2022-06-16］. https：//mp. weixin. qq. com/s/xyz8fy9dZfqQjR_NoI3uJQ.

（4）对监管企业中的重点亏损企业、管理薄弱企业、新的投资工程或项目进行跟踪调研；

（5）会同财务总监、纪委、审计、监察等职能部门，从控股公司自身职能出发，建立健全有关的内部监控制度；

（6）加强监事会的自身建设和基础管理工作。包括收集派驻企业资产的信息、资料，制定监事会工作的基本制度等。

基本情况报告是国有企业新上任监事写的报告。随着2018年春天，国有重点企业监事会职能划到审计署之后，基本情况报告便已取消，但仍值得借鉴。其核心思想是，监事下车伊始，初来乍到，对企业情况不了解，这个报告可以对所任职情况有一个全面的摸底。

老牛亦解韶光贵，不待扬鞭自奋蹄。如果我们刚刚担任一家公司的监事会主席，对所在企业的情况不了解，可以这个报告的思路，编写一个所在企业的基本情况报告，作为监事会三年任期的基石。

四、监督检查报告的要求

没有废话、“顶天立地”的文章是好文章。监事会的监督检查报告也是这样。监督检查报告应该“顶天立地”，格式规范，结论与分析相结合、正反评价相结合、定量数据与定性评价相结合。

什么是“顶天立地”？顶天是立意要高，角度要独特。如同一张照片，角度选择的好，视界就不一样。立地，是要接地气，有调查研究，有操作性。实地监督检查工作是监督检查报告基础，是“接地气”的源头。只有在深入、系统、全面的实地监督检查工作基础上撰写的监督检查报告才有价值和意义。监督检查报告质量的提高，首先是实地监督检查工作质量的提高，然后才是监督检查报告撰写水平的提高（见图7－9）。

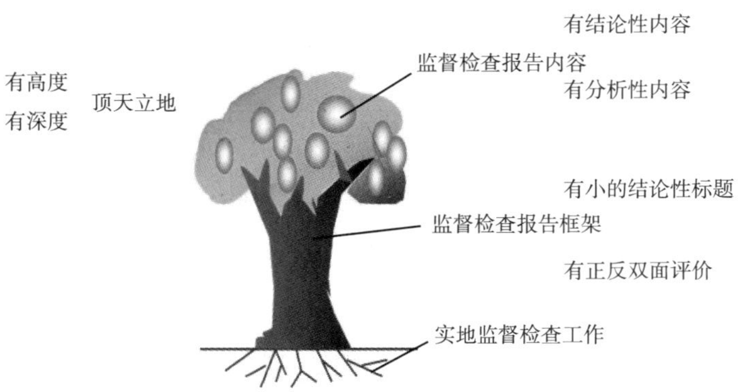

图7－9　“顶天立地”的监督检查报告

监督检查报告框架要注意格式规范。上市公司、国资委、地方国资委对监事会年度工作报告的格式有不同的要求，要根据相关制度和规范的格式编写。此外还应注意，标题要点明核心内容。多用结论性、评价性语言作标题，概括、提炼本段内容，能将相关情况材料很好地组织起来，做到层次清晰、观点鲜明，也方便不同层次的报告使用者阅读研究。

监督检查报告还应该注意三个结合。其一，结论与分析相结合。有结论性和分析性内容。其二，正反两面评价相结合。从正面（积极、良好的一面）和反面（消极、不足的一面）来考察、评价企业，有利于较全面地把握企业的客观实际，提高评价的准确性。其三，定量数据和定性评价相结合。为了提高监事会工作报告的质量，应该注意监事工作底稿的保存。用数字说话，以事实支撑，使报告更具说服力。一个好的监事会报告应评价客观公正、事实数据确凿、依规定性准确、建议合理可行。

相对而言，外派监事会时代（1998—2018 年）更大张旗鼓地进行监事会的工作检查。彼时，监督检查是外派监事会的重要管理手段。监督检查报告和专项报告是外派监事会工作成果的主要体现，中央一级企业的监督检查报告要向国务院常务会议汇报，监事会主席对报告负责。

2006 年，国资委出台《关于加强和改进国有企业监事会工作的若干意见》（国资发监督〔2006〕174 号），对外派监事会的监督检查和专项报告提出了一系列的要求：（1）做实检查、发现问题。要深入企业，深入一线，深入检查，不断提高监督检查质量。通过加强日常监督，全面了解企业情况，掌握企业真实动态，分析企业存在的问题，确定检查的重点事项和重要子公司。要增强监督的灵敏性，善于发现问题，认真进行核查，检查结果要经得起检验。要研究制定监督检查作业准则，进一步规范监督检查程序，指导监督检查工作。（2）写好报告、做好报告。要在深入开展检查和充分研讨的基础上，认真撰写报告，及时、准确地反映企业情况，客观、公正地评价企业的经营业绩和企业负责人的经营行为。对报告中揭示企业存在的问题要做到事实清楚、数据确凿、依据充分、定性准确、建议可行。要进一步规范报告内容，简化审核程序，提高运转效率，切实加强监督检查报告的综合汇总，做好每年一次向国务院常务会议汇报工作。要组织研究企业改革发展中存在的普遍性、倾向性问题，特别是国有资产流失方面的共性问题，深入分析其形式、特点和根源，提出治理对策，提供决策参考。

2018 年春天的两会以后，外派监事会逐步结束了其历史使命。但是外派监事会沉淀下来的监督检查经验被各类型的监事会广泛借鉴，并得到发扬光大。监督检查成为监事会一项很重要的工作内容。一般公司的监事会也可以根据需要进行监督检查。例如，四川某公司监事会在审计报告中提示公司备件管理不到位的问题。该公司监事会将此专项监督检查作为工作重点，及时发现问题，提高了管理水平和经济效益。又如，某农商行的一位专职监事，有针对性地检查该银行的各项工作，每三个月提交一个专项报告，题目自拟。题目可以是专职监事年度计划内的，也可以是专职监事年度计划外的。

第五节 整改通知书与整改落实情况报告

监事会发现问题不是目的，如何监督整改才是重点。

切实抓好监事会检查发现问题的整改落实，整改结果要和监督检查报告放在同等重要的位置上。实地监督检查发现的问题不小且不少，但一些企业在整改过程中却打了折扣。为了切实提高监督成效，监事会要致力于按照监督检查、发现问题、报告问题、督促整改的全过程打造监督闭环，尤其紧盯不放监督检查过程中发现的企业重大问题和风险，直至问题得到整改，风险得到释放。帮助董事会、高管及时纠偏，不断提高经营管理效能。

2021 年 4 月，《杭州市国资委专项监督检查工作实施办法（试行）》注重问题整改，对检查中发现的各类问题认真分析梳理，并下发整改通知书，提出整改要求。企业提交整改方案，明确整改举措、责任部门、责任人和整改期限。实行建号销号管理，对认定为已整改的事项，由监督检查处予以销号处理；对认定为部分整改或未整改的事项，由责任处室继续跟踪督查，直至整改完成；对受历史或客观因素制约整改确实存在困难的，可作为特殊事项，酌情销号处理。对检查中发现的典型性、普遍性、倾向性问题，及时分析研究，制定或完善相关管理制度。加强检查结果在业绩考核、薪酬分配等方面的运用，检查情况和整改情况纳入企业负责人经营业绩考核。对存在不配合检查工作、提供虚假资料、整改落实不力等情况的，根据管理权限追究相关人员责任。

一、监督检查闭环管理

江苏省国资委十分重视监事会监督检查闭环管理、验收销号工作。问题验收必须严格执行“四个标准”：一是问题发生的原因是否已经查明；二是解决问题的办法是否已经落实；三是举一反三的长效机制是否已经建立；四是相关责任是否已经认清。并要求实事求是、全程留痕，要向省国资委党委负责，经得起时间和历史的检验。

二、监事会发出监督检查整改通知书

监事会的检查报告梳理了企业存在的主要问题或风险，并提出了有针对性的意见和建议。为促进企业落实问题整改，提升管理效能，监事会下发监督检查整改通知书，整改通知书主要框架包括：检查基本情况、发现的主要问题、相关建议、整改要求。监事会要求企业针对年度报告反映的问题，认真分析原因，研究制定措施，积极落实整

改。同时，密切关注、跟踪整改情况，年底前将企业整改落实情况写入监事会年度报告，有条件地向上级管理部门报告。企业落实整改情况将作为企业年度考核的重要内容。

首先，要求被查企业落实问题整改的主体责任。对监事会集中检查和专项检查中揭示的问题，企业必须高度重视，认真分析并制订整改方案，明确整改措施，落实责任领导、责任部门和具体责任人员，规定整改时限，确保整改到位。

其次，切实落实问题整改的监督责任。建立发现问题的整改清单和台账，同时把检查发现问题的整改情况列为下一次检查的重点内容，对问题整改不落实的企业，可要求国资委、一级企业外派监事会约谈企业负责人和相关责任人，责令其整改，对屡查屡犯、拒不整改甚至造成损失的企业和个人，按照《国有企业违规投资经营责任追究制度》等相关规定进行问责。

最后，按轻重缓急解决问题，关注重大隐患不放松。有些问题可能会在平时的交流与沟通中就得到了整改。不能即时解决的问题，往往涉及企业发展的历史、管理的基础和现实中企业外部环境等因素，整改有难度是正常的。监事会要查看企业制订的整改方案，形成监事会督改时间表，融入下一阶段的监督检查工作，对重大、重要问题整改情况还可以进行专题深入调研，进一步拟定专项检查工作计划[①]。

通过整改，企业漏洞被堵、扶弱补短、经济效益提升、监事会成员的努力没有白费，自然是好事，但更重要的是那些在短时间内不好解决，却事关企业持续发展，能够让企业基业长青的问题的整改情况和效果。企业自身给自己“动刀子”，更需要监事会以一个相对“局外人”的身份，通过行使监督、督察的权力，推进企业内部改革，实现企业可持续发展。

三、被监督企业反馈整改落实情况的报告

监事会发现问题整改落实情况的报告是被监督企业写给监事会或者国资委的。我们来看一个被监督企业反馈整改落实情况的报告范本。

【案例】监事会发现问题整改落实情况的报告范本

《××公司关于监事会发现问题整改落实情况的报告》

国资委：

引言

一、整改落实组织情况

概括介绍整改落实组织工作情况。包括但不限于成立领导小组、指定牵头

---

① 关健宏．监事会改革：如何监出责任，督出效果？［EB/OL］．（2016－11－24）［2022－06－16］．https：//mp.weixin.qq.com/s/416LDK2GjN8J0LTY8vhiLg.

部门、整改落实责任分解情况，整改落实进度安排及完成时限等。

二、整改落实情况

（一）总体整改情况

描述整改落实工作的总体情况。如针对监事会发现的××项问题，制定了××项整改措施，××项措施已经完成，整改完成率为××，××项整改措施正在持续推进，预计×月×日前完成全部整改任务。

汇总反映整改措施及成效，包含但不限于以下方面：

（1）减少（避免）损失××万元，其中，收回土地、房屋、车辆等资产××万元；清退超发的薪酬福利××万元；降低风险业务风险敞口××万元；清理收回“小金库”资金××万元；中止有重大风险的投资项目××个，涉及金额××万元；压减投资规模××万元；清收贷款、应收款、垫付资金等××万元；解除不合理担保责任××万元。

（2）纠正××财务问题，涉及金额××万元。

（3）根据监事会反映的问题线索，共处分相关责任人××人次，其中，××人被移交司法机关，××人被调整职务，××人受到纪律处分，诫勉谈话××人，扣减责任人员薪酬××万元，其中，涉及集团公司××人。

（4）制（修）订完善××项制度。

（二）已完成整改情况

根据监督检查情况通报要求，反映已完成整改问题情况，突出反映整改落实情况及取得的成效，力求成效明确、点面结合、数据详实。企业利用整改契机，全面排查自身风险点的整改情况，一并纳入反映。涉及××年度境外国有资产检查的企业，境外检查整改成效单独列示。

（三）正在整改情况

反映整改工作进展及阶段性成果，明确下一步整改措施、工作分工、进度安排及完成时限等。涉及××年度境外国有资产检查的企业，相应整改措施单独列示。

联系人：

联系电话：

企业名称（盖章）

20××年×月×日

【制度】某集团公司监事会监督检查成果运用管理办法

第一章 总则

第一条 为规范某集团公司派出监事会（以下简称“监事会”）监督检查

成果的运用，充分发挥监事会在企业国有资产监管中的作用，促进企业又好又快发展，根据《国有企业监事会暂行条例》《某集团公司监事会工作实施办法（试行）》和《某集团公司片区监事会工作组工作实施细则（试行）》的规定，制定本办法。

第二条 本办法适用于集团公司全资子公司和控股子公司，参股公司参照执行。

第三条 监事会监督检查成果的表现形式主要为：月度、季度、年度监督检查报告、专项监督检查报告、高管人员履职情况报告、监督检查管理建议书、监事会提醒函、监事会监督检查专报和监事会监督检查成果运用建议函等。

第四条 监督检查成果的运用应当遵循以下原则：

(1) 坚持实事求是、客观公正、适当公开、注重实效的原则。

(2) 根据监督检查成果运用方式选择恰当表现形式的原则。

(3) 整改、规范与违纪违法必究相结合的原则。

(4) 相关职能部门协调配合、恰当运用的原则。

第五条 各级监事会要逐步健全监督检查成果运用机制，拓宽成果运用范围，深入推进监督检查成果的运用。

第二章 监督检查成果在集团公司总部的运用

第六条 集团公司相关部门要充分利用监事会的监督检查成果，在履行出资人相关职责时，征求监事会意见。监事会要充分发挥常驻企业熟悉情况的优势，对有关部门征求的意见，要积极予以配合，认真负责地发表意见和提出建议。

第七条 集团公司审计部在对各监事会上报的月度、季度和年度监督检查报告、专项监督检查报告以及高管人员履职报告等进行分析汇总的基础上，形成集团公司监事会监督检查专报（以下简称“专报”）上报集团公司领导。

第八条 集团公司领导对“专报”批示后，审计部及时将领导批示意见传达到监事会。

第九条 集团公司审计部根据集团公司领导批示和各部门职责，将专报需要落实的事项和建议以监事会监督检查成果运用建议函的形式送达到相关部门，由相关部门负责处理落实。

第十条 相关部门将处理落实专报有关事项和建议的情况直接报集团公司领导，同时抄送审计部。审计部负责跟踪了解监督检查成果的运用情况，并定期汇总报集团公司领导。

第十一条 集团公司审计部按照职责分工，将年度高管人员履职情况报告分别送至集团公司人力资源部、资本运营部和财务部，将各类报告中关于企业负责人及其他重大违法违纪线索的内容送至集团公司党群工作部（监察部）。

第十二条　集团公司人力资源部在考察企业领导班子时，应安排相关片区工作组组长（以下简称“片区组长”）或监事会主席参加相关会议，听取片区组长或监事会主席的意见。

第十三条　集团公司财务部、资本运营部分别在对集团公司委派总会计师和企业董事长、董事进行年度考核时，要听取相关片区组长、监事会主席的意见，或者参考监事会出具的高管人员履职情况报告。

第十四条　集团公司审计部在对企业主要负责人进行任期经济责任审计时，要充分发挥监事会的作用，安排有关片区组长或监事会主席参加述职报告会和谈话等工作，片区组长或监事会主席对企业绩效的评价形成该企业绩效定性评价的一部分。

第十五条　根据监事会提供的违规、违法和违纪线索，集团公司审计部、党群工作部（监察部）分别对企业开展专项审计或专项调查。

第十六条　对集团公司相关部门提请监事会关注的重要事项，监事会应认真进行监督检查，并将监督检查结果直接报送到相关部门，同时抄送审计部。

第十七条　对听取意见的内容，监事会应召开会议进行集体研究讨论，形成明确意见，必要时可出具书面材料。

第十八条　集团公司相关部门制定并印发各企业的有关意见、批复、通知等，应同时通过集团公司官网抄送相关企业监事会。

第三章　监督检查成果在企业的运用

第十九条　监事会在不参与、不干预企业经营决策和经营管理活动的前提下，将监督检查中发现的、需要由企业自行纠正的问题，在查清核实的基础上，通过适当方式与企业交换意见；对需要提请企业关注的事项，向企业主要负责人提示。

第二十条　监事会可以就下列问题与企业交换意见：

（1）财务管理和会计基础工作薄弱，会计政策选用不当，造成会计核算和会计处理不规范的问题。

（2）内控制度不健全或不落实，需要进一步完善或落实的问题。

（3）缺乏科学的决策程序或未按规定程序决策的问题。

（4）群众反映较为强烈，但尚不属于违法违纪方面的问题。

（5）监事会认为需要与企业交换意见的其他问题。

第二十一条　监事会不得就下列事项与企业交换意见：

（1）对企业经营班子和主要负责人的业绩评价以及奖惩任免建议。

（2）企业负责人和其他重大违法违纪案件的线索。

（3）监事会报告中反映的不属于企业自行纠正范围的其他问题及建议。

第二十二条　监事会可以采取以下形式与企业交换意见：

（1）由监事会主席代表监事会，与企业主要负责人进行座谈沟通，监事会主席指定专职监事或其他监事会成员参加。

（2）由监事会主席签发监事会提醒函，或代表监事会向企业主要负责人提示。

（3）由片区组长与企业负责人沟通，需要整改的问题和建议向企业下达监督检查意见书或监督检查管理建议书。

第二十三条　监事会通过交换意见要求企业自行纠正的问题，企业应认真整改，并及时反馈整改结果。企业未予整改的，可由监事会提出，以集团公司审计部名义向企业下达整改意见书，督促企业整改。

第二十四条　各企业在收到整改意见书、监事会提醒函、监事会管理建议书等文件后，要认真根据文件中提出的问题和整改建议，制订出具体的整改计划和措施，逐一明确落实整改的具体责任部门和责任人，保证落实整改措施到位，并及时把整改情况上报给监事会。

第二十五条　监事会要对问题整改、建议落实情况进行持续跟踪检查，及时将跟踪检查情况上报集团公司审计部。

第四章　监事会监督检查成果的管理与控制

第二十六条　监事会要按照国家有关法律、行政法规和集团公司相关制度的要求，切实履行监督职责，努力提高监督检查质量，客观反映企业情况，降低监督检查成果的风险。

第二十七条　对于监督检查成果，各监事会要严格把关，通过监事会会议来进行表决，纳入片区工作组管理的企业监事会要报请片区工作组组长审批。

第二十八条　各监事会要按照监督检查发现的问题、管理建议以及被审计单位反馈的整改情况，及时建立监督检查成果资料库，加强监督检查成果的管理，根据授权分层使用和共享监督检查成果。

第二十九条　对于监督检查成果的涉密事项，各监事会要强化保密意识，在涉密事项的形成、流转、存档过程中，严格遵循国家有关保密的法律、法规和集团公司的保密制度、规定。

第三十条　各监事会要建立监事会监督检查成果整改情况的跟踪追查制度，对于没有认真整改或落实不到位的单位，由片区工作组或集团公司审计部进行通报批评。

第五章　附则

第三十一条　本办法由集团公司监事事务办公室负责解释。

第三十二条　本办法自颁布之日起执行。

第八章　董监高的履职评价

2003 年，笔者担任埃塞俄比亚一家工程类合资公司的董事。起初，这家公司并没有完善的董事会会议记录制度，董事们出席董事会前很少积极准备，会上也仅是不痛不痒、或多或少地讲两句。后来，公司要求每次董事会都应形成一个英文版的会议记录。此后，笔者不仅积极调研，会前做好功课，而且认真过问审核每次会议纪要是否描述准确。

在监事会工作中，有的监事依然流于形式，基本不发表实质性意见，甚至长期不出席会议；有的监事独立性严重缺失，盲目屈从于提名股东或所在公司一把手的意志；还有的监事无法获得履职所必需的公司经营管理信息，难以有效履职。

公司健康发展离不开董事、监事和高级管理人员的积极履职。无论是董事、高级管理人员还是监事，都需要将任期激励与自我约束相结合，自觉接受来自各方面的监督，做到“打铁先得自身硬”。公司应对不能认真履职、不作为的董监高，经考核和评价，及时予以调整。

泛泛而谈的董监高履职评价很难形成有效监督，建立有效的董监高履职评价，及时淘汰不合格、履职不尽责规范、“睡觉”的董监事，才是提升公司治理水平的“牛鼻子”。

第一节　对董事会、监事会的评价不同于对董事、监事的评价

一、公司治理评价

公司治理评价是反映公司层面治理水平的综合指标体系。1950 年，美国学者杰克逊·马丁德尔就从董事会视角构建了包括社会贡献、股东服务、董事会业绩、财务政策等要素的公司治理评价体系。

1998 年，标准普尔开始研究公司治理评价体系，并于 2000 年用于企业经营实践，将公司治理评分体系设计成一个能衡量不同国家及地区治理水平和不同公司治

理水平的统一标准。该评价体系分为国家评分与公司评分两部分：国家评分从法律基础、监管、信息披露制度以及市场基础四个方面予以考核；公司评分包括所有权结构及其影响、金融相关者关系、财务透明与信息披露、董事会的结构与运作四个维度的评价内容。

1999 年，戴米诺公司推出了欧洲第一个公司治理和董事会治理的评价体系，其公司治理评级更加关注公司治理中股东利益能否得到保障。该体系评价指标与标准普尔评价体系类似，包括四个方面内容：股东权利和义务（设计指标包括一股一票、投票权限制、投票程序等）；接管防御的范围（设计指标包括董事会是否可以运用“毒丸条款”“金降落伞”、期权条款等）；对公司治理的披露（设计与公司结构相关的非财务信息的数量和质量）；董事会的结构与功能（设计独立董事、董事会主席与 CEO 的关系、董事会选举、董事薪酬，董事会委员会的运作与权力）等。

2002 年，我国上海证券交易所推出公司治理评价系统。该体系包括控股股东行为规范（25%）、关键人的激励与约束（25%）、透明度（20%）、股东权利（15%）、董事会结构与运作（15%）等五部分，共设置 75 个问题。同年，北京连城公司也推出了中国上市公司董事会治理评价，考核指标体系涉及经营效果、独立董事制度、信息披露、诚信与过失、决策效果五个方面，为公司治理实践的发展和进步带来具有积极意义的参考和借鉴。值得一提的是，北京连城公司的控股股东王中杰是清华大学 1994 级工商管理硕士，也是笔者的好朋友兼清华大学吴栋老师的同门师兄。王中杰是最早一批研究中国公司治理的学者，在公司治理领域著述颇丰。

2004 年起，中国社会科学院公司治理中心每年都针对中国前 100 家最大上市公司的公司治理水平进行评价，目的是通过对公司治理实践的系统性评估，推动上市公司采纳公司治理最佳实践的做法，从而促进中国上市公司治理水平的提高。

此外，南开大学公司治理研究中心提出的中国上市公司治理指数（$CCGI^{NK}$）侧重于公司内部治理机制，强调公司治理的信息披露、中小股东的利益保护、上市公司独立性、董事会的独立性以及监事会参与治理等，从股东权利与控股股东、董事与董事会、监事与监事会、经理层、信息披露以及利益相关者六个维度，设置了 80 多个评价指标，旨在对中国上市公司治理的状况作出全面、系统的评价。

二、董事会评价

自 1996 年开始，美国《商业周刊》对全美最佳与最差董事会进行调查排名，以确定董事会运作是否正常，并对数十个董事会进行了深刻分析，分析内容涉及董事资格、持股数额乃至会议出席情况等诸多方面。2002 年，在评选全美最佳和最差的董事会之外，还新增了两个类别：改进最大的董事会和仍须努力的董事会。美国《商业周刊》董事会评价体系如表 8 - 1 所示。

表 8-1　　《商业周刊》董事会评价体系

评价项目	内容
董事会独立性	董事会中现任或曾任公司高级管理职务的董事不得超过两名；任何董事不得与公司做生意，也不能接受其咨询或法律服务费；审计、薪酬和提名委员应完全由独立董事组成
董事持股	每一位董事都应至少持有 15 万美元的公司股份，股票期权不计在内
董事资格要求	董事会中应至少有一名具有公司核心业务经验的独立董事，以及一名规模与本公司相仿的企业的首席执行官；全职董事不得兼任 4 个以上的公司董事，退休董事则不可超过 7 个；所有董事的会议出席率不能低于 75%
董事会运行	董事会应经常召开没有公司管理者参加的会议，并应每年评估自身表现；审计委员会一年至少应召开 4 次会议；董事会给管理人员的报酬不应慷慨过度，在研究首席执行官的替换问题时要坚决果断，应恪尽监督之职，出现麻烦应当机立断

美国标准普尔公司的董事会治理评价体系是在国际上获得广泛应用的董事会治理评价体系之一，其主要原因在于这套评价体系可以较为客观公正地为市场参与者提供参考意见，并为市场上大多数投资者接受。该体系内容如表 8-2 所示。

表 8-2　　美国标准普尔公司的董事会治理体系

评价指标	指标构成	评价标准
董事会结构与组成	董事会规模与组成	董事会结构应能够公平客观的代表所有股东的利益
	董事会的委员会设置	
董事会的角色与有效性	董事会角色定义	董事会必须承担公司绩效的全部责任；董事会必须负起公司内部风险控制的最终责任
	定义、评估、管理与降低公司所面对的风险的程序	
	董事会、委员会开会的议程与文件	
	管理人员薪酬政策等	
外部董事的角色与独立性	外部董事与高级管理层之间的关系	外部董事中绝大比例必须确实具有独立性，独立或外部董事必须确保所有股东的长期利益，并应考虑到其他利益相关者的利益；董事必须在不被干预且透明的体制下被选出
	外部董事过去与公司有关的记录	
	外部董事聘用的条件	
	监督性质委员会的独立性与活动	
	外部董事特定角色的明确表示	
董事与 CEO 薪酬、评估与继任的政策	薪酬总额	董事与 CEO 必须有公平合理的报酬和动机确保公司的成功；公司对于所聘用的董事有明确的绩效评估与继任政策
	薪酬形式	
	绩效评估标准	
	薪酬形成过程（披露股票认购选择权执行记录）	
	继任规划等	

南开大学公司治理研究中心对上市公司治理状况的指标体系评价、董事会杂志社评选的中国上市公司董事会“金桌奖”等此类社会性评价可从宏观层面进行统计分析和研究、总结宣传董事会工作的典型经验和方法，但社会和舆论评价难以具有

内部治理约束力，对董事会和董事的评价和影响力度较弱。

总体上，董事会的评价指标如表 8－3 所示。

表 8－3　董事会评价指标体系

评价维度	具体评价指标	评价体系来源
董事会	董事会绩效 董事会程序 董事会及其主要委员会结构和组成 董事会独立性 董事会责任 董事会职能 董事教育状况 董事职能背景 董事性格特征	杰克逊·马丁德尔 标准普尔（S&P） 戴米诺（Deminor） 里昂证券（CLSA） Institute of corporate law and corporate governance（ICLCG） 美国机构投资者服务组织（ISS） 戴维斯和海德里克（DVFA）治理委员会 Information and credit rating agency（ICRA） 日本公司治理研究所公司治理评价指标体系（JCGIndex） 泰国公司治理评价系统 韩国公司治理评价系统 香港城市大学公司治理评价系统 台湾辅仁大学公司治理与评价系统 Governance Metrics International（GMI） 世界银行治理评价系统 中国社会科学院世界经济与政治研究所公司治理研究中心 中国上市公司治理指数（$CCGI^{NK}$）

公司治理结构的首要问题是完善董事会的运作，董事会的运作质量与效率直接影响公司治理水平的高低。董事会能否积极履行包括战略管理、风险管理、资本管理、内部控制在内的关键职能，对公司治理机制的完善有着重要的意义。董事处于公司治理的核心地位，掌握着公司控制权的关键，其席位也因此成为商业战场中硝烟弥漫的必争之地。董事会参与公司重大事务的决策，批准公司战略和重大经营活动，合理质疑并有效验证公司战略方案的执行，有效监控管理层的履职情况，要求管理层建立完善的经营管理和内控体系。

提高董事会的运作质量与效率首先要建立董事会的履职评价体系。公司治理已经成为影响中国企业运营的核心问题。从全球来看，公司治理的核心就是解决董事会效率低下的问题。为此，以美国为代表的英美法系企业治理模式以引进大量独立董事来确保董事会决策的公平与效率。以德国为代表的大陆法系企业治理模式则强调监事会的独立运作功能，对董事会和经营层进行监督。

评估董事会的绩效，将有助于股东对董事会成员行为的监督。委托代理理论表明董事会成员与股东之间也存在着利益冲突。当股权比较分散时，每个股东都没有足够的动力花费高额的成本去了解董事会成员行为的有效性，通常只有在公司业绩不佳时，股东们才会抱怨董事会。通过评估董事会的绩效，一方面，可以促使更多的股东关注董事会成员行为的有效性，并通过自己的投票权来影响董事会成员行为[1]。另一方面，虽然持股制度、法律责任、声誉等可以降低董事会与股东之间的利益冲突，但并不能完全消除这些冲突。因此董事会并没有足够的动力切实履行其责任。评估董事会的绩效将迫使董事会积极地监督和控制公司高层管理者，对高层管理者提供建议和咨询，评价和批准公司的战略等。

评估董事会的绩效，可以约束董事会成员与高管人员相互勾结、损害股东利益的行为。因为董事会成员往往由高管人员推选产生，或董事与高管人员相互在对方的公司交叉任职，董事有可能与高管人员相互勾结，损害股东和公司利益。评估董事会的绩效还可以改善公司董事会和管理层之间的工作关系。在绩效评估过程中，董事会成员坦率地面对他们的责任和考核结果，有助于保持董事会与CEO之间的权力平衡，能够防止CEO控制董事会或者对公司业绩不佳逃避责任，并且推行董事会绩效评估将使董事会和CEO投入更多的时间和精力于长期战略中。

三、上市公司监事会评价

自2016年开始，由中国上市公司协会、上海证券交易所、深圳证券交易所共同主办一年一度“上市公司监事会最佳实践评选活动”，该活动旨在评出上市公司监事会最佳实践奖。该奖包括上市公司监事会最佳实践20强、上市公司监事会卓有成效30强和上市公司监事会积极进取50强。

“上市公司监事会最佳实践评选活动”是中国上市公司协会在完善公司治理、改善上市公司监事会制度方面的创新性探索。该活动有助于树立监事会实践的优秀案例，供各上市公司分享学习，同时吸引市场各方关注和思考监事会制度建设和实践中存在的一些问题，提升监事会的市场地位和影响力，进一步促进我国上市公司完善公司治理。

从《上市公司监事会最佳实践评选规则》中[2]，我们可以看出上市公司监事会最佳实践奖的产生过程和优秀监事会的改进方向。

（一）确定入围名单

首先，通过以下十项指标确定境内上市公司监事会最佳实践奖的入围名单。

指标一：公司监事会成立3年以上；

指标二：公司监事会近3年不存在违反中国上市公司协会自律规范的情况；

---

① 董事会绩效考核［EB/OL］.（2017-07-16）［2022-06-18］. http://www.360doc7.net/wxarticlenew/671716743.html.

② 上市公司监事会最佳实践评选［EB/OL］.（2016-09-16）［2022-06-18］. http://www.capco.org.cn/content/30425.shtml. 来源：中国上市公司协会。

指标三：公司监事近3年不存在因违法违规受到证券监管部门处罚的情形，不存在被所在地证监局或上市地证券交易所给予公开谴责或通报批评的情形，不存在因相关失信行为被证券监管部门或其他国家机关计入诚信档案的情形；

指标四：公司监事近3年不存在被证明为真实的、造成一定社会影响的，涉及个人品行和诚信的不良事件或负面媒体报道；

指标五：公司董事、高管近3年不存在因履职行为违法违规受到相关部门立案调查或处罚的情形；

指标六：公司监事会近3年不存在因违法违规受到证券监管部门处罚的情形，不存在被所在地证监局或上市地证券交易所给予公开谴责或通报批评的情形，不存在因相关失信行为被证券监管部门或其他国家机关计入诚信档案的情形；

指标七：公司近3年不存在严重的违规对外担保，不存在公司主要银行账号被查封并形成重大损失的情形；

指标八：公司近3年不存在被投资者集体诉讼并败诉的情形；

指标九：公司近3年未出现过重大的生产、经营事故；

指标十：公司近3年不存在较严重的大股东侵占或内部控制问题，年报没有被审计机构出具“保留意见”“无法发表意见”或“否定意见”。

这十项入围选择指标，从一个侧面反应了企业品质及其监事会的工作质量。

（二）评奖计分规则

其次，上市公司监事会评奖的计分规则是，综合得分 =（85% ×评选专家委员会评分 +15% ×公众投票评分）+ 特别加分项得分。

1. 计算公司特别加分项。获地方上市公司协会推荐的上市公司可获得特别加分项，分值5分。

2. 公众投票评分（权重15%）按照上市公司累计得票数，从高到低进行排序，上市公司依据其排名获得相应分数，满分为100分。

3. 评选专家委员会评分（权重85%）根据《上市公司监事会履职评分指标》，评选专家委员会对上市公司的申报材料进行评审并逐项打分，满分为100分。为保证评选的公平、公正，上市公司评选专家委员会评分的计算方式如下：去掉1个最高分和1个最低分，剩余10位专家评委打分的平均值作为上市公司该项得分。

（三）评分标准

《上市公司监事会履职评分指标》的十大标准如图8－1所示，每条标准均为10分。这十条标准，也是提高监事会工作质量的一个方向。

标准一：监事恪尽职守，认真履行忠实和勤勉义务

标准二：监事会建立科学合理的组织架构和自我评价机制

标准三：监事会运作具有独立性和权威性

标准四：公司建立良好的公司治理机制，董事会、高管层自觉接受监事会监督

标准五：监事会自觉遵守国家法律法规和监管规定，依法履行监督职责

标准六：监事会不断建立和完善监督制度体系

标准七：监事会有效实施财务监督，客观公正发表独立意见

标准八：监事会有效实施对董事会、高管层及其成员履职监督，促进依法合规履职

标准九：监事会有效实施内部控制和风险管理监督，促进依法合规经营

标准十：监事会积极探索创新监督方式方法，有效利用监督资源，不断提高监督效果

图 8－1　《上市公司监事会履职评分指标》的十大标准

1. 标准一，监事恪尽职守，认真履行忠实和勤勉义务

总分值为 10 分。评分基础项如下：

（1）监事遵守法律、法规、规章、其他规范性文件及公司章程，维护公司、股东、职工及其他利益相关者的合法权益；（2 分）

（2）监事按规定出席股东大会、监事会及其专门

委员会会议（如有），列席董事会会议以及公司其他会议，每年应亲自出席三分之二以上的监事会会议；（2 分）

（3）监事严格按照有关规定履行与履职相关的报告义务和信息披露义务；（2 分）

（4）监事的任职资格符合有关制度要求，监事具备履职所必需的专业知识、工作经验和基本素质，具有良好的职业道德；（2 分）

（5）监事每年按规定参加监管部门、证券交易所或上市公司自律组织以及公司内部组织的业务培训。（2 分）

2. 标准二，监事会建立科学合理的组织架构和自我评价机制

总分值为 10 分。评分基础项如下：

（1）根据公司规模、业务和股权结构合理确定监事会规模和构成，监事会人员

应包括股东代表和职工代表监事；（2 分）

（2）监事会股东代表监事由股东提名，经股东大会表决产生；职工代表监事由公司职工通过职工代表大会、职工大会或者其他形式民主选举产生。职工监事定期监督检查职工各项保险基金的提取、缴纳，以及职工工资、劳动保护、社会保险、福利等制度的执行情况；（2 分）

（3）监事会应下设专门的服务支持机构，并配备专职工作人员，负责监事会日常工作；商业银行等金融机构监事会设有独立的监事会办公室，并配备专职工作人员，负责监事会日常工作；（2 分）

（4）监事会应设监事会主席职务，由全体监事过半数选举产生，负责召集和主持监事会会议。监事会主席应依法保障监事的提案权以及提起临时监事会会议的权利等；（2 分）

（5）监事会每年组织对监事进行履职评价，并将评价结果向股东大会或监管机构报告。（2 分）

3. 标准三，监事会运作具有独立性和权威性

总分值为 10 分。评分基础项如下：

（1）监事会成员的构成符合法律法规要求，董事、高级管理人员不存在兼任监事的情形，或与监事存在关联关系的情形，商业银行等金融机构具有外部监事且比例不少于三分之一；（2 分）

（2）监事会按规定向股东大会和监管部门报告年度监督工作情况，切实对公司依法运作情况、董事及高级管理人员履行情况、股东大会决议执行情况等发表独立意见，发现董事、经理和其他高级管理人员存在违反法律、法规或公司章程的行为，及时进行报告；（2 分）

（3）监事履职所需的合理费用由公司承担。商业银行等金融机构有独立的监事会费用预算，为监事建立职业责任保险制度，保证监事独立有效履职；（2 分）

（4）监事会根据需要，可以向董事会和高级管理层及其成员或其他人员以书面或口头方式提出建议、进行提示、约谈、质询并要求答复；监事列席董事会及其专门委员会（如有）、高级管理层的相关会议，有权对会议决议事项提出质询或建议；监事会的监督记录以及进行财务或专项检查的结果应成为对董事、经理和其他高级管理人员绩效评价的重要依据；（2 分）

（5）监事会有效监督公司内部审计和内控合规工作，监督公司外部审计机构的聘用程序及酬劳的合理性，监督外部审计工作质量。（2 分）

4. 标准四，公司建立良好的公司治理机制，董事会、高级管理层自觉接受监事会监督

总分值为 10 分。评分基础项如下：

（1）董事会、高级管理层理解、支持和配合监事会独立开展监督工作，并为监事会顺利开展工作创造必要的人力和物力条件；（3分）

（2）公司应采取措施保障监事的知情权，为监事履行职责提供必要的协助；（2分）

（3）对监事会日常监督过程中发现的问题、提示的风险和意见建议，董事会、高级管理层及其成员认真整改，并及时报告整改情况；（2分）

（4）监事会与董事会、高级管理层之间具有顺畅的沟通交流机制；（1分）

（5）监事会应建立健全对董事会、高级管理层及其成员的履职评价机制，明确评价内容标准和方式等，并将相关内容列入年度监事会报告。（2分）

5. 标准五，监事会自觉遵守国家法律法规和监管规定，依法履行监督职责

总分值为10分。评分基础项如下：

（1）监事会依据国家有关法律法规、监管规定、公司章程及议事规则等开展各项监督工作；（2分）

（2）监事会围绕公司中心工作开展监督，对股东大会负责，维护本公司、股东、职工及其他利益相关者的合法权益；（2分）

（3）监事会及专门委员会（如有）会议程序符合法律法规要求及公司章程的规定；（2分）

（4）监事会会议审议重要事项，并按照规定进行信息披露，保证披露信息的真实、准确、完整、及时、公平；（2分）

（5）监事会自觉执行上市公司协会相关自律规范要求。（2分）

6. 标准六，监事会不断建立和完善监督制度体系

总分值为10分。评分基础项如下：

（1）在公司章程中对监事会及监事的权利、义务、职责、激励约束机制等进行明确规定；（2分）

（2）制定监事会议事规则及专门委员会工作制度（如有）；（1分）

（3）制定监事会对董事会、高级管理层、监事履职监督和履职评价制度；（3分）

（4）制定监事会履行财务监督职责的相关制度；（2分）

（5）制定监事会履行对公司风险、内控、合规等监督职责的制度。（2分）

7. 标准七，监事会有效实施财务监督，客观公正发表独立意见

总分值为10分。评分基础项如下：

（1）监事会对公司财务进行检查，形成检查报告和整改意见书，并监督整改落实情况；（3分）

（2）监督检查董事会和高级管理层的重要财务决策和执行情况；（1分）

（3）监督公司财务管理机制的建立健全和有效运作情况；（1分）

（4）监督公司定期报告的编制与审议程序，直接与外部审计师（如有）沟通，听取审计结果的汇报，对定期报告是否真实、准确、完整出具书面意见；（3 分）

（5）监事会发现董事会和高级管理层及其成员在财务决策和执行等方面存在违法违规行为的，应责令纠正。（2 分）

8. 标准八，监事会有效实施对董事会、高级管理层及其成员履职监督，促进依法合规履职

总分值为 10 分。评分基础项如下：

（1）监督董事会、高级管理层及其成员日常履职情况，并建立履职监督档案；（1 分）

（2）组织开展对董事会、高级管理层及其成员的年度履职评价工作；（3 分）

（3）监事会对董事会、高级管理层及其成员的履职评价结果向股东大会或监管部门报告；（3 分）

（4）在履职监督过程中，监事会注重加强与董事会、高级管理层的沟通与反馈；（1 分）

（5）公司董事、高级管理人员因履职行为违法违规受到相关部门立案调查或处罚，监事会对此不存在过错，或监事会立即启动相关监督评价动作。（2 分）

9. 标准九，监事会有效实施内部控制和风险管理监督，促进依法合规经营

总分值为 10 分。评分基础项如下：

（1）监督董事会建立和实施内部控制和风险管控机制；（1 分）

（2）监督高级管理层执行董事会决议，监督高级管理层落实内部控制职责情况；（2 分）

（3）审议公司内部控制自我评价报告并发表意见，监督公司关联交易情况；（2 分）

（4）上市公司，特别是金融类上市公司监事会应对公司的风险管理和风险控制进行监督；（2 分）

（5）监督公司面临的主要实质性风险，加强日常非现场监测工作，发现公司内部控制和风险管理中的苗头性、倾向性问题，及时向董事会和高级管理层进行风险提示。（3 分）

10. 标准十，监事会积极探索创新监督方式方法，有效利用监督资源，不断提高监督效果（开放式的加分项）

总分值为 10 分。具体举例如下：

（1）监事会采取现场检查与非现场监测相结合、工作调研与专项检查相结合等方式，深入了解公司经营和风险管理情况，不断提高监事会工作效率；

（2）监事会利用公司审计、监察等内部监督资源，有效整合监督力量；

（3）监事会利用外部审计师力量，就监事会关注事项要求其进行审计或了解，

并向监事会报告；

（4）监事会根据实际工作需要，采取聘请第三方专业机构提供协助等方式，行使调查公司异常情况的权力；

（5）公司或监事会在促进并支持职工监事履职方面的具体举措或特色做法；

（6）监事会针对具体事项开展监督检查时形成的具有借鉴意义或值得推广的有效做法或手段；

（7）监事会向未依法履职的监督对象提起诉讼或者提议召开临时股东会等；

（8）有利于提高监事会监督水平的其他方式方法。

第二节　董监高履职评价的时间

董监高的评价，主要涉及“何时评、谁来评、评什么、如何评、评价结果应用”等实践难题，这也是现代企业制度的关键点。

一般来说，出具董监高监督评价报告有两个时点，一是次年的第一季度末，二是五一国际劳动节前，具体时间根据各公司的相关制度要求而定。2021 年 7 月 1 日起施行的《银行保险机构董事监事履职评价办法》（试行）约定，银行保险机构应当在每年 4 月 30 日前，将董事监事履职情况及评价结果报告中国银保监会或其派出机构。

但是，不是所有的公司都能够进行董监高的年度履职评价，也不是所有的公司都能够及时完成。

2017 年 5 月 24 日，某资产经营有限公司监事会以现场方式召开 2016 年年度监事会会议，会议由某同志召集和主持，监事会成员参加会议，公司董事、高级管理人员，办公室、财务会计部、资产运营部、审计监察部负责人列席会议。会议审议通过 2016 年年度监事会工作报告、监事会对董事履职评价报告、监事会对监事履职评价报告、监事会对高管人员履职评价报告，以及财务决算报告、利润分配方案、国有资产管理报告等议案。这家公司于次年五月召开监事会议，出具董监事前一年的履职报告，其评价时间稍晚。

2019 年 8 月 13 日，某国投集团公司召开第三届监事会第一次会议，会议由监事会主席主持，全体监事参加会议。会议听取并审议通过了 2018 年年度监事会工作报告、2018 年年度财务决算报告、2019 年年度财务预算报告、2019 年年度监事会工作计划、2018 年年度董事、高管履职评价报告等议案。这家公司监事到次年 8 月才开始进行前一年董事、高管履职评价报告，显然太晚了。

以上两个例子还说明，可以单独出具一个董监高履职评价报告，也可以分别就董事、监事和高管单独出具履职评价报告。还可以不单独出具董事、监事、高管的履职评价报告，仅仅将评价结果体现在监事会年度监督检查报告之中。

【问答】监事会对董事会、经理层履职评价办法的范围

> 湖南某集团公司是一家市属国有独资企业，设有董事会、经理层、监事会和党组织（党委），集团公司下属成员公司有近30家，各成员公司也相应地设有董事会、经理层和监事会。2019年，该集团公司监事会主席要建立一项关于监事会对董事会、经理层履职评价办法，对这个办法，该公司监事在起草的过程中有如下疑惑：（1）董事会、经理层的范围是集团公司层面的董事会、经理层，还是包括各成员公司董事会、经理层？（2）对于董事会、经理层的履职评价内容，目前拟初步按照公司章程中董事会、经理层的职责进行界定的，这样拟定评价内容是否全面？
>
> 笔者认为：（1）关于制度适用范围，有两种做法，一种是仅适用集团公司，子公司参照执行，另一种是适合集团及集团控股子公司。鉴于公司治理层面的制度，建议采用前者的适用范围。（2）建议超越公司章程约定的“董事和经理的履职职责”，制定监事对董事会、经理层的履职评价内容。因为，很多公司制定的公司章程对履职评价的内容约定往往并不完善。作为国有企业，应从行业监管要求、地方国资委监管要求，以及相关领导的管理要求出发，结合公司的管理需要，进行必要的扩展。

需要注意的是，除了及时进行履职评价工作，避免董事、监事形同虚设还需要做到以下三点：

（1）制定被委派董事、监事履职规范。对其应开展的具体工作进行细化规定，如规定董、监事在委派公司年度工作的最低时间限制；亲自参加相关会议的次数；定期听取被委派公司的各项经营报告、财务报告及法律风险报告等；同时详细约定董、监事履职时应重点关注的事项，如对外投资、资产处置等，使得董、监事明确其具体的履职要求。

（2）要求被委派董、监事签收履职责任告知书。明确被委派董、监事应该根据履职规范尽到勤勉义务等，并要求被委派董、监事签字确认。

（3）建立董、监事履职评价制度，对未尽勤勉义务的董、监事及时更换，在章程中对董、监事不正常履职行为约定处罚方式，督促被委派董、监事有效履行职责，也可及时了解被投资公司的业务运行情况。要防止形式主义考核①、官僚主

① 主要表现为考核评价指标模糊复杂、客观指标不合理、重点不突出；主观性指标过多，失之于软。考核过程走形式、务虚绩、避实就虚，考核工作程序不规范，最终导致企业考核工作成为业绩讨价还价的过程。

义考核[①]、考核与激励脱节[②]。

第三节　董监高履职评价的评价权

董监高的履职评价包括自评和他评两方面。

董监高的自评，由董事会、监事会、高管层自行组织，强调自律和自我完善，需要相关成员的高度认同和较高的治理水准。新加坡淡马锡控股公司及其所出资企业就很注重自评。

在实践中，我国董监高履职评价的他评主体有监事会、董事会、主管部门、董监高的派出单位等。我们重点展开对董事履职评价权的分析。

一、银行业及某些企业，监事会对董事具有履职评价权

商业银行董监高履职评价相关制度如图 8－2 所示。

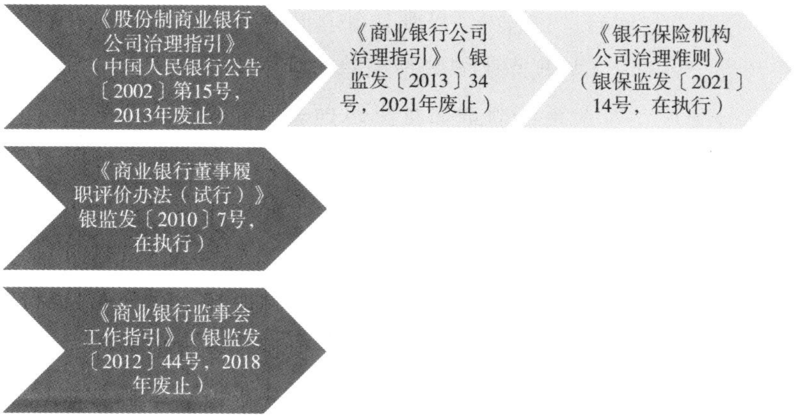

图 8－2　商业银行董监高履职评价相关制度

《股份制商业银行公司治理指引》（中国人民银行公告〔2002〕第 15 号，2013 年废止[③]）第十八条规定，股东大会年会除审议相关法律规定的事项外，还应当将下列事项列入股东大会审议范围：（1）通报中国人民银行对商业银行的监管意见及

① 一是考核评价指标“长官意志”突出，不实事求是，脱离企业发展实际，与企业发展战略、文化不匹配，不利于企业长期发展。二是对不同企业的业绩指标设计搞“一刀切”，千篇一律，忽视不同行业、不同规模、不同市场地位企业的差异。三是业绩考核指标向企业内部传递过程中上下一般粗，业绩责任不断下移，会导致考核目标失准，失去推动企业健康发展的导向性作用。

② 主要表现为业绩考核指标设计重约束轻激励，业绩考核指标与激励不匹配，激励机制不健全或不具有可行性，导致企业业绩考核的目的背离了考核的初衷。

③ 《商业银行公司治理指引》（银监发〔2013〕34 号）出台的同时，废止了《股份制商业银行公司治理指引》（中国人民银行公告〔2002〕第 15 号）。

商业银行执行整改情况；（2）报告董事会对董事的评价及独立董事的相互评价结果；（3）报告监事会对监事的评价及外部监事的相互评价结果。第五十三条规定，高级管理层应当接受监事会的监督，定期向监事会提供有关商业银行经营业绩、重要合同、财务状况、风险状况和经营前景等情况的信息，不得阻挠、妨碍监事会依职权进行的检查、审计等活动。

《商业银行公司治理指引》（银监发〔2013〕34 号，2021 年废止①）第九十七条规定，商业银行对董事和监事的履职评价应当包括董事和监事自评、董事会评价和监事会评价及外部评价等多个维度。第九十八条规定，监事会负责对商业银行董事和监事履职的综合评价，向银行业监督管理机构报告最终评价结果并通报股东大会。

《银行保险机构公司治理准则》（银保监发〔2021〕14 号，在执行）第九十条规定，银行保险机构应当建立健全董事、监事及高级管理人员履职评价制度，对董事、监事、高级管理人员开展履职评价。

从以上三个制度的更迭来看，对董事会和高管的履职评价经历了 2002 年开始的“董事会评价董事，监事会评价监事”，到 2013 年的“监事会负责对商业银行董事和监事履职的综合评价”，再到 2021 年笼统地要求“建立健全董事、监事及高级管理人员履职评价制度，对董事、监事、高级管理人员开展履职评价”，给各银行以更大的自由预定空间。

从另一条制度线索来看，《商业银行董事履职评价办法（试行）》（银监发〔2010〕7 号，仍在执行）第五条规定，商业银行监事会对董事履职评价工作负最终责任，银行业监督管理机构对商业银行董事履职评价工作进行监督。第三十三条规定，监事会应当将评价结果通报股东大会和董事会，并通知董事本人，根据评价结果提出工作建议或处理意见。被评为基本称职的董事，董事会和监事会应当组织会谈，向董事本人提出限期改进要求；董事会应当组织培训，帮助董事提高履职能力。如长期未能有效改进，商业银行应当更换董事。被评为不称职的董事，商业银行应当及时更换。可见，该履职评价办法赋予了“商业银行监事会对董事履职评价工作负最终责任”。

从第三条制度线索来看，《商业银行监事会工作指引》（银监发〔2012〕44 号，2018 年废止②）第二十三条规定，监事会对董事会及其成员的履职监督重点包括：（1）遵守法律、法规、规章以及其他规范性文件情况；（2）遵循商业银行章程、

---

① 《银行保险机构公司治理准则》（银保监发〔2021〕14 号）出台的同时，废止了《商业银行公司治理指引》（银监发〔2013〕34 号）。

② 《中国银监会关于规范性文件清理结果的公告》（中国银行业监督管理委员会 2018 年第 1 号公告）废止了中国银监会关于印发商业银行监事会工作指引的通知（银监发〔2012〕44 号）。

股东大会或股东会议事规则、董事会议事规则，执行股东大会或股东会和监事会相关决议，在经营管理重大决策中依法行使职权和履行义务的情况；（3）持续改善公司治理、发展战略、经营理念、资本管理、薪酬管理和信息披露及维护存款人和其他利益相关者利益等情况；（4）董事会各专门委员会有效运作情况；董事参加会议、发表意见、提出建议情况。（5）其他需要监督的重要事项。第二十四条规定，监事会对高级管理层及其成员的履职监督重点包括：（1）遵守法律、法规、规章以及其他规范性文件情况；（2）遵循商业银行章程和董事会授权，执行股东大会或股东会、董事会和监事会决议，在职权范围内履行经营管理职责的情况；（3）持续改善经营管理、风险管理和内部控制的情况；（4）其他需要监督的重要事项。第二十六条规定，监事会应当建立健全对董事会和高级管理层及其成员的履职评价制度，明确评价内容、标准和方式等，对董事会和高级管理层及其成员的履职情况进行评价。显然，该指引规定，监事会具有对高管的履职评价权。

在以上三条制度线索之下，各商业银行监事会对董事的履职评价权，有深有浅。“深一点”的监事会对董事有较强的履职评价权，这也是笔者所主张的。

一些优秀企业也在探索监事会对董事、监事、高管的履职评价权。例如，重庆和山东两集团公司（非银证保企业）监事会不仅有对董事、监事、高管的履职评价权，而且监事会在董监高的年度报告中，必须要对被评价对象的升降去留有明确的、纳入规定动作的评价。

二、董事会试点中央企业，探索董事履职评价权的“分配”

我国国有资产管理一直存在“集团管控”“公司治理”“党管干部”三条线。

2006 年，是笔者担任某上市公司资本运营部的第四年，也是担任大型央企投资部副总经理的第一年。这一年春夏之交，笔者在北京京西宾馆参加一个关于上市公司的主题大会，一位时任国有资产监督管理委员会副主任和一位时任中国证监会副主席出席了会议。这两位领导对上市公司管控“话里有话”，隐约传递、提出了不同的见解：一个认为要加强控股股东的国有资产管理，另一个认为应该建立现代企业制度的法人治理结构。

笔者发现，此后中国企业在这三条线上的管理渐入佳境，做了不少有益的探索。

其一，修订《公司法》，迎合国资管控。1993 年，《公司法》隆重出台，并提出建立现代企业制度。此后多次修订《公司法》，寻求与国资管控接轨。20 年后的 2013 年，党的十八届三中全会再次明确提出推动国有企业完善现代企业制度，健全协调运转、有效制衡的公司法人治理结构。

其二，完善国资管控，迎合《公司法》。如 1998—2018 年，外派监事会制度探索国资管控与《公司法》融合，运行24年后，2022年5月1日《国有企业监事会暂行条例》废止。笔者认为，这个制度的废止是加强公司治理管控，减少集团管控的一个信号。又如，2004年启动国有独资公司董事会试点；2009年的《董事会试点中央企业董事会规范运作暂行办法》，在2021年修订为《中央企业董事会工作规则（试行）》，也是在进一步探求公司治理与集团管控的融合。

其三，加强党在公司治理中的话语权和决策空间，把加强党的领导和完善公司治理统一起来。如2016年以来，要求公司章程中增加党建等内容。

事实上，国有资产管理这三条线一直都在、永远都在。不难理解，国有企业董事、高管的评价权不能简单归集到监事会。

2021年深秋，笔者与一个北京的中央二级企业政工部副主仨谈论“中央企业的一把手，由谁来进行履职考评”问题。这位政工部副主任曾担任人力资源部副主任，最近负责该公司的巡查工作。我们的一致看法是，国有企业一把手应由上一级公司的人力资源部门或者党组织部门来进行履职评价。新时代下，“既要，又要，还要”是常态，也是中国特色公司管控和公司治理的特点。中央企业的董事长（或者没有设董事会的总经理）不可能由同一级的监事会来考评。因为，国有独资企业不设股东会，由国资管理机构行使股东会的职能，当股东会还在行使主要管理职能的时候，是不可能将对董监高的履职评价权完全交给监事会的。

笔者认为，我国董事会试点企业的董事评价权的发展方向是“分配”。目前国资委对国资董监事的考核主要采用国有管控，国有企业的董事会由各级国资委考核。国有企业的高管或者由授权董事会考核，或者由国资委直接考核。国有企业的监事会可以对监事进行考评，但没有对董事会、高管层的独立考评权。

中国完善现代企业制度，寻求“集团管控”“公司治理”“党管干部”的有机统一依然在路上。

三、上市公司监事会对董事高管的履职评价权，尚未夯实

上市公司最有条件完全按照公司治理的理念对董事、高管进行考核。理论上，董事应该接受监事会的履职评价，应该同时接受董事会、监事会的履职评价。

中国上市公司协会发布的《上市公司监事会工作指引》（2014版）第二十六条规定：“监事会应建立健全对董事会、高级管理层及其成员的履职评价机制，明确评价内容标准和方式等，并将相关内容列入年度监事会报告。”例如，山西省国新能源股份有限公司于2017年4月28日第八届监事会第四次会议审议通过《监事会对董事、高级管理人员及监事履职评价办法》，该办法规定，监事会在董事自我述职评价的基础上，按年度对所有在职董事进行履职评价；在董事会对高管人员评价

的基础上，于上一会计年度结束之后四个月内对高管人员进行定期履职评价①。

中国证监会的《上市公司治理准则》却是大相径庭，规定由董事会（而不是监事会）对董事和高管进行履职评价。《上市公司治理准则》认为，上市公司董事会负责董事和高管的履职评价，监事会负责监事的履职评价②。《证券公司治理准则》也表达了类似的思想，其规定："董事和高级管理人员的绩效评价由董事会或者其下设的薪酬与考核委员会负责组织，上市公司可以委托第三方开展绩效评价。独立董事、监事的履职评价采取自我评价、相互评价等方式进行。董事会、监事会应当向股东大会报告董事、监事履行职责的情况、绩效评价结果及其薪酬情况，并予以披露"。

从制度的层次性上看，中国证监会的制度层级要远高于上市公司协会。另外，从两个文件发布的时间来看，监事会对董事的履职评价权在减弱。

可见，上市公司的董事、高管的履职评价权还没有建立统一的制度，还在探索之中。笔者认为，上市公司是最需要讲公司治理、最能讲公司治理的地方。董事由董事会自身来进行履职评价，总有"再锋利的刀永远砍不到刀背"之嫌。董事会应该由监事会进行履职评价，应该由董事会和监事会同时进行履职评价，并分配不同的考核权重。这是公司治理的基本原则，也是未来发展的方向。

值得一提的是，在银行业，《银行保险机构董事监事履职评价办法（试行）》（中国银行保险监督管理委员会令 2021 年第 5 号）规定银行保险业的监事会对董事、监事的履职评价承担最终责任，但没有规定监事会具有对高管履职评价的职能。笔者认为，该制度的思路是，监事会考核董事会，董事会考核高管。这与笔者上述主张的不同在于，监事会是否还有对高管的履职评价权。

四、国有企业对所派出董事、监事的履职评价权

国资股东应对所派出董事、监事进行年度履职评价工作。但该评价工作，在不同企业之间执行的差异较大，甚至部分企业没有执行此评价的情况也屡见不鲜。笔者认为，这个评价也是必要的。也就是说，一个董事、监事既要接受所在公司的监督考核，也要接受股东派出单位的监督考核。

下面的案例提供了一个完整的股东考核派出董监事的做法，值得学习，也反映了我国国有企业集团公司管控的痕迹。

---

① 中国上市公司协会．上市公司监事会工作指引（2021 年修订，征求意见稿），第 67 页。

② 依据是修订后的《上市公司治理准则》（中国证券监督管理委员会公告〔2018〕29 号）第五十六条、第五十七条，"董事和高级管理人员的绩效评价由董事会或者其下设的薪酬与考核委员会负责组织，上市公司可以委托第三方开展绩效评价。独立董事、监事的履职评价采取自我评价、相互评价等方式进行。董事会、监事会应当向股东大会报告董事、监事履行职责的情况、绩效评价结果及其薪酬情况，并由上市公司予以披露"。

【案例】某国有公司股东对派出董监事的评价方法

一、对董事的考核

其一，投资部门负责对各投资项目中我方派出的董事进行年度绩效考核，考核时应征求审计与风险管理部门意见，并及时将考核结果提交人力资源部，作为董事职务任免、奖惩的重要依据。投资部门每年年初或董事赴任时与董事签订年度工作目标责任书，明确其岗位工作目标和年度工作任务，并明确绩效考核的主要内容。

其二，绩效考核主要包括以下内容。

（一）董事所负责投资项目的经营情况。具体包括投资项目经营指标、财务指标及年度重点项目的完成情况。

（二）董事履职情况。具体包括所在投资项目监事会评价、投资部门评价、出席董事会会议情况及提交报告情况。考核依据包括以下内容。

1. 根据在董事会或股东会会议记录上记载的表决意见，判断董事是否忠实执行公司意图。

2. 对董事会决议执行的监督、检查和指导情况。

3. 对投资项目内外部环境、存在问题及未来发展进行深入分析、研究，并与相关人员进行深入沟通，为投资项目董事会和投资部门提供决策参考的情况。

4. 向投资部门提交投资项目重大事项、突发事项的处理方案、意见和报告的情况。

5. 投资项目资料和董事会有关资料及时归档的情况。

（三）董事个人表现情况。具体包括董事个人专长和经验的发挥及与公司相关部门和投资项目间沟通、协调、联络情况。

其三，投资项目经营情况得分占控股投资项目专职董事绩效考核得分的25%，占其他董事绩效考核得分的10%。履职情况得分占控段投资项目专职董事绩效考核得分的50%，占其他董事绩效考核得分的65%。个人表现情况得分占董事绩效考核得分的25%。

其四，董事绩效考核结果纳入该董事个人年度绩效。

（一）专职董事（含专职董事长）绩效考核结果直接作为其年终绩效考核结果。

（二）兼职董事绩效考核结果为B级及以上的，领取兼职董事津贴；考核结果为B级以下的，无兼职董事津贴，并调减其年终绩效考核得分。

（三）执行董事作为董事的绩效考核结果纳入本人年度绩效考核，占比为20%。

二、对监事会的考核

其一，审计与风险管理部负责对监事年度绩效进行考核，考核时应征求投资部门的意见，并及时将考核结果提交人力资源部，作为监事职务任免、奖惩的重要依据。

其二，审计与风险管理部每年年初或监事赴任时与监事签订年度工作目标责任书，明确其岗位工作目标和年度工作任务，并明确绩效考核的主要内容。

其三，绩效考核主要包括以下内容。

（一）监事履职情况。具体包括审计与风险管理部评价、出席监事会会议情况及提交报告情况。

1. 根据在监事会会议记录上记载的表决意见，判断监事是否忠实执行公司意图。

2. 对投资项目财务及监事会决议执行的监督、检查情况。

3. 关注投资项目当期经营，检查监督投资项目高级管理人员职务行为、经营行为，对出现的问题提出解决建议的。

4. 向审计与风险管理部提交投资项目重大事项、突发事项的处理方案、意见和报告的情况。

（二）监事个人表现情况。具体包括监事个人专长和经验的发挥及与公司和投资项目间沟通、协调、联络情况。

其四，履职情况得分占控股投资项目专职监事绩效考核得分的80%，占其他监事绩效考核得分的60%；个人表现情况得分占控股投资项目专职监事绩效考核得分的20%，占其他监事绩效考核的40%。

其五，审计与风险管理部根据评分细则对监事在各投资项目中绩效表现进行考核，考核得分报人力资源部。

其六，监事绩效考核结果纳入该监事作为公司员工的年度绩效。

（一）专职监事绩效考核结果直接作为其年终绩效考核结果。

（二）兼职监事绩效考核结果为B级及以上的，发放兼职监事津贴；考核结果为B级以下的，不发放兼职监事津贴，并调减其年终绩效考核得分。

有下列情形之一者，监事考核为C。

（一）未经公司批准连续两次未出席监事会会议。

（二）未按本办法规定进行表决或擅自发表与公司利益冲突的意见。

（三）严重违反本办法关于监事报告工作制度。

（四）工作出现重大失误，给公司或投资项目造成较大损失。

（五）发生法律法规和投资项目章程对监事行为禁止的情形。

（六）由于主观或能力原因，未能履行监事职责或不能发挥监事作用。

第四节 对董事进行履职评价

在对董监高的三类履职评价中，最重要的是对董事进行履职评价。

一、中央企业董事会对董事的履职评价

2003 年，国资委成立。李荣融在 2003—2010 年担任国务院国资委首任主任期间，大力推进央企的规范化公司治理。2004 年 6 月，国资委下发《关于中央企业建立和完善国有独资公司董事会试点工作的通知》，启动了规范董事会试点工作。

五年后的2009 年，国资委密集下发了《董事会试点中央企业董事会规范运作暂行办法》《董事会试点中央企业职工董事履行职责管理办法》《董事会试点中央企业专职外部董事管理办法（试行）》《董事会试点中央企业董事会、董事评价办法（试行）》，是国有企业最早对公司董事进行考核的探索。

《董事会试点中央企业董事会、董事评价办法（试行）》（2009）要求董事进行年度评价与任期评价，采取自我评价、董事相互评价、党委班子成员（党组成员）评价、经理层成员评价、董事会秘书评价、部分职工代表评价与出资人评价相结合的方式。

《董事会试点中央企业董事会、董事评价办法（试行）》（2009）还规定了董事年度评价一般经过的程序：（1）根据《董事评价要点》，董事进行自我评价与相互评价，党委班子成员（党组成员）、经理层成员、董事会秘书、部分职工代表分别对董事进行评价。评价时，须填写《董事评价意见表》，经本人密封后，由公司组织人事部门于次年 1 月底前统一送国资委企业领导人员管理机构。（2）听取国资委纪委、国务院派驻中央企业监事会主席意见后，国资委企业领导人员管理机构结合日常了解掌握的情况，综合形成董事年度评价意见。其中，中央管理主要领导人员企业董事年度评价意见，由国资委企业领导人员管理机构会同中央组织部企业领导人员管理机构提出。（3）董事年度评价意见经国资委领导审定后，由国资委企业领导人员管理机构向董事本人反馈。其中，中央管理主要领导人员企业董事长的评价意见，经中央组织部和国资委领导审定后，由中央组织部企业领导人员管理机构和国资委企业领导人员管理机构予以反馈；其他董事的评价意见，征求中央组织部意见后予以反馈。

以上三个制度已经废止，但我们依然可以看出，当时董事会试点中央企业的董事履职评价权的主体是国资委企业领导人员管理机构、国资委领导甚至中共中央组织部领导。监事会并没有董事的独立履职评价权。

尽管如此，监事会在董事、高管的履职评价中还是有一定的声音的。在外派监事会时期（2000—2018 年），央企监事会主席有对央企主要负责人任免的建议权和参与考核权。例如，依据年度监督检查总体情况，华润集团监事会主席有权对华润集团主要负责人的考核任免行使建议权，在央企负责人任期考核评价中有 15% 的考核权重（监事会的考核占 15 分，满分为 100 分）①。同时，国资委的监事会监督评价，一是年度监督评价，对企业董事会经营层所从事活动作出监督评价，报告给国资委。二是对董事会任期三年届满时作出三年总体企业和经营班子的监督评价报告，上报市委统战部和市国资委②。

2013 年 8 月，卸任国资委主任三年后，李荣融接受《财经》杂志近两小时的专访，他说，“宝钢是第一批试点单位，也是正式颁发证书的第一家，2005 年在我宣布董事会任命的时候，同时给了宝钢两个课题：第一，党组织在董事会这种新的治理结构下如何发挥作用？第二，职工董事如何发挥好作用？这两个课题很关键……总经理好找，一个合格的董事很难找，董事长更难找”③。

2013 年 11 月，党的十八届三中全会审议通过了《中共中央关于全面深化改革若干重大问题的决定》，开启了全面深化改革的新时代，明确提出推动国有企业完善现代企业制度，以公司治理为抓手进一步探路国企改革深水区。

2021 年 9 月，国务院国资委印发《中央企业董事会工作规则（试行）》。该规则是在 2009 年《董事会试点中央企业董事会规范运作暂行办法》的基础上修订而成的，与《关于中央企业在完善公司治理中加强党的领导的意见》相配套。该规则明确，董事会是企业经营决策主体，定战略、作决策、防风险。董事长是董事会规范运行的第一责任人。一方面，该规则将适用范围界定为国资委履行出资人职责的国有独资中央企业，股权多元化中央企业，经股东会批准，可以参照规则建设规范董事会。另一方面，中央企业和地方国资委可以参照规则精神，推动所属或者所监管企业健全完善董事会制度。

2021 年，央企董事会建设从试点探索阶段进入全面推进阶段。这一年，国资委又一次密集推出《中央企业董事会工作规则（试行）》《中央企业董事会和董事评价办法》及《关于进一步落实中央企业董事会考核分配职权的实施意见》三个配套制度。对这三个制度，笔者均未见全文公开。笔者认为，这三个制度不可能将董事、高管的履职评价权交给监事会。

---

① 严学锋．问责央企监事会主席［EB/OL］．（2018－01－19）［2022－06－19］．http：//mp. weixin. qq. com/s/oR6mGHzLlgLo7uRIXe7PGw.

② 周国雄．监事会一般不说话　说话不一般［EB/OL］．（2016－12－28）［2022－06－19］．http：//finance. sina. com. cn/meeting/2016－12－28/doc－ifxyxusa5616869. shtml.

③ 施智梁．李荣融：国企是经济组织，不是政治组织［J］．财经，2014 年 6 月 30 日．

2022 年 5 月 1 日，随着《国有企业监事会暂行条例》的废止，外派监事会已完成历史使命。国有企业董事会工作的探索如火如荼，仍在进行中。如前所述，国有企业董事的评价权的主要思想是“分配”。

值得一提的是，此前，各省市也陆续出台了配套的评价办法，如《浙江省省属国有独资公司董事会及董事评价办法（试行）》（浙国资发〔2019〕10 号）①。与此同时，《中央企业负责人经营业绩考核办法》（2019 年修订）也在执行。

【专题】中央企业负责人经营业绩考核办法（2019 年修订）

2019 年 4 月，修订后的《中央企业负责人经营业绩考核办法》（国资委令第 40 号）② 考核的中央企业负责人，是指经国务院授权由国务院国有资产监督管理委员会履行出资人职责的企业中由中央或者国资委管理的人员。企业负责人经营业绩考核工作由国资委考核分配工作领导小组组织实施。

《中央企业负责人经营业绩考核办法》具有突出高质量发展考核、突出分类考核和差异化考核、突出世界一流对标考核、突出正向激励考核的四个特点，按照下列程序进行考核：(1) 考核期末，企业依据经审计的财务决算数据，形成经营业绩总结分析报告报送国资委。(2) 国资委依据经审计并经审核的企业财务决算报告和经审查的统计数据，结合总结分析报告，对企业负责人考核目标的完成情况进行考核，形成考核与奖惩意见。(3) 国资委将考核与奖惩意见反馈给企业。企业负责人对考核与奖惩意见有异议的，可及时向国资委反映。国资委将最终确认的考核结果在一定范围内公开。

对落实董事会对经理层的经营业绩考核职权。(1) 授权董事会考核经理层的企业，国资委与董事会授权代表签订年度和任期经营业绩责任书，董事会依据国资委考核要求并结合本企业实际对经理层实施经营业绩考核。(2) 国资委根据签订的经营业绩责任书和企业考核目标完成情况，确定企业主要负责人年度和任期经营业绩考核结果。(3) 董事会根据国资委确定的经营业绩考核结果，结合经理层个人履职绩效，确定经理层业绩考核结果和薪酬分配方案。董事会应根据国资委经营业绩考核导向和要求，制定、完善企业内部的经营业绩考核办法，报国资委备案。

国资委在保留净利润、利润总额、资产负债率三个指标基础上，2020 年起中央企业经营业绩考核将新增营收利润率、研发（R&D）经费投入强度指标，

---

① 浙江省国资委．浙江省省属国有独资公司董事会及董事评价办法（试行）[EB/OL]．(2019-12-19)[2022-06-19]．http://www.zj.gov.cn/art/2019/12/19/art_1553347_30474.html.

② 其前身是 2016 年的《中央企业负责人经营业绩考核办法》（国资委令第 33 号）以及 2012 年的《中央企业负责人经营业绩考核暂行办法》（国资委令第 30 号）。

形成“两利三率”指标体系，引导企业更好实现高质量发展。对下级企业的考核指标有：(1) 利润总额。(2) 净利润总额。(3) EVA值。(4) 成本费用占营业收入的比重。(5) 经营活动现金流量。(6) 应收账款占用资金不超过亿元。(7) 存货占用资金不超过亿元。(8) 资产负债率。(9) 增加值。(10) 全员劳动生产率。(11) 个性化的重点任务指标。如研发费用增长率等上级企业关注的内容。

各省、自治区、直辖市和新疆生产建设兵团国有资产监督管理机构，设区的市、自治州级国有资产监督管理机构对国家出资企业负责人的经营业绩考核，可参照本办法并结合实际制定具体规定。例如，《四川省省属国有企业负责人经营业绩考核办法》(川办发〔2019〕68号) 落实董事会对经理层的经营业绩考核职权：(1) 授权董事会考核经理层的省属国有企业，由董事会根据省国资委等机构确定的经营业绩考核结果，结合经理层个人履职绩效，确定经理层业绩考核结果和薪酬分配方案。(2) 董事会市场化选聘经理层的省属企业，由董事会对市场化选聘经理层实行契约化管理，加强和完善经营业绩考核，建立退出机制，同时按照市场化薪酬分配机制确定其薪酬结构和水平，报省国资委等机构备案。

《四川省省属国有企业负责人经营业绩考核办法》(川办发〔2019〕68号) 还规定国有资本参股企业中由省委、省国资委党委及省直部门党组（党委）管理的企业负责人，其业绩考核和奖惩参照本办法执行。金融企业和文化企业负责人的经营业绩考核，按照金融企业和文化企业相关考核规定执行，中央和省委另有规定的依其规定执行。

《四川省省属国有企业负责人经营业绩考核办法》(川办发〔2019〕68号) 规定，年度质量效益指标，包括利润总额、净资产收益率、经济增加值。年度功能任务指标、管理效能指标、重点工作指标，由省国资委等机构综合考虑企业功能定位、所处行业特性和董事会年度工作部署等因素进行选取。任期效益效率指标为国有资本保值增值率、全员劳动生产率。

二、银行保险机构对董事的履职评价[①]

众所周知，银行保险行业对金融风险管控的要求很高。

《国有重点金融机构监事会暂行条例》(2000年发布，2022年仍在执行) 赋予

---

① 本小节的标题内容是对董事的履职评价。由于《银行保险机构董事监事履职评价办法（试行）》(2021年) 将董事、监事的履职评价放在一个制度内，本书为了陈述简洁方便，本小节内容中，将该制度项下的银行业董事、监事评价，放到了一起。

监事会对董事和高管的履职评价权。该条例第六条规定，监事检查国有金融机构的董事、行长（经理）等主要负责人的经营行为，并对其经营管理业绩进行评价，提出奖惩、任免建议。《公司法》第五十三条规定，监事会、不设监事会的公司的监事对董事、高级管理人员执行公司职务的行为进行监督，对违反法律、行政法规、公司章程或者股东会决议的董事、高级管理人员提出罢免的建议。值得注意的是，《公司法》并没有明确赋予监事会对董事和高管的履职评价权。

2021 年 5 月，中国银保监会主席郭树清签发《银行保险机构董事监事履职评价办法（试行)》（中国银行保险监督管理委员会令 2021 年第 5 号）[①]。该办法适用于中华人民共和国境内设立的商业银行和保险公司，包括国有大型商业银行、全国性股份制商业银行、城市商业银行、民营银行、农村商业银行、外资银行、保险集团（控股）公司、财产保险公司、再保险公司、人身保险公司。银保监会负责监管的其他金融机构、未设立监事会的银行保险机构参照适用。笔者注意到，《银行保险机构董事监事履职评价办法（试行)》规定了银行保险业的监事会对董事、监事的履职评价承担最终责任，规定了监事会对董事承担最终评价职能，但没有明确规定监事会具有履职评价的职能。

董监事会评价的三大核心要素为完善的评价指标体系、合理的评价标准、科学的方法和程序。《银行保险机构董事监事履职评价办法（试行)》对董事评价的核心要素如图 8－3 所示。

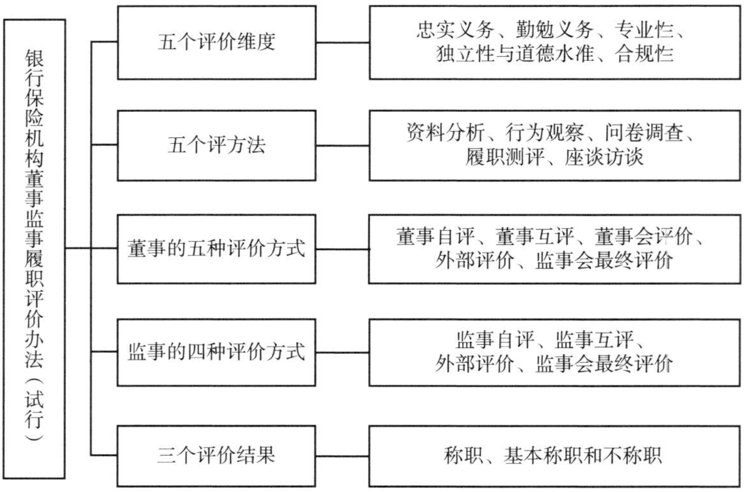

图 8－3　董事评价的核心要素

① 该办法出台的同时，废止了《商业银行董事履职评价办法（试行)》（中国银行业监督管理委员会令 2010 年第 7 号）。

该办法规定，董事、监事履职评价应当至少包括履行忠实义务[①]、履行勤勉义务[②]、履职专业性[③]、履职独立性与道德水准[④]、履职合规性[⑤]五个维度。

该办法在规定董事的五种评价方式、监事的四种评价方式的同时，鼓励银行保险机构结合自身情况，聘请外部专家或市场中介机构等独立第三方协助本机构开展董事、监事履职评价。连续两年公司治理监管评估等级为 D 级以下的银行保险机构，应当聘请独立第三方协助开展董事、监事履职评价工作。

该办法明确了董事、监事的三个评价结果类别，分别为称职、基本称职和不称职，要求银行保险机构根据履职评价结果对被评价董事监事提出工作建议或处理意见。根据该办法，某商业银行监事会完成董事、监事的履职评价完成后，(1) 及时将董事监事评价结果和相关意见建议报告股东（大）会，及时将董事评价结果和相关意见建议反馈董事会，并以书面形式正式通知董事、监事本人。(2) 对履职评价结果为“基本称职”的董事监事，要求董事会和监事会组织会谈，向董事监事本人提出限期改进要求。对被评为“不称职”的董事监事，银行保险机构董事会、监事会向其问责。(3) 监事会向银行业监管机构报告履职评价结果。履职评价资料作为银行档案按档案管理制度长期保存。(4) 两名以上董事、监事对履职评价程序或结果存在异议并向银行保险机构提出书面意见的，银行保险机构应当在收到书面意见后 5 个工作日以内向监管部门报告并作出详细解释。

董监事的履职评价要防止形式主义、走过场。目前，各银行基本是按银保监会的文件要求开展评价工作。形式上都是中规中矩的。但总体来看，董事、监事履职评价工作开展时间不长，各行都还在摸索、积累经验的过程中。

董监事的履职评价要公正、客观。及时防范履职评价不公允的现象，例如，董事会上不发言、只举手表决同意的董事，其评价得分高于积极发言并提出中肯建议的董事，或高于对某些确实不成熟或有瑕疵议案提出修改或表达弃权甚至反对意见

---

① 履行忠实义务包括但不限于董事监事能够以银行保险机构的最佳利益行事，严格保守银行保险机构秘密，高度关注可能损害银行保险机构利益的事项，及时向董事会、监事会报告并推动问题纠正等。

② 履行勤勉义务包括但不限于董事监事能够投入足够的时间和精力参与银行保险机构事务，及时了解经营管理和风险状况，按要求出席董事会及其专门委员会、监事会及其专门委员会会议，对提交董事会、监事会审议的事项认真研究并作出审慎判断等。

③ 履职专业性包括但不限于董事监事能够持续提升自身专业水平，立足董事会、监事会职责定位，结合自身的专业知识、从业经历和工作经验，研究提出科学合理的意见建议，推动董事会科学决策、监事会有效监督等。

④ 履职独立性与道德水准包括但不限于董事监事能够坚持高标准的职业道德准则，不受主要股东和内部人控制或干预，独立自主地履行职责，推动银行保险机构公平对待全体股东、维护利益相关者的合法权益、积极履行社会责任等。

⑤ 履职合规性包括但不限于董事监事能够遵守法律法规、监管规定及公司章程，持续规范自身履职行为，依法合规履行相应的职责，推动和监督银行保险机构守法合规经营等。

的董事。这个现象不公允，就需要防范。

履职评价要重点突出。该办法规定了董事的履职关注点。银行保险机构应结合董事类型特点及其在董事会专门委员会中的任职情况，从以下不同维度重点关注董事在下列事项中的工作表现：

（1）制订并推动实施战略规划、年度经营计划；

（2）制定和推动执行风险管理策略、风险偏好、风险限额和风险管理制度；

（3）审查重大投融资和资产处置项目，特别是非计划内的投资、租赁、资产买卖、担保等重大事项；

（4）推动加强资本管理和资本补充；

（5）制订和推动执行利润分配方案；

（6）推动股东（大）会决议和董事会决议的落实；

（7）推动银行保险机构完善股权结构和内部治理架构，加强股权管理，提升公司治理的有效性；

（8）提升内部控制、合规管理和内部审计的有效性，落实反洗钱、反恐怖融资相关要求；

（9）提升董事提名和选举流程的规范性和透明度；

（10）选任、监督和更换高级管理人员，加强与高级管理层的沟通；

（11）评估和完善董事会对高级管理层的授权原则、授权范围和管理机制；

（12）推动董事、高级管理人员薪酬与银行保险机构和股东长期利益保持一致，且符合监管要求；

（13）推动协调各治理主体运作，加强与股东及其他利益相关者的沟通，平衡各方利益；

（14）促进关联交易的合法合规性和关联交易管理的规范性；

（15）提升财务会计信息的真实性、准确性和完整性；

（16）提升信息披露的真实性、准确性、完整性和及时性；

（17）确保监管报送数据的及时性、真实性和完整性；

（18）推动完善消费者权益保护决策机制，规划和指导消费者权益保护工作；

（19）推动监管意见落实以及相关问题整改问责；

（20）关注和依责处理可能或已经造成重大风险和损失的事项，特别是对存款人、投保人、被保险人和受益人、中小股东合法权益产生重大影响的事项；

（21）履行法律法规、监管规定及公司章程规定董事应当承担的其他重要职责。

银行保险机构应当结合监管制度关于独立董事职责的特别规定，围绕独立董事应当重点关注和发表独立意见的事项，考察和评价其履职表现。

【案例】A 农商行监事会对董事长的履职评价报告①

根据我行章程和公司法人治理的要求，监事会履职尽职考评委员会对我行董事会成员某同志 2015 年度履职尽职情况进行了评价，现将综合评价情况报告如下。

一、守法合规情况

1. 该同志能正确行使董事长职权，能够根据我行章程和股东大会决议主持董事会工作，积极组织召开董事会会议。作为董事长，2015 年组织召开了董事会会议 4 次，并且建立了董事会会议纪要和反馈制度，要求董事会办公室将董事会会议情况形成会议纪要予以下发，及时反馈整改情况，推动董事会工作开展。

2. 该同志依规履行职责，行使董事长的有关权利，履行好董事长的义务，确保董事会决策的科学性及有效性，有效地保护本行和股东的权益。

二、勤勉尽职情况

1. 强化董事会建设。一是扎实推动委员会工作的开展。成立了战略发展委员会和三农委员会，目前战略发展委员会已启动战略规划工作，组织了三次战略规划的前期调研及基础论证工作，后续工作正在有序推进。二是积极参与调研，注重发挥独立董事作用，先后开展房地产行业状况、全行操作风险状况以及干部队伍现状专题调研，形成调研报告四篇。由该同志参与董事会风险管理委员会成员共同完成的《操作风险调研报告》被银监局评为优秀调研报告，其撰写的《如何改善商业银业银行法人治理》一文被《中国银行业》刊登。

2. 整合部门设置。该同志根据银行建设流程要求，结合业务发展的需要和规范管理，对机关部室进行整合，撤销发展规划部和财务会计部，成立资金市场部、运营管理部、计划财务部，进一步理顺了部门职责，完善了运作流程。

3. 推进业务转型。2015 年该同志按省联社文件精神，积极推进我行业务转型工作。主要做法一是强调发展理念转型，坚持社区银行的市场定位，着力支持“三农”和小微企业，坚持做小、做散的经营原则。二是强调服务理念转型，围绕“一切为了客户”的理念，一切从客户需求出发，着力推出客户增值服务。三是要求产品结构转型，逐步加大中间业务拓展步伐，推出理财业务，放大财政集中支付业务，扩充电子银行服务功能，不断丰富中间业务品种。四是要求收入结构转型，将加大非贷款业务收入比重作为在新一轮市场竞争中立

① 公司治理项目组．商业银行董事、高管履职评价［EB/OL］.（2019 - 10 - 25）［2022 - 06 - 20］. https：//mp. weixin. qq. com/s/hVCQv0SICifFdF3i742vqg.

足的重要手段，增加非信贷资产业务收益，加强和同业之间的合作，提升资金运作收益。

4. 有效管控风险。2015年该同志在工作中，注重建立风险状况按季评价报告制度，强化责任追究机制、问责机制和积分管理制度建设。主要做法一是突出资产风险防控，将信贷资产风险管理作为全年资产风险管控的重点。二是突出操作风险的防控，建立、细化业务流程、管理流程和风险点，建立、完善岗位职责风险监控和预警机制。三是加强对重点条线风险排查与防范，将审计稽核、案件治理贯穿业务发展全过程，及时查找经营管理中存在的风险隐患和薄弱环节，建立有效的风险防范机制，保证业务经营的健康持续发展。

5. 强化执行监督。在执行监督方面，2015年该同志一是严格执行监管部门要求，按照银监局“制度执行年”“员工行为规范年”和“监管意见落实年”等活动要求，指导分解工作任务，明确分管领导、责任部门和完成时间，以此作为推动全年工作的底线。二是认真研读上级文件精神，把握上级文件精髓和工作要求，及时抓好布置落实。三是定期回顾评价，及时总结工作经验，及时评估工作实效。

6. 积极参加群众路线教育实践活动，着力推进作风转变。2015年该同志按照省联社党委布置，积极参加党的群众路线教育实践活动，切实开展好三个环节的各项工作。在学习教育听取意见环节，制订了符合我行特色、切实可行的教育实践活动方案，主持召开动员大会、组织党委中心组学习、组织支部党员学习、开展座谈交流等多种形式，在全行上下大力营造浓厚的活动氛围。在查摆问题、开展批评环节，该同志对照查摆问题、开展批评环节的实施方案和日程安排表，认真查找存在问题与不足。在整改落实、建章立制环节，对照“四查四治”要求，围绕反对“四风”，坚持即知即改、边查边改。

三、综合评价

一年来，该同志坚持以党的十八大和十八届三中全会精神武装头脑、指导实践。坚持严于律已、宽以待人的优良作风，始终把勤勉尽责、廉洁自律作为抓工作、提素质、树形象的基础工作。工作中该同志能认真履行我行章程和股东大会所赋予的各项职责，严格贯彻执行股东大会的各项决议，守法合规，工作勤勉尽职，较好地发挥了决策者作用。2015年我行在该同志的带领下，公司治理结构得到了进一步完善，经营业绩进一步提高，内部控制得到加强，抗风险能力明显提升，在本省银行业中的地位和作用更加突出。2015年省联社的等级行考核为5A级，综合考核为全省第五名，12个单项中有8个单项在省联社评比中获奖，领导班子连续四年被省联社表彰为“四好领导班子”先进集体。

综上所述，本行监事会对该同志的年度考评结论为：称职。

值得一提的是，对董事监事的评价不同于对董事会、监事会的评价。《银行保险机构董事监事履职评价办法（试行）》是对董事、监事的评价，而不是对董事会、监事会的评价。例如，对董事会评价的角度一般有：（1）信息披露真实、准确、完整，履行信息披露、关联交易管理职责的情况；（2）定期评估并完善本行公司治理的情况；（3）专门委员会有效运作，协助董事会科学决策的情况；（4）董事会与高级管理层、董事会成员之间有效沟通与协调的情况；（5）接受与配合监管部门、监事会监督，落实监管部门、监事会监督意见，认真整改存在问题的情况。

三、上市公司对独立董事的履职评价

如前所述，中国上市公司协会《上市公司监事会工作指引》规定，监事会具有董事的履职评价权。该指引第二十六条还规定：监事会的监督记录以及进行财务或专项检查的结果应成为对董事、高级管理人员履职评价的重要依据。倡导推荐事项有：（1）建议监事会对董事会、高级管理层及其人员的履职评价结果进行“认可”“不认可”“弃权”或其他类似的等次划分；（2）建议监事会对于被评为“认可”以外等次的董事、高级管理人员，提出限期改进要求。对连续两年被评为“认可”以外等次的董事、高级管理人员，依公司相关规定的程序，提出罢免建议；（3）建议公司监事会建立相关制度，将对董事会和高级管理层及其成员的履职评价结果和评价依据等形成评价报告，作为监事会年度报告的一部分在年度股东大会上向股东报告，并报公司所在辖区监管机构。

由于上市公司独立董事履职要求的规定散落在不同的法律法规中，不成体系，操作性不强。2014 年 9 月，中国上市公司协会发布了《上市公司独立董事履职指引》，这是中国自 2001 年推行独立董事制度以来，首个针对独立董事履职的制度性文件。由于所依据的部分法律、行政法规、部门规章、自律规则和其他规范性文件被修订、修正或废止，该指引于 2020 年推出修订版。

（一）独立董事的年度述职报告

在履职评价过程中，独立董事的年度述职报告值得借鉴。一个好的年度履职评价是建立在有血有肉的、鲜活的年度述职报告的基础之上。

《上市公司独立董事履职指引》（2020 年修订）第十二条规定：上市公司年度股东大会召开时，独立董事需提交年度述职报告，对自身履行职责的情况进行说明，并重点关注上市公司的内部控制、规范运作以及中小投资者权益保护等公司治理事项。独立董事的述职报告宜包含以下内容：（1）上一年度出席董事会会议及股东大会会议的情况，包括未亲自出席会议的原因及次数；（2）在董事会会议上发表意见和参与表决的情况，包括投出弃权或者反对票的情况及原因；（3）对公司生产经营、制度建设、董事会决议执行情况等进行调查，与公司管理层进行讨论，对公司重大投资、生产、建设项目进行实地调研的情况；（4）在保护社会公众股股东合法权益方面所做的工作；（5）参加培训的情况；（6）按照相关法律、行政法规、部门规章、规范性文件、自律规则和公司章程履行独立董事职务所做的其他工作；（7）对其是否仍然符合独立性的规定，其董事候选人声明与承诺事项是否发生变化等情形的自查结论。独立董事的述职报告以工作笔录作为依据，对履行职责的时间、地点、工作内容、后续跟进等进行具体描述，由本人签字确认后交公司连同年度股东大会资料共同存档保管。

保险行业的独立董事也有类似的要求。《保险机构独立董事管理办法》（银保监发〔2018〕35 号）规定，独立董事应当每年向股东（大）会提交尽职报告。尽职报告主要包括：（1）参加会议情况，包括未亲自出席会议的次数及原因；（2）发表意见情况，包括投弃权或反对票的情况及原因，无法发表意见的情况及原因；（3）为了解保险机构经营管理状况所做的工作，包括开展现场调研、专项调查、与管理层工作沟通等；（4）履职过程中存在的障碍，包括未能保障独立董事知情权的情况、履职受到干扰或阻碍的情况，以及独立董事向董事会和管理层提出工作意见和建议未被采纳的情况；（5）年度工作自我评价，包括是否持续保持独立性的自我评价、是否存在未尽独立董事职责的情况、参加培训的情况；（6）对董事会及管理层工作的评价；（7）独立董事认为应当提请股东（大）会关注的其他事项。保险机构应当于每年 5 月 15 日前将独立董事尽职报告报中国银行保险监督管理委员会。

（二）独立董事的工作笔录

制作工作笔录是对上市公司独立董事履职评价的另一个值得提倡的好做法。《上市公司独立董事履职指引》（2020 年修订）第十一条规定：独立董事应当将其履行职责的情况记入《独立董事工作笔录》，包括对上市公司生产经营状况、管理和内部控制等制度的建设及执行情况、董事会决议执行情况等进行调查、与公司管理层讨论、参加公司董事会、发表独立意见等内容。独立董事与公司内部机构和工作人员以及中介机构人员的工作邮件、电话、短信及微信等电子通讯往来记录，构成工作笔录的组成部分。独立董事履职的工作笔录及上市公司向独立董事提供的资料，独立董事应当妥善保存至少五年。

（三）独立董事的履职评价指标

笔者认为，独立董事履职评价指标包括履职品德、履职能力、履职行为、履职效果，即从“德、能、勤、绩”四个方面对独立董事进行履职评价（见图 8－4）。

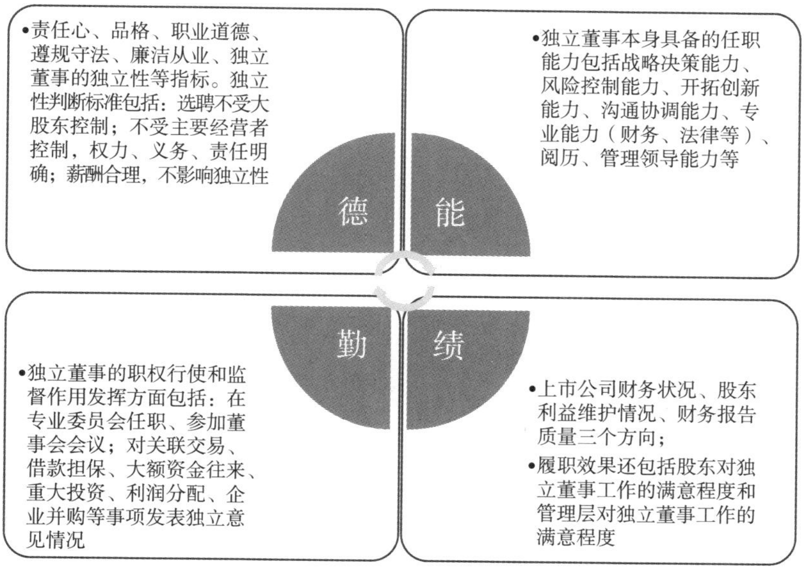

图 8-4　独立董事履职评价的四个方面

（四）独立董事的责任制度

众所周知，我国监管机构引入独立董事制度的初衷是制衡控制性股东权力、保护中小股东利益、抵制内部人控制和提高公司决策质量。为了保证独立董事的独立性和公正性、增强独立董事的风险意识，应建立独立董事责任制度，从而避免独立董事成为“花瓶董事”或大股东的代言人。

2014 年 9 月，中国上市公司协会发布的《上市公司独立董事履职指引》提出，独立董事有权要求上市公司为其购买责任保险，以缓解其履职风险。董责险作为一种职业责任保险，由公司购买，当其董事及高级管理人员因履职过程中的疏忽或不当行为而被追究个人赔偿责任时，由保险公司负担相关民事赔偿费用。

2021 年 11 月 15 日早上，笔者在班车上发了个朋友圈，引用的文章是《历史级重罚！康美药业 5 名独立董事均须承担上亿元连带赔偿责任!》，并配文字“昨前两日闭门扎入《董监高履职评价》一章，独立董事履职险看来有市场了”。一个来自保险行业的朋友留言说“昨天，我和人大的一个校友讨论了这个保险”。

这篇文章的主要内容是：2021 年 11 月 12 日，广州市中级人民法院对全国首例证券集体诉讼案作出一审判决：康美药业作为上市公司，承担 24.59 亿元的赔偿责任；公司实际控制人马兴田夫妇及邱锡伟等 4 名原高管人员组织策划实施财务造假，属故意行为，承担 100% 的连带赔偿责任；另有 13 名人员按过错程度分别承担 20%、10%、5% 的连带赔偿责任。其中包括五名独立董事被判承担民事赔偿连带责任：（1）江镇平、李定安承担 20% 连带责任（折合人民币 4.92 亿元）；（2）张弘承担10%连带责任（折合人民币2.46亿元）；（3）郭崇慧、张平承担5%连带责任（折合人民币1.23亿元）。审计机构正中珠江会计师事务所未实施基本的审计程序，承担100%的连带赔偿责任，正中珠江合伙人和签字会计师杨文蔚在正中珠江承责范围内承担连带赔偿责任①。

证监会表示，此次一审判决示范意义重大，是落实新《证券法》和中办、国办《关于依法从严打击证券违法活动的意见》的有力举措，也是资本市场史上具有开创意义的标志性案件，对促进我国资本市场深化改革和健康发展具有里程碑意义。笔者认为，保障董事会成员尤其是独立董事的自主决策权力，完善对董事的追责和容错机制，也应借鉴“商业判断原则”，建立容错机制，鼓励董事积极履职。

【案例】上市公司监事会对董事履职评价报告（模板）②

一、基本情况

（一）董事会基本情况

截至202×年年末，公司董事会共有4名董事，分别为A（董事长）、B（执行董事）、C（非执行董事）、D（独立董事），各位董事任职情况如表8－4所示。

表8－4 董事任职情况表格式

序号	姓名	职务	任职时间

（二）董事会专门委员会基本情况

公司董事会下设战略委员会、消费者权益保护委员会、××委员会等×个专门委员会。各专委会基本情况如下。

1. 战略委员会

截至202×年年末，战略委员会由×名董事构成。主任委员为××，委员为××和××。

2. 消费者权益保护工作委员会

截至202×年年末，消费者权益保护委员会由×名董事构成。主任委员为××，委员为××和××。

① 历史级重罚！康美药业5名独立董事均需承担上亿元连带赔偿责任［EB/OL］.（2021－11－14）［2022－06－20］. https：//mp. weixin. qq. com/s/afQZiDk5lULsWrJX73sRQQ. 来源：广州中院、证监会发布、公开信息等。

② 中国上市公司协会. 上市公司监事会工作指引（2021年征求意见稿）第67页。

二、董事履职评价情况

监事会根据监管法规及公司章程、《董事、监事履职评价制度》有关规定，对公司董事202×年年度履职最终评价结果如下。

（一）董事出席会议情况

1. 出席董事会情况

202×年，公司董事会共召开会议×次，其中现场会议×次、通讯会议×次，共审议××项议案。全体董事出席会议情况如表8-5所示（涉及关联交易回避董事视同出席会议）。

表8-5 全体董事出席会议情况

董事	应出席次数/实出席次数	出席率	回避表决次数
A	×/×	100%	Y

2. 出席董事会专门委员会情况

202×年，公司董事会专门委员会共召开会议××次，其中战略委员会会议C次、风险管理委员会会议B次、审计委员会会议A次，共审议××项议案。董事出席专门委员会会议情况如表8-6所示（实际出席次数/应出席次数）。

表8-6 董事出席专门委员会会议情况

董事	战略	风险	审计	出席率
A	C/C	B/B	A/A	100%

（二）董事履行忠实义务情况

202×年年度，公司各位董事均能严格遵守法律法规和章程规定，从维护公司股东利益和整体利益的角度出发，忠实、认真履职，如实报告本人相关信息及关联关系情况，按照相关规定履行回避义务，主动接受监管部门和监事会监督，未发现董事存在泄露公司秘密、利用职务便利为本人或他人谋取不正当利益、超越职权范围行使权力、损害公司及股东利益以及其他违反法律法规和章程规定的情况。

（三）董事履行勤勉义务情况

202×年年度，公司各位董事能够认真勤勉地行使章程所赋予的权利，较好地履行了相关职责。202×年，董事出席股东大会的平均出席率为100%，出席董事会会议的平均总出席率为100%，出席董事会现场会议的平均出席率为100%，出席董事会各专门委员会会议的平均出席率为100%；非执行董事和独立董事在公司工作时间平均超过20个工作日。

1. 积极出席董事会及其专门委员会会议，认真审议各项议案并作出审慎决策，及时、高效地对监事的意见和建议作出答复和说明，对高级管理层提出质询和建议；应股东要求列席股东大会，对股东的质询和意见作出答复和说明。

2. 各位董事能及时了解公司经营管理状况，重点关注××等事项，发挥各自的专业特长和从业经验，对职责范围内的有关事项进行独立判断，负责任地发表意见并表决，在董事会、董事会专门委员会及日常事务中发表多项意见建议，及时、充分掌握履职所需的有关信息，有效指导董事会专门委员会根据相关议事规则开展工作，有效督促公司管理层落实决策意见。

202×年年度，各位董事能够正确行使董事的有关权利，履行好董事的义务，确保董事会决策的科学性及有效性，促进公司健康稳定发展，切实维护了公司股东的利益。202×年年度，未发现公司董事存在违反法律法规和公司章程规定的勤勉义务行为。

（四）履职专业性情况

公司董事均具有良好的学历背景和丰富的经济、金融工作经验，熟悉相关法律、监管法规、公司章程及董事会议事规则等相关制度。公司各位董事相关专业知识、工作经验情况如下（此处省略）。

202×年，公司董事均能够了解自身职责，重视相关法律、法规、监管部门规章的学习，力求提升监管政策把握能力；关注行业的发展动态，加深对行业趋势的理解与把握；加强与股东大会的沟通，及时、有效执行股东大会决议，并对股东大会负责；严格按照规定出席董事会会议及相关董事会专门委员会，正确行使董事及专门委员会委员权利并承担相应义务；通过加强与监事会的沟通，积极落实监事会的有关监督意见，逐步完善内部治理体系；通过加强与高级管理层的沟通定期听取相关情况报告，为重大决策做好信息储备；独立识别公司经营管理中存在的风险和缺陷，督促高级管理层按照董事会的决策来加强公司的风险管理和内部控制。

（五）履职独立性与道德水准情况

公司董事在履职过程中能够坚持高标准的职业道德准则，并保持充足的独立性，不受公司主要股东和内部人控制或干预，独立自主地履行职责，推动公司公平对待全体股东、维护利益相关者的合法权益、积极履行社会责任等。

1. 202×年，公司董事均诚实地向股东大会、董事会、监事会报告了近亲属及其他关联方情况，未发生有损公司利益的关联交易等行为。

2. 202×年，公司董事均对涉及自身重大利害关系的事项按照有关规定予以了回避，未发生干涉公司高级管理层经营管理的行为。

3. 202×年，公司董事均坚持诚实守信原则，按照董事职业要求与职业道德，忠实履职，未损害公司、股东及其他利益相关者利益，切实维护公司、股东利益。

（六）履职合规性情况

1. 202×年，公司董事会共召开了××次会议，全体董事均亲自出席或委托出席了董事会会议，其中每位董事均亲自出席了2/3以上的董事会会议，出席会议次数符合监管法规及公司章程有关规定。

2. 202×年，公司董事均依法行使职权，未发现违法违规行为；按照公司章程及董事会议事规则有关规定开展工作，认真履行职责；未发现强行干预公司正常经营活动或为关系人谋取私利的行为；严格保守公司秘密，未发现履职过程中接受不正当利益或利用董事职务谋取私利等损害公司、股东利益的行为；未兼任与董事职责相冲突的职务，未发现在与公司有利益冲突关系的单位任职的情况；通过出席董事会与相应专门委员会会议等方式，持续了解和分析公司运行情况；在正确行使董事职权的同时，切实承担董事义务，确保董事会决策合法合规、科学合理，有效维护股东利益，促进公司健康稳健发展。

（七）接受监事会监督情况

公司董事会及下设专委会高度重视监事会的常规和专项监督检查工作，对监督要求及检查披露的问题实时跟进，督促管理层及相关部门及时落实整改工作。202×年，公司监事会主要对审计等各条线开展了重点监督工作。公司董事会就监事会在重点监督工作中提出的督办要求均进行了逐一落实。

三、评价结果

监事会认为，202×年，公司全体董事按照相关法律、法规、规章及公司章程的要求，诚信、勤勉、专业、高效地履行职责，维护公司利益，推动公司发展。公司全体董事均认真履行监管法规、公司章程及董事会议事规则赋予的各项职权。经过考察评价，公司监事会对各位董事202×年度的履职评价结果均为"称职"。

第五节　对监事进行履职评价

一、"四可"履职记录制度促进做实监事会和监事的履职评价

2015年10月，国务院办公厅发布的《关于加强和改进企业国有资产监督防止国有资产流失的意见》（国办发〔2015〕79号）提出了十八条要求，其中第九条要

求，加强和改进外派监事会监督，建立外派监事会可追溯、可量化、可考核、可问责的履职记录制度，切实强化责任意识，健全责任倒查机制①。

这就是“四可”履职记录制度的由来。2017 年，成都《关于进一步加强和改进市属国有企业监事会工作的实施意见》也要求，建立监事会可追溯、可量化、可考核、可问责的履职记录制度，提升监督效能。其履职记录内容包括监事会成员每周驻企业时间、列席企业重要会议、发表监督意见、开展监督检查、提交监督信息、提交检查报告等情况。履职记录情况作为对监事会及成员考核、评价、奖惩的重要依据。

建立“监事会可追溯、可量化、可考核、可问责”的“四可”履职记录制度，从实务要求切入，对我国公司制企业监事会制度实践经验的总结、发展和完善，对国有企业在完善公司治理制度中做实监事会，充分发挥监事会的监督治理功能具有很强的实践意义。

银行保险行业领域也提出了类似的要求。银保监会《银行保险机构董事监事履职评价办法（试行）》（中国银行保险监督管理委员会令 2021 年第 5 号）规定，银行保险机构应当建立健全董事监事履职档案，真实、准确、完整地记录董事监事日常履职情况以及履职评价工作开展情况。董事会负责建立和完善董事履职档案，监事会负责建立和完善监事履职档案以及董事监事履职评价档案。

（一）“四可”制度的内容

“可追溯”，即提出了做实监事会的履职记录要求：要做到“年度有计划、工作有步骤、进度有检查、年终有总结”，细化监事会会议、检查、监督、评估、评价、建议、调查、报告等具体工作的标准与程序。

“可量化”，其内容包括监事会的任期目标、年度工作计划的目标、检查公司财务、监督董事和高管的职务行为、举行监事会会议的频次、拟写监督意见、管理建议和工作报告等履职行为，这些履职行为都要“用数据说话”，保证监事会履职的工作质量。

“可考核”，是指考核主体能以一定的评价工具与方法，对监事会和监事会成员履职的业绩、品行、能力和态度等方面，定期作出评价意见，促进监事会提高工作

---

① 第九条的内容为：对国有资产监管机构所出资企业依法实行外派监事会制度。外派监事会由政府派出，作为出资人监督的专门力量，围绕企业财务、重大决策、运营过程中涉及国有资产流失的事项和关键环节、董事会和经理层依法依规履职情况等重点，着力强化对企业的当期和事中监督。进一步完善履职报告制度，外派监事会要逐户向政府报告年度监督检查情况，对重大事项、重要情况、重大风险和违法违纪违规行为“一事一报告”。按照规定的程序和内容，对监事会监督检查情况实行“一企一公开”，也可以按照类别和事项公开。切实保障监事会主席依法行权履职，落实外派监事会的纠正建议权、罢免或者调整建议权，监事会主席根据授权督促企业整改落实有关问题或者约谈企业领导人员。

效率，有效发挥监督治理功能。

"可问责"，是指从承担履职责任和追究履职责任方面，提出做实监事会的要求。各项履职行为要依法照章规范操作，考核不合格的监事要及时更换，违背忠实勤勉义务，或失职、违法行为的监事，应当严格追究相应的责任。

（二）建设"四可"制度的要求

建设"四可"制度，需要明确企业大监督体系中内部各专业监督的权责接口，特别是监事会与审计、财务、法务、纪检监察等内部监督资源的协同，在内部控制与风险管理体系、共筑风险防范体系中，清晰界定各类监督主体的监督职责，明确监事会在公司内部监督体系处于中心地位，享有监督工作的资源共享与协调权，建立内部大监督体系的工作会商机制，建立高效顺畅的监督协同机制，创新监督工作机制和方式方法，加强统筹协调，减少重复检查，切实提高监督效能，有效防范企业重大风险。

建设"四可"制度，需要做好工作底稿，防范职业风险。监事会工作资料是监事会履职的有效记录，也是反映企业经营管理中存在风险问题的第一手资料。要高度重视工作底稿等监事会工作资料的管理工作。在日常监督工作中及时将所开展的监督工作以及收集的企业情况按要求整理，形成规范的工作表格或工作报告，做到专人管理，及时归档。监督检查工作底稿要内容完整、要素齐全、文字简练、行文严谨、格式规范，并做好资料的保密工作①。

建设"四可"制度，增强监事会工作规范化、标准化、程序化，根除监事会"虚化"现象，是深化国企改革中的重大制度创新。既要依法依规和完善监事会工作的规范化、标准化和程序化，又要符合各公司制企业的实际情况；既要坚持股东监督制度的独立性，又要与出资人监管制度和集团管控体系相融合；既要做实监事会、强化监事会治理职权，还要问责与容错机制并举，切实提高监事会成员的治理能力。

二、监事会对监事进行履职评价的四个角度

考核是指挥棒。你要什么，你就考核什么；你考核什么，你就会得到什么。类似对独立董事的履职评价，监事履职评价一般考核的内容是"德、能、勤、绩"，更具体地说，就是"忠诚勤勉、工作数量、工作质量、公司业绩"。

（一）监事应尽忠实勤勉义务——"德"

忠诚义务是指董监高应积极维护公司利益，不得从事任何损害公司利益的行为。

---

① 考拉．如何做好监事会工作，看完这篇文章也许你就明白了［EB/OL］．（2020-06-17）［2022-06-20］．https：//mp.weixin.qq.com/s/Nh69463SzO5HljtzQNax0w.

实践中常见的违反忠诚义务的行为包括：自我交易、篡夺公司商业机会、违反竞业限制义务及挪用公司资金、以其个人名义或者以其他个人名义开立账户存储公司资金等其他违反忠诚义务行为[①]。利用职权为自己或他人谋取非法利益、干涉经营管理层的经营活动、泄露与本行有关的商业秘密、发现问题隐瞒不报、造成本行重大损失等违反忠实诚信义务的行为。

勤勉义务是指董监高在经营、管理公司过程中，应当将公司利益放在首位，恪尽职守、敬业精进，尽谨慎注意义务，不得有疏忽大意或者其他重大过失。

违反忠诚勤勉义务的主要内容有：非法牟利、干涉经营、泄露商业秘密、发现问题不报、造成重大损失。这里重点谈一谈发现问题不报的失职行为。

作为监督者，发现问题不报告、不处置就是失职，要被追责。

曲淑辉有 30 多年纪检监察经验。2008 年，在为国家药品监督管理局郑筱萸案中立下汗马功劳之后的第二年，从中央纪委驻国家药监局纪检组组长转任驻民政部纪检组组长。在担任民政部纪检组长期间，还曾被抽调担任中央第三巡视组的组长，也是仅有的三名女组长之一。

2016 年 5 月，61 岁的曲淑辉结束八年的中央纪委驻民政部纪检组组长的工作，转任国家民委纪检组组长。同年 8 月，国务院发布《关于建立国有企业违规经营投资责任追究制度的意见》，对违反规定、未履行或未正确履行职责造成国有资产损失以及其他严重不良后果的国有企业经营管理有关人员，严格界定违规经营投资责任，严肃追究问责，实行重大决策终身责任追究制度。

2017 年 4 月，《关于进一步完善国有企业法人治理结构的指导意见》也要求对违反规定、未履行或未正确履行职责造成国有资产损失以及其他严重不良后果的国有企业经营管理有关人员，严格界定违规经营投资责任，严肃追究问责，实行重大决策终身责任追究制度。这一年，曲淑辉被中央纪委间接点名批评："马列主义的手电筒不能只照别人不照自己，纪委失职失责更要严肃问责""如果纪检干部都乐于当和事佬，从严治党就无从谈起""派驻民政部纪检组原负责人缺乏担当精神，发现问题不报告不处置，受到责任追究"[②]。同年，华北某省的一个融资担保公司因违规融资、违规投资，造成较大经济损失也被追责，这也是该省第一例对监事追责的案例。

（二）工作数量——"勤"

履职记录是衡量监事工作数量的基础工作。

---

① 法小二．公司董事、监事、高管：风光背后的限制与责任［EB/OL］．（2021－11－03）［2022－06－20］．https：//mp. weixin. qq. com/s/PQNWfziR3stMkHc8J17eQA.

② 纪委要把自己摆进去［EB/OL］．（2017－01－16）［2022－06－20］．http：//fanfu. people. com. cn/n1/2017/0116/c64371－29026352. html. 来源：中国纪检监察报。

1. 出席、列席会议情况

监事亲自出席、列席率如何，在出席或列席上述会议时，是否能积极履行议事监督职责，对董事会会议议案的合法合规性和决策过程进行监督，并适时提出监督意见和建议。

2. 开展常规监督检查工作

包括日常、年度检查的次数，完成监督检查报告的数量。

3. 对合规性进行监督，对公司提出管理建议

监事会监督公司程序合规、防范公司颠覆性风险。监事会的工作成果会落实在监事会工作函（如提醒函）和报告之上。监事会每年会针对公司经营过程中出现的问题提出有价值的建议。例如，某银行监事会为了进一步强化制度执行力，提升本行在信贷风险和内部控制方面的管理水平，突出信贷风险和内控管理监督，及时提出管理建议。年内先后开展了多次专项调研和内控评价活动，针对存在的不足，分别向董事会和经营层提交两份管理建议和一份内控评价报告。在评价报告中，就加强已核销贷款的管理工作、重视对账工作、加大不良贷款清收等方面提出管理建议。以上管理建议在提交后，得到了董事会和经营层的重视和积极回应。

4. 开展履职评价工作

例如，某公司监事会根据公司章程及相关工作制度规定，在年内继续组织开展对董事会及董事、高级管理层及人员的履职监督工作。通过列席董事会和高级管理层会议、查阅董事会会议发言情况、组织调阅董事会和高级管理层的会议资料，完善董事和高级管理人员履职监督档案等方式，了解和监督董事和高级管理人员的履职情况，对董事和高级管理人员的履职情况进行持续性的监督。年初，根据上述履职监督信息，组织开展相关的年度履职评价工作并撰写评价报告。

勤在何处？《银行保险机构董事监事履职评价办法（试行）》规定，银行保险机构应当结合监事类型特点及其在监事会专门委员会中的任职情况，从不同维度重点关注监事在下列事项中的工作表现：

（1）对董事会及其成员的履职监督，包括但不限于董事会及其成员遵守法律法规、监管规定及银行保险机构内部制度，完善银行保险机构股权结构、组织架构，制定并推动实施发展战略，完善风险管理、消费者权益保护、内控合规、薪酬考核、内外部审计、信息披露等相关机制的情况，董事会各专门委员会有效运作情况，董事参加会议、发表意见、提出建议情况等。

（2）对高级管理层及其成员的履职监督，包括但不限于高级管理层及其成员遵守法律法规、监管规定及银行保险机构内部制度，执行股东（大）会、董事会和监事会决议，落实发展战略和经营计划，加强风险管理、内控合规管理、消费者权益保护、案件防控、绩效考评管理等情况。

（3）对发展战略和经营理念的科学性、有效性、合理性以及实施情况的监督与评估。

（4）对财务状况的监督，包括但不限于重要财务决策和执行情况；利润分配方案的合规性、合理性；机构定期报告的真实性、准确性和完整性；外部审计工作管理情况。

（5）对内控合规的监督，尤其是新业务、新产品的管理制度、操作流程、关键风险环节和相关信息系统等情况。

（6）对全面风险管理架构及主要风险管控情况的监督。

（7）对激励约束机制科学性、稳健性以及具体实施效果的监督。

（8）对监管报送数据及时性、真实性和完整性的监督。

（9）对落实监管意见以及问题整改问责情况的监督。

（10）对落实股东（大）会决议、董事会决议、监事会决议情况的监督。

（11）关注和监督其他影响银行保险机构合法稳健经营和可持续发展的重点事项。

（12）履行法律法规、监管规定及公司章程规定监事应当承担的其他重要职责。

（三）工作质量——“能”

监事会能力强、干得漂亮的一个最重要指标是工作质量好。工作质量指标可以根据各行业和企业自身情况确定。

1. 监事工作报告通过率

计算公式为：监事工作报告通过率 =（股东大会审议通过的监事报告数量/监事会提交股东大会审议的数量）×100%

2. 各项报告提交及时率

计算公式为：各项报告提交及时率 =（计划时间内实际提交报告数量/计划时间内应提交报告数量）×100%

3. 监事会报告、工作函给公司带来的合规完善、管理改善或绩效提升。

（四）公司或监事会业绩——“绩”

有人认为监事会考核与公司年度考核挂钩，具有“连带利益”，容易形成同盟关系。对于监事会考评目标是不是有业绩指标？本书的观点是：要！因为，监事会不是为了监督而监督，所有的监督是为公司长期、可持续的利润服务的。本书还认为，监事会的业绩目标要与董高的业绩目标一致。例如，某公司对监事会的业绩目标包括年度利润总额、主营业务收入、主营业务收入增长率、净资产收益率、企业战略目标实现率五项指标。

【案例】中国 MS 银行的监事履职评价报告①

中国 MS 银行根据本公司章程和《中国 MS 银行监事履职评价试行办法》等制度规定，监事会组织开展了对公司监事 202×年年度履职情况的考核与评价工作。本次考评工作主要采取核实履职记录、监事自评及相互评价等方式，遵循合规、公正、客观的原则。现将履职评价情况报告如下。

一、监事履行义务情况的评价

1. 履行忠实义务情况。经考核，本年度，本公司监事能严格遵守法律、法规和公司章程的相关规定，如实报告本人职务变动、持有本行股份及关联方变动等个人信息，自觉维护股东及公司利益，未发现利用职权为自己或他人谋取非法利益、干涉经营管理层的经营活动、泄露与本公司有关的商业秘密、发现问题隐瞒不报、造成本公司重大损失等违反忠实义务的行为。

2. 履行勤勉义务情况。经考核，本年度，各位监事均能按照公司相关工作制度的要求，以公司和全体股东的利益为重，投入足够的时间和精力，利用自身专业知识，认真、勤勉、尽职尽责地履行公司赋予监事的职责。未发现监事既不能亲自出席，也不委托其他监事出席会议的情况。外部监事亲自出席会议的次数均高于会议总数的三分之二。

二、监事履行职责情况的评价

（一）积极出席、列席各类会议

本年度，监事会共召开各类会议 13 次，其中监事会会议 7 次，提名与评价委员会会议 3 次，监督委员会会议 3 次。全体监事认真参加相关会议，其中监事会会议出席率为 100%，监事会专门委员会会议出席率为 100%。此外，监事还依法出席股东大会会议 1 次，列席董事会会议 7 次，出席、列席率达到 97%。在出席、列席上述会议过程中，监事积极履行议事监督职责，对董事会会议议案的合法合规性和决策过程进行监督，并适时提出独立监督意见和建议。

（二）有效开展履职评价工作

年初，全体监事负责任地参与了对董事会及董事、监事、高管层 202×年度的履职评价工作。本年度，全体监事通过列席董事会、高管层会议，审核董事会议案和决策情况，参加调研和评估活动，对董事和高管人员履职情况进行日常性、持续性的监督。

年中，对董事上半年的履职情况进行统计汇总和检查，提出监督通报，提

① 考拉．监事会难的不是评价，而是如何进行履职评价［EB/OL］．（2020－04－20）［2022－06－20］．https：//mp. weixin. qq. com/s/vXFX7PcysuaGPSPMk9wDHg.

示董事关注自身履职情况。年末，根据年度履职监督信息，查阅董事会和管理层的会议资料、会议记录，完善董事履职监督档案等方式，对董、监事及高管人员的年度履职情况作出客观评价。

（三）持续完善制度建设

本年度，根据《股份制商业银行公司治理指引》和《商业银行监事会工作指引》等新规，并结合本行实际，监事会努力完善制度建设，先后制定了《中国MS银行监事会监督检查办法》《中国MS银行监事会财务监督检查实施细则》《中国MS银行监事会风险管理监督检查实施细则》《中国MS银行监事会内控监督检查实施细则》，修订了《中国MS银行股份有限公司监事会对董事会及董事履职监督评价试行办法》。

在《中国MS银行股份有限公司监事会对董事会及董事履职监督评价实施细则》《中国MS银行股份有限公司监事履职评价试行办法》《中国MS银行股份有限公司监事会对高级管理层及高级管理人员履职监督评价试行办法》《中国MS银行股份有限公司监事行为规范》及《中国MS银行股份有限公司监事会提名与评价委员会工作细则》等制度修订过程中，各位监事认真发表意见，推进相关制度更加完善、更具操作性和可行性，为监事会工作的开展奠定了坚实的基础。

（四）积极参加专项检查和评估工作

1. 公司金融事业部对改革发展情况进行评估。为全面了解公司金融事业部的改革发展情况，并为董事会进一步深化事业部的改革提供决策依据，监事会于3—5月对四大行业事业部的改革发展情况进行了评估。全体监事积极参与，通过材料调阅、员工访谈、走访客户、拜访监管机构等现场调研和非现场评估相结合的方式，收集多层面、多维度的意见和建议。

评估结束后，经过全体监事的认真讨论和分析，监事会在对各类数据进行分析及汇总的基础上，结合对国际先进银行事业部制运行机制的借鉴，撰写了万余字的报告，对进一步深化事业部制改革提出了若干条建设性意见和建议。

2. 总行中后台管理情况评估

为评估总行中后台运行管理对战略转型与业务发展的支持效果，监事会于202×年9月组织开展了对总行中后台管理情况的评估工作。监事积极参与，共调研总行部门和事业部、分支行各级机构91家，访谈各层级高管人员2 269人，收集调查问卷933份，归纳重点问题案例54个，整理总行访谈纪要4万余字，累计汇总调研反映问题及建议千余条，形成中后台管理评估报告，对中后台改革提出了建设性的意见和建议。

3. 小区金融战略执行情况监督

为全面落实公司小区金融战略，促进建设工作的合规、稳健推进，监事会与董事会、高级管理层协调配合，共同成立三个委员会，由监事会主席段青山、副主席王家智分别担任其中两个委员会的主席，负责监督全行小区金融建设工作，着重关注小区金融建设的合规性、小区金融建设对提升金融服务满意度的成效和运营风险情况等问题。7月起，监事会主席带队，组织对全行32家分行小区金融建设情况进行了督导、检查和调研。

4. 风险检查和调研

本年度，各位监事高度关注重点业务的发展及风险管理，开展了一系列有针对性的调研。

（1）理财业务管理情况调查。为全面了解本行理财业务的管理现状，结合监管部门年初的重点监管内容，监事会组织人员，通过访谈、调取理财业务资料及数据、抽查重点业务合同及协议等方式，对全行理财业务管理及相关资产池运作情况进行了调查，并针对本行理财业务整体情况和资产池运作情况，提出了相应的管理建议。

（2）公车管理改革成效评估。为强化本行车辆管理改革的效果，不断完善资源配套体系，提升全行的成本节约意识，监事会组织人员对全行各机构公车购置情况、使用费用情况、司乘人员配置情况及人工成本情况进行了评估，并就车辆管理体制的进一步完善提出了建设性意见。

（3）民生村镇银行发展情况调研。为全面掌握民生村镇银行经营管理现状，监督本行对外投资的实际效果，监事会委派监事对部分民生村镇银行进行了实地调研。通过本次调研，监事会深入了解了民生村镇银行的经营状况，并针对其发展中存在的问题和遇到的困难，以明确村镇银行战略发展思路、夯实管理和经营基础、进一步提高发展能力为指导思想，提出了建设性意见和建议。

（五）认真开展培训及交流活动

本年度，全体监事积极参加由监管部门和监事会组织的各项培训活动，提高了监事的履职能力。年内，监事会与监管部门和金融同业积极沟通和交流，监事会主席多次拜访银监会、北京银监局相关领导，汇报监事会工作情况，加强与监管部门的联系沟通，争取得到监管部门更多的指导和支持。

此外，北京银行、哈尔滨银行、潍坊银行等10家银行监事会先后到本行交流调研，相互学习监事会开展监督工作的方法、经验，取长补短，共同提高监事会监督水平和履职效果。

三、202×年度监事履职情况总体评价

经过对监事的多层次考核，监事会认为：本年度，公司全体监事能按照法律、法规及公司章程的规定，切实履行忠实义务和勤勉义务，依法出席、列席公司各类重要会议，积极参加监事会开展的各项监督和调研工作，积极参与制度建设和相关培训，圆满完成履职评价工作，有效地发挥了监督作用，维护了广大股东及公司的整体利益。

根据《监事履职评价试行办法》的规定，各位监事履职情况的评价结果均为“称职”。本年度，全体监事在有效履行监督职责的基础上，积极服务于董事会战略转型，服务于全行业务发展。在强化履职监督效果的同时，建立了监督与服务并重的监督理念，充分发挥了监事会在公司治理中的作用，为监事会明确职能定位、创新工作方式方法探索出了一条全新之路。

三、防范监事失察风险，监事考核合格可以考虑奖励津贴

2000 年，《国有企业监事会暂行条例》规定：监事会成员有下列行为之一的，依法给予行政处分或者纪律处分，直至撤销监事职务；构成犯罪的，依法追究刑事责任：（1）对企业的重大违法违纪问题隐匿不报或者严重失职的；（2）与企业串通编造虚假检查报告的；（3）有违反本条例第二十一条①、第二十二条②所列行为的。

在现实中，监事会在组织结构图中高高在上，实际工作中沉默、低调，被置于一旁，没有权力指挥任何人；“人情监督”“花瓶监督”屡见不鲜。笔者认为，最大的失职是监事不作为。

（一）监事的失察风险

某集团公司副总经理兼任集团公司下属招投标公司的一把手。该集团公司人力资源部主任兼任该招投标公司的监事，且是该集团公司副总经理的直属下属。该招投标公司不设监事会，只设监事，监事没有正常开展工作。显然，这种“监事是被监督对象的下属”的人事安排不妥。更让这位监事坐立不安的是，不久，这位集团公司副总经理升任了集团公司总经理，依然兼任了该下属招投标公司的一把手。2017 年夏天，这位监事问笔者：如监事不作为，将来会有什么风险。如果作为，该如何开展工作？

笔者回答：这个问题带有普遍性。

监事主要的义务就是监督公司的经营管理，当监事按照法律规定和章程履职，

---

① 监事会成员不得接受企业的任何馈赠，不得参加由企业安排、组织或者支付费用的宴请、娱乐、旅游、出访等活动，不得在企业中为自己、亲友或者其他人谋取私利。监事会主席和专职监事、派出监事不得接受企业的任何报酬、福利待遇，不得在企业报销任何费用。

② 监事会成员必须对检查报告内容保密，并不得泄露企业的商业秘密。

并不会承担责任，但如果监事存在损害公司利益的行为，如利用关联关系损害公司利益、协助股东抽逃出资等，则应当向公司承担赔偿责任。2014 年 11 月 27 日，国资委副主任、党委委员王文斌在监事会培训上也明确指出：要进一步树立问题和风险导向，把发现问题、揭示问题和报告问题作为监事会下一步工作的主要任务以及监事会履职成效的重要体现，树立发现不了问题是失职、发现问题不报告是渎职的理念，切实维护国有资产安全，防范国有资产流失。

2016 出台的《关于建立国有企业违规经营投资责任追究制度的意见》将工程承包建设作为需要追责的重要内容。笔者建议：首先，关注标的公司的决策流程和基本管理制度是否健全，内部控制体系是否完善。如果有问题，应要求标的企业及时完善。其次，可以在列席董事会、总经理办公会上发言提出要求，并留下有关发言的会议记录；可以在监事的年度工作报告中披露此问题；可以聘请外部会计师事务所做内部控制审计，借外面的力量传递公司的这个问题，引起上面的重视，改变监督者是被监督者直接下属的潜在问题。最后，鉴于特殊的上下级关系，不适合使用提示函、向上级单位报告等方式处理。总而言之，要恰当地留下发现问题、揭示问题、解决问题的痕迹以备未来保护自己，最好能让集团公司有关方面认识到这个不足，提高公司治理层面的管理水平。

（二）监事津贴，各公司差异较大

没有有效的履职评价及其相应的奖惩应用机制，监事往往“不求无功但求无过”，做一个只出工不出力的“挂名监事”。监事可以享有津贴吗？当然可以有！但事先要有决策程序。

1. 外部监事一般都有津贴

外部监事津贴很容易理解。笔者建议，外部监事的津贴标准最好不低于独立董事。在笔者看来，外部监事的作用比独立董事还要重要。

2. 有的股东代表监事享受津贴，有的股东代表监事不享受津贴

股东代表监事是否可以享受津贴？各个公司的做法不一样，完全取决于公司相关制度的规定。

红星美凯龙家居集团股份有限公司的股东代表监事是没有津贴薪酬的。2017 年，红星美凯龙家居集团股份有限公司监事的薪酬为：监事会主席、职工代表监事潘宁税前 188.98 万元，股东代表监事吴凯盈 0 元，职工代表监事巢艳萍 79.85 万元，独立监事陈岗 18 万元，独立监事郑洪涛 18 万元。这一年，董事长、执行董事、总经理车建兴的税前薪酬为 835.61 万元。

杭州海康威视数字技术股份有限公司的股东代表监事是有薪酬的。2021 年，杭州海康威视数字技术股份有限公司股东代表监事津贴标准定为每人每年 20 万元人民

币（含税）[①]。

3. 职工监事可以享受津贴

很多的职工监事没有津贴。笔者认为，这不一定是好现象。笔者主张，要有制度、有任务、有考核、有津贴，才能把职工监事的潜能发挥出来。

广州天赐高新材料股份有限公司 2017 年监事会主席津贴标准为 2.5 万元/年（含税），职工代表监事津贴标准为 2 万元/年（含税），按月平均发放。同时在公司任职的监事，按照其在公司所担任职务对应的薪酬政策领取薪酬，其他监事不因其担任公司监事而享受任何额外津贴。

《广西柳工机械股份有限公司董事、监事津贴及高管人员薪酬方案》（2016 年修订）规定，独立董事、外部董事津贴标准为 10 万元/年（含税），按月度发放，每月 8 333 元；公司内部非高管人员担任监事的津贴标准为 3 万元/年（含税），每月发放 2 500 元。言下之意，公司高管人员担任监事就不享受津贴。但是，《公司法》规定高管人员是不能担任本公司监事的。因此，我们理解为这个高管人员是担任子公司的监事，不享受监事津贴。

职工监事的津贴可以是一个固定的数字，也可以是一个系数。例如，中国某集团公司的职工监事的津贴制度是，完成职工监事的各项考评达到指标，可以在原有年终奖金的基础上提高 10%—20%。

4. 机关公务员、事业单位人员、国企领导干部兼任监事的津贴

有一个监事在微信群里问："请教大家个问题，'八项规定'出台前，我们下属企业的专职监事有岗位补贴，'八项规定'出台后取消。随着监事岗位履职风险的增加，这些外派的专职监事的所投入的精力和收入越来越不匹配。目前央企、地方国资在监事的薪酬问题上有没有好的解决路径。"

大家积极讨论，形成两点意见。

第一，机关公务员、事业单位工作人员在国企兼任监事不可以拿津贴。《公务员法》规定，禁止公务员有偿兼职。如果公务员因工作需要，确实需要兼职的，应当报上级机关批准，并且不得领取报酬。所以公务员经批准可以在国企兼任监事，但不得领取任何报酬。根据《事业单位工作人员处分暂行规定》第十八条的规定，事业单位编制人员的上述行为同样是不允许的，可以采取与公务员类似的方法在企业中兼任监事。

此外，事业单位工作人员即使只是兼任职务而不领取报酬，或者在其单位投资或者出资的企业中兼职，也要看其所在地区、行业领域、系统、单位等是否有相关

① 罕见！前普华永道合伙人辞职后跳槽 4 家会计师事务所，监事津贴每年 20 万［EE/OL］.（2021－02－08）［2022－06－20］. https://mp.weixin.qq.com/s/Q0jn－kmM0FkyaCSOjQsxPA.

的禁止性规定。

第二，有些企业开始规定，国企领导岗位的非职工监事不领取津贴。职工监事考核合格后可以兑现绩效奖励。

例如，《西部证券股份有限公司董事、监事薪酬及考核管理方案》则规定，不在公司领取薪酬的监事（包括外部监事、股东代表监事，即非职工监事），由监事会对其进行年度考核，考核成绩达到或超过 80 分的，全额兑现基本津贴。在公司领取薪酬的监事（职工监事）的考核按其所在岗位的考核指标进行考核，由公司各归口部门提供相应的考核记录，由监事会按照考核责任进行考核，考核成绩达到或超过 80 分的，全额兑现绩效奖励①。

根据《中国共产党党员领导干部廉洁从政若干准则》② 以及《国有企业领导人员廉洁从业若干规定》,《西部证券股份有限公司董事、监事薪酬及考核管理方案》在 2018 年进一步优化。西部证券公司非职工监事在国有企业担任领导职务的，2018 年不发放津贴。西部证券公司非职工监事王尚敢、齐冰、毋浩民不在公司领取薪酬，因其任职单位是国有企业且担任领导职务，2018 年不领取津贴；非职工监事亢伟不在公司领取薪酬，因其任职单位是非国有企业，2018 年度领取基本津贴 3 万元（含税）。职工监事杨金铎、荆学亮、李伟结合岗位考核情况兑现绩效奖励③。

（三）监事津贴要关注程序合规

职工监事薪酬也要由股东大会审定吗？笔者认为：在法理上，董事的薪酬，都要上股东会最终确定，何况监事。职工监事是由职代会推荐，但职代会不能决定职工监事薪酬，因为职工监事薪酬是公司支付的，不是职代会支付的。

监事津贴制度需要先经监事会审议，最后经股东会批准，形成一个方案或者管理办法。例如，2011 年 2 月，经过山东鲁阳股份有限公司股东会审批形成了《董事、监事及高级管理人员薪酬管理办法》④。该办法约定，董事长、监事长、总裁、副总裁、董事会秘书、财务负责人薪酬实行年薪制（基薪 + 年度利润考核提成）。年度利润按照超过年度利润目标计划超产部分的 10% 提取奖金，奖金分配的比例是董事长 30% ：总裁 15% ：监事长、副总裁、董事会秘书、财务负责人合计 55% 。每位

---

① 西部证券：监事会关于 2016 年度监事绩效考核和薪酬情况的专项说明［EB/OL］.（2017 - 04 - 25）［2022 - 06 - 20］. http：//guba. eastmoney. com/news，002673，633767218. html.

② 《中国共产党党员领导干部廉洁从政若干准则》第二条第五款规定：禁止私自从事盈利性活动。不准违反规定在经济实体、社会团体等单位中兼职或者兼职取酬，以及从事有偿中介活动。

③ 西部证券：监事会关于 2018 年度监事绩效考核和薪酬情况的专项说明［EB/OL］.［2022 - 06 - 20］https：//quotes. money. 163. com/f10/ggmx_002673_5278846. html.

④ 鲁阳股份：董事、监事及高级管理人员薪酬管理办法［EB/OL］.（2011 - 02 - 25）［2022 - 06 - 20］. https：//wenku. baidu. com/view/a4bce101de80d4d8d15a4fea？pcf = 2&from = singlemessage&isappinstalled = 0&bfetype = new.

独立董事的津贴为人民币 6 万元/年，参会费用另计。监事报酬按年薪 6 万元执行，内部监事有行政兼职的，其薪酬按本公司相关薪酬管理制度执行。这一年，该公司董事长基本薪酬为 24 万元。

董事津贴调整也需要履行好决策程序。2017 年 10 月 26 日，北京思特奇信息技术股份有限公司召开第二届监事会第十二次会议，审议通过《关于调整公司监事津贴的议案》，报股东会审批。拟调整董事和监事津贴标准。拟定内部董事津贴标准为每人每月人民币 0.5 万元（税前），外部董事津贴标准为每人每月人民币 1 万元（税前）；拟定内部监事津贴标准为每人每月人民币 0.5 万元（税前），外部监事津贴标准为每人每月人民币 1 万元（税前）[①]。

有的公司更加规范，将董事、监事的薪酬津贴管理作为一项制度推出。

【制度】中国××股份有限公司董事、监事薪酬（报酬、工作补贴）管理办法

第一条　为完善中国××股份有限公司（以下简称“股份公司”）的公司治理制度，加强和规范股份公司董事、监事薪酬（报酬）管理，根据《中华人民共和国公司法》《上市公司治理准则》等有关法规以及《中国××股份有限公司章程》，结合股份公司实际，制定本办法。

第二条　本办法所称董事、监事包括：股份公司执行董事、非执行董事、独立非执行董事以及股份公司股东代表监事、职工代表监事。

第三条　不兼任股份公司的执行董事的薪酬标准，按照国务院国资委对中央企业负责人的薪酬管理有关规定执行。兼任股份公司的执行董事，以及在公司内部任职的非执行董事在不以董事职务取得薪酬，按其在管理层的任职和考核情况，根据国务院国资委对中央企业负责人的薪酬管理有关规定和《中国××股份有限公司高管人员薪酬与考核管理办法》确定薪酬。

第四条　独立非执行董事报酬参照国务院国资委关于董事会试点中央企业外部董事报酬及待遇管理规定确定，经董事会讨论通过后，提交股东大会审议决定。

1. 独立非执行董事报酬由年度基本报酬和会议津贴两部分构成。年度基本报酬是独立非执行董事参与董事会工作的基本报酬，按照规定标准按月发放。

---

① 外部董事，是指通过公司董事会及股东大会选聘的，不与公司签订劳动合同或聘用合同，不在公司担任除董事以外其他职务的非独立董事；内部董事，是指通过公司董事会及股东大会选聘的，与公司签订劳动合同或聘用合同的公司员工或公司管理人员兼任的董事；外部监事，是指通过公司监事会及股东大会选聘的、不与公司签订劳动合同或聘用合同，不在公司担任除监事以外其他职务的监事；内部监事，是指通过公司监事会、职工代表大会及股东大会选聘的、与公司签订劳动合同或聘任合同的公司员工或公司管理人员兼任的监事；职工代表监事也属于内部监事。

会议津贴是独立非执行董事参加董事会、董事会专门委员会会议的补助，按照规定标准和参加会议次数发放。

除年度基本报酬、会议津贴之外，独立非执行董事不享受任何形式的其他收入或福利。

2. 退出现职的中央企业负责人担任独立非执行董事的，参照国资委关于退出现职的中央企业负责人担任外部董事发放工作补贴有关事项的规定执行。

第五条 不在股份公司内部任职的非执行董事的报酬参照独立非执行董事标准执行，其中国务院国资委推荐的非执行董事按照国务院国资委有关规定执行。

第六条 股份公司监事薪酬实行分类管理。

1. 纳入公司领导班子序列管理的专职监事会主席，薪酬按照国资委对中央企业负责人的薪酬管理有关规定执行。未纳入公司领导班子序列管理的专职监事会主席，薪酬标准按公司正职薪酬标准的80%确定。

2. 不担任监事会主席的专职监事薪酬依据总部机关薪酬管理办法按总部部门正职薪酬标准确定。

3. 职工代表监事薪酬依据总部机关薪酬管理办法以及本人的任职岗位薪酬标准确定。

第七条 本办法经股东大会审议通过后生效。

（四）监事是否可以享有股权激励？

有人认为，现在国企将期权激励赋予董事、高管，但却没有赋予给监事，并不公平。有人甚至透露，有些监事不愿意履职，因为担任其他的职务还可能有期权。但反对的意见也很明确：监事的职责就是监督，如果给予股权激励，会有利益驱动纵容甚至参与业绩造假。还有的认为监事会主席薪酬与公司年度考核挂钩，具有“连带利益”，容易形成同盟关系。因此，一般来说，内部监事可以考虑享受期权激励，与外部监事和独董一样走“包薪”的模式。2013 年 2—5 月，南开大学法学院张志坡、天津商业大学法学院王果，对监事会运行的实践状况进行了调查①，随机抽取的 100 家上市公司，调查结果显示：（1）监事报酬整体偏低。只有 19 家公司监事的平均工资高于其他公司高层，有的公司监事与其公司的其他高层工资的差距非常明显，例如，海信电器的监事的平均年工资为 12.68 万元，其他高层的平均年工资为 49.56 万元。（2）有 9 家公司的监事持有股票，持有的数量都比较

① 张志坡，王果．我国上市公司监事会治理的实践［EB/OL］．（2018－03－14）［2022－06－20］．https：//mp.weixin.qq.com/s/ZyvOdLPMMy27ULBmyLZ32w．原文刊载于《金陵法律评论》2014 年秋季卷。

少，最多的为星湖科技的监事长，持有 21285 股。(3) 未发现监事股权激励这一方式。

第六节　监事会对高管进行履职评价的探索

一、银行保险机构对高管的履职评价制度

2012 年，中国银监会发布了《商业银行监事会工作指引》《商业银行资本管理办法（试行）》两个制度。这两个制度均约定了监事会对高管的履职评价职责。

《商业银行监事会工作指引》（银监发〔2012〕44 号）第二十六条指出①，监事会应当建立健全对董事会和高级管理层及其成员的履职评价制度，明确评价内容、标准和方式等，对董事会和高级管理层及其成员的履职情况进行评价。监事会应当在每个年度终了 4 个月内，将其对董事会和高级管理层及其成员的履职评价结果和评价依据向监管机构报告，并将评价结果向股东大会或股东会报告。此外，监事会应当每年对监事会工作情况进行自我评价，并对监事履职情况进行评价。

此外，《商业银行资本管理办法（试行）》（中国银行业监督管理委员会令 2012 年第 1 号）约定，商业银行监事会应当对董事会及高级管理层在资本管理和资本计量高级方法管理中的履职情况进行监督评价，并至少每年一次向股东大会报告董事会及高级管理层的履职情况。

但是在 2021 年，中国银保监会颁布的《银行保险机构董事监事履职评价办法（试行）》在这个问题上悄然发生了一些变化：在延续监事会对董事的履职评价权的同时，并未强制约定监事会对高管的履职评价权。在这些行业法规环境下，一些银行保险机构通过公司章程或者公司制度约定了监事会对董事、高管的履职评价，积极探索中国特色的银行保险机构的公司治理道路。

中国工商银行股份有限公司的监事会在其公司章程的基本框架下，相继制定了《监事会议事规则》《监事会监督委员会工作规则》《监事会外部监事工作制度》《关于做好监事会工作的若干意见》《监事会对董事会、高级管理层履职监督办法》《监事会对董事会、高级管理层履职评价规则》《监事会对监事履职评价规则》《监事会履行财务内控风险监督职责实施办法》等制度，对监事会的定位、工作职责、

① 《商业银行监事会工作指引》2012 年颁布。该指引之前颁布的《国有商业银行公司治理及相关监管指引》（银监发〔2006〕22 号）、《外资银行法人机构公司治理指引》（银监发〔2005〕21 号）和《中国银监会办公厅关于进一步完善中小商业银行公司治理的指导意见》（银监办发〔2009〕15 号）同时废止，《股份制商业银行公司治理指引》（中国人民银行公告〔2002〕第 15 号）不再适用。

工作程序、监督内容等作出相应的规定，初步建立了具有工商银行特色的监督制度体系①。

南京银行股份有限公司制定了《南京银行监事会对董事及高级管理人员履职评价办法》《南京银行监事履职评价办法》，监事会每年 4 月底前列席董事会听取董事、高管述职情况；召开监事会相关工作会议，组织监事述职和自评互评，对本行董事、高管及监事履职情况进行考评，形成监事会对监事、监事会对董事及高级管理人员的履职评价报告，在年度股东大会上面汇报董监高的履职监督情况，并将履职评价报告报送监管机构②。

目前，在银行保险行业中，对高管的履职评价权有的归属董事会，有的归属监事会。下面这一则案例中，对高管履职评价权就在董事会。笔者主张，监事会和董事均应该对高管进行履职评价，按照一定权重合理“分配”对高管的履职评价权。

【案例】某农村商业银行董事、高管人员和监事履职评价办法

第一章　总则

第一条　为进一步完善××农村商业银行股份有限公司（以下简称“本行”）的公司治理结构，规范董事、高管人员的约束和监督机制，督促董事、高管人员勤勉尽职，有效发挥监事会的监督职能，维护商业银行安全、稳健运行，根据《中华人民共和国公司法》《中华人民共和国银行业监督管理法》《中华人民共和国商业银行法》《商业银行董事履职评价办法（试行）》③ 等相关法律、法规和规范性文件及《××农村商业银行股份有限公司章程》（以下简称“本行章程”）的规定，结合本行实际情况，制定本办法。

第二条　本办法所指的履职评价是指本行依据法律法规和有关规定，对董事、高管人员和监事的履职情况进行评价的行为。

第三条　在进行履职评价时，应当遵循客观公正、实事求是的原则。董事的履职评价由董事会负责实施，监事会最终审定对董事履职评价负最终责任；高管人员的履职评价由董事会负责实施，并上报监事会；监事的履职评价由监事会负责实施。

第二章　对董事、高管人员的履职评价

第四条　对董事的履职评价内容如下：

---

① 中国上市公司协会．上市公司监事会工作指引（2021 年征求意见稿），第 54 页。

② 中国上市公司协会．上市公司监事会工作指引（2021 年征求意见稿），第 67 页。

③《商业银行董事履职评价办法（试行）》已经在《银行保险机构董事监事履职评价办法（试行）》（2021 年）出台后，同时废止。

（一）工作时间的充足性（25 分）

1. 董事是否每年亲自出席至少三分之二以上的董事会会议。是否积极出席董事会及专门委员会会议；未能亲自出席董事会会议的董事（独立董事）是否委托其他董事（独立董事）代为出席董事会。董事是否存在连续二次未能亲自出席，也不委托其他董事出席董事会会议的情况。(15 分)

2. 除参加董事会会议外，独立董事和各委员会主任每年为本行工作的时间是否不少于 15 个工作日。(10 分)

上述第 2 项非独立董事和非委员会主任不减分。

（二）工作的规范性（30 分）

1. 董事是否自任职之日起 10 个工作日内，向本行的关联交易控制委员会报告其近亲属以及其本人和近亲属直接、间接、共同控制或可施加重大影响的法人或其他组织；报告事项如发生变动，是否在变动后的 10 个工作日内进行了报告。(5 分)

2. 本行发生重大关联交易时，独立董事是否对重大关联交易的公允性以及内部审批程序履行情况发表了书面意见。(5 分)

3. 独立董事若发现所审议事项存在影响其独立性的情况，是否向本行申明并实行回避。任职期间出现明显影响独立性的情形的，是否及时通知本行或在必要时提出辞职。(5 分)

4. 董事（独立董事）是否存在在未说明其本人对提案的个人意见和表决意向的情况下全权委托其他董事（独立董事）代为出席。或者董事（独立董事）是否存在接受全权委托和授权不明确的委托的情况发生。(5 分)

5. 董事是否存在在未经本行章程规定或者董事会合法授权的前提下，以个人名义代表本行或者董事会行事。董事以其个人名义行事时，在第三方会合理地认为该董事在代表本行或者董事会行事的情况下，该董事是否事先声明其立场和身份。(5 分)

6. 是否在可能发生利益冲突的金融机构兼任董事，是否及时告知直接或间接与本行在合同、交易等安排中的关联关系，以及关联关系的性质和程度。(5 分)

上述第 2、3 项非独立董事不减分。

（三）工作质量（45 分）

1. 是否对本行负有忠实义务和勤勉义务。是否应当按照相关法律、法规、规章及商业银行章程的要求，专业、高效地履行职责，维护本行利益，推动本行履行社会责任。(5 分)

2. 是否保守商业银行秘密，在履职过程中是否接受不正当利益，是否利用董事地位谋取私利，是否为股东利益损害本行利益。(15 分)

3. 是否持续地了解和关注本行情况，并对本行事务通过董事会及其专门委员会独立、专业、客观地提出议案或发表意见；是否重点关注本行战略规划的制定和实施；本行高级管理层的选聘和监督；本行资本管理和资本补充；本行风险偏好、风险战略和风险管理制度；本行重大对外投资和资产处置项目；本行薪酬和绩效考核制度及其执行情况；本行高级管理层的执行力；（5 分）

4. 是否依法参加股东大会，向股东大会报告工作并执行股东大会决议；（5 分）

5. 董事接受监事会监督的情况。监事会要求董事说明相关情况、提供相关资料时，以及监事会采取监督措施时，董事予以配合的情况；（5 分）

6. 是否积极协助本行履行信息披露的义务；（5 分）

7. 独立董事对董事会讨论事项，特别是审议以下重大事项时，是否发表客观、公正的独立意见：重大关联交易、利润分配方案、高级管理层成员的聘任和解聘、本行高级管理层成员的薪酬、可能造成商业银行重大损失的事项、可能损害存款人或中小股东利益的事项及法律、法规及本行章程规定的其他事项等；（15 分）

如存在上述第 2 项任一内容，该项工作质量分为零分。第 7 项非独立董事不减分。

第五条 董事履职评价结构分为称职（85—100 分）、基本称职（60—84 分）、不称职（60 分以下）三个等次。

董事履职过程出现《商业银行董事履职评价办法（试行）》第三十一条所列情形之一的，当年履职评价不得评为称职。

（1）董事该年度内未能亲自出席三分之二（含）以上的董事会会议的；

（2）董事表达反对意见时，不能正确行使表决权的；

（3）董事会违反章程、议事规则和决策程序议决重大事项，董事未提出反对意见的；

（4）商业银行资本充足率、资产质量等主要审慎监管指标未达到监管要求，董事未能及时提请董事会有效整改的；

（5）商业银行经营战略出现重大偏差，董事未能及时提出意见或修正要求的；

（6）商业银行风险管理政策出现重大失误，董事未能及时提出意见或修正要求的；

（7）银行业监督管理机构认定的其他情形。

董事履职过程出现《商业银行董事履职评价办法（试行）》第三十二条所列情形之一的，当年履职评价为不称职。

（1）泄露商业秘密，损害商业银行合法利益的；

（2）在履职过程中获取不正当利益，或者利用董事地位谋取私利的；

(3) 董事会决议违反法律、法规或者商业银行章程，致使商业银行遭受严重损失，董事没有提出异议的；

(4) 银行业监管管理机构认定的其他严重失职行为。

第六条　高管人员履职评价参照本行《高级管理层人员绩效考核暂行办法》执行。

第七条　董事会应建立董事、高管人员履职档案，记录董事、高管人员在任期内各项履职尽责情况，任何董事如要求，可查阅此档案。档案内容应包括但不限于：

(1) 董事、高管人员参加股东大会、董事会及其专门委员会会议情况，包括亲自出席和委托出席会议情况、独立发表的意见、建议及其被采纳情况等；

(2) 董事会及其专门委员会会议材料及议决事项，包括但不限于经董事签署的材料等。

第八条　董事会应在上一年度完结之后四个月内对董事、高管人员进行一次定期履职评价，并提出年度评价报告。

第九条　年度履职评价报告的主要内容。

(1) 董事、高管人员在上一年度履行本行职务的过程中，是否存在违法违规行为，包括违反法律法规、财经记录及本行章程的行为；

(2) 董事、高管人员在本年度履行本行职务的过程中，是否存在故意或因重大过失损害本行利益的行为，包括给本行造成经济损失和恶劣影响的渎职失职行为；

(3) 董事、高管人员在本年度是否诚信、忠实、谨慎、勤勉地履行本行职务；

(4) 其他根据法律、法规和监管规定需要说明的情况。

第十条　董事会应向监事会提交董事会对董事、高管人员的履职评价报告，并根据监事会要求，提供以下资料：

(1) 董事、高管人员参加股东大会、董事会及其专门委员会会议情况，包括亲自出席和委托出席会议情况；

(2) 经董事签署的董事会会议材料及议决事项；

(3) 其他有利于监事会了解董事、高管人员履职情况的资料。

第十一条　履职评价涉及本人的，本人应当回避。

第十二条　根据董事、高管人员的履职情况，对不能按照规定履职的，董事会应当就有关情况向其问责，必要时要求其辞去董事或职务并上报有关监管部门。

第十三条　监事会依法通过列席董事会及其专门委员会有关会议，以及其他必要的方式对董事、高管人员的履职情况进行监督。

第十四条　监事会应以书面形式将董事的履职评价情况向股东大会报告，并根据需要于每个年度结束之后四个月内向有关监管部门报送。评价意见应当告知被评价人。

第三章　对监事的履职评价内容

第十五条　监事会对监事履职的评价内容如下：

（一）工作时间的充足性（30分）

1. 监事是否每年亲自出席至少三分之二以上的监事会会议。是否积极出席监事会及专门委员会会议；未能亲自出席监事会会议的监事（外部监事）是否委托其他监事（外部监事）代为出席监事会。监事是否存在连续二次未能亲自出席，也不委托其他监事出席监事会会议的情况。(15分)

2. 除参加监事会会议外，外部监事每年为本行工作的时间是否不少于十五个工作日。(15分)

上述第2项非外部监事不减分。

（二）工作规范性（20分）

1. 监事是否依法履职，任职期内是否有利用其关联关系损害本行利益的行为。(10分)

2. 外部监事是否在本行之外的其他金融机构任职，如有任职是否已告知本行，并承诺其兼任职务不违反法律规定，且与其在本行的任职不存在利益冲突。(10分)

上述第2项非外部监事不减分。

（三）工作质量（50分）

1. 是否对本行负有忠实义务和勤勉义务。是否应当按照相关法律、法规、规章及商业银行章程的要求，专业、高效地履行职责，维护本行利益，推动本行履行社会责任。(10分)

2. 是否依法参加股东大会，向股东大会报告工作。(10分)

3. 列席董事会议是否及时将会议情况报告监事会。(10分)

4. 是否持续地了解和关注本行的情况，是否在监事会议上独立、专业、客观地提出提案或发表意见。(10分)

5. 是否积极参加监事会组织的监督检查和调研活动。是否独立并实事求是地提出问题和监督意见。(10分)

第十六条　监事履职评价结构分为称职（85—100分）、基本称职（60—84分）、称职（60分以下）三个等次。

第十七条　履职评价涉及本人的，本人应当回避。

第十八条　监事会应建立监事履职档案，记录监事在任期内各项履职尽责情况。档案内容应包括但不限于：

（1）监事参加监事会会议情况，包括亲自出席和委托出席会议情况；

（2）监事参加股东大会，以及列席董事会及其专门委员会会议的情况；

（3）监事组织或参与监事会检查和调研活动情况；

（4）经监事签署的监事会会议材料及议决事项。

第十九条 监事会应以书面形式将监事的履职评价情况向股东大会报告，并根据需要定期向有关监管部门报送。评价意见应当告知被评价人。

第二十条 根据监事的履职情况，对不能按照规定履职的，监事会应当就有关情况向其问责，必要时要求其辞去监事职务并上报有关监管部门。

第四章 附则

第二十一条 本办法未尽事宜，按国家有关法律、法规和本行章程的规定执行。

第二十二条 本办法由董事会负责解释与修订，自董事会决议通过之日起施行。

以上《某农村商业银行董事、高管人员和监事履职评价办法》[①] 的亮点在于，量化了评价分值。这种评价，比一般意义上的“称职”“基本称职”和“不称职”更加精细化，更能衡量和激发被评价者的工作热情、工作质量和工作数量。

此外，从该办法第三条规定，董事的履职评价由董事会负责实施，监事会最终审定对董事履职评价负最终责任；高管人员的履职评价由董事会负责实施，并上报监事会；监事的履职评价由监事会负责实施。可见，该银行监事会并没有对高管的履职评价权。

二、银行保险机构对高管的履职评价报告

实务中，监事会对高管进行履职评价报告，可以单独出具对高管的履职评价报告。

【案例】A 农商行监事会对行长的履职评价报告[②]

根据我行章程和公司法人治理的要求，监事会履职尽职考评委员会对我行成员 A 同志 2015 年度履职尽职情况进行了评价，现将综合评价情况报告如下：

---

① 何继模．农村商业银行董事、高管人员和监事履职评价办法［EB/OL］．(2017－04－14)［2022－06－20］．https：//mp. weixin. qq. com/s/YxvOkWW830ppluhPuXQRBw.

② 公司治理项目组．商业银行董事、高管履职评价（下）［EB/OL］，(2019－10－25)［2022－06－20］．https：//mp. weixin. qq. com/s/hVCQv0SICifFdF3i742vqg.

一、守法合规情况

1. A同志能正确行使行长职权，能够根据我行董事会的授权主持行长室工作。作为董事会成员，2015年度亲自出席董事会4次，出席率100%。

2. A同志依法履行职责，未发现存在违法违规行为，没有形成风险及资金损失。能正确行使行长的相关权利，履行好行长的义务，认真执行董事会的有关决议，确保行长室决策的科学性及有效性，促进我行各项业务的健康发展。

二、勤勉尽职情况

1. 强化基础管理，营造高效运营环境。2015年，A同志在主持行长室工作上，一是强化执行机制建设，构建“分级负责、分层负责、分项负责”的经营工作推进机制，强化工作的主动性、指导性与责任性，分阶段推出“首季开门红”“四抓四促”“五定五推进”“企业存款倍增”等主题竞赛活动，把抓质量、扩总量、增效益、上台阶贯穿于全年业务发展的始终，形成共同配合、共同推进、上下联动的经营工作合力。二是推进内部架构转型，以制度建设为先导，加强部门岗位标准化建设，对各岗位、各部门岗位职责进行公示，创新信贷管理辅助系统、客户关系管理系统、远程集中授权系统，强化内部控制和执行力，形成以管理标准化引导行业发展的新机制。三是强化风险管理制度建设，加强信贷资产风险管理。将信贷资产风险管理作为全年资产风险控制的重点，建立大额贷款限额监测制度，瑕疵贷款周报告制度，对信贷资产进行分类排队和风险预警，强化“风险贷款”和“低效贷款”的风险控制，对平台贷款、房地产贷款、票据业务等领域风险进行重点把控。四是构建案件防控常态化工作机制。加大案件及违规行为追究和处罚力度。

2. 拓宽收入渠道，提高盈利水平。A同志在加快主营业务发展的基础上，积极拓宽非主营业务收入渠道，进一步提高综合盈利水平。一是创新金融服务手段，加快电子银行业务发展步伐，全年新增离行式自助银行17个，新增ATM机168个，新增POS机具1 180台，快付通总量达到978台，不断加大金融自助服务终端推广力度。二是加强资金运用和中间业务的引领，不断做活同业存放、银行间市场业务，做大债券投资、保险理财业务，在提高可用资金收益率的同时，有效防范和化解了市场风险。全年销售23期11.62亿元理财产品。三是规范财务支出行为，降低经营成本。坚持勤俭办行的方针，对费用的列支实行费用率和费用额双向控制的办法，对于大额费用开支坚持事前申报、上会研究，有效控制开支。

3. 牢记发展第一要务，实现业务稳健经营。2015年，A同志始终牢记发展第一要务，以此推动工作开展。一是明确工作目标，瞄准发展方向。二是研究制定切实可行的工作措施，多策并举推进经营目标的全面实现。三是围绕增强效益，服务地方经济的要求，将有效投入作为支持经济建设、加快自身发展的着力点。四是不断优化资产结构，在年初排出全年退出企业名单，按月度有计划、分阶段退出各类高风险贷款，全年共压降各类限制性贷款2.15亿元，全年现金收回不良贷款5 738.77万元，其中通过诉讼收回2 604.39万元，收回已核销贷款818.48万元，不良贷款余额与占比实现双下降。

4. 坚持以人为本，加强队伍建设。围绕省联社员工岗位标准化建设指导意见要求，A同志一是启动了岗位标准化建设，明确了各岗位准入条件、准入标准，逐步完善了“进、退、流、转”工作机制。二是制订了条线岗位人员培训计划。围绕转型升级发展需求，从提升全员能力入手，制订了条线人员年度培训计划，全年开展各类培训85场。三是建立完善了人才培养储备机制。围绕建立“素质高、能力强、结构优”的专业人才队伍目标，建立完善中层管理人员竞聘上岗制度、岗位交流制度和末位淘汰制度。四是建立完善大学生培养机制。将大学生培养作为培养全行后备人才的重要抓手，制定大学生培养规划，开展大学生不同岗位“定岗”、专业技能“定向”、专业人才“定型”培养。

5. 作为一名党员干部，在工作中，A同志能够自觉遵守廉洁自律各项制度和规定，认真落实党风廉政建设责任制的各项要求，始终保持清正廉洁的作风，严以律己，廉洁奉公，自觉抵制各种腐朽思想的侵蚀，不利用职权获取私利和从事经营活动，在全行党员干部中，起到了模范带头作用。

三、综合评价

一年来，A同志认真履行我行董事会所授予的各项职责，严格贯彻执行董事会的各项决议，能够认真履行岗位职责，工作勤勉尽职。坚持“团结、稳定、务实、创新”的工作方针，积极组织营运资金，有效增加信贷投入，努力防范经营风险，切实提高资产质量，各项业务稳定发展，管理水平不断提高，同业竞争能力显著增强。2015年省联社的等级行考核为5A级，综合考核为全省第五名，12个单项中有8个单项在省联社评比中获奖，较好地完成了董事会下达的各项经营目标。

综上所述，本行监事会对该同志的年度考评结论为：称职。

有些银行对董监高的履职评价报告，放在一个报告里面。

【报告】YZ农村商业银行202×年年度董监高履职情况的评价报告

各位股东、代理人：

为充分发挥监事会监督职能，根据《商业银行监事会工作指引》和《YZ

农村商业银行监事会履职尽职评价委员会工作制度》的要求，本行监事会对董事会、董事、监事、高级管理层及其成员2015年度履职情况进行评价，现将相关评价报告如下：

一、对董事会履职情况的评价

202×年年度，董事会能够充分发挥决策和监督功能，根据经济金融现状，对本行经营发展目标、经营与风险状况、风险承受能力合理地制定发展战略、风险管理和内部控制政策、资本规划等方案。定期听取高级管理层对资产质量分类及风险管理情况的专项评估报告，并对主要风险及风险管理情况进行分析和评价，监督高级管理层有效履行管理职责。能够真实、准确、完整地披露本行的相关信息和年度报告，并对其完整性和准确性负最终责任。一年来，董事会能够每季度听取行长室业务经营、风险管理、审计稽核等报告，每半年听取合规管理报告，及时就业务发展、合规和风险管理、内部控制提出意见、建议，通过对高级管理层实行授权管理和目标考核，促进高级管理层有效落实董事会决议，促进了各项经营管理目标的实现。本行董事会严格按照商业银行董事会尽职指引要求，坚持每季度召开一次例会，制定和完善了议事规则和二作职责。对高级管理层的工作和职责及时作出评价和建议。董事会各专门委员会按照章程和相关议事规则规范运作。风险管理委员会按照要求严格监督高级管理层的信用风险、市场风险等风险的控制情况；关联交易控制委员会能够及时对本行的关联交易进行严格管理，对重大关联交易进行审查后提交董事会审批；审计委员会能够对本行的经营状况、重大事项及财务报告的真实性、完整性和准确性作出判断并提交董事会审议。提名及薪酬委员会能够按照要求对董事和高级管理层成员的任职资格和条件进行初步审核，并向董事会提出建议。报告期内，全体董事和独立董事均能按照规定亲自出席本行召开的董事会会议和股东大会，勤勉、忠实地履行职责，诚信、公正地行使作为董事的权力。

二、对董事履职情况的评价

（一）董事履行忠实义务情况

本年度，各位董事能严格遵守法律法规和章程规定，从维护本行股东利益和整体利益的角度出发，诚实勤勉，认真履职，如实报告本人相关信息及关联关系情况，按照相关规定履行回避义务，主动接受监管部门和监事会监督。未发现董事存在泄露本行秘密、利用职务便利为本人或他人谋取不正当利益、损害本行及股东利益以及其他违反法律法规和章程规定的情况。

（二）董事履行勤勉义务情况

本年度，我行董事能够认真勤勉地行使章程所赋予的权利，较好地履行了相关职责。积极出席董事会及其专门委员会会议，亲自出席董事会会议次数均超过会议总数的三分之二，个别董事因特殊原因无法亲自出席董事会会议，能够按照章程规定委托其他董事代为出席并行使表决权。董事参加董事会会议的平均出席率为93%，参加董事会专门委员会会议的平均出席率98%。各位董事能及时了解本行业务经营管理状况，重点关注战略规划、资本管理、风险管理、内部控制、机构设置和绩效考核等事项，发挥各自的专业特长和从业经验，负责任地发表意见并表决，提出自己的建议或意见。能认真审核本行的定期报告，保证本行所披露的信息真实、准确和完整。未发现董事存在违反法律法规及章程规定的勤勉义务的行为。

（三）对董事履行职责情况的总体评价

监事会认为，本行全体董事在202×年年度认真勤勉地履行了章程赋予的权利和义务，能够按照规定亲自出席董事会会议和各专门委员会会议，定期审议本行各项经营报告、财务报告以及风险管理相关报告，持续主动了解和分析本行的运行情况，全面把握监管机构、外部审计机构和社会公众对本行的评价，对本行的经营管理情况作出独立、专业、客观的判断，明确提出意见和建议。董事在履职过程中重点关注了本行战略规划的制定实施、资本管理和风险偏好制定、信息披露管理、高级管理层薪酬、绩效考核和资产处置等重要事项，研究审议了相关重要议案。董事参加董事会专门委员会期间，注重在职责范围内持续跟踪相关事项的变化情况及影响，并按照议事规则及时提出意见。

三、对高级管理层履职情况的评价

202×年对于YZ农村商业银行而言是极具挑战的一年。随着央行利率市场化的推进，同业竞争更加白热化。本行高级管理层围绕年度经营目标，强化基础管理，提升风控水平，突出产品创新、资源整合和科技支撑，全面提升发展质量，较好地完成了董事会确定的各项任务。截至202×年年末，各项存款总额208.76亿元，比年初增加24.71亿元，增幅为13.42%。各项贷款余额149.49亿元，比年初增加15.01亿元，增幅达11.16%。2015实现利润3.18亿元。不良占比2.64%。

（一）积极应对市场挑战，多层次力促存款增长

一是从制度层面强化考核。今年以来根据存款季度进度连续开展“首季业务开门红”“提质增效、服务实体经济健康发展”“双月”业务竞赛活动，激发员工的能动性。二是从督导层面提升低成本存款吸收。引导支行做好财政专户、存款大户的关系维护，抓企事业账户的开户、代发工资以及贷款客户的资金回笼，大力推广水、电、气费等中间业务的代扣代缴，综合利月以贷引存等多种措施吸收对公资金，存款结构调整优化明显。三是从服务层面提高智能化水平。全年共装修改造网点6个，布设离行式自助银行4个，完成了对所有自助设备

的升级改造，率先在营业部试点智能厅堂服务。

（二）大力发展普惠金融，全面支持地方经济发展

一是加大“三农”金融供给，完成了涉农贷款“两个高于”的监管指标。全年共发放家庭农场贷款16户，发放金额988万元，农民专业合作社、种养殖大户、农业龙头企业贷款31户，发放金额1.61亿元，有力地支持了地方新型农业经营主体的发展。二是深耕本土小微市场，实现小微企业贷款“三个不低于”。我行成立了专营的小微贷款中心，实行事业部制的管理考核，全年成功营销商户247户，金额4 450万元。并将信息文化产业、智能制造业、“三新产业”、旅游服务业作为贷款优先支持对象。去年共向34户科技型企业发放“科技贷”1.06亿元，取得了良好的社会效益和经济效益。三是着力信贷创新，丰富产品种类。2015年针对公务员及事业单位人员推出消费类需求信贷新品“金领贷”，并探索试行信用贷款方式。至年末，共发放“金领贷”174笔，金额3 703万元。拓展了申贷渠道，以我行官方微信为载体，成功开通了微信申贷的通道。

（三）全力聚焦风险防控，提高稳健规范经营水平

一是提高信用风险识别和化解能力。新增授信从严把关，严控大额保证类及产能过剩限控行业贷款。加强风险预警。先后开展10户重点企业风险排查、假冒名贷款排查，并对支行信贷资产分类制度执行情况进行检查，严防贷款劣变。全力清降不良贷款。在对支行考核的同时，对风险管理部门实行类事业部式的考核，按户制定不良贷款清降工作方案，按旬召开小组会议，加大督查力度。二是强化内控管理。完善管理制度，全年共制定及修改各项管理制度75个。实施风险点大排查，按条线梳理风险点，并制定出相应的风险控制方案。改进后台集中营运管理模式，基本实现所有业务集中统一授权，充分发挥远程授权和后督中心防控操作风险职能。落实会计主管坐班制度，充分发挥会计主管的监督管理作用。三是纵深推进案防工作。组织开展合规专项检查活动和案件防控工作，举办合规知识竞赛和全员案防培训，研究推进合规达标创建工作，组织召开“三严三实”专题教育座谈会、“员工家属座谈会”和“客户代表座谈会”，完善“九种人”排查方式，推进合规管理工作和案件防控工作成效的进一步提升。

（四）有序推进战略转型，促进管理及业务提档升级

一是统筹应对利率市场化，紧盯竞争对手的利率变化，及时调整存、贷款的定价。二是重点发展金融市场业务。去年共实现净收益9 240万元。全年发行同业存单一期2亿元，启动4亿元二级资本债的发行工作。三是加快推进科技支撑。推广移动银行项目，实现全辖网点和信贷业务部门终端设备全配置，

“阳光信贷”和信贷“三查”业务全覆盖，移动银行使用率居全省前列。

监事会认为：202×年，高级管理层能够切实贯彻落实董事会战略决策，在较好地完成了董事会下达的年度经营目标的基础上，不断加大工作力度，加快调整和优化业务结构，有效提升风险管理能力，健全内部控制体系，在公司治理和经营管理中发挥了积极重要的作用，使本行的综合效益和品牌影响力得到提升。年内，未发现高级管理层在履职过程中存在违反法律法规及章程规定的行为，全行未发生重大风险案件和违规事件。

四、对高级管理人员履职情况的评价

（一）履行忠实义务情况

监事会认为：202×年，本行各位高级管理人员能以全体股东利益和本行整体利益为重，严格遵守国家法律法规和章程的规定，认真贯彻落实国家金融方针政策和监管要求，主动接受监管部门和监事会监督，如实报告本人相关信息及关联关系情况，依法合规履行经营管理职责。未发现高级管理人员存在违反法律法规及章程规定的忠实义务以及利用其在本行的职务和权力谋取私利或其他损害本行及股东利益的行为。

（二）履行勤勉义务情况

监事会认为：202×年，本行各位高级管理人员能够诚信勤勉地开展工作，有效组织日常经营管理工作，认真抓好分管业务和相关事务，注重加强与董事会和监事会的沟通交流，较好地发挥了各自的积极性和主动性。在日常经营管理和决策过程中，高级管理人员具备处理复杂问题的知识、技能和经验，体现出较高的管理能力和职业素养。未发现高级管理人员存在违反法律法规及章程规定的勤勉义务的行为。

监事会认为，高级管理层及其成员在202×年年度取得了较好的经营管理业绩，履职情况良好，但仍存在一些需要关注的问题，为此，提出以下建议：

一是努力提升资产盈利能力。从财务数据来看，202×年全行贷款总额同比增幅为11.16%，实现利润3.18亿元，利润较上年减少，说明存贷利差不断收窄，直接影响了本行的盈利能力。建议高级管理层来年在绩效考核、利率定价、市场定位等方面采取有针对性的措施，尤其是要重视中间业务的开展和创新业务品种，促使全行业务发展从重规模向重盈利的方向转变。二是继续加强全面风险管理能力。未来我国经济增速可能放缓，经济形势复杂多变，我行资产质量将继续面临较为严峻的形势。建议高级管理层持续推进提升全面风险管理能力。加强对重点领域、重点行业和重点客户的风险防控，做到早发现、早预警、早控制，进一步完善差异化的客户风险管控模式。同时加强对不良贷款的分类管理，运用多种手段进行清收处置。

五、考评结果

根据上述各项评价，评定结果为：周仁山董事长称职，张勇行长称职，胡绍来监事长称职，方锦圣、殷习飞、曾宏根、高智4位副行长称职；全体董事称职、全体监事称职。

YZ农村商业银行股份有限公司

202×年3月26日

这份评价报告对董事、监事和高管都做了全面的评价。不是所有的企业，都能做到这一点。此外，所有人都称职的评价，容易流于形式。

值得特别指出的是，阅读报告者的分量，决定了报告的分量。董监高的履职评价报告做出来之后，报告给谁看、如何被使用显得特别重要。有一个公司在上级巡视中发现问题，要追责监事会工作不利。监事会辩称，这个问题已经在监事会的相关履职评价报告中提到过，没有被重视。

费“九牛二虎之力”发现问题、写出董监高履职评价报告，没“领导”看，不能被有效使用，可能前功尽弃，形成“屡报屡犯”的怪象。因此，要做实监事会，就要做实监事会报告的报送路径，尤其要做实监事会对董事、监事、高管履职评价报告的报送路径，让相关“管理当局”（尤其是一把手）能够及时看到报告、用上报告，从而改善公司治理和公司管理水平，让企业焕发出应有的生机和活力。

第九章　监事会年度工作报告

如果说，董监高履职评价报告回答的是“别人干得怎么样”，那么，监事会年度工作报告回答的则是“你自己干了什么”。

第一节　报告的基本知识

报告是上行文，是下级机关向上级机关行文，一般不需要受文机关的批复，属于单向行文。报告虽不需要批复，却是下级机关以此取得上级机关支持指导的桥梁。同时，上级机关也能通过报告获得信息，了解下情。报告成为上级机关决策指导和协调工作的依据。

报告分为工作报告、情况报告和答复报告。

1. 工作报告

下级单位向上级汇报某项工作或某一阶段工作的进展、成绩、经验、存在的问题及今后的打算等。例如，每年春天的全国两会，总理向全国人大做的《政府工作报告》。

2. 情况报告

向上级反映本单位发生的重大问题和主要情况。这类报告并不局限于某一具体工作，主要是针对工作中出现的有关问题及处理情况。例如，出现突发性重大事故，有关部门就必须立即向上级汇报，以便于领导采取相应的措施；处理后的有关情况也要向上级报告，使领导能把握事件发生的最新动态。

3. 答复报告

答复报告是指答复上级查询事项时使用的报告。

报告的格式包括如下内容：一是标题，要涵盖报告的事由、公文的名称；二是主送机关，要写清楚主要报送的上级机关，主送机关只有一个，其他需要的机关可以以抄送形式报送；三是正文，与一般性公文相同，一般都是三段式，意见类的报告要包括依据、说明和建议设想，情况类的报告要有情况、说明和结论；四是结尾，可展望、预测，亦可省略，但结束语不能省，最后标明发文机关和日期。一般而言，下行文不需要专门结束语，但是上行文，如请示、报告一类需要结束语。例如，请示结尾的“妥否，请批示”，报告结尾的“特此报告”，呈转报告的“以上报告如无不妥，请批转各地参照执行”等。

报告的语言具有陈述性。报告一般不要太长，说清问题即可。好的报告应该能够透过现象，提炼规律。上级机关最想知道的是现象背后的本质，要么是共同点，要么是差异点。只有抓到本质，才具有示范价值或者推广价值，才对工作具有指导作用。

好的报告还应该聚焦主题、有血有肉。写报告宜从小到大，从小角度切入，不断展开和升华，这样更符合读者和听众的认知习惯。我们不喜欢听的报告，往往都是题目很大，内容很空，没有吸引力。如果主题不聚集，没有提炼出工作中的规律和价值点，报告写起来肯定是“挤牙膏”，言之无物。好的报告有清晰的主题，能提炼出现象背后的本质。好的报告数据丰富多彩，案例信手拈来，排比句想用就用，当然与众不同。

对于监事会工作报告而言，还需要发现问题，揭示风险，从而提高公司战略、投资和经营效率。

第二节　监事会年度工作报告与监事工作总结

公司董事会、经营层、监事会每年都需要完成各自的年度报告。三个报告的区别如表 9 - 1 所示。

表 9 - 1　　董事会、总经理、监事会年度报告的区别

报告主体	接受报告主体	报告性质	报告目的
董事会	股东会	自我评价	为股东创造价值
总经理	董事会	自我评价	汇报预算管理情况和 KPI 指标
监事会	股东会	它评为主	发表独立意见

监事会年度工作报告对公司经营运行状态发表监督意见，对董事会和高级管理人员履行职务行为发表监督意见，对公司价值创造和资产状况发表独立意见。监事会的年度报告是监事会工作成果和企业经营管理者业绩的体现，应当客观、全面、完整地反映被报告企业的情况。监事会工作报告应该规范行文，简洁、明了、突出重点，有情况、有原因、有建议，达到工作成果闭环运行。

【案例】20×2年度企业监事会工作报告

各位代表、同志们：

受监事会委托，我谨向股东大会作监事会工作报告。

20×2年是公司经营取得重要进展的一年，销售和工程合同总额达到空前的×万元；是公司发展承上启下、科技创新与承包工程并肩发展、迈向成长新阶段的一年；也是团结一致迎接挑战、艰苦奋斗战胜困难、努力攀登新平台的一年。

监事会在公司董事会和公司各级领导的支持配合下，履行章程赋予的各项工作职能，在监督力度、监督范围、监督方式等方面都有了改进和加强，发挥了监督公司经营运作的职能作用。

现将监事会工作报告如下，请各位股东审议。

自公司20×2年年度股东会召开以来，监事会认真履行《公司法》和公司章程赋予的权利和义务，在公司党委、董事会和各位股东的大力支持、密切配合下，严格按照公司监事会的工作议事规则办事，忠实履行监事会的各项工作职能，围绕中心，服务大局，紧密结合生产经营、改革与发展等各项工作的实际，集思广益、群策群力，积极谏言献策，为加快公司经济转型升级、转变经济发展方式，争创两个文明建设的新成绩做出了积极的努力。现将监事会一年来的工作汇报如下：

一、一年来监事会工作的简要回顾

一年来，公司监事会以20×2年年度股东会精神为指导，紧紧围绕生产经营、改革发展的中心，全面贯彻落实公司三届三次董事会、三届二次股东会所确定的各项工作部署和工作奋斗目标，在事关公司重大决策、原则、立场上，监事会始终能够正确认识和分析公司面临的新形势、新任务、新要求，站在全力维护公司改革与发展全局利益的高度，站在维护全体股东和广大员工合法权益的立场上，通过召开监事会工作会议，深入部室、车间、班组、生产一线调查了解等多种形式，征集股东和员工的合理化建议和意见，以高度负责的主人翁责任感和严谨细致的工作作风，向公司董事会及时反馈收集的各类信息及情况，并对董事会工作提出批评意见和合理化建议。

监事会成员在参加董事会召开的会议及其他会议时，对事关公司改革发展、转变经营方式等各项重大决策，旗帜鲜明、立场坚定地予以全力支持，全力维护公司来之不易的大好形势，积极主动谏言献策，及时提出意见和建议，为提升董事会在重大决策方面的民主化、科学化、规范化，做出积极的努力。监事会认真履行工作职责，依照法律和工作程序对生产经营等各项工作进行监督，为公司重大决策和奋斗目标的顺利实施以及贯彻落实提供了有力的保障。监事会成员团结一致，密切协同配合，保持信息畅通，收集反馈意见渠道公开透明。同时，进一步强化了责任意识、大局意识，在不同的生产岗位上，带头争当执行公司各项规章制度的模范，全身心投入大干生产任务的高潮中，以身作则、率先垂范，不断以新的工作成绩促进了监事会各项工作的顺利进行。

二、大力提高参政议政的能力，深入基层，结合实际，为顺利实现全面建设的奋斗目标，争做新贡献

20×2 年年度股东会召开以来，监事会成员在忠实履行工作职责的同时，不断强化自身素质，以高度的责任感和使命感，把切实维护股东和员工的合法权益作为监事会的工作重点。监事会监事长通过列席董事会会议，积极主动谏言献策，为顺利推动生产经营等各项工作保驾护航。监事会始终坚持正确行使监督权力，将监督工作有机融入生产经营等各项工作中，严格按照工作职责和程序，认真办理、协调解决股东提案，有力促进了公司各项工作不断迈出新步伐。

监事会认为：一年来，公司董事会解放思想、创新思路、发扬民主、集思广益，制定的一系列重大决策和各项奋斗目标是完全正确的，20×2 年是公司发展史上不平凡的一年，在董事长×××的带领下，董事会一班人坚守原则，秉公办事，重大事项采取民主讨论，广泛征求意见，使得 20×2 年公司全年工作没有因为重大决策失误，没有给公司及股东、员工带来损失，董事长×××同志更是谨慎行事，勤勉做人，为公司全体员工树立了好榜样。董事会逐步建立、完善、健全的工作制度和措施，是完全符合生产经营等各项工作实际的。在董事会的领导下，全体股东和广大员工团结拼搏，取得了生产经营、改革与发展的业绩，全体成员倍感欣慰。监事会在以后的工作中将不遗余力、全力以赴，全方位支持董事会的工作。监事会履行工作职能，积极参与对公司财务运营工作的监督审查。监事会认为：公司财务工作严格依法办事、制度健全、数据准确、程序规范，客观、公正、真实地反映了公司的财务状况和生产经营实绩。监事会认为：在董事会的正确领导下，各位董事、经理层组成人员能够以公司大局利益为重，恪尽职守、认真负责，使公司生产经营工作取得了一定成绩，“两个文明”建设工作有了新的进步，为公司 20×2 年经济工作实现新的更大发展提供了有利的发展空间。

一年来，公司监事会严格履行《公司法》赋予的权利和义务，做到切实维护股东权益，全力推动公司改革与发展不断向前迈进，切实履行工作职责，做了一些有益的工作，但与公司确定的各项奋斗目标和工作要求、全体股东和广大员工的期望还有很大差距，思想上对监事会工作重视程度不够，履职

尽责方面做得很不到位，工作经历、经验都有待提高。我们将在今后的工作中，认真贯彻落实好董事会的各项工作部署，不断加强监事会的自身建设和提高监事会成员综合素质，解放思想，创新工作思路，转变工作作风，加大监督检查工作力度，认真负责，扎实有效地做好监事会的各项工作，为实现公司经济新的更大发展作出应有的贡献，为公司实现顺利转型及三步走战略保驾护航。

三、监事会20×3年的主要工作思路

1. 紧紧围绕公司20×2年度股东会确定的各项工作奋斗目标和工作任务，围绕中心，服务大局，解放思想，坚定信心，积极主动、认真负责做好各项工作。要不断提高工作质量，积极发挥主观能动性，主动谏言献策，为实现公司20×2年顺利转型升级和各项奋斗目标，努力营造奋发有为、开拓创新的浓厚发展氛围。

2. 严格依照《公司法》和公司章程办事。为进一步规范公司的各项规章制度，提出意见和建议，要通过列席董事会会议，定期召开监事会会议等有效途径，就全体股东、广大员工普遍关心的热点、难点问题，进行认真的调查研究，及时向董事会提出意见和合理化建议。对公司的重大决策、生产经营管理、财务管理等方面的工作，充分发挥好监事会的监督、保证职能和作用，促进公司决策程序的科学化、民主化、规范化，推动公司经济平稳较快发展。

3. 积极主动协助、配合董事会做好股东提案、督办工作，切实维护好全体股东和广大员工的合法权益。

4. 坚持定期检查财务工作，认真听取生产经营、企业管理等各项工作的汇报，及时提出整改意见和合理化建议，推动各项工作健康、有序、高效的运行。

5. 大力加强监事会的思想、组织、作风建设，努力提高监事会的履职能力、监督、议政工作水平，提高监事会工作创新能力，增强监督检查的效果，认真履行好监事会的工作职能，为促进生产经营，加快改革与发展步伐起到保驾护航作用。监事会诚恳希望全体股东、广大员工对监事会的工作提出宝贵意见。

各位股东、列席代表，20×2年度股东会提出了20×3年及今后一个时期的宏伟战略发展奋斗目标和主要工作任务。让我们在公司党委、董事会的领导下，以党的十八大及十八届三中全会精神为强劲动力，认真贯彻本次股东会议宗旨，统一思想、提振信心、凝心聚力、团结拼搏，以高度的主人翁责任感和紧迫感，全身心投入公司转型升级及各项工作任务中，为全力实现20×3年的各项奋斗目标，实现全面建设新××的历史重任而努力奋斗。

监事会的年度报告可以建立在监事年度总结、监事年度述职制度基础上。而监事写好年终总结，先要明确3个问题[①]。

1. 写给谁看

对内的工作总结，其报告对象是直属领导，或者是更高一级的领导；对外的工作总结，其对象是主管部门，外部专家，或是服务的客户。不同场合对工作总结的要求、文风、素材、框架的区别很大。

2. 写哪种

仅仅知道工作汇报的对象还不够，还得了解汇报的类型。内部汇报建议按基层、中层、高层分类。基层往往侧重搜集材料，中层往往侧重提炼思路，高层往往侧重提出愿景，这些决定了汇报的基调和选材。

基层写年终总结多是汇报自己的岗位工作。但中层写总结就要有更高的要求，仅仅会记流水账还不够，还得会归纳提炼，提出部门未来一年的工作思路。至于高层的总结报告，更多是强调战略规划，因为对高层而言，好总结不是比谁写得多，而是比谁看得远。

3. 为何要写

即便是一份普通的工作总结，在不同的场合，其目的也大有不同。

监事年度工作总结有四大禁忌：（1）平铺直叙。面面俱到、事无巨细流水账没有人喜欢。“文似看山不喜平”，应该列出大事件，写出好标题。（2）头重脚轻。（3）没有亮点。（4）缺乏分析。缺乏分析的总结是指只有总结工作和取得的成绩，没有发现工作中存在的问题，也没有进行认真的分析和研究，或者只提困难，没有建设性的意见。（建议将今年的业绩或数据和去年同期的进行比较，形成趋势图进行深入分析。）

工作中善于总结、善于汇报是很重要的。2021年5月20日，在北京广安门铭玥小厨，笔者有幸聆听一位曾经担任司长、并在联合国工作过的老乡讲“22份检讨书”的故事。她说，聪明的人不会仅仅停留在工作总结中总结，而是善于通过汇报的机会争取资源，工作总结是制度规定里面允许你和上级领导沟通的一种重要途径。

还有一位优秀的朋友，从业20年，从一个行业小兵到封疆大吏，到公司一把手，指挥千军万马。笔者总结他有三个过人之处：其一，善于提前、主动看透对方的需求，话说到对方心坎上，事（尤其是小事）办到对方心坎上，并且善于对不同的人、不同的事采取不同的策略。其二，当困难任务来的时候，善于让自己的同仁、

---

① 君侠．做监事不仅要会干，还要会说，写的功夫要看这3点［EB/OL］．(2017-11-30)［2022-06-24］．http：//mp. weixin. qq. com/s/IFHzSHHVeQ46fEFcnYlGHg.

自己的小兄弟心甘情愿地、高高兴兴地一同加班工作，为他加班。其三，善于汇报。一件事情完成以后，给领导汇报时，总能生动形象又很简洁地陈述遇到的各种困难，如临其境，然后又是如何攻坚克难最终取得成绩，不经意间赢得事半功倍的效果。在职场中，很多人不善于总结，不善于汇报，只会埋头苦干于具体的事情，往往事倍功半。

第三节　国有企业外派监事会的年度工作报告

2000 年 3 月，《国有企业监事会暂行条例》的实施标志着国家向国企外派监事会制度的正式启动。这一年，对首批 27 户中央一级企业（国有重点大兴企业）派出监事会。各省级人民政府也按照相关规定，向地方国企陆续派出了外派监事会。由于中央一级企业（包括省属一级国有企业）的监事会由国家机关委派，被称为“外派”，中央一级企业（包括省属一级国有企业）的监事会的办公室，设在被监督企业之外，被称为“外设”。

2018 年春天北京两会，中共中央印发的《深化党和国家机构改革方案》，将国务院国有资产监督管理委员会的国有企业领导干部经济责任审计和国有重点大型企业监事会的职责划入审计署。相应地，对派出审计监督力量进行整合优化，构建统一高效的审计监督体系，不再设立国有重点大型企业监事会。2022 年 5 月 1 日，《国有企业监事会暂行条例》废止，标志着中国国有大型企业外派监事会制度终结。

2000—2018 年，中国国有企业外派监事会制度实施了十八年，形成了一系列工作制度，值得其他类型的监事会借鉴、学习甚至传承。

外派监事会报告是外派监事会工作成效的重要体现，主要分为三种形式①。

1. 情况报告

外派监事会每年选定如战略规划、重组改制、产权转让、业绩考核、薪酬分配、财务监督、风险控制、企业领导班子建设及负责人履职情况等若干专题，提交情况报告。

2. 专项报告

外派监事会监督检查中发现存在可能危及国有资产安全的经营行为、重大决策不合规、生产经营中的重大风险或问题等，及时提交专项报告。情况报告针对于情况，专项报告针对于问题。

---

① 考拉．我观察了好多年，不得不说说监事会的报告［EB/OL］．（2018－03－07）［2022－06－24］．https：//mp. weixin. qq. com/s/XlxGajHlqXMa73bqFb8yxQ.

3. 年度报告

年度报告分为年度监督报告（每届任期前两年每年出具的报告）和年度监督评价报告（每届任期第三年出具的报告）。

（1）年度监督报告。外派监事会在日常监督和专项检查的基础上，对企业开展年度监督检查，重点核实企业资产及经营效益，揭示企业重大风险和问题，提出外派监事会意见和建议，出具的年度报告。

（2）年度监督评价报告。外派监事会结合日常监督、专项检查和年度监督检查情况，在每届外派监事会任期第三年开展对企业的全面监督检查评价，对企业经营管理及改革发展情况、企业负责人履职情况、存在的主要问题等事项开展集中检查和评价，出具的年度报告。

例如，国有企业外派监事会年度监事会报告结构包括以下几个方面：

引言

一、企业概况

二、企业财务及经营管理评价

三、重大事项揭示及处理建议

四、企业主要负责人业绩评价及奖惩任免建议

五、监事保留意见说明

附件

附件包括且不限于：

（1）资产负债表、利润表、现金流量表

（2）企业组织结构图

（3）母、子公司情况表

（4）对外担保、借款情况表

（5）对外投资情况表

（6）不良资产情况统计表

（7）企业主要负责人简况表

监事会工作报告附件是监督检查报告的重要组成与补充，与报告正文既相互联系又相对独立。相互联系要求与正文数据一致，勾稽关系明晰、不冲突；相对独立即可充分利用附件来体现监事会的工作成果，既丰富整个报告的内容，又避免正文的赘述。如充分发挥企业组织结构图的作用。

一叶知秋，窥一管而知豹身。此处全文刊登《浙江省省属国有企业外派监事会工作报告制度》。这个工作报告制度折射了那个时代监事会工作者 18 年的智慧、汗水和故事。

【制度】浙江省省属国有企业外派监事会工作报告制度（试行）①

第一章　总则

第一条　为规范省属国有企业外派监事会（以下简称“监事会”）及其成员的工作报告行为，发挥工作报告作用，根据《关于进一步加强省属国有企业监事会建设的意见》和《浙江省省属国有企业监事会暂行办法》，特制定本制度。

第二条　本制度所称监事会工作报告，是指浙江省人民政府国有资产监督管理委员会（以下简称“省国资委”）行使国有资产出资人职责的省属国有企业（以下简称“企业”）监事会及其成员提交的工作报告。

第三条　监事会及其成员应认真履行监督检查职责，对需要报告的有关事项及时提交省国资委。工作报告应当体现及时性、客观性、准确性原则。分析、评价要客观公正、恰如其分，意见、建议要符合实际、具有可操作性。

工作报告分为定期报告和专项报告。

第四条　工作报告依据保密工作要求设密级，监事会成员对报告事项要确保真实，相关内容可以要求企业予以核实，但报告中有关分析评价、意见建议等涉及保密要求的内容不得对外透露。

第五条　工作报告向省国资委提交，由省国资委监事会工作处（以下简称“监事处”）统一受理。

第六条　工作报告情况作为监事会或监事会成员业绩考核评价的重要依据。对企业重大违法违纪问题隐匿不报或与企业串通编造虚假监督检查报告的，按《浙江省省属国有企业监事会暂行办法》的有关规定处理。

第二章　定期报告

第七条　定期报告分半年度报告和年度报告。半年度报告于当年7月底前提交，年度报告于次年4月底前提交。

第八条　定期报告的内容主要包括：

（1）企业资产运营和财务会计活动的基本情况；

（2）企业执行国有出资人决议或决定的情况；

（3）对董事会决策及执行情况、国有股东权益的维护情况、资产运作监督情况等发表具体意见；

（4）企业在资产运营和财务会计活动过程中存在的问题及分析；

---

① 浙江省国资委．浙江省省属国有企业外派监事会工作规则（试行）（浙国资发〔2010〕3号）［EB/OL］．［2022－06－24］．https：//www.lawxp.com/statute/s1069702.html.

(5) 对企业相关工作和董事、高级管理人员执行职务行为的评价，以及对存在问题提出的意见与建议；

(6) 其他需要报告的事项。

第九条　定期报告中反映的重大事项需另行专项报告。

第十条　定期报告采取统一的格式规范（另行下发）。

第三章　专项报告

第十一条　专项报告一般为一事一报，及时报送。对紧急、突发的重大事项，可以先口头报告，再书面报告。

第十二条　专项报告的内容主要包括：

(1) 企业以及企业以出资人身份行使职权的领域发生或可能发生的重大损失和违法违规行为；

(2) 根据省国资委或上级有关部门的工作要求以及自身监督检查工作需要而开展的专项检查工作情况；

(3) 在监督检查工作实践中就某一问题形成的意见、建议；

(4) 开展专项调查工作的情况；

(5) 其他需要报告的事项。

第十三条　重大损失是指在企业法人资产范围内、单项资产损失达100万元以上的或后果严重的各类资产损失，主要包括：

(1) 企业改制、国有产权转让、置换等交易过程中造成损失；

(2) 对外投资和工程项目遭受损失；

(3) 因担保等需承担连带赔偿责任而造成的损失；

(4) 因证券、期货等投资造成的重大损失；

(5) 不良资产造成的损失；

(6) 因产权纠纷经有关部门裁决后发生损失；

(7) 因被诈骗、盗窃等原因造成损失；

(8) 因其他原因造成的重大损失。

第十四条　违法违规行为主要包括：

(1) 因侵犯国家或其他主体的权益，受到司法机关追究的行为；

(2) 违反国家财务会计规定，财务会计工作中有重大弄虚作假的行为；

(3) 违法违规实施企业国有产权转让的行为；

(4) 违规从事证券、期货、外汇买卖等高风险项目的行为；

(5) 董事、高级管理人员违反决策程序和决策权限的行为；

(6) 未按照规定建立内控制度，或虽建立了制度，但未按照制度规定进行操作的行为；

（7）董事、高级管理人员隐瞒事实，阻挠监事会及其成员履行职责的行为；

（8）其他违法违规行为。

第四章　报告处理

第十五条　定期报告处理。监事处收到报告后负责登记编号并审阅。定期报告经省国资委领导、相关处室阅知后由监事处负责归档。定期报告反映的情况和问题，可视工作需要汇编印发或直接上报有关领导和部门参阅。

第十六条　专项报告处理。监事处收到报告后负责登记编号并提出处理意见送省国资委领导阅示。相关处室根据省国资委领导的批示精神具体办理，办理结果及时反馈监事处，必要时由监事处负责反馈给监事会或监事会成员。专项报告由监事处负责归档。需要上报上级领导部门或省级有关部门的专项报告，按国资委有关公文处理规定报送和归档。

有特殊要求的专项检查工作所形成的专项报告，其处理流程根据省国资委领导意见办理。

第十七条　监事处和相关处室应做好工作报告的保密工作，不得泄露报告反映的具体内容。

第五章　附则

第十八条　本制度由省国资委负责解释。

第十九条　本制度自发文之日起施行。

第四节　上市公司的监事会年度工作报告

上市公司的监事会年度工作报告需要公告，因此这些资料比较容易获取。对于初来乍到的监事，可以关注本公司所在板块内一流的上市公司，在巨潮资讯网（http：//www.cninfo.com.cn）或其他网站上下载其监事会年度工作报告，借鉴学习。以巨潮资讯网为例，查询监事会年度工作报告的具体方法有二：方法一，进入目标公司页面，逐一浏览该公告，直到发现该公司监事会的年度报告；方法二，在巨潮资讯网“公告速查”项下的“标题关键字”中，输入“监事会年度工作报告”，进行搜索，就会出来不同公司的监事会年度工作报告。

上市公司年度监事会报告的格式应包含以下三个部分。

一、本年度监事会工作情况

第一部分的特点是陈述，陈述监事会在本年度所开展的工作。包括以下内容：

（1）报告期列席会议情况（可略）；

（2）监事会会议制度实行情况（每次会议概要）；
（3）其他工作。

二、监事会独立意见

第二部分的特点是"陈述 + 认为"，包括以下内容：
（1）公司依法运作的情况；
（2）检查公司财务情况；
（3）检查公司募集资金实际投向情况；
（4）检查公司重大收购、出售资产的情况；
（5）检查公司关联交易的情况；
（6）股东大会决议执行情况的独立意见。

三、下年度简要工作计划

第三部分的特点是表态，对来年工作计划进行表态，可长可短，可详可略。

【案例】某监事会的工作计划

监事会将紧紧围绕公司20×2年（来年）的经营目标和工作任务，进一步加大监督的力度，认真履行监督检查职能，以财务监督为核心，强化资金的控制及监管，切实维护公司及股东的合法权益。

1. 继续探索、完善监事会的工作机制及运行机制，促进监事会工作制度化、规范化。以财务监督为核心，建立完善大额度资金运作的监督管理制度，发扬监事会参与公司有关会议的制度的优势，强化监督管理职责，确保公司资产、股东股金保值增值。

2. 坚持监事会每月召集部分股东对公司财务按例审核的制度。了解掌握公司的经营和经济运行状况，掌握公司贯彻执行有关法律、法规和遵守公司章程、股东会决议、股东会决定的情况，掌握公司的经营状况。

3. 坚持定期不定期地对公司董事、经理及各级管理人员履职情况进行检查。督促董事、经理及各级管理人员认真履行职责，掌握经理班子的经营行为，并对其经营管理的业绩进行评价。

4. 加强对公司投资项目资金运作情况的监督检查，保证资金的运用效率。

5. 加强监事会的自身建设，积极列席参与在建工程项目、物资采购、租房合同等涉及大金额事项的谈判。监事会成员要注重自身业务素质的提高，要加强会计知识、审计知识、金融业务知识的学习，提高自身的业务素质和能力，切实维护股东的权益。

6. 对来年公司工作的建议：一是要不断完善内部控制体系，完善资金管理、仓储管理、采购管理、销售管理的内部控制制度，规避企业的经营风险；二是建议公司对重大问题的决策，特别是应该由董事会、股东会决策的问题和事项实行会议决策制度，并做到公开、透明，以使决策更加科学和规范；三是建议树立公司品牌意识，加强内部管理，尤其是要狠抓员工的服务质量，注重对公司员工的培训，努力提高公司员工的素质，树立公司在外部的良好形象，把公司做强做大。

【案例】吉林化纤股份有限公司2021年监事会工作报告①

2021年，公司监事会根据《公司法》《证券法》等有关法律法规、规章和公司章程的有关规定，本着既能维护全体股东的合法权益，又能促进公司不断向前发展、回报社会的企业宗旨，忠实履行了监督检查职责，为公司加强经营管理、规范运作和健康发展提供了必要的保证。下面汇报一下一年来监事会的主要工作。

一、2021年监事会工作情况

报告期内，公司监事会共召开了八次监事会会议。

1. 2021年1月8日，公司召开第九届十二次监事会，审议通过了以下议案：

（1）审议并通过《关于改选公司监事的议案》；

（2）决议公告刊登在2021年1月9日《中国证券报》《证券时报》《证券日报》和巨潮资讯网上。

2. 2021年2月4日，公司召开第九届十三次监事会，审议通过了以下议案：

（1）审议并通过《关于调整2020年度非公开发行股票募投项目实际募集资金投入金额的议案》

此次调整符合公司非公开发行股票实际情况，符合公司发展的实际情况，符合股东大会审议通过的非公开发行股票预案，符合相关法律法规和规范性文件的规定，不存在损害公司及股东利益的情形。因此，监事会同意公司本次调整非公开发行股票募集资金投资项目投入金额的议案。

（2）审议并通过《关于使用募集资金置换先期投入自筹资金的议案》

公司本次使用募集资金置换预先投入募集资金投资项目自筹资金符合有关

---

① 吉林化纤股份有限公司2021年监事会工作报告［EB/OL］.［2020－06－24］. http：//www. cninfo. com. cn/new/disclosure/detail? stockCode = 000420&announcementId = 1213526734&orgId = gssz0000420&announcementTime＝2022－05－28. 来源：巨潮资讯网。

法律、法规、规范性文件的规定，有利于保护投资者合法权益、提高募集资金使用效率及实现投资者利益最大化。同意公司使用募集资金置换预先投入募投项目自筹资金。

3. 2021 年 4 月 19 日，公司召开第九届十四次监事会，审议通过了以下议案：

（1）审议并通过《2020 年年度监事会工作报告》；

（2）审议并通过《2020 年年度报告》及《2020 年年度报告摘要》；

（3）审议并通过《2020 年财务决算报告》；

（4）审议并通过《2020 年利润分配预案》；

（5）审议并通过《2020 年内部控制自我评价报告》；

（6）审议并通过《确认 2020 年日常关联交易和预计 2021 年日常关联交易的议案》

（7）审议并通过《关于 2021 年续聘中准会计师事务所（特殊普通合伙）为公司审计机构的议案》；

（8）审议并通过《独立董事 2020 年年度述职报告》的议案；

（9）审议并通过《2020 年募集资金存放和使用情况的报告》；

（10）审议并通过《关于会计政策变更》的议案；

（11）审议并通过《关于修订〈公司章程〉的议案》；

（12）审议并通过《关于公司未弥补亏损达到实收资本三分之一的议案》；

公告刊登在 2021 年 4 月 20 日《中国证券报》《证券时报》《证券日报》和巨潮资询网上。

4. 2021 年 4 月 22 日，公司召开第九届十五次监事会，审议通过了《2021 年一季度报告正文及全文》

监事会认为董事会编制和审议吉林化纤股份有限公司 2021 年第一季度报告的程序符合法律、行政法规及中国证监会的规定，报告内容真实、准确、完整地反映了上市公司的实际情况，不存在任何虚假记载、误导性陈述或者重大遗漏。

5. 2021 年 8 月 13 日，公司召开第九届十六次监事会，审议通过了以下议案：

（1）审议并通过《2020 年半年度报告》全文及摘要；

（2）审议并通过《2021 年半年度募集资金存放与实际使用情况的专项报告》的议案；

（3）审议并通过《确认 2021 年上半年日常关联交易并调整预计 2021 年日常关联交易》的议案；

决议公告刊登在2021年8月14日《中国证券报》《证券时报》《证券日报》和巨潮资讯网上。

6. 2021年9月29日，公司召开第九届十七次监事会，审议通过了《关于购买吉林宝旌炭材料有限公司31%股权的议案》

监事会认为，公司本次交易为公司发展战略及业务布局需要，交易的定价不存在显失公允的情况，不影响上市公司的独立性。

7. 2021年10月28日，公司召开第九届十八次监事会，审议通过了《2021年第三季度报告》全文及正文

经审核，监事会认为董事会编制和审议吉林化纤股份有限公司2021年第三季度报告的程序符合法律、行政法规及中国证监会的规定，报告内容真实、准确、完整地反映了上市公司的实际情况，不存在任何虚假记载、误导性陈述或者重大遗漏。

8. 2021年11月3日，公司召开第九届十九次监事会，审议通过了以下议案：

（1）审议并通过《关于公司符合非公开发行股票条件的议案》；

（2）逐项审议并通过《关于公司本次非公开发行股票方案的议案》；

（3）审议并通过《关于公司2020年非公开发行股票预案的议案》；

（4）审议并通过《关于公司本次非公开发行股票募集资金使用可行性分析报告的议案》；

（5）审议并通过《关于公司本次非公开发行股票摊薄即期回报及填补措施的议案》；

（6）审议并通过《公司章程修正案的议案》；

决议公告刊登在2021年11月4日《中国证券报》《证券时报》《证券日报》和巨潮资讯网上。

二、根据公司实际运作情况，监事会发表如下独立意见

根据《公司法》和公司章程的有关规定，监事会对公司依法运作、董事及其他高管人员履行职权、公司的财务经营状况等方面行使监督权，以维护股东和企业员工的根本利益。

1. 公司依法运作和高管人员遵纪守法情况

监事会认为：公司能够依法运作、合法经营；董事会能够严格执行股东大会的决议，利润分配、重大决策、对外投资等决策程序与执行情况完全符合有关法律法规、《公司法》和公司章程的有关规定；公司董事、经理及其他高级管理人员能勤勉尽责、廉洁自律，认真执行股东会和董事会的决议，在执行公司职务时未发现有违反法律、法规、公司章程和损害公司利益的行为。

2. 检查公司财务的情况

监事会通过检查认为，公司聘任的会计师事务所出具的审计意见及所涉及事项是真实、准确和完整的；公司的财务报告真实、客观地反映了公司的财务状况和经营成果。

3. 报告期内的日常关联交易事项

公司《2021年日常关联交易金额预计》的议案，经公司2020年年度股东大会审议通过。监事会认为：报告期内，公司日常生产经营关联交易的交易方、交易内容、交易金额、定价原则和结算方式，按照股东大会审议通过的2021年年度日常关联交易的相关事项执行，实际执行情况与预计情况基本差异不大，公司关联交易公平，未损害上市公司的利益。

4. 重大合同履行情况

报告期内，公司各项业务合同履行正常，无重大合同纠纷发生。

5. 对外担保情况

报告期内，公司没有对控股股东和其他关联方提供贷款担保。

三、2022年监事会工作计划

2022年，监事会将继续严格按照《公司法》，中国证监会、深圳证券交易所等有关规定和公司章程的要求，诚信、勤勉地履行职责，恪尽职守，督促公司规范运作，完善公司法人治理结构和经营管理的规范运营，维护公司及股东的合法权益；加强上市公司监事所应掌握的法律、法规的学习，完善监督职责，以提高监督水平为核心不断改进工作方式；同时，监事会将继续依法列席、出席公司董事会和股东大会，及时掌握公司重大决策事项，并监督促进各项决策程序的合法性，通过对公司财务以及生产、经营情况的监督检查，进一步加强内控制度，促进公司持续、稳定发展，防范经营风险从而更好的维护公司和广大股东的利益。

吉林化纤股份有限公司监事会

二〇二二年五月二十六日

第五节　其他类型的监事会年度工作报告

除了国资委、上市公司以及银证保等一些行业对监事会年度工作报告有要求外，其他类型的监事会工作报告没有特定的要求，讲清楚、讲全面即可。

【案例】某公司监事会 2021 年年度工作报告

根据《公司法》和公司章程赋予的职责，我受监事会委托向股东大会做 2021 年监事会工作报告，请各位股东审议。

一、对公司 2021 年工作评价

2021 年是公司确立的“技术与管理年”，也是生产经营和基础管理工作取得显著成绩的一年。公司在董事会的正确领导下，通过经营班子卓有成效的工作和全体员工的一致努力，克服了价格低迷和市场疲软带来的不利影响，较好地完成 2021 年任务目标，综合管理工作正在步入健康、有序的良性循环。

报告期内，公司监事会严格按照《公司法》、公司章程及股东合约和有关法律、法规的规定，本着对公司和对股东负责的态度，认真履行监督职责，对公司依法运作情况、公司财务情况、投资情况等事项进行了认真监督检查，尽力督促公司规范运作。半年来，监事会几乎参加了公司所有董事会会议、经营集团会议、管理人员工作会议等各种会议；通过检查公司财务，查看了财务的账本，对公司的财务着力进行了了解；对公司董事、经理在执行公司职务时是否符合《公司法》、公司章程及法律、法规的规定尽力进行了考察；对公司董事会、经营班子执行股东大会精神的情况进行了检查；对公司经营管理中的一些重大问题认真负责地向董事、经理提出了意见和建议，对公司经营中出现的疑问提出了质询。根据半年的工作实践，监事会通过审查会计报表和实施日常监督，对 2021 年度工作有以下评价。

（一）对董事会工作评价

2021 年，监事会增强了监督工作的力度和水平，列席了一届十六次会议以来的历次议事会。监事会认为：过去的 2021 年，董事会及各位董事履行了法律和公司章程赋予的职责，积极应对市场变化，调整产品结构，以挖潜增效为突破口深化内部改革，做出的强化内部监审和“新上小方坯”项目等一系列重大决策，思路清晰、富有成果，把握住了公司发展的正确方向，对引领公司战胜金融危机影响、提升企业的综合管理水平起到积极作用。

（二）对经营班子工作评价

2021 年，公司经营班子认真贯彻了董事会有关决策部署，以挖潜增效为动力，眼睛向内苦练内功，工作上积极进取，全面完成年初既定的“不亏损”目标，各项工作上了一个新的台阶。

1. 2021 年主要业绩

（1）经营业绩方面。全年共实现营业收入 × 亿元；在降本、挖潜增效 × 亿多元、消化 2020 年潜亏 × 亿多元的基础上，实现净利润 × 亿元。截至 2021 年

12 月 31 日，公司资产总额 × 亿元，同比增长 ×，股东权益总额 × 万元，资本增值率 ×。

（2）生产经营管理方面。主要产品产量克服前五个月限产因素影响均比 2020 年有所增长，其中：烧结增长 31%；球团增长 59%；生铁增长 30%；板材增长 5%，均创投产以来新的记录。成本管理上积极发挥主观能动性，开展对标挖潜和质量攻关，抓住了原料价格下降有利时机，在降低采购成本的同时，降低可控费用，优化炉料结构完善成本考核，与 2020 年相比成本大幅下降。其中：烧结成本下降 44%；球团下降 50%；生铁下降 40%；板材下降 38%；轧制费下降 35%。产品销售方面，2021 年板材市场价格严重下滑，是钢铁产品利润最低的品种之一，同时板材需求量急剧减少。在这种情况下，公司积极调整产品结构扩大销售渠道，全年板材销售 136.57 万吨，同比增加 6.7%，销售板坯 97.32 万吨，同比增长 88%，新增加生铁销售 6.87 万吨，新增方坯销售 9.63 万吨，保证了公司正常运营和实现利润目标。

（3）设备管理和技术改造工作。2021 年，公司大力加强设备工艺管理，完善管理制度，开展技能培训，组织设备联查，摸清设备底数。围绕节能减排加大了二次能源的回收力度，实施了节能灯具、变频器等节能技术改造。各工作部也围绕工艺改进和降低成本，先后完成烧结消化器、竖炉烘干机加振打等 30 余项工艺技改，优化了生产工艺，促进了生产效率提高。

（4）质量管理和产品开发工作。紧紧瞄准市场需求，加大了新产品开发力度，顺利通过了 ISO9000 和 CE 认证年度审核，取得和通过了多国船级社认证和检验，成功开发欧标非合金结构钢、高层建筑结构钢、低合金结构钢、高强度钢和桥梁板等新品种。另外，通过生产和试验相结合的方式，先后进行了普碳、低合金、高强船板、欧标非合金结构钢、厚度方向性能钢板等品种的正火试验，取得了预期的成果。

（5）工程建设。为增强市场适应能力、优化产品结构，A 项目 4 月 24 日开槽，8 月 18 日热试成功，基本按预定工期投产。此外 0#转炉、RH 炉、0#连铸机、铁水预处理等一批项目也正在积极谋划建设中。

（6）体制改革。为了理顺管理职能，适时成立了企业管理部和劳动人事部，为强化企业管理职能和工资人事改革奠定了基础。设立了监审办公室，强化了公司对采购物资价格、质量的监管水平，统一了公司招投标工作管理，一定程度上理顺了管理体制，加强了内部控制，为企业堵塞漏洞和提高企业效益创造了条件。

（7）基础管理工作有所加强。2021 年，公司继续完善设备、安全、环保、质量管理的建章建制工作，专业管理水平逐步提高，党政和工会工作密切配合，围绕企业化中心任务齐抓共管、密切协作，特别是全面深化了5S活动，开展质量攻关、夺标竞赛等活动，明显改善了现场工作环境，促进了生产技术指标和经济效益的提高。

2. 目前经营管理中存在的矛盾与问题

（1）主要经济技术指标与先进企业存在差距。2021年公司的主要技术指标参数不断优化，与2020年同比取得了较好成绩，个别指标甚至位居行业前列，值得肯定。但横向比较来看，高炉的原料矿石消耗、焦比煤比、利用系数，转炉的金属料消耗、工序能耗、利用系数、动力介质消耗等指标尚存改进空间，炼钢熔炼费、轧钢轧制费差距较大。另外，期间费用中的运输费和劳务费等可控指标超过部门预算；销售费用的年度计划数与实际发生数脱节，失去计划控制的作用；可控费用指标存在分解不彻底和责任不够清晰的问题。2021年吨钢成本降低较多，这与采购成本下降以及中间物料和二级库存物资没有纳入公司核算范围不无关系。由此反映出提升操作水平，加大挖潜增效力度尤为必要。

（2）财务状况不稳，资金缺口严重，与技改和工程项目投资产生矛盾。主要表现为过高的负债率和不合理负债结构。由于金融危机和投资计划性的影响，全年营业收入同比下降24%，经营现金净流量仅为×万元，不仅不能满足一期及配套工程×亿元资金缺口，也难以弥补每月×余万元的利息负担，资金状况令人堪忧。与此同时，公司现有资产的效率没有充分发挥，后续在建项目急需投资，资金缺口严重，再融资压力很大，对进一步扩大生产规模，实施技术改造和工程项目建设形成资金瓶颈。特别是严峻的现金流形势，已经直接影响到日常支付，不仅使公司声誉受损，更提升了采购价格，影响到今后正常的生产经营。

（3）职能管理需要继续提高。安全管理上，全年发生电缆放炮、连铸机卧坯等设备事故23次，发生氧压机故障、高炉不顺等各类生产事故5起，特别是发生的工伤工亡事故，不仅影响了正常生产秩序，企业经济利益和声誉也受到一定影响。生产管理上，由于计划外板材与不合格板材生产导致价格差异，给公司造成一定的经济损失；合同兑现率不高，一次成材率波动，也说明职能部门的组织管理能力和协调配合能力不足，直接影响了公司的生产稳定和利润；钢坯二次倒运管理、运费管理混乱，边角料等内部物料倒运计划与审批把关上存在纰漏，反映了我们在生产组织、计划调度和职能把关等方面仍有进步空间。计划预算管理上，无论是采购计划，还是设备检修、技术改造项目安排，都存在着计划滞后，甚至缺乏计划的现象，项目审核和执行过程粗放不严格，不利于公司总体控制。例如，从上报数据看，板材垫木采购进货数大于计划数，160×160垫木采购价格不合理；仓库积压电缆×万米，积压电阻器×箱，还有减速机、车轮组等积压物资，却又制订了新的采购计划，由此说明公司在计划管理上需要进一步加强。设备和检修管理上，各工作部不同程度地存在着检修人员素质和检修质量不高的问题，因此需要公司持续提高设备完好率水平，锻炼和培养检修人员，稳定检修队伍，提高以我为主的检修模式，提升大中修、技术改造能力，减少外委项目。工程和技改项目管理上，欠缺周密的计划和有效的监督制约，个别部门从成本和部门利益出发，利用技改、外修和日常维修规避成本考核；工程项目的规划、计划审批、前期准备、队伍招标、质量工期费用控制、验收等各个环节均需加强，尤其要加强验收环节工作。例如，工程分项验收与总体验收没有按照程序去组织，施工队伍采取各个击破的办法签字验收，失去了验收作用。财务管理上，对钢铁料等中间物料的核算不够细致，个别工作部利用中间物料调节成本，间接影响成本控制；一期工程甲供料底数不清影响到工程结算和资产结转；长期挂账应收、预付款清理不及时，特别是个别报表数据异常得不到及时处理等，影响到报表信息的可靠性和可比性。

（4）数据信息方面比较混乱。由于数据接口和统计口径不一致，造成的财务、经营和工作部数据差异的问题没有得到根本改善，直接影响到财务核算的效率和准确性，甚至影响到经营决策。整个信息系统缺乏有效指挥协调，销售与收款、采购与付款、生产与存货等各个循环体系，缺乏内部核对、监督核查程序，没有合理统一的、可操作的制度规范，不能及时准确反馈数据信息。

（5）公司制度执行力和基础管理工作需要继续加强。2021 年的考核工作在企管部的组织下进行了定期的5S检查和责任制考核，但是经济责任制考核的严肃性、及时准确性相对薄弱，存在考核指标设计、考核体系建立不够完善和执行效果不理想等问题。责任制考核是对公司决策执行力的评价，是保障公司实现其目标任务的重要防线，如果考核工作跟不上，势必会带来工作漏洞，最终都将直接反映到公司的经济效益和管理素质上。此外，在基础管理工作中，各部门之间还存在着本位主义思想，造成工作协调配合不力。以上问题，需要通过不断落实责任制工作考核，进一步深化企业内部改革，完善配套措施，以全面提升全公司的执行能力。

3. 监事会提出的改进建议

2021 年公司各项工作取得了成绩，这是不争的事实。但是，管理无止境，在我们的生产经营管理中，仍然存在着这样那样的问题，甚至还有薄弱环节，与先进企业相比还有一定差距。鉴于以上情况，监事会向本次会议提出如下建议。

（1）强化公司财务管理工作，加强企业风险管理。切实重视财务管理工作，控制公司财务工作节奏，有范围地明确财务数据信息，分析资金使用方向，做好市场预测和财务预算管理，合理计划未来财务走向，逐步缓和财务矛盾。严格执行企业会计准则，理顺财务管理体系，保证财务信息的可靠性。注重发挥好现有的资产效益，完善资产管理，改善资金流的现状，积极开拓融资渠道，改善资本结构。本着“量入为出、减少风险”的原则，谨慎投资决策，科学使用当前资金，合理解决各个基建项目投资与资金缺乏的重要矛盾，提醒公司有计划地使用、筹措资金，防范未来财务风险。

（2）加强各项考核工作，强化公司执行力，确保解决遗留问题。在确定2022年公司总体目标的基础上，严格落实经济责任制考核办法。分解成本费用，控制考核过程，透明考核结果，强化执行能力，防止虎头蛇尾。

要强化管控部门的考核职能和作用，细化各职能考核方法。要加强沟通协调，互相理解支持，特别要理顺财务、机动、企管和监审等部门之间以及与其他相关部门之间的关系。公司各部门要统一思想，自觉服从企业大局，提高工作质量，全面提升公司各方面的执行力。

要着力解决以往和当前重难点问题。包括：做准做实产品成本，提高决策可靠性；细化成本费用，二级库核查要纳入公司统筹管理；积极处理积压物件，盘活资金、核实库存，解决备品备件库存数据和财务数据不相符问题；对于以前形成的物资多采或高价物品调查落实责任，由公司统一处理；核实一期工程结算甲供料，并严格执行工程结算审核程序；加强工程签证变更和施工现场管理工作，规范项目管理，做好项目投资的预结算管理工作等。

（3）强化公司计划管理工作，有节奏地安排公司正常事务。公司2022年制订了生产经营计划目标和财务预算管理计划，但计划赶不上变化，这就要求我们做好计划的动态管理。2021年，公司的工程及技改项目，总有计划不到位影响工作进度，不能按照事前商定的安排执行。例如，物资设备采购上也有点手忙脚乱，有时没图纸，有时缺技术协议就招标，造成丢项或考虑不周。所以，不管是工程项目还是技改项目，不管公司主管还是工作部主管，不管是生产计划还是财务资金计划，相关部门事前都要沉下心研究透彻，制订切实可行的计划，然后动态调整按时完成。而且还要分工明确，设立项目负责人总体执行，责任和权力相结合，避免慌乱事倍功半。即使临时性的任务，也应当由专人负责计划执行，包括采购、生产、销售计划与执行的协调，从计划到实际实施均要纳入可控可管的有序范围之内。

（4）继续加强公司基础管理工作。继续加强基础管理工作，深化现场管理和信息数据管理，确保数据的口径、内涵及名称具有一致性，统一公司相关部门之间数据信息，避免因角度不同导致数据核对不上，从而为公司领导决策，提供真实可靠的数据。因此，以新上销售物流系统和设备物资采供系统为契机，对数据信息系统进行流程改进，增强管控直观性，保障数据信息流的高效、准确。要及时反馈生产信息，规范产品入库数据，明确产品合格率和合同兑现率，以便组织产品生产和销售，方便考核分清责任，解决公司生产销售瓶颈。要加强工程及技改项目完工验收工作，按照国家规定确定竣工日期，对照合同正确结算，规范投资项目管理。注重财务结算审计，按照合同约定和相关原始结算资料公正结算，根据签批手续各负其责，谁出问题谁担责任，并严肃处理。要合理对标，科学分配公司人员结构，科学定岗，学习研究国家相关规定，合理确定干部职工的劳动强度，不能以习惯来核定工作内容，要考虑工作付出与回报的对称性，提高工作效率，促进公司生产发展。要严肃执行物资使用和替换程序，加强废旧物资管理，统一公司各部门废旧物资上缴工作，由主管部门负责全厂所有废旧物资的回收买卖，联合保卫、机动等部门，建立可操作规章制度，为公司挖潜增效创造效益。

（5）继续强化公司思想教育工作。继续重视企业文化建设，按照公司确定的精神宗旨，加大宣传教育，扎扎实实创办范围较广的大型活动，寓教于乐触动内心，不走形式注重实效，为生产经营营造积极向上的文化氛围。转变观念不忘公司性质，体现合营企业特色，建立教育惩戒机制，发挥监察、纪检等部门作用，在公司内部建立能上能下的激励机制，活跃思想，发挥广大职工自下而上的动力，促进公司发展。解决部门之间本位主义、互相推卸责任等错误思想，增加工作范围外延，互相体谅帮忙，服从大局考虑大家，切实维护公司整体利益。

二、2021 年监事会工作回顾

2021 年，监事会按照年初确立的工作思路与目标，不断加强队伍素质建设，改进工作方式、方法，通过日常监督与专项检查的形式，紧密结合公司实际工作，对比分析财务及其他报表信息，及时发现问题，注重协调落实，注重以服务代监督，正确行使监事会相关职能。

1. 初步建立监事会会议制度，加强监事之间、公司部门之间沟通协调。2021 年，我们紧密联系监事会的其他两名监事，定期沟通交流公司有关情况，组织相关会议并与监事会办公室人员交流监事会有关工作，结合董事会决议，落实了解相关事宜进展情况。分别于 2 月 24 日、3 月 17 日，就 ×× 等问题，分两次听取了机动部和财务部等相关人员的汇报。于 9 月 17 日，就公司经济纠纷处理情况进行了了解，就监事会的工作方向、着眼点、公司合同管理以及经营风险等议题进行了研究交流。

2. 加强日常监督，注重专项调查。在董事会和经理层各位领导的工作支持下，监事会代表列席了董事会年度会议和每月议事会议，参加了公司的调度会及其他会议，了解了公司的一些情况。同时，通过各部门的相关报表的信息，帮助监事会日常监督职能的发挥。全年出具各类调查分析报告27份，提出书面议案5项，对公司财务、生产经营管理和内部管控中存在的问题，提出了改进意见。成立监审办以后，监事会结合监审办的工作性质，积极参与了招投标监督和价格合同监督，在促进监督视角前移、防止出现重大偏差等方面起到积极作用。

3. 认真组织监督检查，强化协调落实。不论公司是否安排或监事会是否要求，监督检查事项一律遵守公开透明、实事求是认真调查的原则。2021年，公司安排对钢坯倒运费管理的调查，监事会办公室组织的轧辊采购和垫木采购执行检查、边角料加工费结算问题调查、循环水处理费用情况调查，以及仓库电缆、电阻器等物资积压情况调查、内部结算程序和招投标管理调查等，都是通过了解实际情况、掌握一手资料、与其他单位对比等一系列调查活动，客观反映问题。同时要强化落实，一经调查清楚，无论理解与否，都要督促相关部门进行处理解决。经过以上调查事项，钢坯倒运和边角料加工费结算问题有关部门已经拟好处理意见初稿，其他事项已经改进落实。

4. 创新工作机制，改进监事办内部管理。监事会在坚持以财务监督为中心同时，不断改进财务报表审核方法和物料平衡分析水平，每次报告着重点各有不同，逐步提高报告实用性和及时性。另外，通过创新工作思路，加强了公司基础数据收集和转换，建立监事会内部信息系统，了解公司内部相关情况。通过建立了铁钢轧生产日报转换系统，及时了解各工作部生产技术指标及其变化情况和工作动态；通过建立了每日物料进、出厂数据和中间料磅单数据统计系统，以及时掌握适时数据，核对偏差发现存在的问题和及时了解落实，增强了当期监督能力；通过建立了原辅料化验结果每月数据统计，以了解原料质量波动情况，并与统计、结算部门抽查核对；通过每月搜集各部门商品销售数据和盘点数据，对产品销售和票据流转、原辅料产品库存进行了有效监督。以上数据转换，按月编制成册向主要领导报告。此外，建立了重大经济业务、经济数据报告系统，每月报送相关资料，改进了合同登记和招标监督统计台账。

5. 密切关注董事会决议事项的落实。了解和督促董事会决议是监事会工作的一项职能，2021年，通过听取汇报和调查了解等形式，对董事会决议进行了督促了解，并通过考察提交了关于钢渣处理的相关报告，对钢渣加工费进行了测算，提出钢渣合同后续处理意见。按照董事会的要求，社会化用工的改进和白灰质量价格等问题已经基本解决，公司基础管理工作得到加强，但钢渣处理和欠款追要问题还未解决完毕，请公司抓紧时间处理落实。

三、2022年监事会工作要点

新的一年，公司面临的困难和问题依然存在，改革和管理的任务很重，需要我们齐心协力、奋发有为地开展工作。为此，监事会确立的2022年总体工作思路是：以落实《加强和改进国有企业监事会工作的若干意见》和三个配套实施办法为依托，紧紧围绕公司2022年的生产经营目标和工作任务，紧密结合合营企业特点和公司管理实际，创新监事会工作方式方法；坚持以财务监督为中心，增强当期监督的时效性和有效性，注重协调落实，提升监事会报告处理的效率和水平；加强对重大经营管理活动和重点部门的审计监督，关注公司重点工作开展情况，探索监事会对企业风险防范和预警机制；切实履行法律和公司章程赋予的监督职责，维护股东、职工和企业利益，保障资产保值增值。主要措施包括以下几点。

1. 依法完善监事会的各项监督职能，规范公司生产经营各方面运作模式，确保监事会各项工作顺利开展。紧密结合国家政策形势和有关文件精神，进一步学习贯彻《加强和改进国有企业监事会工作的若干意见》和三个配套实施办法，并在全公司加强宣传教育，依据相关规定完善监事会工作职能，研究学习监事会新的工作机制，改进公司监事会日常监督和集中检查形式，改进监事会财务报告监督体系，加强与审计部门或纪委的工作联系，加强与董事会和经营班子的沟通协调，建立有效的沟通渠道和方式，使监事会工作有法可依，转变干部职工思想，将被动监督变为主动监督。积极参董事会与公司的有关会议，充分了解公司的生产经营状况，继续加强对公司财务状况的监督，点面结合重点检查，做好数据信息收集上报工作，做好数据转换工作，规范监事会会议制度，按照《监事会工作条例》要求，按期召开定期的监事会会议，听取工作汇报，研究监事会的工作方向，保证监事会的各项工作顺利开展。

2. 以维护公司整体利益为出发点，增强主动服务意识，落实专项调查处理结果，监督董事会决议落实情况。监事会作为监督机构，要维护双方股东利益，以维护公司整体利益为出发点，主动深入部门和职工中，多联系多沟通，带着问题搞调研，广泛收集意见，确保监事会日常工作务实科学细致深入。针对个别职能部门及其领导履责不到位，或职工反映强烈的问题，监事会要组织专门力量进行调查，实事求是客观公正，查清事实形成报告，交付公司监督处理。发挥各位监事和监事办人员的工作主动性，广泛调研集思广益，围绕企业中心工作，有的放矢地提出合理化建议。进一步融合监事办与监审办工作的协调和成果应用，强化事前监督的水平。积极监督公司2022年年度预算执行，监督经济责任制考核落实情况，督促公司考核体系扎实有效运作，强化公司执行力。发挥职能作用，紧密配合董事会工作，落实董事会相关决议，保障相关决策顺利执行。

3. 强化对重要部门的监督力度，提高监事会工作人员综合技能，提升监督水平。坚持每年两次对公司财务及重要部门的审计检查工作，了解掌握公司的生产经营和经济运行状况，探讨建立对经营班子和重点部门（绩效指标）考核评价机制，探索对公司董事、经理及高级管理人员履职情况检查方式。加强监事会自身建设，注重自身业务素质的提高，要加强会计、审计、金融等业务知识的培训学习，积极开展工作交流，增强自身的业务技能，创新工作思路方法，提高监督水平，切实维护所有者权益。

各位领导，公司2022年宏伟蓝图已经绘就，任务目标已经明确，监事会将一如既往地支持配合董事会和经营班子依法开展工作，在2022年工作中，我们将严格按照国家政策和公司章程办事，按照国家加强和改进监事会工作若干意见去规范监事会的工作行为，建立有效的工作机制。我相信，只要我们充分发挥好现有治理结构优势，牢固树立维护大局、维护股东利益的一致目标，诚信正直、勤勉工作，就一定会战胜未来道路上的各种困难，圆满完成公司的2022年任务目标。

本案例范文篇幅虽长，但有血有肉有干货，其工作报告内容也提供了监事会发力的方向。

第十章　做实异体监督，监事会三十年探索与实践

第一节　国有企业探索监事会三十年

国有企业分为中央企业和地方国有企业。中央企业指的是国务院国资委直接管理或其他中央部委管辖的企业，而地方国有企业则主要是指地方政府（省级及以下）管辖的企业。国有企业的分类如图 10－1 所示。

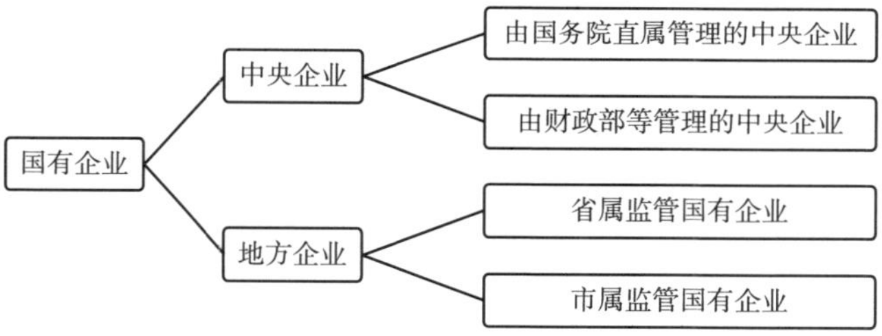

图 10－1　国有企业的分类

截至 2021 年 12 月，中央企业分为四大门类：实业类、金融类、文化类、行政类。实业类央企共 97 家①，是指从事实业生产及运营的企业，是我国央企的主力，属于狭义上的央企，由国资委管辖。其中，第 97 家是 2021 年成立的中国检验认证（集团）有限公司②。在国资委公布的央企名单中，序号 1—49 的央企属于中央管理的副部级单位，其他央企属于国资委管理的厅局级单位。

金融类的央企共 26 家③，主要由各大国有银行、政策性银行、保险机构、证券

---

① 央企名录［EB/OL］.（2021－12－23）［2022－06－25］. http：//wap.sasac.gov.cn/n4422011/n14158800/n14158998/c14159097/content.html. 来源：国资委网站。

② 中国质量检验总局划归国资委。中国质量检验总局原来归国家市场监督管理总局管理。值得注意的细节是，肖亚庆于 2016 年 2 月至 2019 年 5 月担任国务院国有资产监督管理委员会主任、党委副书记，2019 年 5 月以后，担任国家市场监督管理总局党组书记、局长。

③ 傅宇恒. 又一家央企诞生，如今我国正部级央企只有 3 家，具体是哪家［EB/OL］.（2021－08－09）［2022－06－25］. https：//mp.weixin.qq.com/s/G0Ki4iPYEUhvk6qo6T3HwQ.

机构以及资产管理公司构成，大部分由财政部负责管辖。其中，五大国有银行[①]、四大保险公司[②]、三大政策性银行[③]、两大金融集团（中信集团、光大集团）以及一家主权基金公司（中国投资有限责任公司）为副、正部级单位，其余均为正厅级单位[④]。

文化类央企有3家，主要是由财政部代表国务院履行出资人职责的文化企业，包括：中国出版集团有限公司（文化和旅游部管理）、中国对外文化集团有限公司（文化和旅游部管理）、中国广播电视网络有限公司（广电总局负责组建和代管）。其中，中国出版集团有限公司为副部级单位。

行政类央企有3家，是由财政部代表国务院履行出资人职责的行政企业，包括：中国国家铁路集团有限公司[⑤]、中国烟草总公司（仍为全民所有制企业，国家烟草专卖局负责行业管理）、中国邮政集团有限公司（国家邮政局是其行业管理部门），均为正、副部级企业。

一位朋友问笔者，中华全国供销合作总社归不归国资委管？该社是一个特别的单位，不属于国资委，也不属于财政部。中华全国供销合作总社是全国供销合作社的联合组织，由国务院领导，设立理事会、监事会，实行理事会主任负责制。2021年12月，中华全国供销合作总社理事会内设机构14个，监事会内设机构1个，下辖15个直属事业单位、14家主管社团和中国供销集团，中国供销集团管理有全资和控股子公司11家[⑥]。

一、中国国有企业开启监事会制度（1992—1998年）

伴随着我国改革开放、企业管理体制改革，监事会制度应运而生。

1992年，邓小平“南方谈话”，我国首次出现监事会。中国的监事会起源于国家经济体制改革委员会1992年发布的《股份有限公司规范意见》，该意见首次提出“公司可设监事会，对董事会及其成员和经理等管理人员行使监督职能”。

---

① 中国工商银行、中国建设银行、中国农业银行、中国银行、交通银行。

② 中国人民保险集团公司、中国太平洋保险集团公司、中国人寿保险集团公司、中国进出口信用保险公司。

③ 国家开发银行、中国进出口银行、中国农业发展银行。

④ 中国华融资产管理股份有限公司、中国长城资产管理股份有限公司、中国东方资产管理股份有限公司、中国信达资产管理股份有限公司、中央国债登记结算有限责任公司、中国农业再保险股份有限公司、中国政企合作投资基金股份有限公司、国家融资担保基金有限责任公司、中国银河金融控股有限责任公司、中国建银投资有限责任公司、中国再保险（集团）股份有限公司。

⑤ 2013年国务院机构改革中，原铁道部撤销，一分为三：一部分企业职能剥离出来，成立中国铁路总公司（2019年改为国铁集团）；一部分属于综合性管理职能和综合交通运输体系有关的部分职能，如规划、政策、法规等，这部分职能剥离出来，划给交通运输部；另一部分属于安全生产监管的职能，专门成立国家铁路局，这个机构是副部级机构，由交通运输部管理。

⑥ 中华全国供销合作总社概况［EB/OL］.［2022-06-25］. http：//www.chinacoop.gov.cn/column-zsgk.html? id=4876. 来源：中华全国供销合作总社官网。

1993年，我国推出《公司法》，这是中国公司治理重要的里程碑。《公司法》明确提出“股份公司、有限责任公司设监事会”，并较为全面地规定了监事会的组成、监事的任职资格、监事会的职权和议事规则以及监事权利与义务等，监事会制度在我国正式建立起来。

1994年，时任国务院总理李鹏[①]签发《国有企业财产监督管理条例》，开国企派出监事会先河，是中国国有企业公司治理的最早探索，是对“未公司化”的国企实行“政企分开”的产物，也是对未改制的重点大型国企实行“类公司化管理”的结果。该条例有三点创新值得借鉴。

其一，该条例的第十三至十五条，基本上形成了我国国资监管的雏形。

第十三条　国务院有关部门对国务院指定由其监督的企业和企业集团履行下列监督职责：(1) 对企业财产的保值增值状况实施监督；(2) 依照法定权限和程序，会同有关部门提出厂长（经理）的任免（聘任、解聘）建议，或者决定厂长（经理）的任免（聘任、解聘）和奖惩；(3) 商有关部门提出监事会的人员组成，需报国务院审定的，应当按照有关规定履行报审手续；(4) 向企业派出监事会。

第十四条　国务院授权的全国性总公司对其所属企业履行下列监督职责：(1) 对企业财产的保值增值状况实施监督；(2) 依照法定条件和程序，决定或者批准厂长（经理）的任免（聘任、解聘）和奖惩；(3) 商有关部门提出监事会的人员组成；(4) 向企业派出监事会。

第十五条　除国务院授权的监督机构监督的企业外，省、自治区、直辖市人民政府可以根据本条例规定，确定有关部门或者有关机构（统称“省级人民政府确定的监督机构”），对省级人民政府管辖的企业和省级人民政府指定由其监督的下级地方人民政府管辖的企业实施分工监督。

此后，中国国有资产管理体系虽多次修改，但总体框架基本保持不变。第一，中央和地方分开，国务院有关部门对国务院指定由其监督的企业和企业集团履行监督职责时，可向企业派出监事会；国务院授权的全国性总公司对其所属企业财产履行监督职责时，也可向企业派出监事会。第二，国企外派监事会的组成基本全部外部化和行政化，主要负责财务监督和人事任免/奖惩监督。

其二，本条例第二十一条约定监事会的职责包括：(1) 审查经注册会计师验证的或者经厂长（经理）签署的企业财务报告，监督、评价企业经营效益和企业财产保值增值状况；(2) 根据工作需要，查阅企业的财务账目和有关资料，对厂长（经理）和有关人员提出询问；(3) 对厂长（经理）的经营业绩进行监督、评价和记

① 1988年4月，李鹏在第七届全国人大一次会议上被任命为国务院总理，此前他担任了半年的国务院代总理，1998年3月卸任。

录，向派出监事会的监督机构提出对厂长（经理）任免（聘任、解聘）及奖惩的建议；(4) 根据厂长（经理）的要求，提供咨询意见。这个是关于国有企业监事会较早、较为权威的提法。

其三，《国有企业财产监督管理条例》指出“由国家经济贸易委员会会同国家国有资产管理局组织实施”。

国家经济贸易委员会的前身是政务院财政经济委员会，1949 年 6 月 4 日，由周恩来在北京饭店宣布成立，并由陈云、薄一波负责筹备。1993 年 3 月，经过多次分合与重建，改名为国家经济贸易委员会。1998 年，第九届全国人民代表大会第一次会议批准的国务院机构改革方案，将煤炭工业部、机械工业部、冶金工业部、国内贸易部、轻工总会和纺织总会等 10 个原部级经济部门分别改组为国家局，交由国家经贸委管理。2003 年 3 月 10 日，第十届全国人民代表大会第一次会议通过了国务院机构改革方案，决定撤消外经贸部和国家经贸委，设立商务部，主管国内外贸易和国际经济合作。

国家国有资产管理局于 1988 年 9 月设立，隶属财政部，国有资产管理局主要行使国家赋予的对国有资产所有者的代表权、监督管理权、国家投资和收益权以及资产处置权。1998 年 7 月，中共中央大型企业工委成立，次年 12 月，中央大型企业工作委员会更名为中共中央企业工作委员会。2003 年，中共中央决定撤销中央企业工作委员会，相关职能转到国资委，同时，国有资产管理局演变为国资委，与财政部并行。

二、从稽察特派员开始探索外派监事会制度（1998—2003 年）

1998 年 3 月，《国务院关于机构设置的通知》（国发〔1998〕5 号）明确国务院向国有重点大型企业派出稽察特派员，负责监督企业资产运营和盈亏状况。同年 7 月，国务院颁布了《国务院稽察特派员条例》，正式引入对国有重点大中型企业实行的稽察特派员制度。1998 至 2000 年，稽察特派员实质上行使了《国有企业财产监督管理条例》的职能。

稽察特派员制度旨在加强对国有重点大型企业的财务监督，评价国有重点大型企业主要负责人员的经营管理业绩。稽察特派员由国务院派出，稽察特派员对国务院负责，代表国家对国有重点大型企业行使监督权力。稽察特派员一般由部级、副部级的国家工作人员担任，一个稽察特派员办事处共 5 人（不包括秘书、司机），设稽察特派员 1 人、助理 4 人（其中 1 人兼办事处主任），均为专职。这些人员一般从财政、银行、人事、审计、监察和经济宏观调控等专业部门中挑选。一个稽察特派员办事处一般负责 5 个企业的监督工作。一般每年到被稽查企业稽察两次；稽察特派员和稽察特派员助理的任期为 3 年，可以连任，但对同一企业不得连续稽察。

国务院设稽察特派员总署，工作机构设在人事部。

由于稽察特派员制度存在着机构不够稳定、稽察范围不够确定、工作性质不够明确等问题，同时为了与公司制的国际惯例接轨，因此，将监督形式进一步规范化、制度化的呼声也越来越高。在这一背景下，1998 年 7 月，中共中央大型企业工委成立①，次年 12 月，中央大型企业工作委员会更名为中共中央企业工作委员会。其主要职责之一，就是对国有企业的经营管理进行监督。自此，原国务院稽察特派员制度开始向外派监事会制度过渡。

1999 年 7 月，我从清华大学经济管理学院毕业，获得 MBA 学位，我的硕士论文是《国有企业经营者监督机制——稽察特派员与职工代表大会监督职能的完善》，是清华大学 MBA961 班论文成绩第一名。在论文撰写过程中，我还到位于北京广安门东南角的稽察特派员人员办公室访谈了有关人员。

2000 年 3 月，为确保外派监事会依法监督，国务院《国有企业监事会暂行条例》《国有重点金融机构监事会暂行条例》正式出台②，标志着我国外派监事会制度的诞生。《国有企业监事会暂行条例》适用于非金融企业，经历 22 年于 2022 年 5 月 1 日废止。《国有重点金融机构监事会暂行条例》适用于金融企业，至今没有被废除。

2000 年 8 月，国务院任命了 36 位副部长级国有重点大型企业监事会主席，并批准了对 100 家中央管理的国有重点大型企业派出外派监事会。中央企业工委任命了第一批国有重点大型企业监事会专职监事。至此，由国务院稽察特派员制度过渡到外派监事会制度，外派监事会对国有重点大型企业的监督检查工作全面展开。参照国务院向中央企业派出监事会的做法，北京、上海、重庆、山西、辽宁、湖南、四川、贵州等二十多个省、市、自治区结合本地实际，在地方国有企业中也实行了外派监事会制度。同时，外派监事会制度也启发了部分国有企业，如武汉钢铁（集团）公司、中国海洋石油总公司、中国兵器工业总公司、首都钢铁（集团）公司等，在对其下属子公司进行监管时也采用了外派监事会的做法，取得了较好的效果③。

稽察特派员和外派监事都是基于国务院机构改革、试图精简机构、实现政企分

---

① 企业工委是党中央的派出机关，主要职责是：负责管理国务院监管的大型国有企业和国家控股企业中党的领导职务，以增进党的线路方针政策和党中央、国务院的有关精神在大型国有企业的贯彻落实；根据社会主义市场经济体制和建立现代企业制度的要求，研究探索改革和加强大型国有企业党的领导班子建设；完成中央交办的其他有关工作。

② 1994 年的《国有企业财产监督管理条例》和 1997 年中国人民银行发布的《国有独资商业银行监事会暂行规定》同时废止。

③ 蒋占华，周德春，王佩辉等. 国有企业外派监事会制度研究［EB/OL］.（2015－01－28）［2022－06－25］. http：//www. xinhuanet. com//politics/2015－01/28/c_127432495_5. htm.

开而设。无论是稽察特派员还是外派监事会制度，都是企业外部的治理监督机构，稽察特派员和外派监事会在组成、职责及经费来源等方面都具有很强的行政性。外派监事会制度覆盖全国国有企业，实现了人员独立、经费独立。例如，《国有企业监事会暂行条例》指出，“对国务院不派出监事会的国有企业，由省、自治区、直辖市人民政府参照本条例的规定，决定派出监事会”。在此基础上，各省制定了各自的配套办法。又如，2001 年 7 月，湖南省人民政府颁布了《湖南省国有企业监事会暂行办法》。该暂行办法指出“向省属实行企业化管理的大型事业单位派出监事会，参照本办法执行”“监事会开展监督检查工作所需费用由省财政拨付，由监事会管理机构统一列支”。

三、深入探索外派监事会制度（2003—2013 年）

2003 年 3 月，国务院成立国有资产监督管理委员会，撤销中共中央企业工作委员会。国资委的主要职能是根据国务院授权，依照《中华人民共和国公司法》等法律和行政法规履行出资人职责，指导推进国有企业改革和重组，监督实现国有企业的保值增值等。它的成立，改变了过去政府直接管理企业的职能，从机构设置上实现政企分开、政资分开，以保证国有资产保值增值的责任得到落实。此后，中央、省、市三级国有资产监管机构基本建立。

2003 年 5 月，国务院发布《企业国有资产监督管理暂行条例》。该条例规定国有资产监督管理机构依照规定向所出资企业派出监事会，形成了外派外设的监事会管理模式。2003 年成立国资委以来，各个地方政府的国资系统也加强了地方监事会的建设。此处以河南郑州 2008 年发布的《河南省郑州市人民政府关于向市管国有企业派出监事会的实施意见》［郑政文（2008）92 号］为例，讲述从国资委成立到撤销外派外设国有大型监事会期间，地方国企外派外设监事会是如何贯彻实施《企业国有资产监督管理暂行条例》的。

【案例】河南省郑州市人民政府关于向市管国有企业派出监事会的实施意见

各县（市）、区人民政府，市人民政府有关部门，各有关单位：

为进一步建立健全国有企业监督体系，确保国有资产保值增值，根据《中华人民共和国公司法》《企业国有资产监督管理暂行条例》（国务院令第 378 号）、《国有企业监事会暂行条例》（国务院令第 283 号）等法律、法规精神，市人民政府决定向市管国有企业派出监事会。为保证派出监事会工作的顺利开展，特制定本实施意见。

一、郑州市国有企业监事会的性质及工作职责

郑州市国有企业监事会（以下简称“监事会”）由郑州市人民政府国有资

产监督管理委员会（以下简称“市国资委”）代表郑州市人民政府派出，对国有企业（以下简称“企业”）的国有资产保值增值状况实施监督。

监事会以资产监督为核心，以财务检查为主要手段，根据有关法律、行政法规和国资管理、财政等有关部门的规定，对企业的财务活动及企业负责人的经营管理行为进行监督，确保国有资产及其权益不受侵犯。

监事会与企业是监督与被监督的关系，监事会不干预企业的经营决策和经营管理活动。

监事会工作职责：

（1）检查企业贯彻执行有关法律、行政法规和规章制度的情况；

（2）检查企业财务，查阅企业的财务会计资料及与企业经营管理活动有关的其他资料，验证企业财务会计报告的真实性、合法性；

（3）检查企业的经营效益、利润分配、国有资产保值增值、资产运营等情况；

（4）检查企业负责人的经营行为，并对其经营管理业绩进行评价，提出奖惩、任免建议；

（5）承办市政府及市国资委交办的其他监督检查事项。

二、监事会的派出方式和监督的企业

根据我市国有企业组织形式、经营性质和企业规模的实际情况，经研究派出5个监事会，每个监事会设监事会主席1名、专职监事2名。

三、监事会人员的任职资格和职责

（一）监事会主席监事会主席由副县级国家公务员担任，为专职。任职条件除具备《党政领导干部选拔任用工作条例》规定的条件、资格外，还应具有较高的政策水平，熟悉经济工作。监事会主席应当履行以下职责：

（1）召集和主持监事会会议；

（2）领导和组织监事会日常工作；

（3）签署监事会的请示和报告；

（4）负责监事会组成人员和工作人员的思想政治工作以及党风廉政建设工作；

（5）由监事会主席履行的其他职责。

（二）专职监事应当具备下列基本条件：

（1）熟悉并能够贯彻执行国家的有关法律法规和规章；

（2）具有财务、会计、审计、金融等方面的知识，比较熟悉企业经营管理工作；

（3）坚持原则，廉洁自持，忠于职守；

（4）具有较强的综合分析判断和文字写作能力，具有从事审计检查的独立工作能力。

专职监事在监事会主席领导和组织下，按照分工履行监事会的职责、执行分配的任务、参加规定的工作，自觉遵守党风廉政建设规定。

（三）职工代表监事

监事会中职工代表监事原则上参照专职监事的任职条件进行推选。但企业经理、副经理和财务负责人及公司章程规定的其他人员不得担任监事会中由职工代表出任的兼职监事。

职工代表监事在监事会主席的领导下进行工作，并按照《国有企业监事会暂行条例》的规定，严格履行与监事会工作相关的职责。

（四）工作人员的聘任和职责

根据工作需要，经市国资委批准，监事会可以聘请必要的工作人员，监事会主席可以聘请特别技术助理。聘请的必要工作人员应当具备下列基本条件：

（1）熟悉并能够贯彻执行国家的有关法律、法规和规章；

（2）具有财务、会计、审计以及宏观经济等方面的专业知识，经济系列中级以上职称或具有注册会计师资格，比较熟悉企业经营管理工作；

（3）坚持原则，廉洁自持，忠于职守，保守秘密；

（4）具有较强的综合分析判断和文字撰写能力，具备独立工作能力。

监事会主席特别技术助理的聘用期一般为3年，监事会工作人员聘用期一般为1年。经审核批准聘请的监事会主席特别技术助理，对监事会主席负责。

根据监事会主席的要求和安排，对监事会监督检查工作中有关财务、会计或审计方面的专业性、技术性和法规性问题向监事会主席提出意见和建议。根据监事会主席的安排，监事会工作人员参与监事会的指定工作，为监事会监督检查工作提供有关财务、会计或审计方面的技术咨询。

四、监事会成员的选配

（一）监事会主席人选由市国资委党委商市委组织部提名，市委组织部考察确定，由市政府任命。

（二）专职监事由市国资委选任。

（三）职工代表监事由企业的职工大会或职工代表大会民主选举产生，报市国资委批准、备案。

五、监事会成员的职级待遇与管理

监事会主席为副县级国家公务员，专职监事为国家工作人员，职工代表监事仍为企业人员，保留企业职工身份不变。

监事会主席和专职监事的编制单列，隶属市国资委领导和管理。监事会成员每届任期为3年。

六、监事会的管理

（一）市国资委是监事会的管理机构。主要职责为：

（1）拟订派出监事会的国有企业名单，报经市政府批准后组织实施；

（2）协调监事会与市政府有关部门的关系，承办市政府交办的事项；

（3）负责和承办监事会监督检查报告的审核和有关材料的报送工作；

（4）负责与市有关部门互通情况，转送市政府批复的有关材料；

（5）审核、批准监事会聘请中介机构和其他工作人员；

（6）做好专项监督检查和重大事项审计的组织协调工作；

（7）完善监事会管理的各项规章制度，做好监事会主席、监事的考核和奖惩；

（8）负责监事会的行政保障、技术支持及其他与监事会有关事宜。

（二）监事会开展监督检查工作所需费用由市财政拨付，由市国资委统一列支。

七、对监事会和企业的要求

（一）监事会应严格按照所规定的各项工作制度、规则和纪律开展工作，恪尽职守，履行职责。

（二）企业应积极配合监事会工作，为监事会提供办公场所，配备必要的办公设备，定期、如实向监事会报送财务会计报告及其相关资料，并及时通报重大经营管理活动情况。凡拒绝、阻碍监事会依法履行职责，拒绝、无故拖延向监事会提供财务情况和经营管理情况等有关资料，隐匿、篡改、伪报重要情况和有关资料，或者有阻碍监事会监督检查的其他行为的，对直接负责的分管领导和其他直接责任人员给予纪律处分，直至撤销职务；构成犯罪的移交司法机关依法追究刑事责任。

八、监事会成员的培训为提高监事会成员的政治素质和业务能力，保证监事会顺利开展工作，市国资委应对监事会成员进行集中培训，培训考试合格者方可派出。

河南省郑州市人民政府

二〇〇八年五月二十日

（一）三种监事会的比较

如本书第四章所述，中国国有企业的监事会有三种。

其一，外派外设监事会。外派外设监事会是2000—2018年被我国国有企业普遍采用的监事会制度，适用于中央、地方一级国有独资企业，尤其国有重点大型企业，特点是国有资产管理部门向所属企业派员、派会，监事会办公地点设在企业之外。

政府作为出资人向其出资公司（一般是中央、地方一级国有独资企业）派出的监事会以及监事（通常是公务员身份），由外派监事会代替公司内设监事会行使职权，组成若干办事处在企业外面集中办公，定期或不定期对企业进行监督检查。

其二，外派内设监事会。特点是国有资产部门对所属企业派员、不派会，监事会长期办公地点设在公司内。派员指的是，监事会主席或专职监事由国资机关委派，进驻监管企业。不派会，指的是国资监管机关所委派的监事会主席、专职监事（通常是公务员编制），与企业其他监事在企业内部共同组成监事会。外派内设监事，通常适用于某些地方国有一级国有独资或控股公司、中央二级国有独资或控股公司。上海国企监事会采用第二种模式①。

其三，内派内设监事会。就是公司法意义下的监事会。

外派内设监事会、内派内设监事均称为内设监事会。外派外设监事会称为外派监事会。外派监事会和内设监事会的差异主要有以下五个不同。

一是适用的公司类型不同。外派外设监事会一般设在中央一级企业和省一级企业，这些企业通常是国有独资公司。其他的企业（民营企业和外派外设监事会以外的其他类型的国有企业）均按《公司法》内设监事会。

二是法理依据不同。外派监事会的设立依据是《国有企业监事会暂行条例》《国有重点金融机构监事会暂行条例》；内设监事会的设立依据是《公司法》。外派监事会是国务院（或地方政府）派出的监督机构，对国务院（或地方政府）负责，代表国家对国有企业的国有资产保值增值情况实施监督；内设监事会属于公司治理结构的组成部分，与董事会平行，主要向股东或出资人负责。

三是负责的管理机构不同。外派监事会由国资委代表政府（出资人）作为股东进行日常管理，并对国资委负责；内设监事会则是在股东大会（股东会）的领导下开展公司的监督工作并对股东大会（股东会）负责。

四是监事的身份规定不同。外派监事会监事（指股东代表监事）由政府选派，其中监事会主席由政府任命，其他监事由国资委委派，监事的身份是国家公务员，不享受所在公司任何报酬和福利待遇；内设监事会监事由各股东委派，经股东大会（股东会）选举产生，监事会主席由股东大会（股东会）任命，监事的身份是公司内部人员，隶属于所在公司，享受公司报酬和福利。

五是监事会经费来源不同。外派监事会活动经费，除被监督企业职工监事工资性报酬外，其监事会正常活动经费由国家、地方财政拨付，由监事会管理机构统一列支；内设监事会经费由企业自行承担。外派监事会不是公司的内设机构，属于公司外部监

---

① 上海电气公司监事会主席周国雄．监事会一般不说话　说话不一般［EB/OL］．（2016－12－28）［2022－06－25］．http：//finance. sina. com. cn/meeting/2016－12－28/doc－ifxyxusa5616869. shtml.

督的一种形式，具有行政监督的特点，监督职能不受公司制约，监督权相对独立。

（二）外派监事会的优势与不足

依据《国有企业监事会暂行条例》《国有重点金融机构监事会暂行条例》设立的外派外设监事会，形成了五大特色：

一是有很强的权威性。主要体现在监事会主席由副部长级国家工作人员担任，由中央任命，实行外派。从这个意义上讲，外派外设监事具有很强的权威性，代表国家对企业的国有资产保值增值状况进行监督。

二是有很强的独立性。主要体现在两个方面：其一，身份的独立。监事会的组成人员主要是由国家公务人员组成。其二，经费保障的独立。监事会开展工作所需的经费由国家财政安排和支付，与企业没有任何的经济利益关系，独立于企业。同时，也不参与、不干预企业的经营决策和经营管理活动。

三是有很强的及时性。监事会常驻企业，对企业开展当期监督和事中监督，实时动态地了解和掌握企业情况，发现问题第一时间向出资人报告，及时提示企业整改，体现了监事会“常驻”的优势。

四是有很强的深入性。监事会常年深入企业一线，国有资产的链条走到哪里，监事会的监督就跟进到哪里。监事会以问题和风险为导向，有计划地对中央企业分批开展集中重点检查和境外国有资产检查，实现了当期监督和事后监督的有机结合，也实现了境内监督和境外监督的有机结合。

五是有很强的系统性。监事会是国资委工作的重要组成部分，代表国家履行国有资产监管职能。国资委一手抓监督，一手抓管理，有很强的统筹性，实现监督和管理相互融合、相互促进、协同联动，形成了发现问题、报告问题、解决问题、督促整改问题以及问责的完整工作闭环，体现了很强的体制和制度优势。

从监督实践看，国有重点大型企业外派监事会运作方式也存在一定的缺陷：

一是外派监事会行政属性强，市场属性偏弱。国有重点大型企业外派监事会无论从起源、发展还是其创建的目的和社会基础看，都具有典型的政府主导型监督制度的特点，监管方式存在一定行政化色彩。

二是外派监事会的组织体系基本上停留在集团本级，难以随着集团组织结构的纵向拓展而延伸到子、孙公司。在当前企业实体性业务活动更多地向子公司和孙公司转移，集团公司总部作为战略管控平台呈现“空心化”的情况下，外派监事会履行监督职责遇到了能力不足的困惑。同时，外派监事会监督企业大而多，深入企业不够，很难将经营活动的重要环节都纳入监督范围之内，监督面过窄。这些在一定程度上，形成了监督链条脱节，某些业务活动远离了监督视野。

三是外派监事会以事后监督为主，缺乏全程监督。被监管企业存在的问题和风险，不能及时地发现和纠正，降低了监督效率，影响了监督质量。

综上所述，国有重点大型企业外派监事会制度是国有企业特定历史时期的产物，发挥着重要作用，也面临着诸多难题和挑战，2018 年国有非金融企业的外派监事会被取消。

四、新时代加强党的监督，取消外派外设监事会（2013 年至今）

（一）“1 + N”、两个“一以贯之”、三年行动计划，开启新时代国企改革

1992 年，笔者大学毕业来到一家中型国有企业工作，有幸见证了国企改革和中国特色公司治理探索的过程。

1993 年，中国首次提出现代企业制度，成为中国国有企业改革的一道重要分水岭。这一年，《公司法》颁布，拉开建立现代企业制度的序幕；这一年，十四届三中全会提出“产权清晰、权责明确、政企分开、管理科学”的现代企业制度指导思想。这十六个字是当时厂长和同事们热议的焦点，至今仍为顶层指导思想。

1999 年，中国提出“新三会”与“老三会”。同年 9 月，党的十五届四中全会通过的《中共中央关于国有企业改革和发展若干重大问题的决定》首次提出，法人治理结构是公司制的核心，要求国有公司既要设立股东会、董事会和监事会（新三会），也要设立党委会、工会和职工代表大会（老三会）。如何处理“新三会”与“老三会”之间的关系，成为国有企业探索现代企业制度过程中的重要挑战。这一年，笔者从清华大学经济管理学院毕业，获得工商管理硕士学位。

2003 年，设立国资委，探索经营国际化、监管规范化、组织集团化。这一时期，尽管在建立现代企业制度上取得了突出的成就，但同时也存在一些问题。比较典型的，就是党在国有企业的作用弱化、淡化、虚化、边缘化问题。

2012 年 11 月，党的十八大之后，党中央高度重视国有企业党的建设。新时代，党对国有企业的领导向着组织化、制度化、具体化方向阔步迈进。

2013 年 11 月，《中共中央关于全面深化改革若干重大问题的决定》正式公布，旨在贯彻落实党的十八大关于全面深化改革的战略部署，成为新形势下全面深化改革的纲领性文件，标志着从 1978 年开始中国改革开放进入新阶段。

2014 年 1 月，中央全面深化改革领导小组（组长习近平）第一次会议审议通过了《中央全面深化改革领导小组工作规则》《中央全面深化改革领导小组专项小组工作规则》《中央全面深化改革领导小组办公室工作细则》，以及中央全面深化改革领导小组下设经济体制和生态文明体制改革、民主法制领域改革、文化体制改革、社会体制改革、党的建设制度改革、纪律检查体制改革 6 个专项小组名单。中央全面深化改革领导小组专设机构统筹改革，深入研究全面深化改革的顶层设计和总体

规划，明确提出改革总体方案、路线图和时间表，首提国家治理现代化。

随后的2015年“1+N”，2016年两个“一以贯之”，2020年国企改革三年行动都是建设中国特色现代企业制度的探索和创新，也进一步拉开了新时代深化国有企业改革、探索中国特色公司治理的序幕。

1. “1+N”

2015年印发的《关于深化国有企业改革的指导意见》要求“把加强党的领导和完善公司治理统一起来，将党建工作总体要求纳入国有企业章程，明确国有企业党组织在公司法人治理结构中的法定地位，创新国有企业党组织发挥政治核心作用的途径和方式”。这个《关于深化国有企业改革的指导意见》就是“1+N”中的1，是习近平新时代深化改革思想的“牛鼻子”，N就是陆续出台的配套文件（见表10-1）。

表10-1 国企改革“1+N”政策体系

改革内容	政策文件
总体要求	《关于深化国有企业改革的指导意见》
分类推进国企改革	《关于国有企业功能界定与分类的指导意见》
	《关于完善中央企业功能分类考核的实施方案》
完善现代企业制度	《中央企业公司制改制工作实施方案》
	《关于进一步完善国有企业法人治理结构的指导意见》
	《关于开展落实中央企业董事会职权试点工作的意见》
	《关于深化中央管理企业负责人薪酬制度改革的意见》
	《关于合理确定并严格规范中央企业负责人履职待遇、业务支出的意见》
完善国有资产管理体制	《关于改革和完善国有资产管理体制的若干意见》
	《国务院办公厅关于转发国务院国资委以管资本为主推进职能转变方案的通知》
	《关于推动中央企业结构调整与重组的指导意见》
发展混合所有制经济	《关于国有企业发展混合所有制经济的意见》
	《关于鼓励和规范国有企业投资项目引入非国有资本的指导意见》
	《关于国有控股混合所有制企业开展员工持股试点的意见》
防止国有资产流失	《关于加强和改进企业国有资产监督防止国有资产流失的意见》
	《关于建立国有企业违规经营投资责任追究制度的意见》
	《企业国有资产交易监督管理办法》
加强党对国企的领导	《关于在深化国有企业改革中坚持党的领导加强党的建设的若干意见》
为国企改革创造良好环境	《关于支持国有企业改革政策措施的梳理及相关意见》
	《加快剥离国有企业办社会职能和解决历史遗留问题工作方案》
其他	《中共中央国务院关于深化国有企业改革的指导意见》
	《关于国有企业改革试点工作事项及分工的方案》
	《贯彻落实〈中共中央国务院关于深化国有企业改革的指导意见〉改革举措工作计划》

2. 两个“一以贯之”

2016 年 10 月，习近平总书记主持召开了全国国有企业党的建设工作会议。习近平强调，坚持党对国有企业的领导是重大政治原则，必须“一以贯之”；建立现代企业制度是国有企业改革的方向，也必须“一以贯之”。习近平在会上指出，坚持党的领导、加强党的建设，是我国国有企业的光荣传统，是国有企业的“根”和“魂”，是我国国有企业的独特优势。中国特色现代国有企业制度，“特”就特在把党的领导融入公司治理各环节，把企业党组织内嵌到公司治理结构之中，明确和落实党组织在公司法人治理结构中的法定地位。

2017 年 10 月，党的十九大报告提出，新时代中国特色社会主义思想十四条基本方略中第一条就是“坚持党对一切工作的领导”，十九大党章中也进一步明确了国有企业中党的基层组织的定位和功能。

可见，新时代中国特色现代国有企业制度，不能生搬硬套国外的做法，必须充分发挥党建工作与公司治理两个优势。

3. 国企改革三年行动

国企改革三年（2020—2022 年）行动是“1 十 N”政策体系的夯实落地，是改革试点成果的拓展延伸。行动方案的主要思路为“抓重点、补短板、强弱项”。

2020 年，作为国企改革三年行动的第一年。《国企改革三年行动方案（2020—2022 年）》经中央全面深化改革委员会第十四次会议审议通过。该方案旨在通过加快深化改革，让企业机制活起来，让布局结构优起来，让发展动力强起来，以国企改革的综合成效更好地服务发展大局。该方案有六个方面：（1）完善中国特色现代企业制度。（2）加快建立健全市场化经营机制。（3）积极稳妥分层分类深化混合所有制改革。（4）进一步完善以管资本为主的国有资产监管体制。（5）大力推进“双百行动”“区域性综合改革试验”“科改示范行动”等专项工程。（6）进一步加强党对国有企业的全面领导。我们注意到，在这六个方面，第一和第六项，都有公司治理的要求。

（二）国有企业“党建工作纳入公司章程”与“党委前置研究讨论”

新中国的实践表明，中国国企发展史就是党的领导与现代企业制度不断融合的历史。新时代加强党建工作，把党的领导融入企业治理各个环节是我国企业治理模式最鲜明的特点。

笔者认为，原总理朱镕基推动了中国国有企业监事会建设；习近平总书记开创了中国特色的公司治理。我们需要借鉴国际经验，立足我国实际，将全球公司治理的基本原理和基本要求与我国的具体国情相结合，创造性地提出“党建引领作用”的中国特色的公司治理，打造中国特色现代企业治理模式。

国有企业中党的领导、党的监督的党建引领作用，主要体现在党建工作、党委前置研究讨论、党的巡视巡查、党管干部四个方面。本节重点讨论党建工作、党委前置研究讨论。

1. 从2004年中国银行和中国建设银行整体上市，看党在国有企业公司治理中的早期探索[①]

党组织在国有企业中是一个什么位置，这个争论从20世纪80年代开始就已存在。2004年，国有企业进行董事会试点工作时，这个问题更加突出。

2004年，随着中国银行股份有限公司和中国建设银行股份有限公司的成立，两家银行的党委会问题逐渐浮出水面。党委会在股份公司的治理结构中处于什么样的角色，党的领导如何与董事会的权力互相协调，党管干部原则如何与管理层的人事任免权兼容，这些都是股份制改造过程中出现的具有中国特色的难题。

"这个问题在中国以前的股份制改造过程中没有遇见过"。知情人士称，以前国有企业的股份制改造，基本上都是将原先的企业分拆为集团公司和股份公司，上市的是股份公司，党委一般留在集团公司。而现在国有银行进行股份制改造，如两家试点银行都没有集团公司，都是整体上市，又都要建立规范的股份公司治理结构，所以面临的党委问题非常突出。

在国有银行中，人事任免通常是由党委会研究决定的，但股份制改造以后，如果再由党委会决定人事任免，显然与规范的公司治理不相适应。"分行行长不是干部，不具有终身制的含义"。时任中央汇金投资有限公司（中行唯一的股东、建行最大的股东）总经理谢平说，"这方面我们还在探索，没有固定的模式。如一家股份制改造的银行，其人员任免主要交给行长"。

不仅分行人员的任命机制在探索，就连总行高管人员的任命程序也在创新。按照规范的股份公司治理要求，行长应该由董事会聘任，但行长是副部级干部，又要归中共中央组织部管理，这种双重管理怎么协调？谢平说，目前的情况是，对于原来的中管干部的选聘，如董事长、行长、副行长和行长助理，原有的任命机制仍然保留；而对于新聘任的人员，董事会有选聘权利。他透露，总行副行级高管允许聘请境外人士。

中、建两行的股份制改造，已经对党委问题进行了一些探索。例如，2004年以前，党委会与公司的决策层基本是重合的，决策层成员大多是党委委员，而党委委员也基本都是决策层成员。而2004年，中、建两行的董事会成员在党委中占少数，而党委委员在董事会中也占少数。董事会中，除了董事长以外有12名董事，党委委员只占1/4，非党委委员的董事占3/4，也就是有9名董事是非党委委员。

---

① 孙铭，独立董事与党委是什么关系？[EB/OL].（2017-01-03）[2022-06-25]. https://www.doc88.com/p-1476342803400.html. 原载于《发展》月刊，2005年第1期。2004年12月9日《21世纪经济报道》也有类似报道.

对于党委会与董事会职责分离的组织结构，是否能够保证党的领导与股份公司治理结构的统一？时任中行行长李礼辉回答说，股东大会、董事会、监事会和高级管理层四个方面形成了相互制约的公司治理结构。就管理层来说，必须在股东大会和董事会的领导下开展工作，必须向他们负责，并接受监事会的监督。同时，党委会以及全行的各级党组织在整个新的股份公司里要发挥核心的作用。重大的事项，应该是有区分的——属于经营管理方面的决策事项，管理层应该按照董事会的决策开展工作，同时向董事会报告；一些由党委会决定的，或者由党委会研究的事情，管理层就要向党委会报告。

时任建行行长常振明说，管理层也是党委会的成员，有重大问题我们都是经过集体研究决定的，这种方式也非常适合目前的状况。

2004 年，两家试点银行的董事会下面各设有 5 个专门委员会（战略发展委员会、稽核委员会、风险政策委员会、人事和薪酬委员会、关联交易控制委员会）分别行使监督职能，其中，外部非执行独立董事可以担任相关委员会的主席。

这些做法与 2016 年以后要求的“党建工作纳入公司章程”“党委前置研究讨论”虽有一段距离，但有这样的探索，难能可贵。

2. 2016 年以后，党建工作纳入公司章程

“党组织嵌入公司治理的路径是什么?”“党组织与其他治理主体的关系是什么?”“国有企业公司治理的特殊机制是什么?”，这些问题不能仅仅体现在党的文件中，也必须体现在《公司法》和公司章程中。

继 2016 年 10 月习近平总书记在全国国有企业党的建设工作会议上提出两个“一以贯之”之后，国有企业逐步实现了将党建工作纳入公司章程。

2017 年 6 月，中国中铁召开年度股东大会，A 股与 H 股股东合计以 95% 的赞成票高票通过了党建工作总体要求纳入公司章程的章程修正案，中铁成为第一家党建工作纳入公司章程的在境内外整体上市的中央企业。

中粮集团也加强企业境外党组织建设，在中粮国际、中纺集团、中粮酒业、我买网等涉外业务企业中，分层分类设置党组织，实现党的建设与境外业务工作“同步合拍”。国投集团积极探索加强混合所有制企业党建的有效路径，在混合所有制企业中成立党组织，确保国有资本投到哪，党组织就建到哪，做到有组织、有活动、有作用、有影响。中国人保集团的实践是，党委进入公司治理，推动党的领导与公司治理有机结合，建立和完善“前有授权、中有内控、后有审计、政治上有巡视、董监事有派驻”的治理模式①。中国五矿提出党建工作责任制坚决不搞“两张皮”，

---

① 中国人保集团战略管理部课题组．国有金融保险集团公司治理模式研究［EB/OL］．(2021 - 10 - 29)［2022 - 06 - 25］．https：//mp. weixin. qq. com/s/jdQEH_SrLewgtfN5y06 - 5A. 来源《保险理论与实践》2021 年第 8 辑.

坚持党建考评与业绩考核互为系数①。

截至 2019 年，中央企业集团全部落实党建工作纳入章程，夯实了党组织发挥领导作用的制度基础；全部落实党委（党组）书记和董事长“一肩挑”，从领导体制上确保了党的领导与董事会决策的深度融合；全部落实将党组织研究讨论作为公司决策重大事项前置程序，从运行机制上保障了重大决策充分体现党组织意图，党组织在企业改革发展中真正实现了把得了关、掌得了舵、说得上话、使得上劲。

此外，党的红头文件也指出了“党建工作纳入公司章程”的四大指导思想。

（1）既完善党的自我监督，又加强对国家机器监督。

自我监督是世界性难题，是治国理政的哥德巴赫猜想。习近平总书记在十八届中央纪委六次全会上的讲话中，提出“要完善监督制度，做好监督体系顶层设计，既加强党的自我监督，又加强对国家机器的监督”②。

党的十八大以来，以习近平同志为核心的党中央深刻洞察党面临的风险挑战，把全面从严治党纳入“四个全面”战略布局，以坚定的信仰信念、顽强的意志品质管党治党兴党，解答长期执政条件下实现党自我革命、自我监督的历史性课题，在实践中不断创新监督方式、完善监督制度，构建起具有中国特色的党和国家监督体系，为党和国家事业发生历史性变革、取得历史性成就提供了重要保证。

党的十八大以来，我们党在加强对国家机器的监督、切实把“公权力关进制度笼子”等方面做了大量探索和努力，强化了党和国家的监督效能，有力增强了国家治理效能。坚持和完善中国特色社会主义制度、推进国家治理体系和治理能力现代化的总目标，需要健全党统一领导、全面覆盖、权威高效的监督体系，形成决策科学、执行坚决、监督有力的权力运行机制，确保权力规范正确行使。

（2）加强党在公司治理中的工作空间和话语权。

坚持党的领导是中国特色社会主义最本质的特征，也是国有企业的独特优势。管理就是“管人理财”“管人理事”。针对对经理人员选聘的话语权，2017 年 4 月《关于进一步完善国有企业法人治理结构的指导意见》指出，在董事会选聘经理层成员工作中，上级党组织及其组织部门、国有资产监管机构党委应当发挥确定标准、规范程序、参与考察、推荐人选等作用。

（3）建立“双向进入、交叉任职”的领导体制。

完成公司章程党建专章修订，按照“双向进入、交叉任职”的要求，建立健全

① 国资报告：从厂长负责制到“两个一以贯之”，文章来源：《国资报告》2020 - 01 - 14，http：//www.sasac.gov.cn/n2588025/n2588139/c13380811/content.html.

② 为什么要坚持和完善党和国家监督体系，强化对权力运行的制约和监督？［EB/OL］.（2019 - 12 - 15）［2022 - 06 - 26］. http：//news.youth.cn/gn/201912/t20191215_12143439.htm. 来源：中央纪委国家监委网站。

公司党委会、董事会、监事会，切实把党的领导融入企业决策、执行和监督的各个环节。实行党委书记、董事长由一人担任，总经理兼任党委副书记。符合条件的党委班子成员可以通过法定程序进入董事会、监事会、经营层；董事会、监事会、经营层中符合条件的党员领导人员，可以依照有关规定和程序进入党委班子。

“双向进入、交叉任职”可以实现：在组织架构上，把公司党委领导与公司治理结构有机融合；在重大决策问题上，把党委统领全局与董事会重大决策有机融合；在经营管理上，把党委推进重大决策与经理层贯彻落实有机融合；在监督保障上，把党委定向把关与监事会依法监督有机融合。有人曾怀疑公司党委具有公司决策的专业能力和必要的支持部门吗？通过“双向进入、交叉任职”，这个疑问迎刃而解！这是中国特色的公司治理，也是中国公司治理中的智慧。

（4）坚持国企党建工作“四同步、四对接”要求。

国企党建“四同步、四对接”的具体含义是党的建设和国有企业改革同步谋划、党的组织及工作机构同步设置、党组织负责人及党务工作人员同步配备、党的工作同步开展，实现体制对接、机制对接、制度对接和工作对接。

这一要求在《关于在深化国有企业改革中坚持党的领导加强党的建设的若干意见》（中办发〔2015〕44号）中首次提出。2016年10月，习近平总书记在全国国有企业党的建设工作会议上予以强调。

值得注意的是，2006至2019年，国有企业“党建工作纳入章程”这一规定，是在《公司法》尚未进行修订的情况下，根据党的文件和国有企业管控的力量，在国有企业中进行了全面的修改。随后，《公司法》的修订就是必然的、势在必行的。

【案例】一汽公司的党建是如何写入公司章程的[①]

我们以一汽轿车（上市国有企业）修改的公司章程为例，看看实践中其是如何践行“党建工作入章程”这一工作的。

首先，增加了一条条款：董事会决定公司重大问题时，应当事先听取公司党委的意见。

其次，增加了关于党建工作的章节。内容如下：

第八章　党建工作

第一节　党组织的机构设置

第一百五十条　公司根据《中国共产党章程》规定，设立公司党委和中国共产党一汽轿车股份有限公司纪律检查委员会（以下简称“公司纪委”）。

---

① 王伟　刘少华等．党的十九大开幕在即，你怎能不知党建须进公司章程？［EB/OL］．（2017－10－13）［2022－06－25］．https：//mp. weixin. qq. com/s/szw2U4MxUbiTb0MNdsAH1g.

第一百五十一条　公司党委和公司纪委的书记、副书记、委员的职数按上级党组织批复设置，并按照《中国共产党章程》等有关规定或任命产生。

第一百五十二条　公司党委设党委工作部作为工作部门；同时设立工会、团委等群众性组织；公司纪委设纪检监察室作为工作部门。

第一百五十三条　党组织机构设置及其人员编制纳入公司管理机构和编制，党组织工作经费纳入公司预算，从公司管理费中列支。

第二节　公司党委职权

第一百五十四条　公司党委的职权包括：

(1) 发挥政治核心作用，围绕企业生产经营开展工作；

(2) 保证监督党和国家的方针、政策在本企业的贯彻执行；

(3) 支持股东大会、董事会、监事会、总经理依法行使职权；

(4) 研究布置公司党群工作，加强党组织的自身建设，领导思想政治工作、精神文明建设和工会、共青团等群众组织；

(5) 参与企业重大问题的决策，研究决定公司重大人事任免，讨论审议其他“三重一大”事项；

(6) 全心全意依靠职工群众，支持职工代表大会开展工作；

(7) 研究其他应由公司党委决定的事项。

第一百五十五条　公司党委对董事会、经管会拟决策的重大问题进行讨论研究，提出意见和建议。

第三节　公司纪委职权

第一百五十六条　公司纪委的职权包括：

(1) 维护党的章程和其他党内法规；

(2) 检查党的路线、方针、政策和决议的执行情况；

(3) 协助党委加强党风建设和组织协调反腐败工作，研究、部署纪检监察工作；

(4) 贯彻执行上级纪委和公司党委有关重要决定、决议及工作部署；

(5) 经常对党员进行党纪党规的教育，作出关于维护党纪的决定；

(6) 对党员领导干部行使权力进行监督；

(7) 按职责管理权限，检查和处理公司所属各单位党组织和党员违反党的章程和其他党内法规的案件；

(8) 受理党员的控告和申诉，保障党员权利；

(9) 研究其他应由公司纪委决定的事项。

3. 党委前置研究讨论中的六个问题

2017 年，党的十九大通过的《中国共产党章程（修正案）》规定：“国有企业党委（党组）发挥领导作用，把方向、管大局、保落实，依照规定讨论和决定企业重大事项。”以党章形式明确了党在国有企业的领导作用；2019 年底发布的《中国共产党国有企业基层组织工作条例（试行）》则具体明确了国有企业党委如何讨论和决定企业重大事项。

2020 年 12 月 30 日召开的中央全面深化改革委员会第十七次会议上，通过了《关于中央企业党的领导融入公司治理的若干意见（试行）》，其中要求正确处理党委（党组）和董事会、经理层等治理主体的关系，坚持权责法定、权责透明、协调运转、有效制衡的公司治理机制，推动制度优势更好地转化为治理效能。

实践中，党委前置研究讨论中需要关注以下六个问题（见图 10－2）。

（1）为什么要党委前置研究讨论

（2）党委前置研究讨论适用于控股子公司

（3）党委前置研究讨论定位于“把方向、管大局、保落实”事项

（4）党委前置研究讨论的定位是公司决策的必要不充分条件吗

（5）明确《党委会议事规则》，提高决策效率

（6）监事会能监督党委的前置研究讨论吗

图 10－2　党委前置研究讨论的六大问题

（1）为什么要党委前置研究讨论。

2017 年，笔者在北京听一位来自中央党校的教授讲党课。教授说，党的十八大以后，党中央首次提出“国有企业是中国特色社会主义的政治基础”。国有企业处于前所未有的执政基础的高度，教授的话让笔者理解了党委前置研究讨论的政策背景和必要性。

2016 年 10 月 10 日，习近平总书记在全国国有企业党的建设工作会议上指出，“国有企业是中国特色社会主义的重要物质基础和政治基础”，关系公有制主体地位的巩固，关系我们党执政地位和执政能力的提升，关系我国社会主义制度的完善。坚持党的领导、加强党的建设是我国国有企业的光荣传统和独特优势，是国有企业的“根”和“魂”。

习近平总书记的重要讲话，站在时代和全局高度，深刻回答了国有企业还要不要加强党的建设、怎样加强党的建设等一系列重大理论和实践问题。习近平总书记关于国有企业是中国特色社会主义的重要物质基础和政治基础的重要论述，深刻揭示了国有企业在党和国家事业发展全局中的战略地位，为新时代坚定不移做强做优

做大国有企业提供了总依据，具有重大的实践意义、战略意义和理论意义①。

（2）党委前置研究讨论适用于控股子公司。

2017年，某重庆国有公司与新加坡某公司在中国设立合资企业。重庆国有公司持股51%，新加坡公司持股49%。小股东不同意修改公司章程，不同意将党委前置研究讨论写入公司章程，因此陷入僵局。因为，2017年《公司法》尚没有“党委前置研究讨论”的相关规定。

2020年春节前后，某中央二级企业要在俄罗斯设立合资公司，因拟定的境外设立公司的公司章程没有关于党建的内容，被该一级央企的职能部门退回。于是将境外公司的党建和党委前置研究讨论内容写入后，才得以通过。

2020年金秋，有位厦门监事问笔者，某公司的股权结构是：鄂尔多斯国有企业持股49%，民营股东持股51%。该公司没有党员，那么如何履行党委前置研究讨论？笔者回答，修订后的《上市公司治理准则》（中国证券监督管理委员会公告〔2018〕29号）第五条规定，“国有控股上市公司根据《公司法》和有关规定，结合企业股权结构、经营管理等实际，把党建工作有关要求写入公司章程”。法理上，党委前置研究讨论适用于境内外国有全资、控股企业。境外全资、控股子公司的公司章程应该满足中国国有企业的党委前置研究讨论相关要求，同时也要满足东道国的公司法要求，只要该境外公司的公司章程最终签订，就可以执行。国有参股企业设有党委会的，只要公司章程约定，也可参照执行。

（3）党委前置研究讨论定位于“把方向、管大局、保落实”事项。

早期，不少国企在履行党委会前置程序过程中出现了前置泛化问题：董事会、经理层所有决策、决定事项，无论问题大小全部预先经过党委会研究讨论。所谓“党委过一过，总是没有错”，将“前置”变成“代替”，结果造成党委“包办”董事会、经理层的决策，成了企业经营的决策中心和指挥中心。决策正确则“你好我好全都好”，决策失误则“党委跑不了”。造成这种局面的原因是不清楚前置程序到底“置什么”。

2016年10月10日，习近平总书记在全国国企党建工作会议上指出：“国有企业党组织发挥领导核心和政治核心作用，归结到一点，就是把方向、管大局、保落实。”“在决策程序上，要明确党组织研究讨论是董事会、经理层决策重大问题的前置程序。重大经营管理事项必须经党组织研究讨论后，再由董事会或经理层作出决定。”习总书记的这些要求，为建设中国特色现代国有企业制度、正确处理加强党的领导和完善公司治理关系提供了根本遵循，也点明了党组织在国企前置决策中

① 翁杰明．国有企业是中国特色社会主义的重要物质基础和政治基础［N］．学习时报，2021－11－5（1）．

“把方向、管大局、保落实”的核心作用。

把方向，即坚持政治引领，确保企业始终保持正确方向。把方向就是要把准改革发展方向，确保企业发展的总体态势是良性的，轨道运行是良性的，是符合实现战略目标发展的。把方向就是把准选人用人标准，做好干部的培养、选拔、任用、考核、评价工作，将思想坚定、能力过硬的干部任命到关键岗位上。把方向就是在重要的规章制度、企业的重要行为中践行企业发展理念，推动企业持续健康发展。

管大局，即确保企业科学健康持续发展。管大局就是要管长远，强化企业改革发展的顶层设计，谋划好企业发展中长期规划。管大局就是要管决策，切实处理好“三重一大”事项，体现党委会在研究重大事项和作出重大决策程序时的前置作用，加强过程管理和监督，把控企业风险，判断“三重一大”议题是否符合、落实党和国家现行的路线方针政策，是否符合、服务企业发展大局。例如，对拟上项目或投资，重点判断是不是符合、能不能落实产业政策及创新发展、绿色发展等相关要求，并据此作出决定。如果在此方面出现决定错误，导致出现问责情况，则党委及其有关负责人须承担相应责任；如果不属此范畴的决策失误，导致出现问责情况，则由董事会、经理层及其有关负责人承担相应责任。

保落实，即确保企业任务目标全面实现。保落实，就是强班子、带队伍，把党中央精神和上级部署不折不扣落到实处。做到领导带头，以身作则，发扬钉钉子的精神，从关键事情抓起，从关键环节、工作布置、过程反馈、事后总结分析全过程抓起，一抓到底、久久为功。2018 年，时任中国建材集团有限公司董事长宋志平说，党委前置研究讨论主要决策三件事情：一是企业方向是否符合党和国家的大政方针；二是把握公司重大决策等大方向；三是保证公司落实好已制定政策[①]。组织架构上，党委领导融入公司治理结构；重大决策上，党委将统领全局、协调各方，先由党委针对重大决策给出意见，再由董事会进行表决；经营管理上，由党委进行推进，经理层加以落实；监督保障上，党委监督把关将与监事会依法监督进行融合。

关于党委会、董事会、经理层的权责边界，《国企改革三年行动方案（2020—2022 年）》给出了方向性指引：党委（党组）把方向、管大局、保落实；董事会定战略、做决策、防风险；经理层谋经营、抓落实、强管理。27 个字，把国有企业治理层面的几个关键主体的职责进行了定位。

为了进一步贯彻和落实《国企改革三年行动方案》中的相关要求，实现各治理主体的权责法定，细化党组织在国有企业治理中的职责权限，各地纷纷出台了《国有企业党委前置研究讨论重大事项清单示范文本》。以下梳理了目前北京、江苏、

---

① 中国建材集团有限公司董事长宋志平．国企党委决策前置与公司治理不矛盾，如何协调还需探索［EB/OL］．（2018－09－19）［2022－06－25］．http：//www.kunlunce.com/klzt/guoqigaige/2018－09－19/128032.html. 来源：联合早报中文网．

浙江、辽宁四地的清单内容[①]：

一、北京市国有企业党委前置研究讨论事项：共计 20 项

（一）战略规划类：3 项

（二）规则制度及管理类：6 项

（三）生产经营类：6 项

（四）职工权益及社会责任类：3 项

（五）其他类：2 项

二、江苏省国有企业党委前置研究讨论事项：共计 23 项

（一）重大战略规划类：3 项

（二）重大发展改革类：5 项

（三）重大经营管理类：10 项

（四）重大社会责任类：3 项

（五）其他类：2 项

三、浙江省国有企业党委前置研究讨论事项：共计 19 项

（一）贯彻落实党中央和省委省政府重大决策部署和重要发展战略的具体举措：3 项

（二）企业发展战略、中长期发展规划，重要改革方案：3 项

（三）企业资产重组、产权转让、资本运作及大额投资中的原则性方向性问题：4 项

（四）企业组织架构设置和调整，重要规章制度的制定和修改：3 项

（五）涉及企业安全生产、维护稳定、职工权益、社会责任等方面的重大事项：3 项

（六）其他应当由党委会前置研究讨论的事项：3 项

四、辽宁省国有企业党委前置研究讨论事项：共计 37 项

（一）贯彻党中央决策部署和落实国家发展战略的重大举措：4 项

（二）企业发展战略、中长期发展规划，重要改革方案：8 项

（三）企业资产重组、产权转让、资本运作及大额投资中的原则性方向性问题：13 项

（四）企业组织架构设置和调整，重要规章制度的制定和修改：4 项

（五）涉及企业安全生产、维护稳定、职工权益、社会责任等方面的重大事项：4 项

---

① 国企党委前置研究讨论重大事项清单发布，与董事会、经理层如何切割决策权？［EB/OL］.（2021－01－15）［2022－06－26］. https：//mp. weixin. qq. com/s/6i29CFaAsAaCX56jQqd65w.

（六）重要人事工作：4 项

（七）其他应当由党委会前置研究讨论的事项

各国有企业需根据示范文本，制定符合自己企业的前置讨论清单，对某些重大事项明确量化标准和讨论程序。

（4）党委前置研究讨论是公司决策的必要不充分条件吗？

2018 年，有学员问，董事会、股东会能否否定党委会通过的决策？党委前置研究讨论是真正意义的决策吗？党委是把握决策原则和大方向还是深入经营真正决策。党委是否只是管决策程序合规，和否定性监督。

笔者的回答是可以的。因为国有企业党委发挥领导作用的着力点是“把方向、管大局、保落实”，不能等同于甚至代替其他决策主体决策。党委前置研究讨论是公司最终决策的必要不充分条件（即没有党委前置研究讨论，公司就不能作出最终决策）。

党委会不同意的事项，不可以交由董事审议。若党委会同意的事项，是否需要董事会审议，建议在公司章程中明确。但是以下四个事项，党委会拥有最终决策权：第一，贯彻党的路线方针政策的事项。第二，企业组织、人才建设和重要人事任免事项。第三，企业党建工作和基层党组织建设事项。第四，涉及思想政治、精神文明、企业文化等思想文化导向的事项。

笔者认为，如果公司章程没有特别约定，党委前置研究讨论是公司最终决策的必要不充分条件，原因如下。

第一，《关于加强和改进中央企业党建工作的意见》（中办发〔2004〕31 号）中提出党组织参与企业重大问题决策，要坚持和完善“双向进入、交叉任职”的企业领导体制。党组织对重大问题要集体研究，由进入董事会、监事会、经理班子的党委成员通过多种方式分别反映党组织的意见和建议，使党组织的主张在企业决策中得到重视和体现，并把法人治理结构的决策结果反馈给党组织，实现决策的科学民主。同时，充分发挥董事会对重大问题统一决策、监事会有效监督的作用。未设董事会的企业可以采取联席会议方式，由党委成员和经营管理班子成员共同研究决定重大问题。简单讲，党组织是通过在董事会、监事会、经理层的党委成员个人来体现党组织的意见。从这一规定可以看出，党组织主要是由进入董事会的党委成员来发挥作用，而且只是反映党组织的意见和建议。

第二，2010 年 7 月，中共中央办公厅、国务院办公厅印发了《关于进一步推进国有企业贯彻落实“三重一大”决策制度的意见》，要求所有国有和国有控股企业（含国有和国有控股金融机构）实施“三重一大”决策制度，凡属重大决策、重要人事任免、重大项目安排和大额度资金运作（简称“三重一大”）事项必须由领导班子集体作出决定，而这里的领导班子包括党委（党组）、董事会、未设董事会的经理班子。特别是，董事会、未设董事会的经理班子研究“三重一大”事项时，应事先与党委（党组）沟通，听取党委（党组）的意见。在后续的国有企业加强党的领导要求中，特别强调党委决策前置的要求。考虑到董事会实际不太可能否定党委的决定，这就使得所有企业重大决策事实上由党委前置研究讨论，董事会等通过决议落实，成为国有企业法人治理实践的现实。实际上，把“参与”变成了“决定”。

第三，2015 年 8 月，中共中央、国务院发布的这一轮改革的核心文件《关于深化国有企业改革的指导意见》，开始明确要求党建工作进章程，规定把加强党的领导和完善公司治理统一起来，将党建工作总体要求纳入国有企业章程，明确国有企业党组织在公司法人治理结构中的法定地位，创新国有企业党组织发挥政治核心作用的途径和方式。那么，一旦国有控股公司章程明确规定了，少数股东一旦通过，就应当视为接受，从法律技术角度弥补了这个重要环节。

第四，《中国共产党章程》（党的十九大修改版，2017 年 10 月 24 日通过）的第三十三条第二款规定，“国有企业党委（党组）发挥领导作用，把方向、管大局、保落实，依照规定讨论和决定企业重大事项。国有企业和集体企业中党的基层组织，围绕企业生产经营开展工作。保证监督党和国家的方针、政策在本企业的贯彻执行；支持股东会、董事会、监事会和经理（厂长）依法行使职权；全心全意依靠职工群众，支持职工代表大会开展工作；参与企业重大问题的决策；加强党组织的自身建设，领导思想政治工作、精神文明建设和工会、共青团等群团组织”。相比党的十八大修改通过的党章，增加了非常重要的一句话，即“国有企业党委（党组）发挥领导作用，把方向、管大局、保落实，依照规定讨论和决定企业重大事项”。此前，国有企业党组织作为党的基层组织，主要是“保证监督党和国家的方针、政策在本企业的贯彻执行”这一政治任务，而在企业决策方面，只是“参与企业重大问题的决策”，而且“支持股东会、董事会、监事会和经理（厂长）依法行使职权”这一点是放在“参与企业重大问题的决策”前面写的，这表明企业职权还是由三会行使，党组织只是“参与”进来。

可见，党的十九大修订的《中国共产党章程》直接明确了党组织的领导作用，决定企业重大事项。从“参与”到“决定”，发生了质的变化。从法律角度上看，特别是从《公司法》的角度，把明确党组织的地位和作用的权力交给了《中国共产党章程》，而章程经过演变，把党组织从参与国有企业重大决策，提升到决定企业重大事项。所以只能说《公司法》比较注重原则，可以说这是立法技术的粗糙，也可以说是立法技术的高明，但是并不存在法律技术上的问题①。

---

① 国资小薰．国有企业公司治理的基本框架及关键问题［EB/OL］.（2021 - 12 - 10）［2022 - 06 - 25］. https：//mp. weixin. qq. com/s/1ADTDd2kztnmlLt7UxdOXg.

第五，《公司法》第十九条规定，在公司中，根据《中国共产党章程》的规定，设立中国共产党的组织，开展党的活动。公司应当为党组织的活动提供必要条件。但是该条只是说，按照章程设立党组织，按照章程开展活动，除此之外，并没有规定更多的内容。

第六，《中国共产党国有企业基层组织工作条例（试行）》（2019 年 11 月 29 日中央政治局会议审议批准）第十五条规定，“国有企业重大经营管理事项必须经党委（党组）研究讨论后，再由董事会或者经理层作出决定。研究讨论的事项主要包括：（1）贯彻党中央决策部署和落实国家发展战略的重大举措；（2）企业发展战略、中长期发展规划，重要改革方案；（3）企业资产重组、产权转让、资本运作和大额投资中的原则性方向性问题；（4）企业组织架构设置和调整，重要规章制度的制定和修改；（5）涉及企业安全生产、维护稳定、职工权益、社会责任等方面的重大事项；（6）其他应当由党委（党组）研究讨论的重要事项”。这个条例字里行间，并没有明确党委前置研究讨论是最终的决策，而是“再由董事会或者经理层作出决定”。

【讨论】党委前置讨论同意的决议事项，董事会能否决吗①？

党的十八大以来，中央巡视组指出国企存在的一系列问题，其中就包括：“讲商言商语多，讲党言党语少，党委会除讨论人事问题外，很少研究其他重大事项”“公司党委领导核心作用发挥不够”等。

2016 年 10 月 10 日，习近平总书记在全国国有企业党的建设工作会议上指出，中国特色现代国有企业制度，特就特在把党的领导融入公司治理各环节，把企业党组织内嵌到公司治理结构之中，明确和落实党组织在法人治理结构中的法定地位。党组织要把方向、管大局、保落实。要明确党组织在决策、执行、监督各环节的权责和工作方式，使党组织发挥作用组织化、制度化、具体化。要处理好党组织和其他治理主体的关系，明确权责边界，做到无缝衔接，形成各司其职、各负其责、协调运转、有效制衡的公司治理机制。

2019 年 12 月 30 日，中共中央《中国共产党国有企业基层组织工作条例（试行）》明确党组织研究讨论是董事会、经理层决策重大问题的前置程序。国有企业重大经营管理事项必须经党委（党组）研究讨论后，再由董事会或者经理层作出决定。

今天，党组织在国有企业决策中的作用已经充分显现，一些企业甚至出现

---

① 华夏中才．党委决议，董事会能否决吗？［EB/OL］．（2021－01－12）［2022－06－25］．https：//mp.weixin.qq.com/s/gWPZaXYgt4IlKueRv4GNlw.

了“无事不上党委会”的现象。

尽管董事会和党委会可以双向进入、交叉任职，人员有一定的重合，但毕竟两会构成不同，在一些国企改革试点单位，董事会成员的大部分是由外部董事构成的，党委会意见和董事会意见不同，是有可能发生的。有不少人问，党委研讨得出的结论，董事会是否可以否决？观点有三。

一是可以否。其理由是，《中国共产党国有企业基层组织工作条例（试行)》中关于重要事项，党组织的用语是“研讨”，董事会的用语是“决策”。言下之意，党委会经过研讨提出意见，董事会根据意见来决策，可以遵循党委意见，也不可不遵循。党委会前置，关键是实现党组织对重大事项的“知情权”和“建议权”，董事会的决策地位是《公司法》保障的，是不能撼动的。如果党委研讨结果董事会都要无条件遵循，那党委会后面的其他决策会议就没必要开了，董事会也没必要设。

二是不能否。其逻辑是，“党领导一切工作”。既然“领导一切”，党委规定的大政方针和决定的重大事项，董事会就不能否决。党组织研讨后决定的事项，董事会或经理层在进行决策时，因信息不对称等原因提出不同意见是正常的，也是允许的，但不能以此为借口，否决党委前置研究讨论通过的事项。董事会可以暂时叫停该事项，将有关意见和建议反馈给党委会，然后由党委会作出执行或停止执行的决定。但不管怎么“绕弯”，党委会最后的决定，董事会不能否决。

三是有些不能否、有些可以否。其道理是，事关国家政策方向、社会政治大局、职工切身利益、内部安定团结的，党委的最终决定董事会必须遵循。另外，“党管干部”是国企铁律，党组织有干部任免权，董事会不能随意干涉，这些都是董事会不能“否”的。此范围以外的决策事项，从经营效益和管理效率方面考量，如果和公司发展战略、发展节奏有违，董事会和相应的专门委员会则应发挥专业作用，党组织无异议通过的事项，董事会也可以说“不”。

三种观点似乎都有道理。本书建议有三种处理方法。

其一，党委会和董事会相互联通、彼此呼应，共同保持决策方向正确和高质量决策。决策手续履行前的信息充分沟通是实现公司治理“制衡”的重要手段。对于党委会已经通过、董事会潜在分歧的议题，原则上不直接上董事会，待董事长与党委会进行必要的沟通，进行充分的论证后，上报董事会决议。这样，即使出现董事会否决党委同意的议题，在沟通层面也是无懈可击的。

其二，党委会和董事会在决策事项的审议点上，应各有侧重、各有所长。党委前置条例是“必要不充分条件”，党委会不让干的、公司就不应该干，党委会同意往前推进的、不一定就一定要实施。党委“把方向”，在国企贯彻党和国家路线方针政策上把好关，前置讨论是否符合国家现行政策，在政治高度上研究议题，不是细致的量化分析。党委会认为大方向没有问题的，董事会进行更加深入、细致的研究，如市场前景、投资回报。党委在企业中管的是“大局”而不是“全局”，不干涉企业日常经营管理活动，不以党委会代替董事会、经理层的决策会议。

其三，最好的方法是，公司章程明确约定党委会和董事会职责和边界，以及出现以上僵局的处理方法。

（5）明确《党委会议事规则》，提高决策效率。

党委前置研究讨论的早期两种会议模式已经被否定，一个是党政联席会，一个是各种会议套开。有的企业为了满足留痕要求，存在党委会与其他治理主体决策会议在一个会议室同时召开（套开），并分别记录和出具会议纪要的情况，导致党委前置研究程序流于形式。从早期常见的党政联席会不被认可，到党委会、董事会、经理会“套开出多个纪要”不被认可，体现一种螺旋式上升。

为避免套开又保证效率，各公司党委会专门制定了《党委会议事规则》，细化了具体议事范围和决策流程，避免履行前置程序时难以把握尺度。例如，贵州农村信用社联合社及江苏汇鸿集团的党委前置研究讨论就做得不错。

【案例】两个公司的《党委会议事规则》

1. 贵州省农村信用社联合社做实党委前置

2020年，贵州省农村信用社联合社做实党委前置事项清单，明确了职责权限，将500万元以下专项设备和服务类项目采购事项，交由经理层研究决定；将超过500万元专项设备和服务类项目采购等重大经营事项，交由经理层进行研究讨论，再提交党委会进行前置讨论，最后由理事会作出决定①。

2. 江苏汇鸿集团的《党委会议事规则》

江苏汇鸿国际集团股份有限公司成立于1996年12月，为江苏省省属国有控股上市公司。汇鸿集团自2015年整体上市成立以来，董事会规范运作、履责行权。董事会坚持严格审核、层层负责的流程，确保提交董事会审议议案的质量。以议案审核的规范化流程建设为例，公司对经理层提交董事会审议的议案，要求采取审核、评估、法律咨询等内控程序，要有可行性、合法性、合理性论证。要求经理层履行完备的内部审核程序，以公司对外投资项目举例，流程包括申请单位论证→集团主管部门预审、组织工作组初审→审批组立项审批→党

① 贵州农信：“三个强化”做实党委前置事项清单 推动企业高效决策［EB/OL］.（2020-11-13）［2022-06-20］. http：//jucai.xinhua08.com/a/20201113/1963420.shtml.

委会对重大项目投资中的原则性、方向性问题进行讨论研究，提出意见和建议→总裁办公会审议并明确意见→董事会专门委员会审议并明确意见→董事会审议决策①。

2018年7月，江苏汇鸿国际集团股份有限公司的《党委会议事规则》（修订版）对党委会议事决策原则、议事决策范围、参加人员范围、决策前的酝酿、议事决策方法程序以及决策的监督执行等作出进一步明确规定。该公司党委会决策前置程序包括：（1）加强决策咨询。凡需党委会讨论研究的事项，会前应由有关职能部门深入调查研究，进行科学论证，充分听取各方面意见，并实事求是向党委会汇报。要加强风险评估和合法合规性审查，在提出问题的同时，提出解决问题的办法或决策建议。（2）加强决策沟通。党委会研究议题，要根据情况加强事前沟通；建立决策酝酿机制。需要提交党委会审议的重要事项，可以先召开书记专题会议进行酝酿。书记专题会议由党委书记主持，党委副书记和纪委书记参加。涉及领导班子建设和管理干部的推荐、提名、任免和奖惩事项，原则上应先经书记专题会议酝酿沟通，再提交党委会讨论。书记专题会议不得代替党委会议作出决策。

（6）监事会能监督党委的前置研究讨论吗？

2017年9月，一位朋友问笔者监事会能监督党委的前置研究讨论吗？例如，党委前置研究讨论否决了某些项目，这些项目可能对中小股东的利益造成侵犯，监事会是否可以因此对党委提起相关诉讼？

笔者的回答是：其一，控股股东无论通过党委还是通过股东会、董事会，都有权根据公司章程约定的规则合规合法地否决公司重大事项。只要程序合规合法，监事就不能就这个否决事项对党委提起相关诉讼。其二，我们期待，未来《公司法》修订时，就“监事会是否有权对党委前置研究讨论进行监督”“谁来监督党委的前置研究讨论”作出约定。其三，可以在党委会前置决策写进公司章程时，同时约定“监事会是否有权对党委前置研究讨论进行监督”“谁来监督党委的前置研究讨论”。其四，党委（包括党委前置研究讨论）应该由党的纪检机关进行监督。监事会在《公司法》、公司章程中未约定时，不能对党委进行监督。但党委未按照公司章程中的“党委前置研究讨论的约定”的程序进行监督之时，监事会可发布提醒函。例如，党委会前置决策讨论公司重大事项，在程序上不符合有关约定之时，笔者认为，监事会可以向党委会发布提醒函。

---

① 汇鸿集团：明确党委会决策前置程序［EB/OL］.（2018－01－30）［2022—06－25］. http://www.fx361.com/page/2018/0130/4746600.shtml. 原载于《董事会》，2018年12期。

（三）2018年取消国有重点大型企业外派外设监事会，国企监事会改革何去何从？

1. 外派外设监事会取消的原因

为什么外派外设监事会在2018年取消？笔者回顾了2018年之前的三年。

2015年，《中共中央、国务院关于深化国有企业改革的指导意见》中明确指出，要加强和改进外派监事会制度，明确职能定位，强化与有关专业监督机构的协作，加强当期和事中监督，强化监督成果运用，建立健全核查、移交和整改机制。作为该意见的配套文件，国务院办公厅在《关于加强和改进企业国有资产监督防止国有资产流失的意见》（2015年）中强调指出，对国有资产监管机构出资的企业依法实行外派监事会制度，外派监事会由政府派出，作为出资人监督的专门力量，围绕企业财务、重大决策、运营过程中涉及国有资产流失的事项和关键环节、董事会和经理层依法依规履职情况等重点，着力强化对企业的当期和事中监督。

2016年，国资委在监督一局的基础上，新设监督二局、监督三局。国务院国资委先后设立了相应的外派监事会管理机构——监督一局、二局、三局，统称监督三局。其中，监督一局率先成立，主要按照有关规定，承担国有企业监事会的日常管理工作。监督二局、三局在2016年设立，主要是分行业负责与企业外派监事会的联系和监督成果的落实，主要负责有关监督成果在委内厅局和所监管企业的利用工作，分类处置、督办和深入核查监督检查发现移交的问题，对共性问题组织开展专项核查，组织开展国有资产重大损失调查、提出有关责任追究的意见建议。与监督一局统管外派监事会的日常工作不同，国资委监督二、三局按照行业划分联系中央企业的监管。监督二局负责联系52家企业，涉及石油石化、机械、矿业、电子、电力、化学、建材、交通运输、科研设计和投资等10个行业；监督三局负责联系50家企业，涉及冶金、军工、建筑、地勘、仓储、通信、商贸、房地产、服务、农林牧渔和港澳等11个行业。

从2015年、2016年国务院和国资委的系列文件措施来看，彼时，外派外设监事会在不断完善之中。这种“修修补补”的完善在2017年达到“如火如荼”的地步。2017年，外派外设监事会发生了以下三件事情。

第一件事情，2017年，国资委管理的企业缩减至101家，基本完成了国资委首任主任李荣融滞后了8年的夙愿。

2017年，国资委已经经历了两个“七年之痒”。李融资是国资委的首任主任，在任七年（2003年3月至2010年8月），也是目前为止在任时间最长的一位主任。李荣融在任时期，央企整合速度较快，他明确提出到2010年要把196家央企缩减至100家左右，并把培育30—50家具有国际竞争力的大企业当作一生的梦想，李荣融主政的 7 年时间里，央企数量从 196 家大幅缩减至 123 家。

2010 年 8 月王勇出任国资委主任之后，强调“数量服从质量”“成熟一家，重组一家”；2013 年中国二重和国机集团的合并；2015 年的南北车合并，中电投和国家核电合并；2016 年 11 月，中国恒天划转进入国机集团；2010—2016 央企数量仅从 123 家减少至 102 家，比李荣融时代的年均 10 家明显放缓。

经过两个七年的努力，李荣融的将国企数量压减到 100 家左右的目标在 2017 年得以实现。2017 年 6 月 30 日，中国的一级央企的数量为 101 家。

第二件事情，2017 年，国务院办公厅印发《关于进一步完善国有企业法人治理结构的指导意见》，进一步强调了外派监事会由政府派出，负责检查企业财务，监督企业重大决策和关键环节以及董事会、经理层履职情况，提出到 2020 年完成外派监事会的改革；同时，国务院办公厅转发了《国务院国资委以管资本为主推进职能转变方案》，对进一步完善外派监事会监督工作体制机制、突出监督重点、改进监督方式、提升监督效能等方面作出了具体安排。2017 年年底，国务院国资委代表国务院共成立 20 个外派监事会，负责 98 家国有重点大型企业国有资产的监督。

各省级政府也推出了相应的措施，在各省市建立了自己的外派外设监事会。例如，山东省从 2004 年开始实行国有企业外派监事会制度，2011 年山东省人民政府办公厅印发《山东省省管企业监事会管理暂行办法》，2015 年又印发《山东省省属企业监事会管理暂行办法》，省属国有企业外派监事会制度不断完善，2017 年年底，山东省国资委成立 6 个外派监事会，负责 14 家省管重点国有企业的监事会工作。

各市级的外派外设监事会也逐步建立。山东省莱芜市的外派监事会工作刚刚起步，2017 年 5 月成立莱芜市国资委和莱芜市市管国有企业监事会，到 2017 年年底，国资委代表市政府已派出 2 个外派监事会，负责对市财金投资集团、城市发展集团、城市建设投资公司、旅游发展集团、交通投资集团、水利投资集团、广电传媒集团、鲁中工业研究院等 8 家公司国有资产的监督工作，实现了外派监事会的全覆盖①。

第三件事情，2017 年，国资委紧锣密鼓地部署外派外设监事会的十大重点工作②。

2017 年，国资委监事会工作局被撤销的前一年。国资委副主任王文斌部署了 2017 年外派监事会十项重点工作任务：一是深入研究新形势下监事会发挥作用的有效途径；二是做好任期首次年度报告工作；三是不断深化当期和事中监督；四是进一步加大“一事一报告”力度；五是深入开展集中重点检查；六是加强境外国有资

---

① 刘恩瑞．看不到这些变化，你就不懂外派监事会［EB/OL］．（2018－01－15）［2022－06－27］．http：//mp. weixin. qq. com/s/ZcRWEQAZ98WTbZubyIcfYg.

② 国资委部署 2017 年监事会十项重点工作任务［EB/OL］．（2017－01－25）［2022－06－27］．https：//mp. weixin. qq. com/s/nVmXspzJbPUP_ydnMLnmcA. 来源：国资委网站。

产检查；七是建立监督检查情况汇报制度；八是改进完善成果运用工作机制；九是推进国有资产监管工作协同；十是持续完善履职保障。

2017年，是国有重点大型企业监事会第六任期首个监督检查年度，也是2018年春天取消国有重点大型企业监事会的前一个年度，监事会累计列席中央企业会议3 351次，实地检查中央企业子企业1 745户，开展各类谈话5 713人次，对9家中央企业进行了集中重点检查，对29家中央企业107个境外项目开展了实地检查，报送各类报告341份，印发监督检查情况通报、提醒函和整改通知174份，提示存在的问题和风险5 171项，充分发挥了出资人监督专门力量的应有作用①。

2017年，监事会监督检查发现，部分企业还存在以下问题：一是内部管控方面。有的企业对所属子企业内部整合不到位，经营资源分散，存在重复投入和同业竞争等问题；有的企业下属单位招投标不规范，存在未按规定公开招标、违规转包分包等问题；有的企业所属子企业存在超发薪酬、违规发放津补贴等现象。二是经营投资方面。有的企业违规拆借资金或提供对外担保；有的企业所属子企业违规开展融资性贸易和垫资业务；有的企业存在项目可行性研究不充分、盲目投资非主业项目、市场风险估计不足、投资审查不严等问题。三是境外管控方面。有的企业境外项目存在违规决策、管理不善、风险管控不力、违规垫付大额资金等问题。四是财务管理方面。有的企业所属子企业通过关联交易等方式虚增收入；有的企业所属子企业存在减值准备计提不充分、跨期入账等现象；有的企业通过“明股实债”为项目融资，存在较大风险。监事会在监督检查的基础上，对中央企业领导班子和主要负责人履职情况进行了评价，并提出奖惩任免建议。

当然，外派监事会本身还存在一些问题。例如，外派监事会由国有资产出资人机构外派到企业集团，可对集团母公司和全资、控股子公司进行监督检查，但对于集团旗下的参股公司特别是民营资本占较大比重的公司，检查中可能会遇到控股股东不配合等问题。由于法律法规之间的衔接和对新问题的规定不明确，导致认识上的一些分歧及实际操作中的一些矛盾，使监督效果受到一定影响。

就在外派外设监事会“大刀阔斧”地进行内部变革的第二年，也就是2018年，外派外设监事会制度进行了更为顶层的改革，进入“大变局”之年。2018年，国资委成立第十五年，这一年春天的全国两会之后，发生了一件重大的事情——国有重点大型企业外派外设监事会戛然而止。国资委向中央一级企业派出的外派监事会被撤销，并入国家审计署，但仍然保留国资委向所出资企业委派监事的制度。

2018年7月，国务院发布《关于推进国有资本投资、运营公司改革试点的实施

① 国资委公布国有重点大型企业监事会对中央企业年度监督检查情况［EB/OL］.（2018-01-18）［2022-06-27］. http：//mp. weixin. qq. com/s/T. AwXsnFOKs6ogg05pU-k6g.

意见》（国发〔2018〕23 号）[①]，意见中新组建的投资公司与运营公司不设监事会[②]；公司治理是新三层架构，即党组织领导作用，董事会决策作用和经理层经管作用；书记、董事长由一人担任，外部董事要在董事会中占多数。特别值得注意的是，该意见中的投资公司和运营公司不设监事会，新三层架构没有监事，与彼时在执行的《公司法》是不一致的。这个细节也体现了中共的监事会和公司治理机制一直在探索之中。

2018 年 9 月，中共中央办公厅、国务院办公厅《关于调整国务院国有资产监督管理委员会职责机构编制的通知》[③] 指出，国务院国有资产监督管理委员会职责、机构和编制调整如下：

（1）国务院国有资产监督管理委员会国有企业领导干部经济责任审计职责和国有重点大型企业监事会职责划入审计署，不再保留监督一局（国有企业监事会工作办公室），核减行政编制 26 名、司局级领导职数 3 名。不再设立国有重点大型企业监事会和国有重点大型企业监事会主席。

（2）将国有重点大型企业监事会 330 名行政编制和 70 名司局级领导职数划入审计署派出审计局，其中 28 名编制暂由国务院国有资产监督管理委员会继续使用，专项用于原监事会主席及秘书，随着原监事会主席退休或转岗，逐年核减国务院国有资产监督管理委员会使用的编制，相应交还给审计署派出审计局。届时秘书工作安排问题原则上由国务院国有资产监督管理委员会、审计署协商解决。调整后，国务院国有资产监督管理委员会内设机构 19 个，机关行政编制 636 名，司局级领导职数 87 名。

2022 年 5 月 1 日，国有重点大型企业监事会适用的《国有企业监事会暂行条例》（国务院令第 283 号）废止。国有重点金融机构（如中国农业发展银行、中国进出口银行）外派监事会适用的是《国有重点金融机构监事会暂行条例》（国务院令第 282 号），仍在执行之中。如第四章所述，至 2022 年 6 月，中国农业发展银行、中国进出口银行在公司治理的架构上虽然保留了监事会，但已经没有对应的人员。

---

① 国务院关于推进国有资本投资、运营公司改革试点的实施意见（国发〔2018〕23 号）[EB/OL].（2018－07－04）[2022－06－27]. http://www.gov.cn/zhengce/content/2018－07/30/content_5310497.htm?gs_ws=weixin_636685676042524009&from=timeline&isappinstalled=0.

② 根据国企改革指导意见有关精神，未来央企将主要分为三类，即实体产业集团、投资公司和运营公司。运营公司将借鉴淡马锡模式，侧重于保值增值，以股权运作、资本运作、盘活资产为主，如诚通集团、中国国新。投资公司则带有产业使命，可相对集中地发展多元产业，探索战略新兴产业，如国投、中粮集团、神华集团、宝武集团、中国五矿、招商局集团、中交集团、保利集团。此外，产业集团（公司）则集中发展对国民经济、国家安全影响较大，涉及国家综合实力和国际竞争力的特定产业，围绕单一主业向产业链上下游延伸，进行行业整合，如油气、电网等领域。

③ 根据中国机构编制网 2018 年 11 月 13 日发布的消息。

2. 国企监事会改革向何处去？

（1）2018 年之后制度规定，不外“派”监事会，依然“派”监事。

2017 年，一个四川的学员与我讨论：外派外设监事会的监事不在企业，是否能够足够了解企业，制度是否符合实际情况？他认为外派监事会的设置迟早会被取消。果然不到一年，外派监事会被取消了。

国有重点大型企业不设立监事会，主要是指其不设立具有行政色彩的外派外设监事会，不代表国企不再设置内部监事会。恰恰相反，《企业国有资产监督管理暂行条例》（2019 年修订版）依然保留了国资委“依照规定向所出资企业委派监事”的内容。

取消国资委外派外设监事会是一种进步。首先，原有的大量人马加强了国家审计监督职责。其次，也规避了外派外设监事会与《公司法》下公司治理的冲突。《公司法》明确规定了国有公司在应设立内部监事会的背景下，撤销外派监事会，为国企公司治理进一步向《公司法》靠拢营造了机会。

2019 年，就在取消国有企业外派外设监事会的第二年，国务院修订《企业国有资产监督管理暂行条例》①，不再向企业派监事会，但依然向企业派监事。主要有两处修改。

其一，《企业国有资产监督管理暂行条例》第十三条第一款第三项由“依照规定向所出资企业派出监事会”修改为“依照规定向所出资企业委派监事”。一字之差，意义非凡。

其二，删去《企业国有资产监督管理暂行条例》第三十四条：“国务院国有资产监督管理机构代表国务院向其所出资企业中的国有独资企业、国有独资公司派出监事会。监事会的组成、职权、行为规范等，依照《国有企业监事会暂行条例》的规定执行。地方人民政府国有资产监督管理机构代表本级人民政府向其所出资企业中的国有独资企业、国有独资公司派出监事会，参照《国有企业监事会暂行条例》的规定执行。”

此后，中国省级的国有企业监事会的管理办法主要有以下两种模式。

第一种是北京模式。完全按照国务院国资委的做法，将省一级、地（市）一级外派监事会向审计厅（局）改革划转，于 2018 年年底至 2019 年年初完成。时间匆匆，从 2018 年到笔者书稿付梓的 2022 年四年，中央一级企业②的监事会一直是空缺的（没有监事会，也没有监事），而二级及其以下的央企监事会是完整的（有监事会，也有监事）。采取这一模式的地方企业也是这样。在此期间，这种模式的省属

---

① 该条例 2003 年国务院颁布，是国资委成立的基本制度基础，在 2011 年进行过第一次修订。

② 《关于调整国务院国有资产监督管理委员会职责机构编制的通知》要求“国有重点大型企业监事会的职责划入审计署”，这个国有重点大型企业可以理解为中央一级企业。

和市属国有企业集团层面在监事会缺位的状态下运行①。

第二种是上海模式。上海遵循《公司法》，实行监事会主席外派、监事会内设的“外派 + 内设”相结合的方法组成监事会，依法履职监事会职责。

国有企业实行或者取消外派监事会制度，都是党中央、国务院的重大决策部署，是完善国有资产管理体制、深化国有企业改革、有效防止国有资产流失的重要举措。中央有关机构改革方案提到的“不再设立国有重点大型企业监事会和国有重点大型企业监事会主席”，在制度逻辑上仅应理解为不再设立外派监事会。2019 年修订后的《企业国有资产监督管理暂行条例》保留了国资委向出资企业委派监事的提法。

（2）“外派监事会内部化”及“内部监事会外部化”是国企监事会发展方向。

（3）外派监事会内部化，指的是可以保留外派的监事，但取消外部监事会以内部监事会取而代之，也就是上海模式下的外派内设监事会。

（4）内部监事会的外部化，是指监事会主要应由外部人员组成，以保持监督机构的独立性。具体途径是，增加外部监事在监事会中的比例，要提高专职监事比例，职工监事中增强财经、法律、业内专家型员工的比例，从而增强监事会的独立性和权威性。

外派监事会的优点是监督独立，其缺点是过于行政化及非常驻监督、不干预企业经营，无法及时对错误、有问题的经营决策予以监督，导致其监督呈现明显的“事后诸葛”“惩罚纠错型监管”的特点。在新形势下，国资委应实现“外派监事会内部化”以及“内部监事会外部化”双重变革。

公司治理是“对内整合、对外混改”“一边放权、一边监管”两条国企改革主线中的“纲与魂”。监事会在国企公司治理改革中，依然任重道远。

第二节　做实监事会的其他实践

一、三家民营企业拟做实监事会

（一）北京某民营公司，做实监事会，加强对经营班子的监督

北京某航天小公司，成立于 2007 年，以航天产品贸易起家，已在海外建立研发中心，公司有三位股东，员工 30 余人，有员工持股，利润数千万元，拟三年后上市。股东会、董事会均不健全，控股股东拟做实监事会。

---

① 张斗俊．外派监事会改革划转利弊得失分析［EB/OL］．（2020 - 06 - 27）［2022 - 06 - 25］．https：// mp. weixin. qq. com/s/_P5AMpqPYcPMb3yOY5mDEA.

为什么一个民营企业要做实监事会？有三大可能因素：其一，公司管理层面可能出现管理漏洞，控股股东对公司经营不放心。其二，引入投资人上市，须完善治理结构（可能性不大，因为完善公司治理结构会先从董事会开始，该公司董事会却不健全）。其三，公司可能面临颠覆性风险（公司运营良好，可能性更低）。

针对最有可能发生的第一个因素，笔者给出了两条建议。

其一，建议增加1位内部审计人员，并将此内部审计人员任命为职工监事，其编制可放在财务、人力资源、纪检等部门之一。该内部审计人员制订公司内部审计的年度计划，经监事会或者经营班子同意后，可以自主进行内部专项（合同、项目、餐费）审计，也可以引入外部审计。条件成熟时，再考虑建立审计或风险管理部门，很多公司的内部审计部都是这么发展过来的。内部审计部可以帮助经营班子防范经营风险，也可以帮助监事会防范公司治理风险。

其二，可以完善监事会。

（二）某民营企业，做实监事会，维护大小股东之间的公平公正

A公司和B公司签订投资协议约定：A公司出资3 000万元人民币，B公司出资1 000万元人民币，共同设立C有限责任公司；同时约定由A公司全面负责C公司的运营管理。为了确保C公司的正常运营，A和B达成一致建立董事会和监事会：由A公司委派两名董事，B公司委派一名董事，共同成立董事会；由A委派两名监事（含一名职工监事），由B委派一名监事，共同成立监事会。后C公司资不抵债。C公司董事会、监事会形同虚设，C公司的运营完全听从A公司的安排——对外举债、提供抵押担保等。

以上这个案例是大股东对小股东利益的侵犯。我们还会遇到小股东对大股东利益的侵犯。

云南某公司控股股东持股99%，小股东持股1%。控股股东即将退休，小股东是公司的CEO。显然，小股东掌控公司的日常管理权。2019年8月，大股东聘请了一家咨询公司来做股权激励方案，小股东也想另请一家咨询公司进行战略诊断和股权激励方案。因此，控股股东与小股东兼职业经理人在公司治理方面出现矛盾。

笔者有幸见到该公司小股东和监事会主席，尤其理解这位监事会主席立场上的为难：是偏向大股东，还是偏向小股东？实务中，监事的工作难免有倾向性，可能为大股东服务，也可能为中小股东代言。无论国有还是民营，参股公司的监事会尤其需要做实，以防止小股东兼职业经理人侵犯大股东利益，或者防止大股东侵犯小股东利益。

不难理解，做实监事会可以有效化解大小股权之间的矛盾，营造公平公正的公司治理关系。2022年，国资委及各中央企业加强参股公司管理，尤其是国有企业参

股民营企业的管理。防范国有企业参股民营企业的投资风险，如修订公司章程、派出董监高人力资源管理、议案表决管理、权责对管理等。笔者认为，其中很重要的一环是做实监事会。

（三）山东某民营公司，做实监事会，志在成就百年基业

2020年2月4日，农历正月十一，新型冠状病毒肺炎疫情刚刚开始，一个来自山东的民营监事会主席给笔者发了个微信“徐教授，过年好”！笔者与他微信攀谈起来：

> 韩主席：徐教授，我们集团公司董事局主席（控股股东）要求监事会今年从体制上和机制上发挥更大的作用，改善民营企业监事会比较形式化的现状。2020年开始，对监事会的要求比原来高了很多，所以很想去北京跟您面谈、请教。
>
> 笔者：好的，谢谢韩主席。印象中，您是在一家民营企业，年营业收入大概500多亿元。民营企业也在加强监事会的作用，它的背景和出发点是什么？
>
> 韩主席：是的，谢谢徐教授。我们大部分的监事会形同虚设。有的监事性格不太好，跟董事、高管层关系不是那么融洽。我想让整个集团各公司的监事和其他的相关人员，包括纪委、审计，参加监事会培训。徐教授，咱们企业原来是纯国有企业。2000年国退民进，2003年彻底改成民营企业。我们的控股股东、法定代表人、董事长原来是基层干部，国有企业时期，当成自己的企业来运作。现在变成自己的企业呢，便想把它做成社会的企业，跟央企一样管理，对社会做贡献。在这种情况下呢，董事局主席很希望以后企业逐步扩大为九个产业集团，包括制造业、服务业、现代农业、教育等。2020年，集团董事局主席从体制上和机制上要求监事会要发挥更大的作用，让企业长久地良性运转下去，让企业真正做百年企业。

笔者回顾微信聊天，感慨这个集团公司的控股股东、董事局主席是一个很有社会责任和情怀的民营企业家，也认同监事会能够提高民营企业的公司治理水平，帮助企业成就百年基业。

二、中小银行努力做实监事会

公司治理机制存在缺陷、风险管控失效是造成金融危机的重要原因。银行、证券、保险、信托是金融行业的四个主要方面。规范、有效的公司治理是金融机构实现健康可持续发展的坚实基础，也是银监会对法人监管的重点。加强对银行公司的治理和强化对银行公司治理的监管，成为世界各国银行业金融机构和监管当局的共

同选择。

2002 年以来，银行业监督管理部门先后颁布了《信托公司治理指引》《股份制商业银行独立董事和外部监事制度指引》等一系列公司治理法律文件，对我国银行业金融机构逐步构建公司治理框架、完善治理机制发挥了重要作用。

目前，银行监事会领域适用的主要法律有《中华人民共和国银行业监督管理法》《中华人民共和国商业银行法》《商业银行监事会工作指引》（银监发〔2012〕44 号）、《银行保险机构公司治理准则》（银保监发〔2021〕14 号）、《银行保险结构董事监事履职评价办法（试行）》（中国银行保险监督管理委员会令 2021 年第 5 号）。其中《银行保险机构公司治理准则》（银保监发〔2021〕14 号）共 11 章 117 条，包括总则、党的领导、股东与股东大会、董事与董事会、监事与监事会、高级管理层、利益相关者与社会责任、激励约束机制、信息披露、风险管理与内部控制以及附则。

当前银行业金融机构公司治理方面仍存在一些亟待改进的问题。例如，为了过度追求业务发展规模和速度，部分银行业金融机构违规开展业务审批，重要岗位未形成有效制约，内控审计作用缺失，“三查”（贷前调查、贷时审查和贷后检查）形同虚设，贷前调查不尽职，贷款审查不严格，押品管理严重失效，对贷款质押物的检测及价值评估存在重大纰漏。

2020 年，武汉金凰珠宝假黄金质押事件就是一个典型的案例。自 2015 年起，武汉金凰珠宝公司（国内最大的黄金首饰制造商之一）以“黄金质押 + 保单增信”的模式融资，向金融机构提供 Au999.9 足金的质押物，在信托公司（包括民生信托、东莞信托、安信信托、四川信托、长安信托等）、一家股份制银行，以及湖北中经贸易、湖北融资租赁、湖北永泰小贷的帮助下完成 200 亿元的融资计划[①]。2020 年 2 月，东莞信托随机抽取了金凰珠宝质押的其中 1 根 1 公斤重量的金条去检测。送检结果显示，金条为表面镀金、内为铜合金的假黄金。此后，另有金融机构向法院提出了黄金开箱检测，送检的黄金均为假黄金。彼时，该公司未到期融资额约 160 亿元，对应质押黄金超过 80 吨。从长安信托 - 金凰珠宝贷款 2 号集合资金信托计划来看[②]，风控措施似乎没有问题。但是，作为监督的风险管理部门和监事会

---

① 金凰珠宝假黄金事件引关注！对应质押黄金超过 80 吨，涉及十几家信托公司［EB/OL］.（2020 - 06 - 29）［2022 - 06 - 27］. https://finance.sina.com.cn/stock/relnews/us/2020 - 06 - 29/doc - iircuyvk1001442.shtml.

② 黄金质押：金凰公司提供其合法持有的不低于上金所 AU9995 标准的实物黄金质押（静态质押），信托放款前，质押物本金质押率控制在 70% 以内。保证担保：公司法人代表贾志宏承担个人无限责任保证担保。监控措施：【质押物管理】①质押实物黄金直接保存于武汉本地商业银行保管箱中（中国工商银行），保管箱封存。②质押期间内，不进行查库（保证质押物安全），保管箱不开封，做到静态质押。【质押物保险】质押实物黄金在中国人民财产保险股份有限公司购买财产保险（基本财产险附加盗抢险，同时保险公司承保黄金的重量及质量），该保险的第一受益人为信托受托人；质押黄金接收并存放于银行保管箱后，保管箱将封存，长安信托及人保财险公司分别持有保管箱钥匙及密码；项目存续期间，保管箱不可开封，做到静态质押。

有哪些教训可以吸取？

相对来说，中小银行的公司治理和监事会工作更加难做。2018 年 4 月，中国银行保险监督管理委员会主席郭树清在中小银行及保险公司公司治理培训座谈会上表示，党中央高度重视金融机构的公司治理。对深化金融改革的一些重大问题，要加强系统研究，其中第一项就是“健全金融机构法人治理结构”。

郭树清还表示，建立和完善具有中国特色的现代公司治理机制，是现阶段深化银行业和保险业改革的重点任务。当前我国银行业和保险业公司治理取得了长足进步，但也存在明显不足，特别是中小银行和保险机构的问题表现得更为突出。主要体现在一些机构的股权关系不透明不规范、股东行为不合规不审慎、董事会履职有效性不足、高管层职责定位存在偏差等。郭树清强调，银行保险机构要加强董事会建设，明确董事会职责定位，加强董事履职能力建设，建立健全各专门委员会。要明确监事会法定地位，优化结构，改进监督方式，做实监事会功能①。

国有金融机构加大公司治理有目共睹，民营银行也在加强监事会工作。2019 年 7 月，“2019 年民营银行监事长座谈会”在湖南长沙召开。会议要求构建中国特色银行业公司治理机制，以加强党的领导为根本，以强化董事会建设为核心，着力弥补监管制度短板，着力开展公司治理综合评估，着力整治中小机构股东股权乱象，着力建设监管信息系统，全面提升银行保险机构公司治理的科学性、稳健性和有效性。民营银行主动研究提升监事会履职有效性，改进提升公司治理水平，对民营银行实现高质量发展具有重要意义。

河南西峡农商银行建立“四位一体”的监事会履职监督体系，做实监事会工作值得借鉴。河南西峡农村商业银行股份有限公司是由原河南西峡县农村信用合作联社改制成立的股份制商业银行，2013 年 12 月正式挂牌营业，是南阳市第一家组建成功的农村商业银行。全行下设 35 个营业网点，其中城区 18 个网点，乡镇 17 个网点，在职员工 532 人，服务覆盖全县所有的乡镇。2022 年 2 月，河南西峡农村商业银行股份有限公司有 129 个发起人，公司第一大股东为河南省皖西控股股份有限公司，仅持股 10%。河南省皖西控股股份有限公司又由 148 个股东组成。对于这种股权高度分散，行业风险管控非常重要的银行来看，公司治理和风险管控显然是非常重要的。

河南西峡农商银行建立以监事会为主体，纪检监察、风险合规、审计稽核参与的“四位一体”监事会履职监督体系②，通过“三强化”，提高监督履职效能，实

---

① 郭树清．银行保险机构要严格规范股权管理［EB/OL］．（2018－04－17）［2022－06－27］．https：//news. sina. cn/2018－04－17/detail－ifzfkmth5752086. d. html？oid＝3826383249402169&vt＝4&pos＝3.

② 西峡农商银行“三强化”提升监事会履职效能［EB/OL］．（2019－03－01）［2022－06－27］．https：//www. zyjjw. cn/news/ec/jrcs/2019－03－01/533959. html. 来源：中原经济网。

现资源共享、相互协作，不断拓展监事会履职监督责任高度。

1. “两股”资源整合，强化监督合力

西峡农商银行监事会在内部监事配置相对较少、外部监事受时间和精力制约很难全面参与农商银行日常经营管理的情况下，积极深挖内部潜力，提升监事会履职能力。

一是整合专门委员会监督作用。按照《商业银行监事会工作指引》要求，西峡农商银行监事会下设提名委员会和监督委员会，建立了履职监督、财务监督、内控监督、风险监督四个工作小组，每个工作小组成员中都有本行风险合规、财务会计、审计监督、纪检监察等专业人员，利于监事会开展好日常监督管理工作。

二是整合全方位监督体系建设。西峡农商银行监事会在依靠自身力量同时，主动与本行其他部门协作配合，建立了以监事会为主体，纪检监察、风险合规、审计稽核的“四位一体”监督平台，把监督工作触角延伸到全行每个角落，全方位、全覆盖发挥好各自监督职能，形成整体监督合力，不断提高监督效率和监督质量。

2. “三个”明责清单，强化全面监督

该行以监事会为主体，构建“四位一体”全面监督体系，并根据纪检监察、风险合规、审计稽核工作职责，进一步明确各部门年度监督目标和监督责任。一是明确纪检监察责任，纪检监察部门收受群众来信来访，查处违纪违章行为，防范舆情风险；二是明确风险合规责任，风险合规管理部门实施全面风险管理，对全行风险进行监测、识别、评估和报告，对规章制度、内部控制、岗位责任及操作流程进行合规性审查和评估；三是明确审计稽核责任，审计稽核部门以全面审计为主体、以非现场审计、专项审计、离任审计和后续审计为载体，辅助飞行检查和审计应用系统，对审计结果进行责任追究问责。

3. “四项”机制保障，强化信息共享

一是建立监督工作信息共享机制。在日常管理工作中，西峡农商银行监事会加强与纪检监察、风险合规、审计监督三个部门沟通协调，建立及时、顺畅的监督工作相关信息共享机制。共享信息主要包括相关部门年度工作计划中需要部门间互相配合的工作信息、相关部门与监督工作相关的信息、监事会了解和掌握的对影响公司合法合规经营的相关信息、审计稽核部门的审计报告、风险合规部门对相关风险的检查评估报告、内控执行情况检查评估报告以及其他违规等相关情况、纪检监察部门掌握的信访举报案件线索统计数据分析等相关信息、其他需要共享的监督工作信息。二是建立监督工作沟通协调机制。相关部门在制订年度工作计划、拟定重大专项监督活动和部署联合行动之前应加强沟通协调，合理安排工作，尽量整合各部门工作任务，统筹监督事项，避免在监督工作内容上出现重复、时间和对象上出现重叠。三是建立监督专项工作配合机制。在开展监督专项工作任务时，监事会组织协调其他部门应从经营管理、违规违纪、财务审计、风控合规等方面提供信息，必要时提供人力和物力支持，以更好地完成专项工作任务。四是建立监督工作联络机制。每季度召开监督工作联席会议，此会议由监事会牵头，监事长主持，纪检监督、风险合规、审计稽核部门负责人参加，总结上一季度“四位一体”监督工作实施情况，布置下一季度“四位一体”监督工作计划，并通过本行线上办公系统等方式共享当月监督工作信息。

三、上市公司做实监事会

上市公司是中国公司治理建设中一支重要的主力军，上市公司做实监事会的实践推动了中国公司治理的进程。

如何做好国有上市企业的监事会工作是个难题。中国石油天然气股份有限公司监事会陈主席曾言：“相对于股东会和董事会而言，监事会运作可能是一个薄弱的环节，如何充分发挥监事会的作用，还是一个需要破解的话题①。”

2019 年 10 月，时任中国上市公司协会会长、中国建材集团董事长宋志平认为，好的上市公司应具备以下几个条件：一是公司治理规范。规范、透明、真实是上市公司的起码要求，也是上市公司的原则立场。二是经营管理良好、业绩优秀。三是长期可持续发展。突出的主营业务、长期精耕细作、持续改革创新、不断提升企业的竞争力。四是具有强烈的社会责任感、良好的企业文化和优秀的企业品格。

1. 国有控股上市公司逐步协调好国资管控、公司治理两条线，做实监事会

公司治理则是指通过派出董事、监事和高级管理人员的公司治理；国资管控则是指国有上市公司控股股东传统的、基于全资公司的直接管控。

长期以来的国有企业经营实践中，国有企业对合资公司的管理大多数采取集权式的管控，控股股东对合资公司进行全方位管理，以管理代替治理。这种方式虽然能够较好的贯彻大股东的意志、全方位掌控合资公司的管理，但管控过程中也存在着比较突出问题：部分公司的股东会、董事会、监事会的管理趋向形式化，股东会变成联谊会，董事会变成举手会，监事变成会议监事，法人治理和国有控股东的行政业务管理变成“两张皮”，造成合资公司的法人治理虚化、法人治理很难与业务管理有效衔接。规范的公司治理，将促进参股公司的规范运作，提高投资收益，维护股东权益。

2005 年以来，在培育一批具有国际竞争力的大公司和大集团的目标指引下，央企的股份制改革，特别是整体改制上市取得积极进展。一些央企探索母公司监事

---

① 白雪．探索国企监事会的新路［EB/OL］．（2017－06－16）［2022－06－27］．http：//data.110.com/a664493.html.

（外派监事）兼任子公司监事会主席或子公司监事等途径，使外派监事以有法律保障的途径进入子公司监事会，一定程度上解决了国资委对央企上市子公司监督的问题。但是，外派监事将触角延伸至上市公司后，使其具有了“双重身份”，需同时遵守《国有企业监事会暂行条例》《国有重点金融机构监事会暂行条例》和《公司法》。由于《国有企业监事会暂行条例》《国有重点金融机构监事会暂行条例》和《公司法》在监事的权利和义务、监督内容、工作所需经费来源、监事任职资格、监事身份的独立性、薪酬标准、激励和约束机制等方面都存在差异，这在一定程度上阻碍了外派监事监督作用的有效发挥。但是，随着国有重点大型企业外派监事会制度的取消和《国有企业监事会暂行条例》废止，这个问题也得到了缓解。

加强上市公司治理，应该与改进集团公司治理同步进行。国有企业上市公司一直在摸索公司治理模式，很多问题也在渐进解决。国资管控与公司治理之间已经相处得比较融洽了。

2. 上市公司拟同时做实独立董事、监事、董事会审计委员三个监督力量

中国证监会 1997 年发布的《上市公司章程指引》中有一项选择性条款——可以设立独立董事。根据中国证监会 2001 年发布的《关于在上市公司建立独立董事制度的指导意见》，上市公司设立独立董事成为标准动作。董事会审计委员会则源自 2002 年中国证监会与经贸委联合发布的《上市公司治理准则》。在这一阶段，我国的上市公司监管机构和研究人员在实践中逐渐发现，公司治理的国际经验与我国的具体国情存在较大差异，许多规定往往存在“水土不服”“形似神失”等现象，例如，独立董事不独立、监事会流于形式等，由此产生了公司治理本土化的第一波讨论。

一直以来，我国上市公司内部治理的监督机构在不断地做“加法”，似乎参与监督的内部治理机关越多，公司治理的成效就越好。我国上市公司的内部监督机制既有沿袭自“二元制”法统的监事会，也有从“一元制”法统舶来的独立董事和审计委员会，还有类似日本“会计监察人”的外部审计制度。但是，查阅中国上市公司年报中关于公司治理的章节发现，除了换届、审议年度报告等不得不开的监事会议外，监事会极少召集会议。对公司治理要求较高的上市公司尚且如此，在许多未上市公司，监事会更是“花瓶”一样的存在。

笔者认为，无论何种经济组织，监督在任何时候都是不可或缺的。从理论、制度与实践的角度来说，监事会和监事有其独特的对经济运行和董事、高管（实控人）进行全过程监督的重要职责，这既是出资人（央企、国企）、股东的要求，也是监事会、监事忠实履责的客观要求。中国上市公司监事会很有发展空间。做实监事会是完善中国特色公司治理的必然路径。

第三节 异体监督，中国公司治理的监督必由之路

再锋利的刀不能砍到刀背。

异体监督是相对于同体监督提出来的，它们主要是从监督的主体上区分的。同体监督更多的是作为一种系统内部的监督，是上下左右之间及专门监督之间共同形成的监督体系，包括同一系统内的上下级监督和同一层级的左右监督；异体监督是指来自系统外部的其他主体与监督对象之间构成的监督体系。

对公司治理体系而言，董事会专门委员会对董事会的监督，属于同体监督。监事会对董事会、经营层的监督属于异体监督。

作者坚信，异体监督是中国公司治理的监督必由之路。

一、监事会普遍未能做实的原因

1993 年，中国颁布《公司法》，新生了监事的这一职业群体，但这也是一个争议的职业。因为大部分的监事会职能没有做实，形式主义、花瓶监事、人情监事屡见不鲜。无论在理论界还是实务界，监事会多被视为食之无味、弃之可惜。同时，没有做实的监事会又普遍有难言之隐！

我们来听一听监事的心声：“董事会成员大都是高管，但有些公司的监事会主席不是。”“监事辞职还得报告董事会，从法理上讲，监事会是高于董事会的，上级给下级请示，显然不合适。”“需要开会时，我事先组织材料给各位监事，但有时他们连现场会议都不开，拿到办公室签个字就行。虽然截至现在，我们没有发生过任何违规违法的事件，该走的流程都走了，该开的会每年几次也都开了。但从经验上来说，我一个人就代表着他们三个了。”

实践中，监事会不独立，一切监督都是摆设。某农商行监事会并未配备专职人员，其履职大多依附于审计稽核等行内部门，独立性被严重削弱。在这种情况下，监事会不仅无法发挥应有的监督制约作用，反而可能加剧同业行为和非涉农信贷投放行为①。

法理上，尽管监事会具有独立的法律地位，并与董事会平级，甚至将公司董事、高管列为监事会的监督对象。但是，在现行公司治理的实际运作中，监事会缺乏独立性是显而易见的，主要表现在三个方面。

---

① 中国人民银行长沙中心支行课题组，中小银行公司治理、经营行为与绩效表现——基于某省农商行改革的实证微信公众号“金融监管研究”2021 年 8 月 3 日，来源，《金融监管研究》2021 年第 4 期。

1. 从制度上分析，监事会缺乏独立性

股东会是最高权力机关，公司的重大事项决策权归属于股东会；董事会是执行机关，负责公司事务管理和业务经营；监事会则是公司的监督机关，为维护公司和全体股东的利益对执行业务的董事、高管进行监管，防止他们“做坏事”，如果他们已经或者正在“做坏事”，监事会应当及时采取措施予以纠正。

初看起来，这一制度设计似乎很完美。然而，在公司的实际运行中，时闻公司亏损，甚至倒闭、破产，皆出于人祸。公司丑闻屡屡发生，不曾间断；董事、高管利用手中权力肆意侵害公司和股东利益的情形实属常见；大股东、控股股东或者实际控制人直接或者间接利用各种手段，如关联交易、关联担保，抽逃、隐匿、掏空、盗窃公司资产情形更是层出不穷。

很显然，公司治理机制没有发挥功效，尤其是公司监督机制失灵了。

分权制衡，分权是手段，制衡是目的。在法律设计中，权力是分开了，但却没有达到制衡效果。在公司治理的架构中，监事会最是无用，几乎成了法律摆设，甚至连花瓶都算不上，最多只是法律的傀儡而已，虽有其形，不得其神。这种现象不仅发生在中国公司治理中，即便在世界范围内，也概莫能外[①]。

在没有设置监事会制度的国家（如美国）不存在所谓的监事会失灵的问题，但并不意味着这样的国家就不存在监督失灵的问题。事实上，英美法系公司治理中的监督不力、出现董事会失灵，是一个普遍性的问题。

究其原因，则是监事会被抽掉了脊梁骨，腰杆自然也就硬不起来。在这种制度设计中，没有赋予监事会足够的权威以对抗公司管理层和公司控制者，使公司监事会制度徒有其表、懦弱其心。《公司法》虽然在理念上设计了公司监督机制，但却没有考虑到监事会在公司实际运行中的行动问题。也就是说，公司监事会事实上缺乏足够的动因、能力和激励将监督行动付诸实施。例如，监事的身份依赖和监事会的财务依赖；监事缺乏足够的知识、技能和经验，缺乏足够的独立执行力；监事缺乏独立履职的措施保障以及相应的激励和问责机制。

2. 从监事会的成员构成来看，监事会缺乏独立性

目前，监事会还远没有发挥应有的作用和价值，处于可有可无的状态。很多企业监事会机制不健全、负责人多为退休过渡人员、工作不实、监督作用发挥欠缺，这些都是监事会急需改革之处。

我国《公司法》规定，监事会应当包括股东代表和不少于三分之一的职工代表。股东代表监事必然执行其委派股东的意志，有意无意地维护甚至包庇其委派股

---

① 施天涛．让监事会的腰杆硬起来——关于强化我国监事会制度功能的随想（公司法草案第三次公开征求意见）［EB/OL］．（2021－12－25）［2022－06－28］．https：//mp. weixin. qq. com/s/1ZOMvy2kUAbbSEqgmvCosw.

东的利益和不当行为。当然，如果出现非大股东实际管理公司或者中小股东比较强势的情况，监事会就会得到重视。如重庆某公司大股东拟放手经营层对公司进行日常管理，开始重视监事会的作用。

职工监事“下级监督上级”谈何容易。职工代表监事是被监督对象（董事、经营层）的下级，难免担心自己的职业前途。尽管职工受到《劳动法》保护，工会也会维护职工，但如果他的上级要想解雇他或者给他“穿小鞋”，也不是什么难事。

公司监事会不具有独立性，又何以指望它履行监督职责？理论上，在监事会中引进外部监事，可以对抗大股东在监事会的控制性影响，平衡监事会中股东代表监事的利益和意志倾向，同时弥补职工代表监事的软弱性，维护公司中小股东、债权人和公众投资者以及其他利益相关者的利益。在实践中，可操作性不强，因为即使是外部监事，也是股东大会任命，向股东大会负责，一旦出现一股独大，就很难违背大股东意志，这也就是现在独立董事的尴尬现状。为了解决这个问题，有些公司在股东协议中约定，小股东的董事会席位比较少，却在监事会拥有较多席位，极大程度上改善了大股东控制监事会的情况。

外部监事的选任应当吸取推选独立董事的经验教训。推选独立董事的现行做法是，由公司内部人如董事长或者总经理推荐，股东会批准。这种做法实在不可取。因为由公司内部人举荐的无非是亲朋故友、师徒校友，何谈独立性？即便没有上述关系，仅仅因为举荐之恩，外部监事的腰杆也很难硬得起来。为了保证外部监事能够独立地执行监督职责，就必须要切断外部监事与公司及其内部人的任何利害关系。鉴于大股东已经享有和行使了选派其代表监事的机会，因而就不能赋予他们再次独揽选择外部监事的权力。可以考虑由法律授权某些公共机构建立外部监事人才库，令有兴趣的社会人士自愿申报，授权机构组织培训考核，建立起外部监事选聘系统和平台。如此一来，选择外部监事的实质权力由监事会实施，股东会仅仅审查候选外部监事的资格条件是否符合法律、法规的要求，其实就是形式上经过一道任命程序而已。

值得欣慰的是，越来越多的公司开始注重外部监事的选聘。2022 年初春，重庆某上市公司向笔者伸出了担任外部监事的橄榄枝。因笔者在体制内公司，不能兼职，最终未能达成合作。推荐笔者担任外部监事的，是该公司的监事会主席，该公司董事长也对笔者的所长及背景十分认可。这一推荐渠道，有利于外部监事的独立性。

3. 从监事会的财务支配来看，监事会缺乏独立性

《公司法》规定，监事会、不设监事会的公司监事行使职权所必需的费用，由公司承担。虽然《公司法》明文规定了监事会行使监督权力产生的费用由公司承担，但公司财务实际上掌握在管理层手中，这导致监事会行使监督职责所需经费必然受制于公司管理层，仰人鼻息，看人家脸色行事。监事会监督的对象是董事、高管，而所需费用又须经过他们之手，被监督的对象会乐意给予财务支持吗？他们往

往会在监事会的监督经费上做文章以便阻止监事会监督工作的进行，如在经费的预支、使用、报销等相关环节上制造障碍。久而久之，监事会主动行使监督职责的积极性就可能会被消磨掉。监事会没有独立可支配的监督资金，是导致监事会不具有独立性的财务原因之一。

与此同时，一些监事会也做得风生水起。为什么这些监事会能突破监事人员、财务独立等问题？因为，中国一把手文化深厚，有上级一把手重视，很多事情就容易做了。华为的监事会就做得不错，在华为这样股权特别分散的企业中，监事会是公司最高监督机构，代表股东行使监督权。监事会的定位是对公司的生存发展和命运负责，其基本职权包括领袖管理、业务审视和战略前瞻。监事会成员由持股员工代表会选举产生并经股东会表决通过。

2021 年，华为监事会共举行了 13 次会议，对公司年度财务报告进行了审议，针对重点风险领域开展了巡视和检查，对公司的经营管理进行了监督，对子公司监督董事的工作进行了指导和管理。监事会成员列席了全部董事会会议，对董事会决策事项及运作规范性进行了监督，对董事高管履职进行了监督，并对 2020 年度董事履职情况进行了评价。

华为监事会成员共 15 名，由持股员工代表会选举产生并经股东会表决通过。2022 年 3 月 29 日，持股员工代表会和股东会进行了监事会换届选举，产生了新一届 15 名监事会成员及 5 名候补监事。原轮值董事长郭平任监事会主席。监事出现空缺时，由候补监事按规则递补。监事会设常务委员会，监事会常务委员会成员 7 名。常务委员会在监事会授权下开展日常工作，受监事会委托对重大事项进行研究酝酿，就监事会授权的事项进行决策并监督执行①。

【专题】两个监事会主席眼中的监事会工作

2017 年 4 月，来自西安和重庆的监事会主席谈论从事监事会工作的体会。西安某监事会女主席，少见地用西安话批评他们公司的监事会工作。

1. 领导对监事会工作重视不够，监事自身认识不足。

2. 监事和主席的提名选择机制，监事会的专业化水平和学习不够，企业效益也不好。

3. 外派监事是对企业的大股东（国资委）负责，还是对标的企业负责？

4. 职工监事的激励机制不足。兼职监事的本职工作本身就忙。兼职的监事工作没有激励，没有考核，也没有制度要求。增加责任，却未增加收入。

---

① 华为监事会［EB/OL］．［2022－06－28］．https：//www. huawei. com/cn/corporate－governance#supervisory－board.

重庆某集团监事会主席，指出了他们监事会的几点不足。

1. 监事会的组织架构不科学，例如，监事会主席兼任了党委书记、纪委和工会主席（目前倡导）。

2. 监事下面没有抓手，只有兼职的监事会秘书。

3. 监事会的财务不独立，需董事长和总经理审定。

4. 仅重在监督公司的跑冒滴漏问题，对公司战略及颠覆性风险监督不足。

5. 先实施后走程序的事项多。

6. 内部监事会的监督力度和成本不足。

二、中国上市公司引入独立董事制度没达到预期效果

1990 年 12 月 19 日，我国第一家上海证券交易所开业，首批有 8 只股票挂牌交易①。经过三十年的发展，截至 2020 年 11 月，中国上市公司数量已达 4 100 家，位居全球第三，虽然数量只占全国企业总数的万分之一，但利润总额相当于规模以上企业的五成②。

目前，上市公司是中国公司治理相对规范的领域。但是，早期的中国上市公司的公司治理结构存在诸多问题：（1）大股东对小股东的利益侵犯。例如，上市公司与控股股东之间的大量不正当关联交易，甚至上市公司成为控股股东的“抽血工具”。（2）董事会独立性不强，且其内部监督机制缺失。由于股权高度集中，公众股东过于分散且力量弱小，董事会被控股股东操纵或被内部人控制，董事会与经理层高度重合，董事（长）兼任总经理、经理的现象十分普遍。（3）监事会的职能没有得到切实发挥，监事会形同虚设，沦为经理层的“橡皮图章”③。

为了解决上述问题，1997 年，中国证监会发布了《上市公司章程指引》，其中一项选择性条款指出，可以设立独立董事。四年后的 2001 年 3 月，恰逢中国证监系统掀起“监管风暴”，证监会先后出台了 51 条法规或条例，组织了地毯式大巡查，对 80 多家上市公司和 10 多家中介机构作出了相应的处罚，亿安科技案、中科创业案、基金黑幕、银广夏造假案及蓝田造假案曝光④。这一时期的中国证监会领导人力挺监管，在中国证券市场掀起史无前例的监管风暴。

2001 年 8 月，为完善上市公司治理结构，促进上市公司规范运作，中国证监会

① 延中实业（600601）、真空电子（600602）、飞乐音响（600651）、爱使股份（600652）、申华实业（600653）、飞乐股份（600654）、豫园商场（600655）、浙江凤凰（600656）。

② 中国证监会副主席阎庆民在“2020 中国金融学会学术年会”的讲话数据。https：//finance. eastmoney. com/a/202011301719423884. html.

③ 中国管理科学研究院孟建国，我国独立董事制度与监事会制度职能关系刍议。

④ https：//www. sohu. com/a/229607219_616824.

发布了《关于在上市公司建立独立董事制度的指导意义》（证监发〔2001〕102号），要求上市公司在2002年6月30日之前建立独立董事制度[①]。这一规范性文件的出台，标志着我国上市公司独立董事制度正式建立。独立董事在上市公司中迅速推开，从2001年8月仅201家上市公司的董事会引入独立董事，到2002年6月30日，在1 187家上市公司中，共有1 124家上市公司引入并选聘了2 414名独立董事，其中80%的公司聘任了2名独立董事[②]。

2002年1月，中国证监会与国家经贸委联合发布的《上市公司治理准则》中的强制性条款“应当设立独立董事制度”，进一步固化了上市公司的独立董事制度。《上市公司治理准则》后经多次修订，但早在2002年《上市公司治理准则》（证监发〔2002〕1号）就对独立董事、董事会审计委员会和监事会的职责边界进行了划分。

> 第四十九条　上市公司应按照有关规定建立独立董事制度。独立董事应独立于所受聘的公司及其主要股东。独立董事不得在上市公司担任除独立董事外的其他任何职务。
>
> 第五十条　独立董事对公司及全体股东负有诚信与勤勉义务。独立董事应按照相关法律、法规、公司章程的要求，认真履行职责，维护公司整体利益，尤其要关注中小股东的合法权益不受损害。独立董事应独立履行职责，不受公司主要股东、实际控制人以及其他与上市公司存在利害关系的单位或个人的影响。
>
> 第五十一条　独立董事的任职条件、选举更换程序、职责等，应符合有关规定。
>
> 第五十二条　上市公司董事会可以按照股东大会的有关决议，设立战略、审计、提名、薪酬与考核等专门委员会。专门委员会成员全部由董事组成，其中审计委员会、提名委员会、薪酬与考核委员会中独立董事应占多数并担任召集人，审计委员会中至少应有一名独立董事是会计专业人士。
>
> 第五十三条　战略委员会的主要职责是对公司长期发展战略和重大投资决策进行研究并提出建议。
>
> 第五十四条　审计委员会的主要职责是：（1）提议聘请或更换外部审计机构；（2）监督公司的内部审计制度及其实施；（3）负责内部审计与外部审计之间的沟通；（4）审核公司的财务信息及其披露；（5）审查公司的

---

① 该文件明确提出，“上市公司独立董事是指不在公司担任除董事外的其他职务，并与其所受聘的上市公司及其主要股东不存在可能妨碍其进行独立客观判断的关系的董事”。

② https：//wenda. so. com/q/1536296577214924.

内控制度。

第五十五条 提名委员会的主要职责是：(1) 研究董事、经理人员的选择标准和程序并提出建议；(2) 广泛搜寻合格的董事和经理人员的人选；(3) 对董事候选人和经理人选进行审查并提出建议。

第五十六条 薪酬与考核委员会的主要职责是：(1) 研究董事与经理人员考核的标准，进行考核并提出建议；(2) 研究和审查董事、高级管理人员的薪酬政策与方案。

第五十七条 各专门委员会可以聘请中介机构提供专业意见，有关费用由公司承担。

第五十八条 各专门委员会对董事会负责，各专门委员会的提案应提交董事会审查决定。

第五十九条 上市公司监事会应向全体股东负责，对公司财务以及公司董事、经理和其他高级管理人员履行职责的合法合规性进行监督，维护公司及股东的合法权益。

第六十条 监事有了解公司经营情况的权利，并承担相应的保密义务。监事会可以独立聘请中介机构提供专业意见。

第六十一条 上市公司应采取措施保障监事的知情权，为监事正常履行职责提供必要的协助，任何人不得干预、阻挠。监事履行职责所需的合理费用应由公司承担。

第六十二条 监事会的监督记录以及进行财务或专项检查的结果应成为对董事、经理和其他高级管理人员绩效评价的重要依据。

第六十三条 监事会发现董事、经理和其他高级管理人员存在违反法律、法规或公司章程的行为，可以向董事会、股东大会反映，也可以直接向证券监管机构及其他有关部门报告。

2008 年爆发的国际金融危机，再次暴露了目前境外公司治理模式存在的许多问题，如政府监管缺位、董事会失灵、高管激励过度、治理规则执行不力等，引起了我们对境外公司治理模式的第二次深入反思。董事会的失灵表明，仅仅加强董事会的职能是不能解决公司治理问题的。

2011 年以来，我国开始筹划设立上市公司协会，并推动监事会的发展。在 2011 年全国证券期货监管工作会议上，时任证监会主席尚福林表示，要强化监管体系建设，推动成立上市公司协会和基金业协会。

2012 年 2 月，中国上市公司协会成立①。中国上市公司协会做了一系列的实事。

---

① 该协会是非营利性的社会团体法人，中国证监会为其业务主管部门。

2012 年发起了“倡导独立董事、监事会最佳实践活动”，出版了《中国上市公司治理报告》；2014 年发布了《上市公司独立董事履职指引》；2015 年发布了《上市公司监事会工作指引》；2016 年举办了第一届上市公司监事会最佳实践评选活动，100 家上市公司分别获得“监事会最佳实践 20 强”“监事会卓有成效 30 强”和“监事会积极进取 50 强”奖项；2017 年推出《上市公司监事会最佳实践案例》；2019 年举办了三期上市公司监事会主席研修班；2021 年发布了《上市公司监事会工作指引（征求意见稿）》。初入监事会的朋友经常问我如何加强监事会的学习？有没有不错的监事会的书籍可以学习？我建议他们从上述获奖的企业名单中，选择与自己行业相近的公司，持续跟踪某一个公司的所有监事会的公告，追踪三年，如何开展监事会工作的轮廓就有了。

此外，上市公司设立独立董事制度在《公司法》中进一步得到确认。《公司法》（2018 年修订）第一百二十二条规定，“上市公司设独立董事，具体办法由国务院规定”。

值得注意的是，独立董事制度只在上市公司中实践，尚未被普及推广。笔者认为，从监督上看，监事会制度优于独立董事制度。原因是，独立董事制度是英美法系公司法中的一项制度。独立董事具有事前监督、内部监督和与决策过程监督紧密结合的特点。监事会是大陆法系公司法中的一项制度，具有事后监督、外部监督和经常性监督的特点。

独立董事与监事会最主要的两个区别是：

其一，独立董事、董事会参与公司决策，监事不参与公司决策。

独立董事有决策职责，可通过决策行使监督职责，监事会没有决策职责，只能通过质询、建议、诉讼等方式行使监督职责。独立董事的身份是董事，其参加董事会会议，并享有表决权。也就是说，独立董事可以董事的身份直接参与公司的经营管理决策，并对其商业决策行为承担责任[①]。监事仅能列席董事会会议，虽有质询权和建议权，但无表决权。监事不参加经营决策，对董事的战略决策、经理层的战略执行情况进行监督，突出监督职能而非决策职能。在这一点上，它又与监事会的功能具有异质性。独立董事又参与决策，又参与监督。这本身就是一个伪命题。

其二，独立董事、董事会本身就是被监督对象。

独立董事制度与监事会制度的冲突体现在：在监督高级管理人员和董事、保护中小股东利益方面功能重叠。从现代公司治理意义上讲，独立董事制度确实具有监

---

① 考拉．监事会的运作、关系及联动，还有党建［EB/OL］．(2021-06-09)［2022-06-29］．https：//mp. weixin. qq. com/s/nALIuoEMtc0mS0DrQ4EKOg.

督公司内部董事或管理董事的功能，尤其是在公司财务、关联交易等方面发挥着特别作用。此外，独立董事还被寄希望于承担起维护中小股东和社会公众利益的责任。在这一点上，它确实与监事会的功能具有同质性。

从法学研究的视角来看，独立董事制度的引入是一种制度的移植。而制度移植首先遇到的一个问题是中国有无独立董事制度生存的土壤，是否有必要引入独立董事制度，独立董事制度的推行是否难逃"南橘北枳"的命运。独立董事制度在我国本土化过程中遭遇的种种问题和困惑，更加迫切呼唤法律制度的创新和理论的跟进。以时为社科院刘俊海博士为代表的积极肯定者有之，以时任北京大学张维迎教授为代表的全盘否定者有之。

独立董事制度有利于防止内部人控制、保护中小股东利益，从而实现全体股东利益的最大化。较之内部董事，独立董事对 CEO 和高级管理人员方面的监督更加超然和有力。独立董事制度的这一优越性具体表现在：由于独立董事在财产、人格、利益和运作上都具有独立性，并且有相应的制度保障，因而其可以比较公正和独立地参与董事会的活动，并对董事会和经理层进行客观的评价；由于独立董事出任审计委员会、薪酬委员会、提名委员会等公司中各种核心权力机构的主席或主要成员，因而其权力基础比较稳固，行使权力的空间也比较大；由于公司的财务报告必须经独立董事进行审计，公司的关联交易必须经独立董事签字后方能生效，独立董事在董事会一些重大决策中具有否决权，因而可以在制度上保证公司具有良好的道德操守和持证经营；由于两名以上的独立董事可以提议召开临时股东大会并可以直接向股东大会、证监会和其他有关部门报告情况，因而在董事会的内部制衡与股东大会的财产制衡和证监会的社会制衡之间建立起有机的联系，进而形成了内外结合的、立体的和交叉的制衡体系，如在解除不称职的高级经理、建立"奖勤罚懒"的激励约束机制、限制对股东不利的公司收购等方面，保护了股东尤其是中小股东的利益。

美国著名公司法专家克拉克在指出独立董事制度具有无可比拟的优越性的同时，更多地分析了它的缺陷，指出它并非完美的控制力量，而且在现有的法律和政策框架内，其对完善中国上市公司的治理的作用更是十分有限①。

笔者认为，独立董事发挥作用除了受到时间（独立董事们身兼数职，很少有时间详细了解公司及市场的经济状况）、信息不对称、预算拨款、自身知识能力的限制外，还受制于以下一些因素：

一是对独立董事的选任机制。我国目前关于独立董事的任职资格和任免程序等

① 论述：上市公司的独立董事制度［EB/OL］.（2016－03－24）［2022－06－28］. https：//wenda.so.com/q/1536296577214924.

均无相关的法律规定。实践中，独立董事往往由控股股东任命，这样独立董事的独立性、公正性和业务素质等就大打折扣。

二是社会和文化环境的因素。在我国普遍缺乏诚信意识的社会环境下，荣誉感并不足以使独立董事产生对上市公司的归属感和认同感，因而它也就缺乏足够的压力和动力为公司尽责；在我国人际关系浓厚的文化氛围下，许多独立董事在参与公司事务中碍于情面而难以坚持自己的立场。例如，董事会议的社交氛围崇尚友善和互助，如果对内部执行人员不肯支持，采取敌对态度，或者提出并追问敏锐的问题则被视为“是不友好的”。

三是对独立董事的激励机制尚未完善，约束机制还在探索。

2021 年 11 月，广州市中级人民法院一审判决结果，康美药业应向 5.2 万名投资者赔偿投资损失 24.59 亿元①；公司实控人马兴田以及 5 名直接责任人承担连带清偿责任，时任公司董监高的 13 名个人按过错程度分别承担 20%、10%、5% 的连带清偿责任；康美药业时任审计机构正中珠江会计师事务所及年报审计项目的签字会计师承担连带清偿责任。这个赔偿创下了 A 股上市公司赔偿金额最多的纪录。但是更让人意外的是此次严厉追责了监管机制，也就是独立董事的责任。此次事件中五名独立董事中三人被判承担 2.46 亿元的连带赔偿责任，两人承担 1.23 亿元的连带赔偿责任。而这五个独立董事从 2018 年到 2020 年领取的工资一共只有 46.48 万元，赚着卖白菜的钱，担着卖白粉的责任。这个判决结果显然吓到了单纯的独立董事们。目前 A 股上市公司中担任独立董事的很多都是大学教授，因为各取所需，教授得到了好处，企业得到了名头。以前的监管追责不明确，导致独立董事成了只拿钱不干

① 2018 年 8 月 10 日，有自媒体指出康美药业存在存贷双高、大股东股票质押比例高和中药材贸易毛利率高等疑点，炸开了舆论的漩涡。两个月后的 10 月 15 日，几家财经媒体集体报道，进一步质疑康美药业财务造假问题。10 月 16 日，康美药业在盘中突然跌停，17 日再度闪崩跌停，17 日之后的 4 个工作日，康美药业市值迅速被腰斩。随后，因涉嫌信息披露违法违规，康美药业被证监会立案调查。调查结果显示，2016 年到 2018 年上半年，康美药业合计虚增营业收入 275.15 亿元，占同期公告营业收入 40% 以上，虚增营业利润 39.36 亿元，占同期公告营业利润的三分之一。为了配合虚增的营业收入，康美药业通过财务不记账、虚假记账，伪造、变造大额定期存单或银行对账单，伪造销售回款的方式虚增货币资金。2016 年年报，康美虚增货币资金 225.49 亿元；2017 年年报虚增 299.44 亿元；2018 年半年报虚增 361.88 亿元。几年的暗箱操作，康美药业直接导致投资者损失 24.59 亿元。而在媒体曝光之前，康美药业内没有一位独立董事对公司财报或董事会审议的议案提出反对意见。

被判处罚款的 5 名独董中，江镇平、李定安和张弘三人在 2016 年年报，2017 年年报和 2018 年年中报上签字确认，郭崇慧和张平则只在 2018 年年中报上签字。根据广州市中级人民法院的判决，江镇平、李定安、张弘为兼职的独立董事，不参与康美药业日常经营管理，相对过失较小，法院酌情判令其在投资者损失的 10% 范围承担连带赔偿责任，折合 2.459 亿元，郭崇慧、张平为兼职的独立董事，过失相对较小，法院酌情判令其在投资者损失的 5% 范围承担连带赔偿责任，折合 1.2295 亿元。而富有冲突感的是，这 5 名独董在康美药业的年薪，只有税后 10 万元左右。公开资料显示，江镇平从 2006 年担任康美药业独立董事到 2020 年年底，薪资为 99 万元，平均一年 7.1 万元；张弘从 2014 年担任董事至 2020 年年底，薪资共 27.09 万元，平均一年 4.5 万元；郭崇慧从 2018 年 5 月至 2020 年年底，薪资共 31.01 万元，平均年薪 18 万元；已经离职的李定安和张平在康美药业的平均薪资分别是 6.82 万元和 12 万元。

事的工作，但康美一审结果出来之后，市场出现了独立董事的辞职潮。由此也引发了投资者的忧虑，A 股还有多少康美药业？

由此案例，我们有理由对独立董事承担公司治理中的监督职能的制度设计产生怀疑。

2001 年，我国上市公司引入独立董事制度之后，与我国固有的大陆法系监事会制度共同形成了中国公司独立董事制度和监事会制度并存的局面。从实践来看，2001 年开始，中国在上市公司中探索独立董事与监事会并行监督职责，但并不成功，原因如下。

我国《公司法》（2018 年修订）第五十三条规定，监事会行使下列职权：（1）检查公司财务；（2）对董事、高级管理人员执行公司职务的行为进行监督，对违反法律、行政法规、公司章程或者股东会决议的董事、高级管理人员提出罢免的建议；（3）当董事、高级管理人员的行为损害公司的利益时，要求董事、高级管理人员予以纠正；（4）提议召开临时股东会会议，在董事会不履行本法规定的召集和主持股东会会议职责时召集和主持股东会会议；（5）向股东会会议提出提案；（6）依照本法第一百五十一条的规定，对董事、高级管理人员提起诉讼；（7）公司章程规定的其他职权。由此可见，我国公司监事会的主要职能一是公司财务监督；二是董事和经理人员职务行为合法性的监督。

证监会发布的《关于在上市公司建立独立董事制度的指导意见》规定，为了充分发挥独立董事的作用，独立董事除了应当具有公司法和其他相关法律法规赋予董事的职权外，上市公司还应当赋予独立董事一些特别职权（如独立聘请外部审计机构），另外，规定如果上市公司董事会下设审计、提名、薪酬等委员会的，独立董事应当在委员会中占二分之一以上的比例。

证监会制定的《中国上市公司治理准则（修订稿）》中明文规定，董事会审计委员会的主要职责是：（1）检查公司会计政策、财务状况和财务报告程序；（2）与公司外部审计机构进行交流；（3）对内部审计人员及其工作进行考核；（4）对公司的内部控制进行考核；（5）检查、监督存在的或潜在的各种风险；（6）检查公司遵守法律法规的情况。由此可知，独立董事尤其是主要由独立董事组成的审计委员会的主要职能也是公司财务监督。

同是公司财务监督权，如外审机构的聘任权，在公司治理层面就同时赋予独立董事、董事会审计委员会、监事会三个监督主体，职能交叉，权责不清，可能导致重复监督，相互推诿，增加了监督成本，降低了公司运作效率。

在上市公司试点的独立董事制度“靠不住”、监事会依然“无所作为”，人们开始将希望寄托给董事会审计委员会，从 2018 年开始探索，加强、并推广董事会审计委员会取代监事会成为公司治理中的监督机构。

三、寄予厚望的董事会审计委员会也将取代不了监事会

由于监督权力的旁落，作为主要监督机构的监事会，已成为中国公司治理链条中较为薄弱的环节。加之近年来移植了欧美盛行的独立董事制度，以及日本、法国等发达国家商法和公司法的实践，使得理论界部分学者对监事会治理的有效性提出了质疑，研究者们（于立、马骏 2000；邵东亚 2003；胡汝银 2004；刘俊海 2005；赵旭东 2021）更存在着弱化甚至取消监事会监督的倾向①。

其他许多国家，如埃塞俄比亚，采用的是审计员或会计监察人体制。公司监督最为要害的就是会计事项的监督，由专任的审计员担当此项职责，显然要比任何合议性的集体监督有效得多，并且能将审计员置于董事会之内，作为董事会的专项工作机构，使董事会能够直接、充分、有效地实现对公司会计事项的监督，以及在了解公司财务状况基础上实现对公司整个经营活动的总体监督。在这个思路的基础上，中国上市公司探索了设立董事会的专门委员会来加强董事的职能，并实现对董事会自身的监督。如，证监会《上市公司治理准则》《深交所主板、中小板、创业板规范运作指引》对董事会专门委员会职责进行了界定。

2018 年 7 月，国务院发布《关于推进国有资本投资、运营公司改革试点的实施意见》（国发〔2018〕23 号）。该意见有四个要点：（1）新组建的投资公司与运营公司不设监事会。（2）投资公司以战略性投资为主；而运营公司以财务性投资为主。（3）新三层架构，即党组织领导作用，董事会决策作用，经理层经管作用。（4）书记、董事长由一人担任，外部董事要在董事会中占多数。这四个特点传递了一个简单而重要的信号，监事会可能大势已去？监事会可能可有可无？

可是《公司法》中还有监事会的相关规定，难道下一步要修改《公司法》？1993 年自《公司法》出台以来，历经修改。尤其是 2005 年《公司法》大规模修订后，我国公司活力和质量得到大幅提升。近几年，深化国企改革、鼓励创新创业、繁荣资本市场成为《公司法》修订的基本动因。未来，修订《公司法》的重要动因是以董事会审计委员会替代监事会。

（一）监事会与董事会审计委员会的区别

2021 年 7 月 15 日中午，某上市公司的监事会办公室主任微信问我：“徐老师，您好。监事会的监督和审计监督都有哪些区别啊，主要有哪些优势和劣势？”这一天，虽然很忙，我编了这么一段微信回复：

---

① 王世权．德国监事会制度的源流考察及其创新发展［EB/OL］．（2010－07－23）［2022－06－28］．https：//www.docin.com/p－65959923.html.

审计和监事的最终目的都是监督，但存在以下区别：（1）从目的上看，监事会服务股东会，旨在防止经营权对管理权的侵犯，旨在完善股东会、董事会和经营层之间的权利边界的划分和制衡关系，旨在确保股东的利益最大化。审计可能为总经理服务，也可能是为董事长服务，也可能为监事会服务。（2）审计是一个财务概念，通过审计报告来到达监督目的。监事会是一个公司治理的概念，监事会采用的工作手段更加宽泛，审计只是其中的一个手段。

监事会和董事会审计委员会的差异，也类似上述监事与审计的差异。

1. 监事会和董事会审计委员会的地位不同，分别监督不同层次的代理问题。

监事会作为与董事会并行的公司内部监督机构，代表全体股东和相关利益者对董事会进行监督，也可以对企业日常经营活动进行监督。这种直接监督易于发现问题，提高所获信息的可靠性。

董事会审计委员会是在董事会下设立的内部监督机构，它隶属于董事会，代表董事会对经理层进行监督，同时对大股东代表进行制衡。根据所有权和经营权分离原则，审计委员会不可能过分涉入公司管理，他们对信息的了解只能通过经理层和内部审计部门的记录和介绍，因此缺乏与相关人员的直接接触，影响了信息的可信度。

2. 审核财务报表上的区别

中国农业银行时任监事长袁长清认为：董事会的审计委员会与监事会都要审核公司的定期财务报告、监督内部控制的实施与有效性等，但是从实践来看，二者在监督对象、监督内容、监督的方式方法上都有很大区别。

其一，董事会最重要的职责是决策，监督经理层的目的主要是确保董事会的决策得到有效执行，从而维护股东权益，且主要由非执行董事履行监督职责。董事会审计委员会对财务报表的审计是事前审计，而监事会是事后审计。董事会审计委员会与监事会不需要分别聘请外部审计，可以共用。

其二，监事会是专司监督职责的机构。监督对象不仅包括经理层，还包括董事会和董事。监事会建立了一整套规范化、系统化的监督制度体系，并且依靠专职监事和监事会办公室形成了日常化、常态化的监督机制，因此监督的内容非常全面、深入、细致，监督重点明确具体、有抓手。

我们从下面这个案例可以看出董事会审计委员会的一般工作权限和流程。

【案例】××股份有限公司董事会审计委员会工作细则

第一章　总则

第一条　为强化董事会决策功能，做到事前审计、专业审计，确保董事会对经理层的有效监督，完善公司治理结构，根据《中华人民共和国公司法》

《上市公司治理准则》公司章程及其他有关规定，公司专门设立董事会审计委员会，并制定本工作细则。

第二条　董事会审计委员会是董事会按照股东大会决议设立的专门工作机构，主要负责公司内、外部审计的沟通、监督和核查工作。审计委员会对董事会负责，依照公司章程和董事会授权履行职责，审计委员会的提案应当提交董事会审议决定。

第二章　人员组成

第三条　审计委员会成员由三名董事组成，独立董事占多数，委员中至少有一名独立董事为专业会计人士。

第四条　审计委员会委员由董事长、二分之一以上独立董事或者全体董事的三分之一提名，并由董事会选举产生。

第五条　审计委员会设主任委员（召集人）一名，由专业会计人士的独立董事委员担任，负责主持委员会工作；主任委员在委员内选举，并报请董事会批准产生。

第六条　审计委员会任期与董事会一致，委员任期届满，连选可以连任。期间如有委员不再担任公司董事职务，自动失去委员资格，并由委员会根据上述第三至第五条规定补足委员人数。

第七条　审计委员会下设审计部，对公司财务信息的真实性和完整性、内部控制制度的建立和实施等情况进行检查监督。审计部对审计委员会负责，向审计委员会报告工作，并负责审计委员会日常工作联络和会议组织等工作。

第三章　职责权限

第八条　审计委员会的主要职责权限如下：

(1) 监督及评估外部审计工作，提议聘请或更换外部审计机构；(2) 监督及评估公司的内部审计工作，负责内部审计与外部审计的协调；(3) 审核公司的财务信息及其披露；(4) 监督及评估公司的内部控制；(5) 负责法律法规、公司章程和董事会授权的其他事项；

第九条　审计委员会对董事会负责，委员会的提案提交董事会审议决定。审计委员会应配合监事会的监事审计活动。审计委员会可以建立举报机制，关注和公开处理公司员工和客户、供应商、投资者以及社会媒体对财务信息真实、准确和完整的质疑和投诉举报。

第四章　决策程序

第十条　审计部负责做好审计委员会决策的前期准备工作，提供公司有关方面的书面资料：(1) 公司相关财务报告；(2) 内外部审计机构的工作报告；(3) 外部审计合同及相关工作报告；(4) 公司对外披露信息情况；(5) 公司重大关联交易审计报告；（6）其他相关事宜。

第十一条 审计委员会会议，对审计部提供的报告进行评议，并将相关书面决议材料呈报董事会讨论：（1）外部审计机构工作评价，外部审计机构的聘请及更换；（2）公司内部审计制度是否已得到有效实施，公司财务报告是否全面真实；（3）公司的对外披露的财务报告等信息是否客观真实，公司重大的关联交易是否合乎相关法律法规；（4）公司财务部门、审计部包括其负责人的工作评价；（5）其他相关事宜。

第五章 年报工作规程

第十二条 审计委员会年报工作规程包括以下工作职责：（1）审计委员会应当与会计师事务所协商确定年度财务报告审计工作的时间安排；（2）审计委员会应在年审注册会计师进场前审阅公司编制的财务会计报表，形成书面意见；（3）督促会计师事务所在约定时限内提交审计报告，并以书面意见形式记录督促的方式、次数和结果以及相关负责人的签字确认；（4）在年审注册会计师进场后加强与年审注册会计师的沟通，在年审注册会计师出具初步审计意见后再一次审阅，形成书面意见；（5）审计委员会应对年度财务会计报告进行表决，形成决议后提交董事会审核；（6）审计委员会应当向董事会提交会计师事务所从事本年度公司审计工作的总结报告和下年度续聘或改聘会计师事务所的决议；（7）审计委员会形成的上述文件应在年报中予以披露。

第六章 议事规则

第十三条 审计委员会会议分为例会和临时会议，例会每年至少召开四次，每季度召开一次，临时会议由审计委员会委员提议召开。会议召开前五天须通知全体委员，会议由主任委员主持，主任委员不能出席时，由出席会议的其他委员共同推举一名委员（独立董事）主持。

第十四条 审计委员会会议应由三分之二以上的委员出席方可举行；每一名委员有一票表决权；会议作出的决议，必须经全体委员的过半数通过。

第十五条 审计委员会会议表决方式为投票表决；临时会议可以采取通信表决的方式召开。

第十六条 内审负责人可列席审计委员会会议，必要时亦可邀请公司董事、监事及其他高级管理人员列席会议。

第十七条 如有必要，审计委员会可以聘请中介机构为其决策提供专业意见，费用由公司支付。

第十八条 审计委员会会议的召开程序、表决方式和会议通过的议案必须遵循有关法律、法规、公司章程及本细则的规定。

第十九条 审计委员会会议应当有记录，出席会议的委员应当在会议记录上签名；会议记录由公司董事会秘书保存，保存期限不少于十年。

第二十条　审计委员会会议通过的议案及表决结果，应以书面形式报公司董事会。

第二十一条　出席会议的委员均对会议所议事项有保密义务，不得擅自披露有关信息。

第七章　附则

第二十二条　本细则未尽事宜，按国家有关法律、法规和公司章程的规定执行；本细则如与国家日后颁布的法律、法规或经合法程序修改后的公司章程相抵触时，按国家有关法律、法规和公司章程的规定执行，并立即修订，报董事会审议通过。

第二十三条　本细则自董事会决议通过之日起施行，解释权归属公司董事会。

××股份有限公司

2022 年 4 月 19 日

（二）董事会审计委员会取代不了监事会

董事会审计委员会制度在许多国家已成为上市公司的必设制度。上市公司容易产生大股东侵占小股东利益的问题，公司的主要代理问题转变为控股股东与中小股东之间的利益冲突。审计委员会作为董事会下设的独立监督机制，正是可以制衡大股东代表，保护中小股东利益的有效机制。

监事会代表股东大会执行监督职能，对董事长和经理层实行监督，对董事会执行公司管理事务和会计事务进行监察，与董事会（包括其审计委员会）相互独立，互不隶属。

关于董事会审计委员会取代监事会，笔者想表达两点想法。

1. 再锋利的刀也砍不到刀背

董事会审计委员会取代监事会这个做法最大的问题是“再锋利的刀也砍不到刀背”，董事会审计委员会是董事会的下设机构，如何能够向上监督董事会？除非董事会不需要监督了，这又是不可能的。同时，董事会审议委员会成员本身就是董事，就要参与决策，决策过程本身就需要被监督。这会陷入“自己监督自己”的逻辑怪圈。

2. 独立董事也不够独立

上市公司独立董事所暴露出来的“花瓶”现象，已经成为严重制约公司治理的瓶颈。面对公司财务造假以及一些重大不合理事项，独立董事能够勇于履行其职责的寥寥无几，独立董事自身职能正在弱化。

因此，笔者认为，在目前市场条件下，用审计委员会制度代替我国上市公司的监事会制度是不可取的。中国公司治理在监督机制设计问题上苦苦探索，中国公司治理的监督何去何从？笔者坚信，做实监事会的前途是光明的，道路是曲折的，发展监事会将是中国公司特色公司治理的方向之一。

四、做实监事会是中国特色公司治理的方向之一

2021 年 12 月，第十三届全国人大常委会第三十二次会议审议通过《中华人民共和国公司法（修订草案）》，并向社会公开征求意见。该《公司法（修订草案）》（公开征求意见稿）拟规定国有独资公司不设监事会，其他公司可以在董事会审计委员会和监事会之间二选一。

笔者不认可这种做法，专门向全国人大法工委致函，并联合著名律师张诗伟先生于 2022 年 1 月 22 日在著名财经媒体《财新》上发表了一篇《取消监事会设置要求应缓行》的文章，提出七点理由认为《公司法（修订草案）》拟直接取消监事会并不成熟，应该缓行。

《公司法（修订草案）》（公开征求意见稿）第六十四条规定，“有限责任公司可以按照公司章程的规定，在董事会中设置由董事组成的审计委员会，负责对公司财务、会计进行监督，并行使公司章程规定的其他职权。在董事会中设审计委员会的有限责任公司，可以不设监事会或者监事”。

第一百二十五条规定，“股份有限公司可以按照公司章程的规定在董事会中设置由董事组成的审计委员会等专门委员会。审计委员会负责对公司财务、会计进行监督，并行使公司章程规定的其他职权。设审计委员会且其成员过半数为非执行董事的股份有限公司，可以不设监事会或者监事，审计委员会的成员不得担任公司经理或者财务负责人”。

由此，《公司法（修订草案）》规定上述有限责任公司、股份有限公司在董事会审计委员会和监事会之间完全实行二选一，也即取消了原《公司法》强制设置监事会的要求。此修订可能有其目前在现行《公司法》架构运行下效果欠佳以及与审计委员会并存而导致监督架构设置叠床架屋的考虑，但是否就完全取消强制设置，本书认为需要慎重考虑而予以缓行，具体有以下七点理由①。

（一）审计委员会取代不了监事会，取消监事会后职能落实及操作成疑

根据现有公司法和公司治理原理，公司董事会下设之审计委员会职责较为局限，

---

① 徐登峰，张诗伟．取消监事会设置要求应缓行［EB/OL］．（2022－01－22）［2022－06－28］．https：//opinion.caixin.com/2022－01－22/101833556.html.

如《公司法（修订草案）》所明确指出，其内容只是财务、会计监督，并不包括其他方面，如董事高管履职、公司经营管理、公司治理、股东权益保护等方面的监督，而且审计的职能定位通常在事后发现问题，而难以前置到问题发生之前，提前予以防控，也难以覆盖到问题发现之后的后续解决以及相关跟踪和落实。但监事会是全面、全过程监督，与之相比显然内容更为全面，覆盖链条也更长。

根据现行《公司法》，监事会的七大职能包括知情权，检查调查权，建议、质询、纠正权，报告权，提名、罢免建议权，（临时股东会）召集、提案、主持权，诉讼权。就上市公司而言，相关规则还规定其对董事会与经营层、财务会计、内控、关联交易等享有监督权。若按照《公司法（修订草案）》取消强制设立监事会的规定，审计委员会仅局限于财务会计监督，那么监事会现有的前述全面的职能和权责何以着落？《公司法（修订草案）》对此语焉未详，未来操作起来可能会比较麻烦也可能导致一定程度的混乱。

（二）董事会审计委员会监督不了董事会，有明显的公司治理制衡不足问题

公司治理的核心是制衡和监督，而制衡和监督是分层的，董事会对高管有制衡和监督职能。同时，董事会是决策机构，拥有重要的权力，也应是被制衡和监督对象，尤其是考虑到本次《公司法》修订更前所未有地加强了董事会的权力，而被认为体现了从股东会中心主义向董事会中心主义的偏移。但需要看到，“无人监督董事会”也是单层制治理模式的桎梏。单层制治理模式为解决这一难题，设置了独立董事。独立董事理论上应具有独立性和权威性。但就双层制而言，董事会审计委员会地位、独立性和权威性并不如监事会。按目前《公司法（修订草案）》制度安排，监事会可不设，就仅设置董事会审计委员会的公司而言，其如何实现对董事会自身的监督。下级监督上级？运动员监督裁判员？再锋利的刀也砍不到刀背！相关实际告诉我们，只要是监督机构地位不够高，缺乏独立性和权威性，其监督职能的发挥必然受到很大限制，效果也大打折扣。

二十多年来，监事会没有发挥应有的作用，可能不是双层制公司治理模式的问题，更可能是实践中监事会地位不够高和独立性、权威性不够强以及职权行使缺乏足够保障的问题。

（三）取消监事会，不利于国有企业党的监督与公司治理结合形成大监督

就国资公司而言，增加党委会，从“三会一层”到“四会一层”是中国公司治理的特色之一。党委前置决策、巡视巡查，“交叉进入、双向任职”有利于形成大监督的格局，监事会因此成为党的监督与公司治理监督相结合的重要抓手。如深圳市、成都市国企试点推行的国企纪委书记兼监事会主席模式，并将审计纳入监事会

管理。纪委本就受同级党委和上级纪委双重领导，并监督同级党委，且考核权在上一级，工作独立性极强。监事会审计工作还可以借助纪委权威来推动。取得了较好效果。按此模式，如果取消监事会，国资公司的纪委书记不兼任监事会主席而兼任董事会审计委员会主任似也能说通，但考虑到纪委前述的地位和权威性，在《公司法》框架下和公司治理架构里，似难以立即赋予董事会下设的董事会审计委员会这么崇高的独立性和权威性。

（四）以实践积累尚不足的董事会审计委员会来取代监事会，可能操之过急

先行先试，是我国改革开放和社会主义建设的一条成功经验。从 1998 年的稽察特派员到 2003 年国资委监事会工作局，再到 2018 年国有重点大型企业监督职能划归审计署，我国探讨国有重点大型企业监督模式二十多年，已经在监督领域吸取了一些教训，也积累了一些经验。但相比之下，国有公司的董事会建设尚未积累足够的经验。2004 年开始才出台了《关于国有独资公司董事会建设的指导意见（试行)》等文件，但彼时国有重点大型企业很多都还是全民所有制企业而不是公司，而后按《公司法》进行公司化改制后才开始按《公司法》设立董事会并运作。直到 2017 年 6 月，中央通过《中央企业公司制改制工作实施方案》后，才真正加强国有企业公司制改革后的董事会建设。因此董事会建设并无成熟经验和模式。在此情况下，是否就能以董事会下设的审计委员会取代监事会而放弃监事会强制设置要求，并不加区分地在所有类型公司推广，本书认为可能有点操之过急。

（五）国有独资公司董事会审计委员会还不能解决本公司的监督问题，还需要依靠审计部门，遑论非国资公司

《公司法（修订草案)》第一百四十九条、第一百五十三条要求，国有独资公司董事会成员中外部董事应当超过半数；并在董事会中设置审计委员会等专门委员会，同时不再设监事会。

国有独资公司的这个探索，很必要也很正确。但是我们必须看到，实践中，国有独资公司（如一级央企)、国有资本投资公司、国有资本运营公司的有效监督，不仅是依靠这些公司的董事会审计委员会，同时也是依靠政府或国资管理机构审计稽查机关的力量。非国资公司没有审计稽查机关这一监督屏障，对大股东和对董事会的监督靠什么?

（六）日本的单层制和双层制“二选一”实属无奈

2001 年，日本法务省采纳了引入独立董事制度的主张，规定商法的特例法中的大公司必须建立独立董事制度，引起了工商界的强烈反对。之后，日本修改商法等

一部分的法律草案要纲，采用了任意选择制，即是保留传统的监事会制度还是建立独立董事会制度，公司有自由选择的空间。从日本的“二选一”的立法过程来看，其原因是采用英美法系的独立董事制度后引起了工商界的强烈反对的不得已选择。同时，其操作麻烦（如工商登记、公司章程约定），其实并不成功。但类似的问题我国并不完全存在，是否也让所有类型公司都有“二选一”的选择权呢？

（七）“为我国企业走出去及外商到我国投资提供便利”的立法初衷值得商榷

最后，本次《公司法（修订草案）的说明》指出“为我国企业走出去及外商到我国投资提供便利”。如果取消监事会系出于这个立法初衷，可能没有太大必要。法律系“地方性知识”，具有鲜明的本土性特征。习近平总书记更指出，法治是一个既有普遍性又有特殊性的概念，中国特色社会主义法治理论对待西方的理论，不是照抄照搬，而是立足本国国情。我国企业“走出去”必须遵守东道国的法律法规，反过来外商投资企业被“引进来”时也必须尊重中国国情及遵守中国的法律规则，没有必要刻意迎合英美法系而不设监事会。何况修法也是既定条件下的法律续造，转向动作恐怕也不宜太大。

基于以上七点理由，《公司法（修订草案）》全面取消监事会强制设置的制度设计可能需要慎重考虑而予以缓行，即使取消，稳妥起见，建议根据实际情况区分不同类型公司做不同制度的渐进安排，如考虑先限于国有独资公司或上市公司（当然是在进一步提升审计委员会地位以及加强相关外部监督的前提下），其他公司仍然保持现行《公司法》的规定继续设立监事会。

笔者坚定地认为，新时代企业监督只会加强、不会削弱。但谁来主导监督，以什么形式监督，会有更浓墨重彩的中国特色。

笔者坚定地相信，真理是螺旋上升的，做实监事会才是中国特色的公司治理的最终发展方向。

让我们拭目以待，中国特色的公司治理飞得更高。

让我们翘首期盼，新时代中国企业的监事会做得更实。

第十一章　建设中国特色的企业大监督体系

第一节　联、共、合、兼，国有企业大监督体系的早期探索

2022 年 10 月 5 日，笔者和审计署审计指导司原副司长、国资委监事会驻港澳办原主任叶详训老师在北京广安门的铭玥小厨小聚。他分享最近参加华为公司监事会季度业务学习会时，一个华为高管学员问的一个问题，“审计查账、巡视查账，税务查账，监事会也查账，你们有什么区别”？笔者说，这个问题问得好，也是建立企业大监督体系的必要性所在。

一、国家大监督体系

党的十八大以来，以习近平同志为核心的党中央改革完善监督制度，以党内监督为主导，推动各类监督贯通协调，党和国家监督从理论突破到实践创制、从重点监督到全面覆盖，中国特色社会主义监督制度逐步成熟定型。这是党中央面对世界百年未有之大变局，立足实现“两个一百年”奋斗目标，总揽全局、审时度势作出的战略决策，

党的十九大着眼全面从严治党、提高党的执政能力和领导水平，作出健全党和国家监督体系的战略部署。党的十九届四中全会确立党和国家监督体系在坚持和完善中国特色社会主义制度、推进国家治理体系和治理能力现代化中的重要支撑地位，将“坚持和完善党和国家监督体系，强化对权力运行的制约和监督”专列一章作出重大制度安排。

党的二十大报告指出：“健全党统一领导、全面覆盖、权威高效的监督体系，完善权力监督制约机制，以党内监督为主导，促进各类监督贯通协调，让权力在阳光下运行。推进政治监督具体化、精准化、常态化，增强对‘一把手’和领导班子监督实效。发挥政治巡视利剑作用，加强巡视整改和成果运用。落实全面从严治党

政治责任，用好问责利器”[①]。

我国的党和国家监督体系如图 11－1 所示。

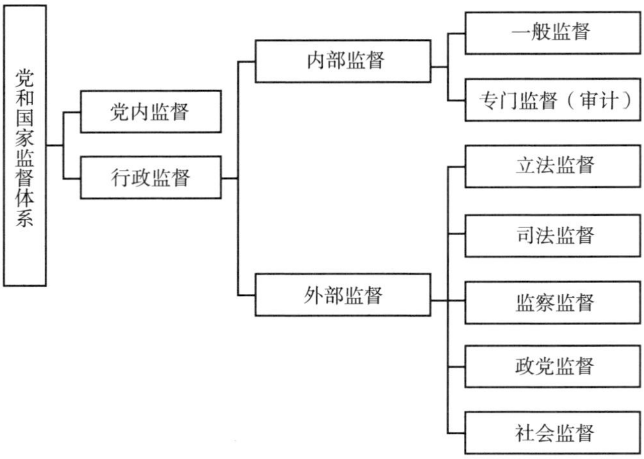

图 11－1　党和国家的监督体系

行政监督，是指各类监督主体依法对国家行政机关及其工作人员的行政行为实施的监督活动。包括内部监督和外部监督。内部监督属于行政机关的自查自纠，外部监督属于其他机关（立法机关、监督机关、司法机关、政党、社会团体、新闻舆论）对行政机关的监督。

（一）党内监督

《中国共产党党内监督条例》（2016 年）规定，建立健全党中央统一领导，党委（党组）全面监督，纪律检查机关专责监督，党的工作部门职能监督，党的基层组织日常监督，党员民主监督的党内监督体系；党内监督的重点对象是党的领导机关和领导干部，特别是主要领导干部；巡视是党内监督的重要方式。

党内监督的主要内容是：

（1）遵守党章党规，坚定理想信念，践行党的宗旨，模范遵守宪法法律情况；

（2）维护党中央集中统一领导，牢固树立政治意识、大局意识、核心意识、看齐意识，贯彻落实党的理论和路线方针政策，确保全党令行禁止情况；

（3）坚持民主集中制，严肃党内政治生活，贯彻党员个人服从党的组织，少数服从多数，下级组织服从上级组织，全党各个组织和全体党员服从党的全国代表大会和中央委员会原则情况；

（4）落实全面从严治党责任，严明党的纪律特别是政治纪律和政治规矩，推进

① 高举中国特色社会主义伟大旗帜　为全面建设社会主义现代化国家而团结奋斗——在中国共产党第二十次全国代表大会上的报告（2022 年 10 月 16 日）。

党风廉政建设和反腐败工作情况；

（5）落实中央八项规定精神，加强作风建设，密切联系群众，巩固党的执政基础情况；

（6）坚持党的干部标准，树立正确选人用人导向，执行干部选拔任用工作规定情况；

（7）廉洁自律、秉公用权情况；

（8）完成党中央和上级党组织部署的任务情况。

（二）行政监督之内部监督

内部监督是指行政机关在国家行政系统内部实施的各种监督所组成的行政监督系统。包括一般监督和专门监督。

1. 一般监督

一般监督也叫层级监督，是指国家行政机关在上、下级行政隶属关系上产生的一种相互监督的关系和活动。一般监督包括以下三个方面：（1）主管监督，是指上级政府的工作部门对下级政府相应的工作部门所实施的监督，如省教育厅就教育工作对市教育局实施监督。（2）职能监督，是指政府各职能部门就其所主管的工作在自己职权范围内对其他部门及区域所实施的监督。如财政部对于政府各部门、各地区的财政状况实施监督。（3）日常监督，是指国家行政机关在日常工作中根据需要随时进行的双向监督，包括自上而下和自下而上两种形式，如上级对下级的检查、下级对上级的检举。

一般监督的主要方式有六种：（1）报告工作。听取、审查报告，是上级政府监督下级政府、各级政府监督其工作部门执行情况的主要方式。（2）执法监督检查。（3）审查批准。审查批准是监督主体对监督对象的普遍行政行为、具体行政行为，如对财政预算、决算、账册、报表等进行审阅核对并加以确定的行为。（4）备案。备案是根据法律规定或上级行政机关要求，监督对象将其他规范性文件或某些重大行政行为的书面材料报上级行政机关供其了解情况的行为。（5）行政复议。行政复议制度是各级人民政府及其工作部门实施行政法制监督的一项重要制度。（6）惩戒。惩戒处分分为两种：一种是对行政机关适用的，另一种是对违法机关的领导人或直接责任人的行政处分。

值得一提的是，行政监督不同于行政监管。行政监管包括国资委、市场监督管理局、环保、食品安全、证监、物价、农业、税务、人民银行、外汇、质量技术监督、审计、海关、网监等市场执法主体的行政监管。行政监管是企业合规的前提和基础。

2. 专门监督

审计监督，即各级审计机关依法对各级行政机关及其工作人员、国有的金融机构和企事业组织等在进行财政、财务领域的监督。

（三）行政监督之外部监督

外部监督是指除行政机关以外的监督主体所构成的对行政机关及其工作人员行政行为进行监督。

1. 立法监督

立法监督是指国家立法机关依据宪法对国家行政机关所实施的监督。

在实行“三权分立”宪法原则的国家中，国家权力被分为立法、行政、司法三个部分，分别由三个国家机关独立行使，三者之间保持一种互相牵制、互相约束的制衡关系，国家立法机关、司法机关对行政机关起着监督制约作用。

在我国，立法监督的主体是人民代表大会，被监督的是各级政府。立法监督的主要内容是监督行政机关是否具备行政立法主体资格、是否在立法权限范围内行使立法权、是否遵循相应的立法程序、是否违背宪法和法律、上下级行政机关所立之法是否矛盾和冲突，审查行政立法行为，撤销与宪法和法律相抵触的行政法规或规章。

我国立法监督的最基本形式是听取和审议政府工作报告，其他形式还包括：（1）改变或撤销政府制定的同宪法、法律相抵触的行政法规、决定和命令；（2）审查和批准政府的国民经济计划和社会发展规划、财政预算决算，及其执行情况的报告；（3）视察和检查政府工作；（3）对政府机关及其主要领导人提出质询和询问；（4）组织对特定问题的调查；（5）受理人民群众对行政机关及其工作人员的申诉、控告、检举和意见；（6）罢免或撤销有关人员职务。

2. 司法监督

司法监督是指国家司法机关依据宪法和有关法律对国家行政机关所实施的监督。

在实行立法、行政、司法“三权分立”宪法原则的国家中，一般由立法机关主管宪法或一般法律的制定，由司法机关主管宪法实施的监督，两考之间存在相互制衡的关系。而在实行“议行合一”宪法原则的国家中，制定宪法和监督宪法实施的权力统一由国家最高权力机关行使，司法机关和行政机关的地位一样，司法权和行政权不是独立的，它们都由立法机关产生并向立法机关负责[①]。

我国国家司法机关仅指人民检察院和人民法院。因此，我国司法监督的主体是人民检察院和人民法院。

3. 监察监督

清华大学张建伟教授提出监察权是立法权、行政权、司法权之外的第四权力。中国政法大学陈光中也教授认为，新的监察权既非行政权，也非司法权，而是一项

---

① 刘萍. 行政管理学：经济科学出版社，2008 年.

独立的国家权力，这是我国新监察体制的标志性特色。

中国新监察体制的建立源于2016年，这一年11月13日，我在航班的《参考消息》上看到了这一则消息，敏锐地嗅到这项制度改革对中国政治体制的重大意义，我把这一页报纸撕剪、收藏起来（见图11－2）。

2016年11月10日 参考消息 观察中国 ·15·

整合资源 扩大范围

中国改革监察体制强化反腐败

【香港《南华早报》网站11月8日报道】题：中国加强反腐败斗争，设立新反腐机构监督所有公务员

中国将设立新的反腐败机构监督所有公务员，这是中国打击腐败的最新举措。

据新华社报道，中共中央办公厅日前公布的一份方案称，将在北京市、山西省、浙江省开展国家监察体制改革试点工作，在这三地设立各级监察委员会。报道称，未来将在全国范围内设立这种监察委员会。

报道称，深化国家监察体制改革的目标，是建立党统一领导下的国家反腐败工作机构，整合反腐败资源力量，实现对行使公权力的公职人员监察全面覆盖。

报道称，将由省（市）人民代表大会产生省（市）监察委员会，作为行使国家监察职能的专责机关。

在中国，公务员包括所有纳入国家行政编制、由国家财政负担工资福利的工作人员，这包括中国共产党各级机关、各级人大及人大常委会机关、各级国家行政机关、各级政协机关、各级审判机关、各级检察机关等的工作人员。

中国纪检监察学院原副院长李永忠在接受采访时表示：“监察部门原来需要向本级政府和上级监察部门汇报。在一些情况下，政府也管理监察部门的人事和资金事务。”

“现在，这个监察委员会将由人大产生，这意味着其将向人大汇报，从而解决了内部监督的问题。”

【新加坡《联合早报》网站11月9日报道】据中纪委官网报道，中共中央办公厅日前印发了《关于在北京市、山西省、浙江省开展国家监察体制改革试点方案》。这三地将设立各级监察委员会，由省（市）人民代表大会产生，党的纪律检查委员会、监察委员会合署办公。方案强调，深化国家监察体制改革的目标，是“建立党统一领导下的国家反腐败工作机构”。

境外媒体猜测，联系到中共十八届六中全会将监察机关史无前例地与人大、政府等并列提出，国家监察体制势必改革，“国家监察委员会”呼之欲出。

中纪委网站指出，国家监察体制改革是事关全局的重大政治改革，是为了实现对行使公权力的公职人员监察全面覆盖。

方案指出，中共中央决定在京晋浙开展国家监察体制改革试点工作，为在全国推开积累经验。根据方案，由省（市）人民代表大会产生省（市）监察委员会，作为行使国家监察职能的专责机关。党的纪律检查委员会、监察委员会合署办公。中央成立深化监察体制改革试点工作领导小组，由省（市）委书记担任组长。

中国纪检监察学院原副院长李永忠表示，由人大产生监察委员会，有利于强化监察职能的独立性，破解“一把手监督”以及“上级监督太远，同级监督太软，下级监督太难”等难题。

国家行政学院教授任玉岗曾指出，中共体制内有六个监督主体：中纪委、监察部、审计署、预防腐败局、反贪局、巡视组，这六个主体都可以监督公权力，但对各个层级一把手没有起到真正的监督作用。上述方案的公布，在一定程度上回应了舆论关切，提出资源整合方案，以期统一事权。

早在7月，中共中央党校主办的《学习时报》就已刊文提出，将检察机关的反贪局机构和审计机关并入国家监察机关，实现监察对象全覆盖。

【德国之声电台网站11月8日报道】中国政法大学副校长马怀德在接受采访时指出，中国目前的反腐机构资源分散、无法集中力量，形成相对统一、独立的监察职能。另外这些机构在职能上也有重叠，整合这些职能，能够提高效率和权威性，也可以降低行政成本。

中国纪检监察学院原副院长李永忠在接受中国媒体采访时也表示，此举有利于强化监察职能的独立性。监察委员会由人大产生，就意味着监察委员会对人大负责、向人大汇报工作，破解了“同体监督”的难题。

李永忠强调，此番方案提出“全覆盖”，意味着所有“吃财政饭”的行使公权力的人员，都是监察对象。

图11－2 中国改革监察体制强化反腐败

2016年11月，中共中央办公厅印发《关于在北京市、山西省、浙江省开展国家监察体制改革试点方案》。经过大胆探索、积极创新，2017年10月，中共中央办公厅印发《关于在全国各地推开国家监察体制改革试点方案》。2018年3月，十三届全国人大一次会议表决通过《中华人民共和国宪法修正案》，确立监察委员会的宪法地位；会议审议通过国务院机构改革方案，将原监察部、原国家预防腐败局并入新组建的国家监察委员会；会议通过《中华人民共和国监察法》。同月，国家监察委员会在北京揭牌，国家、省、市、县四级监察委员会全部组建产生，标志着监察体制改革由试点迈入全面深化新阶段。

国家监察体制改革的突出意义在于：

其一，监察委员会作为国家级监察机构地位的确立，使原来隶属于政府内部的行政“小监察”① 体制转变为国家“大监察”② 体制，打破了内部耗散的局面，开启了新时代强化党和国家自我监督的历史性一步。

其二，探索了党的监督与国家监督的统一的路径。在具体工作上，发挥合署办公的优势，推进纪检监察机关职能、人员、工作深度融合，有利于提高监督职责的

① 2018年3月两会以前，监察部是国务院的下设机构。

② 2018年3月两会以后，国家监察委员会与国务院平行。

履行效率，健全监督执纪和监察执法统一决策、一体运行的工作机制。各级纪委监委通过建立健全监督检查部门、派驻机构、巡视巡察机构联席会议机制，及时沟通信息，进一步提升了合作效能。在工作方式上，打通党内监督和国家监督的贯通渠道，完善巡视与纪检、监察、组织、审计等监督的协作机制，探索建立巡视与财政、统计等职能部门的配合机制，推动形成系统集成、协同高效的中国特色监督体系。笔者认为，这个经验也是中国企业建立大监督体系的发展思路。

其三，监察体制改革强化了对公职人员的日常监督，改变了过去对公权力监督乏力的状况，党员干部受监督，非中共党员的公职人员也受到监督；弥补了因纪法衔接不畅导致的空白地带（轻微违纪违法、尚未构成犯罪的行为）的监督检查和监察调查。

其四，深化国家监察体制改革，组建由党统一领导的监察委员会，将行政监察部门、预防腐败机构和检察机关查处贪污贿赂、失职渎职以及预防职务犯罪等部门的工作力量整合起来，把反腐败资源集中起来，把执纪和执法贯通起来，攥指成拳，形成合力。

【案例】北京西城区勇于先行先试，2017 年深化国家监察体制改革。

按照《国家监察体制改革试点工作决定》，2017 年 4 月，北京市西城区监察委员会（以下简称“区监委”）由北京市西城区人民代表大会产生，是监察机关。自此，区纪委与区监委合署办公，实行一套工作机构、两个机关名称，履行党的纪律检查和国家监察两项职责，实现对西城区所有行使公权力的公职人员监察全覆盖①。北京市西城区监察体制改革前后对比如图 11 －3 所示。

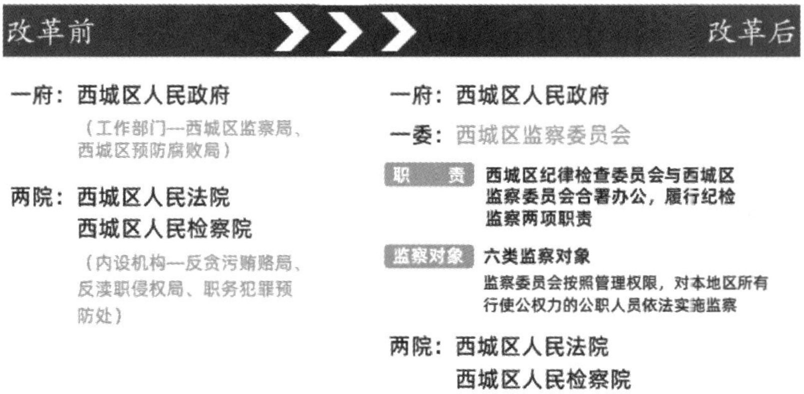

图 11 －3　北京市西城区监察体制改革前后对比

监察体制改革后，区纪委的职责是维护党的章程和其他党内法规，检查党的路线、方针、政策和决议的执行情况，协助中共北京市西城区委加强党风建设和

---

① 纪委监委这五年．勇于先行先试 深化国家监察体制改革［EB/OL］．（2021 －11 －29）［2022 －10 －23］．https：//mp. weixin. qq. com/s/o51J9BO4MqaOaTHaeeDL7w.

组织协调反腐败工作。区监委的职责是按照管理权限，对本地区所有行使公权力的公职人员依法实施监察；履行监督、调查、处置职责，监督检查公职人员依法履职、秉公用权、廉洁从政以及道德操守情况，调查涉嫌贪污贿赂、滥用职权、玩忽职守、权力寻租、利益输送、徇私舞弊以及浪费国家资财等职务违法和职务犯罪行为并作出处置决定，对涉嫌职务犯罪的，移送检察机关依法提起公诉。

笔者在北京西城区广安门南街工作了20余年，为北京西城区的以下工作点赞：（1）制定下发《关于深化西城区纪委区监委派驻机构改革的实施意见》《关于推进西城区区管企业纪检监察体制改革的实施办法》，将纪检监察工作双重领导体制落实落细。（2）推动“监察监督[①]、纪律监督[②]、巡察监督[③]、派驻监督[④]”等四大监督的有效贯通，建立健全具有西城特色的“1+3+N”监督体系。（3）推进监察职能向区管企业延伸，在12家企业设立监察专员办公室，与企业纪委合署办公，督促国企党委切实担负起管党治党政治责任。

4. 政党监督

政党监督是指政党组织对行政机关的工作实施的监察与督导。政党监督属于政治监督。

西方国家政党监督的方式有：监督选举，致力于赢得选举而掌握政权；监控议会立法；监督政府决策及其实施；间接影响国家司法权力机关，维护政党的利益。

我国实行的是中国共产党领导下的多党合作和政治协商制度，中国共产党是执政的党，是国家的领导核心。在这个前提下，通过政治协商会议形式来实现中国共产党与各民主党派的团结合作。政党监督包括执政的中国共产党、参政的民主党派和人民政协的监督三种基本形式。

5. 社会监督

社会监督，是指人民群众和各种社会团体、群众组织对行政机关及其工作人员进行监督。监督渠道有：人民群众的监督、社会团体和群众性自治组织的监督、舆论监督和信访制度。

---

① 监察工作对象是所有行使公权力的公职人员。

② 纪检工作对象是全体党员；纪律监督、派驻监督、巡视监督是均为党内监督，针对党员。

③ 巡视巡察均为党内监督，中央和省级称为巡视，市县两级称巡察。巡查组所体现的，可以是党内监督，但更多体现的是政府部门监督、某一系统领域内的监督。派出巡查组的目的是促进任务落实、推动目标实现。中央、省、市县三级都可以派出巡查组。

④ 与巡视相配合，推进派驻监督全覆盖，也是新时代取得的重要组织和制度创新成果。派驻机构监督以《党章》赋予的权力为依据，对所驻部门和单位的遵纪守法情况、日常履职情况、重大事项等开展监督。派驻监督是党内监督的重要组成部分，实质是上级纪委对下级党组织和领导干部的一种监督形式。党的十九大《党章》相关条文将“可以派驻”修改为“全面派驻”，党内监督的范围进一步扩大，成功实现了对各级党政机关和企事业单位的全覆盖。

二、企业大监督体系

企业大监督体系的内容如图 11 -4 所示。

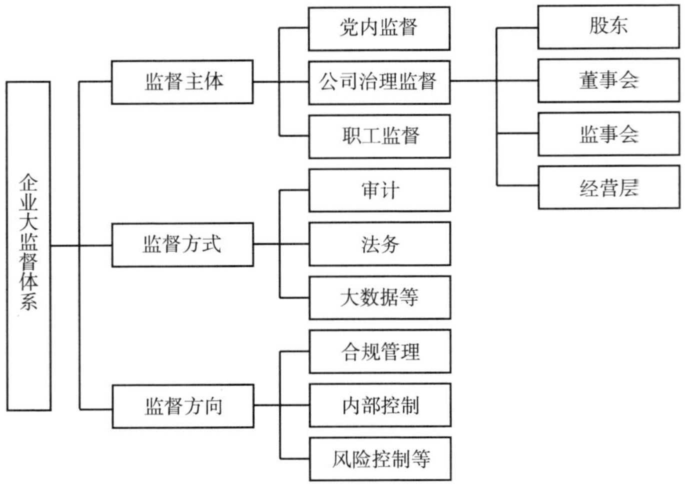

图 11 -4　企业的大监督体系

公司利用审计、法务、大数据等监督手段，以合规、内部控制、风险控制为监督方向，形成党务、公司治理与群众监督“三位一体”的大监督格局。

（一）党内、公司治理、职工三大监督主体

1. 国有企业的党内监督

《中国共产党国有企业基层组织工作条例（试行）》（2019 年）规定，“国有企业党委（党组）发挥领导作用，把方向、管大局、保落实，依照规定讨论和决定企业重大事项”。“国有企业应当将党建工作要求写入公司章程，写明党组织的职责权限、机构设置、运行机制、基础保障等重要事项，明确党组织研究讨论是董事会、经理层决策重大问题的前置程序，落实党组织在公司治理结构中的法定地位”。“坚持和完善‘双向进入、交叉任职’领导体制”。“国有企业重大经营管理事项必须经党委（党组）研究讨论后，再由董事会或者经理层作出决定”。“善用企业监事会、审计、法律、财务等监督力量，发挥职工群众监督、社会监督和舆论监督作用，推动各类监督有机贯通、相互协调，形成监督合力，提高监督效能”。

在国有企业改革的不同历史阶段中，企业的党委书记、董事长、总经理都曾有不同的定位。党的十八大以来，党组织被赋予了重大的使命。这些对国有企业党的监督提出了更高的要求，这也是中国特色公司治理的根本。

2. 公司治理监督

公司治理监督是指“三会一层”的监督。前文已述，此不再赘述。股东会、董事

会、监事会和经营层都有监督职能，都是企业的监督主体，只是监督的范围不一样。

3. 职工监督

国有企业民主管理制度的基本形式是职工代表大会。此外，通过职工董事、职工监事实现职工参与管理，保障职工知情权、参与权、表达权、监督权，维护职工合法权益。

（二）审计、法务、大数据三种监督手段

1. 审计监督

企业层面的审计监督包括内部审计与外部审计（事务所审计）。内部审计、外部审计、国家审计，三者之间既有区别也有联系。

工作依据不同。国家审计的工作依据是《宪法》《审计法》《审计法实施条例》、国家审计准则、地方性审计法规和规章等。内部审计机构开展内部审计工作的依据是内部审计工作规定、内部审计准则等。外部审计的工作依据主要是《注册会计师法》、注册会计师执业准则等。

工作目标不同。国家审计的工作目标是服务国家和社会，维护经济安全，推动全面深化改革，促进依法治国，推进廉政建设，保障经济社会健康发展。内部审计的工作目标是服务组织自身发展，促进组织完善治理、实现组织发展目标。外部审计的工作目标是对财务报表是否在所有重大方面按照适用的财务报告编制基础发表审计意见。

工作权限不同。国家审计的权限由法律法规赋予，并以国家强制力保证实施，被审计单位和其他有关单位应当予以支持和配合。内部审计的权限主要由组织内部规章制度确定，审计权限在一定程度上受本组织管理层制约。外部审计的权限是委托人在协议中承诺或授予的，其权限不具有法定性和强制性。

内部审计包括财务收支审计、经济责任审计和经济效益审计三种。内部审计越来越受企业的重视。例如，为强化审计力量，天津地铁集团将审计中心升级扩充，下设工程建设、财务、经济、综合四个科室①。

审计的主要方法包括：（1）抽查法。从被审单位被审计对象中抽取其中一部分进行审查，根据审查结果，借以推断审计对象总体有无错误和弊端。（2）抽样审计与详细审计结合法。在审计实践中，审计人员确定审计样本是在内控制度与重要性水平评估的基础上进行的，当对某一样本产生怀疑时，审计人员可能会扩大样本的数量或对某一样本的业务流程进行详细审计。（3）逆查法。按照经济活动进行的相反顺序，先审查会计报表，从中发现错弊和问题，然后有针对性地依次审查和分析

① 李豪．关于国有企业构建大监督工作格局的思考［EN/OL］．（2019－06－27）［2022－10－18］．https：//www.fx361.com/page/2019/0627/5263173.shtml.

报表、账簿和凭证。（4）顺查法。按照经济活动发生的先后顺序和会计核算程序，依次审核和分析会计凭证、会计账簿和会计报表。

在用顺查法分析这些最初的数据时，往往从“白条与票据”“三个账户”“异常情况”三个方面入手。

【知识链接】审计“顺查法”中的三个入手

一、从白条与票据入手（见图 11－5）

白条，是指为了逃避监督或偷漏税款，开具或索取不符合正规凭证要求的发货票和收付款项证据。白条往往是违纪违规问题或经济案件的高发地，审计人员在审计过程中要高度关注白条行为，弄清事由、原因、结果，看是否导致单位虚列支出，导致个人虚报冒领，从而发现问题和案件线索。

票据是指符合正规凭证要求的发票和收付款项证据。票据管理不善，是导致违纪违规问题或经济案件的频发地。辨别普通发票的真假，可以通过“国家税务局发票查询系统”查询辨认。鸳鸯票据，就是通常所说的头大尾小，即收款联上的数字大，存根联、记账联上的数字小。通过票据审查，弄清被审计单位是否存在收入不入账、多收少记、少付多记、重复报销、私设“小金库”等问题。

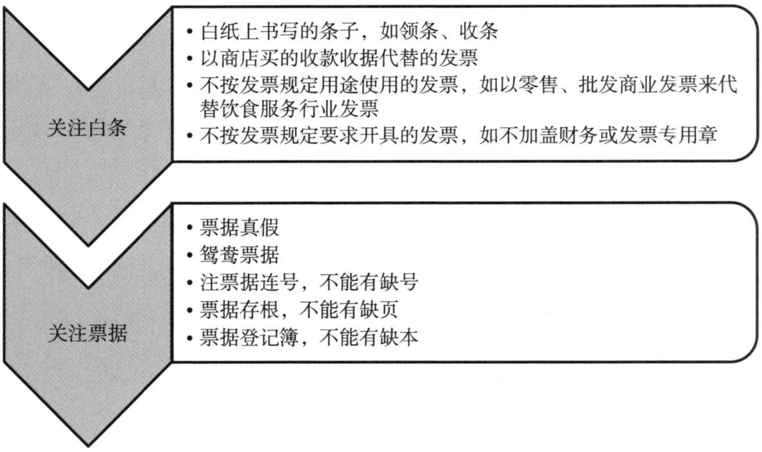

图 11－5　关注白条与票据

二、从三个账户入手①

1. 从银行存款和现金账户入手审查

查银行账户，是一个“一招制胜”的审计方法。例如，对“一把手”进行

① 几种常见审计切入点、审查路线图，审计必知！［EB/OL］.（2020－09－27）［2022－10－25］. https：[/mp. weixin. qq. com/s/qyqHO_xk9jijl4rj9HV1IQ. 来源：审计网站、审计经理人.

审计，查其七大姑八大姨的银行账户，往往能查出问题的蛛丝马迹（如有问题）。

对银行存款账户的审查，要侧重六个方面：（1）审查多头开户。看是否有在非金融机构、财务公司开户，或出租出借账户等情况。（2）核对银行对账单。看是否有错记、漏记、串记账户、相互调账等不正常现象，以及非正常未达账项及其原因，如发现不正常情况，则要追查资金去向及其原因。（3）审查是否有将财政性资金作储蓄存款，或公款私存的行为，对有公款私存的，要关注利息情况。（4）审查是否有将财政拨款、预算内资金、银行贷款转定期存款。（5）分析银行存款变动规律，看是否合理使用资金。（6）审查银行存款收付事项的真实、正确与合法性。重点抽查以送款单存入银行的现金和支票，看各项业务收入是否合法。有无违法经营、违规出卖固定资产、出借账户代不法分子结算贷款或套取现金、截留销货款、私设“小金库”等行为。对银行自动拨入的款项，应查明借款的转入是否及时，托收货款业务是否合法，款项收账是否及时。

审查现金账户时，要侧重于四个方面：（1）审查是否有非业务范围的大额现金收支。（2）审查现金收入是否全部解入银行，有无坐支。（3）审查单位之间有无相互拆借现金的现象。（4）关注现金的进出量是否超出单位规模所拥有的正常进出量，以判断现金进出是否正常。

通过上述银行存款和现金账户审查，发现违纪违规问题和经济案件线索。

2. 从往来账户入手

往来账户原本是用于调节的账户，也成了有些单位违规违纪违法的温床。审计人员要从四个方面审查往来账户：（1）往来发生和结算的单位名称是否一致。（2）往来款项支付的事由是否合理。（3）往来款项支付的手续是否正常。（4）列作呆账核销的条件是否充分。

通过审查，发现是否存在有些财务人员将单位收入挂在“应付账款”“预收账款”“其他应付款”等科目上，日后付出此款时图谋贪污，或私设“小金库”的行为；发现是否存在有些财务人员为了挪用或侵吞公款，假借其他单位或其他个人之名，虚列“应收账款”“预付账款”“其他应收款”等行为；发现是否存在有的单位直接在往来账户中坐收坐支、套取现金、对外投资、私自借贷的行为；发现是否存在有的事业单位以上缴主管部门及补助所属单位的名义，弄虚作假，转移资金；或将已收回或可收回的债权列作呆账予以核销，把资金转移到账外等行为；有正常资金往来的，亦不代表存在真实业务发生，要留意流水过账的虚假情况。

对上述行为，一经发现，抓住不放，一查到底，发现严重违纪违规问题和经济案件线索。

3. 从收入和支出账户入手

审查收入账户时的“五要”：（1）要审查单位的各项收入是否全部入账。看是否存在资产出租、处置、接受捐赠、商品升溢、包装物变价、损失赔偿、对外投资收益等收入未入账的问题。（2）要审查收入异常增大或减少情况，分析其原因。（3）要审查其他收入账户，认真研究其他收入中每一笔收入来源的合法性。（4）要关注以更正错账为由，用红字冲减收入。遇到红字冲减，要追查以前的会计分录，防止舞弊行为。（5）要审查收费情况。将被查单位经物价部门批准的收费项目、标准、范围与其实际收费情况进行核对，看有无已批准的收费项目没有收费或降低标准、缩小范围收费和巧立名目或提高标准、扩大范围收费的情况。

审查支出账户时的“四要”：（1）要对感觉有异议的细目，分笔核实其真实性，防止用假工程、假项目、假票据骗取资金。（2）要关注旅游费、车辆购置及运行费、公务接待费、会议费、培训费、购置费、维修费、职工福利费等科目内容，看是否有滥发钱物、违规购置、报销应由个人负担的费用等问题。（3）要关注会计科目中的“其他”科目，对这个科目的内容要进行分解，对开支金额较大的，要追查原因。（4）要站在宏观的角度上，观察成本、费用的变化情况，防止少数人为了政治上的所愿、经济上的利益，虚增虚减成本、费用，偷逃税款、设立“小金库”、私分、贪污。

三、从异常情况入手

异常情况往往是经济案件释放出来的信号，关注并从严审查以下四个方面。

（1）审查异常数据。如对现金和银行存款账户余额出现红字；购货发票金额出现十、百、千万元的整数；某月份的管理费突然上升；投账数字不合情理；资金进出量异常频繁或者突然增大；一些比较容易套取资金项目的收入数、支出数与相应的上期实际数、本期计划数比较，差异较大等，要认真审查。

（2）审查异常往来。如对突然收到新增往来户的汇款，或者拨付款项给新增往来户；往来户余额长期挂账不动，或者突然销账；没有原始凭证空挂往来户头；支付水费，其收款单位不是自来水公司而是其他单位等，要认真审查。

（3）审查异常购销。如对在甲单位购货，而付款乙单位；售货给丙单位，而收丁单位的款项等，要认真审查。

（4）异常凭证。如对某单位会计凭证平均每个月都有一至两本，某个月突然增加到三本或四本时，要认真审查。另外，对异常时间、异常地点等，要认真审查。

2. 法务监督

传统的法务监督在公司合同管理、纠纷处置等事务之中，重点在审查决策的合法性及潜在法律风险。企业法务通过构建全面法律风险防控体系、合规体系建设、重大决策（如改制重组、投资、公司清算）的审核，以及日常行为的法律监督（如企业未按规定招标投标与采购的，违规订立、履行合同的，违规使用、调度、拆借资金）等形式履行监督职责。

企业法务监督与党的纪检监察监督范围存在一定程度上的交叉，在项目决策、审批、招投标以及工程建设实施、工程质量管理、物资采购、资金管理、合同管理、制度建设、“三重一大”、公司治理等领域，法务监督和纪检监察监督都有涉及，在交叉领域，整合两种监督力量，有利于监督资源的有效利用和监督效能的最大发挥。

3. 大数据监督

以云计算、大数据等为核心的现代信息技术高速发展，大数据监督可以实施数据互通互联，远程监督，实现传统现场监督不能解决的问题。

有一位朋友说，如果被监督者真有问题，只要查其（及其亲密关系的人）银行、微信、支付宝等账号的收入和支出情况，就能查出端倪。雁过留声，人过留痕。科技进步带领社会进入大数据时代，个人时空位置信息、个人消费信息、个人行程信息、个人银行账号收入支出信息、个税缴纳信息等都将成为可以查证的重要大数据。笔者认为，在某些领域，合法搜集利用这些大数据，将会比审计、法律监督更有效。

在新时代监督工作中，大数据监督已经成为监督工作的专业技术和方法。例如，中国核电及各成员单位围绕监督业务领域工作情况，选择合适的操作软件，建立监督信息化服务体系，实现监督流程信息化、标准统一化、手段专业化。通过内部大数据积累或与业务领域数据平台的互联互通，发现传统手工监督、现场监督发现不了的问题，同时还可实现时时监督、远程监督、远程指导。

（三）合规、内控、风控三类监督方向

1. 合规管理

合规管理是指企业的各项经营管理活动应遵守内外部规则和准则，包括法律法规、监管要求，行业准则、市场惯例、操作常识以及公司内部合规制度及政策等。合规管理涉及企业的方方面面，是提高企业的竞争力、促进企业的健康持续发展的内在需要，越来越受到重视。

2014 年，国务院国资委发布《关于推动落实中央企业法制工作新五年规划有关事项的通知》，正式提出中央企业“大力加强企业合规管理体系建设”。2015 年，国资委发布的《关于全面推进法治央企建设的意见》对中央企业提升合规管理能力提

出了具体要求。2016 年，国资委印发《关于在部分中央企业开展合规管理体系建设试点工作的通知》，确定中国石油、中国移动、中国中铁、招商局集团和东方电气 5 家中央企业为试点企业，探索开展合规管理体系建设。

在总结试点央企经验的基础上，2018 年国资委发布《中央企业合规管理指引（试行）》，成为推动中央企业合规管理里程碑式事件。

2021 年 11 月，国资委印发的《关于进一步深化法治央企建设的意见》再次指出，持续完善合规管理工作机制，健全企业主要负责人领导、总法律顾问牵头、法务管理机构归口、相关部门协同联动的合规管理体系。发挥法务管理机构统筹协调、组织推动、督促落实作用，加强合规制度建设，开展合规审查与考核，保障体系有效运行。强化业务部门、经营单位和项目一线主体责任，通过设置兼职合规管理员、将合规要求嵌入岗位职责和业务流程、抓好重点领域合规管理等措施，有效防范、及时处置合规风险。探索构建法律、合规、内控、风险管理协同运作机制，加强统筹协调，提高管理效能。推动合规要求向各级子企业延伸，加大基层单位特别是涉外机构合规管理力度，建立全面覆盖、有效运行的合规管理体系。

2022 年 10 月，《中央企业合规管理办法》（国资委令〔2022〕第 42 号）正式实施。合规管理体系框架如图 11－6。

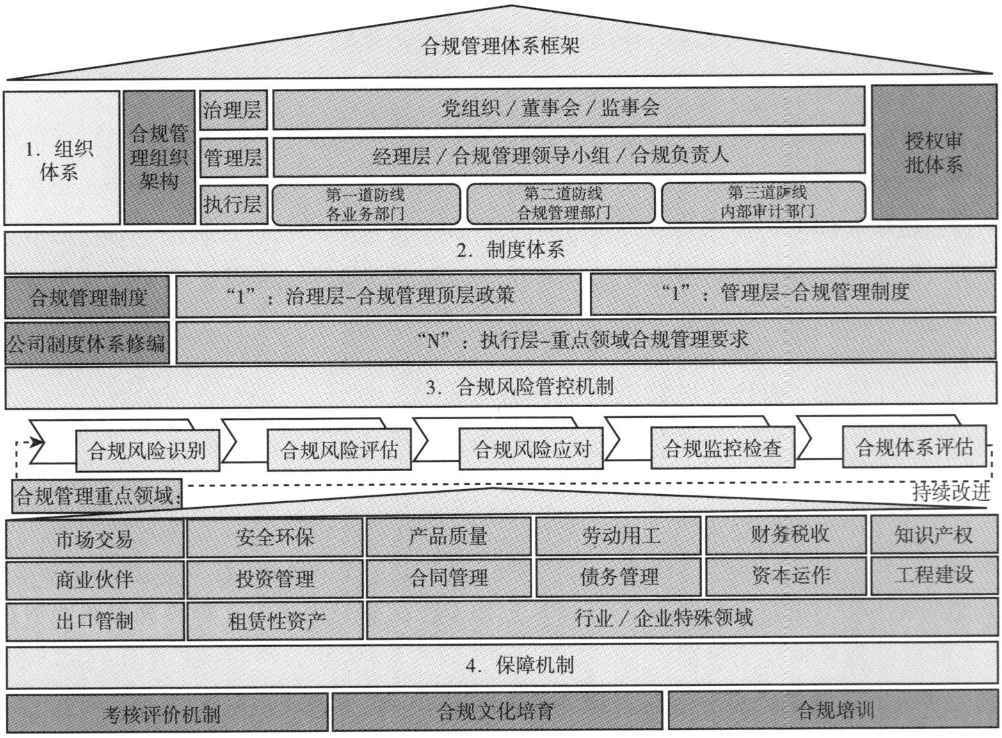

图 11－6　合规管理体系框架

在境外经营中，合规与各国的行政监督息息相关。2017、2018 年中兴通讯两次遭受美国处罚的风波。2022 年，中兴通讯公司胜诉，在美被处罚风波阶段性结束之后表示，致力于打造全球一流合规的企业，坚持将合规视为战略发展的基石和经营的底线，遵守业务所在国适用的法律法规，全面开展合规体系建设①。

2. 内部控制

20 世纪 70 年代中期的"水门事件"引起了美国立法者和监管团体对内部控制问题的重视。1992 年，美国反虚假财务报告委员会的发起人委员会（COSO）发布《COSO 内部控制整合框架》，将内部控制活动分成控制环境、风险评估、控制活动、信息与交流和监督评审五大部分。

2005 年，我国先后出台了《上交所上市公司内部控制指引》和《深交所上市公司内部控制指引》两个文件。2010 年，我国发布了《企业内部控制配套指引》。该配套指引包括《企业内部控制应用指引》（18 项）、《企业内部控制评价指引》和《企业内部控制审计指引》，连同此前发布的《企业内部控制基本规范》，标志着中国企业内部控制规范体系基本建成。

为确保企业内控规范体系平稳顺利实施，财政部等五部门制定了实施时间表：自 2011 年 1 月 1 日起首先在境内外同时上市的公司施行，自 2012 年 1 月 1 日起扩大到在上海证券交易所、深圳证券交易所主板上市的公司施行；鼓励非上市大中型企业提前执行。也就是说，2012 年起，上市公司每年都需要董事会出具内部控制评价报告，还需要聘请会计师事务所出具内部控制审计报告。

内部控制评价与内部控制审计，到底有什么区别呢？

内部控制评价是指，企业董事会或者类似权力机构对企业内部控制工作作出的自我评价，出具内部控制评价报告。董事会可指定其审计委员会来承担对内部控制评价的组织、领导、监督职责，并通过授权内部审计部门或独立的内部控制评价机构执行内部控制评价的具体工作，但董事会仍对内部控制评价承担最终的责任。

内部控制审计是指，会计师事务所作为独立主体，接受委托对企业内部控制有效性进行的"审计"，出具内部控制审计报告。对内部控制审计过程中注意到的非财务报告内部控制的重大缺陷，在内部控制审计报告中增加"非财务报告内部控制重大缺陷描述段"予以披露。

3. 全面风险管理

2006 年，国务院国资委发布《中央企业全面风险管理指引》，标志着我国中央企业建立全面风险管理体系工作的启动。

---

① 中兴通讯胜诉，在美被处罚风波阶段性结束 . 新浪财经_新浪网 [EB/OL].（2022 - 3 - 24）[2022 - 10 - 22]. https://finance.sina.com.cn/chanjing/gsnews/2022 - 03 - 24/doc - imcwipii0357080.shtml. 来源《财经》新媒体 .

国际上，企业风险管理理论发展大致分为三个阶段。

第一阶段：以“安全和保险”为特征的风险管理。100 多年前航运企业风险管理的主要措施就是通过保险把风险转移给保险公司。

第二阶段：以“内部控制和控制纯粹风险”为特征的风险管理。美国反虚假财务报告委员会的发起人委员会（COSO）1992 年发布的《内部控制综合框架》提出以财务管理为主线的内部控制系统。

第三阶段：以“风险管理战略与企业总体发展战略紧密结合’为特征的全面风险管理。实践表明，仅靠内部控制难以实现企业的最终目标，在全球影响深远的《COSO 企业全面风险管理——整合框架》（2004 年，原版）提出了由三个维度（企业目标、全面风险管理要素、企业各个层级）构成的风险管理整合框架。通过严格的内外部审计，是否就能规避企业风险？建立并实施严格内控机制，就能守住风险吗？《COSO 企业全面风险管理——整合框架》（2017 年更新版）回答都是否定的[①]。

综上所述，企业的合规、内部控制体系是企业全面风险管理体系中重要的组成部分之一，是企业为实现风险管理目标所制定的一系列方法、制度、流程等内容；合规、内控体系建设的动力则来自企业对风险的认识和管理；良好的合规和内部控制可以合理保证合规经营、财务报表的真实可靠和经营结果的效率与效益，而这正是全面风险管理应该达到的基本状态。

三、为什么要建立国有企业大监督体系

一部国企发展史，就是一部坚持党的领导、加强党的建设的历史。新中国成立后，中国共产党作为执政党，在建立党对企业的领导制度上进行了积极探索，为建立独立完整的工业和国民经济体系提供了坚强保障。改革开放以来，党领导国有企业制度日臻完善，为推进国有企业改革发展提供了有力保障。

国有企业监督机制主要经历了以下阶段，前文已有陈述。此处重点展开党的十八大以来的探索与实践（见图 11 -7）。

2013 年 11 月，中共十八届三中全会通过的《中共中央关于全面深化改革若干重大问题的决定》，首次提出“推进国家治理体系和治理能力现代化”这个重大命题。

2016 年 10 月，习近平总书记在全国国有企业党的建设工作会议上明确指出，坚持党对国有企业的领导是重大政治原则，必须一以贯之；建立现代企业制度是国有企业改革的方向，也必须一以贯之。习近平总书记“两个一以贯之”的重要论述，为国有企业加强党的全面领导和完善公司治理相统一指明了方向。

---

① 上海国家会计学院 倪建明．新版 COSO 全面风险管理框架及内控新启示［EE/OL］．（2020 - 10 - 25）［2022 - 10 - 16］．https：//new. qq. com/rain/a/20201015A0FS2N00. 来源：《审计观察》2017 年第四期．

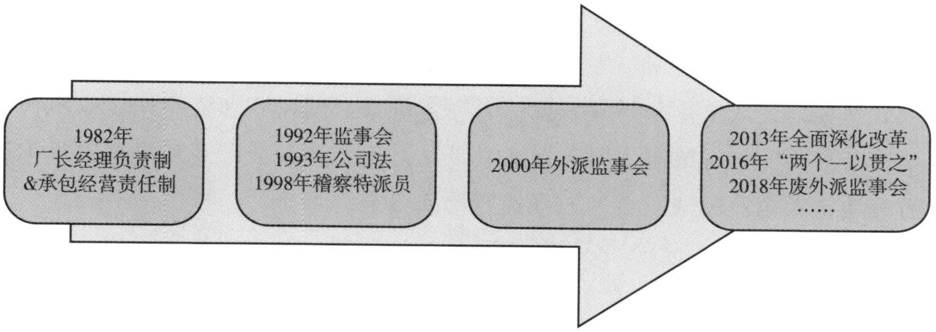

图 11 -7　国有企业监督探索之路

坚持党对国有企业的领导，是深化国有企业改革必须坚守的政治方向、政治原则。纵观国有企业的发展历程，正是依靠党领导国有企业的独特优势，国有企业才能由小到大、由弱到强，为促进国民经济健康发展作出重要贡献，成为我们党执政兴国的重要支柱和依靠力量。

“两个一以贯之”，前者是国企发展之魂，是国企姓国的根本，后者是国企发展之策，是国企要实现做大做强的现实路径选择。对于国企的领导与管理、发展与改革，习近平总书记提出的“两个一以贯之”的方针，对于人们以前感到困惑的党组织在国企中的作用以及国企的出路等问题①，给出了明确的答案：坚持党对国有企业的领导与建立现代企业制度二者不可偏废。

这一年，《光明日报》刊文指出：国有企业党组织与公司法人治理结构的融合，有利于保证国有企业的社会主义属性。党组织的机构设置、职责分工、工作任务纳入国有企业的管理体制，能够监督党和国家方针、政策在企业的贯彻执行，确保党对国有企业的政治领导、思想领导、组织领导；二者的有机融合，能够保证国有企业在追求经营效益最大化的同时，有效化解发展弊端、不断校准发展目标，不偏离中国特色社会主义方向。国有企业党组织参与治理，为解决“内部人控制”问题提供了有效途径。党组织一方面通过思想教育等方式，引导企业领导人员正确看待自身的角色定位，积极投身国有企业改革发展事业；另一方面，通过“双向进入、交叉任职”方式，把良将贤才及时选拔到国有企业领导岗位上来，防止国有企业在市场经济中被异化侵蚀，保持其“国企为国”的本色②。

此后，中国国有企业陆续做了以下工作：

---

① 作者 1984 在江西武宁县第一中学念初三时，全国刚刚推行校长负责制。在学校大会上，魁梧的周曙辉校长强调“校长负责制”，略带湖北黄梅口音、偏瘦的党委书记邓子玉则强调“书记领导下的校长负责制”。当时，我还是初中生，都能听出来其中的“弦外之音”。那时的国有企业，总经理和党委书记之间，应该也是这样。

② 尔令奇．光明日报：落实好两个“一以贯之”［EB/OL］．（2016 - 10 - 19）［2022 - 10 - 18］．http：//cpc. people. com. cn/pinglun/n1/2016/1019/c78779 - 28789721. html. 来源：光明日报．

其一，将党建工作要求写入公司章程，明确党组织在公司治理结构中的法定地位。明确党委发挥领导作用，把方向、管大局、保落实，支持其他治理主体依法行使职权，研究讨论或决定公司“三重一大”事项等。写明企业党组织工作机构设置及人员配备。写明运行机制，明确党组织研究讨论是董事会、经理层决策重大问题的前置程序，对企业的“三会”权限进行明确界定。

其二，完善“双向进入、交叉任职”的领导体制，在组织架构上将党的领导和公司治理优势有机统一起来。

其三，切实落实党委前置研究程序，构建权责明晰、运转顺畅的决策体系。例如，中国五矿集团2017年1月制定了《党组会、董事会、总经理办公会决策权限管理办法（试行）》《党组会、董事会、总经理办公会决策事项权限清单》《“三重一大”决策事项清单》，明确重大经营事项由党组前置研究讨论后，交由董事会、经理层作出决定，回答了党组在重大经营管理事项上“前置什么、怎么前置”的问题，彻底解决了过去党组在个别重大经营事项上“说不上话、插不上手、把不了关”的问题。2018年、2019年又两次优化“三重一大”清单和‘三会”权限清单，补充优化决策事项及流程。目前，党组前置研究讨论的重大经营管理事项有124项，其中，党组研究讨论后，交由董事会决策60项，交由总经理办公会决策64项①。

其四，企业党组织开始对企业进行全方位巡视巡察工作。

可见，国有企业建立大监督体系的逻辑如图11－8所示。

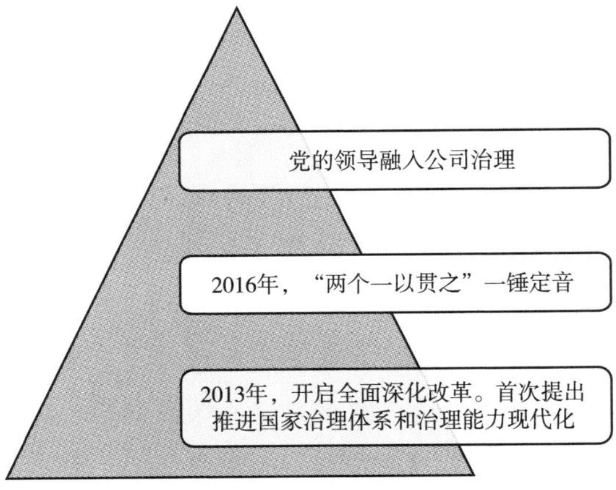

图11－8　国有企业建立大监督体系的政策背景

在国有企业监督工作的实务层面，也存在一些问题，主要表现在：

基层干部疲于应付各类检查督查，工作压力大、不堪重负。2018年7月、8月，

---

① 宿党辉．坚持“两个一以贯之”把党的领导有机融入公司治理［EB/OL］．（2020－10－29）［2020－10－18］．https：//www.12371.cn/2020/10/29/ARTI1603953505886272.shtml．来源：中国组织人事报．

习近平总书记先后两次作出重要指示，指出现在下基层督查得太多，检查考核过多过频，基层不堪负担，要统筹解决。这一年 10 月，中办印发《关于统筹规范督查检查考核工作的通知》，该《通知》指出，检查督查考核存在名目繁多、频率过高、多头重复、重留痕轻实绩等问题，地方和基层应接不暇，干部群众反映强烈，既不利于集中精力抓落实，也助长了形式主义、官僚主义，损害党群干群关系，必须下决心加以解决，把督查检查考核工作做得更好更有成效①。

另一方面，“五龙治水”各自为政，多头监管重复检查现象严重。对国企的监督有多条线（如党委纪委、巡视巡察、审计监察、监事会、职工监督），每条线不定期会安排专项检查、审计、年度检查，监督的频度比较高。这些检查和监督给企业带来了较大的时间成本和监督成本，但效果却与成本不匹配。体系看似完备，但各自为战，协同机制没有形成，成果未共享、经验未交流、责任未明晰，监督质量效果不理想。

在以上背景下，建立中国特色企业大监督体系的呼声越来越高，国有企业进行了大量、有益的探索。在这些探索中，中国特色指的是，把党的领导融入公司治理各环节，把企业党组织内嵌到公司治理结构之中，明确和落实党组织在公司法人治理结构中的法定地位。大监督体系指的是，国有企业大监督体系构建既要解决党对国有企业的管理问题，又要解决以上多重监督带来的低效率问题，也是中国公司治理发展未来探索和实践的重要内容。

四、联、共、合、兼，以监事会为主导的监督求实创新之路

2013 年以来，国有企业大监督体系的早期探索主要有两个方面：

其一，党建进公司章程，探索实现党对公司治理的融入前文已述。

其二，监事会依然是监督工作的牵头组织，监事会监督与董事会监督融合，与职工监督融合，与集团管控融合，与企业纪检监察融合，与内部审计融合，与法务融合，与内控、风控融合，真正发挥监事会在法人治理体系与“多位一体”监督体系中的重要作用。

企业中，法务侧重事前审查，确保业务开展和合同内容合法法规；监事侧重事中监督，列席决策会议、监管经营与投资风险；审计侧重事后审查，可以调阅财务账目、核查会计档案；巡察重点突出政治体检，可以深入基层一线听取基层声音；纪检监察则履行监督执纪问责职责，处理违规违纪现象、处理相关责任主体。对监督中发现的相对简单问题，点对点流转移交相应职能部门；对于重大复杂的问题，

① 许贵元．切实给基层松绑减负［EB/OL］．（2018－12－11）［2022－10－27］．https：//mp. weixin. qq. com/s/U6Y－edSeAQy－jfzoVtadng. 来源：2018 年 12 月 5 日大众日报．

依托联席会议机制共同合力解决；对于涉嫌违纪违规的，移交纪检监察依纪依规处理，实现监督检查、发现问题、处置问题的完整闭环。

这些做法，总体上体现为图 11 -9。

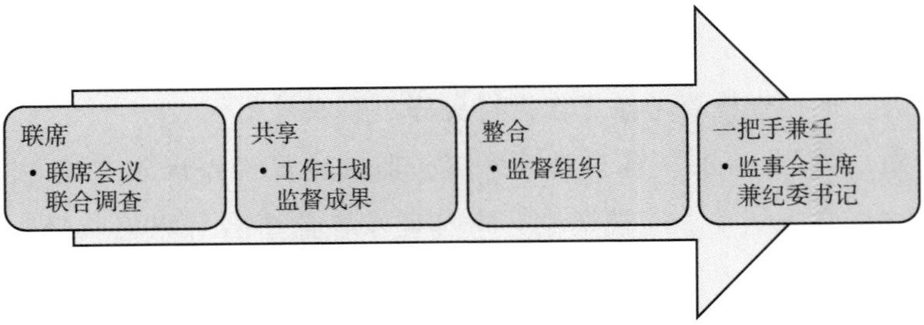

图 11 -9 以监事会为主导的国有企业大监督体系早期探索

（一）建立监督工作联系会议制度、组织联合调查

1. 监督工作联系会议制度

某企业的大监督体系，是由监事会、审计、纪委监察、合规风险等部门组成联席会，制定联席会成员的工作职责，每季度或者每半年召开一次联席会议，推动监事工作迈上新台阶。

2014 年，湖南永州市供销合作联社监事会制定和印发《监督工作联席会议制度》，整合监事会、财务、监察、审计等监督职能，建立联合监督平台。凡是涉及监督方面工作，交由监督工作联席会议研究处理。联席会议由监事会主任负责组织和召集。2016 年召开了 4 次监督工作联席例会，一次临时会议。研究市社理事会重大决策部署落实情况、内部审计、监审人员队伍建设、财政专项资金检查、市社直属企业考核、县区社组织建设等 15 项工作，并对外公布监督联席会议纪要内容①。

该制度规范了议事程序。联席会议负责统一协调各成员部门的行政监督。联席会议成员单位由市社监督审计科（监事会办公室）、财会统计科、纪检监察室、经贸科、合作指导科、资产经营公司组成。市社监督审计科（监事会办公室）行使联席会议办公室职责，负责联席会议日常工作。联席会议成员单位有需要研究的事项，需会前 3 天报联席会议办公室。会上成员发表意见，召集人末位表态发言并签发会议纪要。联席会议主要从市社控参股企业日常的经营和财务监督入手，重点加强企业内部审计、社有资产核查以及财政资金使用检查等监督工作。通过实行监督工作联席会议制度，从以往单一的监督转变为立体监督，从财务、业务、审计、纪检监

① 湖南省供销合作总社．实行联席会议制度 强化监督工作职能［EB/OL］．（2017 -07 -07）［2022 -10 -27］．https：//gxhzs. hunan. gov. cn/ztzl/jshgz/201707/t20170707_4297851. html.

察多层次对控股、参股企业进行监督，加大了监督力度。此外，该制度要求做好会后督办。

上述监事会联席会议制度联合的是同一企业内各个监督机构的力量。还有一种联系会议是，各级企业监事会之间的联席会议。如江苏盐城市属企业监事会联席会议制度。

【案例】《江苏盐城市市属企业监事会联席会议制度》（盐国资〔2016〕159号）

为加强对市属企业监事会工作的领导，做好市属企业监事会之间的协调配合，进一步规范市属企业监事会工作的有效开展，根据《盐城市市属企业监事会工作暂行办法》（盐政发〔2015〕136号）文件精神，经研究，决定建立市属企业监事会联席会议（以下简称“联席会议”）制度。

一、联席会议组织领导

联席会议由市国资委分管领导召集，各监事会主席、专职监事、监事会工作办公室全体成员参加。根据工作需要，可邀请委机关相关处室人员参加。联席会议的组织、协调等日常工作，由市国资委监事会工作办公室负责。

二、联席会议主要内容

（一）学习贯彻有关法律法规和政策规定；

（二）部署落实市国资委对监事会的工作要求；

（三）研究拟订监事会工作规划、计划的建议；

（四）听取各监事会工作交流，对监管企业财务运营分析以及经济运行情况的汇报，并提出意见和建议；

（五）协调和指导监事会依法监管工作的落实情况；

（六）研究和防范监管企业重大决策、资产变动、投资管理、会计核算、财务管理等方面出现的问题和风险；

（七）探讨和研究加强监事会自身建设工作；

（八）其他需研究或讨论事项。

三、联席会议工作规程

（一）联席会议原则上每季度召开一次，如有重大事项，可随时召开；

（二）召开会议前，各监事会应将需研究的问题书面报送监事会工作办公室，由监事会工作办公室汇总后报分管领导及各监事会主席；

（三）监事会工作办公室负责会议记录；

（四）各监事会应认真贯彻落实联席会议议定的意见和要求，并根据会议决定抓好贯彻落实。

以上两种监督工作的联席会议制度的生命力在于真正能解决企业存在的问题，而不是形式主义或者花架子。

2. 联合检查

如前所述，国企监督有多条线，每条线不定期会安排专项检查、审计、年度检查，监督频度高，给企业带来了较大的时间成本和监督成本，效果却不匹配。

监事会加强与审计、巡察、纪检监察机构的配合，合理调配审计、监事会检查、纪委巡查，减少交叉重复，努力扩大监督覆盖面。例如，某地方农商银行，将监事会专项监督检查与审计监督、纪检监察业务职能事项相融合、联动，抓住农商行经营管理的重点和风险防控的弱点，明确监督落脚点。

联合检查分为横向联合（也就是监事会与审计、巡察的联合）以及纵向联合（同一系统内，兄弟企业监事会开展的联合）。中国兵器装备集团有限公司的片区监事会制度，由三个兄弟公司组成一个监事会片区的联合检查，就是一种纵向联合。

联合检查的理念很好，关键是要公司“一把手”或相关制度推动。否则，各个部门的主管领导不一致，协调的难度就比较大。

某民营企业，董事长拟把所有的监督业务（审计、法务、风险管理）职能归为一个副总经理管，并且想让这个副总经理兼任监事会主席。笔者跟这位董事长说，首先，副总经理不能兼任监事会主席。因为，法理上，副总经理是监事会的监督对象。其次，这个思路体现了企业大监督思想，可以考虑把企业所有的监督资源归集到监事会主席管理。

（二）共享工作计划与监督成果

公司的审计、监事会、董事会审计委员、纪委监察，每年都有自己的工作计划，也有不同的主管领导，当没有一种力量，去打通这些条块时，必然是各自为战，重复劳动，累坏了自己，也累坏了被监督对象。

监督成果共享的机制，实现起来不困难，监督成果报告抄送相关监督部门就可以。年度监督计划的共商制度，实现起来要困难一点。因为，各个监督主体有不同的公司主管领导，这些主管领导协调一致，一般不太容易。而且从法理上说，审计、内控、风险管理部门的主管领导（如副总、总经理），本身就是纪检、监事会监督的对象。

但是，企业建立监督相关部门的年度监督工作计划的协商机制非常必要。监事会、纪委、董事会可牵头推动这项工作，统一企业法律部、审计部、合规或风险管理部、监事会、董事会审计委员会等的年度监督工作计划。因为，年度工作计划是全年工作之纲。国有企业建立年度监督工作计划共商、各个监督成果共享的机制，实现经济责任审计、专项审计、监事会检查成果共享和信息相互沟通，可形成事半功倍的监督合力。

（三）整合监督组织

整合所有监督组织和人员，组建新的企业大监督组织，是最彻底的监督工作一体化“革新”。早在2014年，南京国资委就进行了这样的探索，建立了监事会、审计、纪委监察“三位一体”的大监督体系。这个案例最大的特色是，在集团层面，撤销原监事会、纪检监察、内部审计等监督机构建制，整合设立监督办公室专司监督职能，实现纪监审“三位一体”。

【案例】南京市城建集团2013年整合监督组织，探索“三位一体”大监督体系

针对企业国有资产监督资源分散、责任模糊、机构不独立等问题，江苏南京市城建集团（以下简称“南京城建”）自2013年7月以来，探索开展了纪检监察、监事会、内部审计“三位一体”监督体系试点。试点三年来，南京城建打出了职责清晰、措施有效、协抓共管的国资监督“组合拳”，为保障企业健康持续发展发挥了重要作用。

一、整合监督职能，构建“三位一体”监督体系

试点之初，南京城建就大胆打破传统监督模式，对企业监督体系进行了革新，集中整合监督资源。在集团层面，撤销原监事会、纪检监察、内部审计等监督机构建制，整合设立监督办公室专司监督职能，实现纪监审“三位一体”。在子企业层面，结合实际情况，分类推进“三位一体”监督体系建设。规模较大的子企业，设立监督办公室，接受母公司和子企业双重管理；规模相对较小、人员相对较少的子企业，按照“业务相似、功能相近”原则，分组成立联合监督工作室。整合后，监督人员精简了1/3，在岗人员具备审计、财务、法律、工程、纪检等专业背景的比例达到85%以上。

二、创新领导体制，实行监事会主席兼任纪委书记

试点过程中，在南京市委组织部、市国资委指导推动下，南京城建探索实施了外派监事会主席和集团纪委书记“一肩挑”的领导体制。监事会主席（纪委书记）由市委组织部和国资委共同考核任免，党组织关系在集团，人事和工资关系在国资委。工作上专职分管监督办公室，全程参加集团董事会、党委会、经理办公会，参与企业重大决策并独立发表意见。监督办公室在集团按照内设部门管理，主任由集团党委提出拟任人选，征求上级党委意见后由集团党委任命。监督办公室工作人员纳入集团考核体系，考核结果征求外派监事会主席（纪委书记）意见。该领导体制显著增强了监事会主席（纪委书记）开展监督的独立性和权威性。

三、明确职责定位，实现对人、财、物监督全覆盖

试点期间，南京城建出台了《监督办公室工作制度》等一系列规章制度，明确以重大财务监督为主线，以决策和执行监督为重点，把企业经营与财务管理中的人权、财权、物权以及资金流、物流、信息流等“三权三流”全方位融入监督制约机制。其中，明确监事会主席（纪委书记）主要职责包括：组织对企业经营状况和财务状况的监督检查；组织协调反腐败工作；组织对企业重大事项集体决策和执行情况的检查评估；组织对集团各级领导班子及成员履职行为的监督检查等。明确监督办公室主要职责包括：检查企业惩防腐败体系、风险防范体系和内控制度的建立与执行情况；依法依纪查处企业党的组织和党员违法违纪案件；检查企业重大经营活动和财务状况，对重大风险和问题及时预警并报告；开展企业领导人员任期和离任经济责任审计，对重大工程开展项目审计，对重大经营异常情况进行专项审计等。

四、强化成果运用，以整改落实助推企业强化管理

南京城建高度重视监督成果运用，通过监督成果的整改落实为企业创造了实实在在的效益。一是加强招标监督。对集团所属南京水务集团招投标项目进行专项检查，指导推动该企业建立了招标中心平台。平台运行一年半即完成招标项目超过 1 000 个，节约计划资金 8 400 余万元。二是加强账户监督。对集团系统银行账户进行专项检查，其中 1 家子企业清理 44 个银行账户，两年多来归集资金 72 亿元，每年节约财务成本 900 余万元。三是加强资金监督。在规模较大的 4 家子企业推行资金集中管控，通过公开报价比选确定资金集中存管银行，实现企业贷款利率下浮 12%、存款利率上浮 30%，其中 1 家子企业因此年增经济效益 1 000 万元。四是加强审计监督。对集团所属港华燃气公司燃气供应管理开展审计，指导该企业加强成本控制、内控管理，使该企业 2014 年供销差率下降 0. 26 个百分点，减少损失 497 万元。该审计项目被国家内部审计协会评为全国“百佳审计案例”。

这个探索，为什么后来没有推广？笔者不了解背后的原因。

（四）双向进入、交叉任职，深圳 2016 年探索纪委书记兼监事会主席

内部审计、监事会和纪检监察机构人员可适当交叉任职。例如，审计、监事会会人员可担任纪委委员，纪检监察、审计机构人员可兼任监事会监事，上级企业财务人员可兼任下级企业监事。

2016 年，深圳将这种思路推广到监事会主席兼纪委书记上，进行了深入、大面积的探索。时任深圳市委常委、市纪委书记张子兴表示，过去，企业“一把手”在很大程度上决定了纪委书记的升迁及薪酬等级，纪委书记的腰杆子压根就挺不直。

另一方面，企业纪委未全面掌握企业经营管理状况，也是导致监督不到位的重要原因。“不敢履职的纪委书记，作用还不如花瓶①。”

深圳市对国企纪检监察体制改革进行大胆探索，提出纪委书记、监事会主席双向进入、交叉任职的改革办法。根据改革办法，市直管企业纪委书记人选由市纪委会同市委组织部提名、考察。其任免由市国资委党委按照相关程序办理。同时，企业纪委书记兼任监事会主席。

2016 年下半年，深圳市先后选派 20 名纪委书记到市属国企任职，并由市国资委依据公司章程委派或推荐进入企业监事会按相关程序任主席。纪委书记是党内监督职务，监事会主席是公司“三会一层”法人治理的三驾马车之一，两者合二为一的探索，在广东省内尚属首次。

明确权力来源，理顺管理体制，为企业纪委书记监督执纪问责打下基础。这些企业纪委书记，除了在人事任免上与企业脱钩以外，考核、交流、薪酬、待遇等统统与企业脱离干系。纪委书记的升迁，不由企业来决定。工作一段时间后，还要交流到别的单位。时任广东省委常委、深圳市委书记王伟中表示，推行纪委书记兼监事会主席，是坚持党的建设与国企改革同步谋划、党的组织及工作机构同步设置的重要举措，有利于将党的领导和完善公司法人治理统一起来，实现党内监督和法人治理监督有机融合。

纪委书记和监事会主席集于一身，更便于开展监督执纪问责。深圳探索的做法还有：（1）党委会议，以党委委员、纪委书记身份参加，董事会、经营工作会议可以以监事会主席身份列席。（2）纪委和监事会在监督职能、对象、范围、惩处权限上各有差别，通过新模式，可以真正实现各司其职、资源共享、职责互补、整体联动的监督格局。

2019 年，浙江宁波市属国企中已有开投、交投、工投、商贸等 6 家单位启动大监督格局的构建工作。这一年 7 月，浙江省委十四届三次全会通过的《关于推进清廉浙江建设的决定》，再次指出要积极推行纪检监察、监事会、审计、财务、法务等六位一体的大监督机制，将监事会工作融入公司整个监督体系中，监事工作已经成为大监督体系下不可或缺的重要部分。此外，多数单位十分重视巡察工作，如宁波交投建立了党委巡察组及巡察办，根据工作需要对二级公司以下开展巡察工作。根据《中国共产党巡视工作条例》《宁波市委巡察工作实施办法》《指挥部（集团公司）党委巡察工作办法》，明确巡察范围和内容，工作方式、权限和程序以及纪

① 姚文胜，陈义波. 纪委书记兼监事会主席：让国企走出监管困境［EB/OL］.（2018-01-26）［2022-11-01］. https://mp.weixin.qq.com/s/85qPDSCZzD1wABdyTDdlkg.

律和责任，确保巡察工作依章、规范、高效开展①。

这一时期在地方国有企业进行大监督体系取得有效经验的同时，中央企业也进行了类似的探索。

【案例】2017 年，三峡建设公司构建大监督体系，为公司转型升级提供保障②

中国葛洲坝集团三峡建设工程有限公司是世界500强企业中国能源建设集团旗下中国葛洲坝集团骨干子企业，是一家集水利水电、市政公用、房建工程、交通建设、新能源开发以及物流物贸等多业务于一体的大型国有企业。

该公司2017年探索建立企业大监督体系，其主要内容有：

建立部门联动机制，形成大监督合力。大监督体系并不是在现有监督体系之外再设监督机构，而是把现有的监督资源进行合力的整合，通过信息共享、群策群力、系统联动，提高监督效率和效果。该公司构建“党委为核心、纪委为枢纽、权力集中部门为基础、外部监督为补充”的监督体系。由党委工作部、纪检工作部、审计部、风险控制部等部门组成监督部门，行使监督、执纪、问责职能；由集中采购中心、生产经营部、财务部等部门形成协作部门，负责系统建设、职能管理范围内监管工作；由集团公司相关职能部门及地方检察院组成外部监督力量，指导、培训监督人员。各部门、各种监督力量之间相互配合，专业优势、管理力量等资源互补，防止出现工作上的交叉和重合。

建立大监督工作机制，提升监督工作水平。通过建立大监督工作委员会，使各监督主体之间无领导隶属关系、平等协商，可以有效整合各监督主体资源，优化监督体系，形成监督合力。每季度召开大监督工作例会，定期听取纪检监察部门汇报巡查和监督检查中发现的典型问题和案例，共同研究在集中采购、合同管理、信用管理、人力资源等方面存在问题，明确每个阶段各个部门监督重点、难点问题，使监督工作“各自为政”向“同频共振”转变。

建立常态化巡查机制，持续形成有力震慑。通过建立常态化、多元化的督查机制，推动巡查工作全向各岗位全面覆盖，是把落实党风廉政建设“两个责任”由外在压力转变为内在动力的有效抓手。发挥专项检查在督促帮助风险防控、健全和完善制度、增强和提高管控能力上的作用，检查的重点始终坚持集团及公司管理重点在哪里，监督检查跟进到哪里。每次检查做到事前有准备、事中有重点、事后有结果。对在监督检查中发现的问题在大监督工作例会上，

---

① 李豪. 关于国有企业构建大监督工作格局的思考［EB/OL］.（2019-06-27）［2022-10-18］. https：//www.fx361.com/page/2019/0627/5263173.shtml.

② 资料来源：中国葛洲坝集团股份有限公司网站，http：//www.cggc.ceec.net.cn/art/2017/1/18/art_6857_1302978.html.

及时提出有关风险提示和建议加以警醒，督促相关部门紧盯整改情况，做到举一反三、持续改进。

建立健全抓早抓小机制，科学有效地防治腐败。建立健全抓早抓小机制，对联合巡查发现的典型问题，由大监督工作委员会办公室向委员会汇报，根据问题的性质，安排相关监督主体负责跟进，集中开展监督检查，联合进行查处。对存在的突出问题深入分析，制定切实可行的精确处置机制，区分不同的情况和事件，督促有关职能部门提高效率，改进工作，对涉及违纪违法的，严格按照党纪政纪和法律规定进行处理，对相关责任人尤其是负有领导责任的负责人进行责任追究，防止小问题日积月累变成大问题，防范一般问题演变为重大责任事故。

这一阶段的探索有三大成功经验。

首先，通过"交叉任职，双向进入"，纪委书记兼监事会主席，实现党的统一领导。

其次，解决了监事会普遍存在的监事会人员配置不足的普遍问题。企业监事会机构设置相对简单、人员配置不足，导致监事会日常工作开展深度不够。建立履职监督、财务监督、内控监督、风险监督等独立的工作小组，每个工作小组成员中都有风险、合规、财务、审计等专业人员，利于监事会开展好日常监督管理工作。

其三，建立全方位监督体系。监事会在依靠自身力量的同时，主动与其他部门协作和配合，建立以监事会为主体，纪检监察、风险、合规、审计稽核多位一体的监督平台，把监督工作触角延伸到全行每个角落，全方位、全覆盖发挥好各自监督职能，形成整体监督合力，不断提高了监督效率和监督质量。

第二节　加法与减法，构建政治监督为主导的国有企业大监督体系

笔者认为，未来构建中国特色的公司治理体系，必须建设以政治指导为主导的国有企业大监督体系，也就是，党内监督与法人治理监督相结合、纪检监察监督与出资人监督相结合、内部监督与外部监督相结合的大监督体系。其中，最关键是解决"一把手"监督问题。

一、企业大监督体系既要做加法，也要做减法

2015 年 8 月，中共中央、国务院印发的《关于深化国有企业改革的指导意见》提出要"建立健全高效协同的外部监督机制，强化出资人监督"。2019 年 11 月，国

务院国资委下发《关于以管资本为主加快国有资产监管职能转变的实施意见》，进一步提出要“构建业务监督、综合监督、责任追究三位一体的监督工作闭环，强化监督协同”。在国资监管机构职能转变的大背景下，“构建多位一体大监督体系”成为中央及地方国资委开展“十四五”规划的重要子命题。

企业纷纷响应。2022 年 9 月，山钢股份莱芜分公司型钢厂党委副书记、经理刘庆祯提出大监督体系的“三全”要求，一要将监督置于各项工作“全覆盖”。要通过构建深度融合、有效贯通的大监督体系，进而形成全面覆盖、常态长效的监督合力，进一步做实监督全覆盖、增强监督有效性，不断释放全面从严、越来越严的强烈信号，以有力有效的监督提高发现和解决问题能力。二要把监督贯穿各项工作“全过程”。要提高风险意识，紧盯专业领域范围内问题易发多发、管理风险高、廉洁风险大的关键环节，列明重点事项，从制度流程入手，强化制度刚性执行，及时发现解决一般性问题，着力发现解决深层次问题，严查问题背后的责任问题。三要把大监督体系各项监督“全贯通”。要着力消除监督空白和盲区，把全厂所有党员干部、工作骨干、重点岗位人员置于党委、纪委、党支部、车间、科室和职工群众监督之下。要着力健全协作配合机制，形成“党内监督、行政监督、群众监督、舆论监督、社会监督”配置科学、权责协同、运行高效的大监督体系网络[①]。

笔者不完全同意以上对大监督体系的理解。上述“全覆盖、全过程、全贯通”监督的提法，是一个只做加法、层层加码、全民监督的监督思维。笔者认为，大监督的核心是“有加有减”，既要避免企业层面监督“五龙治水”带来的资源浪费与低效率，又要加强党的领导。

做减法，是去除重复的监督。在整个国有企业监督治理体系中，除了监事会还有一些重要的监督主体。一是纪检监察监督。纪检监督属于党内监督，监察监督则属于行政监督。目前，从党和国家层面看，中央纪律检查委员会和国家监察委员会合署办公。从国有企业层面看，纪检和监察一般的也是合署办公，一套班子、两块牌子。二是审计监督。三是企业内部控制监督。四是总部管理部门对所属单位的监督。五是监事会的监督。这些监督之间难免有职能重复和资源浪费。显然应该构建信息共享交换机制，避免重复低效工作，减少被监督单位的接待工作。

目前，很多国有企业，纪检监察的巡视往往和审计在时间上存在交叉或相近，如审计尚未或刚刚结束，巡视组或其他专项检查（如物资专项检查、信息系统专项检查等）就入驻被检查单位，被检查单位接待工作繁重。而且，目前的巡视工作在有些方面还与审计所关注的内容一致，例如，纪检监察部门也把财务、物资、合同、

① 型钢厂大监督体系建设暨纪检工作推进会召开［EB/OL］.（2022-09-16）［2022-10-31］. https：//mp. weixin. qq. com/s/GXcE93BAltC2ZUYOLM3OIA.

销售等作为入手点，而这些也是审计常规检查中均应涉及的。如果这些信息能够相互共享与交流，获取共享信息的一方必然会减少检查工作量，从而把有效的时间放在更加重要的领域，既可以提高两个监督部门工作效率还能极大地提升工作质量①。

做加法，是加强党的监督、加强政治监督、加强审计监督，其重点是真正管住企业的关键少数。习近平总书记明确要求“努力构建集中统一、全面覆盖、权威高效的审计监督体系，更好发挥审计在党和国家监督体系中的重要作用”，传递出党内监督和国家监督实施大联合监督信号，凸显了纪检、监察和审计等开展大联合监督体系重要性②。

显而易见，企业大监督体系建设既有加法，也有减法。构建由党统一领导，纪检、监察和审计等各级监督部门高度整合、彼此协同作战的大联合监督体系，对国有企业的健康、稳健发展具有重大的意义。

二、深化政治监督，修改审计法，以国家审计管住国有企业关键少数

2018 年春天，我国取消一级央企的监事会，国资委监事会工作局 29 个办事处的人员和职能转移到国家审计署，成立了 5 个企业局和 5 个金融局。这对国家审计在国有企业监督中的监督作用，寄予了厚望——犹如，1998 年对稽察特派员以及后来的外派监事会所寄予的厚望。

2021 年 10 月，《审计法》修订③。修订后的《审计法》从 2022 年 1 月 1 日起施行。主要修订内容为：将国有资源、国有资产、关系国家利益和公共利益的重大公共工程项目以及国家重大经济社会政策措施贯彻落实情况等纳入审计范围。相关条款修改为：“审计机关对国有企业、国有金融机构和国有资本占控股地位或者主导地位的企业、金融机构的资产、负债、损益以及其他财务收支情况，进行审计监督。”“审计机关对国有资源、国有资产，进行审计监督。”

监督“一把手”是强化党内监督的重中之重。长期以来，“一把手”监督面临着“上级监督太远、同级监督太软、下级监督太难”的现实困境。修改《审计法》，将有效规范“一把手”权力，做到依法用权、秉公用权、廉洁用权。

2021 年 11 月，河南省审计厅地方金融审计局、地方国有企业审计局揭牌仪式在郑州举行。该地方金融审计局主要职责是对省属地方金融机构、省政府规定的省属国有资本占控股或主导地位的金融机构贯彻落实党中央、国务院及省委、省政府有关重大政策措施情况等进行审计。地方国有企业审计局主要职责是对省管地方国

---

①② 新常态下构建国有企业大联合监督体系之我见［EB/OL］.（2020-05-31）［2022-10-31］. https://mp.weixin.qq.com/s/n-eHIore7VkovLraY6czZg.

③ 2021 年 4 月，山西省审计厅地方金融审计局及国有企业审计局成立。

有企业、省政府规定的省属国有资本占控股或主导地位的企业贯彻落实党中央、国务院及省委、省政府有关重大政策措施情况等进行审计①。

2022年5月，时任陕西省委常委、市委书记赵刚（曾担任某央企总裁，是与笔者同龄的老上级）主持召开六届市委审计委员会第一次会议，对发挥经济责任审计联席会议作用，加强经济责任审计工作提出了明确要求。延安市委审计办认真贯彻落实审委会精神，组织召开了经济责任审计联席会议第一次全体会议，制定了运行规则，建立了纪检、组织等部门单位在审计进点、组织实施、信息共享、结果运用等关键节点，常态化介入、深度化参与的工作机制，经济责任审计的权威性和震慑力得到全方位提升②。10月28日，延安八户市属国有企业主要领导人员经济责任审计集中进点会召开。延安市委审计办主任、市审计局党组书记、局长刘江参加会议并讲话。市纪委监委、市委组织部、市委编办、市审计局、市财政局、市人社局、市国资委、市金融办等联席会议成员单位相关负责同志，八户市属国有企业主要领导，各审计组组长、副组长、主审参加会议。

以上实践是中国地方国有企业探索审计方式的一个缩影，可圈可点。笔者注意到，延安有很多创新的做法值得点赞。其一，经济责任审计联席会议，从以上参加会议的部门来看，范围广、力度大；其二，纪检、组织等部门单位在审计进点、组织实施、信息共享、结果运用等关键节点，常态化介入、深度化参与。

不容忽视的是，审计署的审计监督和纪检监督结合起来，力量就更加强大了。

2018年前后，我的一位朋友被借调两个月，参加了审计机关对某中央企业领导人的离任审计。50余人现场工作，无中介机构参与。这位朋友说，这个离任审计有力量，他自己受益匪浅：审计前，先列出问题清单，要求被审计单位首先自查；审计过程中，要求被审计单位“一把手”签字承诺所提供的资料完全没有虚假；设立举报机制，重点领域是处置资产、招投标、私企合同、贸易融资；如果审计署发现重大问题，上报中纪委继续追查。2016年3月，辽宁省委原书记王珉就是在审计署的审计中被发现问题，后被送中纪委进行调查、立案审查、进而被送到最高人民检察院接受立案侦查。

2022年10月，党的二十大新闻中心举行记者招待会，中央纪委副书记、国家监委副主任肖培说，党的十八大以来，中央纪委、国家监委立案审查调查的553名中管干部中，含十八届中央委员、中央候补委员49人，十八届中央纪委委员12人，十九届中央委员、中央候补委员12人，十九届中央纪委委员6人。全国纪检监察机

---

① 某省成立地方金融审计局和国有企业审计局 加强穿透式审计监督［EB/OL］.（2021－11－05）［2022－10－30］. https：//mp. weixin. qq. com/s/Gfhwogz2stKxs_5e－PEaQg. 来源：河南日报.

② 蔡小执. 延安市委审计办召开八户市属国有企业主要领导人员经济责任审计集中进点会［EB/OL］.（2022－10－28）［2022－10－30］. https：//mp. weixin. qq. com/s/rxUMMLu6zTKCUC80CcTWPw.

关共立案审查调查严重违纪违法的各级“一把手”20.7万余人①。

值得注意的是，公司董事会审计委员会与国家审计机关在企业层面的审计属于不同范畴。前者是公司治理层面的监督，任何企业都有。后者是国家监督体系中的监督，只针对国有控股企业，旨在通过国家行政监督的力量解决国有企业中的“一把手”监督问题。

如果《公司法》未来的修订中，取消监事会，保留董事会审计委员会。这种变化的结果是，国有控股企业通过上述国家审计监督解决了“一把手”监督问题，而其他所有制的公司，可能存在“再锋利的刀永远砍不到刀背”（没有监事会，董事会审计委员会作为董事会的下设机构，当然监督不了董事长）的问题。这也是英美法系一元制公司治理模式存在的根本问题。

【讨论】“一把手”负责内部审计，国家审计、出资人、外部审计监督“一把手”

《审计署关于内部审计工作的规定》（审计署令2018年第11号）第六条规定，国有企业内部审计机构或者履行内部审计职责的内设机构应当在企业党组织、董事会（或者主要负责人）直接领导下开展内部审计工作，向其负责并报告工作。国有企业应当按照有关规定建立总审计师制度。总审计师协助党组织、董事会（或者主要负责人）管理内部审计工作。

《关于深化中央企业内部审计监督工作的实施意见》（国资发监督规〔2020〕60号）要求，（1）明确建立健全党委（党组）、董事会（或主要负责人）直接领导下的内部审计领导体制，发挥董事会审计委员会管理和指导作用，完善激励约束机制，压实工作责任，加强集团总部对内部审计工作的统一管控。（2）加强出资人对内部审计的监管。对审计计划编制、重大事项报告等工作提出要求，明确建立健全出资人对内部审计工作的检查评估工作机制、加大责任追究力度等②。

上述两个文件均规定党组织、董事会（或者主要负责人）管理内部审计工作。但是，似乎还不够明确。到底是党委（党组），还是董事会（或主要负责人）具有公司的内部审计的最高管理权？除非两者二合一，也就是党委书记兼董事长。

此外，谁来监督公司的“企业党组织、董事会（或者主要负责人）”？

其一，在公司治理理论中，董事长位高权重，掌握了公司的命运，决定了

---

① “八项规定，长期有效”！[EB/OL].（2022-10-17）[2020-10-30]. https://mp.weixin.qq.com/s/i9rugMYdMsZgvaXQWKlShg. 来源：南方都市报.

② 国务院国资委印发《关于深化中央企业内部审计监督工作的实施意见》[EB/OL].（2020-10-13）[2022-1022]. http://www.gov.cn/xinwen/2020-10/13/content_5550944.htm. 来源：国资委网站。

企业的战略风险，是被监督的主要对象（这也是1998年中国建立稽察特派员制度的起因），怎么解决这个监督问题？上文所述国家审计监督，可以有效实现对国有企业董事长进行审计监督。两者结合，就完美了。

其二，上文中的“加强出资人对内部审计的监管”，这里的出资人是谁？是国资委通过哪个主体、哪个部门？笔者的理解是，通过集团管控这一条线来实现的①。例如，中国核工业集团公司提出了上级集团公司“集团管控”对下一级审计的管理。该公司坚持结果导向，基于“十四五”审计工作重点目标及任务要求，围绕其2021年度重大部署及重点工作，研究制定2021年审计工作要点并在全集团范围内印发，推进审计重点任务的落实落地。同时，进一步健全“上审下”的内部审计管理体制，由集团总部对各二级单位上报的2021年度审计工作要点进行全要素审核。积极探索建立内部审计工作效能评估体系，尝试对下属单位内部审计体系建设、审计计划执行、审计质量控制、审计成果运用等工作效能进行评估，不断强化内部审计在查错纠弊、决策支持和价值增值等方面的作用发挥②。

其三，内部审计主要侧重点是经济活动的合法合规、目标达成、经营效率等方面。外部审计主要侧重点是会计信息的质量和合规性。内部审计部门往往隶属管理层，为管理层服务。因此，对管理层进行监督，除了国家监督以外，还可以借助外部审计。尤其对上市公司而言，外部监督成本低、效率高，中外上市公司中，众多公司舞弊案都是外部监督的成果。

值得一提的是，外部审计也会出错。如下面的案例。

2020年11月，深圳证监局《关于对LX会计师事务所（特殊普通合伙）及注册会计师廖某、冯某采取出具警示函措施的决定》③ 指出，对你们执行的某股份公司2017年年报审计执业项目进行了专项检查。经查，你们在执业中存在以下问题：

（1）你们未对审计发现的神州长城2017年12月处置长期挂账的应收账款、大额无商业实质的资金出借等存在舞弊风险的事项追加审计程序，以确定是否存在尚未识别的由于舞弊导致的重大错报风险；你们将“货币资金”等科目识别为特别风险，但设计的审计程序未涵盖大额资金履行的审议程序，审计程序

---

① 国有企业一直有集团管控、公司治理、党、政四条线。

② 中核集团扎实做好内部审计“十四五”开局工作［EB/OL］.（2021－06－18）［2022－10－30］. https：//mp. weixin. qq. com/s? __biz = MzA5Mjg3NjA0Nw == &mid = 2649593054&idx = 1&sn = 9357b31a6bb89d0b23acad87acba61d9&chksm = 887f48bebf08c1a8ab9a05a321f6f869de674dc964be32773a300509299800aa8ca856827404&scene = 27. 来源：中国审计部。

③ 多项审计程序执行不当，LX及两注会被出具警示函［EB/OL］.（2020－11－29）［2020－10－30］. https：//mp. weixin. qq. com/s/iTBXDjmEux7fCdArgO5wzQ.

不充分。

（2）你们未保持职业怀疑态度，未分析转让的2.32亿元应收账款的可回收性，未关注保理业务的商业合理性；未执行审计程序确认神州长城是否已就债权转移事项通知债务人。

（3）你们未设计并执行相关审计程序确认神州长城6.06亿元财务资助是否已经董事会和股东大会审议，以及相关信息的披露情况。

外部审计良莠不齐，因此，“提议聘请和更换外部审计机构”之权就很重要。前已讨论，此不赘述。

笔者注意到，1998年的稽察特派员制度和此后的外派外设监事会，均建立在国有全资企业的前提之下，不同于《审计法》（2021年10月修订，2022年1月1日实施），其适用范围不仅包括国有全资，还包括国有控股企业[①]。

这就让人想到一个话题，在一般公司治理的理论中，控股股东能否越过股东会直接派一个审计小组去审计？笔者认为，即使可以，这个审计结论也只能代表控股股东的意见，并不能代表该企业（如某一个国有企业，国有持股51%，民营或者外资持股49%）的意见。显然，国家审计机关的监督不是公司治理层面的监督，是超于公司治理监督的行政监督。这在逻辑上是自洽的。但在公司治理体系中，就存在其他股东对公司履行监督权的缺位（笔者认为，董事会审计委员会仅仅是审计，不能替代股东监督权）。

如果说通过修改《审计法》，通过国家审计，有效解决了国有控股企业“一把手”监督问题。那么，要建立完善中国特色监督体系过程中，还必须做实另一件事情——检查。这件事情，可以依靠党的巡视巡察的力量。

三、党内监督为主导，做深巡视巡察，破解国有企业“一把手”监督难题

深化国企改革必须符合国情，必须坚持党管企业。努力创新党管企业的方式方法，是我们面临的新形势、新任务，也是构建国家治理体系的重要环节。其中，建立国企巡视制度，体现了新常态下党管企业的新要求。

习近平总书记多次强调，巡视是政治巡视，本质上是政治监督。巡视是《党章》赋予的重要职责，是党要管党、从严治党的重要手段。2003年，“中央纪律检查委员会、中央组织部”巡视组正式成立，巡视制度确定为“党内监督的十项制度之一”。2009年，更名为中央巡视组。这一年出台的《中国共产党巡视

---

① 审计法修订为：“审计机关对国有企业、国有金融机构和国有资本占控股地位或者主导地位的企业、金融机构的资产、负债、损益以及其他财务收支情况，进行审计监督。”

工作条例》（试行）规定，巡视工作范围、内容、工作方式和权限，同样适用于国企。

从巡视到巡察，国有企业逐步建立了巡视巡察制度（见图 11 －10）。

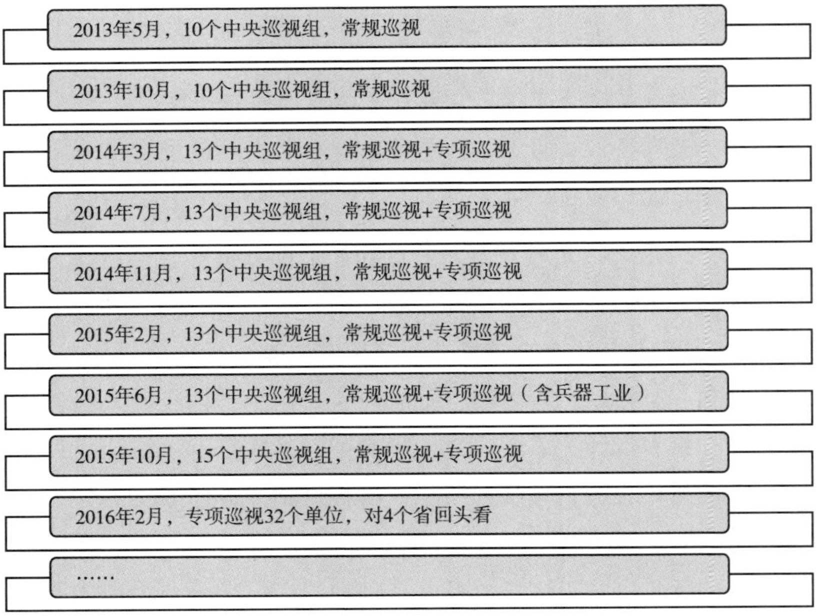

图 11 －10　巡视巡察制度

巡视制度是指党中央和省、自治区、直辖市党委通过建立专职巡视机构，依据《中国共产党章程》《中国共产党巡视工作条例》等规定，对所管理的地方、部门、企事业单位党组织进行巡视监督的制度。《中国共产党巡视工作条例》（2017 年修订）规定，“党的中央和省、自治区、直辖市委员会实行巡视制度，建立专职巡视机构，在一届任期内对所管理的地方、部门、企事业单位党组织全面巡视”。“中央巡视组的巡视对象和范围是：中央管理的国有重要骨干企业、金融企业、事业单位党委（党组）领导班子及其成员……”“省、自治区、直辖市党委巡视组的巡视对象和范围是：省、自治区、直辖市管理的国有企业、事业单位党委（党组）领导班子及其成员……”

中央巡视组的巡视对象主要是省部级领导干部。党的十八以来，中央巡视实现了省区市、中管国有重要骨干企业和中央金融机构全覆盖。

巡察制度是指市（地、州、盟）党委，县（市、区、旗）党委，依据《中国共产党章程》和其他党内法规，通过建立专职巡察机构、借鉴巡视工作经验，对基层党组织和党员干部进行监督的一种制度，是巡视在市县的延伸，是老百姓身边的巡视。

巡视紧扣“两个维护”根本任务①，围绕“四个落实”② 查找政治上的温差、落差、偏差，全面审视被巡视党组织工作。巡察是重点突出“三个聚焦”：聚焦基层贯彻落实党的路线方针政策和党中央、省委决策部署情况；聚焦群众身边腐败问题和不正之风；聚焦基层党组织软弱涣散、组织力欠缺问题。

巡视组、巡察组是由各级党委派出，对党委负责，是党委落实党要管党、全面从严治党主体责任的具体化，而不是纪委监委派出，这从名称上也可以看出，如“省委巡视组”“市委巡察组”。

习近平总书记指出，发现问题是巡视监督的首要职责、基本职责，要坚持问题导向，盯住权力和责任，加强对各级领导班子和关键少数特别是“一把手”的监督，精准发现问题、推动解决问题③。《中共中央关于加强对“一把手”和领导班子监督的意见》也指出，巡视巡察工作要紧盯“一把手”，及时发现问题。各地突出政治监督，细化针对被巡视巡察单位“一把手”和班子成员的监督重点，找准巡视巡察监督切入点。

近年来，福建省把巡视巡察监督嵌入党和国家监督体系、融入国家治理体系统筹谋划，推动省委巡视、市县巡察“形”“神”联动。市县党委、省直单位党组（党委）把巡察工作作为“书记工程”来抓，厦门市和83个县（市、区）党委书记担任巡察工作领导小组组长，所有市县和27个省直单位党组（党委）开展巡察工作，形成省委巡视、市县巡察和省直单位党组（党委）巡察“一体两翼”的工作格局④。

某中央企业纪检监察机构在以下六个方面进行了较有成效的工作。（1）强化专项检查和效能监察力度。出台四个规定：《纪委工作条例》《纪检监察工作主要程序规定》《纪检监察谈话提醒工作规定》《重要人事任免事项事先征求纪检监察部门意见的管理办法》。推行四个工作流程：《公司违纪违规案件检查处理工作流程》《公司违法案件移送检察院工作流程》《公司纪检监察转办要结果案件工作流程》《公司专项检查工作程序》。（2）案件查办。实行四个工作机制：严格执行初核、立案请示报批制度；建立案件调查结果反馈机制和重大案件剖析制度；严格落实“一案双查”制度；落实两个100%制度（信访举报处理100%、上级机关和领导交办落实100%）。（3）廉洁从业。出台《员工廉洁从业行为规范》《员工责任追究办法》《领导人员职务消费管理办法》，在新任领导、中干、公司领导谈话提醒会上进行党

---

① 坚决维护党中央权威和集中统一领导；坚决维护总书记党中央的核心、全党的核心地位。

② 一是落实党的路线方针政策情况；二是落实中央重大决策部署情况；三是是落实全面从严治党战略部署情况；四是落实新时代党的组织路线情况，落实巡视、审计、主题教育发现问题的整改情况。

③④ 福建省委巡视工作领导小组．高质量推进新时代巡视巡察工作．中国纪检监察杂志，2021年第18期．https：//zgjjjc.ccdi.gov.cn/bqml/bqxx/202109/t20210914_250052.html.

风廉政教育。(4) 信访维稳。发布《公司信访工作实施细则》《公司信访维稳突发事件应急预案》《公司信访维稳信息动态报送制度》《公司未定风险评估机制的实施办法》《公司一般信访工作流程》等制度。(5) 纪检监察队伍建设：落实纪检队伍常态化培训，完善纪检制度流程，纪委工作考核机制。(6) 监督工作会商机制：制定会商实施细则、探索海外专项检查机制。

近年，该央企的巡察工作有声有色，实现了在一届党委任期（五年）内实现所有企业的巡察全覆盖，每年做好巡察计划。同时，由审计、法律等各职能部门成立联合工作小组，进行巡察工作。

笔者认为，党组织是企业大监督体系构建的领导核心。完善中国国有企业公司治理和大监督体系，可以国有企业巡视巡察为引领，牵头组织企业各种联合检查，协同监事会、董事会专门委员会、审计等需要开展的监督检查工作，实现巡视巡察上下联动、与其他监督贯通融合，化解企业普遍存在的重复监督检查困境，并破解国有企业“一把手”的监督难题。

四、国企中的集团管控、公司治理、党、政四条线如何协调，期待探索

2006 年，笔者在北京京西宾馆参加了一个关于上市公司的主题会议，聆听了时任国资委副主任与中国证监会副主席的讲话。笔者深刻地体会到，中国国有企业管控有两条线，一条是集团管控之线，这是计划经济时代的企业管控之主线。另一条是公司治理之线。中国 1993 年首推《公司法》之后，公司治理这条线逐步丰富起来，尤其是上市公司。

党的十八大以来，加强了国有企业“党管干部”之线，加强了党在公司治理中的话语权与决策空间。这是国有企业管控的第三条线，也是中国特色公司治理的关键所在。

党的十九大以来，2018 年春天，取消国有重点大型企业（一级央企）外派外设监事会，相关职能转移到国家审计署。2021 年 10 月，修改《审计法》，将中央、省市县国有全资、国有控股企业纳入各级国家审计的范围。这是国有企业管控的第四线。这条线将越来越清晰，越来越重要。

2022 年 7 月，国务院国企改革领导小组办公室召开的推进会上，国务院国资委副主任翁杰明指出，要推动企业内部形成“大监督”体系，各集团公司内部要统筹监督资源，加快形成党内监督为主导，纪检监察、巡视巡察、财务、内审、内控等各类监督手段统筹协调、资源共享的“大监督”模式。翁杰明强调，企业党委（党组）要加强对内部监督的领导，企业财务、内审、内控与风险管理等监督情况要及时向党委（党组）报告并抄送企业纪检监察机构。要推动企业自身监督成为发现问

题、促进整改的利器，不要等到外部巡视、审计来了才发现问题，要立足抓早抓小、防患于未然。强化监督协同持续推进正风肃纪反腐。强化各层面监督，坚持不懈把国资国企全面从严治党向纵深推进①。

2022 年，山西焦化集团有限公司的《党委构建“新焦煤大监督体系”实施方案》提出健全“十项监督机制”：一是党建统领机制。二是会商报告机制。三是信息共享机制。四是协同联动机制。五是问题移交机制。六是考核评价机制。七是责任追究机制。八是清廉动态研判机制。九是巡察整改协作机制。十是容错纠错机制②。

还是在 2022 年，贵州电信公司推动党委建立大监督体系领导小组，党委书记任组长、各党委委员任副组长，党委办公室、党委组织部、党委巡察办、纪委办公室四个党内监督部门和财务部、审计部、法律事务部三个业务及合规管理监督部门为成员单位。以有效促进党内监督与专业监管深度融合，政治监督与业务监督一体推进为目标，进一步加强各类监督的沟通和互补③。

笔者认为，国有企业的大监督体系是全方位的，是一种囊括了集团管控监督、公司治理监督、党内监督、行政监督，甚至是公司内部管理监督的大监督体系。经过三十年的探索与实践，中国特色的国有企业监督机制已经取得一些成功的经验。笔者期待并相信，具有中国特色的、国际领先的中国国有企业监督模式一定会在不远的将来实现。

笔者认为，深圳模式（也就是监事会主席兼纪委书记模式）应该继续同时保持试点。因为，深圳是改革开放的先行先试之地，是中国特色社会主义在一张白纸上的精彩演绎。在公司治理领域，深圳也从 2016 年就开始了监事会的有益探索。深圳模式的国有企业管控的三条线（集团管控、公司治理、党管干部），更为简洁。深圳模式通过“交叉任重，双向进入”下的“监事会主席兼任纪委书记”，巧妙地把公司治理与党的监督结合起来、贯彻下去，同时，加上党的巡视巡察的力量，可以有效解决公司治理中“一把手”的监督难题（取消监事会，董事会审计委员会监督不了董事长），可以有效实现党中央要求的“充分发挥党内监督在党和国家监督体系中的主导作用”“坚持党内监督与其他监督相结合，促进形成监督合力”“构建党统一领导、全面覆盖、权威高效的监督体系”。

笔者认为，从更长远的时间来看，做实监事会，可以让国有企业焕发出更耀眼的光彩。

---

① 国务院国资委：各地、各中央企业三年行动完成率总体已超九成，加快形成“大监督”体系［EB/OL］．（2022－07－11）［2022－10－18］．https：//mp. weixin. qq. com/s/Nf0SUmqi_daPVlBnFCuXOA.

② 山西焦煤山西焦化．山西焦化集团党委如何构建“新焦煤大监督体系”［EB/OL］．（2022－07－26）［2022－10－18］．https：//mp. weixin. qq. com/s/enLNn2YDQS30npaQSdF49Q.

③ 廉洁电信．强化贯通协同 增强监督合力 贵州公司健全企业大监督体系［EB/OL］．（2022－06－07）［202. 2－10－18］．https：//mp. weixin. qq. com/s/bvnBRylYPE5GzwgaWzdkQA.

参考文献

1. 徐登峰．国有企业经营者监督机制——稽察特派员与职工代表大会监督职能的完善［D］．北京：清华大学，1998 年 7 月．

2.《上市公司监事会有效运作研究》编委会．上市公司监事会有效运作研究［M］．北京：石油工业出版社，2003 年 12 月．

3. 曹均伟，李南山．探索国资监管的创新之路：宝钢派出监事会的国有资产监督模式［M］．上海：上海财经大学出版社，2005 年 10 月．

4. 国务院国资委监事会工作局，国务院国资委监事会工作技术研究中心．监事会工作知识 100 问［M］．北京：经济科学出版社，2008 年 3 月．

5. 王砚书．我国上市公司监事会统合监控模式研究．石家庄：河北人民出版社，2010 年 6 月．

6. 王为强．监事会制度研究与实践［M］．北京：中国金融出版社，2011 年 11 月．

7. 杨桦．公司再造：中国上市公司治理的新路径［M］．北京：中信出版社，2011 年 4 月．

8. 蒋应时．国有企业监事会履职实录［M］．上海：上海社会科学院出版社，2013 年 5 月．

9.《大型企业集团派出监事会工作指南编委会》编委会．大型企业集团派出监事会工作指南［M］．北京：中国时代经济出版社，2014 年 8 月．

10. 马承宇．中国商业银行监事会制度有效性研究——基于公司治理结构优化的视角［M］．北京：中国金融出版社，2013 年 5 月．

11. 中国上市公司协会．上市公司监事会工作指引［M］．北京：中国财政经济出版社，2016 年 8 月．

12. 中国上市公司协会．上市公司监事会实践案例［M］．北京：中国财政经济出版社．2017 年 8 月．

13. 黄辉．现代公司法比较研究：国际经验及对中国的启示（第二版）服务中国公司法完善！［M］．北京：清华大学出版社，2020 年 6 月．

14. 徐登峰，张诗伟．取消监事会设置要求应缓行［J］．北京：财新，2022 年 1 月 22 日．

15. 宁向东．共生的智慧［M］．北京：中信出版社，2021 年 4 月．

16. 陈德球．公司治理研究重点文献导读［M］．北京：中国人民大学出版社，2021 年 4 月．

17. 赵晶：公司治理：原理与案例［M］．北京：中国人民大学出版社，2021 年 5 月．

18.《中国石油控参股公司股东代表、董事、监事履职实务》编委会．中国石油控参股公司股东代表、董事、监事履职实务［M］．北京：石油二业出版社，2021 年 6 月．

19. 绍兴全．股权、控制权与公司治理：120 个实务问题解析［M］．北京：北京大学出版社，2021 年 11 月．

20. 大隅健一郎．《株式会社法变迁论》［M］．东京：有斐阁，2001．

21. 弗雷德蒙德·马利克．正确的公司治理：发挥公司监事会的效率应对复杂情况［M］．北京：机械工业出版社，2018 年 4 月．

22. 马库斯·路德，格尔德·克里格尔，德克·菲尔泽．监事会的权利与义务（第 6 版）［M］．杨大可，译．上海：上海人民出版社，2019 年 12 月．

23. 兰德尔·K. 莫克．公司治理的历史——从家族企业集团到职业经理人［M］．许俊哲，译．上海：格致出版社，2022 年 6 月．

后　记

这本书的渊源，可以追溯到 1998 年。

1998 年的中国，过快的信贷投放造成了国企产能过剩，随之并发了复杂的“三角债”等问题。纺织行业“压锭”“去产能”，国有企业兼并、破产加快，国有工业企业从 1996 年的 11.38 万家下降至 1998 年的 6.5 万家。国有企业减员增效、下岗分流两年下降约 2 200 万人。

1998 年，时任朱镕基总理签发《国务院机构改革方案》，推出稽察特派员制度。当时，我正在清华大学念 MBA，任北京第一轻工业总公司下属中型国有企业的车间副主任。有一天课间，与 MBA961 班同班同学杨建昆（时任职国务院研究室，后曾任云南省省长助理），在清华经管学院楼道讨论国有企业为什么搞不好？他认为是机制问题，加快国有企业改革和发展是 1998 年和此后两年经济体制改革的中心环节。我则认为是企业家的选择、监督问题。这个简短的对话，引发我想把硕士论文定位为《国有企业经营者监督机制》。我当时的想法很简单，国有企业改革的关键是企业家选择、监督机制，只要恰当的经营者在其位、谋其政，国有企业就有希望。

这一年深秋的一个晚上，我在清华经管学院听李子奈教授（数量经济学）的讲座。讲座结束时，我问李老师，经管学院哪一个老师研究企业家监督机制。李老师推荐了吴栋老师。吴栋老师，时任清华大学经济管理学院党委书记。当时，清华大学经济管理学院院长，恰好由时任国务院总理朱镕基兼任。

我冒昧、主动地联系上了吴栋老师。吴老师和蔼可亲，没有一点架子，对我的选题也很欢迎，提出了很多中肯、到位的意见。几经讨论，逐步沿着原来的思路，结合当时的环境，缩小研究方向，把论文的题目定为《国有企业经营者监督机制——稽察特派员与职工代表大会监督职能的完善》。后来，我的这篇论文成绩全班（60 人）第一，并将核心内容发表在 1999 年第 4 期的《经济体制比较》中。

这埋下了我研究监事会的一粒种子。

此后，我的工作从车间副主任、转型到清华同方的媒体代表，转型到中国科学院生物物理所股份制改革办公司，并兼任了北京科龙生物医药技术总公司副总经理。2001 年 7 月，我开始担任某中央企业下属上市公司担任资本运营部主任，之后在这家中央企业（年营业收入超过2 500亿元）至今工作了20余年，连续18年担任该公司的投资评审委员会委员。

硕士论文完成之后的13年，也就是2012年，国资委的一个课题把我重新引入监事会的研究。

2012年6月初，国务院国资委监事会第27办事处主任郑博奎主持启动监事会软科学研究课题《中央企业境外国有资产监督检查方法研究》。该研究联合中央企业开展研究，旨在建立健全境外资产检查工作机制，推进监事会境外监督和国资委境外监管有机结合，有序实施出资人对境外国有资产的监督管理。时任公司总裁赵刚（现任陕西省委副书记、延安市委书记）非常重视，指派我牵头和杨禹等另外三位同事参加了这个课题。通过这个课题，我结识了后来的好朋友、国资委监事会第27办事处的刘永生。当时，我已经在境外投资领域小有成就，并担任过北京房地产公司担任董事、董秘，境外公司的董事、三星级酒店的董事长。

2012年6月末，中企培企业文化交流中心（中国董监事培训网）正好在宁夏银川举办《全国监事会制度建设与工作实务高级研修班》，主讲人是宝钢集团上海第一钢铁有限公司监事会主席李南山，对国有资产管理很有经验。我带着问题去听课，至今还记得课下向李南山老师请教的场景。当时，深圳一家知名银行也参加了这个培训。

为了进一步研究监事会，四年后的2016年12月，我开始进行监事会领域的深入学习与研究，并尝试与业内的监事、监事会主席进行了广泛的直接接触，逐步有了监事会主席、监事的朋友圈。他们的案例和问题丰富了我对中国监事会和公司治理问题的深入思考。

沿着监事会的研究走下去，我开辟了公司治理的一个自我发展新方向，成为这个领域的专家。什么是专家？我认为有三个必不可少的条件：其一，懂得这个领域的古今中外。其二，有尺子，比如，采矿行业的成本系数（项目年经营成本/销售收入，矿山项目一般在0.3—0.7，冶炼项目的成本系数在0.8—0.95）与投资强度（项目投资/年销售收入，矿山项目一般在2.0—3.5，冶炼项目在0.5—1，加工项目更低）的经验值。其三，有这个领域的企业家和专家资源。山外青山楼外楼，更有英雄在前头。专家也有不懂的地方，这个时候，应能第一时间与业内其他专家和企业家联系，借助他们的力量迅速进入更深远的研究。

专业离不开学习、总结、思考、积累。个人的经历再丰富，也总是有局限的。互联网改变了日常生活和工作的方方面面。在班车上、在旅途中、在闲暇时，看到要好的互联网资料，我总是把精华和“文章出处”挑出来，发到自己的邮箱。有时间时，把这些资料放到文中合适的位置并用脚注表明出处，来论证自己的观点。这些砖头、这些素材、这些子弹，成为文中的论据或案例。我要感谢那些未曾谋面的作者。

专业，也离不开平台的力量。不同的平台带来不同的经历和阅历。个人的力量再强大，没有平台的支持，也难以行稳致远。从2004年以来，我连续18年担任某大型中央企业的公司投资评审委员会委员。2011年开始担任中国国际经济合作学会学术委员，2013年以来连续10年担任中国人民大学和清华大学MBA企业导师，2017年入选中国国际工程咨询协会专家委员会，担任第五、六、七届（2019—2021）中国国际互联网+大学生创新创业大赛全国总决赛评委，担任第三届（2021）国资委中央企业创新创业大赛全国总决赛评委并荣获最高荣誉杰出导师。我的一个朋友很成功、很富有。他跟我说，他的遗憾是没有在大平台工作过。借此机会，我要感谢公司和这个伟大的新时代给予的这些平台。

专业，同样需要朋友圈，可以信任的朋友圈。术业有专攻，有可信任的高朋才有底蕴。2022年春夏之交，我分章节请以下朋友为此书提出宝贵的修改意见，借此机会表示衷心的感谢。第一章（我的大学校友、某上市公司财务总监刘鹏秀，中伦律师事务所合伙人张诗伟），第二章（浙江树人学院副教授陈英），第三章（济宁银行监事会办公主任代守红），第四章（中国纺织出版社有限公司监事李菁，重庆建设工业（集团）有限公司原监事会主席魏群），第五章（湖南省建筑设计院集团股份有限公司职工监事黎丹），第六章（中国长城工业集团有限公司原监事会主席崔明林），第七章（宁夏中房事业集团公司监事朱丽娥），第八章（原国务院国资委监事会第36办事处魏凤梅，中国石油天然气集团有限公司股权事务高级管理专家、专职董监事丁泉，北京市国有企业监事会第四办事处原主任张裕国），第九章［北京北斗星通导航技术股份有限公司（股票代码002151）审计监察部负责人郭进霞］，第十章［华夏航空股份有限公司（股票代码002928）监事会主席邢宗熙、监事会办公室主任邓小强］。

此外，中企培企业文化交流中心主任牛伟华，深圳机场股份有限公司原纪委书记、监事会主席吴悦娟，成都地铁运营公司监事会主席向娅莉，淮河能源电力集团有限责任公司原监事会主席陈国秀，重庆千信集团有限公司党委委员、副总经理、财务总监赵斌，我的中国人民大学2019级MBA学生张文怡、2021级MBA学生周佳丽、2022级MBA学生刘伟华、李佳超、张涵曲，清华大学2017级MBA学生储启明，我夫人的闺蜜文正，也为本书提出了宝贵的意见或贡献。

我要感谢王中杰，我的清华大学吴栋老师之同门师兄。他2001年就开始研究公司治理，陆续著有《股东行为治理》《董事会治理》《公司经营治理》《公司财务治理》《公司内控治理》《公司社会责任治理》等多篇著作，是我国公司治理领域最早一批具有企业家背景的研究者，引我认识不少业内朋友。我还要感谢清华大学宁向东教授，他是我的硕士论文答辩老师，认为本书“很有参考价值”。

披荆斩棘开辟出一条专业的道路，辛苦也很快乐，也带来自信。自信来源于见过大资金、经历大事件、见过大人物，来自于阅人无数、阅企无数、阅项目无数。在一个领域内，当有自己的思想、有平台、有朋友圈，自信和专业能力就结伴而来了。

五十知天命，专家五十则是人生的黄金时期。我希望自己在创新创业、跨国并购、公司治理三个领域成为受人尊重专家，做一个对社会有价值的人。也希望这本书能对中国三十年监事会求实之路，做一个较为系统的总结，成为监事会研究中的一个里程碑。

真理是在螺旋上升中获得的。中国企业的监事会设置可能会有所调整。但是，中国特色的公司治理还在不断探索，不断完善之中。监督是企业永恒的主题，我坚信，从长远来看，做实监事会是中国公司治理的未来发展方向。

我的爷爷徐桂芳20世纪50年代初开创了江西九江市第一个打井工程队；应武宁县城建工地指挥部的邀请，我的父亲徐良谈1958年开创了江西武宁县第一个打井工程队，后并入武宁县建筑公司，1988年退休回居九江市。写一本好书，如同打一口好井、盖一幢高楼。立意，搭架构，不断深挖、不断添砖加瓦、不断打磨……这种笔耕，如田间农夫，是看不见的“呕心沥血”“挥汗如雨”。2018年，我的第二本专著《资本如何布局——中国企业国际化之路》出版以来四年，我依然亏欠对爱人陆晓慧的陪伴，亏欠对孩子徐方远的指引。即使自驾出京游、京郊游，我也带着电脑“奋笔而书”，“心不在焉”地缺席了很多出游的“节目”，陪伴质量并不好。

此时此刻，正值73周年国庆，我们三家北京珠江峰景的邻居，来到位于北京密云新城子镇曹家路村的雾灵山宜山居木屋度假村。十月的北京雾灵山，雨后清新，云雾缭绕，层峦叠嶂，色彩斑斓。

五十后的人生，就如这绚烂的金秋，自信、自然、自由，内心丰富从容，对外豁达宽容。

二〇二二年十月一日

旅次北京密云区雾灵山宜山居木屋度假村

反侵权盗版声明

中国财政经济出版社依法对本作品享有专有出版权。任何未经权利人书面许可，复制、销售或通过信息网络传播本作品的行为，歪曲、篡改、剽窃本作品的行为，均违反《中华人民共和国著作权法》，其行为人应承担相应的民事责任和行政责任，构成犯罪的，将被依法追究刑事责任。

为了维护市场秩序，保护权利人的合法权益，我社将依法查处和打击侵权盗版的单位和个人。欢迎社会各界人士积极举报侵权盗版行为，本社将奖励举报有功人员，并保证举报人的信息不被泄露。

举报电话：（010）88190744

（010）88191661

QQ：2242791300

通信地址：北京市海淀区阜成路甲28号新知大厦

中国财政经济出版社总编室

邮　　编：100142